实用商业数据分析
理念与方法

朱 钰　　刘 燕　　　　　　　主　编
何黎松　李小鸭　李英燕　鲁志娟　武 君　副主编

电子工业出版社
Publishing House of Electronics Industry
北京·BEIJING

内 容 简 介

本书使用大量商业案例，结合多种统计学方法，介绍不同商业领域的数据分析理念与方法。本书内容安排如下：第一章为认识商业分析，介绍了商业分析的基本概念、商业分析流程、商业分析常用的分析工具和商业分析常见的问题；第二章为商业数据获取和清洗，介绍了商业数据获取和清洗的基本方法；第三章为竞争分析，介绍了竞争分析的相关知识、行业分析、财务竞争分析和产品竞争分析；第四章为风险管理，介绍了商业风险的定义和风险管理方法、可行性分析、主观评分法、层次分析法、决策树法和不确定性风险估计方法；第五章为质量管理，介绍了质量管理的定义和方法、控制图、抽样检验方案和正交试验设计；第六章为商业运营与规划，介绍了线性规划问题、整数规划问题和运输问题；第七章为商业预测，介绍了潜在客户识别预测和商业时间序列预测问题。其中第三章到第七章的内容为本书的核心内容，涵盖了主要商业领域中的数据分析理念与方法。本书提供PPT和习题参考答案，读者可登录华信教育资源网（www.hxedu.com.cn）免费下载。

本书可作为经济学、统计学、会计学和工商管理等专业的本科生学习商业数据分析的教材，也可供需要进行商业数据分析的社会人员参考。

未经许可，不得以任何方式复制或抄袭本书之部分或全部内容。
版权所有，侵权必究。

图书在版编目（CIP）数据

实用商业数据分析理念与方法 / 朱钰，刘燕主编. —北京：电子工业出版社，2024.5
ISBN 978-7-121-47972-4

Ⅰ. ①实… Ⅱ. ①朱… ②刘… Ⅲ. ①商业信息－数据处理－高等学校－教材 Ⅳ. ①F713.51

中国国家版本馆 CIP 数据核字（2024）第 107165 号

责任编辑：秦淑灵　　　　　　特约编辑：田学清
印　　刷：中煤（北京）印务有限公司
装　　订：中煤（北京）印务有限公司
出版发行：电子工业出版社
　　　　　北京市海淀区万寿路 173 信箱　　邮编：100036
开　　本：787×1092　1/16　印张：26.5　字数：679 千字
版　　次：2024 年 5 月第 1 版
印　　次：2024 年 5 月第 1 次印刷
定　　价：79.00 元

凡所购买电子工业出版社图书有缺损问题，请向购买书店调换。若书店售缺，请与本社发行部联系，联系及邮购电话：（010）88254888，88258888。
质量投诉请发邮件至 zlts@phei.com.cn，盗版侵权举报请发邮件至 dbqq@phei.com.cn。
本书咨询联系方式：qinshl@phei.com.cn。

前　言

本书以商业运营过程中的典型问题为切入点，依托商业案例，围绕商业分析流程，从理解业务问题的角度出发，以分析视角看数据，利用 Excel 和 R、Python 语言，介绍多种数据分析理念与方法。希望读者通过阅读本书，能了解商业数据分析方法，并能利用其对实际商业问题进行分析。

本书有以下几个特点。

第一，结构完整，内容规范。本书应用了多种数据分析方法及分析软件，以实践为导向，按照商业分析的需求由浅入深，数据分析方法由易到难，从商业数据获取和清洗出发，结合商业案例讲解竞争分析、风险管理、质量管理、商业运营与规划、商业预测全流程的商业分析。

第二，以应用为目标，恰当选择教学案例。本书语言通俗易懂，案例丰富多彩，包括北京大学案例库中的优秀案例、实际调研案例等，引导读者选择恰当的数据分析方法解决实际商业问题。

第三，体现大数据时代特色，实现跨知识融合。本书顺应时代潮流，结合大数据技术在商业分析中的应用，不仅包括传统的数据处理，还囊括了大数据技术、运筹学、线性回归、抽样检验、机器学习、时间序列分析等多种数据分析方法，讲解商业分析流程，帮助读者有效地了解数据分析方法。

本书在结构上具有以下特色。

（1）本书介绍了不同商业领域的分析理念与方法，结合多种统计学方法与分析工具，重点强调理念与分析工具的实际应用。

（2）本书以问题为导向，引入大量商业数据分析案例，以容易理解的方式来展示商业数据分析理念与方法。

本书对所研究的对象提供了一个直观的解释和说明，并用实例阐释基本理念与方法，建议读者在有余力的情况下查阅书中所引用的参考资料。本书提供 PPT 和习题参考答案，读者可登录华信教育资源网（www.hxedu.com.cn）免费下载。

本书由朱钰、刘燕、何黎松、李小鸭、李英燕、鲁志娟、武君共同编写。朱钰和刘燕是本书的主编：朱钰负责制订编写计划及整本书的审稿；刘燕负责第一章、各章习题、附录的编写及统稿。何黎松、李小鸭、李英燕、鲁志娟、武君是本书的副主编：何黎松负责第四章第一节、第二节、第四节和第五章的编写；李小鸭负责第三章第一节、第二节、第四节和第七章第二节的编写；李英燕负责第四章第三节、第五节、第六节和第六章的编写；鲁志娟负责第二章的编写；武君负责第三章第三节和第七章第一节的编写。

尽管编者做出了最大努力，期望向读者呈现一本令人满意的作品，但书中仍有可能存在一些不足，欢迎读者和同行提出宝贵意见或建议。

编 者

目　录

第一章　认识商业分析 1

 第一节　商业分析简介 1
  一、商业分析概念 1
  二、商业分析在企业中的应用 2
  三、商业分析与数据分析 3
 第二节　商业分析流程 4
  一、商业问题界定 4
  二、商业数据收集 5
  三、商业数据挖掘 7
  四、商业数据分析 8
  五、商业应用 9
 第三节　商业分析常用的分析工具 9
  一、Excel 9
  二、R 10
  三、Python 11
 第四节　商业分析常见的问题 11
  一、竞争分析 11
  二、商业风险 12
  三、质量管理 12
  四、规划问题 12
  五、商业预测 12
 本章习题 13

第二章　商业数据获取和清洗 14

 第一节　商业数据获取 14
  一、商业数据类型 14
  二、商业数据获取途径 16
 第二节　商业数据清洗 57
  一、数据清洗及案例 57
  二、数据集成及案例 78
  三、数据变换及案例分析 87

  四、数据归约及案例分析 93
 本章习题 104

第三章　竞争分析 105

 第一节　竞争分析简介 105
  一、竞争分析框架 105
  二、竞争分析典型问题 108
 第二节　行业分析 109
  一、行业分析定义 109
  二、行业分析内容 110
  三、行业分析方法 115
  四、案例分析 117
 第三节　财务竞争分析 120
  一、认识财务报表 120
  二、财务报表分析 136
  三、财务综合分析 142
  四、案例分析 143
 第四节　产品竞争分析 146
  一、产品竞争分析思路 146
  二、产品竞争分析方法简介 147
  三、案例分析 153
 本章习题 164

第四章　风险管理 166

 第一节　风险管理简介 166
  一、商业风险定义 166
  二、风险管理方法 167
 第二节　可行性分析 169
  一、可行性分析简介 169
  二、项目费用 171
  三、项目收益 178
  四、案例分析 182
 第三节　主观评分法 189
  一、主观评分法简介 189
  二、案例分析 190
 第四节　层次分析法 193
  一、层次分析法简介 193
  二、案例分析 198

三、使用 R 进行层次分析 202
 第五节　决策树法 203
　　　一、决策树法简介 203
　　　二、案例分析 204
 第六节　不确定性风险估计方法 210
　　　一、不确定性风险估计方法简介 210
　　　二、案例分析 210
 本章习题 214

第五章　质量管理 219
 第一节　质量管理简介 219
　　　一、质量管理定义 219
　　　二、质量管理方法 220
 第二节　控制图 221
　　　一、控制图介绍 221
　　　二、制作控制图过程 222
　　　三、案例分析 225
　　　四、常规控制图控制界限计算公式及应用 230
　　　五、应用控制图时应注意的问题 231
　　　六、使用软件进行控制图绘制 232
 第三节　抽样检验方案 241
　　　一、抽样检验介绍 241
　　　二、抽样检验方案实现步骤 241
　　　三、案例分析 246
 第四节　正交试验设计 247
　　　一、无交互作用的正交试验设计 247
　　　二、有交互作用的正交试验设计 252
　　　三、使用软件进行正交试验设计分析 255
 本章习题 260

第六章　商业运营与规划 265
 第一节　线性规划问题 265
　　　一、问题提出 265
　　　二、线性规划问题的数学模型 266
　　　三、线性规划问题数学模型的形式 269
　　　四、线性规划问题解的概念 270
　　　五、线性规划问题的图解法 272
　　　六、线性规划的对偶问题与灵敏度分析 274

七、线性规划问题软件求解 ... 280
　　八、案例分析 ... 286
 第二节　整数规划问题 ... 302
　　一、整数规划问题的一般形式 ... 302
　　二、含 0-1 变量的整数规划问题 ... 303
　　三、混合整数规划问题 ... 305
　　四、整数规划问题求解方法 ... 306
　　五、指派问题及其解法 ... 309
　　六、整数规划问题软件求解 ... 312
　　七、案例分析 ... 318
 第三节　运输问题 ... 325
　　一、运输问题的数学模型 ... 326
　　二、运输问题的基本性质 ... 328
　　三、运输问题软件求解 ... 329
　　四、案例分析 ... 343
 本章习题 ... 348

第七章　商业预测 ... 354

 第一节　潜在客户识别预测 ... 354
　　一、潜在客户识别理论 ... 355
　　二、案例分析 ... 361
 第二节　商业时间序列预测问题 ... 368
　　一、传统时间序列预测模型的基础理论 ... 369
　　二、时间序列分析方法介绍 ... 374
　　三、案例分析 ... 386
 本章习题 ... 403

参考文献 ... 407

附录 A　不合格品百分数的计数标准型一次抽样检验程序及抽样表 ... 409

附表 B　正常检验一次抽样方案 ... 412

附表 C　加严检验一次抽样方案 ... 414

附表 D　加宽检验一次抽样方案 ... 415

第一章 认识商业分析

> **学习目标**
> 1. 了解商业分析的概念,明确商业分析与数据分析的区别。
> 2. 掌握商业分析的流程,了解商业分析的步骤。
> 3. 了解商业分析的常用工具。
> 4. 了解分析商业问题的流程和方法。

近年来,随着科技的不断发展,大数据、互联网思维的大规模融入,越来越多的产业开始进行升级革新。大数据在商业领域的应用给传统商业模式带来了高效、高能的强烈冲击。传统企业,无论规模大小,都在寻找各种方法来处理浩如烟海的原始数据,以实现生产力的提升。如何对大量的数据和信息进行分析,使其服务于传统企业,是研究人员和分析人员面临的重要问题。因此,应运而生的商业分析迅速走红,并越来越受青睐。

第一节 商业分析简介

一、商业分析概念

现如今,随着各类数字分析语言和程序的推出,商业分析逐渐向着创新的方向倾斜。未来的商业分析将是可实时收集数据、可处理大数据、可进行预测分析和自动化分析的。面对这样的发展趋势,商业分析向从业者提出了更高的学习要求。无论是获取数据的方式、统计分析的方法,还是分析工具的应用,都需要我们进行更加深入的学习与探索。

一方面,明智的商业分析通常建立在数据分析的基础上,数据量正以飞快的速度增长,相关的信息已经可以纳入企业的决策考量范围,并以原始数据的形式存储下来。同时,大数据已从原来只能被政府和大型企业所掌握,到如今各企业都能获得,大数据环境成为商业分析发展的温床。

另一方面,当今互联网环境下的数据存储和利用、先进的计算机软/硬件促使各企业以惊人的速度进行数据处理、分析、挖掘、预测,从而推动了商业分析的实现[1]。

因此,本书引用商业分析师专业认证(CBAP)的定义:商业分析是通过定义需求和推荐能够为利益相关者[2]创造价值的解决方案来实现企业变革的实践。

由此定义可得出以下6个关键词。

(1)变革。

为什么企业要进行变革?变革,顾名思义,是对之前的商业模式、业务、IT架构等进行调整，使之能适应企业的战略方向，更加适应瞬息万变的商业环境，创造更大的盈利或价值。

（2）企业。

企业是指从事生产、流通或服务活动的独立核算经济单位。在商品经济范畴内，企业作为组织单元的多种模式之一，一般以营利为目的，通过提供产品或服务获得收入。企业是市场经济活动的主要参与者，其概念不仅会因内部因素而发生改变，还会受外部因素的影响而发生改变，如供应商、顾客、竞争对手、行业监管机构等。因此，在商业分析中，不仅要考虑内部，还应考虑外部及其他会对商业分析产生影响的组成部分。

（3）"需要"或者"需求"。

商业分析需要了解的是客户的"需求"，而不是要求。"需求"代表客观存在的问题或者可以利用开发的机会。这些"需求"并不会那么简单、清晰、明了地呈现在我们面前，而是需要大量定性和定量的调研分析。虽然问题所有者会明白问题的本质，但是问题所有者的回答会显示出他未必很清楚这些问题，甚至问题所有者所陈述的"要求"往往不能解决面临的问题。所以，商业分析需要对信息进行搜集、梳理及分析，才能够了解真正的问题和"需求"，同时需要对问题进行详细的定义，写成文档，利用模型或图表把信息呈现出来。

（4）解决方案。

有了需求，就需要针对需求设计和实施解决方案。商业分析的目的不是提供解决方案，而是建议或者推荐解决方案。

（5）价值。

价值是商业分析中一个非常重要的概念。尤其是推荐解决方案，在选择和评估解决方案时，衡量的依据是此解决方案是否能够实现我们所期望交付的价值。若有多个解决方案，则衡量哪个解决方案实现的交付价值是最大的。

（6）利益相关者。

利益相关者代表工作中需要打交道的各方，可能是具体的人，也可能是某个部门。利益相关者的定义既涉及有可能对工作造成影响的个人或者部门，又涉及对工作造成影响，可提供支持和资源的投资者或者管理者。

二、商业分析在企业中的应用

（1）商业分析的应用。

商业分析在现代企业中扮演着非常重要的角色，商业分析的目标是将信息分析、数据挖掘与业务结合起来，为企业推荐最佳的问题解决方案；通过对信息的运用和分析，充分挖掘其中的价值，为企业带来科学管理思维，以提高决策的科学性和准确性、发现问题的及时性和快捷性。商业分析要求企业使用量化的统计方式与技术来分析目前企业所拥有的历史数据，并通过进一步分析得到新的见解，用于指导决策的制定与企业业务的发展方向。因此，本书商业分析内容主要面向企业处理一个项目从确定项目需求到预测的全流程，需要解决"是什么""为什么""怎么做"的问题。

是什么：量化展示企业的经营状况，并且量化判断经营过程中遇到的问题。

为什么：从数据的角度思考为什么会出现问题。

怎么做：利用数据对未来商业变化进行预测，判断如何做出新的商业布局和调整。商业分析并不仅仅是一种简单的数据分析，也不仅仅针对某个单一领域，它所应用的场景非常多元。

大数据时代的商业分析探求"是什么"比探求"为什么"更有助于商业决策的制定。传统的商业分析希望发现因果关系，并通过因果关系了解一些原因和影响因素，而在大数据时代，这些原因与结果之间的关系大多呈现非线性关系，变得复杂和混乱，探求"是什么"而不是"为什么"更能帮助企业了解这个世界。

（2）商业分析的常见类型。

根据想要达到的目的不同，商业分析可以分为四种类型。这四种类型之间是相互关联的，分别出现在同一项目商业分析的不同阶段。

① 描述性分析：了解发生了什么。

描述性分析是商业分析的第一阶段，解答"发生了什么？"。描述性分析可以清晰描绘业务历史状况与当前状况，这使得企业更加了解自身业务的优势和劣势，并针对这些信息制定发展战略，对自身业务进行优化。描述性分析常常需要采用数据挖掘和数据整合技术，并且要求从业者具备可视化分析结果的能力。描述性分析是商业分析流程的第一步，为进一步分析奠定了基础。

② 诊断性分析：问题产生的原因。

经过描述性分析之后，可以简单了解到业务存在的问题，但是仅仅知道存在的问题是远远不够的，还需要了解产生这一问题的原因。诊断性分析可以解答"为什么会发生这种情况？"。对数据进行诊断性分析可以帮助剖析问题产生的原因，同时利用数据和逻辑分析、对比分析、相关性分析等方法，深入挖掘数据的规律，帮助企业深入了解细分的数据，找出问题产生的根本原因。

③ 预测性分析：按照这样的趋势，未来将发生什么？

预测性分析是商业分析的第三阶段，解答"未来可能会发生什么？"。过去的问题已经被厘清，影响因素也已明晰，接下来就需要对即将发生的事情做出预测。在这一阶段，统计和机器学习起到了非常重要的作用。基于统计和机器学习的预测模型充分利用各种可变的数据对未来业务的指标进行预测，这是商业分析非常重要的一环。

④ 规范性分析：建立分析模型。

规范性分析解答"我们应该采取哪些行动？"，生成一个完整的项目分析模型。该模型通过对项目的了解，分析未来可能发生的情况，以及发生这一情况的原因，来帮助客户做出最佳的行动决策。此类决策并非单一的行为，而是对之前分析的整合。

三、商业分析与数据分析

综合上述概念，可以看出商业分析面向的对象很宽泛，不仅包含结构化数据，还涵盖文本信息、网络信息等非结构化数据，分析的方法也不仅局限于对数据进行分析和挖掘的方法，还包括对文本、音频、视频等信息进行分析的方法。商业分析经过数据处理、分析、挖掘和呈现，最终推荐最佳的解决方案。

由此可见，商业分析与数据分析关系密切，在研究过程中会将两个概念连在一起使用，两者之间存在非常多的共同点和不同点。

（1）共同点。

商业分析与数据分析都需要掌握数据分析工具，对数据有较高的敏感度，提供决策参考依据,有强大的业务理解能力。

(2) 不同点。

① 从定义上来看。

商业分析利用数据分析和统计的方法,分析企业之前的商业表现,利用分析结果对未来的商业战略进行指导。

数据分析用适当的统计分析方法对收集来的大量数据进行分析,将它们加以汇总、理解和消化,以求最大化地开发数据的功能,发挥数据的作用。

② 从需要掌握的能力上来看。

商业分析需要创新能力、沟通能力、管理能力、逻辑思维能力及研究分析能力,掌握产业领域的专业知识,了解产品与服务开发的知识与流程,了解如何收集、分析需求,制作需求文档、报告,能运用收集到的资料提出解决方案。

数据分析需要具有统计相关的数据分析能力,对数字敏感,同时拥有写代码或编程的技能;能将研究出的数据视觉化,如制作趋势图、回归图等;能够根据报告完整阐述分析所得的趋势。

③ 从工作内容上来看。

商业分析解决企业内部所遇到的挑战与复杂问题,包括但不限于行业研究、市场竞争研究、消费者研究、政策研究、企业研究、产品研究等,提出具体的解决方法和决策来促进企业发展。

数据分析专注于数据与统计分析,通过分析现有数据,描述问题发生的原因,对这些数据进行复杂计算处理,预测未来发展的可能性并且帮助企业做决策,使得企业提前一步完成目标。

第二节 商业分析流程

结合商业分析目标,商业分析的流程包括商业问题界定、商业数据收集、商业数据挖掘、商业数据分析、商业应用。

一、商业问题界定

商业分析最初阶段的目标包括清楚地了解项目需求,以及确定计划实施的时间和步骤。

(1) 项目需求获取。

确定商业分析目标从项目需求获取入手。项目需求可以分为显性和隐性两种:能直接从客户口中得知的需求称为显性需求;在与客户沟通时,客户无法清晰表达出来的,需要通过分析自行得出的需求称为隐性需求。

(2) 需求筛选。

对客户的显性需求和隐性需求进行分析,筛选掉不符合客户需求及无法实现的需求。

需求筛选应符合4个筛选维度,即真实性、一致性、价值性、可行性。

① 真实性。

需求的真实性主要考察该需求是否真实存在,是否符合客户需求。通过考察需求的真实性,过滤虚假的需求。

② 一致性。

需求的一致性主要考察该需求是否符合企业战略定位，是否符合产品定位，该需求的代表性有多大等内容。由于个人习惯或者场景特殊，很多时候企业提出的需求是片面的，因此在需求筛选过程中应经常使用用户场景分析法，全面了解该需求。

③ 价值性。

需求的价值性主要考察该需求能给客户、企业带来什么价值，实现该需求需要付出多少人力、金钱、时间上的成本等。通过考察需求的价值性，过滤掉没有价值、价值不大或投入产出比不理想的需求。

④ 可行性。

需求的可行性主要考察实现该需求需要考虑的制约因素、产品风险、成本效益、时间因素等。

（3）需求排序。

需求筛选完成后，根据需求的重要性给需求赋予优先级称为需求排序。需求排序会考虑需求的相关性、逻辑性、价值性，一般情况下，越靠近基础服务的需求越重要，因为越基础的服务越靠近产品所满足的本质需求。

二、商业数据收集

（1）商业数据类型。

商业中需要处理的数据主要有 3 类：截面数据、时间序列数据和面板数据。

① 截面数据。

截面数据是指在同一时间（时期或时点）截面上反映不同对象的同一特征变量的观测值，是样本数据中的常见类型之一，如某一时点我国 A 股上市企业的净资产收益率。由于单个或多个解释变量观测值的起伏变化会对被解释变量产生不同的影响，因此在分析截面数据时，应注意两个问题：一是异方差问题，数据是在某一时期对个体或地域的样本的采集，不同个体或地域本身就存在差异；二是数据的一致性问题，主要包括变量的样本容量是否一致、样本的取样时期是否一致、数据的统计标准是否一致。

② 时间序列数据。

时间序列数据是指对同一对象在不同时间进行连续观察所取得的数据。它着眼于研究对象在时间顺序上的变化，寻找空间（对象）历时发展的规律，也称为动态序列数据，如每一季度的 GDP 数据、每一天的股票交易数据或债券收益率数据等。将时间序列数据作为样本时，要注意四个问题：一是所选择的样本区间内经济行为的一致性问题；二是样本数据在不同样本点之间不可比，需要对原始数据进行调整，消除其不可比因素；三是样本观测值过于集中，因而时间序列数据不适用于对模型中反映长期变化关系的结构参数的估计；四是模型随机误差的序列相关问题。

③ 面板数据。

它是时间序列数据和截面数据相结合的一种数据资源，在分析面板数据时，多采用面板数据模型。它可以用于分析各样本在时间序列上组成的数据的特征，能够综合利用样本信息，既可以通过模型中的参数分析个体之间的差异情况，又可以描述个体的动态变化特征。

（2）商业数据收集的原则。

① 要根据商业研究的预期目标来取舍。

② 收集的数据要尽量全面，即完整性要高。

③ 收集的数据质量要高，尽量是高精度、权威的商业数据。

（3）商业数据来源。

商业数据一般来源于5方面：内部数据、合作伙伴的数据、市场调查数据、公开数据、网络平台或工具软件采集的数据。

① 内部数据。

内部数据来自企业内部信息，内部信息是指企业的各种业务报表和分析报告，有关生产方面、技术方面的资料，以及经营管理部门制订的计划、经营决策等。按其职能分类：a. 生产作业信息，即生产子系统运行所必需的各种信息，包括作业计划、生产调度、统计分析等方面的资料，通常反映在一系列指标、定额和标准上；b. 财务会计信息，即反映系统经济情况的各种财会资料，包括资金、成本、库存、销售等方面的核算数据，具体体现在各种财务、会计及统计的簿记、凭证和报表上；c. 生产技术信息，即反映科研、生产设计和工艺准备、新产品试制和鉴定、专用工装开发等一系列技术工作的资料，包括各种技术文件、技术计划、技术定额等；d. 人事信息，它反映系统人事的变化情况，包括人员招聘、工作安排、教育培训、工资福利等方面的资料。

② 合作伙伴的数据。

当企业需要获取自身无法得到的专业数据时，可以向合作伙伴寻求帮助，如从上/下游合作伙伴处得到自身所处行业的相关数据，或在专门出售数据的第三方合作伙伴处购买需要的数据。这些数据无论是从全面性、专业性，还是从准确性上来看，都是非常可靠的，只是可能会产生一定的获取费用。

③ 市场调查数据。

市场调查数据是企业重要的商业数据来源，市场调查是企业获取商业数据的主要手段。市场调查的主要目的是搜集、整理和分析市场信息，为认识市场、掌握规律、预测决策提供信息支持。市场调查的内容可以是涉及民众的基本情况、收入、支出、需求意向、意见、观念、习惯、行为和态度等的问题，也可以是商业性问题。例如，某企业要向市场推出新的消费类产品，需要通过对消费者的行为、态度、观念的研究，了解消费者在消费过程中对同类产品品牌的选择，对口味、色彩、包装、形状等方面的偏好，以及对该新产品的可能接受程度，并由此预测未来市场需求潜力，从而制订有效的营销计划。

④ 公开数据。

许多数据机构、杂志社、报社等组织或媒体，通常会提供一些可免费获取的公开数据，这些数据可能反映某市场的情况，也可能反映某行业的情况，还可能反映其他更细致的内容。对企业而言，这类数据不会产生任何获取费用，且具有足够的专业性和准确性，是不可多得的数据来源。

⑤ 网络平台或工具软件采集的数据。

网络平台或工具软件采集的数据是企业目前十分青睐的商业数据来源。随着互联网和大数据技术的不断发展，利用网络平台或工具软件获取数据变得越来越快捷。电商平台、搜索引擎等网络平台会产生海量数据，企业可以运用一些工具软件，从这些网络平台中获取需要的数据，供后续商业分析使用。专业性网站有国家统计局网站、中国人民银行网站、中国证券监督管理委员会网站、世界银行集团网站、国际货币基金组织网站等。

三、商业数据挖掘

通过多种方法对商业数据进行收集，会发现收集到的数据量巨大，但真正具有价值的商业数据却比较少，想要获得有用的商业数据，需要对大量的商业数据进行深层分析，此过程被称为商业数据挖掘。

商业数据挖掘是从大量的、不完全的、有噪声的、模糊的、随机的应用数据中，提取出潜在且有用的数据的过程。商业数据挖掘是一种综合技术，通常通过统计、情报检索、机器学习、专家系统（依靠过去的经验法则）和模式识别等方法来实现上述目标。广义的商业数据挖掘是一个完整的知识发现，包括数据预处理[3]、数据建模（模型选择）。

（1）数据预处理。

数据预处理主要包括数据清洗、数据集成、数据归约、数据变换和数据的离散化等几部分。

① 数据清洗主要包括对缺失值与异常值的处理。针对缺失值，可以简单地对其进行删除，但如果缺失值所占的比例达到一定值，就需要用户判断采集过程是否出现了问题，不可以进行简单的删除操作了。因为一旦删除了数据，数据所代表的信息就无法找回。

② 数据集成主要是指将多种数据源汇集到一起，放入一个数据仓库的过程。在数据集成的过程中会出现实体识别、冗余属性识别、数据值冲突等问题。在对多种数据源集成时，实体识别是很常见的事情。实体识别可理解为识别一种或多种数据源中的不同记录是否描述同一个实体，同一个实体在数据集成过程中可被用于数据去重和连接键等集成操作。冗余属性识别是指识别某些属性之间是否存在相关性，或者一个属性可以由其他属性推导得出。数据值冲突指的是不同数据源中同一个实体的属性值不同，这可能是单位不一致导致的。数据集成就是在多种数据源的集成过程中，解决上述问题，形成一个大的、无冗余的、数据值清楚的数据表。

③ 数据归约是指在保证原始数据信息不丢失的前提下，减少分析使用的数据量。数据归约采用维归约和数量归约等方式，可以对数据仓库中的海量数据进行提取，获得较小的数据集，同时大致保留原数据的完整性。

④ 数据变换是将原始数据进行归一化和标准化的操作。归一化是将原始数据变为(0,1)上的小数，变换函数可采用最小/最大规范化等方法。归一化的原因在于不同变量往往量纲不同，归一化可以消除量纲对最终结果的影响，使不同变量具有可比性。标准化是指将原始数据按比例缩放，使之落入一个小的特定区间，常用的函数为z-score，标准化处理后的数据均值为0，标准差为1。一般情况下，标准化要求原始数据近似符合高斯分布。

⑤ 数据的离散化可通过聚类、直方图、箱体图等方法完成。数据的离散化是指将连续数据划分至不同的区间，使用区间的编码来代替原始数据。例如，等宽离散的区间是按照数据的极差进行平均划分的，其每个区间的宽度相等；等分离散是按照数据的分位数划分的，其每个区间内的样本量相等或接近相等；人工离散则是根据业务理解进行区间划分的，如将人群分为未成年人（0~17岁）、青年人（18~65岁）、中年人（66~79岁）和老年人（80~99岁）。

(2)数据建模。

数据建模是对预处理后的数据进行挖掘的过程。数据建模主要是指针对不同的数据集选择统计模型和算法，不同的统计模型和算法适应不同的任务。算法的选择在目标的制定阶段就要有所考虑，选择统计模型的方法是利用多种模型进行数据训练，对每种结果进行评估，选择其中误差最小的统计模型即可。

四、商业数据分析

通过商业数据挖掘可找到数据潜在的价值。结合商业分析目标，采用适当的分析方法对收集的大量数据进行分析，为提取有用信息和形成结论而对数据加以详细研究和概括总结的过程，称为商业数据分析。随着计算机技术的全面发展，企业生产、收集、存储和处理数据的能力大大提高，数据量与日俱增。而在现实生活中，需要对这些繁多、杂乱的数据运用统计分析方法进行提炼，以发现数据的发展规律，帮助企业管理层做出决策。

结合企业需要解决的问题，商业分析实际的应用场景主要分为以下6类。

(1)客户分析。

客户分析主要是指对客户的基本数据信息进行商业行为分析。分析前，首先要界定目标客户，根据目标客户的需求、经济状况等基本信息，对目标客户进行分类；然后了解目标客户购买产品的类型和渠道；最后根据已有的客户特征，进行客户特征分析、客户忠诚度分析等。有效的客户分析能够帮助企业掌握目标客户的具体行为特征，将目标客户细分，选择最优的运营策略，提高企业整体效益。

(2)营销分析。

营销分析包括产品分析、价格分析、渠道分析、广告与促销分析4类。产品分析主要是指对竞争产品进行分析，通过对竞争产品的分析制定自身产品的营销策略；价格分析可以分为成本分析和售价分析，成本分析的目的是减少不必要的成本，售价分析的目的是制定符合市场的价格；渠道分析是指对产品的销售渠道进行分析，确定最优的渠道配比；广告与促销分析能够结合客户分析，实现销量的提高、利润的增加等。

(3)社交媒体分析。

社交媒体分析指以不同社交媒体生成的内容为基础，实现不同社交媒体的用户分析、访问分析、互动分析等。用户分析是指根据用户的注册信息、登录社交媒体的时间点和平时发表的内容等用户数据，分析用户个人画像和行为特征；访问分析是指通过用户平时访问的内容，分析用户的兴趣爱好，进而分析用户潜在的商业价值；互动分析是指根据互相关注对象的行为来预测该对象未来的某些行为特征。同时，社交媒体分析能为情感和舆情监督提供丰富的资料。

(4)用户行为分析。

用户行为分析是指对用户行为进行监测，并对监测获取的数据进行分析，帮助企业更加深入地了解用户的行为习惯。

(5)网站运营分析。

网站运营分析用于评估网站的盈利能力。为实现盈利目标，网站运营策略需要进行市场化调整，涉及渠道、成本、收益3方面的分析。渠道分析主要是指根据渠道的引流数、发布内容的推广数等渠道数据，分析渠道所能带来的运营效果；成本分析根据网站的预估成本、实际成本等数据评估运营的成本；收益分析根据参与人数、转化率、评分等数据，从用户、营收或者企业口碑等多种角度评估运营的效果。

（6）欺诈行为监测[4]。

身份信息泄露导致身份被盗用的事件屡见不鲜，随之而来的是欺诈等违法行为。公安机关、各大金融机构、电信部门可利用用户基本信息、用户交易信息、用户通话信息和短信信息等数据，识别可能发生的欺诈行为，做到提前预防。

五、商业应用

商业应用是指将数据分析结果与结论应用到实际生产的过程。根据需求的不同，商业应用可以是一份包含数据分析结果和对现状的具体整改措施的数据分析报告，也可以是将模型应用在生产系统中的一套解决方案。在多数项目中，无论提供的是数据分析报告，还是解决方案，最终都需要需求方对数据进行评估，即对数据分析结果进行评价，常见的评价指标有精度、召回率等。

第三节　商业分析常用的分析工具

一、Excel

Excel 是美国微软公司研发的一款电子表格，从 1985 年的 Excel 1.0 版本到最新的 Excel 2021 版本，已经开发并应用了将近 40 年的时间。如今，Excel 已经成为事实上的电子表格行业标准，无论是在科学研究、医疗教育、商业活动中，还是在家庭生活中，Excel 都能满足大多数人的数据处理需求。随着大数据和人工智能的发展，人类进入数据处理技术（DT）时代。在信息爆炸、数据量急速增加的今天，Excel 已成为市面上使用最广的数据分析工具，它可以帮助我们从数据中找出有价值的信息。在 Excel 2016 版本及其以后的版本中，Excel 嵌入了迎合大数据的一整套商业智能（BI）插件，包括 Power Query（用于数据获取与整理）、Power Pivot（用于数据建模与分析），其使得 Excel 不仅能够适应从小数据到大数据的发展，还能更智能地进行商业数据分析，进入后 Excel 时代。

Excel 的分析工具并不在默认的菜单栏中，需要在加载项中将其调出。调出步骤如下：单击"文件"→"选项"→"加载项"按钮，在"管理"下拉列表中选中"分析工具库"选项，单击"转到"按钮，在"加载项"对话框中勾选"分析工具库"复选框，单击"确定"按钮，便可在菜单栏的"数据"选项卡中找到分析工具了。Excel 提供了 15 种分析工具，根据本书内容，主要介绍以下 5 种。

（1）方差分析。

根据因素的个数及待检验样本总体中所含样本的个数给定三种方差分析工具。

① 单因素方差分析。

此分析工具通过简单的方差分析，对两个以上样本均值进行相等性假设检验（抽样取自具有相同样本均值的样本空间）。

② 可重复双因素分析。

此分析工具是对单因素方差分析的扩展，即每组数据包含不止一个样本。

③ 无重复双因素分析。

此分析工具通过双因素分析（每组数据只包含一个样本），对两个以上样本均值进行相等性假设检验（抽样取自具有相同均值的样本空间）。

（2）相关系数。

此分析工具可用于判断两组数据之间的线性相关关系。相关系数计算的返回值为两组数据的协方差除以它们标准差的乘积。使用相关系数分析工具可以确定两组数据的变化是否相关，即正相关（相关系数>0）、负相关（相关系数<0）和非线性相关（相关系数=0）。

（3）协方差。

此分析工具及其公式用于返回各数据点的一对均值偏差之间的乘积的平均值。从直观上来看，协方差表示的是两个变量总体误差的期望。如果两个变量的变化趋势一致，即当其中一个变量大于自身的期望值时，另外一个变量也大于自身的期望值，那么两个变量之间的协方差就是正值；如果两个变量的变化趋势相反，即当其中一个变量大于自身的期望值时，另外一个却小于自身的期望值，那么两个变量之间的协方差就是负值；如果两个变量是统计独立的，那么两者之间的协方差就是 0。

（4）指数平滑。

此分析工具及其公式基于前期预测值导出相应的新预测值，并修正前期预测值的误差。此分析工具使用平滑常数 α，其大小决定了新预测值对前期预测值误差的修正程度。0.2～0.3 之间的数值可作为合理的平滑常数，其表明本次预测需要将前期预测值的误差调整 20%～30%。大一些的平滑常数会导致快一些的响应但会生成不可靠的预测值，小一些的平滑常数会导致预测期延长。

（5）回归。

当通过一个或一组非随机变量来估计或预测某个随机变量的观测值时，所建立的数学模型及所进行的统计分析称为回归分析。回归分析可以确定因变量与自变量之间的回归模型，估计并检验回归模型及未知参数，同时在众多的自变量中，判断哪些变量对因变量的影响是显著的，哪些变量对因变量的影响是不显著的，最后根据自变量的已知值或给定值来估计和预测因变量的值。

二、R

R 语言是 S 语言的一种实现，S 语言是由 AT&T 贝尔实验室开发的一种用于进行数据探索、统计分析、作图的解释型语言。最初，S 语言的实现软件主要是 S-PLUS，S-PLUS 是一个商业软件，它基于 S 语言并由 MathSoft 公司的统计科学部进一步完善。后来，新西兰奥克兰大学的 Robert Gentleman 和 Ross Ihaka，以及其他志愿人员在 1993 年开发了一个 R 系统（也因此称为 R），目前由 "R 开发核心团队" 负责开发和维护。R 的使用与 S-PLUS 有很多类似之处，两个软件有一定的兼容性。R 不仅在学术界很受欢迎，很多大企业也使用 R，包括优步、谷歌、爱彼迎等。

R 语言是一种为统计计算和绘图而生的语言和环境，它是一套开源的数据分析解决方案，由一个庞大且活跃的全球性研究型社区维护。R 语言具备可扩展能力且拥有丰富的功能选项，可以帮助开发人员构建自己的工具及方法，从而顺利实现数据分析。R 可运行于多种平台之上，包括 Windows、UNIX 和 macOS X 等。

R 具有强大的数据处理功能，从数据的预处理到数据的分析建模，以及后续的绘图，R 都能很好地实现。

三、Python

Python 的创始人为荷兰人吉多·范罗苏姆（Guido van Rossum）。1989 年圣诞节期间，在阿姆斯特丹，吉多·范罗苏姆为了打发圣诞节的无趣，决心开发一个新的脚本解释程序作为 ABC 语言的一种继承。该编程语言的名字 Python（大蟒蛇的意思）取自英国 20 世纪 70 年代首播的电视喜剧《蒙提·派森的飞行马戏团》。

ABC 语言是由吉多·范罗苏姆参与设计的一种教学语言。就吉多·范罗苏姆本人看来，ABC 这种语言非常优美和强大，是专门为非专业程序员设计的。但是 ABC 语言并没有成功，究其原因，吉多·范罗苏姆认为是其非开放造成的。吉多·范罗苏姆决心在 Python 中避免这一错误。同时，他还想实现在 ABC 语言设计过程中想到过但未曾实现的东西。就这样，Python 在吉多·范罗苏姆手中诞生了。可以说，Python 是在 ABC 语言的基础上发展起来的，主要受到了 Modula-3（另一种相当优美且强大的语言，为小型团体设计的）的影响，并且结合了 UNIX shell 和 C 语言的特点。

目前，Python 已经成为最受欢迎的程序设计语言之一。自 2004 年以后，Python 的使用率呈线性增长趋势。Python 2 于 2000 年 10 月 16 日发布，稳定版本是 Python 2.7。Python 3 于 2008 年 12 月 3 日发布，不完全兼容 Python 2。2011 年 1 月，它被"TIOBE 编程语言排行榜"评为 2010 年度语言。

由于 Python 具有简洁性、易读性及可扩展性，因此在国外用 Python 进行科学计算的研究机构日益增多，一些知名大学已经采用 Python 来教授程序设计课程，如卡耐基梅隆大学的"编程基础"、麻省理工学院的"计算机科学及编程导论"。众多开源的科学计算扩展库都提供了 Python 的调用接口，如著名的计算机视觉库（OpenCV）、三维可视化库（VTK）、医学图像处理库（ITK）。而 Python 专用的科学计算扩展库就更多了，如以下 3 个十分经典的科学计算扩展库：NumPy、SciPy 和 Matplotlib，它们分别为 Python 提供了快速数组处理、数值运算及绘图功能。因此，由 Python 及其众多科学计算扩展库所构成的开发环境适用于工程技术及科研人员处理实验数据、制作图表，甚至开发科学计算应用程序。

第四节　商业分析常见的问题

一、竞争分析

竞争分析从广义上来讲指竞争战略分析。竞争战略分析就是要讲清楚"行业""竞争""战略"3 方面，竞争战略分析的主要目的在于了解竞争对手的经营状况，了解目标客户的未来需求，以及发现新的消费点和新的客户群，最终实现在未来市场竞争活动中占据主导位置。竞争战略分析内容的具体含义如下。

① 行业概念、整体现状（行业范围、行业构成、历史总量）、行业发展趋势（政策、需求及技术趋势等）、未来市场及行业变化趋势、企业的外部优劣势、内部机会和威胁——讲"行

业"，即行业研究。

② 行业主要企业的服务和产品之间的竞争（市场竞争格局、企业自身财务风险状况、产品竞争优劣势、竞争对手监控等）——讲"竞争"。

③ 行业发展战略选择（结合供需双方现状及趋势，以及目前市场竞争的格局和强度进行分析，详细阐述重点发展策略）——讲"战略"。

本书针对竞争战略分析中的"行业""竞争"两个层面进行典型问题的分析，不涉及战略层面的竞争战略分析。

二、商业风险

商业风险是指在商业活动中，由各种不确定因素引起的，给商业主体带来盈利或损失的机会或可能性的一切客观经济现象。现实中的商业风险无处不在，如市场价格的波动、物价的波动、消费者的价值观变化等都是市场经济条件下的商业风险。

本书从商业实践角度介绍了 5 种统计相关的商业风险管理方法，分别是可行性分析、主观评分法、层次分析法、决策树法和不确定性风险估计方法，以实现商业风险的管理实践。

三、质量管理

质量管理是指确定质量方针、目标和职责，并通过质量管理体系中的质量策划、质量控制、质量保证和质量改进来使其实现的全部活动。对项目进行质量管理主要是为了确保项目按照设计者规定的要求完成，它包括使整个项目的所有功能活动能够按照原有的质量要求及目标要求得以实施。质量管理主要是依赖于质量策划、质量控制、质量保证及质量改进所形成的质量管理系统来实现的。

本书介绍了三种质量管理的统计方法，分别是控制图、抽样检验方案和正交试验设计，以实现对商业项目的质量管理。

四、规划问题

规划问题是指在商业管理行业中资源一定，如何实现目标最大化；目标一定，如何实现成本最小化等问题。本书介绍了线性规划问题、整数规划问题、运输问题。

五、商业预测

商业预测是指以市场经济运行的基本规律为出发点和落脚点，从行业发展的基本态势出发，将内部和外部的各种信息、数据整合起来，从中找寻相关影响因素，预测未来发展趋势。商业预测是保证企业未来竞争力的基础和前提，通常是以各种预测理论、预测模型为基础展开的。商业预测包含市场潜力预测、潜在客户识别预测、商业历史数据预测、风险识别预测等。

根据商业预测过程中所发现的影响因素、机会及挑战，结合企业的经营情况和发展要求，制定针对性的政策并将其贯彻到具体的行动中来，是商业预测能够取得最终效果的必然要求。因此，企业的经营者和管理者们，必须从本企业的具体情况出发，重视所掌握的资源和优势，以商业预测的结果为参考，做出相关的决策并有规划地一步步采取行动。

本书主要介绍商业预测中最主要的两种预测，即潜在客户识别预测和商业时间序列预测。

本章习题

一、简答题

1. 商业分析与数据分析的区别在哪里？
2. 商业分析常见的分析工具有哪些？

二、案例分析

月子中心是为生产母亲（产妇）提供专业产后恢复服务的场所，也称为月子会所，有专业营养师负责给产妇提供月子餐，有专业护士照顾宝宝，帮助产妇尽快恢复身体，提供宝宝喂养知识。

据统计，二胎政策使得每年新生婴儿增长 200 万～300 万人，因此为月子中心的发展带来了无限商机。截至 2017 年，我国母婴护理服务机构的数量超过 4000 家，其中仅月子中心就有 3000 家以上。同时，月子中心和产后康复的营业规模占据市场主导地位。其中，成规模的月子中心已达到 1320 家。月子中心在全国范围内迅速扩展。

西安，古称长安、镐京，是陕西省省会、副省级市、关中平原城市群核心城市、丝绸之路起点城市、中国西部地区重要的中心城市，以及国家重要的科研、教育、工业基地。西安下辖 11 区 2 县，并代管西咸新区，总面积为 10108km^2，截至 2022 年年末，西安的常住人口为 1299.59 万人，常住人口城镇化率为 79.59%，全年地区生产总值为 11486.51 亿元。在这样庞大的人口基数且经济发达的背景下，西安的月子中心数量正在逐年增加。

近年来，城市家庭对产后母婴护理专业服务的需求与日俱增。根据华经情报网调查数据，陕西省产后母婴护理专业服务行业高速发展，仅西安市就有超过 2000 家母婴护理服务机构，超过 4000 张床位，在全国排名前十。

可爱多月子中心于 2019 年 2 月 27 日成立，位于西安市高新区高新医院附近，拥有较大客户源，但其处于众多月子中心之间，竞争压力大。为了使其在众多月子中心中脱颖而出，请为可爱多月子中心提供商业分析。

第二章　商业数据获取和清洗

> **学习目标**
>
> 1. 掌握商业数据的获取途径，能够根据商业分析的需要获取相关数据。
> 2. 能够使用 Excel、R 和 Python 对商业数据进行清洗。
> 3. 能够使用 Excel、R 和 Python 对商业数据进行集成。
> 4. 能够使用 Excel、R 和 Python 对商业数据进行变换。
> 5. 能够使用 Excel、R 和 Python 对商业数据进行归约。

第一节　商业数据获取

一、商业数据类型

商业数据是指一个产业价值链上各个重要环节的历史信息和即时信息的集合，其内容包括企业内部数据、分销渠道数据、消费市场数据等。它不仅能揭示产业的历史，还能反映产业的最新发展，更重要的是能预示产业的未来，为该产业价值链上的各类企业提供可靠的咨询和指导。根据不同的分类标准，商业数据可以分为不同的类别，具体如下。

（一）数据来源的不同

根据数据来源的不同，商业数据可以分为交易数据、移动通信数据、社交数据、机器数据、互联网上的数据。

① 交易数据。交易数据包括 POS（Point Of Sales）机数据、信用卡刷卡数据、电子商务数据、互联网点击数据、企业资源规划系统数据、销售系统数据、客户关系管理系统数据、企业生产数据、库存数据、订单数据、供应链数据等。

② 移动通信数据。能够上网的智能手机等移动通信设备的应用越来越普遍，移动通信设备记录的数据量和数据的完整度常常优于各互联网企业掌握的数据。移动通信设备上的软件能够追踪和沟通无数事件，如使用软件时储存的交易数据（搜索产品的记录事件等）、个人信息资料或状态报告事件（地点变更，即报告一个新的地理编码等）等。

③ 社交数据。社交数据包括电子邮件、文档、图片、音频、视频，以及通过微信、博客等社交媒体产生的数据流。这些数据大多数为非结构化数据，需要用文本分析功能进行分析。

④ 机器数据。机器数据是指来自感应器、量表和其他设施的数据，以及定位系统数据等，包括功能设备（智能温度控制器、智能电表、车联网系统等）创建或生成的数据。

⑤ 互联网上的数据。互联网上的数据包括政府机构、非营利组织和企业免费提供的数据等。

（二）数据结构的不同

根据数据结构的不同，商业数据可以分为结构化数据、半结构化数据和非结构化数据。

① 结构化数据。结构化数据是指能用关系型数据库描述的数据，其特点是数据以行为单位，一行数据表示一个实体的信息，每一行数据的属性是相同的，如企业财务系统、医疗数据库、教育一卡通中存储的数据。

② 半结构化数据。半结构化数据是指拥有自描述结构的数据，其包含相关标记，用来分隔语义元素并对记录和字段进行分层，如 html、xml 等。

③ 非结构化数据。非结构化数据是指没有固定结构的数据，如文档、图片、视频、音频等，它们都是通过二进制格式来保存的。

（三）数据计量层次的不同

根据数据计量层次的不同，商业数据可以分为定类数据、定序数据、定距数据与定比数据。

① 定类数据。这是数据的最低级别，它将数据按照类别进行分类，各类别之间是平等并列关系。这种数据不带数量信息，并且不能在各类别间进行排序。例如，某商场将顾客所喜爱的服装颜色分为红色、白色、黄色等，红色、白色、黄色就是定类数据。又如，人群按性别分为男性和女性，男性和女性也属于定类数据。虽然定类数据表现为类别，但为了便于统计处理，可以将不同的类别用不同的数字或编码来表示，如 1 表示女性，2 表示男性，但这些数字不可以区分大小或进行数学运算。不论使用何种编码，其所包含的信息都没有任何损失。对定类数据执行的主要运算是计算每一类别中项目的频数和频率。

② 定序数据。这是数据的中间级别，它不仅可以将数据分成不同的类别，各类别之间还可以通过排序来比较优劣。也就是说，定序数据与定类数据最主要的区别是定序数据之间是可以排序的。例如，人的受教育程度就属于定序数据，可以采用数字编码表示不同的类别：小学=1，初中=2，高中=3，大学=4，硕士=5，博士=6。通过对编码进行排序，可以明显地表示出受教育程度之间的高低差异。虽然这种差异程度不能通过编码之间的差异进行准确的度量，但是可以确定其高低顺序，即可以通过编码进行不等式的运算。

③ 定距数据。定距数据是具有一定单位的实际测量值（温度、考试成绩等）。定距数据不仅可以知道各变量之间存在差异，还可以通过加、减运算准确地计算出各变量之间的实际差距是多少。可以说，定距数据的精确性比定类数据和定序数据前进了一大步，它可以对事物类别或顺序之间的实际差异进行测量。例如，甲的英语成绩为 80 分，乙的英语成绩为 85 分，可知乙的英语成绩比甲高 5 分。

④ 定比数据。这是数据的最高级别，它的数据表现形式与定距数据一样，均为实际的测量值。定比数据与定距数据唯一的区别是，定比数据中是存在绝对零点的，而定距数据中是不存在绝对零点的（零点是人为制定的）。因此，定比数据之间不仅可以比较大小，进行加、减运算，还可以进行乘、除运算。

（四）数据时间状况的不同

根据数据时间状况的不同，商业数据可以分为时间序列数据和截面数据。

① 时间序列数据。时间序列数据反映现象随时间变化的情况。例如，某大型购物商场 2021

年 1 月份至 12 月份的营业额，某电商平台 2000 年至 2021 年的销售额等。

② 截面数据。截面数据描述现象在某一时间内不同空间或对象的变化情况。例如，2021年"双十一"期间各大电商平台的销售额，2021 年 32 个省（自治区、直辖市）的旅游业收入等。

二、商业数据获取途径

前面已经指出，商业数据主要来源于内部数据、合作伙伴的数据、市场调查数据、公开数据、网络平台或工具软件采集的数据，其中内部数据和合作伙伴的数据可以通过企业内部部门间协调和企业间的合作获得。下面重点介绍 3 类数据的获取方式：公开数据、市场调查数据、网络平台或工具软件采集的数据（本书以基于网络爬虫的数据为例进行介绍）。

（一）公开数据获取

公开数据的获取途径很多，主要包括中国人民银行、国家统计局、中国政府网、中国经济数据库、中国互联网络信息中心等发布的数据统计信息。这里列举几个常用的获取途径。

① 中国人民银行调查统计司。

中国人民银行调查统计司的公开数据主要包括社会融资规模、金融统计数据、货币统计、金融机构信贷收支统计、金融市场统计、企业商品价格指数等，数据权威且容易查找，实用性强，如图 2-1-1 所示。

图 2-1-1 中国人民银行调查统计司的公开数据

② 中国人民银行金融市场司。

中国人民银行金融市场司的公开数据主要包括银行业的统计数据，如资产负债规模、主要监管数据等，如图 2-1-2 所示。

③ 国家统计局。

国家统计局的公开数据主要包括国家经济宏观数据，社会发展、民生相关重要数据及信息，非常全面，实用性强。

金融市场运行分析

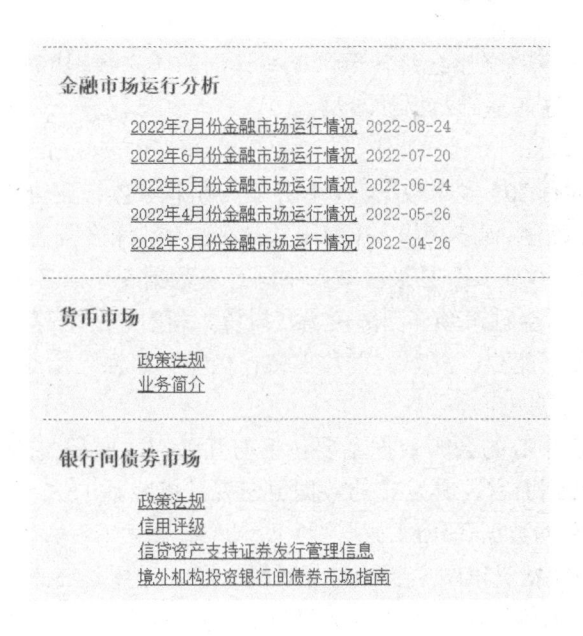

  2022年7月份金融市场运行情况 2022-08-24
  2022年6月份金融市场运行情况 2022-07-20
  2022年5月份金融市场运行情况 2022-06-24
  2022年4月份金融市场运行情况 2022-05-26
  2022年3月份金融市场运行情况 2022-04-26

货币市场

  政策法规
  业务简介

银行间债券市场

  政策法规
  信用评级
  信贷资产支持证券发行管理信息
  境外机构投资银行间债券市场指南

图 2-1-2 中国人民银行金融市场司的公开数据

④ 国家数据网站。

国家数据网站的公开数据来源于国家统计局，但网页界面更清晰简洁，包括国计民生各个方面的月度数据、季度数据、年度数据、各地区数据、部门数据及国际数据，如图 2-1-3 所示。

图 2-1-3 国家数据网站的公开数据

⑤ 中国政府网。

中国政府网的公开数据主要包括居民消费价格指数、国内生产总值、生产价格指数、工业生产者出厂价格指数、固定资产投资、社会消费品零售总额、粮食产量等。这些数据来源于国家统计局,点击数据对应的链接会跳转至国家统计局的国家数据网站,查找起来比较简单清晰,适合需要快速获取这些基础数据的人群。

⑥ 中国经济数据库。

中国经济数据库拥有700多个数据源,包括官方机构、各行业协会及知名企业。其中,区域宏观数据覆盖省(自治区、直辖市),并细化到县级区域,深度覆盖30多个省级行政区,330多个地级行政区,以及2000多个县级区域。中国经济数据库聚焦多个宏观经济主题,如国民账户、财政、社会人口、金融市场、国际贸易、投资、利率、汇率等,同时包含众多热点行业数据,如房地产、工业、能源、汽车、批发零售、运输和储存等行业。

⑦ 中国互联网络信息中心。

中国互联网络信息中心的公开数据主要包括与互联网发展相关的基础数据,相对于第三方机构发布的互联网数据而言,其发布的数据更宏观且权威。

⑧ 199IT中文互联网数据资讯网。

199IT中文互联网数据资讯网主要针对互联网专题进行数据统计,侧重于搜集各种与互联网相关的报告,数据权威性一般,但大部分报告的质量很高,启发性和可读性非常强。

⑨ 搜数网。

搜数网的公开数据主要包括生活消费、工业经济、旅游餐饮等分类,在国家统计局网站的数据不太好找的情况下,可以把该网站当作替代工具。

⑩ 百度指数。

百度指数是以百度海量网民行为数据为基础的数据分析平台,是当前互联网乃至整个大数据时代重要的统计分析平台之一,自发布之日起便成为众多企业营销决策的重要依据。"世界很复杂,百度更懂你",百度指数能够告诉用户:某个关键词在百度的搜索规模,一段时间内的涨跌态势及相关的新闻舆论变化,关注该关键词的网民是什么样的,分布在哪里,同时搜索了哪些相关的词,帮助用户优化数字营销活动方案。

⑪ 知网数据库。

知网数据库中的公开数据包括统计年鉴、调查资料、分析报告、普查资料、资料汇编和统计摘要等。

(二)市场调查数据获取

1. 什么是市场调查

市场调查是指用科学的方法,有目的、系统地搜集、记录、整理和分析市场情况,了解市场的现状及发展趋势,为企业的决策者制定政策、进行市场预测、做出经营决策、制订计划提供客观且正确的依据。

2. 市场调查的类型

市场调查涉及的种类和范围相对较多,按照不同的调查对象和性质可以分为不同的类别。

(1) 根据调查对象分类。

根据调查对象不同,市场调查可分为生产者市场调查和消费者市场调查,即从消费的起点和终点两个方向展开调查工作。消费者市场调查针对特定的消费者进行观察与研究,有目的地分析其购买行为、消费心理演变等。生产者市场调查是指对为了满足加工制造等生产性需要而形成的市场的调查。这个市场上交易的商品是生产资料，参与交易活动的购买者主要是生产企业，购买商品的目的是满足生产性需要。通常将生产者市场同消费者市场联系起来进行考察，重点说明生产者市场的生产消费需要、产品的供应和寿命周期。

（2）根据市场调查的频率分类。

根据市场调查的频率不同，市场调查可分为定期调查、经常性调查和一次性调查。

（3）根据市场调查的目的、形式和性质分类。

根据市场调查的目的、形式和性质不同，市场调查可分为探索性市场调查、描述性市场调查、因果性市场调查和预测性市场调查。

探索性市场调查指的是在没有特定结构和非正式方法的情况下收集数据资料的市场调查，主要用于收集初步数据，借以启示问题的真正性质，并可能提出若干假设或新构思，经常被用于定义问题，也可用于进行追踪调查，以寻找市场机会。

描述性市场调查是对市场上存在的客观情况如实地加以描述和反映，从中找出各种因素的内在联系，即回答"是什么"的市场调查。描述性市场调查的特点是对调查的情况通过描述寻找解决问题的答案。市场潜在需求量调查、市场占有率与市场面的调查、推销方法与销售渠道的调查、消费者行为调查、竞争状态调查、产品调查等都属于描述性市场调查。例如，消费者行为调查就是要调查购买本企业产品的顾客是哪些人、是年纪大的还是年纪小的、是收入高的还是收入低的、是什么时候购买的、是如何购买的等。描述性市场调查可以把市场活动的面貌如实地描述出来。可见，描述性市场调查涉及的内容很广，是市场调查的重要组成部分，对于取得市场信息资料来说十分重要。

因果性市场调查是对市场上出现的各种现象之间或问题之间的因果关系进行调查，目的是找出产生问题的原因和结果，也就是专门调查"为什么"。因果性市场调查提出各因素的关联现象。例如，某产品的销售量增长与广告费增加、技术服务费增加、消费者收入有所增长等有关，因果性市场调查则要找出在这些关联中何为"因"，何为"果"，哪一个"因"是主要的，哪一个"因"是次要的，各个"因"的影响程度是多大等。

预测性市场调查是在取得过去和现在的各种市场数据资料的基础上，经过分析研究，运用科学的方法和手段估计未来一定时期内市场对某种产品的需求量及其变化趋势的调查。市场销售所面临的最大问题仍是需求问题，需求是生产的先决条件，也是企业生存的条件，对市场需求的估计对每个企业都具有重大意义，因此只有了解未来的市场需求，企业才能做生产、财务、人事、组织等规划。如果对企业产品未来的需求完全不了解或无从估计，日后所承担的风险显然很大，可能发生生产过剩或生产不足的问题，这两种情形都会使企业产生损失。前者为实际损失，而后者为机会损失，因此预测性市场调查的意义重大。

（4）根据市场调查的组织形式分类。

根据市场调查的组织形式不同，市场调查可分为专题性调查和综合性调查。专题性调查是指针对某一个专门问题进行具体、深入的调查研究，特点是题目单一、内容集中、具体深入和针对性强。综合性调查的特点是调查的课题重大、涉及面较广，一般在获得大量数据资料的基础上，通过分析、归纳、概括形成综合性调查报告。

（5）根据市场调查的资料来源分类。

根据市场调查的资料来源不同，市场调查可分为实地市场调查和文案市场调查。实地市场调查是相对于文案市场调查而言的，是对在实地进行的市场调查活动的统称。在某些情况下，文案市场调查无法达到调查目的，收集资料不够及时、准确时就需要适时地进行实地市场调查来解决问题，取得第一手的资料和情报，使调查工作有效、顺利地开展。所谓实地市场调查，就是指第一手资料的调查活动。文案市场调查指的是市场调查执行人员在充分了解企业开展市场调查的目的之后，收集企业内部既有档案资料、企业外部各种相关文书档案及公开的报告资料，加以整理、衔接、调整及汇集之后，以归纳或演绎等方法予以分析，进而提供相关市场调查报告及市场营销建议，作为企业相关人员做出决策的参考依据。

问卷调查是市场调查的一种重要手段，下面重点介绍问卷调查。

3. 问卷调查方法

问卷调查按照被调查者不同，可分为自填式问卷调查和代填式问卷调查。其中，自填式问卷调查按照问卷传递方式不同，可分为报刊问卷调查、邮政问卷调查、发送式问卷调查和网络问卷调查（问卷星、微信小程序等）；代填式问卷调查按照与被调查者交谈方式不同，可分为访问问卷调查和电话问卷调查。

报刊问卷调查，即随着报刊的投递分发问卷，请报刊读者对问卷做出书面回答，然后在规定的时间内将问卷通过邮局寄回报刊编辑部。

邮政问卷调查，即调查者将问卷邮寄给选定的被调查者，请被调查者按照规定的要求和时间填答问卷，然后通过邮局将问卷寄还给调查者。

发送式问卷调查，即调查者派人将问卷送给选定的被调查者，等被调查者填答完成后再派人回收问卷。

网络问卷调查，即调查者通过网络邀请人们参与问卷调查，以获取市场信息。

访问问卷调查，即调查者按照统一设计的问卷当面向被调查者提出问题，然后由调查者根据被调查者的口头回答来填写问卷。

电话问卷调查，即由调查者口述出计算机显示的或纸质问卷中的题目，然后手动输入或写下被调查者的回答，借此可简便地进行实际调查管理和统计。

各种问卷调查方法的优缺点如表 2.1.1 所示。

表 2.1.1　各种问卷调查方法的优缺点

问卷分类	问卷类型	优点	缺点
自填式问卷	报刊问卷调查	有稳定的传播途径、保密性好、费用低	问卷回收率不高
	邮政问卷调查	调查范围广，被调查者有充足的时间填答问卷，可以对较敏感或隐私问题进行调查	问卷回收率较低，信息反馈周期长，要求被调查者有较好的文字表达能力，难以甄别被调查者是否符合条件
	发送式问卷调查	有明确的调查对象	发送和回收问卷需要较高的成本
	网络问卷调查	保密性好，不受时间和空间的限制，可以获得更多的信息	问卷回收率不高，质量难以保证

续表

问卷分类	问卷类型	优点	缺点
代填式问卷	访问问卷调查	具有较高的回答率并且可以对问题进行解释、确认	成本高，不适用于敏感性话题调查，调查者的素质直接影响问卷质量
	电话问卷调查	速度快、便于控制，适合大范围调查	受电话安装情况的限制，在涉及的问题多且复杂时，容易被拒绝回答

4. 问卷的设计[5]

问卷一般由卷首语、问题与回答方式、编码和其他资料4部分组成。

（1）卷首语。

卷首语是问卷的自我介绍部分。卷首语的内容应该包括调查的目的、意义和主要内容，对被调查者的希望和要求，填写问卷的说明，回收问卷的方式和时间，调查的匿名和保密原则，调查者的名称等。为了能引起被调查者的重视和兴趣，争取他们的合作和支持，卷首语的语气要谦虚、诚恳、平易近人，文字要简明、通俗、有可读性。卷首语一般放在问卷第一页的上面，也可单独作为一封信放在问卷的前面。

例 2-1-1

下面是"×××市×××区老年居民智慧养老设备需求现状"问卷的卷首语。

您好！

非常冒昧地占用您两分钟时间！我是×××学校的大四学生，为准确了解×××区老年居民智慧养老设备需求的真实情况，设计了此份问卷，并以此为基础进行数据分析，希望为相关厂商、社区和政府部门改善养老服务提供建议。本问卷收集的信息仅供论文撰写使用且采取匿名的方式，绝不会泄露您的个人隐私，并且问卷选项不存在对错之分，请您根据自己的实际情况填写纸质问卷。填写完成后，我将立即收回。

感谢您的积极配合！

（2）问题与回答方式。

这是问卷的主要组成部分，通常包括调查者询问的问题、回答问题的方式、对回答方式的指导和说明等。

① 问题的种类。

背景性问题是指为了解被调查者的个人基本情况而设计的问题。

客观性问题是指为了解已经发生和正在发生的各种事实和行为而设计的问题。

主观性问题是指为了解人们的思想、感情、态度、愿望等而设计的问题。

检验性问题是指为检验回答是否真实、准确而设计的问题。

② 问题的设计原则。

客观性原则，即设计的问题必须符合客观实际情况。

必要性原则，即必须围绕调查目的和研究假设设计最必要的问题。

可能性原则，即必须符合被调查者回答问题的能力。凡是超出被调查者理解能力、记忆能力、计算能力、回答能力的问题，都不应该提出。

自愿性原则，即必须考虑被调查者是否自愿真实回答问题。凡被调查者不可能自愿真实回答的问题,都不应该正面提出。

③ 问题的表述。

a. 表述问题的原则。

具体性原则,即问题的内容要具体,不要提抽象、笼统的问题。

例 2-1-2

您什么时候感觉到生活的意义?[多选题]

1. 不被他人打扰,一个人的时候(　　)
2. 和朋友在一起的时候(　　)
3. 和家人在一起的时候(　　)
4. 沉浸在工作中的时候(　　)
5. 在运动和享受艺术的时候(　　)

这里的"生活的意义"是一个十分抽象的概念。到底什么是"生活的意义",许多被调查者也许难以理解。即使人们理解了它的含义,也很难保证这种理解的一致性。此外,这一问题与所列的答案也不是很协调。

单一性原则,即问题的内容要单一,不要把两个或两个以上问题合在一起提出。

例 2-1-3

父母的学历是什么?[单选题]

1. 大专及以下(　　)
2. 本科(　　)
3. 研究生及以上(　　)

这里询问的是父母的学历,实际上是两个问题,即"父亲的学历是什么?"和"母亲的学历是什么?",如果父母的学历不同,那么被调查者无法选择正确的选项。

通俗性原则,即表述问题的语言要通俗,不要使用使被调查者感到陌生的语言,特别是应避免使用过于专业的术语。

例 2-1-4

您认为洛伦兹曲线可以用来比较和分析不同国家的财富不平等情况吗?[单选题]

1. 可以(　　)
2. 不可以(　　)

这里的"洛伦兹曲线"是一个专业术语,非专业人士不清楚其定义,这会导致被调查者不回答该问题或随意选择一个选项。

准确性原则,即表述问题的语言要准确,不要使用模棱两可、含混不清或容易产生歧义的语言或概念。

例 2-1-5

您多久去一次超市?[单选题]

1. 经常(　　)

2. 偶尔（　　）

3. 从不（　　）

这里的选项"经常"和"偶尔"表述不清，每月 4 次是"经常"还是"偶尔"呢？不同的被调查者可能有不同的理解，可以把选项修改为

1. 少于 2 次（　　）

2. 3～4 次（　　）

3. 5 次以上（　　）

简明性原则，即表述问题的语言应该尽可能简单、明确，不要冗长和啰唆。

客观性原则，即表述问题的态度要客观，不要有诱导性或倾向性的语言。

例 2-1-6

最近几年，很多农村青年涌入城市，导致城市住房需求不断增大，您认为后续房价会呈现什么趋势？[单选题]

1. 下跌（　　）

2. 上涨（　　）

3. 不变（　　）

4. 不清楚（　　）

这里的题干给出了城市住房需求增大的背景，容易诱导被调查者对后续房价做出上涨的判断，影响被调查者自身的判断。

非否定性原则，即要避免使用否定句表述问题。

b. 特殊问题的表述方式。

释疑法，即在问题前面写一段消除疑虑的功能性文字。

假定法，即用一个假言判断作为问题的前提，然后询问被调查者的看法。

转移法，即把回答问题的人转移到别人身上，然后请被调查者对别人的回答做出评价。

模糊法，即对某些敏感问题设计一些比较模糊的答案，以便被调查者做出真实的回答。例如，个人收入是一个比较敏感的问题，许多人不愿做出具体回答，可以将月平均收入划分为几个区间供被调查者选择。

例 2-1-7

您本人的月平均收入是多少？[单选题]

1. 3000 元以下（　　）　　2. 3001～5000 元（　　）

3. 5001～7000 元（　　）　　4. 7001～9000 元（　　）

5. 9001 元以上（　　）

这样，被调查者就有可能做出比较符合实际的回答了。

c. 回答类型。

回答有三种基本类型，即开放型回答、封闭型回答和混合型回答。

Ⅰ 开放型回答。

所谓开放型回答,是指对问题不提供任何具体答案,而由被调查者自由填写。

例 2-1-8

您认为新能源汽车的市场发展前景如何?

例 2-1-9

您怎么看待国内通用航空市场的发展?

开放型回答的最大优点是灵活性大、适应性强,特别适合那些答案类型很多、答案比较复杂、事先无法确定各种可能答案的问题。同时,它有利于发挥被调查者的主动性和创造性,使他们能够自由表达意见。一般来说,开放型回答与封闭型回答相比,能提供更多的信息,有时还会发现一些超出预料的、具有启发性的回答。开放型回答的缺点是回答的标准化程度低,整理和分析比较困难,会出现许多一般化、不准确、无价值的信息。同时,它要求被调查者有较强的文字表达能力,而且要花费较多的填写时间,这样就有可能降低问卷的回收率和有效率。

Ⅱ 封闭型回答。

所谓封闭型回答,是指调查者提出的问题带有预设的答案,被调查者的答案不需要展开。封闭型回答的具体方式多种多样,常用的有以下几种。

填空式,即在问题后面的横线上或括号内填写答案的回答方式。

例 2-1-10

您的职业是(　　)。

例 2-1-11

您有(　　)个孩子。

这种回答方式适用于回答各种答案比较简单的问题。

两项式,即只有两种答案可供选择的回答方式。

例 2-1-12

您的性别是什么?[单选题]

1. 男(　　)
2. 女(　　)

例 2-1-13

您家有新风系统吗?[单选题]

1. 有(　　)
2. 无(　　)

这种回答方式适用于互相排斥的二选一式的定类问题。

列举式,即在问题后面设计若干条填写答案的横线,由被调查者自己列举答案的回答方式。

例 2-1-14

您选择职业时最看重什么条件？（请列举最重要的 2 个条件）

第一个条件：＿＿＿＿＿＿＿＿＿＿＿＿＿＿＿＿＿＿＿＿＿＿＿＿＿＿＿＿＿

第二个条件：＿＿＿＿＿＿＿＿＿＿＿＿＿＿＿＿＿＿＿＿＿＿＿＿＿＿＿＿＿

这种回答方式适用于回答有几种互不排斥的答案的定类问题。

选择式，即列出多种答案，由被调查者自由选择一种或多种的回答方式。

例 2-1-15

您的孩子多久做一次视力检查？[单选题]

1. 半年以内（包括半年）（　　）
2. 一年（　　）
3. 一年以上（　　）

例 2-1-16

您认为母校本专业开设的以下哪些专业课程对您的工作帮助较大？　[多选题]

1. 统计学（　　）　　　　　2. 计量经济学（　　）
3. 多元统计分析（　　）　　4. 统计预测与决策（　　）
5. 时间序列分析（　　）　　6. 抽样技术（　　）
7. 市场调查（　　）　　　　8. 管理数量方法（　　）
9. 企业统计学（　　）　　　10. 微观经济学（　　）
11. 宏观经济学（　　）　　　12. 市场营销学（　　）

顺序式，即列出若干种答案，由被调查者给各种答案排列先后顺序的回答方式。

例 2-1-17

您选择智慧养老设备时考虑的因素有哪些？（请按重要程度给下列考虑因素编号，最重要的为 1，最不重要的为 6）[多选题]

1. 易用性（　　）
2. 经济性（　　）
3. 功能性（　　）
4. 安全性（　　）
5. 创新性（　　）
6. 知名度（　　）

这种回答方式适用于要表示一定先后顺序或轻重缓急的定序问题。

等级式，即列出不同等级的答案，由被调查者根据自己的意见或感受选择答案的回答方式。

例 2-1-18

您对智慧养老设备的了解程度是什么？[单选题]

1. 非常不了解（　　）
2. 比较不了解（　　）
3. 一般了解（　　）

4. 比较了解（　　）

5. 非常了解（　　）

常用的表示等级的词语还有非常喜欢、喜欢、中立、不喜欢、非常不喜欢；完全同意、同意、中立、不同意、非常不同意等。此外，还可以用数字来表示等级。

赞成 □ □ □ □ □ 不赞成

同意 □ □ □ □ □ 不同意

满意 □ □ □ □ □ 不满意

高兴 □ □ □ □ □ 不高兴

喜欢 □ □ □ □ □ 不喜欢

方框可以依次表示 2、1、0、-1、-2。其中，"2"表示非常赞成/非常同意/非常满意/非常高兴/非常喜欢；"1"表示赞成/同意/满意/高兴/喜欢；"0"表示中立；"-1"表示不赞成/不同意/不满意/不高兴/不喜欢；"-2"表示非常不赞成/非常不同意/非常不满意/非常不高兴/非常不喜欢。或者以"5""4""3""2""1"表示赞成/同意/满意/高兴/喜欢的等级，依次类推。被调查者只需在适合的方格内打√就可以。

这种回答方式适用于要表示意见、态度、感情的等级或强烈程度的定序问题。

矩阵式，即将同类的几个问题和答案排列成一个矩阵，由被调查者对比着进行回答的方式。

例 2-1-19

请根据您的孩子的实际情况选择对应的用眼行为频率（请在对应的选项位置打√）。

看书/学习状态	5 （非常符合）	4 （符合）	3 （中立）	2 （不符合）	1 （非常不符合）
躺着看书					
走路看书					
在晃动的车内看书					
在过亮的环境下学习					
在过暗的环境下学习					

这种回答方式适用于同类问题、同类回答方式的一组定序问题。

表格式，即将几个同类问题和答案列成一个表格，由被调查者回答的方式。它实际上是矩阵式的一种变形。

例 2-1-20

请您对使用智慧养老设备的满意度进行评价：分值由低到高排列，1为非常不满意，5为非常满意，请您根据自身的实际情况进行打分（请在对应的选项位置打√）。

指标	非常不满意	不满意	中立	满意	非常满意
使用效果					
便捷程度					

续表

指标	非常不满意	不满意	中立	满意	非常满意
品牌宣传					
产品价格					
产品质量					
售后服务					
知名度					
外观设计					

与矩阵式一样,这种回答方式也适用于同类问题、同类回答方式的一组定序问题。

封闭型回答有许多优点,它的答案是预先设计的、标准化的,不仅有利于被调查者正确理解和回答问题,节约回答时间,提高问卷的回收率和有效率,还有利于对回答进行统计和定量研究。此外,封闭型回答还有利于询问一些敏感问题,被调查者对这类问题往往不愿写出自己的看法,但对已有的答案却有可能进行真实的选择。封闭型回答的缺点是设计比较困难,特别是一些比较复杂的、答案很多或不太清楚的问题,很难设计得完整、周全,一旦设计有缺陷,被调查者就无法正确回答问题;回答方式比较机械,没有弹性,难以适应复杂的情况,难以发挥被调查者的主观能动性;填写比较容易,被调查者可能对自己不懂甚至根本不了解的问题任意填写,从而降低回答的真实性和可靠性。

Ⅲ 混合型回答。

所谓混合型回答,是指封闭型回答与开放型回答的结合,它实质上是半封闭、半开放的回答类型。

例 2-1-21

您愿意购买或使用智慧养老设备的原因是什么?[多选题]

1. 想了解自身健康状况(　　)
2. 让日常生活更便捷(　　)
3. 跟随时尚潮流(　　)
4. 亲友推荐(　　)
5. 提高生活质量(　　)
6. 为子女减轻负担(　　)
7. 其他,请注明＿＿＿

(3)编码。

所谓编码,就是对每份问卷、问卷中的每个问题和每个答案都编定一个唯一的代码,并以此为依据对问卷进行数据处理。把问卷中询问的问题和被调查者的回答,全部转变成为 A,B,C 或 a,b,c 等代号和 1,2,3 等阿拉伯数字,以便运用计算机对问卷进行数据录入和处理。

对问卷的编码包括编定被调查者的地址、类别和户代码,调查开始时间、结束时间和合计时间的代码,调查完成情况的代码,调查者和调查结果评价的代码,复核员和复核意见的代码等。这些都是对问卷进行分类和处理的依据。

对问题的编码就是指对每个问题编定一个代码。

对答案的编码，有前编码和后编码之分。封闭型回答的每一个答案，在设计问卷时就已经编定了代码，叫作前编码；开放型回答的答案，一般是在调查结束后根据答案的具体情况再编定代码，叫作后编码。

编码的主要任务是给每份问卷、每个问题、每个答案确定一个唯一的代码，如A1、A2、A3、A4、Q1、Q2、Q3、Q4等。

根据被调查者、问题、答案的数量编定一个代码的位数。例如，被调查者在100人以下，就编定两位数；被调查者在1000人以下，就编定三位数。同样，根据问题、答案的数量，也分别编定它们的位数（一位数为0～9；两位数为00～99；三位数为000～999；四位数为0000～9999）。

例 2-1-22

省代码　地市代码　县市代码　乡镇代码

A1　　　A2　　　A3　　　A4

□□　　□□　　□□　　□□

例 2-1-23

被调查者的村代码　类别代码　户代码

A5　　　　　　　B1　　　C1

□□　　　　　　□□　　□□

（4）其他资料。

其他资料包括问卷名称、被调查者的地址或单位（可以是编号）、调查者姓名、调查开始时间和结束时间、调查完成情况、复核员姓名和复核意见等。这些资料是对问卷进行审核和分析的重要依据。

此外，有的自填式问卷还有一个结束语。结束语可以是简短的几句话，对被调查者的合作表示真诚感谢，也可以稍长一点，顺便征询一下被调查者对问卷设计和问卷调查的看法。例如，在问卷的最后可设计这样一组问题：

例 2-1-24

填答完这份问卷后，您还有什么需要补充吗？若有，请写在下面。

_____

例 2-1-25

您填答完这份问卷后有何感想？[单选题]

1. 很有意义（　　）
2. 有些用处（　　）
3. 没有意义（　　）
4. 不清楚（　　）

例 2-1-26

您以后还愿意填答问卷吗？[单选题]

1. 愿意（   ）
2. 不愿意（   ）

如果是访问问卷，在结束语（或卷首语）后，还应该有以下一些内容。

问卷编号：

访问地点或单位：

完成情况：完成（   ）   未完成（不在家，拒绝回答，其他）

访问时间：年 月 日 时 分至 时 分，合计 分钟

访问员姓名：

对回答的评价：可信（   ）   基本可信（   ）   不可信（   ）

复核员姓名：

复核员的意见：合格（   ）   基本合格（   ）   不合格（   ）

5. 问卷的整理

通过各种渠道收集的数据难免会出现差错、冗余、缺失等现象，如果简单地把这些数据投入分析，可能会导致错误的结论，使得整个数据分析过程失去意义。因此，为了保证数据资料的真实、准确和完整，收集到的数据必须经过科学的整理。

线上收集的数据可以通过数据采集软件直接下载到 Excel 表格，不需要进行数据的审核、编码和录入。因此，下面重点讲解调查数据整理的流程，即调查数据整理包含的步骤。

每年 9 月，大一新生报到，为了了解新生的基本情况，很多学校会对新生进行问卷调查，调查的内容包括个人信息、家庭情况、专业认知程度等。这里以"大一新生基本信息调查"项目为例，讲解调查数据整理的流程。

调查数据整理主要包括以下几个步骤。

步骤 1：对原始资料进行审核、修正。

步骤 2：编码。

步骤 3：数据录入。

步骤 4：数据清洗。

步骤 5：数据预处理。

每个步骤的具体工作内容如下。

首先是"对原始资料进行审核、修正"，审核时查看所有被调查者的资料是否齐全、有无差错，并对差错进行审核、修正。在"大一新生基本信息调查"项目中，被调查者是全体大一新生，因此对原始资料进行审核时，需要关注是否所有大一新生都填答了问卷，填答的问卷是否有错，如填答的班级是否错误、出生年月是否出现格式错误等，如果有错误，可以联系对应的新生进行确认和修改。

"原始数据审核、修正"完成之后是"编码"。"编码"就是将问卷信息转换为统一设计的计算机可识别的代码，即将大一新生的问卷题目和答案转换为便于录入计算机的代码，如将性别"男"录入为"0"，性别"女"录入为"1"。

"编码"完成后就可以进行"数据录入"了。"数据录入"就是将转换为代码的问卷答案录

入计算机，用于后续的分析整理。这里的编码可以在问卷设计时完成。

"数据录入"完成后还需要进行"数据清洗"，因为原始数据可能存在缺失值、异常值等。

尽管数据收集过程可能还没有结束，但只要有部分问卷返回，就应该立即进行数据清洗工作。这样做的好处是可以及时发现问题，及时对数据收集工作进行改进。

问卷回收过程中需要注意以下几个问题。

第一，问卷回收与资料收集相配合，掌握每天完成和回收的问卷数。例如，在"大一新生基本信息调查"项目中，新生报到时给每名新生发放纸质问卷或者问卷的二维码，要求新生填答。那么从问卷发放开始就要每天统计回收了多少份问卷，并且查看问卷的填答质量。

第二，如果是纸质问卷，那么应在完成的问卷后面记录下问卷完成的日期和问卷回收的日期，以便在分析过程中对先回收的问卷和后回收的问卷进行比较。

第三，如果多个项目同时实施，那么需要分别记录清楚交付实施的项目数、仍在实施的项目数、已经完成并返回的项目数，清晰地掌握整个项目的进度。

第四，每份问卷应具有唯一的、有顺序的识别号码，便于后续的审核纠错和数据录入。

调查数据整理流程中的第一个步骤就是"原始数据审核、修正"，这是保证调查质量的关键。"问卷审核"是对回收问卷的完整性和访问质量的检查，目的是确定哪些问卷有效，哪些问卷需要作废，这些检查通常在调查还在进行的过程中就开始了。在"大一新生基本信息调查"项目中，只要拿到了部分新生反馈的问卷，就可以进行问卷审核。

问卷审核的内容包括完整性审核、正确性审核、一致性审核、及时性审核和清楚易懂五个方面。

完整性审核需要从两个方面来看，一方面是看是否所有被调查者都完成了问卷，如在"大一新生基本信息调查"项目中，可以通过对比各个班级新生数量和各个班级回收的问卷数量来判断是否收回了全部问卷，如果有个别新生没有填答问卷，可以通知新生抓紧时间完成；另一方面是查看问卷中的各问题是否填答齐全，对于没有填答的问题，询问被调查者原因，如果是疏忽导致，应该要求被调查者填答完整。

正确性审核主要是审核调查资料的口径、计量单位等，剔除掉不可靠的资料。例如，在"大一新生基本信息调查"项目中，问卷中要求填写新生每月的消费金额，但是新生填写的是每学年的消费金额。对于出现这种问题的问卷，如果方便联系被调查者，可以和被调查者确认并进行修改，如果无法找到被调查者或者无法纠正，那么该问卷应该作废。

一致性审核主要是审核被调查者的回答是否前后一致。在"大一新生基本信息调查"项目中，如果一名新生选择自己的爱好是读书，但是近一年阅读图书的数量是0，那么这份问卷的真实性就值得怀疑了，需要和新生进一步确认资料的内容。

及时性审核主要是审核被调查者是否按规定时间填答和交付问卷。

清楚易懂主要是审核回收问卷的选项是否勾画明确，主观问题是否字迹清晰、容易辨识等。

如果第一手数据通过了审核，那么就可以对数据进行编码，为数据录入做准备了，下面仍然以"大一新生基本信息调查"项目为例进行说明，需要注意的是，此时的编码指的是数据录入时的编码。事实上在问卷开始设计的时候，编码工作就已经开始了，此时的编码设计原则也适用于问卷设计时的编码。数据录入时的编码就是将问卷信息（包括调查问题和答案）转换为统一设计的计算机可识别的代码。

数据录入时编码的主要作用有以下三点。

（1）通过编码可以减少数据录入和分析的工作量，节省费用和时间。

（2）将定性数据转化为定量数据，进行定量分析。

（3）减少误差。在编码的过程中可以检查并修正错误答案，同时对缺失值进行标识。

那么，如何进行编码设计呢？编码设计就是确定各问卷、问卷中各问题和答案对应代码的名称、形式、范围，以及与原始数据的对应关系。

编码设计的内容包括问卷的代码、变量的定义、取值的定义，将这些内容列成表格形式即为编码表。

编码设计是整个编码过程的基础，编码表准确、全面、有效将有助于提高调查数据的分析质量。

根据问卷中问题的类型不同，编码设计可分为单选题编码设计、多选题编码设计、排序题编码设计、数字型开放题编码设计和品牌表编码设计。

① 单选题编码设计。

对单选题只需规定一个变量，变量取值为选项号。

例 2-1-27

报考前你对西安欧亚学院的了解程度是什么？

1. 非常了解　　　　2. 基本了解　　　　3. 不了解

4. 基本不了解　　　5. 非常不了解

设计编码时，变量名可以定义为 V1，属于数值型变量，变量取值范围为 1、2、3、4、5 或 9，其中 1 表示非常了解，2 表示基本了解，3 表示不了解，4 表示基本不了解，5 表示非常不了解，9 表示该题未回答。

② 多选题编码设计。

第一种方式是将各个可能回答的答案选项都设为 0-1 变量，若被调查者选择了该答案，则此变量的值为 1，否则为 0。

这种方式的优点是便于分析，编码的结果不用经过转换，可直接分析；缺点是不便于录入，变量随选项的增多而增多。

例 2-1-28

填写报考志愿时，你最关注学校哪些方面的信息？（最多选 3 项）

1. 学校知名度　2. 学费　3. 地理位置　4. 校园环境　5. 专业设置　6. 师资力量

7. 校企合作　8. 出国机会　9. 校园活动　10. 就业方向　11. 其他

多选题编码方式一如表 2.1.2 所示。

表 2.1.2　多选题编码方式一

变量名	变量类型	取值范围	取值对应含义	备注	对应题号	对应问题
V2	数值型	0 或 1				
V3	数值型	0 或 1				
V4	数值型	0 或 1				
V5	数值型	0 或 1				
V6	数值型	0 或 1	取值为1表示该选项是最关注的学校信息	全0表示该题未回答	2	填写报考志愿时，你最关注学校哪些方面的信息
V7	数值型	0 或 1				
V8	数值型	0 或 1				
V9	数值型	0 或 1				
V10	数值型	0 或 1				
V11	数值型	0 或 1				
V12	数值型	0 或 1				

第二种方式是将变量定义为所选题号，变量的值为选项号。

这种方式的优点是便于录入和检查，但分析前要用程序把它们转换为各答案的0-1变量。

多选题编码方式二如表2.1.3所示。

表 2.1.3　多选题编码方式二

变量名	变量类型	取值范围	取值对应含义	备注	对应题号	对应问题
V2	数值型	1～11	取值为 i 表明第 i 个选项是最关注的学校信息	全0表示该题未回答	2	填写报考志愿时，你最关注学校哪些方面的信息
V3	数值型	1～11				
V4	数值型	1～11				

③ 排序题编码设计。

第一种方式：变量个数即选项个数，按照选项排列顺序，分别定义各变量为对应选项所排次序号。

例 2-1-29

对你选择西安欧亚学院的原因按照重要程度进行排序（在重要程度最高的原因前填1，在次重要的原因前填2，依次类推）：

[ ]个人对该学校的向往　　　[ ]家长或老师的建议

[ ]有朋友就读于该学校　　　[ ]同类院校的对比

[ ]高考分数的限制

排序题编码方式一如表2.1.4所示。

表 2.1.4　排序题编码方式一

变量名	变量类型	取值范围	取值对应含义	备注	对应题号	对应问题
V13	数值型	0～5	取值为 i 表明该原因排名为 i；取值为 0 表明对该原因的排名缺失	全 0 表示该题未回答	3	对你选择西安欧亚学院的原因按照重要程度进行排序（在重要程度最高的原因前填 1，在次重要的原因前填 2，依次类推）
V14	数值型	0～5				
V15	数值型	0～5				
V16	数值型	0～5				
V17	数值型	0～5				

第二种方式：变量个数即要求排序项数，依照次序号排列顺序，分别定义各变量为各次序号对应的选项。

例 2-1-30

你选择西安欧亚学院最重要的原因是什么？其次呢？再次呢？

1. 个人对该学校的向往　　2. 家长或老师的建议
3. 有朋友就读于该学校　　4. 同类院校的对比
5. 高考分数的限制

排序题编码方式二如表 2.1.5 所示。

表 2.1.5　排序题编码方式二

变量名	变量类型	取值范围	取值对应含义	备注	对应题号	对应问题
V13	数值型	0～5	取值为 i 表明选择原因 i；取值为 0 表明该原因缺失	全 0 表示该题未回答	3	你选择西安欧亚学院最重要的原因是什么？其次呢？再次呢
V14	数值型	0～5				
V15	数值型	0～5				

④ 数字型开放题编码设计。

对直接回答数字的问题，变量值就是该数字。

例如，询问被调查者每月的生活费预算，变量值就是每月的生活费预算，单位为"元"，取值范围可以设定为 0～10000。

⑤ 品牌表编码设计。

品牌表是记录产品品牌的统计表。它是一种编码表，在涉及产品品牌问题时有助于被调查者回答，以及调查者提问和记录。品牌表中给出所有可能答案选项的代码，使调查者可直接编码。建立品牌表时应注意及时了解市场情况，加入新品牌，删除消失的品牌。另外，注意"其他"选项的设立，避免出现品牌错误、重码、漏码等错误。

编码完成后就可以进行数据录入了。

对于计算机辅助电话调查、计算机辅助面访及网络调查来说，数据收集与录入可以同时进行，无须再进行录入。对于面访、邮寄调查及传真调查等来说，还需要进行数据录入。数据的录入方式除键盘录入外，还可以采用扫描、光标阅读器等方式，目前应用最多的仍是键盘录入。数据的录入可以利用数据库，也可以采用其他专门的数据录入软件，如 SPSS 中的 Data Entry 等。

（三）基于网络爬虫的数据获取[6]

1. 网络爬虫简介

网络爬虫又称为网页蜘蛛、网络机器人，在FOAF（Friend Of A Friend）社区中，经常被称为网页追逐者，是一种按照一定规则，自动地抓取万维网（World Wide Web，简称Web、3W）信息的程序或者脚本，另外一些不常使用的名字还有蚂蚁、自动索引、模拟程序或者蠕虫。网络爬虫按照系统结构和实现技术，大致可以分为以下几种类型：通用网络爬虫、聚焦网络爬虫、增量式网络爬虫和深层网络爬虫，实际的网络爬虫系统通常是几种爬虫技术相结合实现的。

八爪鱼采集器、R和Python都是非常有力的网络爬虫工具。其中，八爪鱼采集器具有图形化的网络爬虫界面，优点是不需要代码基础，非常容易上手。R和Python是两种不同的编程语言，使用这两种语言进行网络爬虫时要求使用者掌握软件的基本语法和命令。Python倾向于进行大型网络爬虫，与R相比，语法相对复杂，因此学习Python网络爬虫比较复杂。对软件应用经验较少，同时又想从网上获取数据的初学者来说，R网络爬虫是最佳的选择。原因是R的语法相对直观，规则更加灵活；对数据量不大的用户来说（小于百万级），R也能够非常自如地处理。先学习R网络爬虫，等熟悉网络爬虫的原理之后，再过渡到Python网络爬虫是比较容易的。

2. 基于八爪鱼采集器的网络爬虫案例分析

1）八爪鱼采集器简介

八爪鱼采集器是深圳视界信息技术有限公司研发的一款网页采集软件，具有使用简单，功能强大等诸多优点。它是一款全网通用的互联网数据采集器，模拟人浏览网页的行为，通过简单的页面点选，生成自动化的采集流程，从而将网页数据转换为结构化数据，存储为Excel或数据库等多种形式。八爪鱼采集器以分布式云计算平台为核心，结合智能识别算法、可视化操作界面，从不同的网站或者网页获取标准化数据，帮助需要从网页获取信息的客户完成数据自动化、标准化采集及导出，提高数据获取效率。

八爪鱼采集器可存储的任务数无上限，可实现全行业、全场景、全类型的互联网数据采集。其中，全行业包括电商、新闻、社交媒体、招/投标、金融、房产等；全场景包括列表页、详情页、搜索页、瀑布流页、登录、多层点击、下拉框、IP切换、验证码自动识别等；全类型指的是文字、链接、图片、视频、音频、HTML源码、JSON格式等多种数据类型。

2）八爪鱼采集器的获取

八爪鱼采集器的获取和安装非常简单，首先进入八爪鱼采集器的官方下载界面获取八爪鱼采集器安装包，如图2-1-4所示。

用户点击"立即下载"按钮，就可以根据自己计算机的类型选择合适的安装包，下载界面如图2-1-5所示。

图 2-1-4　八爪鱼采集器的官方下载界面

图 2-1-5　安装包的下载界面

八爪鱼采集器的安装包下载完成后，双击"Octopus Setup 版本号.exe"文件，开始安装。安装完成后，在"开始"菜单或桌面上找到八爪鱼采集器的快捷方式并双击，启动八爪鱼采集器。第一次使用八爪鱼采集器时需要免费注册一个账号，利用账号登录后即可使用。

注意： 八爪鱼采集器持续进行版本更新，使用者可以下载最新版本的安装包，也可以根据自己的使用习惯下载历史版本的安装包。本书介绍八爪鱼采集器数据采集流程时使用的八爪鱼采集器版本为 V7.6.4。

3）八爪鱼采集器数据采集案例分析

（1）案例介绍。

进行商业分析时，经常需要从各种网页获取数据，如各大新闻门户网站的新闻内容，电商平台的在售商品或者招聘平台的招聘需求等信息。下面以搜狐网、京东网和前程无忧网为例，演示如何通过八爪鱼采集器获取数据。

（2）八爪鱼采集器数据采集流程。

为了更清晰地展示八爪鱼采集器的数据采集流程，按照从简单到复杂的顺序介绍不同需求下的数据采集流程，包括单页面数据采集、单页面列表数据采集、单页面详情页数据采集、多页面详情页数据采集、应用正则表达式进行数据采集、评论数据采集和招聘职位数据采集。

① 单页面数据采集。

步骤 1：进入搜狐网并点击一条新闻，如图 2-1-6 和图 2-1-7 所示。

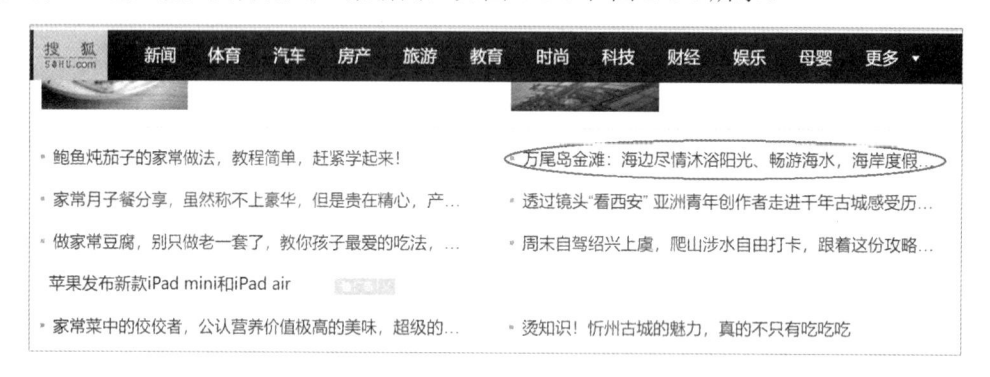

图 2-1-6　搜狐网首页

图 2-1-7　搜狐网新闻

步骤 2：打开八爪鱼采集器，点击"自定义采集"→"立即使用"按钮，弹出图 2-1-8 所示的界面，将新闻的地址粘贴在"网址"输入框中。

图 2-1-8　导入网址

步骤 3：点击"保存网址"按钮，八爪鱼采集器中出现新闻的内容，如图 2-1-9 所示。

图 2-1-9　保存网址

实用商业数据分析理念与方法

步骤4：将光标移动到想要采集的文字所在的位置（此时这部分呈现亮蓝色）并点击，弹出"操作提示"提示框，如图2-1-10所示。

图 2-1-10　选择文本

步骤5：点击"采集该元素的文本"选项，采集该条新闻的标题，如图2-1-11所示。

图 2-1-11　采集新闻标题

步骤6：循环操作步骤4和步骤5，采集新闻的发布时间、来源及内容。

步骤7：点击"保存并开始采集"→"启动本地采集"按钮，采集完成后弹出"采集完成！"提示框，如图2-1-12所示。

步骤8：点击"导出数据"按钮即可导出采集到的数据。

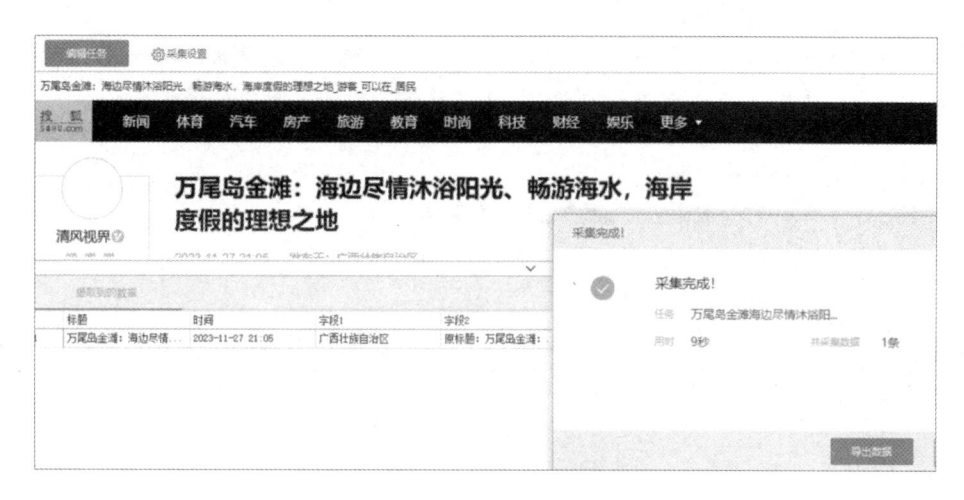

图 2-1-12 采集完成

② 单页面列表数据采集。

步骤1：进入京东网，在搜索栏中输入"空气净化器"。参考"单页面数据采集"中的步骤1~3，将需要采集数据的网址粘贴到八爪鱼采集器的"网址"输入框中，并点击"保存网址"按钮。

步骤2：将光标移动到商品信息所在的位置，此时商品信息呈现亮蓝色，如图2-1-13所示。

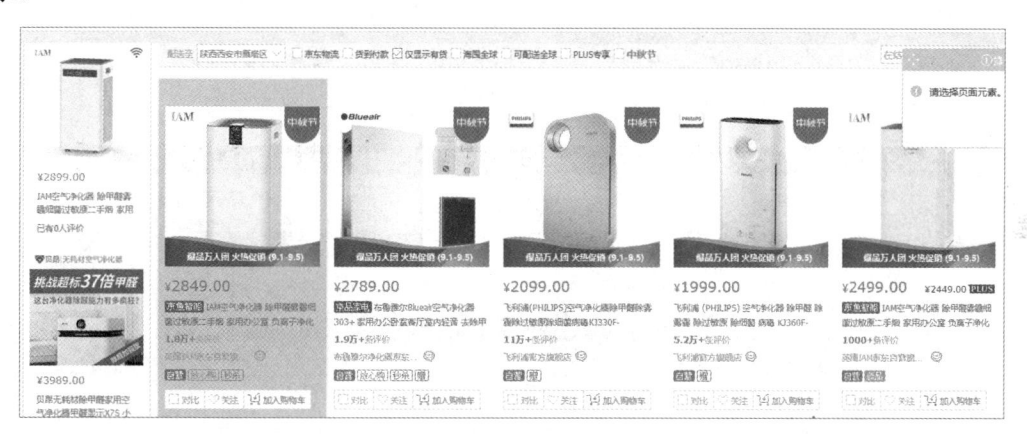

图 2-1-13 选择商品信息

步骤3：点击亮蓝色的商品信息，在弹出的"操作提示"框中点击"选中子元素"→"选中全部"→"采集以下数据"→"保存并开始采集"→"启动本地采集"按钮，单页面采集到30条空气净化器数据，如图2-1-14所示。

图 2-1-14 采集空气净化器数据

实用商业数据分析理念与方法

注意：在"流程"界面，点击"打开网页"按钮，勾选"滚动页面"复选框，可以采集单页面的全部数据，否则，每个页面将只采集30条数据。

③ 单页面详情页数据采集。

步骤1：与"单页面列表数据采集"的步骤1相同。

步骤2：将光标移动到网页链接所在的位置，此时这部分内容呈现亮蓝色，如图2-1-15所示。

步骤3：点击网页链接，再点击"选中全部"→"循环点击每一个元素"按钮，出现商品的详细信息，如图2-1-16所示。

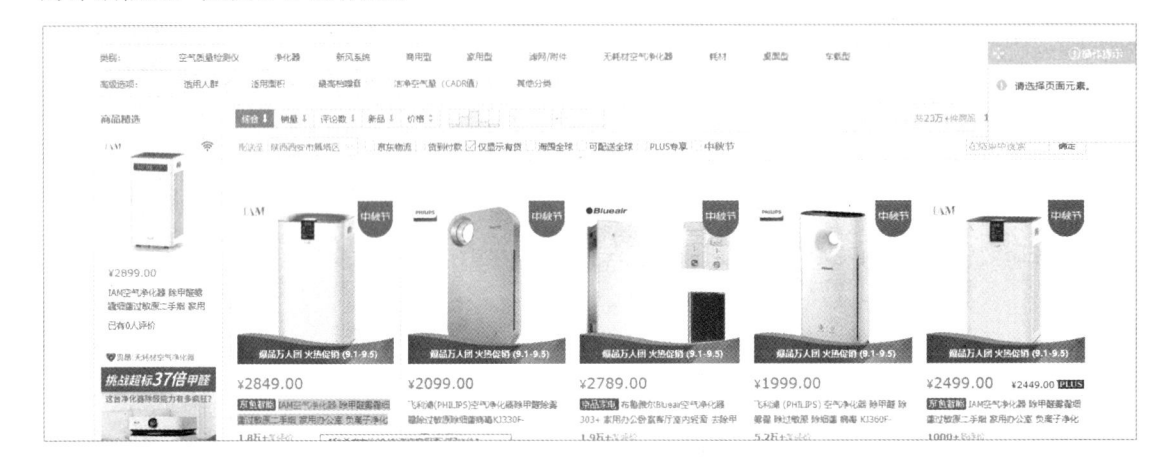

图2-1-15　选择网页链接

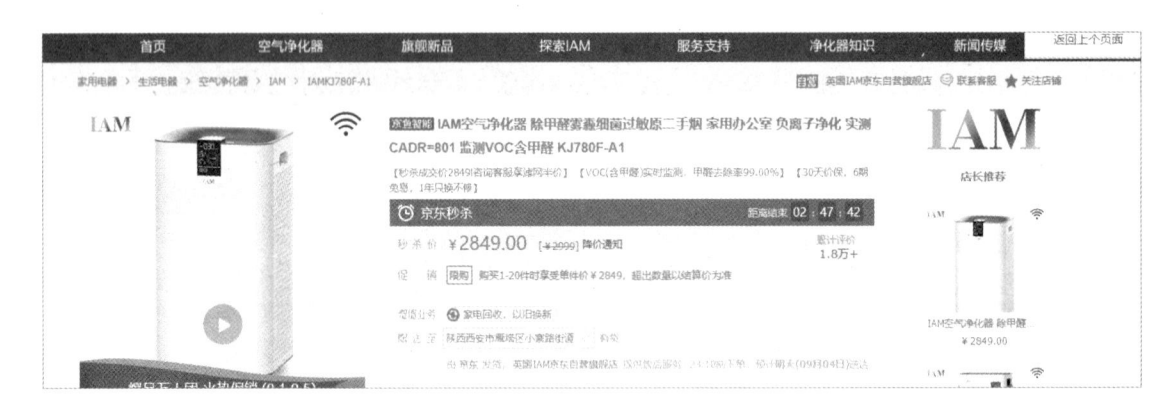

图2-1-16　商品的详细信息

步骤4：采集网页中的数据，这里采集价格、品牌、商品毛重和适用面积，采集结果如图2-1-17所示。

④ 多页面详情页数据采集。

步骤1：与"单页面数据采集"中的步骤1相同。

步骤2：将网页下拉到最下面，将光标移动到"下一页"按钮所在的位置，此时"下一页"按钮呈现亮蓝色，如图2-1-18所示。

图 2-1-17 采集结果

图 2-1-18 "下一页"按钮呈现亮蓝色

步骤 3：点击"下一页"→"循环点击下一页"按钮，循环翻页结果如图 2-1-19 所示。

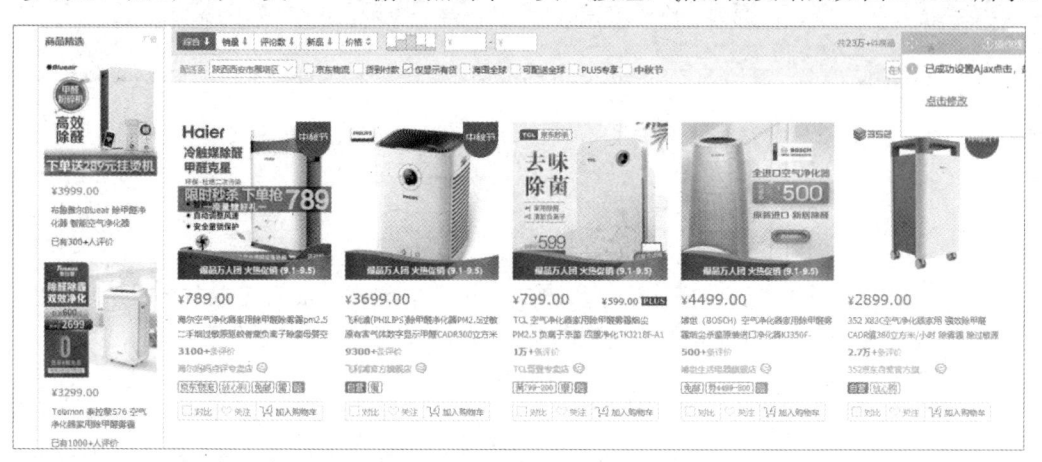

图 2-1-19 循环翻页结果

步骤 4：参考单页面数据采集的步骤，通过设置循环翻页可以采集多个页面的数据，可以根据个人需求停止采集，导出数据，如图 2-1-20 所示。

注意：在流程界面，点击"点击翻页"按钮，勾选"Ajax 加载"复选框，设定翻页的时间，默认翻页时间是 120s，可以根据网速调整为几秒。

图 2-1-20　多页面采集结果

⑤ 应用正则表达式进行数据采集。

正则表达式主要用于规避详情页数据串行的问题。

步骤 1：参考"多页面详情页数据采集"的步骤 1～3。

步骤 2：在商品详情页，将光标移动至京东价所在的位置，价格呈现亮蓝色，如图 2-1-21 所示。

图 2-1-21　价格呈现亮蓝色

步骤 3：点击价格，再在"操作提示"框中点击"采集该元素的文本"按钮，因为价格的位置基本不变，经过步骤 2 和步骤 3 就可以采集到价格，如图 2-1-22 所示。

图 2-1-22　采集价格结果

步骤 4：将光标移动到商品详情所在的位置，商品详情呈现亮蓝色，如图 2-1-23 所示。

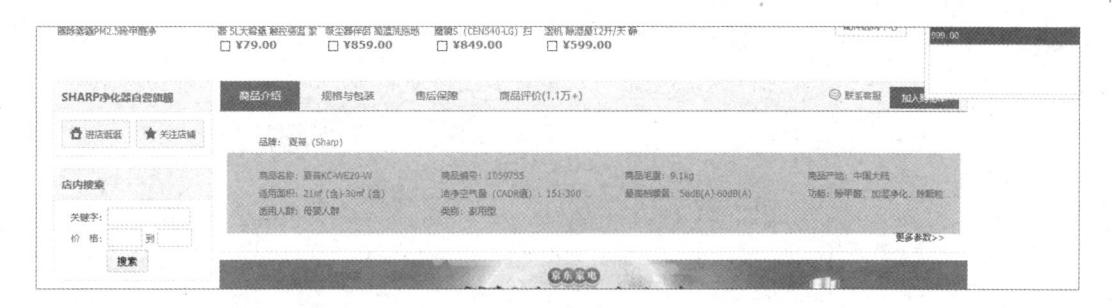

图 2-1-23 商品详情呈现亮蓝色

步骤 5：点击亮蓝色的商品详情，再在"操作提示"框中点击"采集该元素的 Inner Html"按钮。

步骤 6：打开流程开关，如图 2-1-24 所示。

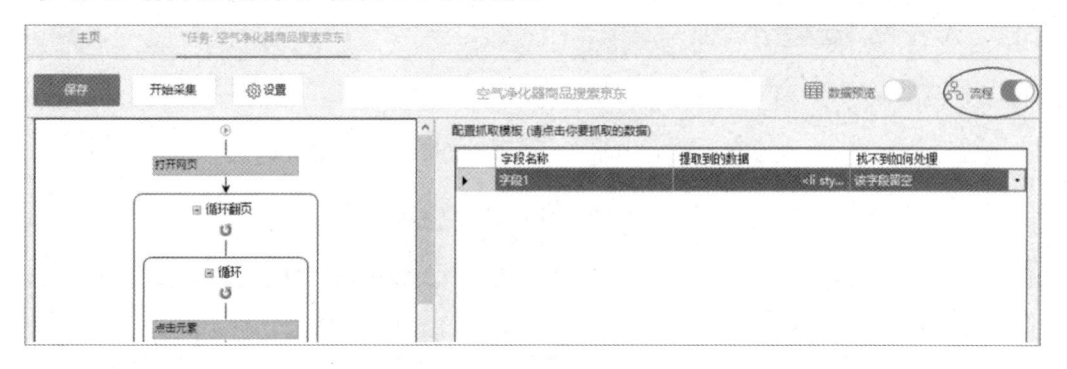

图 2-1-24 打开流程开关

步骤 7：点击"自定义数据段"按钮（图 2-1-25 中圈选处）。

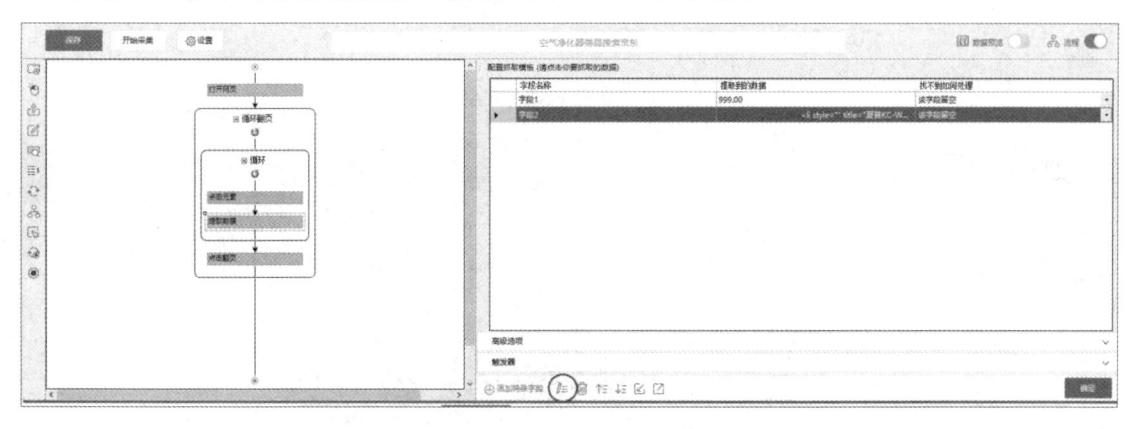

图 2-1-25 "自定义数据段"按钮

步骤 8：点击"格式化数据"选项，如图 2-1-26 所示。
步骤 9：点击"添加步骤"按钮，如图 2-1-27 所示。
步骤 10：点击"正则表达式匹配"选项，如图 2-1-28 所示。
步骤 11：点击"不懂正则？试试正则工具"选项，如图 2-1-29 所示。

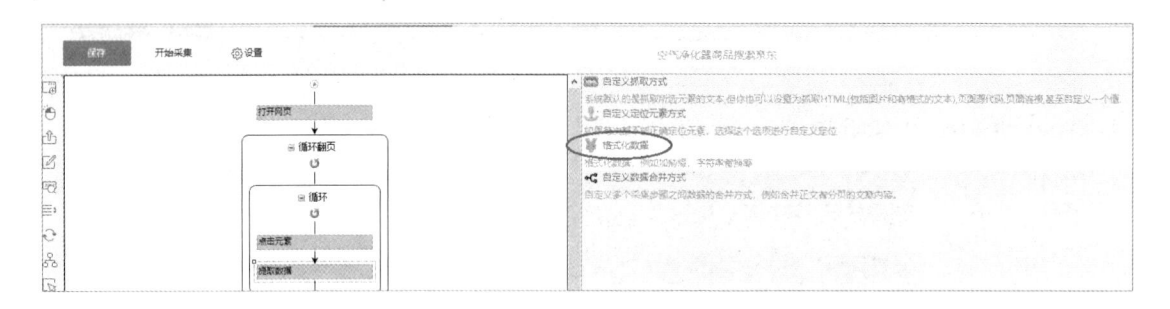

图 2-1-26 "格式化数据"选项

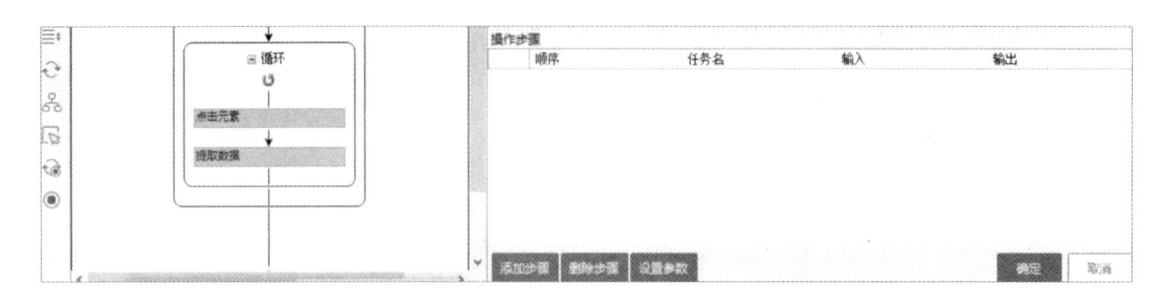

图 2-1-27 "添加步骤"按钮

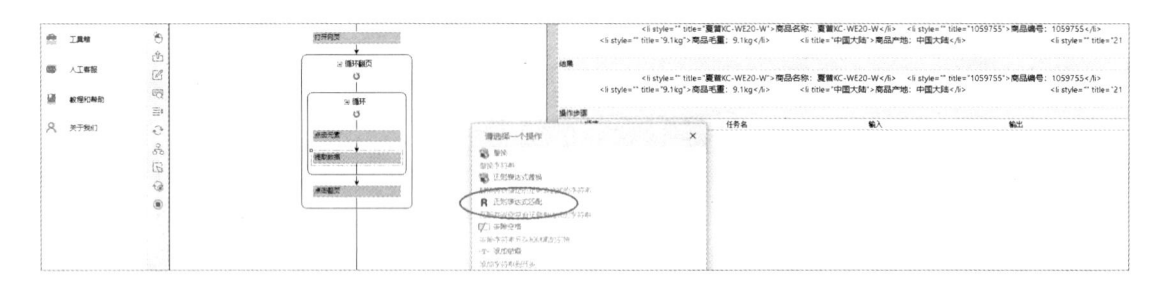

图 2-1-28 "正则表达式匹配"选项

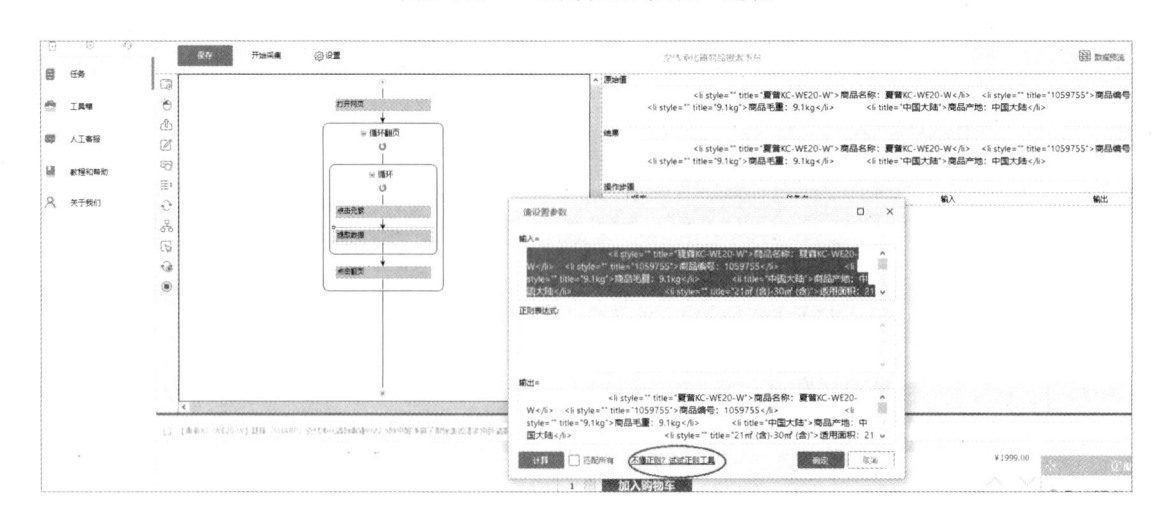

图 2-1-29 "不懂正则？试试正则工具"选项

步骤 12：设置采集数据的开始和结束标识，这里以"适用面积："为例，结果如图 2-1-30 所示。

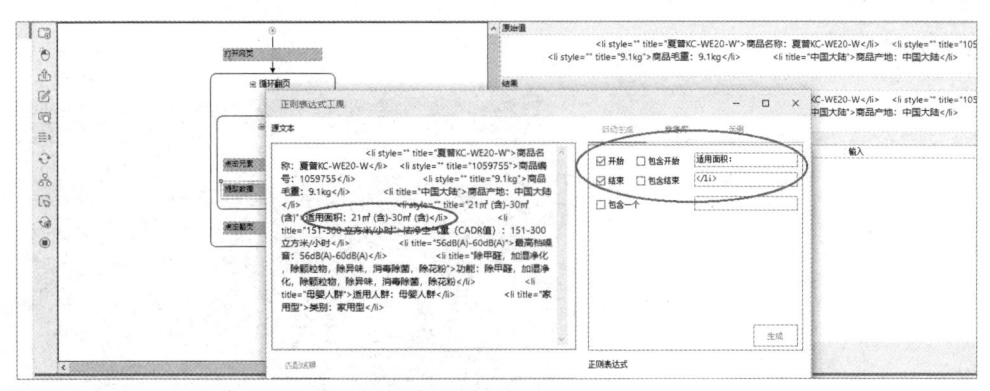

图 2-1-30　设置字段

步骤 13：点击"生成"→"匹配"→"应用"→"确定"按钮，采集到"适用面积："字段，正则采集结果如图 2-1-31 所示。

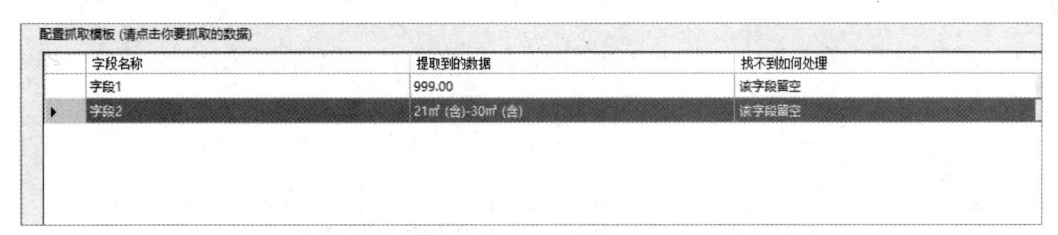

图 2-1-31　正则采集结果

步骤 14：循环执行步骤 4～13，采集其他需要的字段。

步骤 15：点击"保存"→"开始采集"→"启动本地采集"按钮，可采集到多条格式规范的数据，如图 2-1-32 所示。

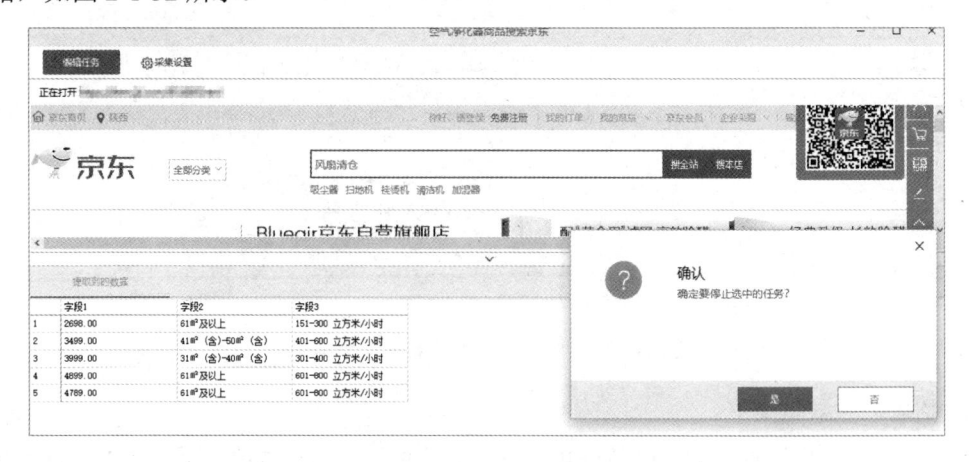

图 2-1-32　采集到多条格式规范的数据

⑥ 评论数据采集。

· 45 ·

点击八爪鱼采集器首页的"简易采集"→"立即使用"→"京东"→"京东商品评论"→"立即使用"按钮，出现京东商品评论数据采集界面，如图 2-1-33 所示。

图 2-1-33　京东商品评论数据采集界面

在"输入网址"输入框中，粘贴待采集评论数据的网址，并设置翻页次数，点击"保存并启动"→"启动本地采集"按钮，即可采集到多页评论数据，如图 2-1-34 所示。

图 2-1-34　京东商品评论数据采集结果

⑦ 招聘职位数据采集。

点击八爪鱼采集器首页的"简易采集"→"立即使用"→"本地生活"→"前程无忧"→"51job"→"前程无忧招聘"→"开始使用"→"立即使用"按钮，出现招聘职位数据采集界面，如图 2-1-35 所示。

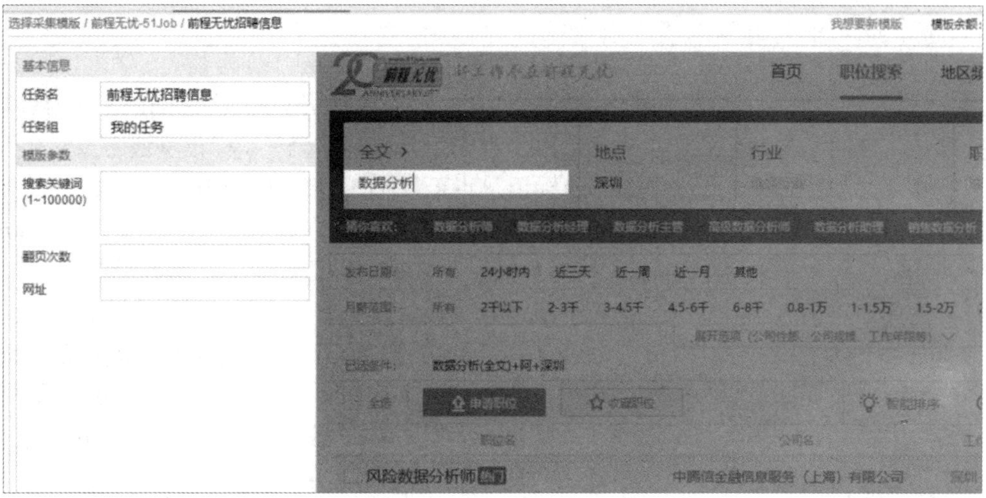

图 2-1-35　招聘职位数据采集界面

在图 2-1-35 所示的界面中输入搜索关键词"数据分析",并设置翻页次数,输入对应的网址进行数据采集,招聘职位数据采集结果如图 2-1-36 所示。

图 2-1-36　招聘职位数据采集结果

3. 基于 R 的网络爬虫案例

1) R 网络爬虫原理介绍

网络爬虫就是自动将网页的内容批量抓取下来。无论使用哪种语言进行网络爬虫,都需要对网页设计有一个基本的了解。网页是用 HTML 编写的,只有了解了基本的 HTML 标签和标签的使用方法以后,才能够很好地从网页中取出数据,如在一个段落标签中取出内容或者在一个 a 标签中取出 href 的地址。

HTML 即超文本标记语言,是由 Web 的发明者 Tim Berners-Lee 和同事 Daniel W. Connolly 于 1990 年创立的一种标记语言,它是标准通用化标记语言 SGML 的应用。HTML 是一种建立网页文件的语言,通过标记式的指令将影像、声音、图片、文字动画、影视等内容显示出来。事实上,每个 HTML 文件都是一个静态的网页文件,这个文件里面包含了 HTML 指令代码,这些指令代码并不是一种程序语言,只是一种排版网页中资料显示位置的标记结构语言。

（1）整体结构。

一个网页对应多个 HTML 文件，HTML 文件以.htm 或.html（外语缩写）为扩展名。标准的 HTML 文件都具有一个基本的整体结构，即 HTML 文件的开始标记和结尾标记、HTML 文件的头部和实体两部分，有三个双标记符用于页面整体结构的确认。标记符通常成对出现（部分标记符除外，如</br>、<img/>），部分标记符也可以不成对出现，如<p>，但是一般并不赞同这样做。标记符<html>说明该文件是用 HTML 来描述的，它表示文件的开始，而</html>则表示该文件的结尾，它们是 HTML 文件的开始标记和结尾标记。

（2）头部内容。

<head></head>：这两个标记符分别表示头部内容的开始和结尾。头部中的标记符标记的是网页的标题、序言、说明等内容，它们本身不作为内容来显示，但会影响网页显示的效果。头部中最常用的标记符是标题标记符和<meta>标记符，其中标题标记符用于定义网页的标题，它的内容显示在网页窗口的标题栏中，网页的标题可被浏览器用作书签或收藏。

表 2.1.6 列出了 HTML 文件头部中的标记符。

表 2.1.6　HTML 文件头部中的标记符

标记符	描述
<head>	定义文档的信息
<title>	定义网页的标题
<base>	定义页面链接标签的默认链接地址
<link>	定义一个文档和外部资源之间的关系
<meta>	定义 HTML 文档中的元数据
<script>	定义客户端的脚本文件
<style>	定义 HTML 文档的样式文件

（3）实体内容。

<body></body>：网页中显示的实际内容均包含在这两个正文标记符之间。正文标记符又称为实体标记。

① 标题：共有六个等级，定义方法如下。

<h1></h1>：定义一级标题。

<h2></h2>：定义二级标题。

<h3></h3>：定义三级标题。

<h4></h4>：定义四级标题。

<h5></h5>：定义五级标题。

<h6></h6>：定义六级标题。

② 文本。

<p></p>：定义文本。

③ 换行符。

</br>：换行符。

示例如下。

HTML 文件的代码结构如下：

```html
<!DOCTYPE html>
<html lang="en">
<head>
    <meta charset="UTF-8">
    <title>Title</title>
</head>

<body>
    <h1>这是一级标题</h1>
    <h2>这是二级标题</h2>
    <h3>这是三级标题</h3>
    <h4>这是四级标题</h4>
    <h5>这是五级标题</h5>
    <h6>这是六级标题</h6>

    <p>定义文本</p>

    <p>随便字符<br/>《-换行符</p>
</body>
</html>
```

rvest 包是 R 用户使用最多的爬虫包，它语法简洁，可以解决大部分爬虫问题。rvest 包中的常用函数如表 2.1.7 所示。

表 2.1.7　rvest 包中的常用函数

函数	作用
read_html()	读取 HTML 页面
html_nodes()	提取所有符合条件的节点
html_node()	相当于对 html_nodes()取[[1]]操作
html_table()	获取 table 标签中的表格
html_text()	提取标签包含的文本
html_attrs()	提取指定节点的所有属性及对应的属性值
html_attr()	提取节点某个属性的属性值
html_children()	提取某个节点的孩子节点
html_session()	创建会话
html_name()	提取标签名称
html_form()	提取表单

爬取网页的基本步骤如下。

步骤 1：获取网页的链接，代码为 url=" "。其中，" "里面存放的是爬取网页的地址，url 为存放网页地址的变量名称。

步骤 2：下载网页，代码为 web = read_html(url,encoding=" ")。

步骤 3：提取自己想要的信息，如果是提取文本，代码一般为 name = web%>%html_nodes

(' ')%>%html_text()。

步骤 4：提取链接，代码为 link = web%>%html_nodes(' ')%>%html_attrs()。

2）R 网络爬虫案例分析

（1）案例介绍。

各类财经新闻会影响商家的投资和决策，因此爬取财经类新闻是商业分析过程中很重要的一个环节，这里以新闻网站新浪财经、新浪体育为例，演示如何使用 R 爬取数据。同时，以豆瓣读书和当当网为例，演示如何使用 R 爬取图书信息。

（2）基于 R 的数据采集流程。

① 爬取新闻网页内容。

这里以新浪财经的一条新闻为例进行介绍，如图 2-1-37 所示。

图 2-1-37 新浪财经新闻

使用 R 爬取该新闻的代码如下：

```
rm(list=ls())##清空变量
install.packages("rvest") ##安装 rvest 包
library(rvest)  ##载入 rvest 包
url="网址"  ##将网址赋值给 url
title=read_html(url)%>%html_nodes("h1.main-title")%>%html_text
##提取新闻标题
text=read_html(url)%>%html_nodes("div#artibody")%>%html_text
##提取新闻内容
news = data.frame(title,text)  ##合并新闻标题和新闻内容
write.csv(news,file="news.csv")  ##写出数据
```

a. 将光标放在新闻标题所在的位置，右击，在弹出的快捷菜单中点击"检查"按钮，查看新闻标题的源代码，如图 2-1-38 所示。

图 2-1-38 新闻标题的源代码

通过检查新闻标题的源代码发现，新闻标题的 class 为"main-title"，因此可以通过"h1.main-title"获取新闻标题。

b. 将光标放在新闻内容所在的位置，右击，在弹出的快捷菜单中点击"检查"按钮，查看新闻内容的源代码，如图 2-1-39 所示。

通过检查新闻内容的源代码发现，新闻内容的 class 为"article"，id 为"artibody"，因此可以通过"div#artibody"获取新闻内容。

图 2-1-39　新闻内容的源代码

② 爬取网页表格内容。

以新浪体育为例，打开中超数据库界面，如图 2-1-40 所示。

图 2-1-40　中超数据库界面

网页内容显示了 2019—2020 赛季，各球队排名、进球数和积分等情况，可以使用 R 爬取整个表格的信息，具体代码如下：

```
rm(list=ls())##清空变量
install.packages("rvest")  ##安装 rvest 包
library(rvest)  ##载入 rvest 包
```

```
install.packages("XML")
library(XML)

url1 = "网址"
url1
Tmp1=htmlParse(url1)
tableNodes = getNodeSet(Tmp1,"//table")
Table1=readHTMLTable(tableNodes[[1]])
##存储 Table1 为 CSV 文档
Table1
write.csv(Table1,file="Table1.csv")
```

③ 爬取豆瓣读书的图书信息。

豆瓣读书界面如图 2-1-41 所示。

图 2-1-41　豆瓣读书界面

使用 R 爬取豆瓣读书的图书信息的代码如下：

```
rm(list=ls())##清空变量
install.packages("rvest")  ##安装 rvest 包
library(rvest)  ##载入 rvest 包

web=read_html("网址",encoding="UTF-8")  ##获取网址
position=web %>% html_nodes("p.pl") %>% html_text()  ##获取图书信息
position
```

爬取结果如图 2-1-42 所示。

图 2-1-42　爬取结果

注意：将光标放在图书信息所在的位置，右击，在弹出快捷菜单中点击"检查"按钮，查看图书信息的源代码，如图 2-1-43 所示。

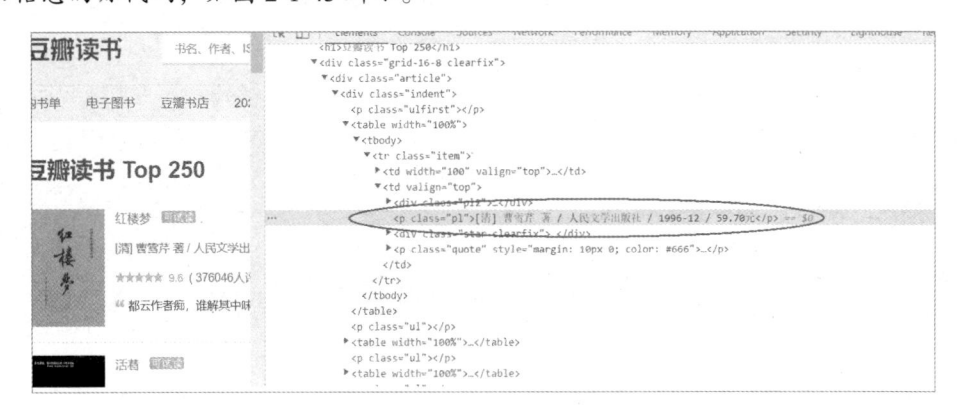

图 2-1-43 图书信息的源代码

④ 爬取当当网多页的图书信息。

当当网图书信息如图 2-1-44 所示。

图 2-1-44 当当网图书信息

使用 R 爬取当当网图书信息的代码如下：

```
rm(list=ls())              ##清空变量
install.packages("rvest")  ##安装 rvest 包
library(rvest)             ##载入 rvest 包
install.packages("stringr")
library(stringr)
install.packages("xml2")
library(xml2)

i=1:10
```

```
bookinfo=data.frame()         ##生成空的data.frame变量,用于存放获取的图书信息
for(i in 1:10)                ##使用for循环进行多页图书信息爬取,这里爬取10页图书信息
{
web=read_html(str_c("网页地址",i),encoding="gbk")  ##使用str_c构建多页面链接
book_rank=web%>%html_nodes('.list_num')%>%html_text()##爬取图书的排名
book_name=web%>%html_nodes('.name a')%>%html_text()##爬取图书的名称
book_price=web%>%html_nodes('p:nth-child(1) .price_n')%>%html_text()
##爬取图书的价格
book=data.frame(book_rank,book_name,book_price)
##将图书信息合并为一个data.frame
bookinfo=rbind(bookinfo,book)##使用rbind函数将多页图书信息进行合并
}
bookinfo##展示爬取的图书信息
write.csv(bookinfo,file="book.csv")##将数据写入CSV文档
```

4. 基于Python的网络爬虫案例

1）Python网络爬虫原理介绍[7]

（1）Python网络爬虫的优势。

Python最初被用于编写shell（自动化脚本），伴随着版本不断更新及新语言功能的加入，其作为爬虫编程语言的优势更加突出。因此，其被越来越多的开发者选中用于大型程序项目开发。

（2）Python爬虫架构。

Python爬虫架构主要由5部分组成：调度器、网址管理器、网页下载器、网页解析器和应用程序。

① 调度器。

调度器相当于计算机的CPU，主要负责协调网址管理器、网页下载器和网页解析器之间的工作。其工作原理：检查是否有待爬取的网址；返回待爬取的网址；把下载好的内容传送给网页解析器进行解析；返回所需要的数据；下载网址指向的网页；回传下载的网页内容；将有价值的数据收集起来，组成一个应用程序。

② 网址管理器。

网址管理器的功能包括管理待爬取网址、已经爬取的网址及防止循环抓取网址，通过内存、数据库及缓存数据库来实现。

③ 网页下载器。

爬虫程序根据传入的网址下载网页，并将网页转换为字符串。网页下载器中有urlib2（Python的官方基本模块），包括登录、代理、cookie及第三方包（Requests）。

④ 网页解析器。

网页解析器的主要功能是解析字符串，根据需求提取有价值的数据，可以采用DOM树解析方式。网页解析器也可以采用正则表达式，即通过模糊匹配在字符串中提取有价值的数据，但是比较难提取复杂文档中有价值的数据。html.parser、Beautifulsoup和Lxml都采用DOM树解析方式。

⑤ 应用程序。

应用程序就是由从网页中提取的有价值数据组成的一个应用。

(3) Python 网络爬虫的工作原理。

① 发起访问请求。

首先由 HTTP 库向要访问的网站发起访问请求，请求中允许包含 headers 等额外信息，然后等待服务器响应访问请求。发起访问请求的过程与人工开启浏览器相同，在浏览器的地址栏中输入访问网址，按回车键确认。这个过程将浏览器作为一个客户端，向服务器发起访问请求。

② 获取响应内容。

如果服务器能够正常响应，就可以得到响应的内容。响应的内容是指要获取的数据，可能是 HTML 文件或二进制数据（图片、视频等）、JSON 字符串。这是一个客户端请求访问，服务器接受的过程，目的是获取要传送给浏览器的网页文件。

③ 解析内容。

若响应的内容是 HTML 文件，则使用正则表达式和网页解析器对其进行解析；若响应的内容是 JSON 字符串，则可以直接将其转换成 JSON 对象进行解析；若响应的内容是二进制数据，则可以对其进行保存或进一步处理。这个过程相当于浏览器先在本地获取服务器端文件，然后解释并显示出来。

④ 保存数据。

数据有多种保存方式，可以保存为文本，也可以保存在数据库中，还可以保存为 jpg、mp4 等特定格式的文件，这相当于在网页上下载图片或视频。

2）Python 网络爬虫案例分析

① 案例介绍。

评论数据对于人们的消费倾向有很大的影响，下面演示如何使用 Python 爬取纪录片"寻味顺德"的弹幕数据。

② 基于 Python 的数据采集流程。

Python 爬取"寻味顺德"的弹幕数据代码如下：

```
##!/usr/bin/env Python
## coding: utf-8
## In[139]:
import requests
import json
import pandas as pd
import re
import time

## In[181]:
import requests
import json
import time
uname=[]
```

```
            sex=[]
            message=[]
            like=[]
            for i in range(1,116):
                ip=[]
                count=[]
             res=requests.get('网址',headers={'user-agent':'Mozilla/5.0 (Windows NT
10.0; Win64; x64) AppleWebKit/537.36 (KHTML, like Gecko) Chrome/84.0.4147.105
Safari/537.36'})
                uname=uname+[u['member']['uname'] for u in res.json()['data']
['replies']]
                sex=sex+[s['member']['sex'] for s in res.json()['data']['replies']]
                message=message+[m['content']['message'] for m in res.json()['data']
['replies']]
                like=like+[l['like'] for l in res.json()['data']['replies']]
                ip=[i['rpid'] for i in res.json()['data']['replies']]
                rcount=[c['rcount'] for c in res.json()['data']['replies']]
                for ii,cc in zip(ip,rcount):
                    if int(cc)/10 !=0:
                        if int(cc)%10==0:
                            page=int(cc)/10
                        else:
                            page=int(int(cc)//10)+1
                        for j in range(1,int(page)+1):
                            ress=requests.get('网址'+str(j)+'&type=1&oid=4673559&ps =
10&root='+str(ii),headers={'user-agent':'Mozilla/5.0 (Windows NT 10.0; Win64;
x64) AppleWebKit/537.36 (KHTML, like Gecko) Chrome/84.0.4147.105 Safari/537.36'})
                            uname=uname+[uu['member']['uname'] for uu in ress.json()
['data']['replies']]
                            sex=sex+[ss['member']['sex'] for ss in ress.json()['data']
['replies']]
                            message=message+[mm['content']['message']  for  mm  in
ress.json()['data']['replies']]
                            like=like+[ll['like'] for ll in ress.json()['data']['replies']]
        print('第'+str(i)+'页')

        ## In[182]:
        da={'评论人ID':uname,'评论人性别':sex,'评论内容':message,'点赞数':like}


        ## In[184]:
        data=pd.DataFrame(da)
        ## In[186]:
        data.to_excel('C:\\Users\\dell\\Desktop\\寻味顺德弹幕数据.xlsx')
        ##注意修改为本地路径
```

第二节 商业数据清洗

一、数据清洗及案例

（一）数据清洗介绍

从名字上可以看出，数据清洗就是把"脏"的数据"洗掉"，是对数据进行重新审查和校验的过程，目的在于删除重复信息、纠正存在的错误，并检查数据的一致性。因为我们收集到的数据是面向某一主题的数据的集合，这些数据从多个业务系统中抽取而来，这样就避免不了存在有的数据是错误数据、有的数据相互之间冲突的情况，这些错误的或有冲突的数据显然是我们不想要的，称为"脏数据"。我们要按照一定的规则把"脏数据"洗掉，就像在地里挖出来的萝卜，需要洗净后加工。数据清洗是数据预处理的第一步，也是保证后续结果正确的重要一环。若不能保证数据的正确性，我们可能得到错误的结果，如因小数点错误而造成的数据被放大十倍、百倍甚至更大等。在数据量较大的项目中，数据清洗花费的时间可占整个数据分析过程花费时间的一半或以上。

数据清洗需要处理以下 6 类错误。

① 不完整错误：即数据出现缺失，如收集 2010—2020 年陕西省的 GDP 时，发现 2019 年的值是缺失的，收集客户信息时发现某个客户的年龄和籍贯是缺失的等。如果经过判断，缺失数据是可获得的，那么可以通过查找资料手动补齐数据，如 2019 年陕西省的 GDP 是可以查找到的，这时可以将缺失值手动填入。另外，也可以通过对其他数据进行推导来补全数据，如可以利用身份证号推算出客户的年龄、籍贯等信息；对于数值性数据，可以通过平均值、最大值、最小值来补全缺失值。如果没有办法将数据补全，为了不影响整体数据的质量，需要将其剔除。

② 无效错误：数据超出了有意义的范围，如变量"年龄"的值出现了 200。无效错误的处理方式和不完整错误类似，如果能够查找到真实数据或者可以通过其他数据推导出来，那么可以用真实数据或者推导数据替换，否则剔除存在无效错误的数据。

③ 不准确错误：数据不是真实值的度量，如将年薪填成了月薪，将销售额填成了销售量等。针对这类错误可以根据变量的真实含义进行相应的修改。

④ 不一致错误：数据一致性是评估数据质量的一个关键点，通常我们说的一致性是指用于描述同一信息的主体在不同数据集中的信息属性相同，各实体、属性符合一致性约束关系。如果发现不同表单的同一变量值存在差异，那么需要判断哪个表单中的变量值是准确的。

⑤ 不统一错误：数据的显示格式不统一，如部分日期的显示格式为"年—月—日"，部分日期的显示格式为"月—日—年"，这时需要统一日期的显示格式。

⑥ 重复错误：数据中存在重复的观测值，这时需要删除重复的观测值。

（二）基于 Excel 的数据清洗案例分析

1. 案例介绍

每年新生报到的时候，各大院校为了了解新生状况都会进行新生及其家庭情况调查，以便给学生提供更好的服务，使学生更快地适应校园生活。这里以“×××学院 2021 级新生及家庭基本信息调查”数据为例，对基于 Excel 的数据清洗过程进行演示。

2. 基于 Excel 的数据清洗步骤

基于 Excel 的数据清洗包括以下几个环节：初步了解数据、缺失值处理、剔重、分列、合并两个单元格的内容、筛选、数据排序、字符串部分内容的替换和截取字符串的部分字符。

（1）初步了解数据。

在对数据进行清洗之前首先要对数据有初步的了解，如数据表中一共有多少个变量和多少条观测值。如果变量和观测值比较多，可以利用组合键进行判断。选中第一行的前几个数据，然后按下“Ctrl+Shift+→”组合键，这样可以选中第一行的所有数据，在 Excel 的下方会显示一共有多少列，如图 2-2-1 所示。

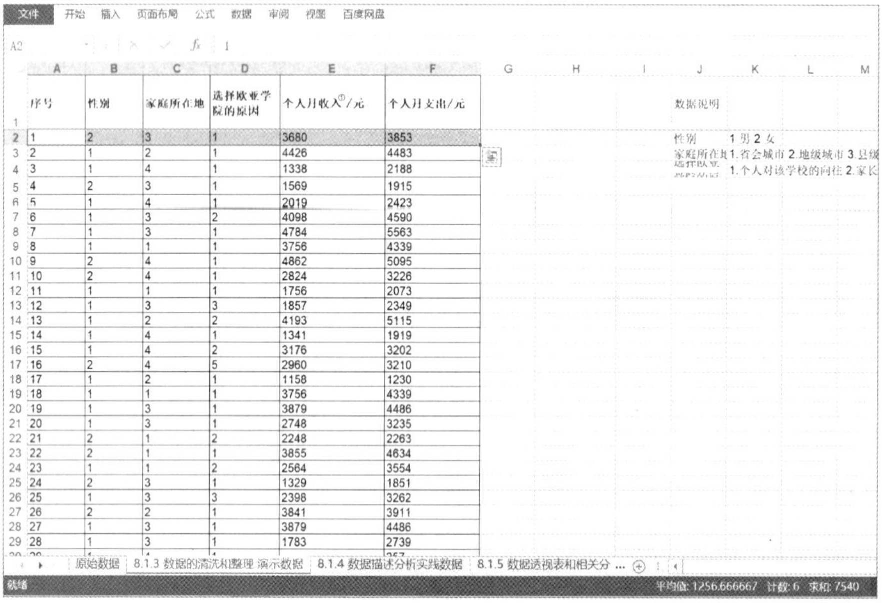

序号	性别	家庭所在地	选择欧亚学院的原因	个人月收入[1]/元	个人月支出/元
1	2	3	1	3680	3853
2	1	2	1	4426	4483
3	1	4	1	1338	2188
4	2	3	1	1569	1915
5	1	4	1	2019	2423
6	1	3	2	4098	4590
7	1	3	1	4784	5563
8	1	1	1	3756	4339
9	2	4	1	4862	5095
10	2	4	1	2824	3226
11	1	1	1	1756	2073
12	1	3	3	1857	2349
13	1	2	2	4193	5115
14	1	4	1	1341	1919
15	1	4	2	3176	3202
16	2	4	5	2960	3210
17	1	2	1	1158	1230
18	1	1	1	3756	4339
19	1	3	1	3879	4486
20	1	3	1	2748	3235
21	2	1	2	2248	2263
22	2	1	1	3855	4634
23	1	1	2	2564	3554
24	2	3	1	1329	1851
25	1	3	3	2398	3262
26	2	2	1	3841	3911
27	1	3	1	3879	4486
28	1	3	1	1783	2739

①—这里的“个人月收入”指的是大学生兼职获得的收入，不包含父母给予的月生活费，数据做了随机处理。

图 2-2-1　查看数据表的列数

同样地，选中第一列的前几个数据，然后按下“Ctrl+Shift+↓”组合键，这样可以选中第一列的所有数据，在 Excel 的下方会显示一共有多少行，如图 2-2-2 所示。

通过这两个组合键可以了解到数据表一共有 5 个变量（除序号外），271 条观测值。但是需要注意的是，使用这两个组合键时最好选择变量名称所在的行或者观测值计数序号的列，这样可以防止出现因缺失值而无法选择所在行或者所在列的全部数据的情况。

接下来可以分析数据表中每个变量的含义，在本案例中，各变量的含义如下。

性别：1 表示“男生”；2 表示“女生”。

家庭所在地：1 表示“省会城市”；2 表示“地级城市”；3 表示“县级市”；4 表示“乡镇”；5 表示“其他”。

选择欧亚学院的原因：1 表示“个人对该学校的向往”；2 表示“家长或老师的建议”；3 表

示“有朋友就读于该学校”；4 表示“同类院校的对比”；5 表示“高考分数的限制”；6 表示“其他”。

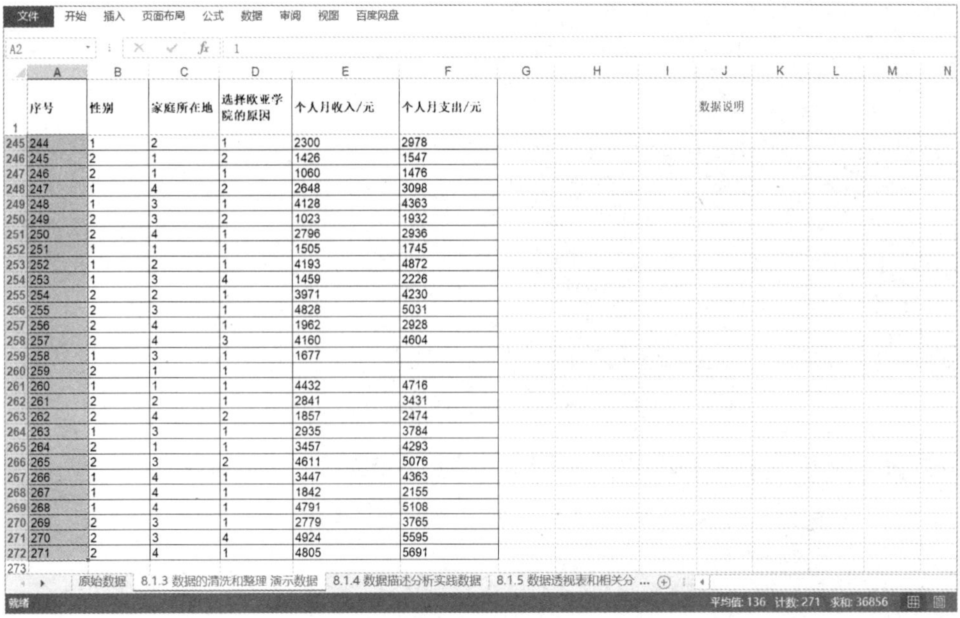

	A	B	C	D	E	F
1	序号	性别	家庭所在地	选择欧亚学院的原因	个人月收入/元	个人月支出/元
245	244	1	2	1	2300	2978
246	245	2	1	2	1426	1547
247	246	2	1	1	1060	1476
248	247	1	4	2	2648	3098
249	248	1	3	1	4128	4363
250	249	2	3	2	1023	1932
251	250	2	4	1	2796	2936
252	251	1	1	1	1505	1745
253	252	1	2	1	4193	4872
254	253	1	3	4	1459	2226
255	254	2	2	1	3971	4230
256	255	2	3	1	4828	5031
257	256	2	4	1	1962	2928
258	257	2	4	3	4160	4604
259	258	1	3	1	1677	
260	259	2	1	1		
261	260	1	1	1	4432	4716
262	261	2	2	1	2841	3431
263	262	2	4	2	1857	2474
264	263	1	3	1	2935	3784
265	264	2	1	1	3457	4293
266	265	2	3	2	4611	5076
267	266	1	4	1	3447	4363
268	267	1	4	1	1842	2155
269	268	1	4	1	4791	5108
270	269	2	3	1	2779	3765
271	270	2	3	4	4924	5595
272	271	2	4	1	4805	5691
273						

图 2-2-2　查看数据表的行数

其他两个变量的含义可以由变量名称得出。

（2）缺失值处理。

如果数据表中的缺失值不多，那么可以删除有缺失值的观测数据，步骤如下。

① 选中第一行数据，然后按下“Ctrl+Shift+↓”组合键选中全部数据，如图 2-2-3 所示。

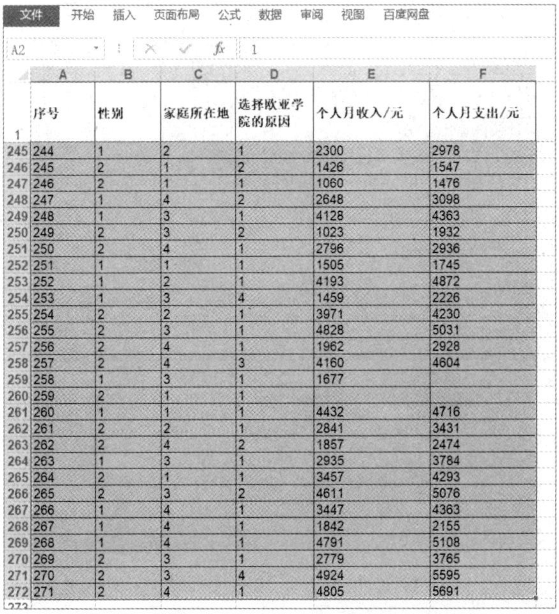

	A	B	C	D	E	F
1	序号	性别	家庭所在地	选择欧亚学院的原因	个人月收入/元	个人月支出/元
245	244	1	2	1	2300	2978
246	245	2	1	2	1426	1547
247	246	2	1	1	1060	1476
248	247	1	4	2	2648	3098
249	248	1	3	1	4128	4363
250	249	2	3	2	1023	1932
251	250	2	4	1	2796	2936
252	251	1	1	1	1505	1745
253	252	1	2	1	4193	4872
254	253	1	3	4	1459	2226
255	254	2	2	1	3971	4230
256	255	2	3	1	4828	5031
257	256	2	4	1	1962	2928
258	257	2	4	3	4160	4604
259	258	1	3	1	1677	
260	259	2	1	1		
261	260	1	1	1	4432	4716
262	261	2	2	1	2841	3431
263	262	2	4	2	1857	2474
264	263	1	3	1	2935	3784
265	264	2	1	1	3457	4293
266	265	2	3	2	4611	5076
267	266	1	4	1	3447	4363
268	267	1	4	1	1842	2155
269	268	1	4	1	4791	5108
270	269	2	3	1	2779	3765
271	270	2	3	4	4924	5595
272	271	2	4	1	4805	5691

图 2-2-3　选中全部数据

② 点击"开始"→"查找和选择"→"定位条件"按钮，如图 2-2-4 所示，在"定位条件"对话框中选中"空值"单选按钮。

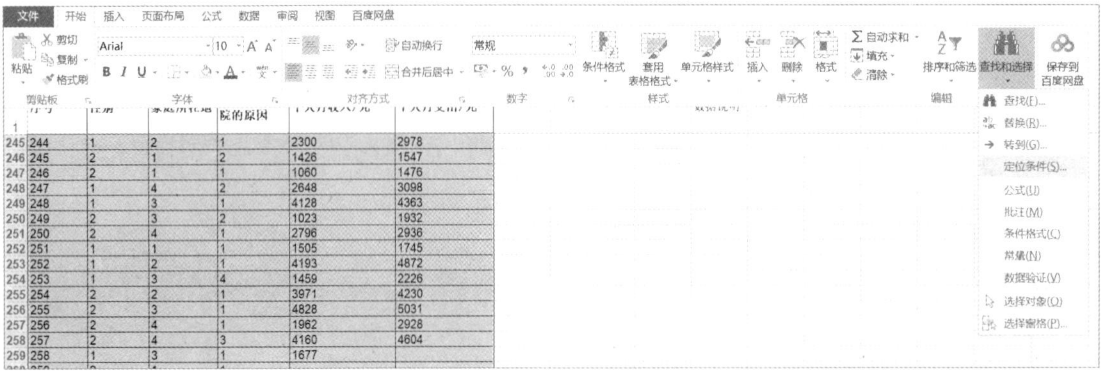

图 2-2-4 定位条件

③ 点击"确定"按钮，存在缺失值的单元格就会被标识出来，如图 2-2-5 所示。

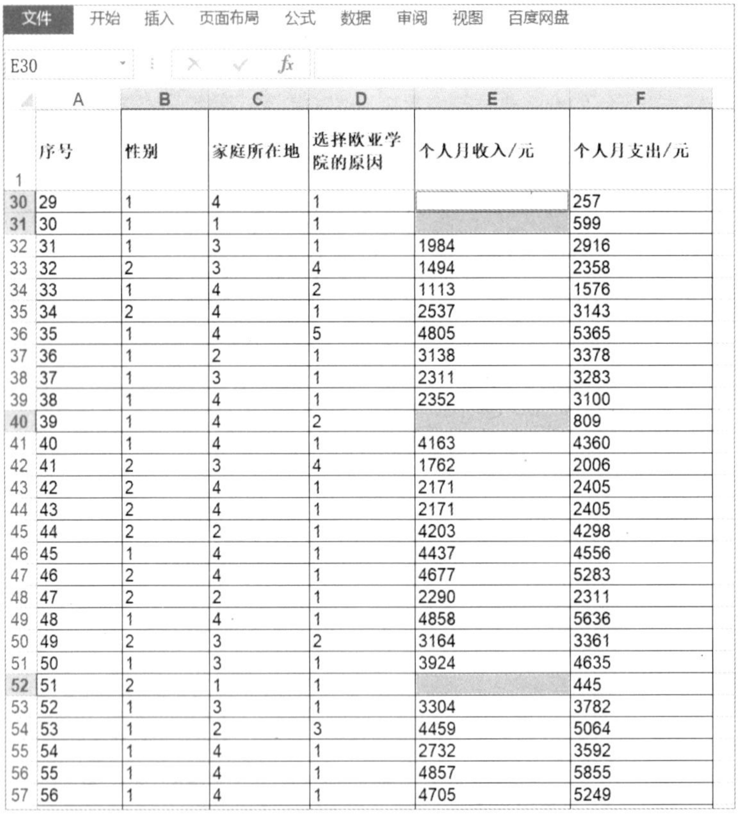

序号	性别	家庭所在地	选择欧亚学院的原因	个人月收入/元	个人月支出/元
29	1	4	1		257
30	1	1	1		599
31	1	3	1	1984	2916
32	2	3	4	1494	2358
33	1	4	2	1113	1576
34	2	4	1	2537	3143
35	1	4	5	4805	5365
36	1	2	1	3138	3378
37	1	3	1	2311	3283
38	1	4	1	2352	3100
39	1	4	2		809
40	1	4	1	4163	4360
41	2	3	4	1762	2006
42	2	4	1	2171	2405
43	2	4	1	2171	2405
44	2	2	1	4203	4298
45	1	4	1	4437	4556
46	2	4	1	4677	5283
47	2	4	1	2290	2311
48	1	4	1	4858	5636
49	2	3	2	3164	3361
50	1	4	1	3924	4635
51	2	1	1		445
52	1	3	1	3304	3782
53	1	2	3	4459	5064
54	1	4	1	2732	3592
55	1	4	1	4857	5855
56	1	4	1	4705	5249

图 2-2-5 存在缺失值的单元格

④ 右击标识出来的第一个单元格，在弹出的快捷菜单中点击"删除"按钮，在"删除"对话框中选中"整行"单选按钮，点击"确定"按钮，就可以删除缺失值所在的行。这时可以查看剩余的观测值，一共有 260 条。

(3) 剔重。

① 选中去掉缺失值后的全部数据，点击"数据"→"删除重复项"按钮，如图 2-2-6 所示。

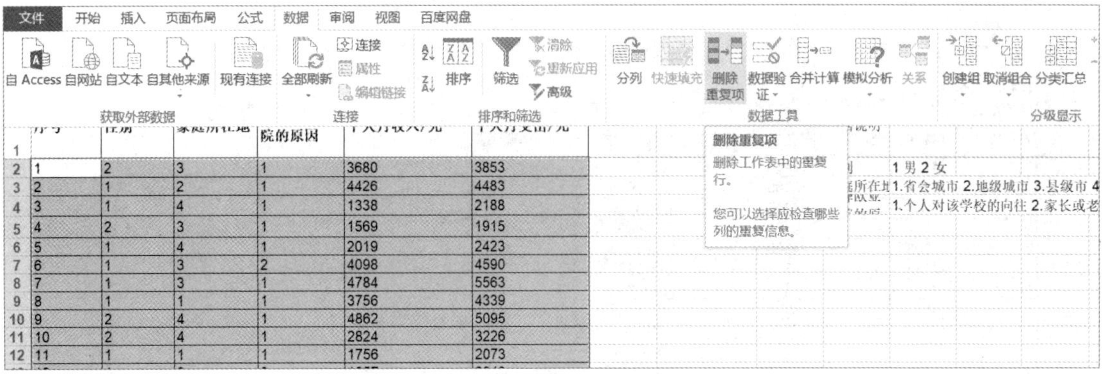

图 2-2-6　剔重

② 在"删除重复项"对话框中，勾选除"序号"之外所有的变量名称，就可以删除所有变量值都相同的观测值了，结果如图 2-2-7 所示。

图 2-2-7　剔重结果

剔重之后，剩余 257 条观测值，可以基于 257 条观测值进行后续的数据处理和分析。

(4) 分列。

演示数据的 G 列为学生的学号，其中前两位表示入学年份，这时可以利用 Excel 的分列功能，提取学生的入学年份信息，操作过程如下。

① 选中 G 列，点击"数据"→"分列"按钮，可以根据数据特点选择分隔符号分列或者

固定宽度分列。这里为了提取前两位数字，选择固定宽度分列，如图 2-2-8 所示。

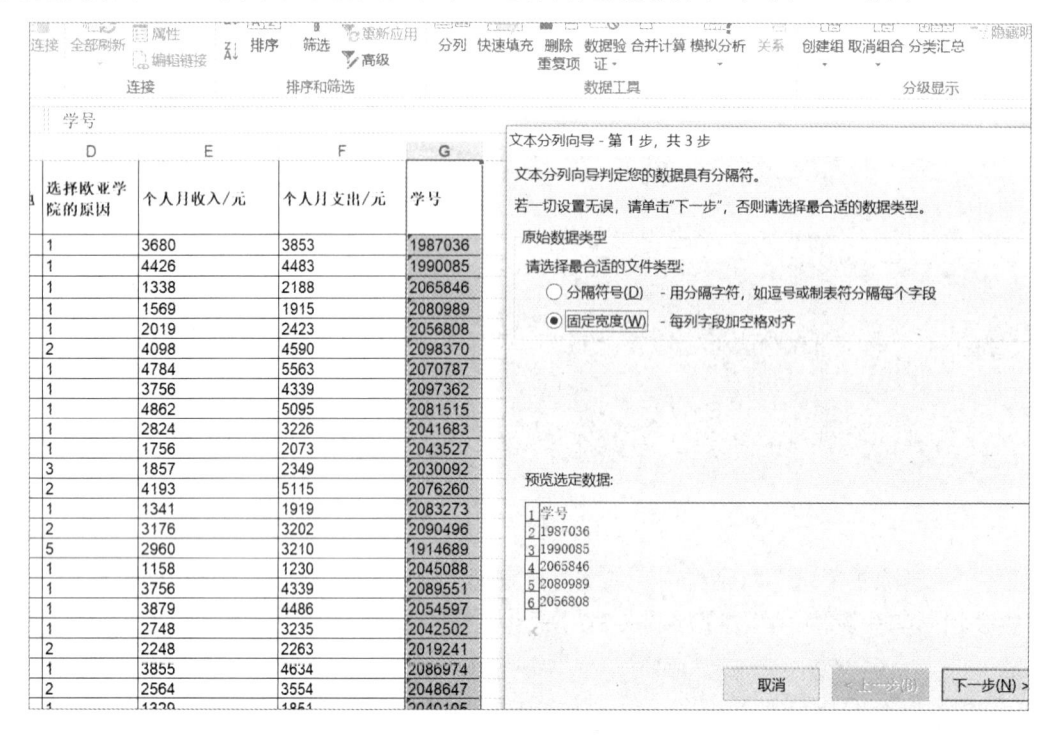

图 2-2-8　分列方式选择

② 点击"下一步"按钮，通过数据预览处标尺的位置选择截取数据的宽度，如图 2-2-9 所示。

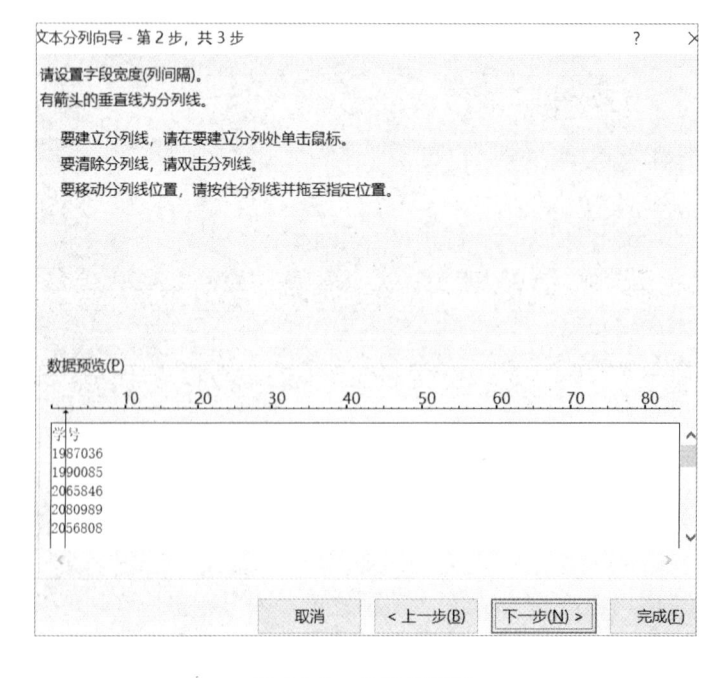

图 2-2-9　分列线图示

③ 点击"下一步"→"完成"按钮,即可提取学号的前两位,分列结果如图 2-2-10 所示。

序号	性别	家庭所在地	选择欧亚学院的原因	个人月收入/元	个人月支出/元	学	号
1	2	3	1	3680	3853	19	87036
2	1	2	1	4426	4483	19	90085
3	1	4	1	1338	2188	20	65846
4	2	3	1	1569	1915	20	80989
5	1	4	1	2019	2423	20	56808
6	1	3	2	4098	4590	20	98370
7	1	3	1	4784	5563	20	70787
8	1	1	1	3756	4339	20	97362
9	2	4	1	4862	5095	20	81515
10	2	4	1	2824	3226	20	41683

图 2-2-10 分列结果

分列后可以对相应的变量名称进行修改。

(5) 合并两个单元格的内容。

如果想把两个单元格的内容合并,如把"个人月收入/元"和"个人月支出/元"两个单元格的内容合并,中间用"和"字连接,那么可以在空白列的单元格中输入=E2&"和"&F2,选中合并结果所在的单元格,将光标移至该单元格的右下角,待光标变为"十"字形状后,按下鼠标左键下拉至最后一行,即可实现"个人月收入/元"和"个人月支出/元"两个单元格内容的合并,合并结果如图 2-2-11 所示。

	E	F	G	H
	个人月收入/元	个人月支出/元	学号	合并结果
	3680	3853	1987036	3680和3853
	4426	4483	1990085	4426和4483
	1338	2188	2065846	1338和2188
	1569	1915	2080989	1569和1915
	2019	2423	2056808	2019和2423
	4098	4590	2098370	4098和4590

图 2-2-11 合并结果

(6) 筛选。

① 自动筛选。

首先介绍单条件筛选。如果教务处想查看一下新生中男生的人数和女生的人数,那么可以进行如下操作:点击"数据"→"筛选"按钮,每个变量名称所在单元格的右下角都会出现一个倒三角标识,如图 2-2-12 所示。

点击变量名称"性别"所在单元格右下角的倒三角标识,如图 2-2-13 所示。

如果想要看男生的信息,那么可以仅勾选"性别"筛选对话框中的"1"复选框,数据表中就只显示男生的信息。在筛选后的数据表中可以查看男生的人数或者男生的其他信息。

接下来介绍多条件筛选。如果想要查看家庭所在地为省会城市和地级城市的学生情况,那么首先勾选"性别"筛选对话框中的"全选"复选框;然后点击"家庭所在地"所在单元格右下角的倒三角标识,并勾选"1"和"2"复选框,如图 2-2-14 所示。

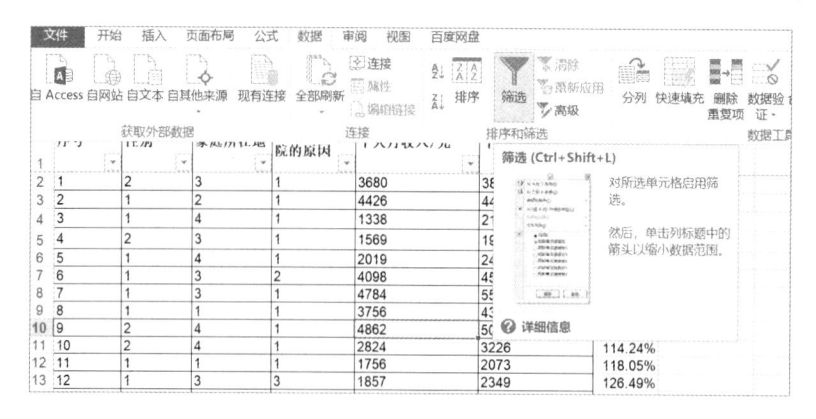

图 2-2-12 筛选路径

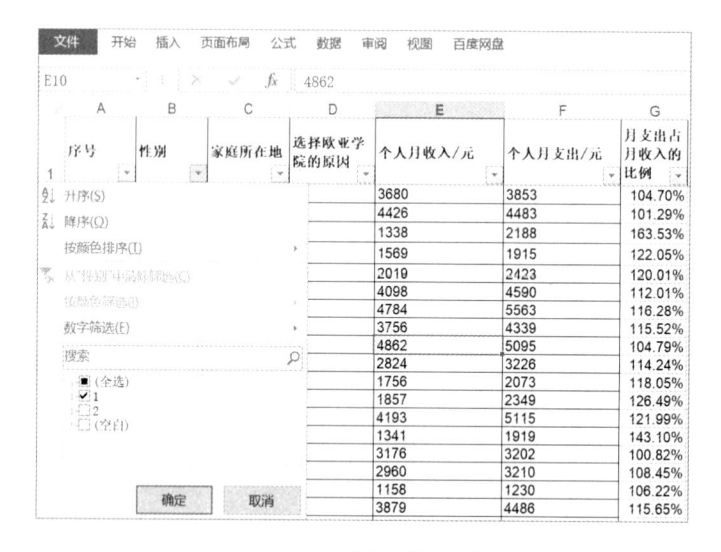

图 2-2-13 筛选"性别"

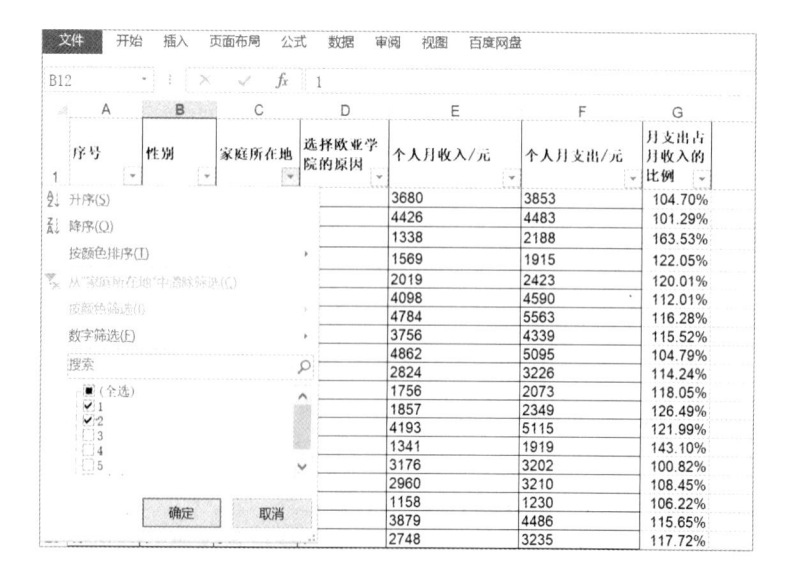

图 2-2-14 筛选"家庭所在地"

这样就可以筛选出家庭所在地为省会城市和地级城市的学生数据。如果想显示全部数据，那么可以点击“数据”→“筛选”按钮，这样就可以取消筛选功能。

② 高级筛选。

首先在数据表的空白区域设置筛选条件，以“家庭所在地”为例设置筛选条件，筛选出“家庭所在地”为 4 的数据，如图 2-2-15 所示。

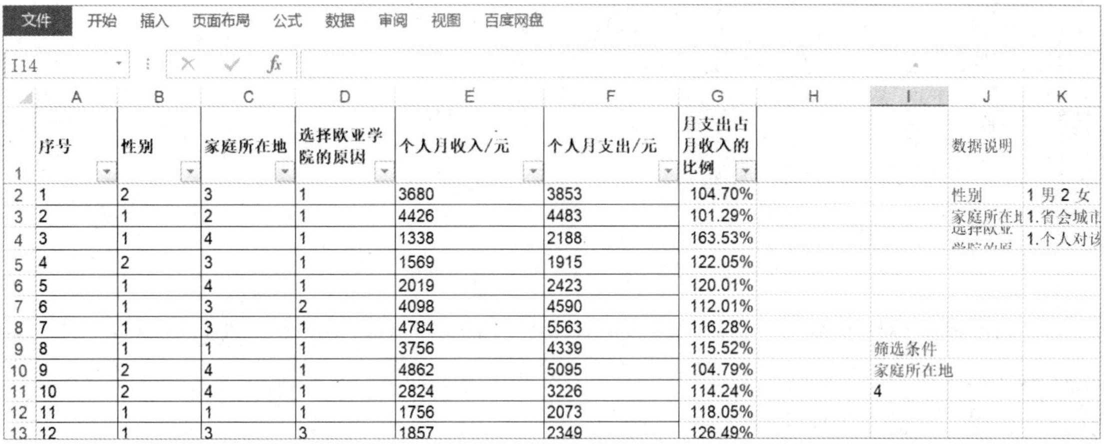

	A	B	C	D	E	F	G	H	I	J	K
1	序号	性别	家庭所在地	选择欧亚学院的原因	个人月收入/元	个人月支出/元	月支出占月收入的比例			数据说明	
2	1	2	3	1	3680	3853	104.70%			性别	1 男 2 女
3	2	1	2	1	4426	4483	101.29%			家庭所在地	1.省会城市
4	3	1	4	1	1338	2188	163.53%			选择欧亚学院的原	1.个人对该
5	4	2	3	1	1569	1915	122.05%				
6	5	1	4	1	2019	2423	120.01%				
7	6	1	3	2	4098	4590	112.01%				
8	7	1	3	1	4784	5563	116.28%				
9	8	1	1	1	3756	4339	115.52%		筛选条件		
10	9	2	4	1	4862	5095	104.79%		家庭所在地		
11	10	2	4	1	2824	3226	114.24%		4		
12	11	1	1	1	1756	2073	118.05%				
13	12	1	3	3	1857	2349	126.49%				

图 2-2-15　输入筛选条件

点击“数据”→“高级”按钮，进入“高级筛选”对话框，如图 2-2-16 所示。

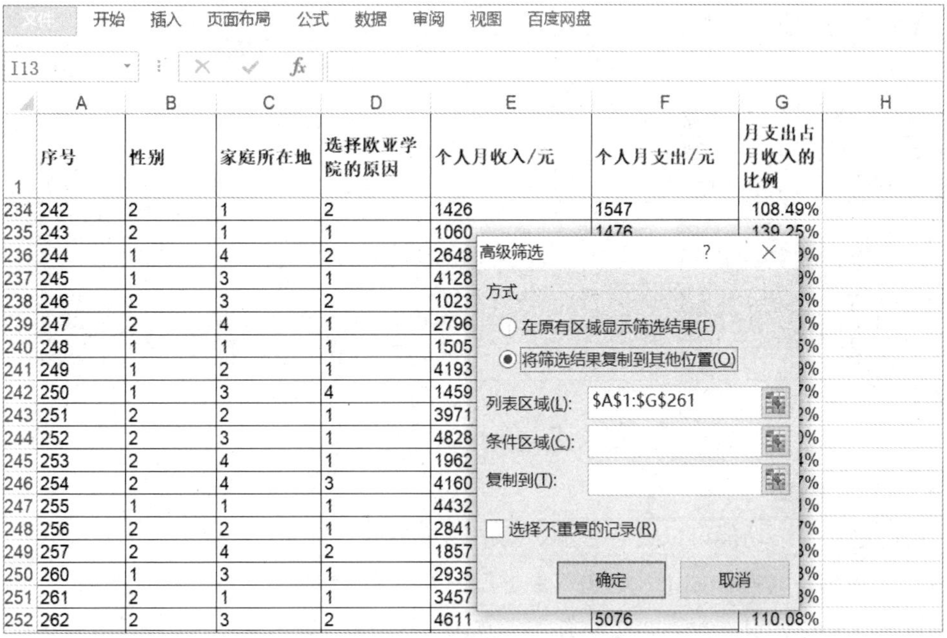

	A	B	C	D	E	F	G	H
1	序号	性别	家庭所在地	选择欧亚学院的原因	个人月收入/元	个人月支出/元	月支出占月收入的比例	
234	242	2	1	2	1426	1547	108.49%	
235	243	2	1	1	1060	1476	139.25%	
236	244	1	4	2	2648			
237	245	1	3	1	4128			
238	246	2	3	2	1023			
239	247	2	4	1	2796			
240	248	1	1	1	1505			
241	249	1	2	1	4193			
242	250	1	3	4	1459			
243	251	2	2	1	3971			
244	252	2	3	1	4828			
245	253	2	4	1	1962			
246	254	2	4	3	4160			
247	255	1	1	1	4432			
248	256	2	2	1	2841			
249	257	2	4	2	1857			
250	260	1	3	1	2935			
251	261	2	1	1	3457			
252	262	2	3	2	4611	5076	110.08%	

图 2-2-16　“高级筛选”对话框

选中“将筛选结果复制到其他位置”单选按钮，点击“条件区域”输入框右侧的数据选择标识，然后选中“家庭所在地”为 4 这个条件，如图 2-2-17 所示。

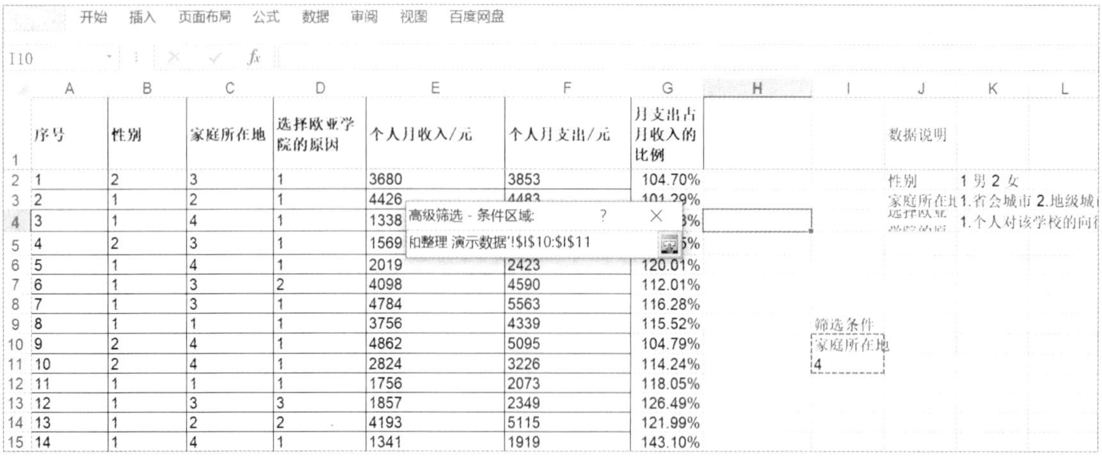

图 2-2-17 设置筛选条件

点击"复制到"输入框右侧的数据选择标识,选中一个空白单元格,然后再次点击该数据选择标识,返回"高级筛选"对话框,点击"确定"按钮,就可以把满足筛选条件的数据复制到指定位置,如图 2-2-18 所示。

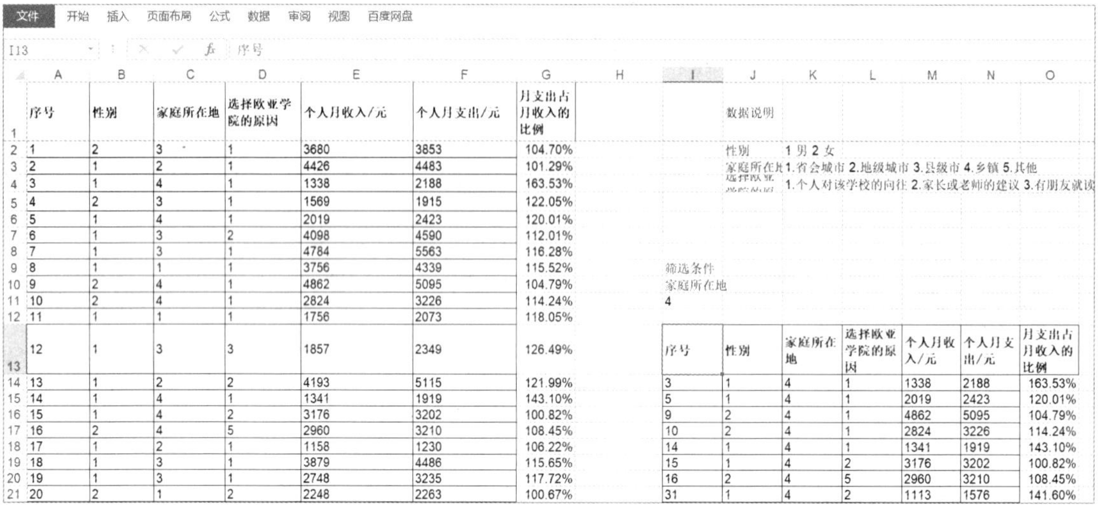

图 2-2-18 高级筛选结果

③ 自定义筛选。

利用自定义筛选功能可以设置更加灵活的筛选条件,例如,想查看个人月收入在 3000~4000 元的学生信息,操作如下:点击"数据"→"筛选"按钮,点击"个人月收入"所在单元格右下角的倒三角标识,找到"数字筛选"选项,将"数字筛选"选项展开可以看到"等于""不等于"等子选项,如图 2-2-19 所示。

点击"介于"子选项,在"自定义自动筛选方式"对话框中输入"个人月收入/元"的筛选条件,如图 2-2-20 所示。

点击"确定"按钮,就可以筛选出符合条件的数据了。

图 2-2-19 数字筛选

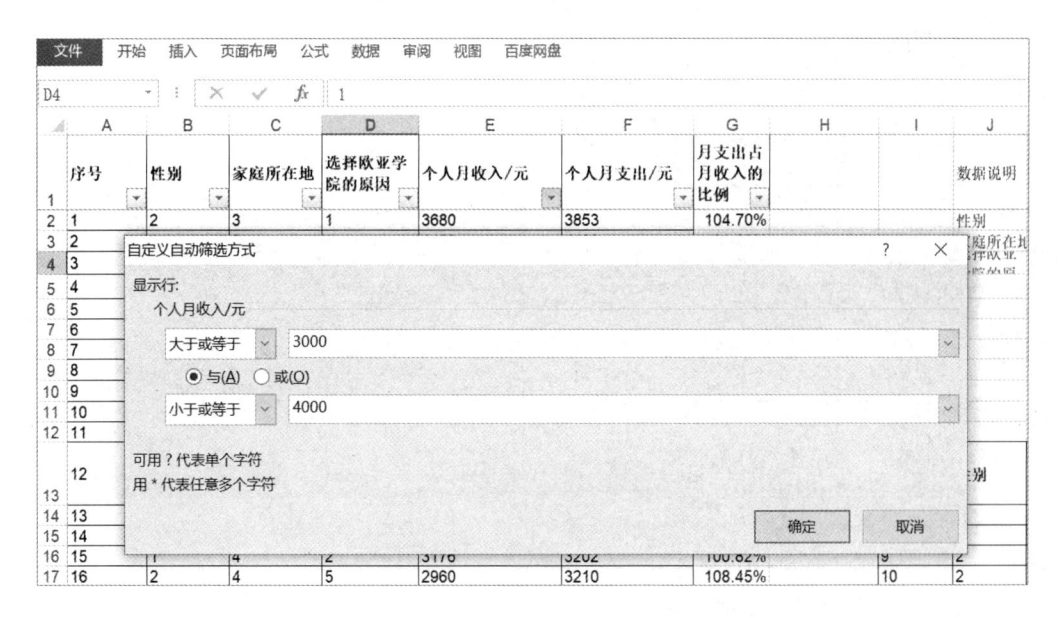

图 2-2-20 "自定义自动筛选方式"对话框

(7) 数据排序。

使用 Excel 可以对数据进行排序,如按照个人月收入对数据进行升序排列,可以进行如下操作。选中全部数据,点击"数据"→"排序"按钮,打开"排序"对话框,如图 2-2-21 所示。

在"主要关键字"下拉列表中选择排序依据的变量,这里选择"个人月收入/元",在"次序"下拉列表中可以选择排序的方式,这里选择"升序"。设置完成后,点击"确定"按钮,排序完成后的结果如图 2-2-22 所示。

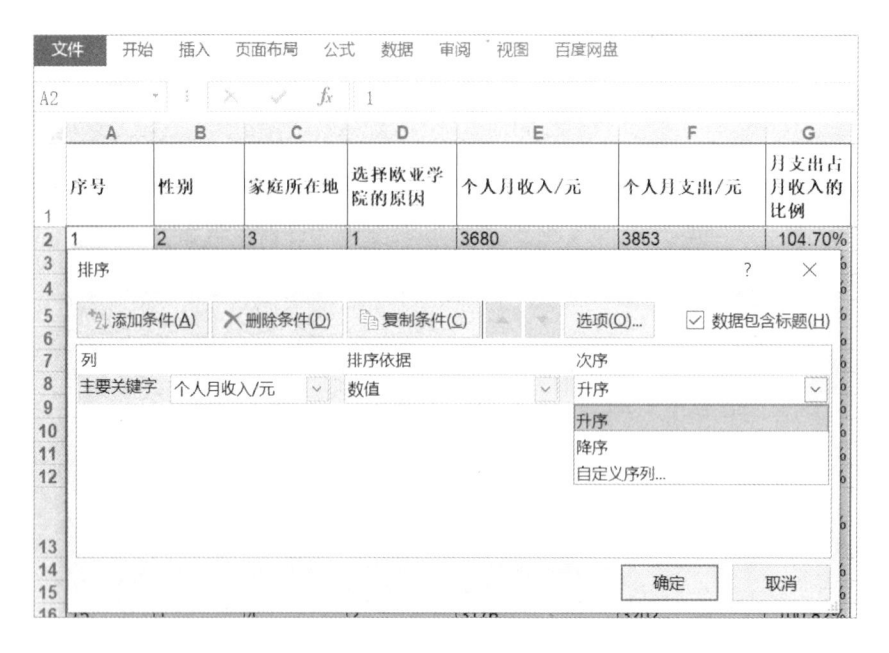

图 2-2-21 "排序"对话框

图 2-2-22 排序完成后的结果

(8) 字符串部分内容的替换。

在处理数据时,有时候需要对用户的数据进行保密处理,隐藏部分信息,如隐藏部分电话号码、部分证件号码等。这里对学号进行保密处理,需要将第3~5位学号替换为***,可以使用 REPLACE 函数进行处理,在空白列的单元格中输入=REPLACE(G2,3,3,"***"),替换结果如图 2-2-23 所示。

(9) 截取字符串的部分字符。

如果需要截取字符串的部分字符,可以使用 MID 函数,例如,从字符串的第 3 个字符开始,截取 4 个字符,那么可以在空白列的单元格中输入:=MID(G2,3,4),截取结果如图 2-2-24 所示。

E	F	G	H
个人月收入/元	个人月支出/元	学号	替换部分字段结果
3680	3853	1987036	19***36
4426	4483	1990085	19***85
1338	2188	2065846	20***46
1569	1915	2080989	20***89
2019	2423	2056808	20***08
4098	4590	2098370	20***70
4784	5563	2070787	20***87
3756	4339	2097362	20***62
4862	5095	2081515	20***15
2824	3226	2041683	20***83

图 2-2-23 替换结果

E	F	G	H
个人月收入/元	个人月支出/元	学号	截取部分字段结果
3680	3853	1987036	8703
4426	4483	1990085	9008
1338	2188	2065846	6584
1569	1915	2080989	8098
2019	2423	2056808	5680
4098	4590	2098370	9837
4784	5563	2070787	7078
3756	4339	2097362	9736
4862	5095	2081515	8151

图 2-2-24 截取结果

(三) 基于 R 的数据清洗案例分析

1. R 数据清洗的常用函数

(1) 缺失值的处理。

① na.omit 函数。

作用：剔除数据结构中值为空（缺失值以 NA 表示）的数据。

函数语法：na.omit(x)。

② complete.cases 函数。

作用：判断数据结构中是否有存在缺失值的行，如果某行的数据缺失，那么将该行标识为 F（FALSE），否则标识为 T（TRUE）。

函数语法：complete.cases(data1)。

(2) 重复值的处理。

函数：unique 函数。

作用：删除所有字段均重复的行。

函数语法：unique(x)。

(3) 排序。

① order 函数。

作用：R 中自带的排序函数，针对向量进行排序操作。

函数语法：order(x,na.last = T,decreasing = T)。其中，x 为待排序的向量；na.last 表示是否将 NA 值放在最后面（默认排序忽略 NA 值）；decreasing 表示是否按照降序排列，默认为升序排列。

② arrange 函数。

作用：plyr 包中的函数，针对数据框进行排序，可以返回基于某列排序后的数据框，方便进行多重排序。

函数语法：arrange(x,x.col1)。其中，x 表示数据框，x.col1 表示数据框中某列的名称。

(4) 多余空格的处理。

函数：trim 函数。

作用：清除字符前后的空格。

函数语法：trim (x)，该函数来自 raster 包。

（5）字符串数据的提取。

① substr 函数。

作用：提取字符串中的部分字符。

函数语法：substr(s,first,last)。其中，first 和 last 分别为截取的起始位置和结束位置。

注意：使用该函数时必须设置参数 first 和 last，否则会出错。

② substring 函数。

作用：提取字符串中的部分字符。

函数语法：substring(s, first, last = 1000000)。其中，first 和 last 分别为截取的起始位置和结束位置。可以只设置 first，last 默认为 1000000，指字符串的最大长度。

2. 案例介绍

信用卡用户能否按时还款是银行非常关心的一个问题。这里收集了信用卡用户的个人信息，包括婚姻状况、性别、教育水平、消费理念等，将其整理成"01 simudata.csv"文件，以此数据为例演示基于 R 的数据清洗过程。

3. 基于 R 的数据清洗步骤

基于 R 读入数据，代码如下：

```
##读入数据
data1 = read.csv("…/01 simudata.csv",header=T) #使用绝对路径读取文件
data1 #显示整个数据
setwd("E:/2022-2023第一学期课程/《实用商业数据分析理念与方法》教材编写/R 代码") #设置文件路径
getwd() #查看当前路径
data1=read.csv("01 simudata.csv",header=T) #使用相对路径读取文件
##查看数据是否正确
str(data1)  #查看数据框的结构
```

使用 str 函数查看数据框的结构，如图 2-2-25 所示。

```
> str(data1) #查看数据框的结构
'data.frame':   2000 obs. of  9 variables:
 $ 是否按期还款: int  1 1 1 1 1 1 0 1 1 1 ...
 $ 性别        : int  0 1 0 0 1 0 1 1 0 1 ...
 $ 已婚_未婚   : int  0 1 0 1 0 1 1 1 0 1 ...
 $ 已育_未育   : int  1 0 1 0 1 1 1 0 1 1 ...
 $ 收入        : int  19823 6408 10001 35078 56145 18482 11168 36164 38816 7177 ...
 $ 教育水平    : int  1 1 1 3 1 3 2 1 ...
 $ 英语水平    : int  3 3 2 4 3 3 1 3 1 2 ...
 $ 微博好友数  : int  36 25 65 43 24 35 29 82 49 33 ...
 $ 消费理念    : num  0.1 0.65 0.17 0.23 0.86 0.28 0.53 0.5 0.21 0.51 ...
```

图 2-2-25　使用 str 函数查看数据框的结构

基于 R 查看缺失值，代码如下：

```
fix(data1)      #以数据框的形式查看数据
head(data1)     #查看数据的前 6 行
tail(data1)     #查看数据的后 6 行
```

```
head(data1,10)        #查看数据的前 10 行
is.na(data1)          #查看整个数据框是否存在缺失值
```

使用 is.na 函数查看的结果如图 2-2-26 所示。

```
> is.na(data1) #查看整个数据框是否存在缺失值
     是否按期还款  性别  已婚_未婚  已育_未育  收入  教育水平  英语水平  微博好友数  消费理念
1        FALSE   FALSE    FALSE       FALSE    FALSE   FALSE    FALSE      FALSE       FALSE
2        FALSE   FALSE    FALSE       FALSE    FALSE   FALSE    FALSE      FALSE       FALSE
3        FALSE   FALSE    FALSE       FALSE    FALSE   FALSE    FALSE      FALSE       FALSE
4        FALSE   FALSE    FALSE       FALSE    FALSE   FALSE    FALSE      FALSE       FALSE
5        FALSE   FALSE    FALSE       FALSE    FALSE   FALSE    FALSE      FALSE       FALSE
6        FALSE   FALSE    FALSE       FALSE    FALSE   FALSE    FALSE      FALSE       FALSE
```

图 2-2-26 使用 is.na 函数查看的结果

基于 R 处理缺失值,代码如下:

```
sum(is.na(data1))                        #计算整个数据框中缺失值的个数
is.na(data1$收入)                         #查看单个指标是否存在缺失值
sum(is.na(data1$收入))                    #计算单个指标缺失值的个数
sum(is.na(data1$收入))/length(data1$收入)
data21=data1[complete.cases(data1),]     ##只取完整样本
sum(is.na(data21$收入))
str(data21)
```

使用 complete.cases 函数处理缺失值的结果如图 2-2-27 所示。

```
> str(data21)
'data.frame':   1976 obs. of  9 variables:
 $ 是否按期还款: num  1 1 1 1 1 1 0 1 1 1 ...
 $ 性别        : num  0 1 0 0 1 0 1 1 0 1 ...
 $ 已婚_未婚   : num  0 1 0 1 1 0 1 1 0 1 ...
 $ 已育_未育   : num  1 0 1 0 1 1 0 1 1 ...
 $ 收入        : num  19823 6408 10001 35078 56145 ...
 $ 教育水平   : num  1 1 1 3 1 3 1 3 2 1 ...
 $ 英语水平   : num  3 3 2 4 3 3 1 3 1 2 ...
 $ 微博好友数 : num  36 25 65 43 24 35 29 82 49 33 ...
 $ 消费理念   : num  0.1 0.65 0.17 0.23 0.86 0.28 0.53 0.5 0.21 0.51 ...
```

图 2-2-27 使用 complete.cases 函数处理缺失值的结果

基于 R 处理重复值,代码如下:

```
##删除重复值
data1 = unique(data1)
str(data1)
```

重复值处理的结果如图 2-2-28 所示。

```
> str(data1)
'data.frame':   1024 obs. of  9 variables:
 $ 是否按期还款: num  1 1 1 1 1 1 0 1 1 1 ...
 $ 性别        : num  0 1 0 0 1 0 1 1 0 1 ...
 $ 已婚_未婚   : num  0 1 0 1 1 0 1 1 0 1 ...
 $ 已育_未育   : num  1 0 1 0 1 1 1 0 1 1 ...
 $ 收入        : num  19823 6408 10001 35078 56145 ...
 $ 教育水平   : num  1 1 1 3 1 3 1 3 2 1 ...
 $ 英语水平   : num  3 3 2 4 3 3 1 3 1 2 ...
 $ 微博好友数 : num  36 25 65 43 24 35 29 82 49 33 ...
 $ 消费理念   : num  0.1 0.65 0.17 0.23 0.86 0.28 0.53 0.5 0.21 0.51 ...
```

图 2-2-28 重复值处理的结果

基于 R 的 order 函数进行降序排列，代码如下：

```
#排序
data3=data1[order(data1$收入,decreasing = T),] #降序排列
head(data3,10)
```

使用 order 函数按收入降序排列的结果如图 2-2-29 所示。

```
> head(data3,10)
    是否按期还款 性别 已婚_未婚 已育_未育    收入 教育水平 英语水平 微博好友数 消费理念
790            1    1         1         0 120940       3        2         55     0.59
27             1    0         1         1  87741       2        1         45     0.23
803            1    1         1         0  87219       1        3         37     0.40
147            1    1         0         0  80930       3        1         32     0.03
623            1    1         1         0  79977       4        4         28     0.46
937            1    1         0         0  79235       3        4         34     0.25
385            1    1         0         1  79169       3        1         44     0.32
```

图 2-2-29　使用 order 函数按收入降序排列的结果

基于 R 的 order 函数进行升序排列，代码如下：

```
data3=data1[order(data1$收入,decreasing = F),] #升序排列
fix(data3)
```

使用 order 函数按收入升序排列的结果如图 2-2-30 所示。

	row.names	是否按期还款	性别	已婚_未婚	已育_未育	收入	教育水平	英语水平	微博好友数	消费理念
1	985	1	0	0	0	0	0	0	0	0.59
2	986	1	1	1	0	0	0	0	0	0.79
3	987	1	0	1	0	0	0	0	0	0.3
4	988	1	1	1	0	0	0	0	0	0.41
5	989	1	1	0	0	0	0	0	0	0.26
6	990	1	1	1	0	0	0	0	0	0.47
7	251	0	0	0	1	426	2	4	75	0.56
8	257	1	1	1	0	506	1	2	94	0.9
9	724	1	1	1	1	715	3	2	49	0.56
10	358	0	1	0	0	1292	4	4	28	0.51
11	747	1	1	1	0	1292	3	2	41	0.51
12	394	0	1	1	0	1431	3	4	41	0.72
13	858	0	1	1	0	1513	3	3	27	0.35
14	145	0	1	0	0	1583	2	3	38	0.38

图 2-2-30　使用 order 函数按收入升序排列的结果

基于 R 的 arrange 函数进行升序排列，代码如下：

```
##使用 arrange 函数排序
library(dplyr)
data3tmp=arrange(data1,data1$收入)  ##升序排列
head(data3tmp,10)
```

使用 arrange 函数按收入升序排列的结果如图 2-2-31 所示。

```
> head(data3tmp,10)
   是否按期还款 性别 已婚_未婚 已育_未育 收入 教育水平 英语水平 微博好友数 消费理念
1        1       0       0         0        0     0        0        0       0.59
2        1       1       1         1        0     0        0        0       0.79
3        1       0       1         0        0     0        0        0       0.30
4        1       1       1         1        0     0        0        0       0.41
5        1       1       0         0        0     0        0        0       0.26
6        1       1       1         1        0     0        0        0       0.47
7        0       0       0         1      426     2        4       75       0.56
8        0       1       1         0      506     1        2       94       0.90
9        1       1       1         1      715     3        2       49       0.56
10       0       1       1         0     1292     4        4       28       0.51
```

图 2-2-31　使用 arrange 函数按收入升序排列的结果

基于 R 的 arrange 函数进行降序排列，代码如下：

```
data3tmpp=arrange(data1,-data1$收入)  ##降序排列
head(data3tmpp,10)
```

如果数据中包含多余空格，删除空格的代码如下：

```
install.packages("raster")
library(raster)
x=" 数据清洗 "
x
x=trim(x)
x
```

代码运行结果如图 2-2-32 所示。

截取字符串中部分字符的代码如下：

```
substr(x,3,4)
substring(x,2)
```

代码运行结果如图 2-2-33 所示。

```
> x
[1] "数据清洗"
> x=" 数据清洗 "
> x
[1] " 数据清洗 "
> x=trim(x)
> x
[1] "数据清洗"
```

```
> substr(x,3,4)
[1] "清洗"
> substring(x,2)
[1] "据清洗"
```

图 2-2-32　代码运行结果 1　　　　　　图 2-2-33　代码运行结果 2

（四）基于 Python 的数据清洗案例分析

1. Python 数据清洗的常用函数

（1）缺失值的处理。

① isnull() 函数。

作用：判断数据中是否存在缺失值。

函数语法：x.isnull()，函数返回值为 True 或者 False。如果变量 x 的某个位置缺失，那么

返回 True，否则返回 False。

② isnull().sum()函数。

作用：计算缺失值的数量。

函数语法：x.isnull().sum()，计算变量 x 中缺失值的数量。

③ info()函数。

作用：用于查看 DataFrame 的概况。

函数语法：DataFrame.info(verbose=None, buf=None, max_cols=None, memory_usage=None, null_counts =None)。

参数说明：

verbose：指明是否打印完整摘要。

buf：可写缓冲区，默认为 sys.stdout。

max_cols：指明打印完整摘要还是简短摘要。

memory_usage：指明是否应显示 DataFrame 元素（包括索引）的总内存使用情况。

null_counts：指明是否显示非空计数。若为 None，则仅显示框架是否小于 max_info_rows 和 max_info_columns；若为 True，则始终显示计数；若为 False，则从不显示计数。

④ dropna()函数。

作用：删除具有缺失值的行。

函数语法：dropna(axis = 0,how = 'any', thresh = None, subset = None, inplace = False)。

参数说明：

axis：默认为 axis=0，当某行出现缺失值时，将该行丢弃；若 axis=1，则当某列出现缺失值时，将该列丢弃。

how：指明缺失值的个数，默认为 how='any'，表示只要某行有缺失值就将该行丢弃；how='all' 表示当某行全部为缺失值时，才将其丢弃。

thresh：阈值设定，如果行或列中非缺失值的数量小于或等于 thresh，则该行或该列会被删除。

subset：选择查找范围，如 subset=['a','d']，即丢弃 a 列和 d 列中缺失值所在的行。

inplace：布尔值，默认为 False，当 inplace = True 时，表示对原数据进行操作，无返回值。

⑤ fillna()函数。

作用：填充缺失值。

函数语法：pandas.DataFrame.fillna(value=None,method=None,axsi=None,inplace=False,limit=None)。

参数说明：

value：用于填充缺失值的标量值或字典对象。

method：插值方式。

axis：待填充的轴，默认为 axis=0。

inplace：布尔值，默认为 False，当 inplace = True 时，表示对原数据进行操作，无返回值。

limit：对于前向和后向填充，可以连续填充的最大数量。

(2)重复值的处理。

① DataFrame.duplicated()函数。

作用：检测数据中是否存在重复值。

函数语法：DataFrame.duplicated(subset=None,keep="first"/"last"/"False")。

参数说明：

subset：对应值是列名，表示只考虑写的列，将列对应值相同的行进行去重，默认值为None，即考虑所有列。

keep="first"/"last"/"False"：first 为默认值，表示除第一次出现外，其余相同的值被标记为重复；last 表示除最后一次出现外，其余相同的值被标记为重复；False 表示所有相同的值都被标记为重复。

使用 DataFrame.duplicated()函数检测标记 Series 中的值、DataFrame 中的记录行是否重复，重复为 True，不重复为 False。

② duplicated().sum()函数。

作用：计算重复值的数量。

函数语法：data.duplicated().sum()。

③ DataFrame.drop_duplicates()函数。

作用：删除数据中重复的行或者列。

函数语法：DataFrame.drop_duplicates(subset=None, keep="first", inplace=False)。

(3)排序。

函数：DataFrame.sort_values()函数。

作用：对数据进行排序。

函数语法：DataFrame.sort_values(by, axis=0, ascending=True, inplace=False, kind="quicksort", na_position="last", ignore_index=False, key=None)。

参数说明：

by：指明要进行排序的列名或索引值。

axis：若 axis=0 或 index，则按照列中数据的大小排序；若 axis=1 或 columns，则按照索引值中数据的大小排序，默认 axis=0。

ascending：指明是否按指定列数据的升序排列，默认为 True，升序排列。

inplace：指明是否用排序后的数据替换原来的数据，默认为 False，不替换。

kind：取值为 quicksort、mergesort、heapsort，默认值为 quicksort。

na_position：空值的存放位置，默认存放在 last，即最后。

2．案例介绍

这里使用与"基于 R 的数据清洗案例分析"相同的数据，数据内容不再赘述。

3．基于 Python 的数据清洗步骤

基于 Python 查看数据中是否存在缺失值，代码如下：

```
import pandas as pd
```

```
df = pd.read_csv('C:/Users/luzhijuan/Desktop/01 simudata.csv',encoding
= 'GBK')
##查看缺失值
df.isnull()##查看数据中是否存在缺失值,返回True或者False
```

查看缺失值的结果如图 2-2-34 所示。

Out[6]:		是否按期还款	性别	已婚_未婚	已育_未育	收入	教育水平	英语水平	微博好友数	消费理念
	0	False	False	False	False	False	False	False	False	False
	1	False	False	False	False	False	False	False	False	False
	2	False	False	False	False	False	False	False	False	False
	3	False	False	False	False	False	False	False	False	False
	4	False	False	False	False	False	False	False	False	False
	5	False	False	False	False	False	False	False	False	False
	6	False	False	False	False	False	False	False	False	False
	7	False	False	False	False	False	False	False	False	False
	8	False	False	False	False	False	False	False	False	False

图 2-2-34　查看缺失值的结果

基于 Python 查看缺失值的数量，代码如下：

```
df.isnull().sum()##查看每个变量中包含的缺失值数量
```

查看缺失值数量的结果如图 2-2-35 所示。

```
Out[7]: 是否按期还款      0
        性别           0
        已婚_未婚        0
        已育_未育        6
        收入           6
        教育水平         6
        英语水平        24
        微博好友数       24
        消费理念         0
        dtype: int64
```

图 2-2-35　查看缺失值数量的结果

基于 Python 查看数据框，代码如下：

```
df.info()
```

查看数据框的结果如图 2-2-36 所示。

基于 Python 删除缺失值，代码如下：

```
df1 = df.dropna(axis = 0,how = 'any', thresh = None, subset = None,
inplace = False) ##删除缺失值
df1.info()
```

删除缺失值的结果如图 2-2-37 所示。

```
<class 'pandas.core.frame.DataFrame'>
RangeIndex: 2000 entries, 0 to 1999
Data columns (total 9 columns):
是否按期还款    2000 non-null int64
性别        2000 non-null int64
已婚_未婚     2000 non-null int64
已育_未育     1994 non-null float64
收入        1994 non-null float64
教育水平      1994 non-null float64
英语水平      1976 non-null float64
微博好友数     1976 non-null float64
消费理念      2000 non-null float64
dtypes: float64(6), int64(3)
memory usage: 140.7 KB
```

图 2-2-36 查看数据框的结果

```
<class 'pandas.core.frame.DataFrame'>
Int64Index: 1976 entries, 0 to 1999
Data columns (total 9 columns):
是否按期还款    1976 non-null int64
性别        1976 non-null int64
已婚_未婚     1976 non-null int64
已育_未育     1976 non-null float64
收入        1976 non-null float64
教育水平      1976 non-null float64
英语水平      1976 non-null float64
微博好友数     1976 non-null float64
消费理念      1976 non-null float64
dtypes: float64(6), int64(3)
memory usage: 154.4 KB
```

图 2-2-37 删除缺失值的结果

基于 Python 填充缺失值，代码如下：

```
df.收入 = df.收入.fillna(df.收入.mean())  ##使用均值填充缺失值
df.info()
```

使用均值填充缺失值的结果如图 2-2-38 所示。

基于 Python 查看是否存在重复值，代码如下：

```
df1.duplicated()
```

查看重复值的结果如图 2-2-39 所示。

```
In [15]: df.info()
<class 'pandas.core.frame.DataFrame'>
RangeIndex: 2000 entries, 0 to 1999
Data columns (total 9 columns):
是否按期还款    2000 non-null int64
性别        2000 non-null int64
已婚_未婚     2000 non-null int64
已育_未育     1994 non-null float64
收入        2000 non-null float64
教育水平      1994 non-null float64
英语水平      1976 non-null float64
微博好友数     1976 non-null float64
消费理念      2000 non-null float64
dtypes: float64(6), int64(3)
memory usage: 140.7 KB
```

图 2-2-38 使用均值填充缺失值的结果

```
Out[16]:  0   False
          1   False
          2   False
          3   False
          4   False
          5   False
          6   False
          7   False
          8   False
          9   False
          10  False
```

图 2-2-39 查看重复值的结果

基于 Python 计算重复值的数量并删除重复值所在的行，代码如下：

```
df1.duplicated().sum()  ##计算重复值的数量
Out[18]:
976
##删除重复值所在的行
df2=df1.drop_duplicates()
df2.info()
```

删除重复值所在的行的结果如图 2-2-40 所示。

基于 Python 进行排序，代码如下：

```
df3 = df2.sort_values(by=['收入'],ascending=False)##按收入进行降序排列
```

降序排列的结果如图 2-2-41 所示。

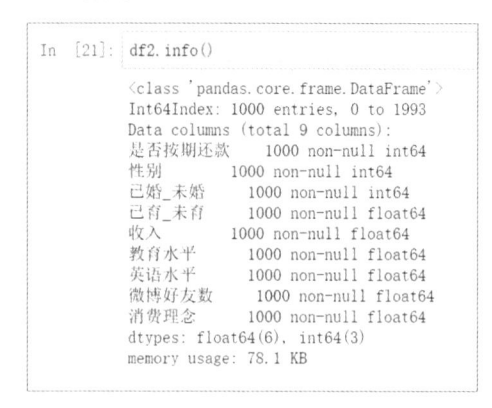

图 2-2-40　删除重复值所在的行的结果

	是否按期还款	性别	已婚_未婚	已育_未育	收入	教育水平	英语水平	微博好友数	消费理念
789	1	1	1	0.0	120940.0	3.0	2.0	55.0	0.59
26	1	0	1	1.0	87741.0	2.0	1.0	45.0	0.23
802	1	1	1	0.0	87219.0	1.0	3.0	37.0	0.40
146	1	1	0	0.0	80930.0	3.0	1.0	32.0	0.03
622	1	1	1	0.0	79977.0	4.0	4.0	28.0	0.46
936	1	1	0	0.0	79235.0	3.0	4.0	34.0	0.25
384	1	1	0	1.0	79169.0	3.0	1.0	44.0	0.32
532	1	0	0	1.0	76429.0	3.0	1.0	34.0	0.04
696	1	1	1	1.0	75186.0	3.0	3.0	50.0	0.27
44	1	1	1	0.0	74011.0	1.0	2.0	50.0	0.71
47	1	0	1	1.0	73439.0	2.0	2.0	19.0	0.61

图 2-2-41　降序排列的结果

二、数据集成及案例

（一）数据集成简介

数据处理常常涉及数据集成操作，即将来自多个数据源的数据结合在一起并形成一个统一的数据集，以便为数据处理工作的顺利完成提供完整的数据基础。

在数据集成过程中，需要解决以下几个问题。

1. 模式集成

模式集成是指使来自多个数据源的数据相互匹配，其中涉及实体识别。例如，如何判断一个数据集中的"custome_id"与另一个数据集中的"custome_number"是否表示同一实体。数据集中通常包含元数据，这些元数据可以避免在模式集成时发生错误。

2. 冗余

冗余是数据集成中经常出现的一个问题。如果一个属性可以由其他属性推导出来,那么这个属性就是冗余属性。例如,一张顾客数据表中的平均月收入属性就是冗余属性,因为它可以根据月收入属性计算出来。此外,属性命名不一致也会导致集成后的数据集出现冗余。

利用相关分析可以发现一些数据冗余情况。例如,给定两个变量 X 和 Y,根据这两个变量的数值可分析出这两个变量间的相互关系。若两个变量之间的相关系数 $r>0$,则说明两个变量之间是正关联,也就是说,若 X 增大,则 Y 也随之增大,r 值越大,说明变量 X、Y 的正关联关系越紧密。若相关系数 $r=0$,则说明变量 X、Y 相互独立,两者之间没有关系。若相关系数 $r<0$,则说明变量 X、Y 之间是负关联,也就是说,若 X 增大,则 Y 减小。r 的绝对值越大,说明变量 X、Y 的负关联关系越紧密。

3. 数据值冲突检测与消除

不同数据源的属性值可能不同,出现这种问题的原因可能是表示方式、比例尺度或编码的差异等。例如,质量属性在一个数据源中以千克为单位,而在另一个数据源中却以吨为单位;价格属性在不同地点采用不同的货币单位等。

(二) 基于 R 的数据集成案例分析

1. 基于 R 的数据集成函数

(1) merge 函数。

作用:通过共同列或者行名合并数据框,或者执行其他合并操作。

函数语法:merge(x, y, by = intersect(names(x), names(y)),all = F, all.x = all, all.y = all, ⋯)。

参数说明:

x、y:要合并的数据框或者对象。

intersect(names(x), names(y)):表示两个数据框或者对象中共同的变量名称。

all.x:逻辑值,若 all.x=T,则 x 中所有行都被包含在输出结果中,y 中没有的行将会产生 NA 值。all.x 默认是 F,即只有 x 与 y 均有的行会被包含在输出结果中。

all.y:逻辑值,与 all.x 类似。

(2) XXX_join 函数。

① 左连接 left_join 函数。

作用:保留 x 中所有的行,合并匹配 y 中的列。

函数语法:left_join(x,y,by)。

② 右连接 right_join 函数。

作用:保留 y 中所有的行,合并匹配 x 中的列。

函数语法:right_join(x,y,by)。

③ 全连接 full_join 函数。

作用:保留 x 和 y 中所有的行,合并匹配的列。

函数语法:full_join(x,y,by)。

④ 内连接 inner_join 函数。

作用：只保留 x 中与 y 匹配的行，合并匹配 y 中的列。

函数语法：inner_join(x,y,by)。

⑤ 半连接 semi_join 函数。

作用：根据在 y 中这一条件筛选 x 的行。

函数语法：semi_join(x,y,by)。

⑥ anti_join 函数。

作用：根据不在 y 中这一条件筛选 x 的行。

函数语法：anti_join(x,y,by)。

（3）melt 函数。

作用：将宽格式数据转换为长格式数据。

函数语法：melt(data, …, na.rm = F, value.name = "value")。

参数说明：

data：待转换的数据框。

na.rm：指明是否删除 NA 值。

value.name：观测值转换成一列后的列名，这里是"value"。

（4）dcast 函数。

作用：将长格式数据转换成宽格式数据。

函数语法：dcast(data, formula, fun.aggregate = NULL, …, margins = NULL, subset = NULL, drop = T, value.var=…)。

参数说明：

data：待转换的数据框。

formula：形式为 x～y，x 为行标签，y 为列标签。

fun.aggregate：聚合函数，对 value 进行处理。

margins：指明是否加上边际值。

subset：指明是否对结果进行条件筛选。

drop：指明是否保留缺失值。

value.var：要处理的字段。

2. 案例介绍

基于 R 的数据集成中使用的数据是 ecodata1.csv 和 ecodata2.csv，其中 ecodata1.csv 包含年份、全年人均纯收入两个变量，ecodata2.csv 包含年份、全年人均消费支出和消费价格指数三个变量。

3. 基于 R 的数据集成操作步骤

基于 R 读入并查看数据，代码如下：

```
rm(list = ls())##清除所有变量
##读入数据
```

```
setwd("E:/2022-2023第一学期课程/《实用商业数据分析理念与方法》教材编写/R 代码")
getwd()
data1=read.csv("ecodata1.csv",header=T)
data2=read.csv("ecodata2.csv",header=T)
head(data1)
```

在命令行输入 data1，得到 data1 数据，如图 2-2-42 所示；在命令行输入 data2，得到 data2 数据，如图 2-2-43 所示。

```
> data1
   年份  全年人均纯收入
1  1996         397.60
2  1997         423.80
3  1998         462.60
4  1999         544.90
5  2000         601.50
6  2001         686.30
7  2002         708.60
8  2003         784.00
9  2004         921.60
10 2005        1221.00
11 2006        1577.70
12 2010        2214.30
13 2011        2253.40
14 2012        2366.40
15 2013        2475.60
16 2014        2622.24
```

```
> data2
   年份  全年人均消费支出  消费价格指数
1  1996         317.42         100.0
2  1997         357.00         106.1
3  2001         584.63         165.1
4  2002         619.80         168.9
5  2003         659.80         176.8
6  2004         769.70         201.0
7  2005        1016.81         248.0
8  2006        1310.36         291.4
9  2007        1572.10         314.4
10 2008        1577.42         314.3
11 2009        1590.33         319.1
12 2010        1617.15         322.3
13 2011        1670.00         314.0
14 2012        1741.00         316.5
15 2013        1834.00         315.2
16 2014        1943.00         320.2
```

图 2-2-42　data1 数据　　　　　　　　图 2-2-43　data2 数据

当参数 all.x = T 时，数据集成代码如下：

```
##数据集成
data3=merge(data1, data2, by = "年份", all.x = T)
```

当参数 all.x=T 时，根据 data1 中的年份，对 data2 进行集成，集成结果如图 2-2-44 所示。

```
   年份  全年人均纯收入  全年人均消费支出  消费价格指数
1  1996         397.60          317.42         100.0
2  1997         423.80          357.00         106.1
3  1998         462.60              NA            NA
4  1999         544.90              NA            NA
5  2000         601.50              NA            NA
6  2001         686.30          584.63         165.1
7  2002         708.60          619.80         168.9
8  2003         784.00          659.80         176.8
9  2004         921.60          769.70         201.0
10 2005        1221.00         1016.81         248.0
11 2006        1577.70         1310.36         291.4
12 2010        2214.30         1617.15         322.3
13 2011        2253.40         1670.00         314.0
14 2012        2366.40         1741.00         316.5
15 2013        2475.60         1834.00         315.2
16 2014        2622.24         1943.00         320.2
```

图 2-2-44　集成结果（all.x=T）

当参数 all.y = T 时，数据集成代码如下：

```
data31=merge(data1, data2, by = "年份", all.y = T)
```

当参数 all.y=T 时，根据 data2 中的年份，对 data1 进行集成，集成结果如图 2-2-45 所示。

```
> data31
   年份  全年人均纯收入  全年人均消费支出  消费价格指数
1  1996        397.60         317.42        100.0
2  1997        423.80         357.00        106.1
3  2001        686.30         584.63        165.1
4  2002        708.60         619.80        168.9
5  2003        784.00         659.80        176.8
6  2004        921.60         769.70        201.0
7  2005       1221.00        1016.81        248.0
8  2006       1577.70        1310.36        291.4
9  2007            NA        1572.10        314.4
10 2008            NA        1577.42        314.3
11 2009            NA        1590.33        319.1
12 2010       2214.30        1617.15        322.3
13 2011       2253.40        1670.00        314.0
14 2012       2366.40        1741.00        316.5
15 2013       2475.60        1834.00        315.2
16 2014       2622.24        1943.00        320.2
```

图 2-2-45　集成结果（all.y=T）

当参数 all = T 时，数据集成代码如下：

```
data32=merge(data1, data2, by = "年份", all = T)
```

当参数 all=T 时，先把 data1 和 data2 中的年份集成，再集成数据，集成结果如图 2-2-46 所示。

```
> data32
   年份  全年人均纯收入  全年人均消费支出  消费价格指数
1  1996        397.60         317.42        100.0
2  1997        423.80         357.00        106.1
3  1998        462.60             NA           NA
4  1999        544.90             NA           NA
5  2000        601.50             NA           NA
6  2001        686.30         584.63        165.1
7  2002        708.60         619.80        168.9
8  2003        784.00         659.80        176.8
9  2004        921.60         769.70        201.0
10 2005       1221.00        1016.81        248.0
11 2006       1577.70        1310.36        291.4
12 2007            NA        1572.10        314.4
13 2008            NA        1577.42        314.3
14 2009            NA        1590.33        319.1
15 2010       2214.30        1617.15        322.3
16 2011       2253.40        1670.00        314.0
17 2012       2366.40        1741.00        316.5
18 2013       2475.60        1834.00        315.2
19 2014       2622.24        1943.00        320.2
```

图 2-2-46　集成结果（all =T）

当参数 all 为默认值时，数据集成代码如下：

```
data33=merge(data1, data2, by = "年份")
```

此时，先取 data1 和 data2 中年份的交集，再集成数据，集成结果如图 2-2-47 所示。

```
> data33
   年份  全年人均纯收入  全年人均消费支出  消费价格指数
1  1996        397.60         317.42        100.0
2  1997        423.80         357.00        106.1
3  2001        686.30         584.63        165.1
4  2002        708.60         619.80        168.9
5  2003        784.00         659.80        176.8
6  2004        921.60         769.70        201.0
7  2005       1221.00        1016.81        248.0
8  2006       1577.70        1310.36        291.4
9  2010       2214.30        1617.15        322.3
10 2011       2253.40        1670.00        314.0
11 2012       2366.40        1741.00        316.5
12 2013       2475.60        1834.00        315.2
13 2014       2622.24        1943.00        320.2
```

图 2-2-47　合并结果

基于 R，使用 anti_join 函数根据年份筛选 data1 中未与 data2 匹配的行，代码如下：

```
install.packages("dplyr")
library(dplyr)
data4=anti_join(data1,data2,by="年份")
```

筛选结果如图 2-2-48 所示。

基于 R 将宽表转换为长表，代码如下：

```
install.packages("reshape2")
library(reshape2)
##将宽表转换为长表
newdata11=melt(data32,id="年份")
```

```
> data4
  年份 全年人均纯收入
1 1998           462.6
2 1999           544.9
3 2000           601.5
```

图 2-2-48　筛选结果

将宽表转换为长表的结果如图 2-2-49 所示。

基于 R 将长表转换为宽表，代码如下：

```
##将长表转换为宽表
data5=dcast(newdata11,年份~variable)
```

将长表转换为宽表的结果如图 2-2-50 所示。

```
> newdata11
   年份     variable    value
1  1996  全年人均纯收入  397.60
2  1997  全年人均纯收入  423.80
3  1998  全年人均纯收入  462.60
4  1999  全年人均纯收入  544.90
5  2000  全年人均纯收入  601.50
6  2001  全年人均纯收入  686.30
7  2002  全年人均纯收入  708.60
8  2003  全年人均纯收入  784.00
9  2004  全年人均纯收入  921.60
10 2005  全年人均纯收入  1221.00
11 2006  全年人均纯收入  1577.70
12 2007  全年人均纯收入      NA
13 2008  全年人均纯收入      NA
14 2009  全年人均纯收入      NA
15 2010  全年人均纯收入  2214.30
16 2011  全年人均纯收入  2253.40
17 2012  全年人均纯收入  2366.40
18 2013  全年人均纯收入  2475.60
19 2014  全年人均纯收入  2622.24
```

```
> data5
   年份  全年人均纯收入  全年人均消费支出  消费价格指数
1  1996         397.60            317.42         100.0
2  1997         423.80            357.00         106.1
3  1998         462.60                NA             NA
4  1999         544.90                NA             NA
5  2000         601.50                NA             NA
6  2001         686.30            584.63         165.1
7  2002         708.60            619.80         168.9
8  2003         784.00            659.80         176.8
9  2004         921.60            769.70         201.0
10 2005        1221.00           1016.81         248.0
11 2006        1577.70           1310.36         291.4
12 2007            NA            1572.10         314.4
13 2008            NA            1577.42         314.3
14 2009            NA            1590.33         319.1
15 2010        2214.30           1617.15         322.3
```

图 2-2-49　将宽表转换为长表的结果　　　　图 2-2-50　将长表转换为宽表的结果

（三）基于 Python 的数据集成案例分析

1. 基于 Python 的数据集成函数

基于 Python 的数据集成经常用到如下函数。

（1）merge 函数。

作用：将 DataFrame 的行连接起来。

函数语法：merge(left,right,how="inner",on=None,left_on=None,right_on= None,left_index= False,right_index= False,sort=False,suffixes=("_x","_y")）。

参数说明：

left：参与合并的左侧 DataFrame。

right：参与合并的右侧 DataFrame。

how：连接方法，取值为"inner"、"left"、"right"、"outer"。

on：用于连接的列名。

left_on：左侧 DataFrame 中用作连接键的列。

right_on：右侧 DataFrame 中用作连接键的列。

left_index：取值为 True 时，将左侧 DataFrame 中的行索引用作连接键。

right_index：取值为 True 时，将右侧 DataFrame 中的行索引用作连接键。

sort：取值为 True 时，合并后会对数据进行排序，默认为 True。

suffixes：修改重复名。

（2）concat 函数。

作用：可以按某个轴进行连接，也可以指定连接的方式。

函数语法：concat(objs,axis=0,join="outer",join_axes=None,ignore_index=False,keys=None,levels=None,names=None,verify_integrity=False,copy=True)。

参数说明：

objs：参与连接的 pandas 对象的列表或字典，唯一必需的参数。

axis：指明连接的轴向，默认为 0。

join：取值为"inner"或"outer"，默认为"outer"，指明其他轴向上的索引是按交集（inner）还是并集（outer）进行合并。

join_axes：指明用于其他 n-1 条轴的索引，不执行并集/交集运算。

keys：与连接对象有关的值，用于形成连接轴向上的层次化索引，可以是任意值的列表或数组、元组数据、数组列表（如果将 levels 设置成多级数据）。

levels：指定层次化索引各级别上的索引（如果设置了 keys）。

2. 案例介绍

这里使用与"基于 R 的数据集成"相同的数据，数据内容不再赘述。

3. 基于 Python 的数据集成操作步骤

当参数 how="inner"时，数据集成代码如下：

```
##读入数据
    data1 = pd.read_csv('C:/Users/luzhijuan/Desktop/ecodata1.csv',encoding = 'GBK')
    data2 = pd.read_csv('C:/Users/luzhijuan/Desktop/ecodata2.csv',encoding = 'GBK')
    data3 = pd.merge(data1,data2,left_on = '年份',right_on = '年份',how="inner")  ##取索引的交集集成数据
```

数据集成结果如图 2-2-51 所示。

	年份	全年人均纯收入	全年人均消费支出	消费价格指数
0	1996	397.60	317.42	100.0
1	1997	423.80	357.00	106.1
2	2001	686.30	584.63	165.1
3	2002	708.60	619.80	168.9
4	2003	784.00	659.80	176.8
5	2004	921.60	769.70	201.0
6	2005	1221.00	1016.81	248.0
7	2006	1577.70	1310.36	291.4
8	2010	2214.30	1617.15	322.3
9	2011	2253.40	1670.00	314.0
10	2012	2366.40	1741.00	316.5
11	2013	2475.60	1834.00	315.2
12	2014	2622.24	1943.00	320.2

图 2-2-51　数据集成结果（how="inner"）

当参数 how="left"时的数据集成代码如下：

```
data4 = pd.merge(data1,data2,left_on = '年份',right_on = '年份',how="left") ##按照左侧 DataFrame 的索引集成数据
```

数据集成结果如图 2-2-52 所示。

	年份	全年人均纯收入	全年人均消费支出	消费价格指数
0	1996	397.60	317.42	100.0
1	1997	423.80	357.00	106.1
2	1998	462.60	NaN	NaN
3	1999	544.90	NaN	NaN
4	2000	601.50	NaN	NaN
5	2001	686.30	584.63	165.1
6	2002	708.60	619.80	168.9
7	2003	784.00	659.80	176.8
8	2004	921.60	769.70	201.0
9	2005	1221.00	1016.81	248.0
10	2006	1577.70	1310.36	291.4
11	2010	2214.30	1617.15	322.3
12	2011	2253.40	1670.00	314.0
13	2012	2366.40	1741.00	316.5
14	2013	2475.60	1834.00	315.2
15	2014	2622.24	1943.00	320.2

图 2-2-52　数据集成结果（how="left"）

当参数 how="right"时，数据集成代码如下：

```
data5 = pd.merge(data1,data2,left_on = '年份',right_on = '年份',how="right") ##按照右侧 DataFrame 的索引集成数据
```

数据集成结果如图 2-2-53 所示。

	年份	全年人均纯收入	全年人均消费支出	消费价格指数
0	1996	397.60	317.42	100.0
1	1997	423.80	357.00	106.1
2	2001	686.30	584.63	165.1
3	2002	708.60	619.80	168.9
4	2003	784.00	659.80	176.8
5	2004	921.60	769.70	201.0
6	2005	1221.00	1016.81	248.0
7	2006	1577.70	1310.36	291.4
8	2010	2214.30	1617.15	322.3
9	2011	2253.40	1670.00	314.0
10	2012	2366.40	1741.00	316.5
11	2013	2475.60	1834.00	315.2
12	2014	2622.24	1943.00	320.2
13	2007	NaN	1572.10	314.4
14	2008	NaN	1577.42	314.3
15	2009	NaN	1590.33	319.1

图 2-2-53 数据集成结果（how="right"）

当参数 how="outer"时，数据集成代码如下：

```
data6 = pd.merge(data1,data2,left_on = '年份',right_on = '年份',how= "outer")
```

数据集成结果如图 2-2-54 所示。

	年份	全年人均纯收入	全年人均消费支出	消费价格指数
0	1996	397.60	317.42	100.0
1	1997	423.80	357.00	106.1
2	1998	462.60	NaN	NaN
3	1999	544.90	NaN	NaN
4	2000	601.50	NaN	NaN
5	2001	686.30	584.63	165.1
6	2002	708.60	619.80	168.9
7	2003	784.00	659.80	176.8
8	2004	921.60	769.70	201.0
9	2005	1221.00	1016.81	248.0
10	2006	1577.70	1310.36	291.4
11	2010	2214.30	1617.15	322.3
12	2011	2253.40	1670.00	314.0
13	2012	2366.40	1741.00	316.5
14	2013	2475.60	1834.00	315.2
15	2014	2622.24	1943.00	320.2
16	2007	NaN	1572.10	314.4
17	2008	NaN	1577.42	314.3
18	2009	NaN	1590.33	319.1

图 2-2-54 数据集成结果（how="outer"）

基于 Python，使用 concat 函数进行数据集成，代码如下：

```
data7 = concat([data1,data2],axis=1)
```

数据集成结果如图 2-2-55 所示。

	年份	全年人均纯收入	年份	全年人均消费支出	消费价格指数
0	1996	397.60	1996	317.42	100.0
1	1997	423.80	1997	357.00	106.1
2	1998	462.60	2001	584.63	165.1
3	1999	544.90	2002	619.80	168.9
4	2000	601.50	2003	659.80	176.8
5	2001	686.30	2004	769.70	201.0
6	2002	708.60	2005	1016.81	248.0
7	2003	784.00	2006	1310.36	291.4
8	2004	921.60	2007	1572.10	314.4
9	2005	1221.00	2008	1577.42	314.3
10	2006	1577.70	2009	1590.33	319.1
11	2010	2214.30	2010	1617.15	322.3
12	2011	2253.40	2011	1670.00	314.0
13	2012	2366.40	2012	1741.00	316.5
14	2013	2475.60	2013	1834.00	315.2
15	2014	2622.24	2014	1943.00	320.2

图 2-2-55　数据集成结果（使用 concat 函数）

三、数据变换及案例分析

（一）数据变换简介

数据变换主要是指对数据进行规范化处理，使其适合用于数据挖掘。简单的数据变换包括对数据进行平方、开方、取对数、差分运算等操作。对数据进行处理时，经常用到的变换包括二值化、离散化、哑变量编码、标准化。

1. 二值化

二值化，顾名思义就是将一个字段转换为用两个值表示。二值化通过设定一个阈值实现，原字段大于阈值的被设置为 1，否则被设置为 0。例如，数据集中的"salary"字段为个人月收入，如果定义阈值为 20000 元，那么当个人月收入为 50000 元时，将个人收入状况设置为 1；当个人月收入为 5000 元时，将个人收入状况设置为 0。

2. 离散化

连续性特征值通常是模型不稳定的来源，此外，连续性特征值可能与目标变量呈现复杂的相关性，而将连续性特征值按照一定方法转化为离散性特征值后可能会带来模型效果的提升。常用的离散化方法包括等宽离散、等频离散、人工离散等。二值化可以看作离散化的特殊情况。

3. 哑变量编码

对于无序的分类变量，许多模型不支持其运算（在 R 中许多模型（如回归模型）会自动将因子变量转换为哑变量，省去了很多麻烦），可以先生成哑变量，再进行深入分析。哑变量被认为是量化了的分类变量，因此应用非常广泛。

哑变量又称为虚拟变量或虚设变量，一般使用 0 和 1 来表示分类变量的值是否处于某一分类水平。一般有 m 个分类水平的变量经过哑编码之后，会生成 m 个哑变量，各个哑变量之间两两互斥，应用时通常仅使其中 $m-1$ 个进入模型，留下 1 个作为对照组，对照组可以通过其他 $m-1$ 个哑变量完全还原出来。在使用哑变量建模时，一般需要保证这 $m-1$ 个哑变量都进入模型，或者都不进入模型。

4. 标准化

在商业分析中，不同的变量存在单位不同的问题，如流量使用 MB 作为单位，而金额使用元作为单位，因此流量、金额无法直接进行比较。同时，同一变量采用不同单位也会无法直接比较，如收入用"元"作单位和用"万元"作单位会在数值上相差很大。这样的差异性会强烈影响模型的结果。为了避免因为变量间单位差异导致模型不稳定，需要将变量的单位消除，使它们在一个"标准"的尺度上进行比较分析。因此，需要采用标准化技术，常用的标准化方法包括 max-min 标准化、z-score 标准化和小数点定标标准化，这三种标准化方法的公式如下。

（1）max-min 标准化。

$$X^* = \frac{X - \min}{\max - \min} \quad (2\text{-}2\text{-}1)$$

max-min 标准化将变量映射到[0,1]上，若数据集中且某个数值很大，则标准化后的各值都接近 0 且相差不大。max-min 标准化容易受到极端值的影响。

（2）z-score 标准化。

$$X^* = \frac{X - \text{mean}}{\text{sigma}} \quad (2\text{-}2\text{-}2)$$

式中，mean 为一组变量的均值；sigma 为一组变量的标准差。z-score 标准化将一组变量变换为均值为 0、标准差为 1 的一组变量，z-score 标准化是目前应用最广的标准化方法。

（3）小数点定标标准化。

$$X^* = \frac{X}{10^k} \quad (2\text{-}2\text{-}3)$$

通过改变属性值的小数位数，将一组变量映射到[-1,1]上，移动的小数位数取决于属性值绝对值的最大值。

（二）基于 Excel 的数据变换案例分析

1. 案例介绍

这里仍然使用"×××学院 2021 级新生及家庭基本信息调查"数据介绍基于 Excel 的数据变换。

2. 基于 Excel 的数据变换操作步骤

（1）计算新的变量。

进行数据分析时，有时需要根据已有变量计算一些新的变量，如可以根据“个人月收入/元”和“个人月支出/元”这两个变量计算新的变量“月支出占月收入的比例”，通过这个新的变量了解学生的消费行为。那么可以在 Excel 中实现以上操作，在对应的单元格中输入计算公式“=F2/E2”，如图 2-2-56 所示。

按下回车键，然后选中计算公式所在的单元格，将光标移至所选单元格的右下角，当光标呈现“十”字形状时，按住鼠标左键下拉就可以得到新变量的全部计算结果。

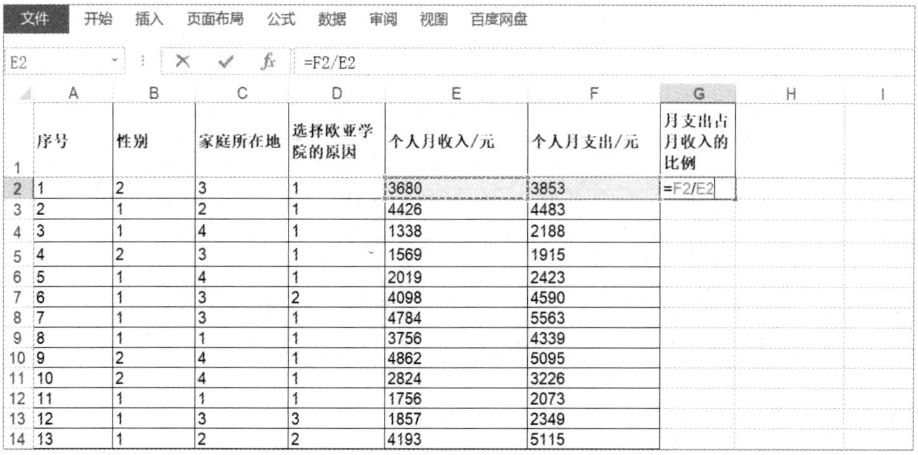

	A	B	C	D	E	F	G	H	I
1	序号	性别	家庭所在地	选择欧亚学院的原因	个人月收入/元	个人月支出/元	月支出占月收入的比例		
2	1	2	3	1	3680	3853	=F2/E2		
3	2	1	2	1	4426	4483			
4	3	1	4	1	1338	2188			
5	4	2	3	1	1569	1915			
6	5	1	4	1	2019	2423			
7	6	1	3	2	4098	4590			
8	7	1	3	1	4784	5563			
9	8	1	1	1	3756	4339			
10	9	2	4	1	4862	5095			
11	10	2	4	1	2824	3226			
12	11	1	1	1	1756	2073			
13	12	1	3	3	1857	2349			
14	13	1	2	2	4193	5115			

图 2-2-56　输入计算公式

选中新变量的全部数据并右击，在弹出的快捷菜单中点击“设置单元格格式”按钮，打开“设置单元格格式”对话框，在“数字”选项卡中点击“百分比”选项，将小数位数设置为 2，这样可以使新变量显示为包含两位小数的百分比，结果如图 2-2-57 所示。

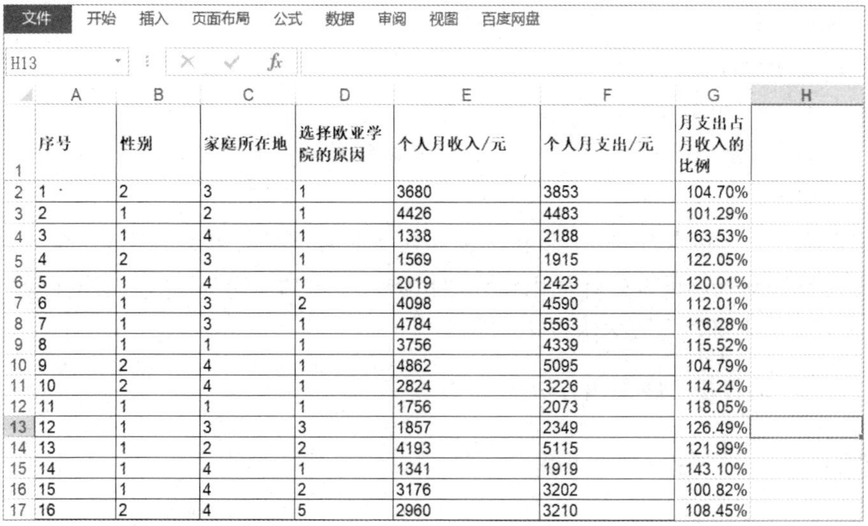

	A	B	C	D	E	F	G	H
1	序号	性别	家庭所在地	选择欧亚学院的原因	个人月收入/元	个人月支出/元	月支出占月收入的比例	
2	1	2	3	1	3680	3853	104.70%	
3	2	1	2	1	4426	4483	101.29%	
4	3	1	4	1	1338	2188	163.53%	
5	4	2	3	1	1569	1915	122.05%	
6	5	1	4	1	2019	2423	120.01%	
7	6	1	3	2	4098	4590	112.01%	
8	7	1	3	1	4784	5563	116.28%	
9	8	1	1	1	3756	4339	115.52%	
10	9	2	4	1	4862	5095	104.79%	
11	10	2	4	1	2824	3226	114.24%	
12	11	1	1	1	1756	2073	118.05%	
13	12	1	3	3	1857	2349	126.49%	
14	13	1	2	2	4193	5115	121.99%	
15	14	1	4	1	1341	1919	143.10%	
16	15	1	4	2	3176	3202	100.82%	
17	16	2	4	5	2960	3210	108.45%	

图 2-2-57　新变量计算结果

（2）连续性特征值离散化处理。

这里对变量"个人月收入/元"进行离散化处理，"个人月收入/元"的最小值是 1023，最大值是 4972。如果定义个人月收入在[1000,2000)上为"低收入"，在[2000,4000)上为"中收入"，在[4000,5000)上为"高收入"，那么可以在 Excel 中进行以下操作。

在"收入分段"列第一个空白的单元格中输入=IF(E2<2000,"低收入",IF(E2<4000,"中收入","高收入"))，然后将光标移动至该单元格的右下角，当光标变为"十"字形状时，按住鼠标左键下拉就可以得到所有数据的标识，如图 2-2-58 所示。

序号	性别	家庭所在地	选择欧亚学院的原因	个人月收入/元	收入分段
1	2	3	1	3680	中收入
2	1	2	1	4426	高收入
3	1	4	1	1338	低收入
4	2	3	1	1569	低收入
5	1	4	1	2019	中收入
6	1	3	2	4098	高收入
7	1	3	1	4784	高收入
8	1	1	1	3756	中收入
9	2	4	1	4862	高收入
10	2	4	1	2824	中收入
11	1	1	1	1756	低收入
12	1	3	3	1857	低收入

图 2-2-58　收入分段的标识结果

（3）标准化处理。

使用 Excel 对一列数据进行标准化时需要用到以下几个函数。

① 计算一列数据的最小值和最大值。

最小值：=min(x)。

最大值：=max(x)。

② 计算一列数据的均值和标准差。

均值：=mean(x)。

标准差：=stdev(x)。

③ 计算一个数以 10 为底的幂次。

幂次：=ceiling(log(x,10),1)。其中，ceiling 是取整函数；log(x,10)用于计算 10 的多少次幂等于 x。

例如，若对"×××学院 2021 级新生及家庭基本信息调查.xlsx"中的"个人月收入/元"进行小数点定标标准化，可以先计算出该列数据的最大值为 4972，然后利用 Excel 中的函数 ceiling(log(x,10),1)=4 将该列数据除以 10^4 即可。

（三）基于 R 的数据变换案例分析

1. 案例介绍

这里仍然使用"基于 R 的数据清洗案例分析"中的信用卡用户数据进行演示，数据内容不再赘述。

2. 基于 R 的数据变换操作步骤

基于 R 的数据变换的代码如下：

```
##连续性特征值离散化
install.packages("infotheo")
library(infotheo)
x1=discretize(data1$收入,"equalwidth",5)      ##等宽离散
data1=data.frame(data1,x1)
head(data1)
x2=discretize(data1$收入,"equalfreq",5)       ##等频离散
data1=data.frame(data1,x2)
head(data1)
min(data1$收入)
max(data1$收入)
###自定义离散化处理
data1$x3[data1$收入<5000]="1"                   ##1：低收入
data1$x3[data1$收入>= 5000 & data1$收入 < 10000] = "2"   ##2：中收入
data1$x3[data1$收入>= 10000] = "3"              ##3：高收入
head(data1)
##数据的标准化处理
##(1)max-min 标准化 X*=(X-min)/(max-min)
(data1$收入-min(data1$收入))/(max(data1$收入)-min(data1$收入))
##(2)z-score 标准化 X*=(X-mean)/ sigma
scale(data1$收入)
mean(scale(data1$收入))   ##均值为 0
sd(scale(data1$收入))     ##标准差为 1
##(3)小数定标标准化 X*=X /(10^k)
data1$收入/10^ceiling(log10(max(data1$收入)))
```

（四）基于 Python 的数据变换案例分析

1. 案例介绍

这里仍然使用"基于 R 的数据清洗案例分析"中的信用卡用户数据进行演示，数据内容不再赘述。

2. 基于 Python 的数据变换操作步骤

等宽离散的代码如下：

```
import pandas as pd
df = pd.read_csv('…/01 simudata.csv',encoding = 'GBK')
df1 = df.dropna(axis = 0,how = 'any', thresh = None, subset = None, inplace = False) ##删除缺失值
df2=df1.drop_duplicates()
```

```
df3 = df2.sort_values(by=['收入'],ascending=False)##按收入进行降序排列
k=4
df3['收入_等宽']=pd.cut(df3.收入,k,labels = range(k))
```

等宽离散结果如图 2-2-59 所示。

	是否按期还款	性别	已婚_未婚	已育_未育	收入	教育水平	英语水平	微博好友数	消费理念	收入_等宽
789	1	1	1	0.0	120940.0	3.0	2.0	55.0	0.59	3
26	1	0	1	1.0	87741.0	2.0	1.0	45.0	0.23	2
802	1	1	1	0.0	87219.0	1.0	3.0	37.0	0.40	2
146	1	1	0	0.0	80930.0	3.0	1.0	32.0	0.03	2
622	1	1	1	0.0	79977.0	4.0	4.0	28.0	0.46	2
936	1	1	0	0.0	79235.0	3.0	4.0	34.0	0.25	2
384	1	1	0	1.0	79169.0	3.0	1.0	44.0	0.32	2
532	1	0	0	1.0	76429.0	3.0	1.0	34.0	0.04	2
696	1	1	1	1.0	75186.0	3.0	3.0	50.0	0.27	2
44	1	1	1	0.0	74011.0	1.0	2.0	50.0	0.71	2
47	1	0	1	1.0	73439.0	2.0	2.0	19.0	0.61	2

图 2-2-59 等宽离散结果

等频离散的代码如下：

```
w=[1.0*i/k for i in range(k+1)]
##计算分数位
w=df3['收入'].describe(percentiles=w)[4:4+k+1]
w[0]=w[0]*(1-1e-10)
df3['收入等频']=pd.cut(df3.收入,w,labels=range(k))
```

等频离散结果如图 2-2-60 所示。

	是否按期还款	性别	已婚_未婚	已育_未育	收入	教育水平	英语水平	微博好友数	消费理念	收入_等宽	收入等频
789	1	1	1	0.0	120940.0	3.0	2.0	55.0	0.59	3	3
26	1	0	1	1.0	87741.0	2.0	1.0	45.0	0.23	2	3
802	1	1	1	0.0	87219.0	1.0	3.0	37.0	0.40	2	3
146	1	1	0	0.0	80930.0	3.0	1.0	32.0	0.03	2	3
622	1	1	1	0.0	79977.0	4.0	4.0	28.0	0.46	2	3
936	1	1	0	0.0	79235.0	3.0	4.0	34.0	0.25	2	3
384	1	1	0	1.0	79169.0	3.0	1.0	44.0	0.32	2	3
532	1	0	0	1.0	76429.0	3.0	1.0	34.0	0.04	2	3
696	1	1	1	1.0	75186.0	3.0	3.0	50.0	0.27	2	3

图 2-2-60 等频离散结果

自定义离散的代码如下：

```
groupname = ['低收入','中收入','高收入']
```

```
        df3['收入_自定义区间离散化'] = pd.cut(df3['收入'],[0,5000,10000,130000],
right=False,labels = groupname)
```

自定义离散结果如图 2-2-61 所示。

	是否按期还款	性别	已婚_未婚	已育_未育	收入	教育水平	英语水平	微博好友数	消费理念	收入_等宽	收入_等频	收入_自定义区间离散化
789	1	1	1	0.0	120940.0	3.0	2.0	55.0	0.59	3	3	高收入
26	1	0	1	1.0	87741.0	2.0	1.0	45.0	0.23	2	3	高收入
802	1	1	1	0.0	87219.0	1.0	3.0	37.0	0.40	2	3	高收入
146	1	1	0	0.0	80930.0	3.0	1.0	32.0	0.03	2	3	高收入
622	1	1	1	0.0	79977.0	4.0	4.0	28.0	0.46	2	3	高收入
936	1	1	1	0.0	79235.0	3.0	4.0	34.0	0.25	2	3	高收入
384	1	1	0	1.0	79169.0	3.0	1.0	44.0	0.32	2	3	高收入
532	1	0	0	1.0	76429.0	3.0	1.0	34.0	0.04	2	3	高收入
696	1	1	1	1.0	75186.0	3.0	3.0	50.0	0.27	2	3	高收入

图 2-2-61 自定义离散结果

数据标准化的代码如下：

```
import pandas as pd
import numpy as np
d=df3['收入']
d1=(d - d.min())/(d.max() - d.min())      ##max-min 标准化
d2=(d - d.mean())/d.std()                 ##z-score 标准化
d3=d/10**np.ceil(np.log10(d.abs().max())) ##小数点定标标准化
```

四、数据归约及案例分析

（一）数据归约简介

对于小型或中型数据集来说，一般的数据预处理步骤已经足够。但对于大型数据集来说，在应用数据挖掘技术以前，还可能进行一个中间的、额外的步骤——数据归约。数据归约是指在尽可能保持数据原貌的前提下，最大限度地精简数据量。数据归约主要有两个途径：属性归约和数值归约，分别针对原始数据集中的属性和记录。数据归约的常用方法如下。

1. 属性归约

使用较为广泛的属性归约算法为主成分分析（Principal Component Analysis，PCA）。PCA 是一种数学变换的方法，它把给定的一组相关变量通过线性变换转换成另一组不相关的变量，这些新的变量按照方差递减的顺序排列。在线性变换中保持变量的总方差不变，使第一变量具有最大的方差，称第一变量为第一主成分，第二变量的方差次大，并且和第一变量不相关，称第二变量为第二主成分，依次类推，i 个变量就有 i 个主成分。设 X 的协方差矩阵为 Σ，则 Σ 必为半正定对称矩阵，求特征值 λ_i（按从大到小的顺序排列）及其特征向量。可以证明，λ_i 所对应的特征向量就是第 i 主成分 Z_i 所对应的系数向量 L_i，而 Z_i 的方差贡献率被定义为 $\frac{\lambda_i}{\Sigma \lambda_j}$，通常要求提取的主成分的方差贡献率之和大于 0.85。

2. 数值归约

数值归约的方式包括参数统计方法（回归法）和非参数统计方法（直方图、聚类、抽样）。

（1）回归法。

通过模型建立属性间的关系，并通过回归方程等进行拟合，求解相关的参数，这样在求解的时候只需要存取相关的模型参数，而不用存取实际数据，从而减少数据量。

① 线性回归[8]。

线性回归是回归分析中第一种经过严格研究并在实际中广泛应用的类型。这是因为线性模型比非线性模型更容易拟合，而且产生的估计量的统计特性也更容易确定，线性回归模型常用最小二乘法来拟合。

一般地，影响 y 的因素往往不止一个，假设有 $x_1, x_2, \cdots, x_k$ 共 k 个因素，通常可以考虑如下线性关系式：

$$y = \beta_0 + \beta_1 x_1 + \beta_2 x_2 + \cdots + \beta_k x_k + \varepsilon \tag{2-2-4}$$

对 y 和 $x_1, x_2, \cdots, x_k$ 同时进行 n 次独立观察得 n 组观测值 $(x_{t1}, x_{t2}, \cdots, x_{tk})$，$t = 1, 2, \cdots, n$（$n > k+1$），满足关系式：

$$y_t = \beta_0 + \beta_1 x_{t1} + \beta_2 x_{t2} + \cdots + \beta_k x_{tk} + \varepsilon_t \tag{2-2-5}$$

式中，ε_1、ε_2、$\cdots$、ε_n 互不相关，均是与 ε 同分布的随机变量。可以使用矩阵表示上式，于是有

$$Y = X\beta + \varepsilon \tag{2-2-6}$$

使用最小二乘法得到参数的解：

$$\hat{\beta} = (X^T X)^{-1} X^T Y \tag{2-2-7}$$

② 对数线性模型。

对数线性模型包括逻辑回归模型、最大熵模型等，下面重点介绍逻辑回归模型。二分类的逻辑回归模型中的因变量只有 1、0（如是和否、发生和不发生）两种取值。假设在 p 个独立自变量 $x_1, x_2, \cdots, x_p$ 作用下，记 y 取 1 的概率是 $p = P(y=1|x_1, x_2, \cdots, x_p)$，取 0 概率是 $1-p$，取 1 和取 0 的概率之比为 $\dfrac{p}{1-p}$，称其为事件的优势比（Odds Ratio）。

逻辑回归模型是 $\ln(\dfrac{p}{1-p})$ 与自变量的线性回归模型。逻辑回归模型为

$$\ln\frac{p}{1-p} = \beta_0 + \beta_1 x_1 + \cdots + \beta_p x_p + \varepsilon \tag{2-2-8}$$

（2）直方图。

直方图即将数据划分为不相交的子集，并给予每个子集相同的值。而用直方图归约数据，就是将直方图中观测值的数量由 n 个减少到 k 个，从而使数据一块一块地呈现。划分可以是等宽的，也可以是等频的。

① 等宽：每个子集的宽度是一样的。

② 等频：每个子集的高度是一样的。

（3）聚类[9]。

聚类是指将数据进行分群，用每个数据簇中的代表来替换实际数据，以达到数据归约的效果。聚类分析是一种无监督的学习方法，旨在不借助外部先验信息，根据"物以类聚，人以群

分"的思想按照数据之间的特征相似性对数据集进行类划分,以区分不同类别的数据。可将聚类分析形式化地描述为对于给定数据集 $D=\{x_1,x_2,\cdots,x_n\}$(n为数据集样本点总个数),通过聚类算法将 D 划分为 k 个不相交的集合(类):$C_1,C_2,\cdots,C_k$,这些集合需满足以下三个条件:

① $C_i \neq \varnothing$, $i=1,2,\cdots,k$。

② $\bigcup_{i=1}^{k} C_i = D$。

③ $C_i \cap C_j = \varnothing$, $i,j=1,2,\cdots,k$, $i \neq j$。

由条件①可以得到,划分产生的类结果中每个类至少含有 1 个数据集样本点;条件②表示划分出的类结果经过并集操作后,需要等价于划分之前的初始数据集;条件③表示在划分产生的类结果中,类与类之间不存在任何数据集样本点交集,即 1 个数据集样本点只能被划分到 1 个类中。

聚类分析使用不同的聚类算法会得到不同的聚类结果,但就聚类算法的实现流程而言,几乎所有的聚类算法均遵循以下步骤。

数据准备:对要处理的数据集进行预处理,构造数据源。

特征选择和提取:对数据类型进行分析并选取出有效的特征,从而使数据集能够保留更多的信息。

聚类:依据选取出的特征及数据结构选择或者设计对应的聚类算法进行聚类。

聚类有效性评价:对聚类结果采用合适的聚类有效性评价指标进行有效性验证。

结果分析:对不同数据集的聚类结果进行分析,从而得出正确的结论。

聚类算法及聚类有效性评价指标的选择会对聚类结果的正确性及有效性产生直接影响。

(4)抽样。

抽样的基本概念如下。

总体:总体是包含所研究的全部个体(数据)的集合,如由多家企业构成的集合,由多个居民户构成的集合等。

个体:组成总体的每个元素称为个体,在由多家企业构成的总体中,一家企业就是一个个体。

样本:样本是观测或调查的一部分个体。

常用的抽样方法如下。

① 无放回简单随机抽样。

无放回简单随机抽样是指每次从总体中抽取 1 个个体,经调查记录后不再将其放回总体中。因此,每抽取 1 个个体,总体容量就减少 1,每个个体被抽中的概率不同,如第 1 个个体被抽中的概率为 $\dfrac{1}{N}$,第 2 个个体被抽中的概率则为 $\dfrac{1}{N-1}$。

② 有放回简单随机抽样。

有放回简单随机抽样是简单随机抽样的操作方式之一。其是指对总体中的个体从 1 至 N 编号,抽取 1 个个体进行调查记录后再将它放回总体。对于任意一次抽取而言,由于总体容量不变,所以 N 个个体被抽中的机会均等。

③ 整群抽样。

整群抽样是将总体中各个体归并成若干个互不交叉、互不重复的集合(称之为群),然后以群为抽样单位抽取样本的一种抽样方法。应用整群抽样时，要求各群有较好的代表性，即群内各个体的差异要大，群间差异要小。

④ 分层抽样。

分层抽样是从一个可以分成不同层（或称为子总体）的总体中，按规定的比例从不同层中随机抽取样本（个体）的方法。这种方法的优点是样本的代表性比较好，抽样误差比较小；缺点是抽样手续较简单随机抽样要复杂些。

（二）基于 R 的数据归约案例分析

1. 案例介绍

鸢尾花数据（iris）是 R 自带的数据集，包括花瓣长度、花瓣宽度、萼片长度、萼片宽度及花的种类 5 个变量，下面介绍的基于 PCA 的数据归约和基于逻辑回归模型的数据归约使用该数据集，基于聚类的数据归约使用信用卡用户数据 "01 simudata.csv"。

2. 基于 R 的数据归约操作步骤

下面重点介绍基于 PCA 的属性归约，以及基于逻辑回归模型和聚类的数值归约。

（1）基于 PCA 的属性归约。

基于 PCA 的属性归约代码如下：

```
data(iris)
iris.pca=prcomp(iris[,-5],center=T,scale.=T)##iris.pca$sdev
iris.pca$sdev^2/sum(iris.pca$sdev^2)
iris.pca$rotation
```

（2）基于逻辑回归模型的数值归约[10]。

基于逻辑回归模型的数值归约代码如下：

```
data3=iris
head(data3)  ##Sepal:萼片 Petal:花瓣
data3$binary=as.numeric(iris[,5]=="setosa")
data3.logistic=glm(binary~Sepal.Width+Sepal.Length,data=data3,family="binomial")
summary(data3.logistic)  ##查看结果
##计算混淆矩阵
result=predict(data3.logistic,data3,type="response")  ##预测结果为概率
result
result.int=ifelse(result>0.5,1,0)  ##若 result>0.5，则预测结果为 1，否则为 0
result.int
##计算准确率
confusematrix=table(data3$binary,result.int)
confusematrix
p=(confusematrix[1,1]+confusematrix[2,2])/sum(confusematrix)
p
```

(3) 基于聚类的数值归约[11]。

基于聚类的数值归约代码如下：

```
rm(list = ls())  ##清除已有变量
##读入数据
data = read.csv("…/01 simudata.csv",header=T)
str(data)##查看数据结构
names(data)[1:9]=c("credit","gender","marriage","bear","income","education","english","friend","consume")
##缺失值处理
sum(is.na(data))  ##查看是否存在缺失值
data=data[complete.cases(data),]          ##删除有缺失值的行
str(data)##查看数据结构
data= data[sample(nrow(data),50),]        ##随机抽取50条数据
str(data)
##聚类算法1：系统聚类
jl=dist(data)
lb=hclust(jl,method="ward.D")             ##系统聚类函数
plot(lb)##画出系统聚类的树状图
data$clur<-cutree(lb,k=4)##对hclust函数的聚类结果进行剪枝，这里k=4，分为4类
table(data$clur)                          ##查看每一类有多少个对象
##查看类的特征
##先分类，再计算类的中心
mdata1<-subset(data,data$clur==1)         ##取出类1中的数据
sapply(mdata1,FUN=mean,na.rm=T)
mdata2<-subset(data,data$clur==2)         ##取出类2中的数据
sapply(mdata2,FUN=mean,na.rm=T)
mdata3<-subset(data,data$clur==3)         ##取出类3中的数据
sapply(mdata3,FUN=mean,na.rm=T)
mdata4<-subset(data,data$clur==4)         ##取出类4中的数据
sapply(mdata4,FUN=mean,na.rm=T)
##使用数据透视法计算类的中心
install.packages("plyr")
library(plyr)
center= ddply(data,.(clur),function(x)data.frame(incomemean=mean(x$income),weibo=mean(x$friend),xiaof=mean(x$consume)))
##聚类算法2：K均值聚类
##标准化
data1= scale(data[,-10])                  ##去掉第10列，并进行标准化
##scale函数的功能是对一组数据进行处理，在默认情况下，使一组数据的每个数减去这组数据
##的平均值后再除以这组数据的均方根
##聚类过程
```

```r
set.seed(111)                                    ##设定编号为 111 的随机数
km_fit2 = kmeans(data1, 4)                       ##这里的 4 为聚类的个数
km_fit2$size                                     ##查看每一类的个数
km_fit2$centers                                  ##查看每一类的中心
data$cluster = km_fit2$cluster                   ##标记数据所属的类别
##聚类算法 3：高斯混合聚类
install.packages("mclust")
library(mclust)
mc=Mclust(data[,1:9],4) ##取 data 的前 9 个变量，使用高斯混合聚类方法将其聚为 4 类
mc$classification                                ##查看数据属于哪个类别
table(mc$classification)                         ##查看每一类中的样本数量
##聚类算法 4：DBSCAN
install.packages("fpc")
library(fpc)
ds=dbscan(data[,1:9],eps=0.8,MinPts=1,scale=T,showplot=F)
##eps:半径；MinPts:点的个数
??dbscan                                         ##查看 dbscan 函数的用法
ds$cluster                                       ##查看类别
table(ds$cluster)
ds=dbscan(data[,c(5,8,9)],eps=0.95,MinPts=3,scale=T,showplot=F)
##选择 data 的 5、8、9 列变量进行聚类
table(ds$cluster)                                ##查看每类有多少数据
data$clur2=ds$cluster                            ##将分类结果添加到 data 中
##聚类数量的选择
##算法 1：组内平方和最小法
wssplot = function(data, nc=15, seed=1234){
  wss = (nrow(data)-1)*sum(apply(data,2,var))
  for (i in 2:nc){
    set.seed(seed)
    wss[i] = sum(kmeans(data, centers=i)$withinss)}
  plot(1:nc, wss, type="b", xlab="Number of Clusters",
       ylab="Within groups sum of squares")}
wssplot(data, nc=20)                             ##nc 为尝试聚类的个数
##或者调用库里面的函数
install.packages("factoextra")
library(factoextra)
fviz_nbclust(data, kmeans, method = "wss")
##算法 2：轮廓系数法
fviz_nbclust(data, kmeans, method = "silhouette")
##算法 3：GP 法
install.packages("cluster")
library(cluster)
set.seed(123)
```

```
gap_clust = clusGap(data, kmeans, 15, B = 500, verbose = interactive())
fviz_gap_stat(gap_clust)
```

（三）基于 Python 的数据归约案例分析

1. 案例介绍

基于 PCA 的数据归约采用 Python 中自带的数据集 breast_cancer，数据集包含变量肿瘤的性质及与之对应的 30 个维度的生理指标数据；基于逻辑回归模型的数据归约采用网络数据，探索研究生录取的二分类问题，数据集包括录取结果及与其相关的三个指标数据；基于聚类的数据归约采用航空公司数据集。

2. 基于 Python 的数据归约操作步骤

下面重点介绍基于 PCA 的属性归约，以及基于逻辑回归模型和聚类的数值归约。

(1) 基于 PCA 的属性归约。

这里使用 Python 中自带的 scikit-learn 库中的 PCA 来实现降维。

函数：class sklearn.decomposition.PCA。

函数语法：class sklearn.decomposition.PCA(n_components=None, copy=True, whiten=False)。

参数说明：

① n_components。

意义：PCA 算法中所要保留的主成分个数，即保留下来的特征个数。

类型：int 或者 string，默认值为 None，所有成分被保留。若为 int，如 n_components=1，将把原始数据降到一维；若为 string，如 n_components='mle'，则将自动选取特征个数。

② copy。

类型：bool，取值为 True 或者 False，默认为 True。

意义：表示在运行 PCA 算法时，是否将原始数据复制一份。若为 True，则运行 PCA 算法后，原始数据的值不会有任何改变，因为是对原始数据的副本进行降维计算的；若为 False，则运行 PCA 算法后，原始数据的值会改变，因为是对原始数据进行降维计算的。

③ whiten。

类型：bool，默认为 False。

意义：白化，使每个特征具有相同的方差。

基于 PCA 的属性归约代码如下：

```
##代码段 1
from sklearn.datasets import load_breast_cancer
cancer = load_breast_cancer()##将数据集赋值给 iris
print('breast_cancer 数据集的长度为：',len(cancer))
print('breast_cancer 数据集的类型为：',type(cancer))
##代码段 2
cancer_data = cancer['data']
print('breast_cancer 数据集的数据为：','\n',cancer_data)
cancer_target = cancer['target']            ##取出数据集的标签
```

```python
print('breast_cancer 数据集的标签为：\n',cancer_target)
cancer_names = cancer['feature_names']   ##取出数据集的特征名
print('breast_cancer 数据集的特征名为：\n',cancer_names)
cancer_desc = cancer['DESCR']            ##取出数据集的描述信息
print('breast_cancer 数据集的描述信息为：\n',cancer_desc)
##代码段 3
print('原始数据集数据的形状为：',cancer_data.shape)
print('原始数据集标签的形状为：',cancer_target.shape)
from sklearn.model_selection import train_test_split
cancer_data_train, cancer_data_test,\
cancer_target_train, cancer_target_test = \
train_test_split(cancer_data, cancer_target,
    test_size=0.2, random_state=42)
print('训练集数据的形状为：',cancer_data_train.shape)
print('训练集标签的形状为：',cancer_target_train.shape)
print('测试集数据的形状为：',cancer_data_test.shape)
print('测试集标签的形状为：',cancer_target_test.shape)
##代码段 4
import numpy as np
from sklearn.preprocessing import MinMaxScaler
Scaler = MinMaxScaler().fit(cancer_data_train)  ##生成规则
##将规则应用于训练集
cancer_trainScaler = Scaler.transform(cancer_data_train)
##将规则应用于测试集
cancer_testScaler = Scaler.transform(cancer_data_test)
print('离差标准化前训练集数据的最小值为：',np.min(cancer_data_train))
print('离差标准化后训练集数据的最小值为：',np.min(cancer_trainScaler))
print('离差标准化前训练集数据的最大值为：',np.max(cancer_data_train))
print('离差标准化后训练集数据的最大值为：',np.max(cancer_trainScaler))
print('离差标准化前测试集数据的最小值为：',np.min(cancer_data_test))
print('离差标准化后测试集数据的最小值为：',np.min(cancer_testScaler))
print('离差标准化前测试集数据的最大值为：',np.max(cancer_data_test))
print('离差标准化后测试集数据的最大值为：',np.max(cancer_testScaler))
##代码段 5
from sklearn.decomposition import PCA
pca_model = PCA(n_components=10).fit(cancer_trainScaler)  ##生成规则
cancer_trainPca = pca_model.transform(cancer_trainScaler)
##将规则应用于训练集
cancer_testPca = pca_model.transform(cancer_testScaler)   ##将规则应用于测试集
print('PCA 降维前训练集数据的形状为：',cancer_trainScaler.shape)
print('PCA 降维后训练集数据的形状为：',cancer_trainPca.shape)
print('PCA 降维前测试集数据的形状为：',cancer_testScaler.shape)
print('PCA 降维后测试集数据的形状为：',cancer_testPca.shape)
```

（2）基于逻辑回归模型的数值归约。

基于逻辑回归模型的数值归约代码如下：

```
import pandas as pd
import statsmodels.api as sm
import pylab as pl
import numpy as np
##加载数据
df = pd.read_csv("文件路径/binary.csv")
##浏览数据集
print df.head()
##    admit  gre   gpa   rank
##0     0   380   3.61    3
##1     1   660   3.67    3
##2     1   800   4.00    1
##3     1   640   3.19    4
##4     0   520   2.93    4
##重命名rank列，因为DataFrame中有个方法名也为rank
df.columns = ["admit", "gre", "gpa", "prestige"]
print df.columns
##summarize the data
print df.describe()
##            admit          gre          gpa     prestige
##count    400.000000   400.000000   400.000000   400.00000
##mean       0.317500   587.700000     3.389900     2.48500
##std        0.466087   115.516536     0.380567     0.94446
##min        0.000000   220.000000     2.260000     1.00000
##25%        0.000000   520.000000     3.130000     2.00000
##50%        0.000000   580.000000     3.395000     2.00000
##75%        1.000000   660.000000     3.670000     3.00000
##max        1.000000   800.000000     4.000000     4.00000
##查看每一列的标准差
print df.std()
##admit       0.466087
##gre       115.516536
##gpa         0.380567
##prestige    0.944460
##频率表表示prestige的值与admit的值相应的数量关系
print pd.crosstab(df['admit'], df['prestige'], rownames=['admit'])
##prestige  1   2   3   4
##admit
##0        28  97  93  55
##1        33  54  28  12
##plot all of the columns
```

```
df.hist()
pl.show()
##将prestige设为虚拟变量
dummy_ranks = pd.get_dummies(df['prestige'], prefix='prestige')
print dummy_ranks.head()
##    prestige_1  prestige_2  prestige_3  prestige_4
##0        0           0           1           0
##1        0           0           1           0
##2        1           0           0           0
##3        0           0           0           1
##4        0           0           0           1
##为逻辑回归模型创建所需的DataFrame
##除admit、gre、gpa外,引入了上面常见的虚拟变量(注意:引入的虚拟变量列数应为虚拟变量总列数减1,将减去的1列作为基准)
cols_to_keep = ['admit', 'gre', 'gpa']
data = df[cols_to_keep].join(dummy_ranks.ix[:, 'prestige_2':])
print data.head()
##    admit  gre   gpa   prestige_2  prestige_3  prestige_4
##0      0   380   3.61      0           1           0
##1      1   660   3.67      0           1           0
##2      1   800   4.00      0           0           0
##3      1   640   3.19      0           0           1
##4      0   520   2.93      0           0           1
##需要自行添加逻辑回归模型所需的intercept变量
data['intercept'] = 1.0
##指定作为训练变量的列,不含目标列admit
train_cols = data.columns[1:]
##Index([gre, gpa, prestige_2, prestige_3, prestige_4], dtype=object)
logit = sm.Logit(data['admit'], data[train_cols])
##拟合模型
result = logit.fit()
```

(3) 基于聚类的数值归约。

基于聚类的数值归约代码如下:

```
import numpy as np
import pandas as pd
airline_data = pd.read_csv("../air_data.csv",encoding="gb18030")
  ##导入航空数据
print('原始数据的形状为:',airline_data.shape)
##去除票价为空的记录
exp1 = airline_data["SUM_YR_1"].notnull()
exp2 = airline_data["SUM_YR_2"].notnull()
exp = exp1 & exp2
```

```python
airline_notnull = airline_data.loc[exp,:]
print('删除缺失记录后数据的形状为: ',airline_notnull.shape)
##只保留票价非零的,或者平均折扣率不为0且总飞行公里数大于0的记录
index1 = airline_notnull['SUM_YR_1'] != 0
index2 = airline_notnull['SUM_YR_2'] != 0
index3 = (airline_notnull['SEG_KM_SUM']> 0) & \
    (airline_notnull['avg_discount'] != 0)
airline = airline_notnull[(index1 | index2) & index3]
print('删除异常记录后数据的形状为: ',airline.shape)
##选取需求特征
airline_selection = airline[["FFP_DATE","LOAD_TIME",
    "FLIGHT_COUNT","LAST_TO_END",
    "avg_discount","SEG_KM_SUM"]]
##构建L特征
L = pd.to_datetime(airline_selection["LOAD_TIME"]) - \
pd.to_datetime(airline_selection["FFP_DATE"])
L = L.astype("str").str.split().str[0]
L = L.astype("int")/30
##合并特征
airline_features = pd.concat([L,
    airline_selection.iloc[:,2:]],axis = 1)
print('构建的LRFMC特征前5行为: \n',airline_features.head())
    ##标准化
from sklearn.preprocessing import StandardScaler
data = StandardScaler().fit_transform(airline_features)
np.savez('../tmp/airline_scale.npz',data)
print('标准化后LRFMC五个特征为: \n',data[:5,:])
    ##K均值聚类
# -*- coding: utf-8 -*-
import numpy as np
import pandas as pd
from sklearn.cluster import KMeans                ##导入K均值算法
airline_scale = np.load('../tmp/airline_scale.npz')['arr_0']
k = 5 ## 确定聚类中心数
##构建模型
kmeans_model = KMeans(n_clusters = k,n_jobs=4,random_state=123)
fit_kmeans = kmeans_model.fit(airline_scale)      ##模型训练
kmeans_model.cluster_centers_                     ##查看聚类中心
kmeans_model.labels_                              ##查看样本的类别标签
##不同类别样本的数目
r1 = pd.Series(kmeans_model.labels_).value_counts()
print("最终每个类别的数目为: \n",r1)
```

本章习题

一、选择题

1. 将数据分为定类数据、定序数据、定距数据与定比数据，依据的是（　　）。
   A．数据的计量层次　　　　　　　　B．数据的结构
   C．数据的时间状况　　　　　　　　D．数据的来源

2. 设计问卷时应注意问题的内容要单一，不要把两个或两个以上的问题合在一起提出，这里遵循的原则是（　　）。
   A．具体性原则　　B．准确性原则　　C．单一性原则　　D．全面性原则

3. R 中剔除数据结构中值为空（缺失值以 NA 表示）的数据使用的函数是（　　）。
   A．na.omit　　　　B．is.none　　　　C．is.NULL　　　　D．empty

4. Python 中的 merge 函数可以将 DataFrame 的行连接起来，当参数 how 的取值为 outer 时，合并方式为（　　）。
   A．取并集　　　　B．取交集　　　　C．左连接取补集　　D．右连接取补集

5. 标准化公式 $X^* = \dfrac{X - \min}{\max - \min}$ 指的是（　　）。
   A．分数标准化　　　　　　　　　　B．max-min 标准化
   C．z-score 标准化　　　　　　　　D．小数点定标标准化

6. 线性回归模型参数的求解方式一般为（　　）。
   A．梯度下降法　　B．最小二乘法　　C．层次分析法　　D．极值法

7. 回归方程的显著性检验采用的统计量是（　　）。
   A．K 统计量　　B．t 统计量　　C．F 统计量　　D．S 统计量

8. 在 R 中，将长格式数据转换成宽格式数据使用的函数是（　　）。
   A．cast　　　　　B．bcast　　　　C．ccast　　　　D．dcast

二、简答题

1. 请简述商业数据获取的途径。
2. 请简述数据清洗的内容。
3. 请列举数据归约的方法。

第三章 竞争分析

> **学习目标**
>
> 1. 掌握竞争分析的含义、分析框架、典型问题。
> 2. 掌握行业分析的定义、内容、方法。
> 3. 了解编制财务报表的意义,掌握财务报表的结构。
> 4. 掌握财务报表分析的一般步骤,重点掌握财务报表分析的内容。
> 5. 熟练掌握财务综合分析的方法。
> 6. 了解产品竞争分析的思路和方法。
> 7. 掌握产品竞争分析过程,能够使用 R 进行产品竞争分析。

第一节 竞争分析简介

商业运营中为何要关心竞争分析?在行业加速发展的环境中,企业面临着越来越多的竞争优势类问题带来的挑战,此类问题一般涉及范围广,需要更强的能力进行分析,具有更大的影响力,竞争分析可以帮助企业获得对自身产品的清晰认知。通过全面、定期的竞争分析,企业可以收获很多东西,如可用性洞察、设计优势、更有说服力的价值主张等。

竞争是一家企业在商业运营过程中不可避免的,竞争结果决定了企业活动能否提升企业的发展成效,竞争分析的目的是在激烈厮杀的行业市场中获取有利地位,旨在使企业充分了解自身及其所处的环境,辨识其发展中的威胁与机遇,并尝试进行有效的应对工作。企业所处行业的宏观状况、企业财务状况、竞争对手及企业间竞争一直是竞争分析研究的核心问题。

一、竞争分析框架

竞争分析框架主要包含行业分析和波特五力分析模型,如图 3-1-1 所示。其中,行业分析涵盖了企业的行业竞争状况分析,波特五力分析模型涵盖了主要企业服务和产品之间的竞争分析。本章所提出的竞争分析框架适用于行业和企业竞争层面的分析,有一定的局限性,仅作参考使用,关于战略层面的竞争优势分析详见本书参考文献之一——迈克尔·波特所著的《竞争优势》[12]。

行业分析过程复杂,内容较多,作为竞争分析的典型问题之一,其将在本章第二节单独介绍,下面简单介绍波特五力分析模型。

波特五力分析模型是迈克尔·波特于 20 世纪 80 年代初提出的管理营销学模型,对企业的战略制定产生了深远影响,可以有效分析企业的竞争环境。根据迈克尔·波特的观点,一个行业中企业的竞争不是只在原有竞争对手中进行的,而是存在着五种基本的竞争力量,这五种基本竞争力量的状况及综合强度决定着行业的竞争激烈程度，从而决定着行业中最终的获利潜力及资本流向本行业的程度，这一切最终决定着企业是否具备保持高收益的能力。波特五力分别为供应商的议价能力、购买者的议价能力、新进入者的威胁、替代品的威胁、同行业企业的竞争。五种力量的不同组合变化，最终影响行业利润潜力变化。

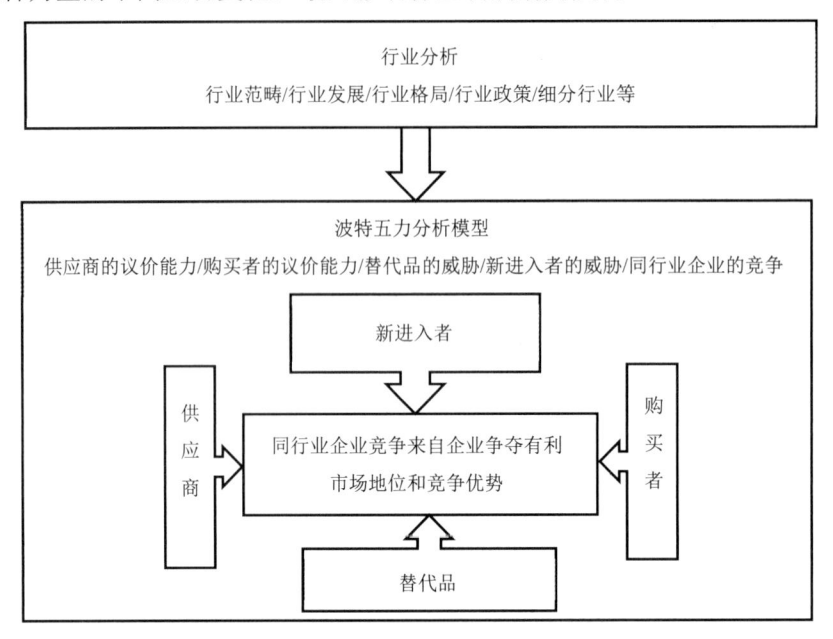

```
┌─────────────────────────────────────┐
│            行业分析                  │
│  行业范畴/行业发展/行业格局/行业政策/细分行业等  │
└─────────────────────────────────────┘
                  ↓
┌─────────────────────────────────────┐
│          波特五力分析模型              │
│ 供应商的议价能力/购买者的议价能力/替代品的威胁/  │
│     新进入者的威胁/同行业企业的竞争         │
│                                     │
│           ┌──────────┐              │
│           │  新进入者  │              │
│           └──────────┘              │
│                ↓                    │
│  ┌──┐   ┌──────────────┐   ┌──┐    │
│  │供│   │同行业企业竞争来自│   │购│    │
│  │应│ → │企业争夺有利市场 │ ← │买│    │
│  │商│   │地位和竞争优势  │   │者│    │
│  └──┘   └──────────────┘   └──┘    │
│                ↑                    │
│           ┌──────────┐              │
│           │  替代品   │              │
│           └──────────┘              │
└─────────────────────────────────────┘
```

图 3-1-1　竞争分析框架

波特五力分析属于微观层面的竞争分析，主要用于分析本行业的企业竞争格局，以及本行业与其他行业之间的关系，本质上是一种管理思想在企业营销管理实践活动中的应用，要求企业市场营销管理者从企业竞争的角度出发管理企业，强调的是一种竞争意识或者竞争性思维的运用。对五种力量的具体解读如下。

1. 供应商的议价能力

供应商主要通过其提高投入要素价格与降低单位价值质量的能力来影响行业中现有企业的盈利能力与产品竞争力。供应商的议价能力主要取决于其提供给购买者的投入要素的价值，当供应商所提供的投入要素的价值占据了购买者产品总成本的较大比例、对购买者的产品生产过程非常重要或者严重影响购买者的产品质量时，供应商对购买者的潜在讨价还价力量就会大大增强。一般来说，满足以下条件的供应商会具有比较强大的讨价还价力量。

（1）供应商行业被一些市场地位比较稳固、不受市场激烈竞争困扰的企业所控制，其产品的购买者很多，以致单个购买者不可能成为供应商的重要客户。

（2）供应商各企业的产品各具特色，以致购买者难以转换或转换成本太高或很难找到可与供应商产品相竞争的替代品。

（3）供应商能够方便地实行前向联合或一体化（具有产业链纵向延伸的能力），而购买者难以进行后向联合或一体化。

2. 购买者的议价能力

购买者主要通过压价与要求提供较高的产品或服务质量的能力来影响行业中现有企业的盈利能力。一般来说，满足以下条件的购买者可能具有较强的讨价还价力量。

（1）购买者所购产品的数量占供应商产品销量的比重很大，无形中提升了其在商务谈判时讨价还价的话语权。

（2）供应商行业由大量相对来说规模较小的企业组成。

（3）购买者所购买的基本上是一种标准化产品，同时向多个供应商购买产品在经济上也完全可行。

（4）购买者有能力实现后向联合或一体化，而供应商不能实现前向联合或一体化，如一家乳品企业可以比较容易实现收购牧场，而牧场不容易开一家乳品企业。

3. 新进入者的威胁

新进入者在给行业带来新生产能力、新资源的同时，市场已被行业内现有企业瓜分一空，新进入者想要获得一席之地，就有可能与现有企业发生原材料与市场份额的竞争，最终导致行业内现有企业的盈利水平降低，严重的话还有可能危及这些企业的生存。

该因素评估新进入者进入该行业的可能性，而这一可能性取决于两方面的因素，即进入壁垒与预期现有企业对新进入者的反应情况。进入壁垒主要包括规模经济、产品差异、资本需要、转换成本、销售渠道开拓、政府行为与政策、不受规模支配的成本劣势、自然资源、地理环境等，其中有些进入壁垒是很难采用复制或仿造的方式来突破的。预期现有企业对新进入者的反应情况主要是指现有企业采取报复行动的可能性大小，这取决于有关企业的财力情况、报复记录、固定资产规模、行业增长速度等。高进入壁垒和行业内现有企业的强烈报复会使新进入者难以参与竞争，行业内的现有企业面临新进入者的威胁小，相反，低进入壁垒可以吸引新进入者，加剧行业内现有企业的竞争。总之，新进入者进入一个行业的可能性越大，行业内现有企业面临新进入者的威胁也越大。

4. 替代品的威胁

经营企业不仅仅是在与我们通常意义上的竞争对手竞争，还有若干其他方面，如猪肉生产厂商的竞争对手不仅仅是其他猪肉生产厂商，还有牛肉生产厂商、羊肉生产厂商等，牛肉、羊肉叫作猪肉的替代品。替代品具有与现有产品或劳务相似的性能，能够满足客户相同的需求。两个处于同行业或不同行业中的企业，可能会由于所生产的产品互为替代品而产生相互竞争行为。替代品的威胁体现在以下几方面。

（1）现有企业的产品售价及获利潜力将由于存在着能被客户方便接受的替代品而受到限制。

（2）替代品生产者的侵入使现有企业必须提高产品质量或者通过降低成本来降低售价，或者使其产品具有特色，否则其销量与利润增长的目标就有可能无法实现。

5. 同行业企业的竞争

大部分行业内的企业之间的利益是紧密联系在一起的，作为企业整体战略一部分的企业竞争战略，其目标在于获得相对于竞争对手的优势，所以，在实施过程中必然会产生冲突与对抗现象，这些冲突与对抗就构成了现有企业之间的竞争。现有企业之间的竞争常常表现在价格、广告、产品介绍、售后服务等方面，其竞争强度与许多因素有关。一般来说，出现下述情况意味着行业内现有企业之间的竞争加剧。

（1）行业的进入壁垒较低，势均力敌的竞争对手较多，竞争参与者的范围广；行业内现有企业由于面临的同行业企业太多，而无法针对竞争对手实施市场营销策略，只能各自为战。

（2）市场趋于成熟，产品需求增长缓慢，企业间市场竞争的技术含量较低，竞争的手段也较为单一，只能采用降低产品价格或提高营销预算、做广告等方式促进销售。

（3）竞争对手提供几乎相同的产品或服务，用户转换成本很低。

行业内的每家企业或多或少都必须应对以上各种力量构成的威胁，除非企业认为正面交锋有必要且有益处，否则企业可以通过设置进入壁垒（包括差异化和转换成本）来保护自己。当企业确定了自身的优势和劣势时，就必须进行定位，以便因势利导，而不是被未预料到的环境因素变化（如产品生命周期、行业增长速度等）所损害，然后保护自己并做好准备，以有效地对其他企业的举动做出反应。

根据对五种力量的讨论，企业可以采取尽可能地将自身的经营与竞争力量隔绝开来，努力从自身利益需要出发影响行业竞争规则，先占领有利市场再发起进攻性竞争行动等手段来应对这五种力量，以提高自己的市场地位与竞争实力。

二、竞争分析的典型问题

根据竞争分析的定义和波特五力分析模型的特点可知，竞争分析的典型问题主要有以下几方面：行业环境分析、行业内现有竞争者之间的竞争、来自替代品的竞争、来自新进入者的竞争、来自购买者的竞争、来自供应商的竞争。

（1）行业环境分析。

通过定性调查、定量调查、二手数据研究，利用 PEST、SWOT 等管理营销学模型，分析企业所处行业的现状，把握宏观环境方面的优势和劣势。

（2）行业内现有竞争者之间的竞争。

利用数据分析方法争夺有利于企业的市场地位和竞争优势，行业内现有竞争者的均衡程度、增长速度、固定成本比例、本行业产品或服务的差异化程度、退出壁垒等决定了一个行业内竞争的激烈程度。除此之外，行业内竞争的决定因素还包括产业成长、间歇的产能过剩、企业风险、品牌识别、转换成本、集中和平衡、信息复杂度、竞争对手多元化等。

（3）来自替代品的竞争。

来自替代品的竞争主要指来自替代品的替代威胁，替代品限定了企业产品的最高价。替代品不仅对企业有威胁，还可能带来机会。企业必须分析替代品给企业的产品或服务带来的是"灭顶之灾"，还是更高的利润或价值；购买者转而购买替代品的转移成本；企业为降低购买者购买替代品的风险而采取的降低成本或增加附加值的措施。竞争决定因素有替代品的相对价格表现、转换成本、购买者的替代倾向等。

（4）来自新进入者的竞争。

来自新进入者的竞争主要指来自新进入者的威胁，如本行业有哪些进入壁垒；它们阻碍新进入者进入的作用有多大；本企业怎样确定自己的市场地位（自己进入或者阻止竞争对手进入）。竞争决定因素为进入壁垒，包括规模经济、专有产品差异、品牌标志、转换成本、资本要求、销售渠道、绝对成本优势、政策情况、预期报复等。

（5）来自购买者的竞争。

来自购买者的竞争主要由购买者的议价能力决定，购买者力量的决定因素包括购买者的集中程度、企业的集中程度、购买者购买量、企业转换成本与购买者转换成本的对比、购买者信息、价格差异、品牌识别、购买者利润、决策者的激励、本企业的部件或原材料产品占购买者成本的比例、各购买者之间是否有联合的危险、本企业与购买者是否具有战略合作关系等。

（6）来自供应商的竞争。

供应商的品牌或价格特色、本企业在供应商战略中的地位、供应商之间的关系、在供应商之间转移的成本等都影响企业与供应商的关系及其竞争优势。

显然，最危险的行业环境是存在进入壁垒、替代品，由供应商或购买者控制市场，行业内竞争激烈的商业环境。下面主要介绍行业分析、财务竞争分析和产品竞争分析。

第二节　行业分析

为什么要做行业分析？首先思考几个问题：企业是否应该进入一个新的市场？进入的新市场的规模如何？新市场的前景如何？新市场的利润率水平如何？行业内的竞争程度如何？行业在不断变化，企业应该怎么办？到底是哪些行业因素（如客户行为、技术进步、监管改变、渠道改变、外部竞争者进入等）正在不断变化？这些变化会带来哪些新的机遇和挑战？企业应该如何转型以提高迎接新机遇的核心能力？想要解决上述问题就要从研究行业入手，将企业所在的行业分析透彻，知己知彼才能百战不殆。行业分析所关注的内容有规模、利润率、客户、消费者和竞争者。

企业竞争分析的首要问题就是要讲清楚"行业"，也就是行业概念、行业范围、行业构成、历史总量、行业发展政策、需求及技术趋势、未来市场及行业变化趋势，以及企业的外部优势和劣势、内部机会和威胁等。行业分析不仅仅为企业的竞争分析服务，还是企业在发展过程中必须要进行的商业分析活动，行业分析服务于企业的战略发展，是在宏观层面上对企业及其所处行业进行的一次全面诊断。

一、行业分析定义

行业是由许多同类企业构成的群体，又称为产业。但从严格定义上来讲，产业的范畴比行业大，一个产业可以跨越（包含）几个行业。所谓的行业分析是指以行业为研究对象，根据经济学原理，综合应用统计学、计量经济学等分析工具，参考相关文献，对行业运行状况、技术、竞争力、竞争格局、规模机构、政策、发展趋势，以及综合经济信息等行业要素进行深入的分析，从而发现行业运行的内在经济规律，进一步预测行业未来的发展趋势，为企业自身发展或行业投资者提供重要的参考依据。行业分析重点研究行业过去的发展历程、行业目前的发展现状和行业未来的发展趋势，发现与挖掘行业发展阶段的主要影响因素及行业内的关键成功因素等。

通过行业分析能够把握行业或细分市场的宏观发展状况，了解行业国内外市场的生产与供需状况；梳理行业当前最新的商业模式和特征，为客户完善、重构现有的商业模式；分析区域经济资源、行业现状，为客户确定区域发展方向提供有效依据；了解各细分市场的需求满足程度，寻找未被满足的需求，开辟行业市场新蓝海；测算不同行业的市场规模或容量，预测行业未来的发展前景，为客户厘清行业发展的机会与拐点；应对行业拐点，捕捉行业机遇，规避客户发展风险；评估行业竞争格局，研究判断行业发展趋势，把握市场动向。

从企业角度出发进行行业分析的目的通常有三个。

第一，定位企业在行业中的位置。找准企业在行业中的定位，寻找与领先企业的差距，改善资源配置，扬长避短；把握时机，针对目标市场的变化提前计划、生产新产品，提前抢占市场。

第二，寻找核心竞争力。找到企业产品的突破点，即使用哪种技术和制造哪一类型的产品可以让企业最具竞争力。准确定位能为企业营销和推广指明方向，而找准企业产品的突破点、打造核心竞争力才能独占鳌头。

第三，确定企业的竞争目标和竞争对策，如想要成为行业领先者，需要占有多少市场份额才能达到目的等。

二、行业分析内容

简单来说，行业分析的内容主要包括三个方面：一是要明确行业历史，包括行业界定、行业分类、行业演变和行业周期等；二是要明确行业现状，包括行业概况、政策监管、市场分析、行业竞争状况、技术发展、行业商业模式、资本市场、关键因素等；三是要明确行业发展趋势，包括驱动行业变革的关键因素及短期、中期、长期发展趋势等。

行业分析的详细内容如下。

（一）行业历史

行业历史研究是为了探究该行业的产生、发展、演变的历程，把握行业历史能够更好地研究行业发展现状与行业发展趋势。

1. 行业界定

研究行业的第一步需要清楚行业的定义与界定，也就是这个行业到底是什么，行业定义是高度概括的，简短的定义能让别人一眼就看出这个行业是干什么的，可以满足哪些方面的需求。在定义与界定过程中，要注意行业定义的广义与狭义之分，根据研究的目的进行判断。

2. 行业分类

知道了这个行业是干什么的后，下一步就要知道这个行业到底包含哪些方面，也就是行业分类。基本上，所有行业都可以根据不同的标准进行分类，选择什么样的分类标准与分类到什么程度也需要根据研究的目的与用途来决定。例如，要研究发电行业，自然会想到根据发电的不同类型进行分类，如火力发电、水力发电、风力发电、核电、光伏发电、生物质发电等，但是如果研究的重点在新能源发电上，分类就可以简化，弱化火力发电，将重点放在风力发电、光伏发电、生物质发电等类型上。研究之初可能对行业分类的具体细分把握得不是很好，但随着研究的深入，可以形成行业分类树图，充分了解整个行业。

3. 行业演变

了解事物要从事物根源做起，同样的道理，研究行业一定要知道该行业产生的渊源，是为满足社会哪一方面的需求而生的，并且需要进一步研究行业在发展过程中经历了哪些阶段，行业供需状况发生了哪些变化。搞清楚行业的产生和发展演变能够对进一步研究行业起到决定性的奠定作用。在行业演变研究中，有些行业需要从全球视角去看，如有些行业在国外已经发展得很成熟了，在国内才刚刚开始引入，此时需要对该行业的国外发展与国内发展进行对比分析，研究其演变轨迹。针对行业演变，研究者先期可以通过二手现成资料或行业前辈的讲述进行概括性了解，后续逐渐深入挖掘行业的演变历程。

4. 行业周期

行业周期是对行业历史研究的总结性判断，行业周期一般可以分为经济周期与生命周期两类。经济周期研究的主要内容包括行业周期性波动与国民经济波动的密切程度，根据经济周期的不同，行业一般分为增长型行业、防守型行业和周期型行业。增长型行业：增长型行业的运行状态与经济活动总水平的周期及波动并不密切相关，这些行业的增长主要依靠技术进步、新产品推出及更加优质的服务产生等，使该行业呈现持续的增长态势，如互联网行业从诞生之日起基本保持着稳定的增长态势。防守型行业：这类行业运行状态存在是因为行业的产品需求相对稳定，弹性小，即使经济周期处于衰退阶段，这类行业受到的影响也较小，如医药、日常消费品等行业都属于防守型行业。周期型行业：周期型行业的运行状态与经济周期密切相关，这类行业往往是传统行业。当经济上升时，对这类行业相关产品的购买相应增加，如电力、煤炭、钢材、水泥等行业都属于周期型行业，它们与国民经济波动直接相关。

生命周期是指行业从出现到完全退出社会经济活动所经历的时间。行业的生命周期主要包括四个发展阶段：幼稚期、成长期、成熟期、衰退期。幼稚期：这一时期的产品设计尚未成熟，行业利润率较低，市场增长率较高，需求增长较快，技术变动较大。从总体来看，市场需求刚被开发，市场风险大，投资规模小。成长期：这一时期的市场增长率很高，需求高速增长，技术渐趋稳定，行业特点、行业竞争状况及用户特点已比较明朗，企业进入壁垒提高，产品品种及竞争者数量增多。成熟期：这一时期的市场增长率不高，需求增长率不高，技术上已经成熟，行业特点、行业竞争状况及用户特点非常清楚和稳定，买方市场形成，行业盈利能力下降，新产品和产品的新用途开发更为困难，行业进入壁垒很高。衰退期：这一时期的行业生产力会出现过剩现象，技术被模仿后出现的替代品充斥市场，市场增长率严重下降，需求下降，产品品种及竞争者数量减少。

（二）行业现状

行业现状研究主要包括行业概况、政策监管、市场分析、行业竞争状况、技术发展、行业商业模式、资本市场、关键因素等几方面，每个方面都有细化内容。

1. 行业概况

首先需要对行业的发展现状做一个概括性的描述，其中主要包括三大细分内容：一是行业发展现状概况；二是产业链分析；三是价值链分析。

行业发展现状概况：重点描述国内该行业的发展现状、所处的水平。

产业链分析：产业链主要是指该行业的产品由原材料经过生产、运输、销售等活动，最终到达消费者手中的每个环节。通过产业链分析能够明确该产业链中的上游、中游及下游都由哪些环节构成，这些环节是如何分工与合作来完成由原材料到消费者手中的经济活动的。产业链分析大多分为上游、中游和下游三个部分。

价值链分析：价值链分析是一种用于分析企业内部生产过程中价值创造和优化的工具。它将企业的生产过程分解成多个环节，并根据每个环节所增加的价值大小找到企业的核心竞争环节。通过对生产过程中的每个环节进行分析，企业可以更好地了解自身的运营流程，找到提高效率和降低成本的关键环节，进而制定更加合理的战略规划。

2. 政策监管

首先，要明确该行业的主管部门有哪些，对该行业最具有监管力的部门是哪个，该监管部门在国民经济中扮演着什么样的角色；其次，要明确影响该行业发展的主要政策、规定、标准有哪些，有效地区分这些政策、标准、规定中哪些对行业有不利影响，哪些对行业有有利影响，以及影响程度与时间长远性等。通过对监管要求、行业发展需求及相关因素的影响的了解，判断该行业相关的政策、标准、规定未来的趋向。例如，多年经济高速增长带来的环境破坏及人们环境保护意识的提高会引导环保行业的监管政策由放松逐步走向严厉。

3. 市场分析

市场分析是行业现状研究的核心内容，其重点研究市场需求与供给两端。市场需求端探究客户的需求点在哪里，总需求量（我们经常提到的市场容量）有多少，以及未来市场需求会有什么变化，处于什么状态。市场供给端主要探究市场上的供给量与需求量之间的配比，这直接反映在所研究行业的产品价格走势上。市场分析主要包括市场容量分析、细分市场分析、供需状况分析。

市场容量分析：主要从界定区域市场、市场容量的大小和市场容量的增长速度三方面进行研究。首先，要确定所研究行业的市场容量限定的范围：是全球市场、国内市场还是区域市场；其次，要明确市场容量的大小，蛋糕的大小决定着吃这些蛋糕的企业能够做到多大，如果一个行业刚起步或者本身需求不大，在这种情况下即使该行业的龙头企业也无法做大，因为其受限于行业的发展空间；最后，要明确增长速度，市场容量的增长速度大致决定了在这个行业耕耘的企业市场份额的增长速度，市场容量的增长速度是投资该产业及该产业企业的一个重要指标。

细分市场分析：从经济发展的历史规律来看，行业逐步细分是经济发展的必然趋势，因此研究企业所在的细分市场及该细分市场在整个行业中的比例与地位很有必要。有些行业看起来总体市场规模很大，但这些都是些表象，还需要深入研究该行业中的细分市场是怎样的，未来会有什么变化。只有这样，才能更精准地了解企业未来的市场规模会有多大。

供需状况分析：供需状况分析是市场经济学的基础，研究行业现状必须明确这个行业的供需状况。考察供需是否均衡的一个重要指标就是产品价格走势，若在一段时间内，需求大于供给，则产品价格将会呈现一个向上走势；若供给大于需求，则产品价格会随着竞争加剧而逐步走低。当然，产品价格的决定因素还有成本，这里不考虑成本因素。

4. 行业竞争状况

竞争是企业及行业发展的永恒主题，竞争推动技术进步、市场细分、需求提升等，使得行业进步与发展。行业竞争主要考虑竞争格局、行业盈利水平、主要竞争者三方面。

竞争格局：竞争格局按照经济特征来划分，主要有完全垄断、寡头垄断、垄断竞争和完全竞争四个类型。可以通过产业集中度指标（如 CR5、CR10 的市场比重）来进行初步判断，同时根据进入壁垒、企业数量、企业规模、产品价格等多个因素进行综合判断。

行业盈利水平：行业盈利水平是该行业竞争状况的综合反映，行业毛利率的高低及走势可以充分说明该行业竞争状况的变化，行业盈利水平变化能间接反映该行业的竞争状况。

主要竞争者：重点研究该行业有代表性的竞争者，深入研究这些竞争者的经营模式、核心竞争力、竞争优劣势等。通过对多个主要竞争者的深入研究，可以大致清楚该行业具体的竞争状况，以及未来竞争的演变趋势。

5. 技术发展

技术发展是驱动行业发展的核心要素及相关行业颠覆性改变的重要导火索，因此必须深入研究行业的技术现状、未来可能的发展方向，以及技术发展对该行业及行业内企业的影响。技术发展研究主要包括国内外技术特点、技术发展趋势。

国内外技术特点：纵览国内外技术发展现状、发展动态，研究技术发展路径与趋势。例如，太阳能产业目前总的技术发展路径有两条：一是光伏，即以晶硅光伏技术为主的太阳能发电技术，其是太阳能产业的主流技术；二是光热，即以太阳能热能驱动发电的技术，其处于初步发展期。从太阳能产业的技术发展趋势来看，目前还没有完全定型，应根据两条技术发展路径的研发速度、经济成本等综合判断未来技术发展的主流，深入研究太阳能产业的技术发展特点及技术发展路径。

技术发展趋势：技术发展对行业发展的影响分为渐进型影响与颠覆型影响两大类，其中，需要重点关注技术发展对行业的颠覆型影响，如互联网技术的进步对很多传统行业都产生了颠覆型影响，互联网电子邮件基本上把邮局、信件取代了，所以需要研究行业的技术发展趋势，并分析技术发展对行业发展的影响。

6. 行业商业模式

行业商业模式主要指包含了一系列要素及其关系的概念性工具，用以阐明某个特定实体的商业逻辑。行业商业模式参考模型主要有九个要素：价值主导、消费者目标群体、分销渠道、客户关系、价值配置、核心能力、合作伙伴网络、成本结构、收入模式。根据行业商业模式研究可以总结出行业发展模式的类型及代表性企业，确定行业未来商业模式发展与创新方向，并分析行业商业模式创新对行业发展的影响。

7. 资本市场

针对投资而言，研究行业的资本市场尤其重要，如研究该行业内上市企业的资本市场表现，这些上市企业的信息相对公开（如招股书、年报、调研报告等），能提供充分对称的信息。通过对上市企业近几年发展轨迹的研究更能让我们理解该行业及该行业内的企业。目前，一般行业内基本都有上市企业，可以重点参考国内上市企业的相关信息，结合行业的发展历程和上市企业的发展路径挑选出行业内的重点上市企业，对其进行调研，查看企业招股说明书、年度报告、券商研究报告等，对行业及上市企业有个概览，这对理解该行业有帮助。

8. 关键因素

进入壁垒：分析该行业的进入壁垒，进入壁垒一般涉及规模、技术、资金、网络效应、转换成本、法律法规等方面，并分析这些进入壁垒的强度及维持时间。

关键成功因素：分析影响行业发展的核心关键因素有哪些，以及行业龙头企业的核心竞争力在哪里，企业保持高速发展的核心能力是什么。常见的关键成功因素有以下几方面：与技术相关的关键成功因素，主要包括技术研究能力，在产品工艺和制造过程中进行创造性改进的能力，产品革新能力，在既定技术上的专有技能，运用网络发布信息、承接订单、送货和提供服务的能力等；与制造相关的关键成功因素，主要包括低成本生产效率，固定资产的高利用率，低成本的生产工厂定位，足够的熟练劳动力，高劳动生产效率，低成本的产品设计和产品工程，能够定制一系列规格的产品等；与分销相关的关键成功因素，主要包括强大的批发分销商、特约经销商网络，通过互联网建立起来的电子化分销能力，能够在零售商的货架上获得充足的空间，拥有企业自身的分销渠道和网点，分销成本低，送货速度快等；与市场营销相关的关键成功因素，主要包括快速准确的技术支持，礼貌的客户服务，能准确地完成客户订单，产品线和可供选择的产品很多，高超的推销技巧，有吸引力的款式或包装，客户保修和保险服务，精准的广告投放等；与技能相关的关键成功因素，主要包括劳动力拥有卓越的才能、质量控制诀窍、设计方面的专有技能、在某一项具体的技术上的专有技能，能够开发出创造性的产品和实现创造性的产品改进，能够使最新构想出来的产品快速地经过研发阶段投放市场，组织能力，卓越的信息系统，能够快速地对变化的市场环境做出反应，能够熟练地利用互联网和电子商务做生意，拥有较多的经验和技术秘密等；其他关键成功因素，主要包括在购买者中拥有良好的企业形象和声誉，很低的总成本，便利的地址，企业职员与所有客户打交道时都有礼貌且态度和善可亲，专利保护等。

（三）行业发展趋势

1. 驱动行业变革的关键因素

行业环境之所以发生变化是因为一些重要的力量在推动行业的参与者（如竞争厂商、客户或购买者、供应商等）改变他们的行动，这些重要的力量构成了驱动行业变革的关键因素。一般来讲，驱动行业变革的关键因素主要有以下几个。

行业增长率的变化：行业增长率的上升或下降会影响行业供应和购买需求之间的平衡，影响竞争厂商提高销售量的难易程度。

产品使用方式的变化：产品使用方式的变化迫使行业内的竞争厂商改变服务客户的方式及行业产品的销售结构，迫使生产商扩大或缩小产品线。

产品革新：产品革新会扩大行业的客户群，重新实现行业的增长，扩大竞争厂商之间产品的差异性，从而动摇已有的竞争结构。

技术进步：技术进步可以大大改变一个行业的结构，使供应商可以以更低的成本生产新产品，并且拓展了整个行业的前沿领域。

营销革新：如果竞争厂商能够成功地引入产品销售的新方式，那么他们就可以激发购买者的兴趣，扩大行业需求，提高产品差异性，降低单位产品的成本。

大厂商的进入或退出：一家或多家外部企业进入某个本地厂商占据优势的市场几乎无一例外地会改变市场的竞争环境。同样地，当其他行业中的一家实力强的企业通过并购或建立自己的新企业进入本行业时，这家企业通常会以某种创造性的方式运用其技巧和资源，从而使竞争朝着新的方向发展。

技术秘密的转移扩散：当某项专有的技术秘密被转移或扩散出去之后，行业内的竞争态势会发生巨大的变化，原来专有该项技术的厂商的竞争优势将会遭到破坏，其他竞争厂商在行业内的竞争实力将会提高。

行业日益全球化：全球化的竞争通常会改变行业内重要竞争厂商之间的竞争模式，并且给各厂商带来的利益是不均衡的。

成本和效率的变化：重要竞争厂商之间成本和效率的差异性的扩大或缩小会大大改变竞争的格局。

购买者偏好的变化：当购买者的偏好由产品差别化转向标准化，市场上价格的激烈竞争将不可避免，这时竞争厂商不得不降低成本，使其价格更具有竞争力。

政府政策、法规的变化：政府政策和相关法规的变化会给行业的经营环境带来重大的变化。

社会关注焦点的转移、生活态度和生活方式的变化：新出现的社会问题、人们价值观念及生活方式的变化可以刺激行业变革。

2. 短期、中期、长期发展趋势

从时间上来看，发展趋势主要分为短期发展趋势（1～3 年）、中期发展趋势（4～10 年）和长期发展趋势（10 年以上）。

三、行业分析方法

（一）历史资料研究法

历史资料研究法是通过对已有资料的深入研究，寻找事实和一般规律，然后根据这些信息描述、分析和解释过去的过程，同时揭示当前的状况，并按照这种一般规律对未来进行预测。这种方法的优点是省时、省力并节省费用；缺点是只能被动地囿于现有资料，不能主动地提出问题并解决问题。只要是追溯事物发展轨迹，探究发展轨迹中某些规律性的东西，就不可避免地需要采用历史资料研究法。各个行业都在不断地发展，从一个行业的发展历程来认识它，更有助于较全面深刻地认识和理解该行业，并把握它的发展脉搏。

（二）调查研究法

调查研究法是一种非常古老的研究技术，也是科学研究中常用的一种方法，在描述性、解释性和探索性的研究中都可以运用调查研究法。它一般采用抽样调查、实地调研、深度访谈等形式，通过对调查对象的问卷调查、访查、访谈获得资讯，并对此进行研究。调查研究法是收集第一手数据来描述一个难以直接观察的群体的最佳方法。当然，也可以利用他人收集的调查数据进行分析，即二手数据分析方法，这样可以节约费用。调查研究法的优点是可以获得最新的资料和信息，并且研究者可以主动提出问题并获得解释，适合在对一些相对复杂的问题进行研究时使用；缺点是其成功与否取决于研究者和访问者的技巧、经验。

（三）归纳法与演绎法

归纳法是从个别到一般，从一系列特定的观察中发现一种模式，在一定程度上代表所有给定事件的秩序。值得注意的是，这种模式的发现并不能解释为什么这种模式会存在。演绎法是从一般到个别，根据逻辑或者理论上预期的模式观察检验预期的模式是否确实存在。演绎法是先推论后观察，归纳法则是从观察开始的。

在演绎法中，研究的角度就是用经验去检验每一个推论，观察哪一个推论在现实或者研究中言之有理，从而获得理论的验证。而在归纳法中，研究的角度是通过经验和观察试图得到某种模式或理论。由此可见，逻辑完整性和经验实证性两者都不可或缺。一方面只有逻辑并不够，另一方面只有经验观察和资料搜集也不能提供理论或解释。

（四）比较研究法

在进行行业分析时，比较研究法是一种较为常用的分析方法。比较研究法可以分为横向比较和纵向比较两种方法。横向比较一般取某一时点的状态或者某一固定时段（如1年）的指标作为横截面，在这个横截面上对研究对象及其比较对象进行比较研究。例如，将行业的增长情况与国民经济的增长情况进行比较，从中发现行业增长速度快于还是慢于国民经济的增长速度；将不同的行业进行比较，研究本行业的成长性；将不同地区的同一行业进行比较，研究行业的发展潜力和发展方向等。纵向比较主要利用行业的历史数据，如销售收入、利润、企业规模等，分析过去的增长情况，并据此预测行业未来的发展趋势。利用比较研究法可以直观和方便地观察行业的发展状态和比较优势。

以上是行业分析的主要方法，除以上四种方法外，还有其他方法，如数理统计法等。研究方法是方向的指引，在实际研究过程中应根据研究对象的实际情况，有选择地选用研究方法，实践中可能会结合多种研究方法进行研究。要结合研究目的，对收集到的信息进行结构化分析，采用一些基本的结构化分析模型，前期可通过运用这些结构化分析模型培养分析的结构化思维。常见的结构化分析模型包括 PEST 分析模型、SWOT 分析模型、市场机会分析模型、市场吸引力分析模型、矩阵分析模型、行业价值链分析模型等。

上述内容、方法在行业分析中不一定会全部用到，在进行行业分析时往往会涉及部分内容和方法，据此形成企业的行业分析报告。

四、案例分析

以下行业分析案例来自 iiMedia Research（艾媒咨询）公开发布的《2020 年中国饮料行业细分领域发展及典型案例分析报告》（节选），详细内容见完整的付费报告。

《2020 年中国饮料行业细分领域发展及典型案例分析报告》根据艾媒数据中心、艾媒咨询商业情报数据库、艾媒商情舆情数据监测系统基础数据，对中国软饮料行业生态进行剖析，其不仅针对碳酸饮料、含乳饮料、茶饮料、功能饮料、果蔬汁饮料、固体饮料、包装饮用水、植物蛋白饮品等细分领域进行深度剖析和案例解读，还分析了行业上游产业链对整个行业的成本议价等因素，以此预测饮料行业的发展趋势。

（一）核心观点

1. 饮料行业前景总体向好，产品类型出现明显分化

随着中国经济发展、居民消费水平提升及消费结构的升级，中国饮料行业呈现出整体良好的增长态势，2024 年中国软饮料市场规模有望达到 13230 亿元。其中，基础品类（如蛋白饮料、果蔬汁饮料、固体饮料等）的市场规模在 2014—2019 年的复合增长速度不足 3%，而包装饮用水、功能饮料、咖啡饮料等的市场规模仍保持两位数增长，软饮料产品已经出现明显分化。

2. 上半年，饮料行业各细分领域的龙头企业多数实现了营收、净利双增长

2020 年上半年，饮料行业各细分领域的龙头企业，如康师傅、伊利、元气森林、东鹏特饮、农夫山泉、统一企业等都实现了营收、净利双增长，其中元气森林的业绩一路高歌猛进，表现亮眼。但个别企业（如香飘飘、承德露露）的业绩大幅下降，与自身过度依赖单一爆品、创新不足、产品老化有重要的关系。

3. 个性化、情感化和品牌化是饮料行业发展的三大趋势

在饮料行业同质化盛行的当下，行业企业通过情感共鸣、打造品牌等方式寻求差异化发展，如"汉口二厂"汽水、元气森林气泡水系列。此外，消费者个性化的需求给饮料行业带来了新机遇。预测个性化、情感化和品牌化将是未来饮料行业发展的新动力、新趋势。

（二）行业背景概况

（1）2020 年中国饮料细分产品的类型及说明如表 3.2.1 所示。

表 3.2.1　2020 年中国饮料细分产品的类型及说明

产品类型	说明
碳酸饮料	将二氧化碳气体和各种不同的香料、水分、糖浆、色素等混合在一起而形成的气泡式饮料
果蔬汁饮料	以果蔬汁为基料，加水、糖、酸或香料调配而成的饮料
功能饮料	广义的功能饮料包括运动饮料、能量饮料和其他有保健作用的饮料
茶饮料	经抽提、过滤、澄清等工艺形成的茶汤或在茶汤中加入水、糖液、酸味剂、食用香精、果汁或植（谷）物抽提液等调制加工而成的制品

续表

产品类型	说明
含乳饮料	以鲜乳或乳制品为原料,经发酵或未经发酵加工制成的制品
包装饮用水	密封于塑料瓶、玻璃瓶或者其他容器中不含任何添加剂可直接饮用的水
植物蛋白饮料	以蛋白质含量较高的植物的果实、种子或核果类、坚果类的果仁等为原料,经加工制成的制品
固体饮料	以糖、食品添加剂、果汁或植物抽提物等为原料,加工制成粉末状、颗粒状或块状的制品

(2) 2020 年第三季度中国饮料行业逐步复苏。

数据显示,2020 年 7 月中国社会消费品零售总额下滑 1.1%,幅度环比 6 月收窄 0.7%。其中,饮料产品同比增长 10.7%,环比下降 8.5%。从季度数据看,2020 年 7 月社会消费品零售额增长速度较 2020 年第二季度回落 2.7%,饮料产品的零售额增长速度较 2020 年第二季度回落 5.8%。这主要是因为饮料行业具有强季节性,7 月历来是销售淡季,加上"618"购物节透支部分 7 月需求,导致增长速度回落,但整体回暖趋势不变,预计 2020 年第三季度饮料产品的零售额增长速度可能回升,饮料行业逐步复苏。

(3) 2014—2019 年中国饮料行业市场规模数据分析。

2014—2019 年中国软饮料市场规模持续上升,2019 年中国整体软饮料市场销售收入达到 9914 亿元,2014—2019 年的年均复合增长率为 5.9%。按 2014—2019 年的年均复合增长率计算,2024 年中国软饮料市场规模有望达到 13230 亿元。艾媒咨询分析师认为,近年来随着中国经济发展、居民消费水平提升及消费结构的升级,中国饮料行业呈现出整体良好的增长态势。

(4) 2020 年中国饮料行业驱动因素分析:经济因素。

2019 年,中国居民人均消费支出 21559 元,首次超过 2 万元,比 2018 年名义增长 8.6%,加快 0.2 个百分点,扣除价格因素影响,居民人均消费支出实际增长 5.5%。全国居民恩格尔系数为 28.2%,比 2018 年下降 0.2 个百分点。艾媒咨询分析师认为,中国居民消费能力提升,居民人均消费支出增加,同时食品在居民人均消费支出中所占比例减少,这意味着家庭收入的增加和人民生活日趋向好,有利于饮料行业的发展。

(5) 2020 年中国饮料行业驱动因素分析:技术革新。

技术革新对饮料行业发展具有较大的推动作用。饮料行业技术覆盖生产、流通和消费三大环节,生产环节与消费环节技术的呼应,能有效地促进饮料产品的更新换代,更加贴近市场的需求,而流通环节技术的发展提高了消费者的体验感,辅助功能十分突出。

(三)市场数据分析

(1) 2020 年中国饮料行业产业链分析。

饮料行业产业链上游包括水、糖、牛奶、果蔬、添加剂、塑料等,产业链中游为饮料制造商,产业链下游为销售终端,分为线上电商平台和线下超市、便利店、餐饮店等。

(2) 2019 年中国饮料行业细分领域销售数据分析。

数据显示,2019 年,中国饮料市场以包装饮用水和茶饮料为主,二者的市场份额超过半成。此外,功能饮料在 2019 年的销售额复合增长率高达 15.02%,成为发展最快的饮料细分产品。艾媒咨询分析师认为,随着中国居民消费水平的提高,消费者对饮料的健康、功能属性的需求日益提升，这在一定程度上改变了饮料产品的消费结构，促使商家采取措施以应对市场变化。

（3）2020年中国碳酸饮料分类及说明如表3.2.2所示。

表3.2.2　2020年中国碳酸饮料分类及说明

类型	说明
果汁型碳酸饮料	原果汁含量不低于2.5%的碳酸饮料
果味型碳酸饮料	以果香型食用香精为主要赋香剂，原果汁含量低于2.5%的碳酸饮料
可乐型碳酸饮料	含有焦糖色素、可乐香精或类似可乐果和水果型的辛香、果香混合香型的碳酸饮料
低热量型碳酸饮料	以甜味剂完全或部分代替糖类的各型碳酸饮料和苏打水，热量低于75kJ/100mL
其他型碳酸饮料	含有植物抽提液或以非果香型的食用香精为赋香剂的碳酸饮料，以及补充人体运动后失去的电解质、能量等的碳酸饮料，如运动汽水等

（4）2019年中国常温乳酸菌饮品市场规模数据分析。

乳酸菌饮品是含乳饮料中一个重要的细分领域，当前市场仍处于高速发展培育阶段，在行业井喷之后，随着行业进一步规范，产品品牌和优质单品价值将凸显。数据显示，2015—2019年五年间，中国常温乳酸菌饮品的市场规模从74亿元增长至142亿元。

（5）2017—2019年中国茶饮料市场集中度分析。

2019年，康师傅与统一企业占据茶饮料市场61.1%的市场份额，相比2017年的67.2%滑落较大，但仍旧远超其他竞争者。中国茶饮料市场呈现"两超多强"格局。艾媒咨询分析师认为，康师傅与统一企业在中国大陆有较高的知名度和品牌效应，是茶饮料市场的龙头企业。但2019年出现了农夫山泉、茶π等新饮料产品，抢占了市场份额，行业龙头企业地位或将受到影响。

（6）2014—2024年中国固体饮料市场规模分析。

数据显示，中国固体饮料市场规模从2014年的780.0亿元增至2019年的885.6亿元，发展速度相对慢于其他软饮料细分领域。艾媒咨询分析师认为，固体饮料具有体积小、携带轻便的优势，这丰富了用户的消费场景。但是，2018—2019年新式茶饮市场兴起，如奶茶、咖啡等，其明显抢占了固体饮料市场，因此，这一时期的固体饮料市场发展缓慢；2020年，固体饮料恢复了一定的销量，同时，固体饮料积极探索口味突破，打造出了几款爆款饮品，这将推动固体饮料市场持续发展。

（四）典型案例介绍

元气森林是一家专门生产低热量产品的饮料公司。公司主打产品为燃茶和气泡水。2015年元气森林研发中心成立；2015—2016年进入产品研发阶段，并成立公司；2017—2018年，元气森林产品正式面向市场和消费者；2019年、2020年"618"购物节，元气森林赢得天猫饮品类销量第一。

自成立后，元气森林保持着一年一融资的节奏。2019年10月，元气森林获得价值1.5亿元的战略融资，融资后估值37.5亿元。据报道，元气森林2020年7月完成了新一轮融资，估值达到20亿美元（约140亿元）。艾媒咨询分析师认为，资本认可和追捧的原因有三点：一是看好健康饮品市场赛道的潜力；二是与元气森林的市场占有率有一定的关系，这是对元气森林的营销策划能力和成长性的一种认可；三是当前元气森林的销售业绩正处于高歌猛进中。

2020年5月，元气森林的销售额达到2.60亿元，超出2018年全年的销售总和，日均销售额为440万元，2020年销售额破20亿元。艾媒咨询分析师认为，元气森林的品牌定位是"无糖专门家"，产品尤其受女性的欢迎，所有包装设计和产品定位也都是女性向而非全性别向，加上社交平台的传播，容易成为爆款，因而当前元气森林的销售业绩仍处于快速上升期。

元气森林产品主打"0糖、0脂、0卡"概念，其中气泡水系列成为网红产品。元气森林努力跳出单一爆款产品的消费场景，朝多产品的方向发展，当前除燃茶、气泡水、乳茶、纤茶外，还推出了功能饮料品牌"外星人"。艾媒咨询分析师认为，元气森林气泡水在保证口感上有足够甜度的同时，能避免大量热量摄入，成功迎合了当下的消费需求，打开了无糖饮品市场。在产品爆红带动销售业绩上升的情况下，元气森林自建工厂来扩充产能并提高产品创新能力，为后期新产品的研发与市场竞争能力的提高奠定基础。

（五）行业发展趋势分析

（1）中国饮料行业发展机遇：健康化。

近年来，随着老年人口的增加及消费者健康意识的提升，中国大健康产业得到快速发展。在此背景下，消费者在饮料选择上会偏向于营养健康类型的产品。在市场消费理念改变和国家提倡发展健康食品的政策指导下，中国饮料行业的产品结构开始进行自我调整，含乳饮料、植物蛋白饮料、果蔬汁饮料等主张绿色健康的饮料品牌将会迎来发展良机。

（2）中国饮料行业发展趋势分析：情感化。

面对日趋饱和的市场，饮料市场消费放缓，品牌需要不断保持活力，来引起消费者的共鸣。例如，武汉恒润推出具有老汽水情怀的"汉口二厂"品牌，成为新一代的国潮饮料；统一企业推出的"小茗同学"饮料主要面向95后年轻消费人群。这些企业给饮料产品赋予了一定的情感文化，更容易引起特定人群的共鸣，形成差异化竞争，从而快速占领市场。

第三节 财务竞争分析

一、认识财务报表

财务报表是对企业财务状况、经营成果和现金流量的结构性表述。财务报表至少应当包括下列组成部分：资产负债表（Balance Sheet）、利润表（Income Statement）、现金流量表（Statement of Cash Flow）、所有者权益变动表（Statement of Change in Owners' Equity）、附注[13-14]。财务报表上述组成部分具有相同的重要程度。

（一）编制财务报表的意义

企业编制的财务报表对改善企业外部有关方面的经济决策环境和加强企业内部经营管理具有重要作用。具体来说，财务报表的作用主要表现在以下3方面。

① 有利于投资决策和信贷决策。
② 有利于考核和衡量企业管理者的经营业绩。
③ 有利于政府部门进行管理和宏观调控。

（二）财务报表的分类

按编报期间不同，财务报表分为中期财务报表和年度财务报表；按编报主体不同，财务报表分为个别财务报表和合并财务报表。

（三）编制财务报表的基本要求

（1）以持续经营为基础。

企业应当以持续经营为基础，根据实际发生的交易和事项，按照《企业会计准则——基本准则》和其他各项会计准则的规定进行确认和计量，在此基础上编制财务报表。

（2）采用正确的会计基础。

除现金流量表按照收付实现制原则编制外，企业应当按照权责发生制原则编制其他财务报表。

（3）至少按年编制财务报表。

企业应当至少按年编制财务报表。年度财务报表涵盖的期间短于一年的，应当披露年度财务报表的涵盖期间、短于一年的原因，以及报表数据不具可比性的事实。

（4）项目列报遵守重要性原则。

在合理预期下，若财务报表某项目的省略或错报会影响使用者据此做出经济决策的，则称该项目具有重要性。

（5）保持各个会计期间财务报表项目列报的一致性。

财务报表项目的列报应当在各个会计期间保持一致，除《企业会计准则》要求改变财务报表项目的列报或企业经营业务的性质发生重大变化后，变更财务报表项目的列报能够提供更可靠、更相关的会计信息外，不得随意变更。

（6）各项目之间的金额不得相互抵销。

财务报表中的资产项目和负债项目的金额、收入项目和费用项目的金额、直接计入当期利润的利得项目和损失项目的金额不得相互抵销，但《企业会计准则》另有规定的除外。

（7）至少应当提供所有列报项目上一个可比会计期间的比较数据。

当期财务报表至少应当提供所有列报项目上一个可比会计期间的比较数据，以及与理解当期财务报表相关的说明，但《企业会计准则》另有规定的除外。

（8）应当在财务报表的显著位置披露编报企业的名称等重要信息。

企业应当在财务报表的显著位置（如表首）至少披露下列各项信息。

① 编报企业的名称。

② 资产负债表日或财务报表涵盖的会计期间。

③ 人民币金额单位。

④ 财务报表是合并财务报表的，应当予以标明。

（四）编制财务报表前的准备工作

在编制财务报表前，需要完成下列工作。

（1）严格审核会计账簿的记录和有关资料。

（2）进行全面财产清查、债务核实，并按规定程序报批，进行相应的会计处理。

（3）按规定的结账日进行结账，结出有关会计账簿的余额和发生额，并核对各会计账簿之间的余额。

（4）检查相关的会计核算是否按照国家统一的会计制度中的规定进行。

（5）检查是否存在因会计差错、会计政策变更等而需要调整前期或本期相关项目的情况等。

（五）财务报表的获取方式

可以通过巨潮资讯网、上海证券交易所（以下简称上交所）、深圳证券交易所（以下简称深交所）等网站免费下载上市企业的财务报告。

在巨潮资讯网可以查询和下载深圳、上海两地的上市企业的财务报告及公告。在上交所和深交所则可以查询和下载在该所上市的企业的财务报告及公告。

在巨潮资讯网、上交所和深交所三家网站的搜索框中输入要查询的股票简称或者证券代码即可进行查询，通过选择要查询信息的类别（如一季度报告、年度报告、投资公告等），可以迅速找到所需信息。通过设置时间段，可以找到对应时间内的信息。三家网站均提供上市企业 2000 年以后的财务报告及公告下载。

（六）年度报告的结构

年度报告正文的目录展示了年度报告的基本结构。图 3-3-1 所示为某企业 2022 年年度报告的目录，全文共分为 10 节。

```
目  录
第一节  释义 ....................................................................................... 3
第二节  公司简介和主要财务指标 ................................................... 4
第三节  管理层讨论与分析 ............................................................... 7
第四节  公司治理 ............................................................................. 18
第五节  环境与社会责任 ................................................................. 29
第六节  重要事项 ............................................................................. 34
第七节  股份变动及股东情况 ......................................................... 43
第八节  优先股相关情况 ................................................................. 47
第九节  债券相关情况 ..................................................................... 47
第十节  财务报告 ............................................................................. 47
```

图 3-3-1　某企业 2022 年年度报告的目录

这 10 节中，重要内容有 2 节，分别是财务报告、重要事项。如果关心一家企业，这 2 节是必看内容，其中，财务报告中的四张表和附注又是重中之重。

次要内容有 2 节：股份变动及股东情况、债券相关情况。如果准备持有某企业的股票，这 2 节内容也需要加以关注。对于股份变动及股东情况，可以重点观察股东人数的变化，以及前十大股东的变化。

本节将一一介绍财务报告中的重要内容：资产负债表[15]、利润表、现金流量表、所有者权益变动表、附注。

1. 资产负债表

初学者可能认为投资者先看的是利润表,其实不然。经验丰富的投资者首先看的报表一定是资产负债表。他们也许会翻阅利润表和现金流量表来相互印证,但视线最终总是聚焦在资产负债表上。

资产负债表主要介绍某个特定日期的企业财务状况。通俗地说,资产负债表详细列出了企业在某天所拥有的资产和所欠的债务;利润表显示了企业在特定时期内销售产品所获得的收入与销售成本(盈利或亏损)的比较;现金流量表强调流入和流出企业的现金之间的差异。

假设你没有欠任何人钱,也就是说,你没有任何负债(借款),在这种情况下,你的资产(如现金等)等于你拥有的权益。然而,如果你向朋友借钱,你就承担了债务。你的资产等于你所欠的加上你所拥有的,即会计等式:资产=负债+所有者权益。在财务分析中,这个等式必须始终成立。举个例子,假设你有50000元现金,决定用这笔钱开一家小咖啡店。你的企业有50000元资产,没有债务。会计等式应为

50000元=0元+50000元(资产=负债+所有者权益)

你有50000元现金和50000元所有者权益(你在企业中的投资额,有时也称为资本净值)。但开业前,你从当地银行借入30000元,现在负债发生了变化。你有30000元额外现金,但也多了30000元负债。企业内的财务状况也发生了变化。会计等式仍然是平衡的,但要有所变化,会计等式变为

80000元=30000元+50000元(资产=负债+所有者权益)

这个会计等式是资产负债表的基础。表3.3.1所示为某企业的资产负债表,资产等于负债加上所有者(或股东)权益。

表3.3.1 某企业的资产负债表

单位:元 币种:人民币

项目	附注	2021年12月31日	2020年12月31日
应收票据	3		1532728979.67
预付款项	5	389109841.28	898436259.15
其他应收款	6	33158974.32	34488582.19
存货	7	33394365084.83	28869087678.06
其他流动资产	8	71527560.74	26736855.91
债权投资	10	170468623.71	20143397.78
投资性房地产	12	5242431.75	
在建工程	13	2321988541.82	2447444843.03
固定资产	14	17472173182.85	16225082847.29
无形资产	16	6208358330.24	4817170981.91
资产总计		255168195159.90	213395810527.46
应付账款	20	2009832495.56	1342267668.12
合同负债	21	12718465288.02	13321549147.69
一年内到期的非流动负债	26	104319886.37	
其他流动负债	27	1535976293.22	1609801368.51
长期待摊费用	17	139342455.82	147721526.43
租赁负债	28	296466199.74	

续表

项目	附注	2021年12月31日	2020年12月31日
递延所得税资产	18	2237206443.84	1123225086.37
递延所得税负债	18		1457513.23
负债合计		58210688454.56	45675127426.18
股本（实收资本）	29	1256197800.00	1256197800.00
资本公积	30	1374964415.72	1374964415.72
盈余公积	32	25142832818.16	20174922608.93
未分配利润	34	160716861920.19	137594403807.99
归属于母公司所有者权益合计		189539368797.29	161322735087.56
少数股东权益		7418137908.05	6397948013.72
所有者权益合计		196957506705.34	167720683101.28
负债和所有者权益（或股东权益）总计		255168195159.90	213395810527.46

资产负债表的资产端是按照变现的难易程度排列的。预计能在一年或一个营业周期内变现的资产，如现金、应收账款、存货等，被归为"流动资产"，排在前面。那些需要更长时间才能变现的资产或者无法独立变现的资产，如地产、厂房、设备、长期股权投资、无形资产、商誉、长期待摊费用等，则被归为"非流动资产"，排在后面。

将企业资产按照日常经营的三个阶段（生产、销售、对生产和销售所得的分配）分为生产类资产、经营类资产和投资类资产三大类[16]。

其中，生产类资产指企业的固定资产、在建工程、无形资产、商誉等与企业日常生产制造相关的项目。

经营类资产指为企业销售商品或提供劳务服务的资产，如货币资金、存货、因销售商品或提供劳务服务而产生的各种应收款、预付款等项目。

投资类资产指企业将所获得的现金拿去投资，所产生的股权、债券、基金、信托、理财、投资性房地产及其他金融资产等。

1）生产类资产

这里所介绍的生产类资产指资产负债表中与企业日常生产制造直接相关的项目。以某企业2022年年度报告为例，生产类资产包括合并资产负债表中"固定资产"至"长期待摊费用"之间的全部项目，如表3.3.2所示。

表3.3.2 合并资产负债表（1）

2022年12月31日

编报单位：某企业　　　　　　　　　　　　　　　　　　　　　单位：元　币种：人民币

项目	附注	期末余额	年初余额
固定资产	13	17472173182.85	16225082847.29
在建工程	14	2321988541.82	2447444843.03
生产性生物资产			
油气资产			
使用权资产	15	362785970.23	

续表

项目	附注	期末余额	年初余额
无形资产	16	6208358330.24	4817170981.91
开发支出			
商誉			
长期待摊费用	17	139342455.82	147721526.43

（1）固定资产。

固定资产指企业为经营活动而持有、使用寿命超过一年、价值较大的非货币性资产，包括建筑物、机械设备、运输工具等。

固定资产折旧政策有年限平均法（又称为直线法）、工作量法、双倍余额递减法和年数总和法等。对投资者而言，无须深究企业的折旧政策。但企业采用的折旧政策在没有充足的理由的情况下，是不允许变更的。

投资者在财务报告中搜索"固定资产的折旧方法"，就可以找到该企业采用的折旧政策。如某企业年度报告第43页显示：对于企业固定资产，以取得时的实际成本入账，并从其达到预定可使用状态的次月起，采用年限平均法提取折旧。某企业固定资产的折旧年限、残值率和年折旧率如表3.3.3所示。

表3.3.3 某企业固定资产的折旧年限、残值率和年折旧率

类别	折旧年限（年）	残值率（%）	年折旧率（%）
房屋及建筑物	20	5	4.75
机器设备	10	5	9.5
电子设备	5	5	19
运输设备	5	5	19

折旧政策一经选定，不得随意变更。如果需要变更，应当在财务报告附注中予以说明。

上市企业拥有的固定资产应在合并资产负债表里披露期末净值（减去折旧和减值之后的账面价值），同时在附注里披露其明细变化，包括年初余额、当期计提折旧、累计折旧、减值准备、期末余额等。表3.3.4所示为某企业2022年年度报告的部分内容。

表3.3.4 某企业2022年年度报告的部分内容

单位：元 币种：人民币

项目	附注	期末余额	年初余额
固定资产	13	17472173182.85	16225082847.29
在建工程	14	2321988541.82	2447444843.03
生产性生物资产			
油气资产			

表3.3.4中，"固定资产"一行第四列和第三列两个数字分别代表2021年12月31日该企业账面固定资产净值约为162.25亿元，2022年12月31日变成了约174.72亿元。第二列"13"代表两个数字之间的明细变化，在附注的第13项注释里查看。

注意：附注分为合并报表附注和母公司报表附注两部分，合并报表附注在前，母公司报表

附注在后。

（2）在建工程和工程物资。

在建工程就是正在建设的工程，包括新建、改建、扩建、更新改造等尚未完成的工程。在建工程是个中转站，一边消耗"工程物资"，一边创造"固定资产"。工程物资是指为在建工程准备的物资。

（3）油气资产。

油气资产指石油、天然气开采企业所拥有或控制的油井、气井，以及相关设施和矿区权益。它的处理方式和固定资产类似（包括计提折旧和减值测试）。因为对于石油、天然气企业而言，油气资产的价值在总资产中的占比往往很大，所以《企业会计准则》要求单独披露。

（4）无形资产。

无形资产指企业拥有或控制的没有实物形态，但可以单独辨认的资产，如专利权、商标权、著作权、土地使用权、特许经营权、版权和非专利技术等。

无形资产的研发是一件风险和收益都很大的事情。因而，如果我们关注的企业研发支出巨大，其背后隐藏的究竟是机会还是风险，需要真正了解行业、了解企业后才能判断。

土地在许多国家属于固定资产。但因为我国实行土地公有制，企业购买的只是土地一定年限内的使用权，所以通常将其计入无形资产。只有当土地和地面附着的房产一起列为投资性房地产（后面会介绍）时，才能脱离无形资产的身份。但有一种企业例外：房地产企业，其为了建房出售而购买的土地，不计入无形资产，而是计入存货。

（5）生物资产。

生物资产指有生命的动植物，是否有生命是它和农产品的分界线。它一般出现在农、林、渔、牧行业的企业财务报告里，常见的有蔬菜、树木、猪、牛、鸡、鸭、鲤鱼、甲鱼、鲍鱼、海参、扇贝、小龙虾等。以持有目的区分，生物资产分为消耗性生物资产、公益性生物资产和生产性生物资产三大类。

消耗性生物资产指为了出售而持有的生物资产（如存栏待售的牲畜）或者目前在生长期、将来会被作为农产品出售的生物资产（如正在生长中的蔬菜、肉猪、肉鸡、鲤鱼、扇贝、小龙虾等）。

公益性生物资产指以环境保护为目的，不能为企业产生直接经济效益的生物资产，如防风固沙林、水土保持林等。

生产性生物资产指为了产出农产品或提供劳务服务而持有的生物资产，如果树、母猪、奶牛、拉车的骡马等。

（6）长期待摊费用。

长期待摊费用是企业已经支出的，预计在一年以上时间内有效的费用。常见的长期待摊费用主要有筹建费用、产品模具生产成本、企业对固定资产的改良费用等。

长期待摊费用其实就是一笔已经花掉的费用，将它计入长期待摊费用，假装是一笔资产，可以减少当期费用，增加当期利润。这个项目里的数字，没有任何变现价值，其数字越大，企业资产质量越差。

2）经营类资产

以某企业2022年年度报告为例，经营类资产包括合并资产负债表中的货币资金、存货、各类应收款和预付款。

（1）货币资金。

在某企业2022年年度报告的合并资产负债表中流动资产科目下的第一个项目就是货币资金，如表3.3.5所示。

表 3.3.5　合并资产负债表（2）

2022年12月31日

编报单位：某企业　　　　　　　　　　　　　　　　　　　　　单位：元　　币种：人民币

项目	附注	期末余额	年初余额
流动资产：			
货币资金		51810243607.11	36091090060.90

针对货币资金，只需关注合并资产负债表中的数据，前面介绍过，资产负债表是按照变现的难易程度排列的，越容易变现的资产越靠前排列。最容易变成现金的当然是货币资金，所以它当之无愧排第一。表3.3.5显示，货币资金的期末余额约为518.10亿元，年初余额约为360.91亿元。这两个数字告诉我们，该企业2022年全年账面上合计增加了货币资金157.19亿元（518.10-360.91=157.19）。

① 货币资金的构成。

"附注"中有关于货币资金的详细披露信息，如表3.3.6所示。

表 3.3.6　货币资金的详细披露信息

单位：元　　币种：人民币

项目	期末数	期初数
库存现金	9500.00	9554.00
银行存款	51810234107.11	36091080506.90
其他货币资金		
存放在境外的款项总额	20665732.96	17011338.58
合计	51810243607.11	36091090060.90
使用受到限制的货币资金		
存放于中央银行的法定存款准备金	6381004565.81	6821915239.53

2021年年底，现金及现金等价物总额是9554.00元。从2021年年底的9554.00元变成2022年底的9500.00元的过程，就是合并现金流量表需要展示的内容。这就是现金流量表和资产负债表之间的关系：现金流量表负责展示资产负债表货币资金项目中现金及现金等价物的变化过程。

其他货币资金指企业因指定目的而存在银行某专户里的钱，其既不属于现金及现金等价物，也不体现在现金流量表里，却包含在"货币资金"中。使用受到限制的货币资金指的是存放于中央银行的法定存款准备金和不能随时支取的定期存款。

存放于中央银行的法定存款准备金指的是金融机构（如银行、财务公司等）存放于中央银行的钱，一般工商企业是没有的。

② 货币资金发出的信号。

一家企业通常有三种产生货币资金的途径：发售股票或举债、出售资产或业务部门、经营活动的现金流入持续大于现金流出。对货币资金的分析，我们只需坚持一个基本原则，即货币资金要与短期债务及经营需要相匹配。与短期债务的匹配情况代表企业的偿债能力；与经营需要的匹配情况代表企业的资金运用能力。货币资金过小代表企业的偿债能力可能不足或者在经营过程中捉襟见肘，货币资金过大则代表企业的资金运用能力较弱或者资金性质可能有问题。

（2）应收票据和应收账款。

市场因分工和交换而产生。一家企业在市场中生存，必然会和其他企业或个人发生交换，应收票据和应收账款就是在这些交换中产生的。

① 应收票据。

绝大多数上市企业的资产负债表中都有应收票据项目，其在经销商的财务报表中表现为负债端的应付票据项目。

应收票据项目中的票据可能是银行承兑汇票（简称银票），也可能是商业承兑汇票（简称商票），两者代表的含义大不相同。

银票由银行承诺兑现，商票通常用于企业间的交易，可以作为企业间的信用工具。在汇票到期时，如果付款人账户中的资金不足以支付票面金额，开户银行会将汇票退给收款人，由双方自行解决。通过查看"应收票据"的组成，投资者便可以大致了解企业的销售政策及市场地位。以表3.3.7为例进行说明。

表3.3.7 某企业2022年年度报告（部分）

单位：元　币种：人民币

种类	期末数	期初数
银票	296084005.00	204079117.80
合计	296084005.00	204079117.80

表3.3.7中，应收票据全部是银票，这证明企业地位强势，产品抢手。反之，如果应收票据里有大量商票，则说明企业当下的营业收入是靠相对宽松的销售政策推动换来的。如果某上市企业的应收票据一直是由银票组成，某年突然大量出现商票，基本能够说明该企业的商品或服务遇到了销售困境，开始放松销售政策了。

② 应收账款。

应收账款是由企业赊销商品或劳务造成的，相当于我们日常生活中的"欠条"。对商品或劳务的卖方而言，这张欠条就是资产：应收账款；对商品或劳务的买方而言，欠别人的钱就是负债：应付账款。

a. 应收账款的陷阱。

买东西的人没给钱，但按照权责发生制的原则，签了合同交了货，就可以确认收入，产生利润。利用这个原则，有些企业会因为某些原因放货出去，增加应收账款的同时虚增收入。

因此，如果一家企业的应收账款大幅增长，增长幅度超过同期收入增长幅度，应收账款周转率显著低于行业平均水平，或呈明显下降趋势，往往预示着两种可能：一种可能是企业临时放宽信用政策，加大赊销力度；另一种可能是企业提前确认收入甚至虚构收入。

b. 应收账款的构成与坏账准备的计提。

另外,如果企业应收账款占营业收入的比例比较大,且有很大部分(如超过三成)是一年以上的应收账款,那么此时,投资者需要警惕企业营业收入的真实性。按种类披露的应收账款如表3.3.8所示。

表3.3.8 按种类披露的应收账款

单位:元　币种:人民币

种类	期末数				期初数			
	账面余额		坏账准备		账面余额		坏账准备	
	金额	比例/%	金额	比例/%	金额	比例/%	金额	比例/%
按组合计提坏账准备的应收账款:								
组合小计	3097678.25	100	3097678.25	100	3243804.43	100	3243804.43	100
合计	3097678.25	100	3097678.25	100	3243804.43	100	3243804.43	100

组合中,按账龄分析法计提坏账准备的应收账款如表3.3.9所示。

表3.3.9 按账龄分析法计提坏账准备的应收账款

单位:元　币种:人民币

账龄	期末数		
	账面余额		坏账准备
	金额	比例/%	
1年以内小计			
1至2年			
2至3年			
3至4年			
4至5年			
5年以上	3097678.25	100	3097678.25
合计	3097678.25	100	3097678.25

常识告诉我们,应收账款拖欠的时间越久,变成烂账的概率就越大。

(3)预付账款。

预付账款是指预付给供应商的购货款或预付的在建工程价款等。对于支付出去的企业来说,其是暂时存放在别人那儿的资产。对于收到预付账款还没有交货(或提供劳务)的企业来说,其是负债端的预收款项项目。

如果一家上市企业经常需要预付大量款项给自己的供应商,那么说明该企业在商业生态链上的地位不高或信用不好。反之,如果一家上市企业长期存在大量预收款项,通常说明该企业的产品供不应求、其在商业生态链上的地位较高或信用较好。

(4)应收利息和应收股利。

应收利息是指企业持有各类债权期间应该收到但还没有收到的利息;应收股利是指企业持有其他企业股权期间,持股对象已宣布分配方案但还没实施的分红。在与之对应的另一方,便是其负债端的应付利息和应付股利项目。

（5）其他应收款。

正常来讲，其他应收款应该只包括应收的赔款、罚款，替职工垫付的水电费、医药费、房租，车间、科室或个人借支的备用金等。与之相对应的，便是负债方的其他应付款。

（6）存货。

存货是指企业以出售为目的而持有的商品、处在生产过程中的产品，以及相关原材料等。如果是生产企业，那么其资产负债表展示的存货账面价值（或称为存货成本）主要由原材料、工人工资、制造费用构成。如果是商业贸易企业，那么其资产负债表展示的存货账面价值主要由采购成本、运输装卸费用及相关税费构成。

3）投资类资产

通常来说，上市企业的投资对象包括房产、债权、理财、信托、股权、基金、衍生工具等。它们涉及资产负债表的投资性房地产、持有至到期投资、交易性金融资产、可供出售金融资产、长期股权投资等项目。

（1）投资性房地产。

投资性房地产是指上市企业自建或购买的土地上的附着物、土地使用权，不管是住宅、写字楼、商铺还是厂房，如果以自用为目的，那么就是固定资产；如果是房地产企业用于出售的房产，那么计入房地产企业的存货；既不以自用为目的，又不是房地产企业存货，而用于收租或意图获取房地产增值的就是投资性房地产。

（2）债权类投资。

债权类投资涉及资产负债表中的很多项目，包括贷款、应收款、买入返售金融资产、持有至到期投资、交易性金融资产、可供出售金融资产等。其中应收款在经营类资产里介绍过，贷款和买入返售金融资产主要涉及金融类企业，这里略过。

① 持有至到期投资。

债权投资中最常见的是借钱出去，然后收息，到期后收回本金。

② 可供出售金融资产。

对于某些债权或股权投资，企业也无法确定究竟是主要从资产本身的价格波动中获利，还是主要在收回本金的同时收取约定的利息。这种目标不明确的投资品就被归为可供出售金融资产。

（3）长期股权投资。

股权投资对象既包括上市企业股票，也包括非上市企业的股权。它涉及资产负债表中的三个项目：长期股权投资、交易性金融资产、可供出售金融资产。

（4）负债。

负债是债权人的权益。债权人没有参与经营的权利，也没有参与企业利润分配的权利，但享有按照约定收回本金和利息的权利。负债既有在经营活动中产生的，又有因融资和投资活动产生的。

（5）实收资本和资本公积。

实收资本也叫作"股本"，它等于上市企业的注册资本除以股票面值。股票面值本身没有什么特殊含义，仅仅为了体现实收资本在注册资本中所占的比例，股票面值与股票价值没有对应关系。资本公积是股东的出资,所以不允许以现金形式分给股东。也正因为资本公积是股东的出资,所以经过股东大会同意,资本公积可以转换成实收资本,一般被称为"转增"。而利用资本公积中的钱增加实收资本(转增),背后的法律实质是股东投入的本金在不同项目间流动,不涉及利润分配,也就不存在纳税问题。

(6)盈余公积和未分配利润。

一家企业经营获利以后,利润的分配是有规定顺序的。首先,要弥补以前年度的亏损(若有);其次,要按照当年税后利润的10%计提法定盈余公积;再次,由股东自行决定是否提取或提取多少盈余公积;最后,决定是否向股东分配利润。

盈余公积是从利润里截留下来用于扩大再生产的钱。法定盈余公积规定是当年利润的10%,累积到注册资本的50%后,可以不继续提取。

2. 利润表

利润表显示企业在一段时期内(通常是一年、一季度或一个月)的财务运营状况。这张表揭示了企业究竟是盈利还是亏损。利润表上的财务信息对股东、贷款人、潜在投资者、员工,以及政府都是非常有用的。所以,我们先来简要说明利润表的编制,再讨论其中各要素的含义,某企业的利润表如表3.3.10所示。

表3.3.10 某企业的利润表

单位:元 币种:人民币

项目	附注	2022年12月31日	2021年12月31日
营业收入	35	106190154843.76	94915380916.72
营业成本	35	8983377809.96	8154001476.28
税金及附加	37	15304469070.03	13886517290.78
销售费用	38	2737369434.78	2547745650.95
管理费用	39	8450274065.03	6789844289.39
研发费用	40	61923213.59	50398036.33
财务费用	41	-934523406.02	-234610582.44
其他收益	42	20515911.19	13138152.69
投资收益	43	58255937.39	305631.46
公允价值变动收益	44	-2244726.29	4897994.43
信用减值损失	45	-13022441.19	-71371809.85
营业利润		74750880777.52	66635079882.38
营业外收入	46	68989219.74	11051136.25
营业外支出	47	291838102.50	449189027.42
利润总额		74528031894.76	66196941991.11
所得税费用	48	18807501938.30	16673612108.71
净利润		55720529956.46	49523329882.40
归属于母公司所有者的净利润		52460144378.16	46697285429.81
少数股东损益		3260385578.30	2826044452.59

① 营业收入。

营业收入是企业从销售的商品和提供的劳务服务中获得的货币价值,以及其他款项(如收取的租金、支付给企业的专利使用费、利息等)。一定不要混淆"收入"(Revenue)和"销售"(Sale)这两个术语,它们不是一回事。另外,销售总额是指企业完成的所有销售额的合计。净销售额是销售总额减去退货、折扣和折让之后的合计。

② 营业成本。

营业成本(Cost of Goods Sold)又称为产品制造成本(Cost of Goods Manufactured),是企业售出商品的成本或用于生产商品的原料与组件成本。营业成本包括进货成本、运费,以及与储存货物有关的所有费用。用净营业额减去营业成本,便可得到企业的毛利润(Gross Profit)。毛利润是指企业通过销售商品或提供劳务服务赚到的钱。在服务企业,可能没有销售成本,因此毛利润就等于净营业额。然而,毛利润并不能显示企业财务绩效的全部状况。要想全面了解,还得减去企业的营业费用。

③ 营业费用。

营业费用包含销售费用、管理费用和财务费用,常被统称为"三费"。销售费用也可能被叫作"营业费用"或"经营费用",是为销售商品或提供劳务服务而产生的费用,如广告费、促销费、保险费、运输装卸费、销售和售后人员的工资福利及提成、销售机构的固定资产折旧费等。通常来说,销售费用会随着销售收入的增减而增减。

④ 营业利润。

营业利润是一家企业的核心利润。持续增加的营业利润是企业蒸蒸日上的表现,持续提高的营业利润率(营业利润/营业总收入)是企业竞争力不断提高的表现。营业利润应该排在"公允价值变动收益"之前,由营业总收入减去营业总成本(三费和资产减值损失之和)得出营业利润,再在营业利润的基础上加减公允价值变动收益、投资收益和汇兑收益。这样得出的营业利润才能更直接地反映企业盈利能力。查看利润表时,最重要的是分析营业利润和营业利润率的变化趋势,并与同行业其他企业做对比。

⑤ 净利润或净亏损。

营业利润加上营业外收支净额,便得出利润表上的利润总额。这个利润总额又称为税前利润,指的是企业在缴纳企业所得税以前的利润总额。净利润就是营业利润加上营业外收支净额,即企业缴纳企业所得税后剩下的利润。

⑥ 所得税费用。

利润总额减去所得税费用就可得到净利润。所得税费用等于当期所得税、递延所得税费用、以前年度所得税调整的总和,净利润并不是公司挣到的钱。

3. 现金流量表

现金流量表是与企业三项主要活动有关的现金收入和现金支出,某企业的现金流量表如表 3.3.11 所示。

营业:与经营业务相关联的现金交易。

投资:企业投资活动中使用或提供的现金。

融资:通过举债或发行股票筹措的现金或用于支付企业费用、负债或股息的现金。

现金流量问题是如何产生的？通常来说，为了满足客户日益增长的需求，企业会赊购商品（不使用现金）。如果接连赊销大量商品（收不到现金），企业就得从债权人（通常是银行）那里获得更多的贷款来支付眼前的账单。如果企业信用额度已经超限，无法再借钱，就会面临严重的现金流量问题。尽管企业销售势头强劲，但现金流量短缺就有可能导致企业破产。所有这一切都是因为在最需要现金的时候却没有现金。

表 3.3.11　某企业的现金流量表

单位：元　币种：人民币

项目	附注	2022 年 12 月 31 日	2021 年 12 月 31 日
经营活动现金流入小计		131620986837.97	113510851370.01
经营活动现金流出小计		67592310690.60	61841782676.98
经营活动产生的现金流量净额		64028676147.37	51669068693.03
投资活动现金流入小计		19386857.60	322077745.36
投资活动现金流出小计		5581832561.94	2127304901.08
投资活动产生的现金流量净额		-5562445704.34	-1805227155.72
筹资活动现金流入小计			
筹资活动现金流出小计		26564141388.96	24127536908.26
筹资活动产生的现金流量净额		-26564141388.96	-24127536908.26
现金及现金等价物净增加额		31900062511.47	25736685268.41

① 经营活动现金流量。

现金流量表的重心是经营活动现金流量。经营活动现金净流量小于零，表明企业入不敷出，需要筹钱度日；经营活动现金净流量等于零，表明企业现金流量勉强维持当前规模的经营活动，但没有剩余积累以购置新的固定资产和无形资产等，伴随着资产设备的老化，企业的生产能力会日渐下降，竞争力会不断衰减；经营活动现金净流量大于零，但小于折旧摊销，表明企业现金流量可以维持当前规模的经营活动，还能部分补偿折旧摊销，但企业仍然不具备更新升级的能力；经营活动现金净流量大于零，并且等于折旧摊销，表明企业现金流量可以维持当前规模的经营活动，补偿折旧摊销，但无法为扩大再生产提供资金，企业只能一直维持当前规模的经营活动；经营活动现金净流量大于零，并且大于折旧摊销，表明企业不仅能正常经营，补偿折旧摊销，还能为企业扩大再生产提供资金，企业具有潜在成长性。当然，超过折旧摊销越多，潜在的成长性越高。

② 投资活动现金流量。

企业的投资活动现金流出共有两种情况：一种是投给自己，形成固定资产、无形资产或子公司；另一种是投出去，购买股票、债券、理财产品或参股联/合营企业等。同样，企业的投资活动现金流入也有两种情况：一种是出售资产，包括有形资产、无形资产、股权、债券、理财产品等；另一种是股权、债券、理财产品等投资对象带来的分红和利息。

③ 筹资活动现金流量。

权益性筹资的发行价能反映市场对企业价值及成长性的估计，可以作为对企业估值的参考。债务性筹资的利率能反映市场对企业信用的评价，可以帮助投资者评价该企业的安全性。一般来说，债务性筹资的利率越高，企业越危险。

4. 所有者权益变动表

所有者权益变动表又称为股东权益变动表。所有者权益的来源主要有三部分：股东直接投入、留存收益、直接计入权益的利得和损失。所有者权益表反映企业本期内所有者权益的变动情况，包括直接计入权益的利得和损失、权益总量的增减变动、权益增减变动的结构。

以某企业为例，合并所有者权益变动表的表头除项目外，划分了三部分，分别表述为归属于母公司所有者权益、少数股东权益和所有者权益合计，如表 3.3.12 所示。当然，后者就是前两者的总计。

表 3.3.12 合并所有者权益变动表

项目	归属于母公司所有者权益				少数股东权益	所有者权益合计
	实收资本	资本公积	盈余公积	未分配利润		

在资产负债表中，所有者权益主要由四部分构成：实收资本、资本公积、盈余公积和未分配利润。因此，所有者权益变动表中"归属于母公司所有者权益"部分就分为这四个项目展示。

企业会计从上年年末数据开始，在"项目"一列中罗列能够造成归属于母公司所有者权益的实收资本、资本公积、盈余公积和未分配利润，以及少数股东权益、所有者权益合计变化的原因。少数股东权益的变化与归属于母公司所有者权益按比例同步，而所有者权益合计只是将前两者相加。归属于母公司所有者权益构成如表 3.3.13 所示。

表 3.3.13 归属于母公司所有者权益构成

项目	归属于母公司所有者权益				数据来源
	实收资本	资本公积	盈余公积	分配利润	
A：上年年末余额					上年的资产负债表中所有者权益的对应项目
B：会计政策变更导致的变化					若有，则变化为负值，该处就表达为负值
C：前期会计差错更正					若有，则变化为负值，该处就表达为负值
D：本年年初余额	D=A+B+C				

首先，从上年年末余额开始，加上会计政策变更导致的变化和前期会计差错更正（若有），得到本年年初余额。

然后，用本年年初余额加上本期增减变动金额，得出本期期末余额。其中最重要的部分是本期增减变动金额，它分为五部分，具体如表 3.3.14 所示。

E：净利润。

F：其他综合收益。

G：所有者投入或减少资本。

H：利润分配。利润分配指企业当年如何处理经营所获得的净利润，包括当年提取的盈余公积、当年提取的一般风险准备、当年提取的专项储备和当年实施的上年度分红。

M：所有者权益的内部结转，指资本公积转换为实收资本和用盈余公积弥补亏损或转换为实收资本。

表 3.3.14　本期增减变动金额构成

项目		归属于母公司所有者权益				数据来源
		实收资本	资本公积	盈余公积	未分配利润	
E：净利润						当期合并利润表
F：其他综合收益						当期合并利润表
G：所有者投入或减少资本						合并资产负债表中的实收资本和资本公积
H：利润分配	I：当年提取的盈余公积					财务报告重要提示之"提取盈余公积"
	J：当年提取的一般风险准备					财务报告重要提示之"提取一般风险准备"
	K：当年提取的专项储备					财务报告重要提示之"提取的专项储备"，如高危行业提取的安全生产费
	L：当年实施的上年度分红					上年度分红方案（将钱分配出去，用负数表示）
M：所有者权益的内部结转						送股、转换为实收资本、用盈余公积弥补亏损等

5．附注

附注是财务报告的重要组成部分，几乎所有重要的项目都会在附注中附加明细进行说明。

例如，某企业 2022 年年度报告的核心部分"财务报告"从第 43 页到第 120 页，共计 78 页。其中第一部分审计报告和第二部分财务报表约占 30%篇幅，其他近 70%的篇幅用于附注。因此，附注可以说是财务报告中信息量最丰富的部分，阅读者绝不可以放过。虽然各企业财务报告附注的格式会略有区别，但大体结构类似。以某企业 2022 年财务报告为例进行说明，财务报告附注由以下 12 部分构成。

① 公司基本情况。
② 公司主要会计政策、会计估计和前期差错。
③ 税项。
④ 公司合并及合并财务报表。
⑤ 合并报表项目解释。
⑥ 关联方及关联交易。
⑦ 股份支付。
⑧ 或有事项。
⑨ 承诺事项。
⑩ 资产负债表日后事项。

⑪ 母公司财务报表主要项目解释。

⑫ 补充资料。

按重要性划分，第 5 部分和第 11 部分是附注中最重要的内容；第 2～4 部分和第 6 部分是比较重要的部分；其他部分可以大致浏览。

接下来，我们将研究如何通过财务报表分析来为企业提供建议。

二、财务报表分析

财务报表分析是以企业基本活动为对象，以财务报表为主要信息来源，以分析和综合为主要方法的系统认识企业的过程，其目的是了解过去、评价现在和预测未来，以帮助财务报表使用人改善决策。财务报表分析的对象是企业的各项基本活动。财务报表分析就是从财务报表中获取满足财务报表使用人分析目的的信息，认识企业活动的特点，评价企业的业绩，发现企业的问题。

企业的基本活动分为筹资活动、投资活动和经营活动三类[17]。

筹资活动是指筹集企业投资和经营所需要的资金，包括发行股票和债券、取得借款，以及利用内部积累资金等。投资活动是指将所筹集到的资金分配于资产项目，包括购置各种长期资产和流动资产。投资活动是企业基本活动中最重要的部分。经营活动是在进行必要的筹资活动和投资活动的前提下，运用资产赚取收益的活动，它至少包括研究与开发、采购、生产、销售、人力资源管理五项活动。经营活动是企业收益的主要来源。企业的三项基本活动是相互联系的，在评价企业业绩时不应把它们割裂开来。

（一）财务报表分析的主体

财务报表的使用人有许多种，包括权益投资人、债权人、管理人员、政府机构和其他与企业有利益关系的人士。他们出于不同目的使用财务报表，需要不同的信息，采用不同的分析程序。

（二）财务报表分析的原则

财务报表分析的原则是指各类财务报表使用人在进行财务报表分析时应遵循的一般规范，可以概括为目的明确原则、实事求是原则、全面分析原则、系统分析原则、动态分析原则、定量分析与定性分析结合原则、成本效益原则。

（三）财务报表分析的一般步骤

财务报表分析的一般步骤包括①明确分析目的；②设计分析程序；③收集有关信息；④将整体分为各个部分；⑤研究各个部分的特殊本质；⑥研究各个部分之间的联系；⑦得出分析结论。

（四）财务报表分析的常用方法

1. 趋势分析法

趋势分析法主要是指对已经获得的连续期间的财务报表中的各个项目金额进行单独比

较、分析,主要对金额的波动及方向的变动两个趋势进行分析。在具体的分析过程中,通常将趋势体现为一种统计图的形式,可以采用指数平滑法或者移动平均法来汇总趋势分析结果,对已获得的连续几期数据进行比较、分析。在运用趋势分析法分析财务报表时,要注意剔除偶发性因素的影响,使数据的表述能够反映企业正常的经营情况。另外,在分析趋势的过程中,要注重突出经营管理的重大特殊性,可以将结果与标准数或者计划数进行比较,为管理层更好地治理企业提供参考依据。

2. 比率分析法

比率分析法指的是对同一个财务报表反映出来的不同项目之间的财务数据进行分析、比较,或者对不同财务报表反映的数据进行计算、分析、比较,以此为依据来分析企业的经营结果和财务状况。准确地说,比率分析法是趋势分析法的运用基础。

(五)财务报表分析的内容

财务报表分析的内容主要包括四项:偿债能力分析、盈利能力分析、营运能力分析、成长能力分析。它们之间相互联系,如一家企业的偿债能力很差,盈利能力也不会好;盈利能力很差,偿债能力也不会好;提高资产营运效率有利于改善偿债能力和盈利能力等。本节主要介绍偿债能力分析、盈利能力分析、营运能力分析三项内容。

1. 偿债能力分析

偿债能力分为短期偿债能力与长期偿债能力。偿债能力分析的作用:第一,揭示企业过去生产经营过程中的利弊得失、财务状况,以及预测未来发展趋势,更好地帮助企业规划未来,优化投资决策,促进企业改善经营管理,提高经济效益;第二,企业的偿债能力是指企业用其资产偿还长期负债与短期负债的能力,企业有无支付现金的能力和偿债能力是企业能否生存和健康发展的关键,企业偿债能力是反映企业财务状况和经营能力的重要标志;第三,能对竞争者及企业自身有更好的了解。

(1)短期偿债能力分析

① 短期偿债能力的概念。

短期偿债能力是指企业用流动资产偿还短期负债的现金保障程度。判断一家企业短期偿债能力的强弱,要看流动资产和短期负债的多少和质量状况。

流动资产的质量是指其"流动性",即转换成现金的能力,包括是否能不受损失地转换为现金及转换需要的时间。流动资产的数量和质量超过短期负债的程度就是企业的短期偿债能力。短期偿债能力是企业的任何利益关系人都应重视的问题。

② 衡量短期偿债能力的指标

a. 流动比率。

流动比率是流动资产与短期负债的比率,反映企业短期偿债能力的强弱。流动比率的计算公式为

$$流动比率 = \frac{流动资产}{短期负债} \tag{3-3-1}$$

流动比率越高,企业的短期偿债能力越强,债权人利益的安全程度也越高。流动资产能否

用于偿债，要看它们是否能顺利转换成现金。另外，流动比率虽然能较好地分析短期偿债能力，但其局限性不可忽视：第一，流动比率是一个静态指标，只表明在某一时点每一元短期负债的保障程度，即在某一时点短期负债与可用于偿债资产的关系，只有当短期债务的出现与可用于偿债资产的周转完全均匀发生时，流动比率才能正确反映短期偿债能力；第二，流动资产的变现能力与其周转性有关，对流动比率的评价也与流动资产的周转情况有关。

b. 速动比率。

速动比率是速动资产与短期负债的比率。速动资产是流动资产扣除存货后的数额，速动比率的内涵是对每一元短期负债来说，有多少元速动资产作为保障。速动比率的计算公式为

$$速动比率=\frac{(流动资产-存货)}{短期负债} \quad (3\text{-}3\text{-}2)$$

该指标越高，表明企业偿还短期负债的能力越强。在计算速动比率时，要把存货从流动资产中剔除，其主要原因：第一，在流动资产中存货的变现速度最慢；第二，由于某种原因，存货中可能含有已损坏、报废但还没进行处理的不能变现的存货；第三，部分存货可能已抵押给某债权人；第四，存货估价存在着成本与合理市价相差悬殊的问题。计算速动比率时，要注意货币资金、短期投资和应收账款的计算口径和计算价格的调整。

速动比率也有其局限性：第一，速动比率只揭示了速动资产与短期负债的关系，是一个静态指标；第二，速动资产中包含了流动性较差的应收账款，使速动比率所反映的短期偿债能力受到质疑，特别是当速动资产中含有大量不良应收账款时，必然会减弱企业的短期偿债能力；第三，各种预付款项及预付费用的变现能力也很差。

（2）长期偿债能力分析。

① 长期偿债能力的概念。

长期偿债能力是指企业偿还长期负债的现金保障程度。企业的长期负债是指偿还期在1年或者超过1年的一个营业周期以上的负债，包括长期借款、应付债券、长期应付款等。分析一家企业的长期偿债能力主要是为了确定该企业偿还债务本金和支付债务利息的能力。由于长期负债的期限长，所以企业的长期偿债能力主要取决于企业资产与长期负债的比例关系，以及盈利能力。一般来说，企业的盈利能力越强，长期偿债能力就越强；反之则越弱。

② 衡量长期偿债能力的指标。

资产负债率是负债总额除以资产总额的比率，即负债总额与资产总额的比例关系，也称之为债务比率。资产负债率的计算公式为

$$资产负债率=\frac{负债总额}{资产总额} \quad (3\text{-}3\text{-}3)$$

资产负债率是衡量企业负债水平及风险程度的重要指标。一般认为，资产负债率的适宜水平是40%～60%。对于经营风险比较高的企业来说，为减少财务风险应选择比较低的资产负债率；对于经营风险低的企业来说，为增加股东收益应选择比较高的资产负债率。

在分析资产负债率时，可以从以下几方面入手。

从债权人的角度看，资产负债率越低越好。资产负债率低，债权人提供的资金与企业资产总额相比，所占的比例低，企业不能偿债的可能性小，企业的风险主要由股东承担，这对债权人是十分有利的。

从股东的角度看,他们希望保持较高的资产负债率。站在股东的立场上,可以得出结论:在全部资本利润率高于借款利息率时,负债比例越高越好。

从经营者的角度看,他们最关心的是在充分利用借入资本给企业带来好处的同时,尽可能降低财务风险。

2. 盈利能力分析

(1) 盈利能力的概念。

盈利能力,顾名思义就是指企业获取利润的能力。盈利能力分析的作用:第一,利用盈利能力的有关指标反映和衡量企业经营业绩,根已达到的盈利能力指标与标准、基期、同行业平均水平、其他企业的比较,可以衡量经营人员工作业绩的优劣;第二,通过盈利能力分析发现经营管理中存在的问题。盈利能力是企业各环节经营活动的具体表现,企业经营的好坏都会通过盈利能力表现出来。通过对盈利能力的深入分析,可以发现经营管理中的重大问题,进而采取措施解决问题,提高企业收益水平。

(2) 衡量盈利能力的指标。

① 销售利润率和销售净利率。

$$销售利润率 = \frac{利润总额}{主营业务收入} \qquad (3\text{-}3\text{-}4)$$

其中,利润总额=主营业务利润+主营业务外收入-主营业务外支出。主营业务外收入是指企业发生的与其日常经营活动无直接关系的各项利得;主营业务外支出是指企业发生的与其日常经营活动无直接关系的各项损失。

净利润(税后利润)=利润总额－所得税费用=主营业务收入＋其他业务收入－主营业务成本－其他业务成本－营业税金及附加－期间费用(销售费用、管理费用、财务费用)－资产减值损失＋公允价值变动收益(亏损为负)＋投资收益(亏损为负)－所得税费用。

销售利润率反映了在考虑营业成本的情况下,企业管理者通过经营活动获取利润的能力。销售利润率越高,表明企业的市场竞争力越强,发展潜力越大,盈利能力越强。

销售净利率是指企业实现的净利润与主营业务收入的对比关系,用以衡量企业在一定时期内净利润的获取能力。销售净利率越高,表明获取净利润的能力越强。

$$销售净利率 = \frac{净利润}{主营业务收入} \qquad (3\text{-}3\text{-}5)$$

② 销售毛利额。

所谓销售毛利额,是指主营业务收入与主营业务成本之差。销售毛利的计算有绝对数(销售毛利额)和相对数(销售毛利率)两种方式,计算公式分别为

$$销售毛利额 = 主营业务收入 - 主营业务成本 \qquad (3\text{-}3\text{-}6)$$

$$销售毛利率 = \frac{主营业务收入 - 主营业务成本}{主营业务收入} \qquad (3\text{-}3\text{-}7)$$

销售毛利率与销售利润率是两个不同的指标,因为后者已剔除了期间费用,前者仍包含期间费用。与同行业比较,如果某企业的销售毛利率显著高于同行业水平,说明与同行业其他企业相比,该企业存在成本上的优势,有竞争力。如果某企业的销售毛利率显著降低,则可能表示该企业所在的行业竞争激烈。销售毛利率下降往往伴随着价格战的爆发或成本的失控,这种

情况预示着企业盈利能力的下降。

销售毛利率有助于预测企业的发展、衡量企业的成长性。该指标的优点在于可以对企业某一主要产品或主要业务的盈利状况进行分析，这对于判断企业核心竞争力的变化趋势及企业成长性极有帮助。

③ 净资产收益率。

净资产收益率的计算公式为

$$净资产收益率 = \frac{净利润}{平均净资产} \tag{3-3-8}$$

一般认为，净资产收益率越高，企业自有资本获取收益的能力越强，经营效益越好，对企业投资人、债权人利益的保障程度越高。

④ 总资产收益率。

总资产收益率的计算公式为

$$总资产收益率 = \frac{息税前利润}{平均资产总额} \tag{3-3-9}$$

其中，

$$息税前利润 = 利润总额 + 利息支出 \tag{3-3-10}$$
$$平均资产总额 = 平均负债总额 + 平均所有者权益 \tag{3-3-11}$$

总资产收益率是一个比净资产收益率更为有效的指标。总资产收益率直接反映了企业的竞争实力和发展能力，也是决定企业是否应举债经营的重要依据。在企业平均资产总额一定的情况下，利用总资产收益率指标可以分析企业盈利的稳定性和持久性，确定企业所面临的风险。

3. 营运能力分析

（1）营运能力的概念。

营运能力主要指企业营运资产的效率与效益。企业营运资产的效率主要指资产的周转率或周转速度；企业营运资产的效益通常是指企业的产出量与资产占用量之间的比率。营运能力分析的作用：第一，通过营运能力分析评价企业营运资产的效率；第二，通过营运能力分析发现企业在营运资产过程中存在的问题；第三，营运能力分析是盈利能力分析和偿债能力分析的基础与补充；第四，通过营运能力分析评价企业的营运能力，为企业提高经济效益指明方向。

（2）衡量营运能力的指标。

评价资产营运效率的财务指标是资产周转率，其一般公式为

$$资产周转率 = \frac{周转额}{资产总额} \tag{3-3-12}$$

资产周转率可以分为总资产周转率、分类资产周转率（流动资产周转率和固定资产周转率）和单项资产周转率（应收账款周转率和存货周转率等）三类。

① 总资产周转率。

总资产周转率是指企业在一定时期内的主营业务收入与平均资产总额的比率，它说明企业的总资产在一定时期内（通常为一年）周转的次数。

总资产周转率的计算公式为

$$总资产周转率 = \frac{主营业务收入}{平均资产总额} \qquad (3\text{-}3\text{-}13)$$

其中,

$$平均资产总额 = \frac{资产总额年初数 + 资产总额年末数}{2} \qquad (3\text{-}3\text{-}14)$$

总资产周转率的高低取决于主营业务收入和平均资产总额两个因素。增加主营业务收入或减少平均资产总额都可以提高总资产周转率。

② 分类资产周转率。

a. 流动资产周转率。

流动资产周转率是指企业在一定时期内的主营业务收入与平均流动资产总额的比率,即企业的流动资产在一定时期内(通常为一年)周转的次数。流动资产周转率是反映企业流动资产营运效率的指标,其计算公式为

$$流动资产周转率 = \frac{主营业务收入}{平均流动资产总额} \qquad (3\text{-}3\text{-}15)$$

其中,

$$平均流动资产总额 = \frac{流动资产总额年初数 + 流动资产总额年末数}{2} \qquad (3\text{-}3\text{-}16)$$

流动资产周转率不仅反映流动资产的营运效率,还影响着企业的盈利水平。企业的流动资产周转率越高,流动资产的周转次数越多,表明企业以相同的流动资产实现的主营业务收入越多,说明企业流动资产的营运效率越好,进而使企业的偿债能力和盈利能力均得以增强。反之,则表明企业利用流动资产进行经营活动的能力差,营运效率较低。

b. 固定资产周转率。

固定资产周转率是指企业在一定时期内的主营业务收入与平均固定资产净额的比率。它是反映企业固定资产周转状况,衡量固定资产营运效率的指标,其计算公式为

$$固定资产周转率 = \frac{主营业务收入}{平均固定资产净额} \qquad (3\text{-}3\text{-}17)$$

固定资产周转率越高,表明企业对固定资产的利用越充分,企业的固定资产投资得当,固定资产结构分布合理,能够较充分地发挥固定资产的作用,企业的经营活动越有效;反之,则表明固定资产的营运效率不高,提供的生产经营成果不多,企业固定资产的营运能力较差。

③ 单项资产周转率。

单项资产周转率是指根据资产负债表左侧项目分别计算出来的资产周转率。其中最重要和最常用的是应收账款周转率和存货周转率。

a. 应收账款周转率。

应收账款周转率是指企业在一定时期内的主营业务收入与应收账款平均余额的比率,它意味着企业的应收账款在一定时期内(通常为一年)周转的次数。应收账款周转率是反映企业应收账款的营运效率的指标,其计算公式为

$$应收账款周转率 = \frac{主营业务收入}{应收账款平均余额} \qquad (3\text{-}3\text{-}18)$$

在一定时期内,企业的应收账款周转率越高,表明应收账款的周转次数越多,企业应收账

款的回收速度越快,企业应收账款的管理效率越高,资产流动性越强,短期偿债能力越强。同时,较高的应收账款周转率可有效地减少收款费用和坏账损失,从而相对增加企业流动资产的收益能力。

b. 存货周转率。

存货周转率有两种计算方式:一种是以销售成本为基础的存货周转率,主要用于流动性分析;另一种是以收入为基础的存货周转率,主要用于盈利性分析。以销售成本为基础的存货周转率的计算公式为

$$存货周转率 = \frac{销售成本}{平均存货余额} \tag{3-3-19}$$

其中,

$$平均存货余额 = \frac{期初存货 + 期末存货}{2} \tag{3-3-20}$$

$$期末存货 = 流动资产 - 速动资产 = 流动负债 \times (流动比率 - 速动比率) \tag{3-3-21}$$

存货周转率的好坏反映企业存货管理水平的高低,它影响企业的短期偿债能力。一般来讲,若存货的周转速度越快,存货的占用水平越低,流动性越强,则存货转换为现金或应收账款的速度越快。因此,提高存货周转率可以提高企业的变现能力。

三、财务综合分析

杜邦分析法又称为杜邦财务分析体系,是财务总体分析常用的体系。这套体系由美国杜邦公司开创,通过对净资产收益率计算公式的分解,寻找和挖掘驱动利润的关键因素,是一套实用和高效的财务工具。该体系以净资产收益率为龙头,以资产净利率和权益乘数为核心,重点揭示企业获利能力、权益乘数对净资产收益率的影响,以及各相关指标间的相互作用关系。杜邦分析法中几种主要的财务指标关系为

$$净资产收益率 = 资产净利率 \times 权益乘数 \tag{3-3-22}$$

其中,

$$资产净利率 = 销售净利率 \times 资产周转率 \tag{3-3-23}$$

由此可得

$$净资产收益率 = 销售净利率 \times 资产周转率 \times 权益乘数 \tag{3-3-24}$$

运用杜邦分析法对净资产收益率进行分析时,需要注意以下几点。

(1)净资产收益率是一个综合性极强的投资报酬指标。净资产收益率的决定因素主要有两大方面,即资产净利率和权益乘数,资产净利率又可以进一步分解为销售净利率和资产周转率。

(2)资产净利率是影响净资产收益率的关键指标,净资产收益率的高低首先取决于资产净利率的高低。而资产净利率又受两个指标的影响:一是销售净利率,二是资产周转率。要想提高销售净利率,一方面要扩大销售收入,另一方面要降低成本费用。资产周转率反映了企业资产占用与销售收入之间的关系,影响资产周转率的一个重要因素是资产总额,由杜邦分解式可得出:销售净利率越大,资产净利率越大;资产周转率越大,资产净利率越大;资产净利率越大,净资产收益率越大。

(3)权益乘数对净资产收益率具有倍率影响。权益乘数主要受资产负债率的影响。在资产

总额不变的条件下，适度开展负债经营，可以减少所有者权益所占的份额，从而达到提高净资产收益率的目的。

利用式（3-3-21），我们不仅可以了解资产盈利能力和资本结构对净资产收益率的影响，还可以在已知其中任何两个指标的条件下，求出另一个指标的数值。

四、案例分析

（一）案例介绍

S 集团股份有限公司于 1996 年成立，该公司由 S 集团有限公司独家发起，主要开展资产经营、投资、开发、资金融通活动，并从事中成药的开发、生产，生物制品、保健药品、保健饮料的生产，以及中药、西药及医疗器械的批发、零售和进出口等业务。该公司主要生产和经营多种剂型的药品，是我国制药行业最具实力的大型知名企业之一。就中医药行业整体来看，需求呈现不断上升的趋势。随着医疗体制的改革，将会有更多的公众享受医保，这将大幅度提高中药产品的消费量。并且，中医药行业的公众认可度在不断提高，说明这是一个持续发展的行业，随着经济的发展，中医药行业将会得到长远的发展。从全中药制造行业来看，亏损的企业在整个行业中的比重逐年下降，说明全中药制造行业的生产状况十分稳定。综上所述，目前我国中医药行业还处于成长阶段，中医药行业在政策支持下会迅速发展。随着国民经济的发展，行业需求将会保持较快速度增长，中医药行业将迎来黄金发展时期。

（二）实证分析

1. 财务报表数据

下面根据 S 集团股份有限公司 2018—2022 年的财务报表进行偿债能力分析、营运能力分析、盈利能力分析，并且根据净资产收益率指标进行杜邦分析。

2. 财务报表分析

（1）偿债能力分析。

表 3.3.15 所示为 S 集团股份有限公司 2018—2022 年流动比率、速动比率的计算结果。

表 3.3.15　S 集团股份有限公司 2018—2022 年流动比率、速动比率的计算结果

年度	2018 年	2019 年	2020 年	2021 年	2022 年
流动比率	1.47	1.44	2.63	2.6	1.6
速动比率	1.04	1.06	2.25	2.15	1.25

流动比率是流动资产与短期负债的比率，用于衡量公司流动资产在短期负债到期以前可以转换为现金用于偿债的能力，一般来说，流动比率越高，说明公司流动资产的变现能力越强，短期偿债能力也越强。从表 3.3.15 中可以看出，该公司的流动比率波动较大，只有 2020 年和 2021 年的流动比率较高，其他年份都小于 2，说明该公司的短期偿债能力不稳定。

速动比率是指速动资产与短期负债的比率，从表 3.3.15 中可以看出，该公司速动比率不稳定，但都大于 1，说明该公司的短期偿债能力良好。流动比率与速动比率相差较小，说明该公

司的存货不多，商品热销，该公司的发展较好。

表 3.3.16 所示为 S 集团股份有限公司 2018—2022 年资产负债率的计算结果。

表 3.3.16　S 集团股份有限公司 2018—2022 年资产负债率的计算结果

年度	2018 年	2019 年	2020 年	2021 年	2022 年
资产负债率/%	43.99	45.28	31.83	31.97	55.05
权益乘数	1.88	1.91	1.48	1.49	2.33

从表 3.3.16 中可以看出，2018—2021 年，该公司的资产负债率低于 50%，说明该公司的长期偿债能力比较强，但在 2022 年，该公司的资产负债率高于 50%，说明该公司的长期偿债能力比上一年差，该公司有一定的经营风险。2018—2021 年的权益乘数相对较低，而 2022 年较高。权益乘数越大，表明所有者投入该公司的资本占全部资产的比重越小，公司的负债程度越高，这也说明公司的长期偿债能力比上一年差。

（2）营运能力分析。

表 3.3.17 所示为 S 集团股份有限公司 2018—2022 年总资产周转率、净资产周转率的计算结果。

表 3.3.17　S 集团股份有限公司 2018—2022 年总资产周转率、净资产周转率的计算结果

年度	2018 年	2019 年	2020 年	2021 年	2022 年
总资产周转率/%	142.10	127.15	95.94	77.30	105.85
净资产周转率/%	258.04	236.25	155.34	115.72	208.27

总资产周转率越高，表明公司总资产的周转速度越快，销售能力越强，资产营运效率越高。从表 3.3.17 中可以看出，2018—2021 年，该公司的总资产周转率逐年递减，而在 2022 年有明显增加，证明产品的销售情况较好，有利于公司长远发展。净资产周转率在 2018—2021 年也呈递减趋势，2022 年大幅增加到 208.27%，表明该公司总资产的周转速度明显增加，销售能力越强，资产营运效率也越高。

表 3.3.18 所示为 S 集团股份有限公司 2018—2022 年存货周转率、应收账款周转率的计算结果。

表 3.3.18　S 集团股份有限公司 2018—2022 年存货周转率、应收账款周转率的计算结果

单位：次/年

年度	2018 年	2019 年	2020 年	2021 年	2022 年
存货周转率	5.05	4.76	5.04	4.03	4.97
应收账款周转率	19	18.59	18.55	18.86	7.05

存货周转率反映了公司销售效率和存货使用效率。在正常情况下，存货周转率越高，说明公司存货周转得越快，公司的销售能力越强，营运资金用在存货上的金额也越少。该公司的存货周转率为 4~5，处于稳定状态，说明公司销售效率和存货使用效率基本稳定。该公司的应收账款周转率逐年递减，但都在 18.5~19 之间，相较于 2018—2021 年，2022 年的应收账款周转率下降幅度明显增加。一般来说，应收账款周转率越高，平均收账期越短，账款收回得越快。

表 3.3.19 所示为 S 集团股份有限公司 2018—2022 年应收账款周转率与存货周转率之间的关系。

表 3.3.19　S 集团股份有限公司 2018—2022 年应收账款周转率与存货周转率之间的关系

单位：次/年

年度	应收账款周转率	存货周转率	流动资产周转率	总资产周转率	固定资产周转率
2018 年	19	5.05	2.32	1.42	10.57
2019 年	18.59	4.76	2.04	1.27	10.12
2020 年	18.55	5.04	1.37	0.96	9.92
2021 年	18.86	4.03	1.02	0.77	10
2022 年	7.05	4.97	1.31	1.06	16.1

表 3.3.20 所示为 S 集团股份有限公司 2018—2022 年应收账款与存货之间的关系。

表 3.3.20　S 集团股份有限公司 2018—2022 年应收账款与存货之间的关系

单位：亿元

年度	2018 年	2019 年	2020 年	2021 年	2022 年
存货	2581256983.61	2543866145.35	2781495711.45	3700222896.01	9231739097.84
应收账款与应收票据	2476836126.15	2501678577.78	2588090589.85	3054427081.10	11969454162.81
预付账款	326857283.13	316795764.49	414073610.15	256571758.01	837808116.68
预收账款	892456520.06	974514210.30	1552885731.40	1888892476.97	
营业收入	18818231986.90	19124658298.90	20035681499.37	20954225189.53	42233838051.12
应付票据	356573197.95	292607099.65	320811521.08	252226384.82	
应付账款	2075921273.45	2636474108.05	2267279067.87	2802200696.28	
应付票据及应付账款	2432494471.40	2929081207.70	2588090588.95	3054427081.10	11969454162.81

应收账款周转率与存货周转率呈下降趋势，说明该公司的销售能力在变弱，发展前景不好。2022 年，该公司的应收账款周转率大幅度下降，下降的原因：医药公司在本年内纳入该公司的合并范围，致使应收账款及应收票据项目的余额增加约 119.69 亿元。

（3）盈利能力分析。

表 3.3.21 所示为 S 集团股份有限公司 2018—2022 年总资产收益率、净资产收益率的计算结果。

表 3.3.21　S 集团股份有限公司 2018—2022 年总资产收益率、净资产收益率的计算结果

年度	2018 年	2019 年	2020 年	2021 年	2022 年
净资产收益率/%	16.43	16.10	11.69	11.39	16.97
总资产收益率/%	8.39	8.19	5.82	7.28	6.68

净资产收益率表示公司自有资本的投资收益水平。从表 3.3.21 中可以看出，2020 年和 2021 年的净资产收益率比较低，说明这两年该公司对闲置资金的利用不到位，2022 年升高到 15% 以上，说明该公司的闲置资金得到有效利用，盈利能力增强。

总资产收益率是息税前利润与平均资产总额的比率，也是衡量公司利用债权人和所有者权益总额所取得的盈利的重要指标。2018—2022 年，该公司的总资产收益率相对较高，都高于一年到期的银行存款利率。总资产收益率高代表该公司的盈利状况较好。

表 3.3.22 所示为 S 集团股份有限公司 2018—2022 年销售毛利率、净利润率的计算结果。

表 3.3.22 S 集团股份有限公司 2018—2022 年销售毛利率、净利润率的计算结果

年度	2018 年	2019 年	2020 年	2021 年	2022 年
销售毛利率/%	35.24	36.21	33.06	37.66	23.84
净利润率/%	6.34	6.80	7.53	9.84	8.15
销售净利率/%	6.44	7.03	7.78	10.11	8.37

销售毛利率用于衡量管理者根据产品成本进行产品定价的能力，从表 3.3.22 中可以看出，该公司 2018—2022 年的销售毛利率相对较高，平均在 30%以上，说明产品的降价空间较大，盈利能力较强。净利润率是指经营所得的净利润占主营业务收入（或投入资本额）的百分比。该公司 2018—2022 年的净利润率总体呈现上升趋势，说明该公司的盈利能力在增强，经营效率在提高。销售净利率整体呈现上升趋势，这也说明该公司的盈利能力在增强。

（4）综合解读——杜邦分析。

表 3.3.23 所示为 S 集团股份有限公司 2018—2022 年的杜邦分析结果。

表 3.3.23 S 集团股份有限公司 2018—2022 年的杜邦分析结果

年度	净资产收益率/%	销售净利率/%	总资产周转率/%	权益乘数
2018 年	16.43	6.44	1.42	1.88
2019 年	16.10	7.03	1.27	1.91
2020 年	11.69	7.78	0.96	1.48
2021 年	11.39	10.11	0.77	1.49
2022 年	16.97	8.37	1.06	2.33

从表 3.3.23 中可以看出，该公司 2018—2021 年的净资产收益率总体呈下降趋势，说明该公司的盈利能力减弱，投资回报率偏低。但在 2022 年，该公司的净资产收益率有着明显的上升，说明该公司对闲置资金的利用比上一年好，盈利能力增强。

第四节　产品竞争分析

一、产品竞争分析思路

竞争分析的一个经典问题是在现有行业中，企业如何保持自己的产品优势，也就是产品竞争优劣势分析，同时需要识别出企业产品的竞争对手都有谁，做好竞品的监控分析。传统的方法是通过产品调研和行业竞品研究实现上述目标。本节给出了一个基于产品评论文本挖掘的产品竞争分析思路，可以将其用于产品竞争优劣势分析和竞争对手识别[18]，如图 3-4-1 所示。

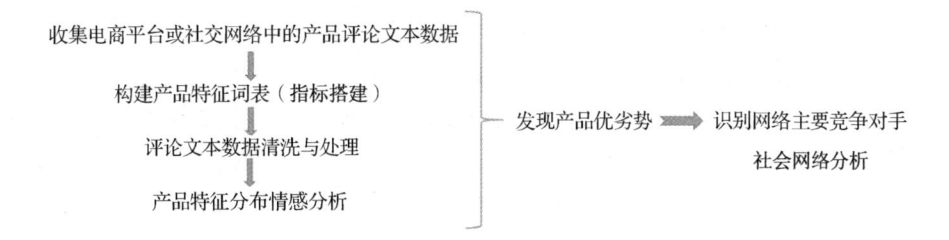

```
收集电商平台或社交网络中的产品评论文本数据  ┐
        构建产品特征词表（指标搭建）           ├─ 发现产品优劣势 ⟹ 识别网络主要竞争对手
        评论文本数据清洗与处理                 │                    社会网络分析
        产品特征分布情感分析                   ┘
```

图 3-4-1 产品竞争分析思路

① 获取产品在电商平台被购买后的评论文本。
② 构建能够评价该产品的特征词表（对应用户满意度调研指标）。
③ 对评论文本数据进行清洗与处理。
④ 应用评论文本挖掘方法中的情感分析对特征词表进行打分，得到在线购买用户对该产品特征的情感态度，从而找到该产品的优劣势特征。
⑤ 应用社会网络分析方法对评论文本中提及的品牌绘制社会网络图，寻找该产品的内、外部网络竞争对手，同时计算点度中心度，划分竞争强度。
⑥ 将分析结果应用于企业自身优势分析和竞争对手分析，服务于商务领域的决策与管理。

二、产品竞争分析方法简介

（一）文本挖掘方法

（1）主题模型。

此模型主要用于挖掘在线用户对产品关注的方面。

2003 年，Blei 等人提出了一种经典有效的模型——Latent Dirichlet Allocation（LDA）。LDA 是主题模型（Topic Model）的一种，也被认为是首个真正意义上的主题模型。LDA 是一个三层贝叶斯非监督产生式概率模型，包括文档、主题、词语三层。LDA 可以用于识别大量数据集或语料库中潜藏的主题信息。

LDA 采用了词袋的表示方法，词袋将每篇文档视为一个词频向量，从而将文本信息转换为方便建立模型的数字信息，使后续分析提高了效率。一篇文档代表了一些主题的比例分布，而每个主题又表示由多个词语构成的概率分布。LDA 目前已经被广泛而有效地应用于文本分类、信息检索、主题分析等众多与文本相关的领域。

（2）情感分析模型。

此模型主要用于挖掘产品的优劣势。

情感分析（Sentiment Analysis）是一种常见的自然语言处理（NLP）方法的应用，它是对带有感情色彩的主观性文本进行分析、处理、归纳和推理，利用一些情感得分指标来量化定性数据的方法。在自然语言处理中，情感分析属于典型的文本分类问题，即把需要进行情感分析的文本划分为不同类别，现在主流的情感分析方法有两种：一种是基于词典的方法；另一种是基于机器学习算法的方法。基于词典的方法主要通过制定一系列的情感词典和规则进行文本拆解、关键词提取，计算情感值，并将情感值作为文本的情感倾向依据。这种方法往往会忽略词语顺序、语法和句法，仅仅将这段文本看作一个词语集合，因此不能充分地表达文本语义信息。比如，"A 餐厅做的菜真难吃"和"B 餐厅做的菜不难吃"，两段文本的关键词提取是"难吃",通过这种方法判定得出结论:A、B 餐厅做的菜都难吃,显然结论是错误的。

当前主流的文本情感分析方法主要有以下四种:词汇关联法、关键词识别法、统计方法和概念级技术。词汇关联法除检测影响词外,还可以赋予词汇一个某种情绪的"关联"值;关键词识别法是利用文本数据中出现的相关清晰定义的关键词来影响分类的;比较常见的统计方法有支持向量机(Support Vector Machine,SVM)、潜在语义分析(Latent Semantic Analysis)法、词袋法(Bag of Words)等;概念级技术的算法思路均衡了知识表达元素,如语义网络、知识本体等。

随着近年来深度学习算法的发展,且文本数据的可获取性不断提升,情感分析在自然语言处理研究领域中日渐重要,慢慢从理论研究扩展到实践应用中,目前主要应用于商业分析中的电影票房预测、股票趋势,舆情分析,改进服务及产品,了解用户的体验等,如表 3.4.1 所示。

表 3.4.1 情感分析应用场景汇总表

应用场景	描述
商品评论分析	可以了解用户对商品的满意程度,进而制定好的营销策略
舆情分析	政府部门可以了解公民对热门事件的情感倾向,掌握舆论导向,从而更加及时有效地进行舆情监控,同时能为制定相关政策提供支持
影评分析	了解用户对一部电影的评价,进而编写好的剧情,规划合适的上线时间
人物性格分析	通过对一个人发布的内容进行情感分析来了解他的情绪变化,如哪种情绪比较多,哪种情绪比较少,进而可以分析出他的性格。除此之外,还能了解他在遇到哪些事情时情绪会发生波动等
产品比较分析	如对各种汽车产品的评论进行分析、比较,可以帮助商家了解这些汽车产品在用户心中的差异,也可以帮助用户选择好的汽车产品
事件预测分析	通过用户对某一事件的评论,可以预测相关信息,如电影票房、奥斯卡得奖者等

(二)社会网络分析方法

此方法主要用于识别产品的网络竞争对手。

社会网络分析[19]是通过图论研究人类关系的一门学问,简而言之,社会网络是一个描述关系语句的集合,可以用以下方式表示:

爱丽丝—喜欢—鲍勃
(名词)(动词)(名词)

上面这个简单语句便是社会网络分析的一个基本单元,称为一个二元组,每个二元组表示一个关系,即传统图论中的边,语句中的名词表示关系中的人——在数学中统一称为顶点(Vertex)或节点(Node),本节将统称为节点。在社会网络分析中,节点都有类型,一个节点可以表示一个人、一个组织、一篇博客、一个标签等。如果社会网络图中的节点都属于同一类型,那么该图为单模图;如果社会网络图由两类节点构成,那么该图就是双峰图或者二模图,当然,还可以有多模图。本节涉及的社会网络图为单模图,如那些连接人与人、组织与组织、词汇与词汇等的图都是单模图。

关注一下表达人际关系内容(语义)的动词可以发现,这些动词可以像电话对账单上的通话时间戳一样简单,也可以像诗歌一样复杂。解读描写人际关系的"诗歌"也许是一个永远不可能完成的任务，除非我们抵达雷·库兹韦尔所说的奇点时代，因此，下面用简单的方法来说明。首先设立一个严格的假设：社会网络中的所有边都使用单一的、前后一致的动词：

爱丽丝非常喜欢鲍勃。
鲍勃和卡罗尔在一起学习。
放学后卡罗尔和爱丽丝打架。

在某些情况下，边可以被赋值。社会学家经常使用李克特量表，如

0. 不知道。
1. 非常不喜欢。
2. 不喜欢。
3. 谈不上喜欢或不喜欢。
4. 喜欢。
5. 非常喜欢。

但是，李克特量表在社会网络中的应用比较有限。如果使用李克特量表进行研究调查，所得结果将会严重偏向 3、4、5，人们倾向于少报或谎报负面的人际关系，而且"喜欢"与"非常喜欢"之间的区别也不明显。

下面这个交流频率量表更好一些。量表不再由"你喜欢某人吗？"这类主观性的问题组成，而是改为"你与某人交流的频率是怎样的？"，这样可以使人们采用更客观的表述。

0. 从不交流
1. 每年最多一次
2. 每月最多一次
3. 每周最多一次
4. 每天最多一次
5. 每天交流多次

用数学的方式表示一个社会网络的基本方法是矩阵：

	A	B	C	D	E
A	0	1	0	1	1
B	1	0	0	1	0
C	0	0	0	1	1
D	1	1	1	0	0
E	1	0	1	0	0

举例来说，AB 单元中的"1"表示节点 A 与节点 B 之间存在一个关系（边）。如果对边进行赋值，如用上面的交流频率量表来表示节点之间的关系，矩阵则会变为

	A	B	C	D	E
A	0	2	0	5	5
B	2	0	0	1	0
C	0	0	0	3	4
D	5	1	3	0	0
E	5	0	4	0	0

邻接矩阵的主要缺点是零单元（无边单元）所占据的存储空间与其他单元一样大。在真实的社会网络中，存在着大量零单元。事实上，超过 90%的单元是零单元。非零单元与零单元的比率称为密度（Density）。大多数在线社交网络的密度为 0.1%或不到 0.1%；而且社交网络的规模越大，密度越低，图 3-4-2 所示为克拉克哈特风筝社会网络。

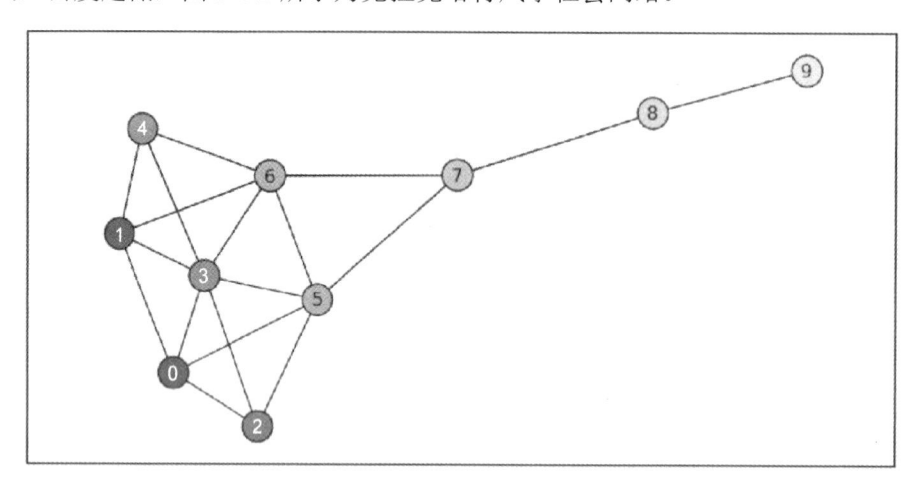

图 3-4-2　克拉克哈特风筝社会网络

分析社会网络的首要方法是测量它的权力、影响力，或者人们的其他个人特征（建立在他们的连接模式上），权力和影响力的测量术语为"中心性"，中心性可以很直观地体现某个个体或组织所代表的节点在整个社会网络中所处的位置。本节将用其衡量社会网络中各节点的重要程度。

每个社群都有自己的中心人物，通常这样的人非常少，并且他们的受欢迎程度与其他人相比呈现数量级的差异，帮助找到这些名人的最主要也最简单的测量指标叫作点度中心度（Degree Centrality），其是社会网络分析中描述节点中心性最直接的度量指标。节点度（Node Degree）简单来说就是所有与它有关的连接的数量。一个节点的节点度越大就意味着这个节点的点度中心度越高，该节点在社会网络中就越重要。

（三）文本挖掘和社会网络分析 R 语言算法函数

R 语言中实现文本挖掘和社会网络分析的函数有很多，且要用到大量数据处理、数据清洗的函数。与文本挖掘和社会网络分析紧密相关的重要函数如表 3.4.2 所示。

表 3.4.2　与文本挖掘和社会网络分析紧密相关的重要函数

函数类型	函数名称	函数功能	所属程序包
数据处理	worker	分词工具	jiebaR
	segment	分词函数	
	show_dictpath	查看词典路径，自定义词典	通用程序包
	table	统计因子各水平的出现次数（频数或频率）	
	wordcloud2	绘制词云图	wordcloud2

续表

函数类型	函数名称	函数功能	所属程序包
数据处理	sapply	将列表、向量或数据帧作为输入，并以向量或矩阵的形式输出	dplyr
LDA 主题聚类	LDA	主题聚类	topicmodels
社会网络分析	graph_from_adjacency_matrix	建立社会网络	igraph
	degree	统计节点的节点度	

主要函数的详细介绍如下。

（1）worker 函数。

功能：分词工具，配合 segment 函数使用。

函数语法：worker(type = "mix", dict = DICTPATH, hmm = HMMPATH, user = USERPATH, idf = IDFPATH, stop_word = STOPPATH, write = T, qmax = 20, topn = 5, encoding = "UTF-8", detect = T, symbol = F, lines = 1e+05, output = NULL, bylines = F, user_weight = "max")。

参数说明：

type 指分词类型，包括 mix、mp、hmm、full、query、tag、simhash、keyword，它们分别指混合模型、支持最大概率、隐马尔可夫模型、全模式、索引模型、词性标注、文本 simhash 相似度比较、关键字提取。

dict 指词库路径，默认为 DICTPATH。

hmm 指 HMM 词典，默认为 HMMPATH。

user 指用户自定义的词库。

idf 指 IDF 词典，默认为 IDFPATH。

stop_word 用于指定停词的路径。

write 用于明确是否写入文件，默认为 T。

qmax 指词的最大查询长度，默认为 20，可用于 query 分词类型。

detect 用于明确是否检查输入文件的编码，默认为 T（检查）。

topn 指关键词的个数，默认为 5，可以用于 simhash 和 keyword 分词类型。

symbol 用于明确输出是否保留符号，默认为 F。

lines 指文件中一次读取的最大行数，默认为 100000 行。

output 指输出文件，文件名一般以系统时间结尾。

bylines 指返回输入的文件的行数。

user_weight 指用户词典的词权重，有 min、max、median 三个选项。

（2）segment 函数。

功能：分词函数，配合 worker 函数使用。

函数语法：segment(code, engine, mod)。

参数说明：

code 表示要分词的对象。

engine 用于设置分词的引擎，也就是 worker 函数。

mod 用于改变默认的分词引擎类型，包括 mix、hmm、query、full、level 和 mp。

（3）wordcloud2 函数。

功能：绘制词云图。

函数语法：

wordcloud2(data, size = 1, fontFamily = "Segoe UI", fontWeight = "bold", color = "random-dark", backgroundColor = "white",minRotation = -pi/4, maxRotation = pi/4, rotateRatio = 0.4, shape = "circle", figPath = NULL)。

参数说明：

data 为词云生成数据，包含具体词语及频率。

size 用于指定字体大小，默认为 1。一般来说，该值越小，生成的形状轮廓越明显。

fontFamily 用于指定字体，如"微软雅黑"。

fontWeight 用于指定字体粗细，可以选择 normal、bold 及 600。

color 用于指定字体颜色，可以选择 random-dark 及 random-light。

backgroundColor 用于指定背景颜色，支持选择 R 语言中的常用颜色，如 gray、black 等，但是还不支持更加具体的颜色选择，如 gray 20。

minRotation 与 maxRotation 分别表示字体旋转角度范围的最小值及最大值，一经选定后，词语会在该范围内随机旋转。

rotateRatio 用于指定字体旋转比例，若设定为 1，则全部词语都会发生旋转。

shape 用于指定词云形状，默认为 circle（圆形），还可以选择 cardioid（苹果形或心形）、star（星形）、diamond（钻石）、triangle-forward（三角形）、triangle（三角形）、pentagon（五边形）。

（4）LDA 函数。

功能：主题聚类。

函数语法：LDA(data,k =2,control =list(seed =1234))。

参数说明：

data 为聚类文本。

k 为聚类主题数。

control 用于设定随机数种子。

（5）graph_from_adjacency_matrix 函数。

功能：建立社会网络。

函数语法：graph_from_adjacency_matrix(adjmatrix,mode = c("directed", "undirected", "max", "min","upper", "lower", "plus"), weighted = NULL,diag = T,add.colnames = NULL,add.rownames = NA)。

参数说明：

adjmatrix 是邻接矩阵，可以是系数矩阵。

mode 是字符标量，指定 igraph 应如何解释提供的邻接矩阵。

weighted 用于指定是否用邻接矩阵创建加权图，若它是 NULL，则创建一个未加权图，并且由邻接矩阵的元素给出节点之间的边数；若它是一个字符常量，则为每个非零矩阵条目创建一条边,并将条目的值添加为由加权参数命名的边属性;若它是 T,则创建一个加权图,边属性的名称将是 weight。

diag 表示计算中是否包括邻接矩阵的对角线,如果它是 F,那么将邻接矩阵的对角线归零。

三、案例分析

(一)某品牌笔记本计算机产品竞争分析

1. 案例背景

目前,全球笔记本计算机市场竞争激烈,呈现出较高的市场集中度,市场份额主要集中在惠普、联想等几大品牌商身上。截至 2018 年年底,全球前六大笔记本计算机品牌商依次为惠普、联想、戴尔、苹果、华硕、宏碁,它们共占据 89%的市场份额。前六大品牌商呈现两大梯队,第一梯队(惠普、联想、戴尔)的市场份额优势显著,第二梯队(苹果、华硕、宏碁)竞争激烈。第一梯队的市场份额在 2016 年至 2018 年间持续上升,占比从 59.50%持续上升至 60.80%,除前六大品牌商外的其他品牌商的占比逐年下降,从 2016 年的 13.80%下降到 2018 年的 11%,行业集中度更趋明显。

中国市场笔记本计算机的销量保持增长:根据群智咨询和 AVC Revo 公布的数据来看,2020 年第一季度,中国市场笔记本计算机的线上销量约为 350 万台,同比增长了 54%。轻薄笔记本计算机品类受益明显,带动细分市场结构变化。由于办公与上课的需要,轻薄、便携成为不少用户的硬性需求,所以 2020 年第一季度笔记本计算机线上销量中轻薄笔记本计算机的占比最大,销量为 250 万台,约为笔记本计算机线上销量的 71%。从轻薄笔记本计算机的关注度来看,联想系傲视群雄,联想+ThinkPad 的关注度接近 30%,华为+荣耀的关注度为第二名,华为系步步蚕食着其他品牌商的市场份额。轻薄笔记本计算机线上市场头部品牌商格局未发生根本性变化,主要趋势为头部集中度提升,以华为系品牌商的市场份额增长为主。在华为轻薄笔记本计算机的猛追下,联想想要继续保持其在中国轻薄笔记本计算机线上市场的领先优势,需要从用户角度出发充分了解自身产品的优劣势,做好产品的持续优化,同时关注竞争对手的动向和产品发展,为品牌市场发展战略决策的制定提供参考,努力使自身品牌市场份额扩大。

2. 数据准备

本案例选取联想小新系列轻薄笔记本计算机(以下简称小新系列)作为分析对象,所用数据的来源包括在线商城、中关村在线、联想官网、搜狗细胞词库等,获取数据的对象主要包括用户评论数据及用于笔记本计算机专业领域词表构建的语料。

(1)用户评论数据。在京东、淘宝网搜索"小新笔记本",用八爪鱼软件爬取搜索结果第一页产品的用户评论数据。

(2)词表构建语料。主要将从搜狗细胞词库中选取的现有专业词典、中关村在线的产品排行榜、测评报告、产品说明书等数据作为专业词典及词表构建的语料,如表 3.4.3 所示。

表 3.4.3　词表构建的语料（1）

序号	语料类型	语料来源	语料内容
1	现有专业词典	搜狗细胞词库	计算机、笔记本计算机等相关性较高领域的专业词表及最新的网络流行语词表
2	产品排行榜	中关村在线	轻薄笔记本计算机排行榜中产品的品牌、系列及型号等信息
3	测评报告	搜狐数码、太平洋科技、新浪科技、中关村在线	10余篇测评报告正文
4	产品说明书	联想官网	小新系列下所有产品的产品说明书全文、产品规格说明全文

3. 数据处理

为保证用户评论数据的质量，提高分析可信度，对词表构建的语料进行去重、筛选误收的广告信息、清除乱码和无关信息等处理，而对于用户评论数据，预处理操作包括有效数据筛选、表情符号转换、根据单句评论对象对长句进行分句。

4. 词表构建

在词表构建的语料中，现有专业词典能直接用于补充，产品排行榜主要用于获取品牌和产品的名称及其从属关系，产品说明书可抽取包括研究对象产品特征在内的专业词汇，而测评报告因其数据量较大，专业性较强，可做词汇补充。汇总上述词汇并去重，获得轻薄笔记本计算机专业领域词表。

5. 产品优劣势分析

（1）用户关注度分析。

利用文本挖掘 LDA 主题聚类方法，对处理后的评论文本先进行分词，再进行聚类，利用 LDA 主题模型探究用户关注点，辅助完善特征词表的构建，特征词表需包含用户集中关注的特征。

通过 LDA 主题模型将用户评论数据聚为三类，如图 3-4-3 所示。第一类可以看出主要关注运行速度，第二类可以看出主要关注轻薄程度，第三类可以看出主要关注散热性能和屏幕效果。也就是说，大部分购买小新系列并在线评价的用户明显关注的是上述三个方面，我们构建的特征词表中应该包含这三个方面的特征。

LDA 主题聚类的 R 语言代码如下：

```
setwd("E:/chapter3")
library(readxl)
data=read_excel("【联想小新Pro】联想小新系列京东评论.xlsx",sheet=1)
data=data[!duplicated(data),]  ##去重
write.csv(data,"data.csv")
hire_text=data##添加ID
hire_text$评论正文=as.character(hire_text$评论正文)
hire_text %>% mutate(id = seq(1:length(hire_text$评论正文))) -> hire_txt
```

```
##分词
show_dictpath()
worker() -> wk
hire_txt %>% mutate(words = map(hire_text$评论正文,segment,jieba = wk))
%>% select(id,words) -> corpus
corpus %>% unnest() %>% count(id,words) -> word_counts
##去掉中文停用词
stopw=read.table("中文停用词.txt",header=T)
word_counts=anti_join(word_counts,stopw,by="words")
chapters_dtm <- word_counts %>%cast_dtm(id, words, n)
chapters_dtm
##设置主题个数
chapters_lda <- LDA(chapters_dtm, k = 3, control = list(seed = 1234))
##k个主题
chapter_topics <- tidy(chapters_lda, matrix = "beta")
top_terms <- chapter_topics %>%
  group_by(topic) %>%
  top_n(20, beta) %>%
  ungroup() %>%arrange(topic, -beta)
top_terms %>%
mutate(term = reorder(term, beta)) %>%
ggplot(aes(term, beta, fill = factor(topic))) +
  geom_col(show.legend = F) +
  facet_wrap(~ topic, scales = "free") +
  coord_flip()
```

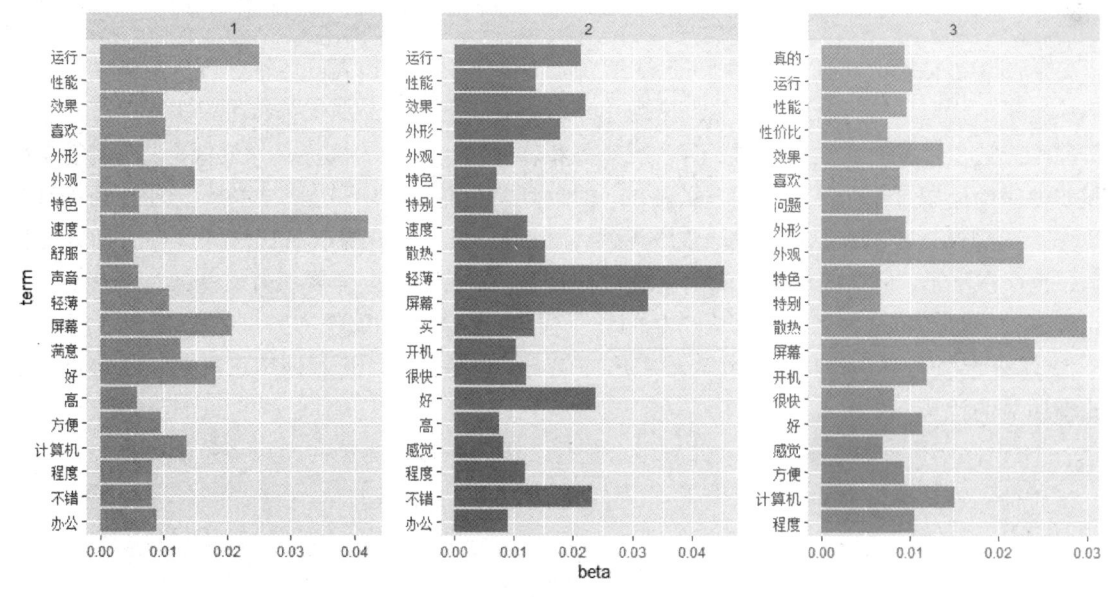

图 3-4-3　LDA 主题聚类

（2）产品特征属性情感分析。

为了获得用户在产品各个特征上的情感评价，按照如下流程进行特征属性情感得分的计算。

① 参考现有的情感词典，结合产品特点及评价情况建立适合的情感词表。

② 提前处理特征词表：将特征词表拆分成两个 txt 文件，分别命名为"属性名称""属性词表"。

③ 读入用户评论和情感词表、属性名称、属性词表等数据。

④ 计算特征属性出现矩阵。

⑤ 计算情感词出现矩阵。

⑥ 计算特征属性情感共现矩阵。

⑦ 计算特征属性情感得分，绘制特征属性情感得分图（见图 3-4-4）。

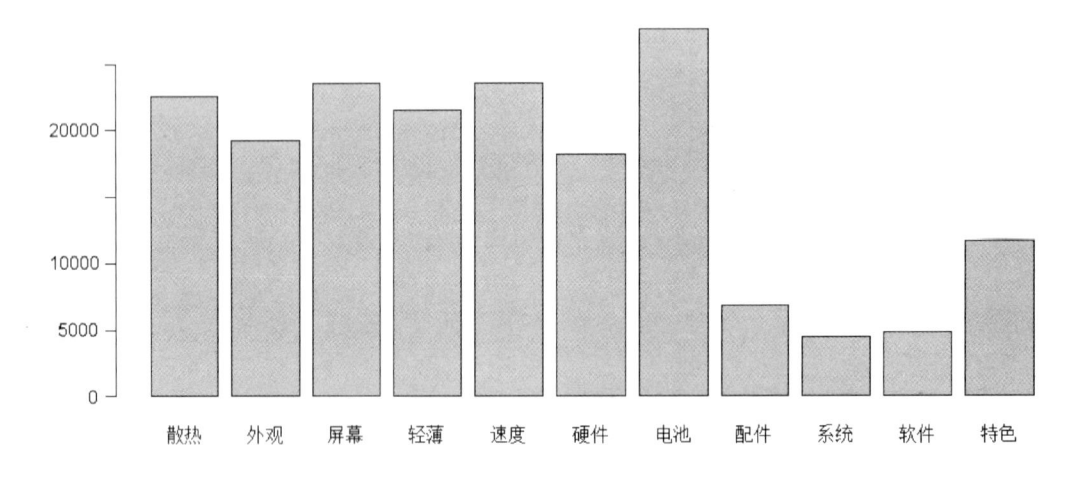

图 3-4-4 特征属性情感得分图

从图 3-4-4 中可知，小新系列在电池续航方面的情感得分最高，运行速度、屏幕效果、散热属于第二梯队，说明上述产品属性广受用户的好评，是该产品的优势特征，在制定产品竞争策略时应该保持优势并大力宣传。而系统架构和软件应用方面的情感得分最低，说明系统架构和软件应用问题是本产品最受用户关注的问题，且在企业竞争中是弱项，亟须企业重视并进行改进。在配件功能和产品特色方面的情感得分也不是很好，说明产品在这些属性方面既有优势，也存在不足，但这些属性恰好是企业提升竞争力的突破口，需要保持这些属性的优势，同时改进其不足，将这些属性提升为产品的竞争强项。小新系列的优劣势总结如下。

① 产品优势：电池续航功能为最突出的优势，屏幕效果、运行速度、散热评价接近，是比较明显的优势。

② 产品劣势：系统架构、软件应用、配件功能为明显的劣势；产品特色不突出。

特征属性情感得分计算的 R 语言代码如下：

```
##将属性一列循环匹配每个属性和情感词的共现，积累权重，最后获得特征属性情感得分
shux = readLines("属性词表.txt",encoding="UTF-8")
shuxn = readLines("属性名称.txt",encoding="UTF-8")
```

```
shux1 = paste0("(", gsub("\t", ")|(", shux), ")")
##计算特征属性出现矩阵
shux_para = sapply(shux1, grepl, para)
colnames(shux_para) = shuxn
##计算情感词出现矩阵
qingg=read.csv("情感词表.csv",header = T)
words=qingg$words
words_para=sapply(words, grepl, para)
colnames(words_para)=words
```

6. 竞争对手分析

（1）竞争对手识别。

用户在评论中同时提及两个品牌或产品的情况越频繁，即共现次数越多，二者的关系越密切，可能存在的竞争关系越强。据此案例选用社会网络分析法进行产品或品牌竞争对手识别分析。利用产品特征分析中"品牌产品"的抽取结果构建品牌或产品之间的共现矩阵，利用 R 进行可视化，获得品牌或者产品的共现社会网络图，保留共现社会网络图中共现次数大于 1 的关系边，获得各平台的核心关系图。

如图 3-4-5 所示，联想小新系列的外部直接竞争品牌为华为、三星、苹果、台电、小米、戴尔、惠普；外部竞争产品主要为 Mac、荣耀 16；ThinkPad 是联想小新系列的内部竞争产品。在小新系列的发展中要时刻关注华为、三星等品牌，同时重点监控 Mac、荣耀 16 等主要竞争产品。

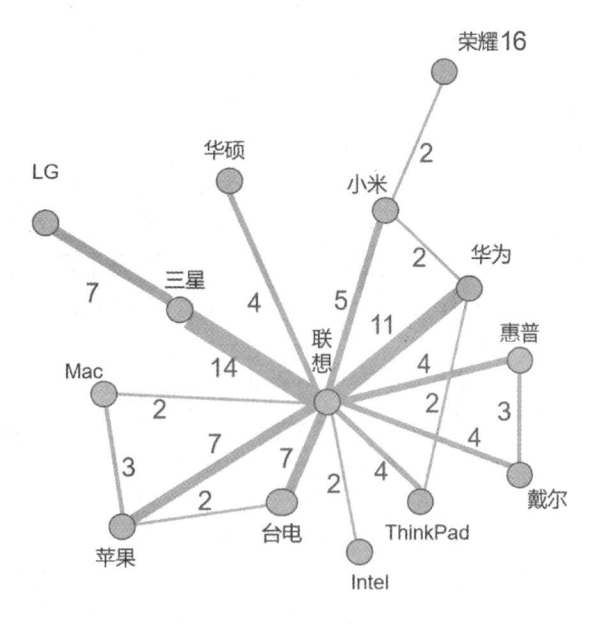

图 3-4-5 品牌和产品的共现社会网络图（1）

绘制品牌的共现社会网络图的 R 语言代码如下：

```
library(igraph)
```

```
library(Matrix)
wordsna=read_excel("专业词表.xls",sheet=1)
    paste(comments[cut_para1[i,1]:cut_para1[i,2]], collapse = "")
##根据品牌关键词，匹配每段话中词语共现的频数，然后绘图，这里展示3个主题的词网络
roles=wordsna$品牌产品
para=data$评论正文
##计算品牌共现矩阵
role_para = sapply(roles, grepl, para)
colnames(role_para) = roles
mm=crossprod(role_para)
diag(mm)=0
##建立共现社会网络图
g1 = graph_from_adjacency_matrix(mm,weighted=T,mode="directed")
##去掉孤立点
badvs = V(g1)[degree(g1) == 0];g1 = delete.vertices(g1, badvs);g1
##绘制共现社会网络图
plot(g1,edge.width=E(g1)$weight,
     vertex.size=10,
     layout=layout.fruchterman.reingold,
     vertex.shape='circle',
     vertex.label.cex=0.75,
     edge.label=E(g1)$weight,
     vertex.label.color='black',
     edge.arrow.size=0.15)
```

（2）竞争强度划分。

竞争对手的识别与分析还包括竞争强度划分，根据竞争强度划分出核心竞争对手、中间竞争对手、外围竞争对手和潜在竞争对手等层次。本案例利用社会网络分析法中的点度中心度作为反映品牌/产品之间的竞争强度的指标，计算共现矩阵中品牌/产品的点度中心度。如表3.4.4所示，从点度中心度的大小可以看出，华为+荣耀被提及的次数最多，为联想的核心竞争品牌；戴尔、小米、惠普、台电为主要竞争品牌；苹果、机械革命、微星、雷神、三星为中间竞争品牌；ThinkPad为较强的内部竞争产品，Mac为强外部竞争产品，此结论与上述从图3-4-5中得出的分析结果基本一致。上述分析结果表明，共现分析及社会网络分析相结合的方法在竞争对手识别及分析方面具有可行性，并能对竞争对手间的关系及竞争强度进行初步分析，在竞争对手分类及层次划分等方面具有一定的参考价值。

表3.4.4 点度中心度（1）

品牌/产品	点度中心度	品牌/产品	点度中心度
联想	62	小米	9
华为	12	台电	9
Mac	12	惠普	7
戴尔	9	ThinkPad	6

续表

品牌/产品	点度中心度	品牌/产品	点度中心度
苹果	5	三星	5
机械革命	5	雷神	5
微星	5	荣耀16	4

点度中心度计算的 R 语言代码如下：

```
degree=degree(g1,mode="all")  ##统计节点的度
table(degree)
degree.distribution(g1)
plot(degree.distribution(g1), xlab="node degree")
lines(degree.distribution(g1))
degree(g1,mode="in")
degree(g1,mode="out")
order(degree(g1,mode="out"),decreasing = T)
```

7. 模型应用

根据用户关注度分析、产品特征属性情感分析、竞争对手分析的结果，可整理出小新系列在"用户的关注热点与兴趣发现""产品特征评价与竞争优劣势""竞争对手及其竞争领域"3个方面的商业竞争情报分析结果。这些分析结果丰富具体，涵盖多个方面的竞争情报内容，对企业了解自身产品与市场信息，从而制定有效的竞争策略具有重要的参考价值，主要应用在制定针对性的竞争策略方面。例如，结合用户的关注热点与兴趣发现、产品特征评价与竞争优劣势的分析结果，可以分别对关注热点/兴趣-产品优势、非关注热点/兴趣-产品优势等组合采取不同的竞争策略；结合竞争对手及其竞争领域的分析结果，可以根据企业自身情况和竞争对手的强弱情况采取差异化的竞争手段。

(二) 某品牌智能手环产品竞争分析

1. 案例背景

智能手环是一种穿戴式智能设备。利用智能手环，用户可以记录日常生活中的锻炼、睡眠、饮食等实时数据，并将这些数据与手机等同步，起到通过数据指导健康生活的作用，这是智能手环的主要功能。

2022 年 1 月，京东平台智能手环的销量超过 70 万件，销售额超过 8 亿元，环比上个月增长了 90%。相较于 2021 年，2022 年的销量增长了 75%，销售额增长了 105%。从品牌排行方面来看，市场格局稳定，基本被小米和华为两大巨头占据，1 月份两者的市场份额累计达到约 75%。从热销商品方面来看，1 月份热销排名第一的是华为 WATCH D，月销量超过 2.5 万件。排名第二和第三的分别是小米米兔 5C、小天才 Q1。从销量方面来看，1 月份华为的市场占有率相对领先，达到了 28%左右，月销量约为 20 万件；其次是小米，月销量超过 10 万件，市场占有率在 17%左右，与华为相差 11%。从销售额方面来看，小米与华为有一定差距，华为 1 月份销售额为近 4000 万元。

从市场整体情况来看，更多实用性功能快速出现，智能手环不仅是用于记录身体特征的工具，还可以满足通话、移动支付、人体识别、智能提醒及分享等要求，极大地扩宽了智能手环的应用人群。在日益激烈的市场竞争环境下，华为想要保持领先优势，产品销量增长领跑其他品牌，需要不断挖掘产品优劣势，保持优势，改进劣势，并且时刻关注竞争对手，制定合适的竞争策略。

2. 数据准备

本案例选取华为运动手环作为分析对象，所用数据的来源包括中关村在线、华为官网、搜狗细胞词库等，获取数据的对象主要包括用户评论数据及用于运动手环专业领域词表构建的语料。

（1）用户评论数据。在京东、淘宝网搜索"华为运动手环"，用八爪鱼软件爬取搜索结果第一页产品的用户评论数据。

（2）词表构建语料。主要将从搜狗细胞词库中选取的现有专业词典、中关村在线的产品排行榜、测评报告、产品说明书等数据作为专业词典及词表构建的语料，如表 3.4.5 所示。

表 3.4.5 词表构建的语料（2）

序号	语料类型	语料来源	语料内容
1	现有专业词典	搜狗细胞词库	运动手环、智能手环等相关性较高领域的专业词表及最新的网络流行语词表
2	产品排行榜	中关村在线	运动手环排行榜中产品的品牌、系列及型号等信息
3	测评报告	搜狐数码、新浪科技、中关村在线	多篇测评报告正文
4	产品说明书	华为官网	华为运动手环所有产品的产品说明书全文、产品规格说明全文

3. 数据处理

为保证用户评论数据的质量，提高分析可信度，对词表构建的语料进行去重、筛选误收的广告信息、清除乱码和无关信息等处理，而对于用户评论数据，预处理操作包括有效数据筛选、表情符号转换、根据单句评论对象对长句进行分句。

4. 词表构建

在词表构建的语料中，现有专业词典能直接用于补充，产品排行榜主要用于获取品牌和产品的名称及其从属关系，产品说明书可抽取包括研究对象产品特征在内的专业词汇，而测评报告因其数据量较大，专业性较强，可做词汇补充。汇总上述词汇并去重，获得运动手环专业领域词表。

5. 产品优劣势分析

（1）用户关注度分析。

利用文本挖掘 LDA 主题聚类方法，对处理后的文本评论先进行分词，再进行聚类，利用 LDA 主题模型探究用户关注点，辅助完善特征词表的构建，特征词表需包含用户集中关注的特征。

如图 3-4-6 所示，通过 LDA 主题模型将用户评论数据聚为三类，第一类可以看出主要关注操作便捷度，第二类可以看出主要关注手环、华为品牌，第三类可以看出主要关注运动手环功能。也就是说，大部分购买华为运动手环并在线评价的用户明显关注的是上述三个方面，我们构建的专业词表中应该包含这三个方面的特征。企业应该重视这三个方面的宣传，紧抓用户关注的热点，相应地制定产品宣传销售策略。

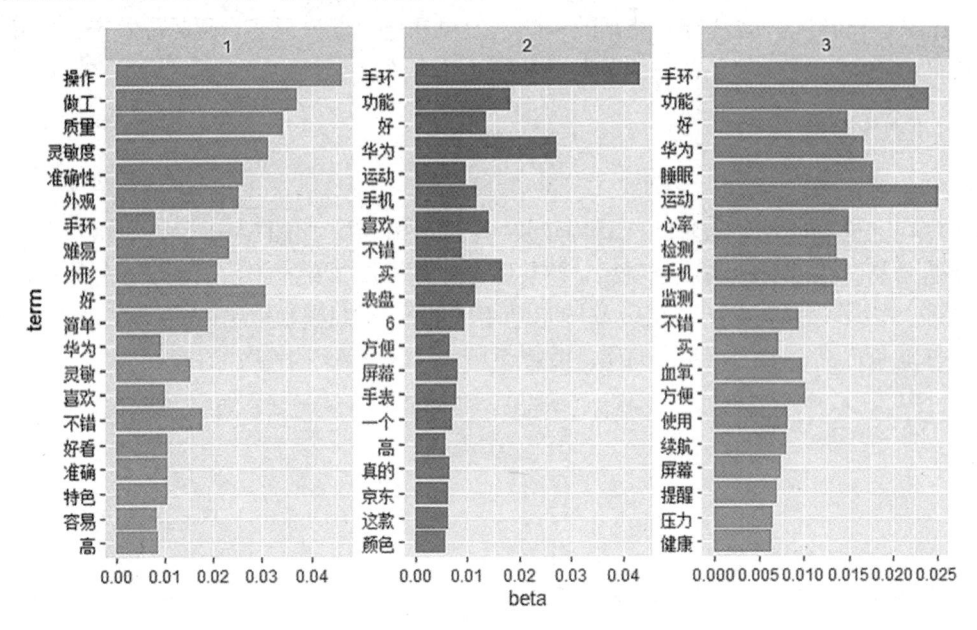

图 3-4-6　运动手环主题聚类

（2）产品特征属性情感分析。

为了获得用户在产品各个特征属性上的情感评价，按照上一案例中所列流程进行特征属性情感得分的计算，得到华为运动手环特征属性情感得分图，如图 3-4-7 所示。

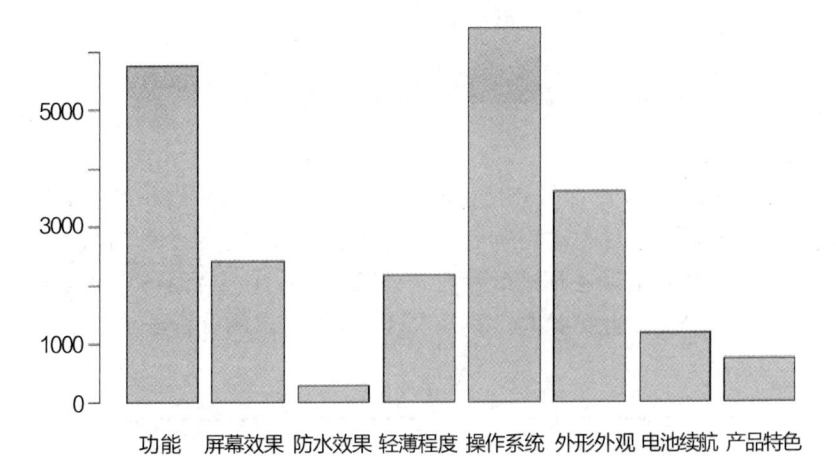

图 3-4-7　华为运动手环特征属性情感得分图

如图 3-4-7 所示，华为运动手环在操作系统和功能两个属性上的情感得分较高，与其他属性的情感得分差距较大，说明用户对华为运动手环的功能和操作系统很认可，功能和操作系统优势明显；在外形外观、屏幕效果、轻薄程度三个属性上的情感得分接近，均低于功能和操作系统，但是比电池续航、产品特色和防水效果三个属性的情感得分高，说明这三个属性的优势不突出，存在一定的不足；在防水效果属性上的情感得分最低，其次是产品特色和电池续航，说明华为运动手环的最大劣势是防水效果、产品特色，以及电池续航。企业若想提升产品竞争力，需要在保持现有优势的基础上特别改进防水效果和电池续航时长，同时寻找产品特色，将自己的产品特色打造成为产品的一大优势，提升产品竞争力。

6. 竞争对手分析

（1）竞争对手识别。

基于用户评论中提及的品牌和产品构建共现社会网络图，如图 3-4-8 所示。用户在评论中同时提及两个品牌或产品的情况越频繁，即共现次数越多，二者的关系越密切，可能存在的竞争关系越强。根据图 3-4-8 可以看出，华为运动手环的外部直接竞争品牌为荣耀、小米、中兴、佳明；外部竞争产品主要为荣耀手环 6、荣耀手环 5、小米手环 4 等。

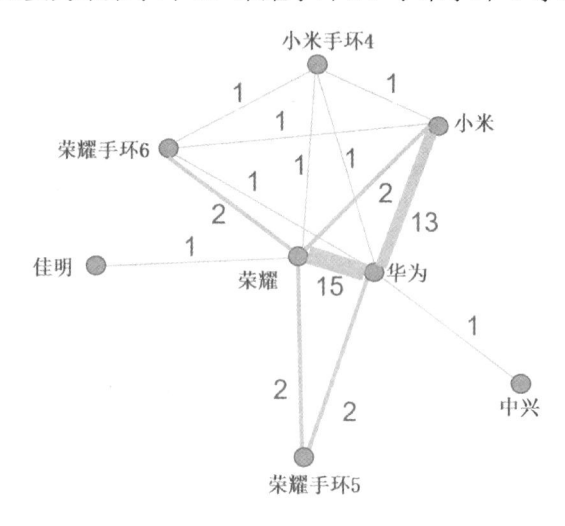

图 3-4-8　品牌和产品的共现社会网络图（2）

（2）竞争强度划分。

计算共现关系矩阵中品牌/产品的点度中心度，如表 3.4.6 所示。从表 3.4.6 中的点度中心度的大小可以看出，荣耀被提及的次数最多，是华为运动手环的核心竞争品牌；小米为主要竞争品牌；佳明、中兴和华为运动手环之间存在弱外部竞争；荣耀手环 6、荣耀手环 5、小米手环 4 为较强的外部竞争产品，此结论与上述从图 3-4-8 中得出的分析结果基本一致。

表 3.4.6　点度中心度（2）

品牌/产品	点度中心度
华为	33
荣耀	22
小米	17

续表

品牌/产品	点度中心度
荣耀手环6	5
小米手环4	4
荣耀手环5	4
佳明	1
中兴	1

7. 产品竞争分析总结

（1）用户关注点。

操作、屏幕、健康监测功能。

（2）产品优势。

产品总体评价较高，其中功能、操作系统两方面评价最高，之后依次是外形外观、屏幕效果、轻薄程度。

（3）产品劣势。

产品在防水效果、产品特色和电池续航三个方面的评价较低。

（4）竞争对手。

① 核心或主要竞争品牌：荣耀、小米。

② 外部竞争产品：小米手环4、荣耀手环5、荣耀手环6。

③ 潜在竞争品牌：佳能、中兴。

（三）案例上机实验

1. 实验内容

参考小新系列产品优劣势分析案例，根据分析思路，应用文本分析方法和社会网络分析方法，完成案例的上机实验。实验内容主要包括：用户评论的爬取，特征词表的构建，用户评论的 LDA 主题聚类（用户关注度分析），构建情感词表；用户评论的情感分析（产品优劣势挖掘）；用户评论和品牌/产品特征词的社会网络分析（产品竞争对手识别和竞争强度划分）。

2. 实验方法与步骤

（1）确定分析对象产品，确定爬取用户评论的平台，打开八爪鱼软件获取产品的用户评论。

（2）搜索收集产品专业词表构建的语料，形成能够评价该产品的专业特征词表。

（3）打开 R，将用户评论读入 R 工作空间，对用户评论数据进行清洗与处理。

（4）对处理后的用户评论数据进行分词、增加新词、去掉中文停用词操作，接着在 R 中调用 LDA 函数，建立 LDA 主题模型，调试聚类主题个数，最终输出 K 个主题的聚类图，根据主题分类分析用户关注的热点。

（5）根据已有的情感词表，结合用户评论的情感特点形成完善的情感词表；将特征词表中的属性名称单独保存为"属性名称.txt"文件，将特征属性表格重新保存为"属性词表.txt"文件。

（6）在 R 中读入"属性名称.txt"文件、"属性词表.txt"文件及情感词表 Excel，调用 sapply

函数计算特征属性出现矩阵、情感词出现矩阵、属性情感共现矩阵，最终计算特征属性情感得分，绘制特征属性情感得分图，根据得分情况总结产品优劣势。

（7）在 R 中用 read_excel 函数读入仅含一列"品牌/产品"属性的词表，根据品牌关键词，匹配每段话中词语共现的频数，调用 graph_from_adjacency_matrix 函数建立社会网络图，去掉孤立点之后调用 plot 函数绘制社会网络图，根据社会网络图分析产品的主要竞争对手。

（8）在 R 中调用 degree 函数统计节点的点度中心度，将结果整理为表格，根据点度中心度的大小划分竞争对手的竞争强度。

3. 总结反思

（1）用户评论的获取渠道较为单一，可扩展到多平台，包括微博、知乎等多元化社交媒体平台，体现不同平台用户对产品的评价特征及不同平台产品优劣势的差异。

（2）特征属性情感分析的实现过程较为粗糙，按照每一条评论进行情感得分匹配不够细致，得分情况会受到用户评论总数量的影响，可对算法进行优化调整。

本章习题

一、单选题

1. 下列不属于行业分析的是（　　）。
   A．分析行业的业绩对证券价格的影响
   B．分析行业所处的生命周期阶段对证券价格的影响
   C．分析行业所属的市场类型对证券价格的影响
   D．分析区域经济因素对证券价格的影响

2. 行业生命周期的四个阶段按顺序分别是（　　）。
   A．成熟阶段、衰退阶段、成长阶段、导入阶段
   B．成长阶段、导入阶段、成熟阶段、衰退阶段
   C．导入阶段、成长阶段、成熟阶段、衰退阶段
   D．成长阶段、衰退阶段、成熟阶段、导入阶段

3. （　　）产生的现金流量最能反映企业获取现金的能力。
   A．投资活动　　　B．经营活动　　　C．筹资活动　　　D．以上各项均是

4. 某企业 2002 年的销售收入净额为 250 万元，销售毛利率为 20%，年末流动资产为 90 万元，年初流动资产为 110 万元，则该企业流动资产周转率为（　　）。
   A．2 次/年　　　B．2.22 次/年　　　C．2.5 次/年　　　D．2.78 次/年

5. （　　）是一个综合性最强的财务分析指标，是杜邦分析法的核心。
   A．总资产利润率　　　　　　　　B．股东（所有者）权益报酬率
   C．销售净利率　　　　　　　　　D．总资产周转率

6. 迈克尔·波特针对行业竞争格局，提出波特五力分析模型。下列关于波特五力分析模型的说法中，错误的是（　　）。
   A．波特五力分析模型中的五力不包括政府力量

B．波特五力分析模型可以动态反映环境的变化

C．行业中的所有企业必须面对行业利润的威胁力量

D．企业可以利用成本优势或差异优势把企业与五力相隔离

二、多选题

1. 财务报表分析的基本方法有（　　）。
   A．比较分析法　　　B．事前分析法　　　C．比率分析法　　　D．百分比分析法
   E．因素分析法
2. 利用资产负债表可进行（　　）。
   A．偿债能力分析　　　　　　　　　　B．资产结构分析
   C．资本结构分析　　　　　　　　　　D．资产负债及所有者权益变化趋势分析
   E．财务成果分析
3. 反映短期偿债能力的比率包括（　　）。
   A．流动比率　　　　　　　　　　　　B．速动比率
   C．现金比率　　　　　　　　　　　　D．经营活动净现金比率
   E．到期债务本息偿还比率

三、简答题

1. 运用比较分析法进行财务报表分析时应注意哪些问题？
2. 为什么要进行偿债能力分析？如何进行偿债能力分析？
3. 简述财务报表分析的目标。
4. 常见的财务报表分析方法有哪几种？试解释。
5. 为什么要进行盈利能力分析？如何进行盈利能力分析？
6. 简述流动比率、速动比率间的关系。
7. 财务综合分析具有哪些特点？
8. 为什么要进行营运能力分析？如何进行营运能力分析？
9. 简述波特五力分析模型。
10. 简述进行产品优劣势分析需要做的数据准备。

四、案例分析题

读者可在学习本章所给案例的基础上，拓展用户评论的获取途径，除爬取电商平台的用户评论之外，还可以爬取各大社交媒体平台的评论，如新浪微博、豆瓣网、知乎等，探索不同平台上用户的关注热点。为获得更细节的产品特征属性情感评价，可以将情感分析结果与产品特征属性分析结果进行结合，匹配出每一条用户评论中的产品特征及用户情感倾向与评价，获得各个平台的正负情感-产品特征数量分布，以研究情感-产品特征的分布特点；也可在情感-产品特征的匹配基础上，继续进行评价词汇的抽取与统计，获得用户对某一产品特征的极性观点评价。需要注意的是，在数据来源方面，不同社交媒体平台的用户评论在数量和质量上各不相同，且内容的侧重点具有一定差别，这导致竞争信息挖掘利用效率具有不同特点，因此在选择竞争信息数据来源时应全面考虑其特点与效率，以获取更有价值的信息[18]。

第四章 风险管理

> **学习目标**
> 1. 掌握商业分析中风险管理的定义，掌握风险管理的几种方法。
> 2. 理解可行性分析的流程，掌握项目费用测算和收益估计的方法，能完成项目可行性分析。
> 3. 理解并掌握主观评分法的概念、步骤，能使用主观评分法进行评价计算。
> 4. 掌握决策树法的应用场景，能使用决策树法进行分析决策。
> 5. 理解层次分析法的定义、基本思路，掌握层次分析法的基本步骤和优缺点；能手动计算和使用 R 完成层次分析法的计算。
> 6. 掌握几种不确定性风险估计方法，能进行不确定性风险估计。

第一节 风险管理简介

某工程联合体（某央企+某省公司）承建了非洲某公路项目，该项目业主是某非洲国政府工程和能源部，出资方为非洲开发银行和该国政府，项目监理是英国某监理公司。在项目实施的四年多时间里，中方承包商遇到了极大的困难，尽管投入了大量的人力、物力，但由于种种原因，合同于 2005 年 7 月到期后，项目工程量只完成了 35%。2005 年 8 月，项目业主和项目监理不顾中方的反对，单方面启动了延期罚款，金额高达每天 5000 美元。为了防止国有资产的进一步流失，维护国家和企业的利益，中方承包商在我国驻该国大使馆和经商处的指导和支持下，积极开展外交活动。2006 年 2 月，项目业主致函中方承包商同意延长 3 年工期，不再进行延期罚款，条件是中方承包商必须出具由当地银行开具的约 1145 万美元的无条件履约保函。由于保函金额过大，又无任何合同依据，且项目业主未对涉及工程实施的重大问题做出回复，为了保证公司资金安全，维护自身利益，中方承包商不同意出具该保函，提出改用由中国银行出具的 400 万美元保函来代替。但是，由于该国政府对该项目的干预得不到项目业主的认可，2006 年 3 月，项目业主在项目监理工程师和律师的怂恿下，不顾政府高层的调解，无视中方承包商对继续实施合同所做出的种种努力，以中方承包商不能提供所要求的 1145 万美元履约保函为由，致函终止了与中方承包商的合同。针对这种情况，中方承包商积极采取措施并委托律师，争取安全、妥善、有秩序地处理好善后事宜，力争把损失降至最低。但无论如何努力，由于风险管理不当，造成了工程严重拖期，亏损严重，同时影响了中方承包商的声誉。

这是一个标准的商业风险管理失策的案例。

一、商业风险定义

商业风险是指在商业活动中，由各种不确定因素引起的，给商业主体带来获利或损失的机会或可能性的一切客观经济现象。现实中的商业风险无处不在，如市场价格的波动、物价的波动、消费者价值观的变化等都能导致出现市场经济条件下的商业风险。因此，在合同履行过程中，出现商业风险的原因可能与事情变更的原因相同，但商业风险和事情变更是两个不同的概念，两者性质不同。事情变更属于使合同成立的基环发生了异常变动，所造成的风险属于意外风险；而商业风险属于从事商业活动特有的风险，作为合同基础的客观情况的变化（一般的市场供求变化、价格涨落等[17]）未达到异常的程度。

二、风险管理方法

（一）风险管理的方法大类

风险管理有四种方法大类，分别是风险回避、损失控制、风险转移和风险保留。

1. 风险回避

风险回避是指投资主体有意识地放弃风险行为，完全避免特定的损失风险。简单的风险回避是一种消极的风险处理办法，因为投资主体在放弃风险行为的同时，往往也放弃了潜在的目标收益。所以，一般只有在以下情况下才会采用这种方法：一是投资主体对风险极端厌恶；二是存在可实现同样目标收益的其他方案，其风险更低；三是投资主体无能力消除或转移风险；四是投资主体无能力承担该风险，或承担该风险后得不到足够的补偿。

2. 损失控制

损失控制不是放弃风险行为，而是要制订计划和采取措施降低发生损失的可能性或者减少实际损失。损失控制包括事前、事中和事后三个阶段。事前控制的目的主要是降低发生损失的可能性，事中和事后控制主要是为了减少发生的实际损失。

3. 风险转移

风险转移是指通过契约将让渡人的风险转移给受让人的行为，风险转移有时可大大降低投资主体的风险程度。

风险转移的主要方式是合同和保险。通过签订合同，可以将部分或全部风险转移给一个或多个其他参与者，保险是使用最为广泛的风险转移方式之一。

4. 风险保留

风险保留即风险承担。也就是说，如果损失发生，投资主体将以当时可利用的任何资金进行支付。风险保留包括无计划自留、有计划自我保险。无计划自留是指损失发生后从收入中支付，即不是在发生损失前做出资金安排。当投资主体没有意识到风险并认为损失不会发生时，或显著低估风险可能造成的最大损失时，就会采用无计划自留方式承担风险。一般来说，无计划自留应当谨慎使用，因为如果实际总损失远远大于预计损失，将造成资金周转困难。有计划自我保险是指在可能的损失发生前，通过做出各种资金安排来确保损失发生后能及时获得资金以补偿损失。有计划自我保险主要通过建立风险预留基金的方式来实现。

（二）风险管理的几种策略

每家企业在生产经营过程中都有可能发生风险，但如何化解和降低风险是企业经营者必须进行研究的，企业的风险管理是一项重要的工作，由于风险的结果可能威胁到企业的生存，因此企业必须采取适当的风险管理策略进行风险管理。

1. 避免风险策略

任何经济单位对待风险时首先要考虑到的是避免风险。当风险造成的损失不能由该项目可能获得的利润予以抵销时，避免风险是最可行的简单方法。例如不进行某项投资，就可以避免该项投资带来的风险。但避免风险策略具有很大的局限性，原因在于①只有在风险可以避免的情况下，避免风险策略才有效果；②有些风险无法避免；③有些风险可以避免但成本过大；④企业消极地避免风险，会使企业安于现状，不求进取。

2. 控制风险策略

经济单位在风险不能避免或在从事某项经济活动势必面临某些风险时，首先想到的是如何减少风险的发生或如何减少风险发生后所造成的损失，即控制风险。控制风险主要有两方面意思：一是控制风险因素，减少风险的发生；二是控制风险发生的频率和降低风险的损害程度。要控制风险发生的频率就要进行准确的预测，要降低风险的损害程度就要果断地采取有效措施。控制风险策略受到各种条件的限制，人类的知识及技术虽然已高度发展，但是依然存在诸多障碍无法突破，因而无法达到完全控制风险和充分减少损失的目的。

3. 分散与中和风险策略

分散风险主要指经济单位采取多角经营、多方投资、多方筹资、外汇资产多元化、吸引多方供应商、争取多方客户以分散风险的方式。中和风险主要指在外汇风险管理中所采用的决策，如采取减少外汇头寸、期货套期保值、远期外汇业务等措施以中和风险。

4. 承担风险策略

经济单位在既不能避免风险，又不能完全控制风险或分散、中和风险时，只能自己承担风险所造成的损失。经济单位承担风险的方式可以分为无计划自留、有计划自我保险。

5. 转移风险策略

经济单位为了避免自己在承担风险后对其经济活动造成损害，可以对风险采用各种不同的方式进行转移，如进行保险或非保险形式转移。现代保险制度是转移风险最理想的方式。如经济单位进行财产、医疗等方面的保险，把风险转移给保险公司。此外，经济单位还可以通过合同条款规定，把部分风险转移给对方。

商业分析中的风险管理方法较多，本章从商业实践角度出发，选择了五个与统计相关的风险管理方法进行介绍，分别是可行性分析、主观评分法、层次分析法、决策树法、不确定性风险估计方法。

第二节　可行性分析

一个项目是否值得投资？项目费用如何？项目收益是多少？会遇到什么风险？是否可行？这些问题都是需要前期进行考虑和分析的，也只有做好前期的可行性分析，才能在项目开始之前规避风险。

一、可行性分析简介

（一）可行性分析的定义与要求

1. 可行性分析的定义。

可行性分析是通过对项目的主要内容和配套条件，如市场需求、资源供应、建设规模、工艺路线、设备选型、环境影响、资金筹措、盈利能力等，从技术、经济、工程等方面进行调查研究和分析比较，并对项目建成以后可能取得的财务、经济效益及社会影响进行预测，从而提出该项目是否值得投资和如何进行建设的咨询意见，为项目决策提供依据的一种综合性系统分析方法。可行性分析应具有预见性、公正性、可靠性、科学性的特点。

可行性分析要求以全面、系统的分析为主要方法，以经济效益为核心，围绕影响项目的各种因素，运用大量的数据资料论证拟建项目是否可行，对整个拟建项目给出综合分析评价，指出优缺点和建议。为了支持得到的结论，往往还需要加上一些附件，如试验数据、论证材料、计算图表、附图等，以增强可行性研究报告的说服力。

2. 可行性分析的一般要求。

可行性分析对于整个项目建设过程乃至整个国民经济都有非常重要的意义，为了保证可行性分析的预见性、公正性、可靠性、科学性，有效地防止出现错误和遗漏，在可行性分析过程中要做到以下几点。

（1）必须站在客观、公正的立场上进行调查研究，做好基础资料的收集工作。对于收集的基础资料，要按照实际情况进行论证评价，如实地反映客观经济规律，从客观数据出发，通过科学分析，得出项目是否可行的结论。

（2）可行性研究报告的内容深度必须达到国家规定的标准，基本内容要完整，应尽可能多地利用数据资料，避免粗制滥造、形式主义，要掌握好以下四个要点。

① 先论证，后决策。

② 处理好项目建议书、可行性分析、评估三个阶段的关系，哪一个阶段发现不可行都应当停止调查研究。

③ 要将调查研究贯彻始终。一定要掌握切实可靠的资料，以保证资料选取的全面性、重要性、客观性和连续性。

④ 多方案比较，择优选取。对于涉外项目或者在外在因素的压力下必须与国外接轨的项目，可行性研究报告的内容及深度还应尽可能与国际接轨。

（3）为保证可行性分析的工作质量，应使咨询设计单位有足够的工作周期，防止因各种原因造成的不负责任、草率行事,具体工作周期应由委托单位与咨询设计单位在签订合同时协商确定。

(二)可行性分析流程

针对项目在技术和经济方面是否可行所进行的科学分析和论证就是可行性分析。可行性分析是在调查的基础上,通过市场分析、技术分析、财务分析和国民经济分析对各种投资项目的技术可行性与经济合理性进行的综合评价。

可行性分析大体可分为三个方面:工艺技术、市场需求、财务经济状况。可行性分析应具备的条件:项目建议书已经获得批准,编制单位具有相应的资格,按照国家有关规定进行。可行性分析流程如图 4-2-1 所示。

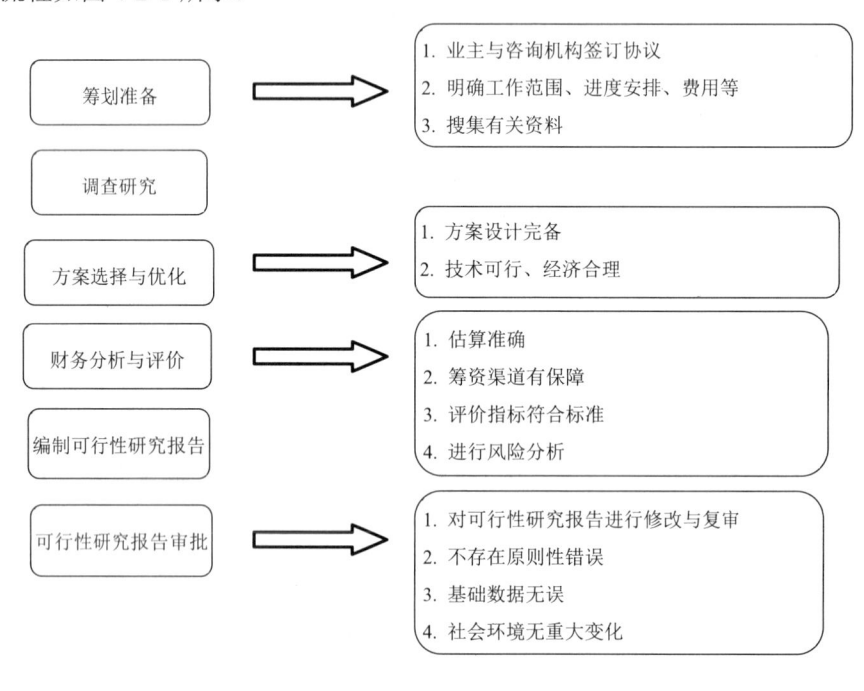

筹划准备 → 1. 业主与咨询机构签订协议　2. 明确工作范围、进度安排、费用等　3. 搜集有关资料

调查研究

方案选择与优化 → 1. 方案设计完备　2. 技术可行、经济合理

财务分析与评价 → 1. 估算准确　2. 筹资渠道有保障　3. 评价指标符合标准　4. 进行风险分析

编制可行性研究报告

可行性研究报告审批 → 1. 对可行性研究报告进行修改与复审　2. 不存在原则性错误　3. 基础数据无误　4. 社会环境无重大变化

图 4-2-1　可行性分析流程

(三)可行性研究报告组成

不同行业的可行性研究报告各有不同,但基本内核类似,一个完整的可行性研究报告应包括以下几个方面的内容。

(1)项目概况。

项目概况主要介绍项目的背景和目的,包括项目名称、提出单位、项目内容、项目的目的和意义、项目范围等内容。在项目概况中,需要详细描述项目的基本情况和项目所处的环境,以便为后续分析提供参考依据。

(2)市场分析。

市场分析是指对项目所属领域的市场进行深入分析,包括市场规模、增长趋势、市场结构、竞争格局等方面的情况。通过市场分析,可以评估项目在市场中的定位和发展前景,为后续的可行性评估提供基础数据。

（3）技术可行性分析。

技术可行性分析是指针对项目所涉及的关键技术或技术方案进行详细分析，评估其技术成熟度、可行性和实施难度。技术可行性分析需要考虑技术的先进性、稳定性、可持续性等因素，以确定项目技术实施的可行性。

（4）经济可行性分析。

经济可行性分析是指对项目的投资成本、运营成本、收益预测等方面进行经济分析，包括资金来源、投资回报期、财务指标等内容。经济可行性分析是可行性研究报告的核心内容之一，是确定项目是否值得投资的重要依据。

（5）管理可行性分析。

管理可行性分析是指对项目的组织架构、管理方式、人员配置等方面进行分析，评估项目的管理可行性和实施难度。管理可行性分析主要关注项目管理的有效性和可操作性，为项目实施提供组织保障。

（6）风险分析与对策。

风险分析与对策是指对项目实施过程中可能面临的各类风险进行全面分析，包括市场风险、技术风险、经济风险、管理风险等，并提出相应的风险对策和控制措施。风险分析是为了预见可能的问题，并在可行性研究报告中提出解决方案，以保障项目顺利实施。

（7）可行性结论与建议。

根据以上分析，对项目的可行性进行综合评价，并提出针对性的结论和建议。可行性结论与建议需要明确指出项目的可行性程度，同时提出建议性意见，为项目的后续实施提供指导。

在经济可行性分析中，最重要的是项目费用和项目收益，下面分别对其进行介绍。

二、项目费用

下面从项目成本管理的角度介绍项目费用。在项目的建设过程中，项目管理所涉及的费用不仅仅是成本，还有很多其他费用，因此，费用是完成项目必不可少的物质条件。

要测算项目费用，首先要知道项目费用包含的内容，例如盖一栋房子，房子的建筑面积、墙面面积或者屋顶面积都可以影响房子的建造成本；制造一辆卡车的成本可以根据卡车的马力、质量、运载力、载重量等确定。

为了明确项目费用的内涵，需了解什么是成本。从经济学的角度来分析，成本就是为完成项目全部内容所直接投入的资金。这里的全部内容在工程实际当中一般指项目实体，如建筑工程中的建筑物、信息建设工程中的网络与设备、科学研究中的实验和调研等。但在项目的计划与实施过程中，不仅需要成本这部分费用，还可能需要项目筹划准备时所需的咨询费、考察费，项目实施前所需的设计费、手续办理费，项目实施中处理不可预见事件的预备费，以及项目完成后进行评价、分析、总结所需的费用。因此，项目费用管理要比项目成本管理的含义更广泛。

（一）项目费用的组成

项目多种多样，不同项目的费用组成是有很大差异的。因此，就项目费用的组成而言，不同领域从不同视角对项目费用的组成进行了划分。

1. 固定费用和变动费用

固定费用是指相对稳定的项目费用，如项目实施中的设备及设施折旧费、管理人员基本薪金、项目建设所需材料的费用、管理费用等。变动费用是指用于随项目工作内容增减而发生的费用，如项目的广告费、研发费、职工培训费等。

针对生产性项目而言，项目的总投资包括固定资产投资和流动资产投资两部分。固定资产投资的内容按照费用的性质划分，有建筑安装工程费、设备及工具购置费、工程建设其他费用、预备费等。

流动资产投资是指生产性项目投产后，用于购买原材料、燃料，支付工资及其他经营费用等所需的周转资金。

项目总投资费用图如图 4-2-2 所示。

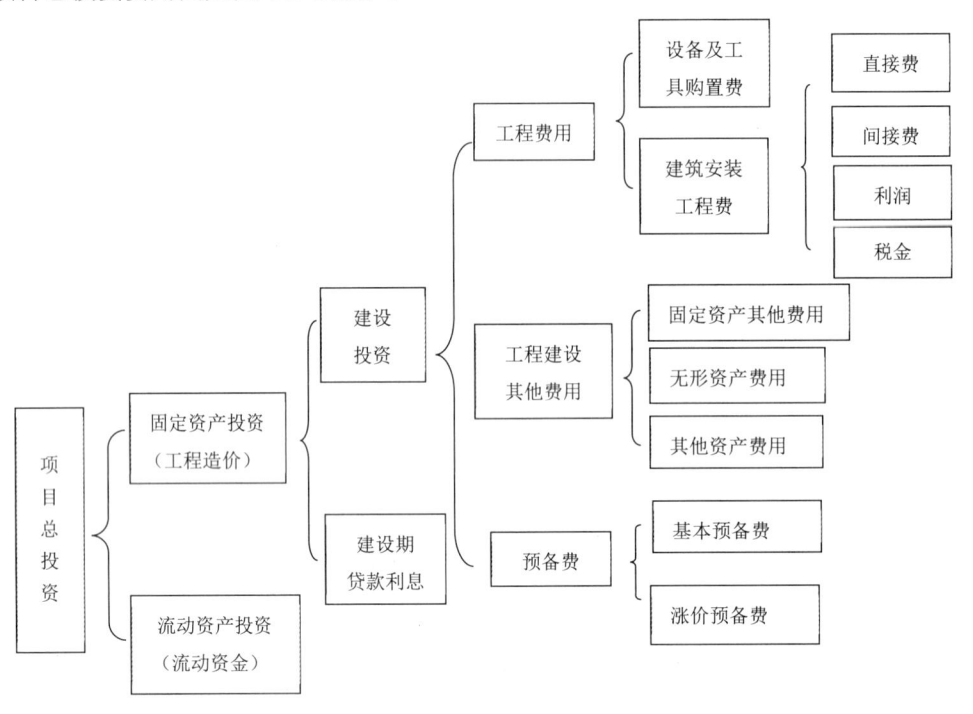

图 4-2-2 项目总投资费用图

2. 直接费和间接费

直接费是指能直接计入项目成本的费用，如为完成项目所需的人工费、机械费、材料费等。间接费是指除直接费以外的所有费用。

3. 相关费用或其他费用

相关费用是指从项目筹建起到项目交付使用止的整个建设期间，除可直接纳入项目费用以外的费用，如表 4.2.1 所示。

第四章 风险管理

表 4.2.1 相关费用

费用组成		说明与计算方法
土地使用费	农业土地征用费	由土地补偿费、安置补助费、土地投资补偿费、土地管理费、耕地占用税等组成
	取得国有土地使用费	包括土地使用权出让金、城市建设配套费、拆迁补偿与临时安置补助费
与未来企业生产经营有关的其他费用	联合试运转费	单项工程费用总和乘以试运转费率或以试运转费的总金额包干
	生产准备费	包括生产职工培训费,生产单位提前进厂施工、安装设备、调试设备、熟悉工艺流程及设备性能等人员的工资、工资性补贴、职工福利费、差旅交通费、劳动保护费等
	办公和生活家具购置费	通过设计定员人数乘以综合指标进行计算
与项目建设有关的其他费用	建设单位管理费	包括建设单位开办费和建设单位经费
	勘察设计费	包括项目建议书、可行性研究和设计文件所需的费用,按《工程勘察设计收费标准》计算
	研究试验费	为项目前期设计提供或验证设计参数、数据资料所需的费用,包括自行或委托其他部门进行研究试验所需的人工费、材料费、试验设备及仪器使用费,支付的科研费用、先进技术的一次性技术转让费
	工程监理费	根据国家发展和改革委员会价格司、住房和城乡建设部的规定计算
	工程保险费	根据不同的工程类别,通过建筑安装工程费乘以建筑安装工程费保险费率进行计算
	引用技术和进口设备其他费	包括出国人员费用、国外工程技术人员来华费用、技术引进费、分期或延期付款利息、担保费及进口设备检验鉴定费

(二)项目费用测算方法

项目是从策划、设计、实施到结束逐步完成和实现的,同样,项目费用的测算和投入也将随着这一过程逐步展开。为了对项目费用进行有效的管理和控制,项目费用一般进行四个方面的分析,即项目费用的估算、概算、预算和决算。

1. 估算

估算是指在项目的投资决策分析中,由于无法对项目中的若干问题进行具体化,也无法预测项目实施过程中可能出现的具体问题,但为了分析和确定项目是否值得投资建设和立项审批,编写项目建议书而对项目费用做出的一个大概估计,估计误差允许为±30%。它是项目主管部门审批项目建议书的依据之一,并对项目的规划、规模起参考作用,也可作为项目资金筹措的依据。

2. 概算

在项目立项之后,将在项目建议书的基础上进行更加详细的调查和研究,并编写出项目的可行性研究报告和初步设计方案。在此基础上,便可根据初步设计方案对项目进行概算,估计误差允许为±10%。它是决定项目是否可行、对项目进行最后决定的依据,也是作为编制投资计划、申请贷款的主要依据。

3. 预算

预算是指根据批准的设计图纸,结合相应的预算定额、单位估价表、各种费率取费标准等计算和编制的项目费用。

4. 决算

决算是指在完成项目的具体任务和工作之后，根据实际完成量、相应的定额，以及各种费率取费标准等计算和编制的项目最终费用，是支付给项目实施者费用的依据。

项目的估算是指基于当前信息确定项目整个过程及相应活动的相关数据，包括时间估算、成本估算。估算在项目的不同阶段是不断变化的。

采用不同的估算方法，项目的估算精度就有所不同，它主要取决于手头资料、信息的可得性和积累的经验，如果想提高项目的估算精度，可以建立项目的数据库，包括历史信息、项目记录等。

项目费用的估算一般要将项目所需的全部费用包括进来。由于在进行项目费用估算时还缺乏详细的数据，因此项目费用估算的依据主要是拟建项目的主要内容、专门机构发布的工程造价和费用构成，以及政府部门发布的物价指数、已建成的同类项目的投资档案资料等。项目费用的估算一般采用简单估算方法。

5. 估算示例

下面介绍的方法可用于估算项目投资额或项目费用。

（1）生产能力指数法。

原理：生产能力指数法是利用已建成的同类项目的投资额或其设备投资额，估算类型相同而生产规模不同的项目投资额或其设备投资额的方法。

计算公式如下：

$$Y_2 = Y_1 \cdot (\frac{X_2}{X_1})^n \cdot F \quad (4\text{-}2\text{-}1)$$

式中，Y_2 为拟建项目的投资额；Y_1 为已建成的同类项目的投资额；X_2 为拟建项目的生产能力；X_1 为已建成的同类项目的生产能力；F 为综合调整系数，即新老项目建设间隔期内定额、单价、费用变更等的综合调整系数；n 为生产能力指数，$0 \leq n \leq 1$。即

$$拟建项目的投资额 = 已建成的同类项目的投资额 \times \left(\frac{拟建项目的生产能力}{已建成的同类项目的生产能力}\right)^{生产能力指数} \times 综合调整系数$$

注意：运用这种方法估算项目投资额的重要条件是要有合理的生产能力指数。

① 若已建成的同类项目的规模和拟建项目的规模相差不大，生产规模比值在 0.5~2 之间，则生产能力指数 n 的取值近似为 1。

② 若已建成的同类项目的规模和拟建项目的规模相差不大于 50 倍，且拟建项目规模的扩大仅靠扩大设备规模来实现，则 n 的取值约为 0.6~0.7。

③ 若已建成的同类项目的规模和拟建项目的规模相差不大于 50 倍，且拟建项目规模的扩大靠增加相同规格设备的数量来实现，则 n 的取值为 0.8~0.9。

生产能力指数法的计算过程简单、计算速度快，但要求已建成的同类项目的资料可靠，条件基本相同，否则误差就会增大。

例 4-2-1

已知建设年产 30 万吨乙烯装置的投资额为 60000 万元,现有一台年产 70 万吨乙烯的装置,工程条件与上述装置类似,试估算该装置的投资额(n=0.6,F=1.2)。

根据式(4-2-1)可知,$Y_2 = Y_1 \cdot (\frac{X_2}{X_1})^n \cdot F = 60000 \times (\frac{70}{30})^{0.6} \times 1.2 \approx 119707$(万元)。

(2)比例估算法。

比例估算法也称为因子估算法,它以拟建项目的主体工程费或设备费为基数,根据已建成的同类项目的建筑安装工程费和其他工程费等占设备费的百分比,求出相应的建筑安装工程费及其他工程费等,再加上拟建项目的其他有关费用,其总和即为拟建项目的投资额。

$$Y = E \cdot (1 + f_1 \cdot P_1 + f_2 \cdot P_2 + f_3 \cdot P_3 + \cdots + f_n \cdot P_n) + I \quad (4-2-2)$$

式中,Y 为拟建项目的投资额;E 为根据拟建项目当时当地价格计算的设备费(含运杂费)的总和;$P_1, P_2, P_3, \cdots, P_n$ 为已建成的同类项目的建筑安装工程费及其他工程费等占设备费的百分比;$f_1, f_2, f_3, \cdots, f_n$ 为由于时间因素引起的定额、价格、费用标准等综合调整系数;I 为拟建项目的其他有关费用。

例 4-2-2

某新建项目的设备费为 10000 万元,根据已建成的同类项目统计情况,一般建筑工程费占设备费的 28.5%,安装工程费占设备费的 9.5%,其他工程费占设备费的 7.8%。该项目其他有关费用估计为 800 万元,试估算该项目的投资额(假设综合调整系数均为 1)。

$$\begin{aligned} Y &= E \cdot (1 + f_1 \cdot P_1 + f_2 \cdot P_2 + f_3 \cdot P_3 + \cdots + f_n \cdot P_n) + I \\ &= 10000 \times (1 + 28.5\% \times 1 + 9.5\% \times 1 + 7.8\% \times 1) + 800 \\ &= 15380 \text{(万元)} \end{aligned}$$

(3)系数估算法。

① 朗格系数法。

朗格系数法:以设备费为基础,乘以适当系数来推算项目的总建设费用。

$$C = E \cdot (1 + \sum K_i) \cdot K_c \quad (4-2-3)$$

式中,C 为总建设费用;E 为设备费;K_i 为管线、仪表、建筑物等项目费用的估算系数,K_c 为管理费、合同费、应急费等费用的估算系数。

总建设费用与设备费之比为朗格系数 K_L,即

$$K_L = (1 + \sum K_i) \cdot K_c \quad (4-2-4)$$

这种方法比较简单,但没有考虑设备规格、材质的差异,所以精确度不高。

② 设备费及厂房土建费系数法。

一个项目的设备费和厂房土建费之和占了整个项目费用的绝大部分。如果设计方案已确定生产工艺,初步选定了工艺设备并进行了工艺布置,就有了工艺设备的质量及厂房的高度和面积。那么设备费和厂房土建费就可以分别估算出来,其他专业工程费与设备关系较大的按设备费系数计算,与厂房土建关系较大的按厂房土建费系数计算,两类费用加起来就可得出整个项目费用,这个方法在预可行性研究阶段使用是比较合适的。

例 4-2-3

某项目的设备费估计为 2600 万元,厂房土建费估计为 4200 万元,其他各专业工程费系数如下:

工艺设备 1,起重设备 0.09,加热炉及烟道 0.12,气化冷却设备 0.01,余热锅炉 0.04,供电及转动设备 0.18,自动化仪表 0.02,系数合计为 1.46。

厂房土建(含设备基础)1,给排水工程 0.04,采暖通风 0.03,工业管道 0.01,电气照明 0.01,系数合计为 1.09。

$$C = 2600 \times 1.46 + 4200 \times 1.09 = 8374 (万元)$$

(4)资金周转率法。

资金周转率法是利用资金周转率指标来进行项目总投资额或项目费用估算的。先根据已建成的同类项目的有关数据计算资金周转率,然后根据拟建项目的预计年产量和预计单位产品售价估算拟建项目的总投资额或总费用。其计算公式如下:

$$资金周转率 = \frac{年销售总额}{年投资额} = \frac{年产量 \times 单位产品售价}{年投资额} \quad (4\text{-}2\text{-}5)$$

$$拟建项目的总投资额或总费用 = \frac{预计年产量 \times 预计单位产品售价}{资金周转率} \quad (4\text{-}2\text{-}6)$$

(5)单位面积综合指标估算法。

单位面积综合指标估算法适用于单项工程的投资额或费用估算,如土建、给排水、采暖、通风、空调、电气、动力管道等。其计算公式如下:

$$\begin{aligned}单项工程的投资额或费用 &= 建筑面积 \times 单位面积造价 \times 价格浮动指数 \\ &\quad \pm 结构和建筑标准部分的价差\end{aligned} \quad (4\text{-}2\text{-}7)$$

(6)单元指标估算法。

单元指标估算法在实际工作中使用较多,单元指标是指单位客户房间投资指标、冷库单位储藏量投资指标、医院每个床位投资指标等。工业建设项目和民用建设项目的项目投资额的计算公式如下。

工业建设项目:

$$项目投资额 = 单元指标 \times 生产能力 \times 物价浮动指数 \quad (4\text{-}2\text{-}8)$$

民用建设项目:

$$项目投资额 = 单元指标 \times 民用建筑功能 \times 价格浮动指数 \quad (4\text{-}2\text{-}9)$$

(三)影响项目费用的因素

在项目的实施过程中,项目内、外部因素的变化可能会使项目不能按照预定的计划实施,项目计划的改变无疑会影响到项目费用,这些因素可能有以下几种。

① 特殊原因或发生重大事件、不可抗力事件,如自然灾害,重大社会活动造成的交通临时管制或交通中断,突然发生的恐怖袭击、动乱、战争、火灾、罢工、社会动荡等。

② 国家针对某种特殊现象采取的特殊政策或政策变化、宏观经济调整等。

③ 与项目紧密相关的刑事案件。

④ 拆迁困难或土地征用带来的遗留问题。

⑤ 发生重大安全事故。
⑥ 供水、供电、供气、通信等系统因发生故障而停止供应或由手续不全等原因造成停工。
⑦ 因发生严重的工程质量事故而返工、返修、拆除重建等。
⑧ 施工中挖断重要管线、电力电缆、通信光缆等，使项目暂停实施并带来重大损失。
⑨ 与当地居民、有关部门产生争议，导致项目停工。
⑩ 合同管理不善，产生法律纠纷。
⑪ 监理人员、施工人员缺乏施工经验，技术水平低。
⑫ 设计出错，变更频繁。
⑬ 施工场地环境不良，照明不足，场地狭窄，施工困难，效率低。
⑭ 施工过程中损坏的设备、工具较多，维修费用增加。
⑮ 采购人员收受回扣，购进质次价高的材料。
⑯ 临时调用现场材料或人员执行其他任务，导致费用超支。
⑰ 施工过程中材料、工具、零件等易耗品浪费严重，运输不便，材料、设备的二次倒运频繁。
⑱ 地质条件和复杂的施工环境等导致费用增加。
⑲ 工程建设对自然环境造成破坏，需要进行恢复、赔偿或被处罚。
⑳ 违反有关部门（如环保、城建、安全、消防、交通、治安等）的规定，责令整顿或被处罚。

（四）项目费用的控制方法

项目费用控制的目的是使项目实际发生的费用不超出预算的范围。按项目的执行过程来分类，项目费用的控制可分为事前控制、事中控制和事后控制。

事前控制是指在项目实施前对项目可能出现的问题进行预测，以便及时发现项目中存在的问题，并予以处理，使项目费用在计划控制之中。

事中控制是指在项目的实施过程中对项目费用进行控制的一种方法，由于这种方法与项目的实施过程并行而为，它能对项目实施过程中出现的问题做出较为快速的反应，也能通过对项目费用若干指标的分析发现项目费用存在的问题。因此，它是一种动态的管理方法，也是项目实施过程中主要采用的方法。

事后控制是在项目费用与项目费用预算发生偏差之后，才分析问题并采取补救措施的一种方法，由于这种方法给项目带来的不利影响较大，甚至已造成非常严重的后果，所以事后控制一般仅作为总结管理经验的方法使用。

下面介绍两种项目费用控制方法：对比法和控制图法。在实践中，人们最常采用也最直观有效的方法是对比法，公式如下：

$$\lambda = \frac{\alpha - [\alpha]}{[\alpha]} = \frac{\Delta \alpha}{[\alpha]} \quad (4\text{-}2\text{-}10)$$

式中，$[\alpha]$ 是项目费用的计划值；α 是项目费用的实测值；λ 是计划值与实测值之间的差值和计划值的比值。对 $[\alpha]$ 和 α 进行比较，如果 $[\alpha] \geqslant \alpha$，则项目费用超支；如果 $[\alpha] < \alpha$，则项目费用没有超支。项目费用控制图如图 4-2-3 所示。

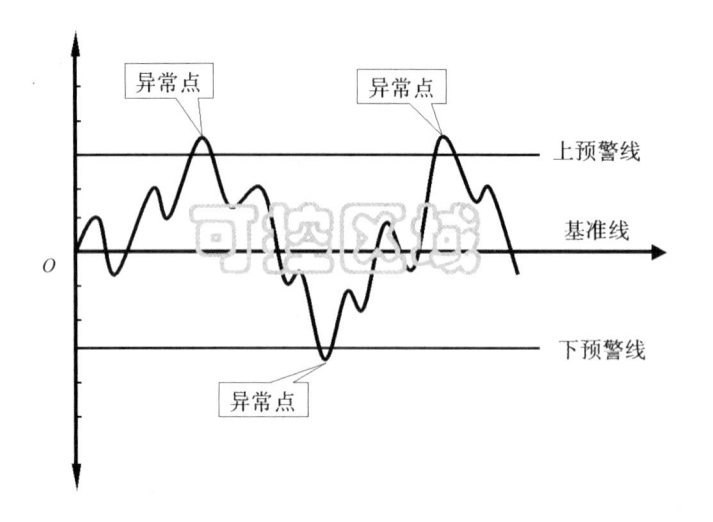

图 4-2-3　项目费用控制图

项目费用控制图以标示项目进度的横轴为基准线，分为正、负偏差两个区域。正偏差表示项目费用超支，负偏差表示项目费用节支。假设项目费用可接受的变化在总费用的±15%范围内，则-15%称为下预警线，+15%称为上预警线，从-15%到+15%的范围称为可控区域，超出可控范围的点都是项目费用控制的异常点。一般来讲，完成任务就应消耗所需的相应资源，但在项目的实施过程中，过度的超支或节支都是不正常的。通过项目费用控制图可以发现项目中的异常点，警示项目管理者做出相应的分析，找出原因，并制定相应的对策，确保将项目费用控制在允许的范围之内。基准线的刻度可根据项目需要进行划分，如天、周、旬、月等，标尺线可按百分数、比率、具体数值等方式予以标注，视项目管理需要而定。[①]

三、项目收益

（一）项目收益方式的组成

商业模式有九大构成要素，分别是价值主张、客户细分、分销渠道、客户关系、项目收益方式（或收入来源）、核心资源及能力、关键业务（或企业内部价值链）、重要伙伴、成本结构。项目收益方式是企业的关键要素之一，这关系到企业通过什么方式来获取利润。具体来说，项目收益方式一般包括以下几方面。

（1）经营性收入。

经营性收入是实体项目最常见的营收形式，传统商业模式都以此为主要营收形式，如手机销售、汽车销售、超市产品销售等。

（2）投资性收入。

比如房屋投资。

（3）资产性收入。

品牌、股权、资本增值，未来的收益。

---

① 控制图知识详见本书第六章第二节。

(4) 产品或服务的计费使用收入。

为客户提供特定产品或服务，并不以销售为营收方式，而是以计费使用的形式收取费用。如共享单车、充电宝等都是以计费的方式赚取收入。

(5) 广告收费。

这种收入来源于为特定的产品、服务或品牌提供广告宣传服务。传统上，媒体、会展、软件和服务行业均以此作为主要收入来源。

(6) 会员制收费。

很多产品和服务不给自身进行价格定位，而是捆绑在会员体系中，成为会员的独享产品或服务，收入来源于会员制的月费或年费。例如，各种视频 App 都是以视频会员制形式收费的。

(7) 中介收费。

顾名思义，中介收费就是提供中介服务而收取的佣金，如房地产中介、股票经纪人等都是收取其提供中介服务而产生的佣金。

除上面的七种项目收益方式以外，还有使用收费、订阅收费、授权收费、经纪收费、租赁收费等几种项目收益方式。

（二）预估收益

预估收益是对未来业绩的预估判断，未来有可能未达到，也有可能超过预期，是非保证和非事实项。预估收益通常可以展示现有及未来3~5年的营业收入和净利润，可以以图表形式展示（如条形图、折线图等），一目了然，较为直观地看到未来的增长趋势。如果企业正在发展中，并且有一定销售业绩，那么营业收入可以按类比法预估，参照市场上同行业公司、同等成长企业的业绩。结合自身企业的经营情况和现有市场团队的拓展能力，在已开发的订单金额的基础上，推测未来能开发的订单，再按照一定的倍数累计后预估收益。当然，不同的行业有不同的预估方法，但都以核心产品的销售金额作为营业收入。净利润是扣除相应的营业成本、管理费用、销售费用、研发费用、财务费用和所得税费用等后的金额，找财务帮忙测算一下即可。如果企业是初创型的，没有任何收益，也是可以写营业收入和净利润的，附上潜在客户已签的合同订单作为辅助说明即可。主要方法是按照市场的发展前景，参考同类企业拓展客户的数量，再结合自身市场的推进计划去预测未来几年的业绩。当然，对于初创型企业，预估收益并不重要，只是使商业计划书更完整而已。

1. 内部收益率的计算步骤

（1）净现值和现值指数的计算。

净现值是指项目生命周期内各年所发生的资金流入量和流出量的差额，按照规定的折现率折算为项目实施初期的现值。因为货币存在时间价值，所以净现值的计算就是要把投资折成终值与未来收入进行比较，可以运用银行计算终值的方法计算现值（银行的贴现），得出其计算公式如下：

$$NPV = \frac{F}{(1+i)^n} \qquad (4\text{-}2\text{-}11)$$

式中，F 为终值；NPV 为现值；i 为折现率；n 为时期。

净现值计算的关键是确定折现率，对于一个项目而言，折现率即为项目的投资收益率。一般而言，折现率最低是银行利率，银行利率相当于货币的时间价值，也是进行投资的最低机会成本，最初测试折现率时，宜采用当时银行的一年期存款利率。

例 4-2-4

某物业公司为满足辖区业主的需要，投资 10 万元引进一个新服务项目，在实际经营的过程中，第一年扣除各种费用后的纯利润为 0.1 万元，第二年扣除各种费用后的纯利润为 0.2 万元，两年后以 11 万元卖出，求该项目的净现值。

假如：银行的一年期存款利率为 5%，将其设定为折现率，各年收益的现值和为

$$0.1 \times \frac{1}{1+0.05} + 0.2 \times \frac{1}{(1+0.05)^2} + 11 \times \frac{1}{(1+0.05)^2} = 10.2536（万元）$$

净现值为收益现值总额减投资现值，现值指数为收益现值总额/投资现值。即

$$净现值 = 10.2536 - 10 = 0.2536（万元）；现值指数 = \frac{10.2536}{10} \approx 1.0254$$

净现值大于 0，现值指数大于 1，说明该项目投资可行。

（2）内部收益率的计算

根据净现值和现值指数可以大致确定例 4-2-4 中项目的投资收益率范围，为了更加准确地了解该项目的投资收益率，通过综合银行利率、投资风险率、通货膨胀率、同行业利润率等确定该项目的投资预期收益率为 10%，并且对投资的内部收益率进行计算验证。

由直线内插法得出的内部收益率的计算公式如下：

$$\mathrm{IRR} = \frac{i_1 + \mathrm{NPV}_1(i_2 - i_1)}{\mathrm{NPV}_1} + |\mathrm{NPV}_2| \tag{4-2-12}$$

式中，IRR 为内部收益率；i_1 表示净现值为接近零的正值时的折现率（低折现率）；i_2 表示净现值为接近零的负值时的折现率（高折现率）；NPV_1 为采用低折现率 i_1 时净现值的正值；NPV_2 为采用高折现率 i_2 时净现值的负值。

更直观、明了地理解内部收益率的方法就是运用几何图解法进行计算：首先在横坐标轴上绘出两个折现率 $i_1=5\%$、$i_2=8\%$；然后由此两点画出垂直于横坐标的两条线段，线段另一端点的纵坐标分别等于相应折现率的正净现值 NPV_1、负净现值 NPV_2；最后连接两净现值的两端画一条线段，此线段与横坐标轴相交的一点表示净现值为零时的折现率，即内部收益率 IRR，如图 4-2-4 所示。

由图 4-2-4 中的两个相似三角形可知

$$\frac{\mathrm{NPV}_1}{|\mathrm{NPV}_2|} = \frac{\mathrm{IRR} - i_1}{i_2 - \mathrm{IRR}} \tag{4-2-13}$$

将等式两边的分母各自加上分子得

$$\frac{\mathrm{NPV}_1}{\mathrm{NPV}_1 + |\mathrm{NPV}_2|} = \frac{\mathrm{IRR} - i_1}{i_2 - i_1}$$

化简得

$$\mathrm{IRR} = i_1 + \frac{\mathrm{NPV}_1(i_2 - i_1)}{\mathrm{NPV}_1 + |\mathrm{NPV}_2|} \tag{4-2-14}$$

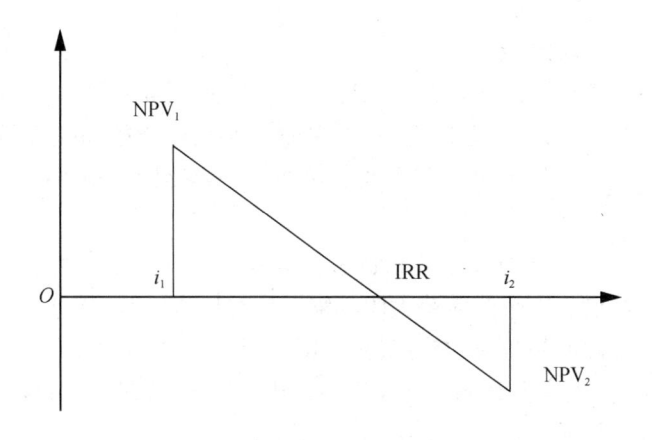

图 4-2-4　内部收益率

2. 内部收益率的计算要点

（1）要合理确定低折现率 i_1 和高折现率 i_2，先设定一个折现率，如果所得净现值不是接近零的正净现值，就要试用更高或更低的折现率，使求得的净现值为接近零的正值，从而确定低折现率 i_1，在 i_1 的基础上，继续提高折现率，直到找到一个接近零的负净现值，确定高折现率 i_2。

（2）为保证内部收益率的准确性，低折现率 i_1 和高折现率 i_2 之差不应大于 5%。

（3）使用的数据，如银行利率、通货膨胀率、行业利润率、预期收益率等要经过多方调查论证，尽量使用最新的准确数据。

（4）内部收益率的作用。

物业管理企业把围绕主营业务实施多元化经营作为新经济增长点的主要突破口，一些较有实力的物业管理企业已经取得了明显成效，这些经营项目主要包括提供场馆会所服务、物业中介咨询服务、礼仪服务、家政服务、销售代理服务、房屋改建装修工程、有偿代办服务、各类培训等。

但是从行业总体上看，物业管理企业的经营规模都不大，在资金、技术、经验及抗风险等方面都不具备强大的实力，多元化经营势必要将资金投入几个不同的行业，或者是不熟悉、不相干的行业，各种风险是很大的。项目决策的失误不仅不能贡献利润，还会拖累整体业绩，并且会由于分散了企业大量资源而增加管理的复杂性。

物业管理企业的发展与风险同在，要使该行业能够可持续发展，从业人员不仅要有敢于冒险、勇于创新的精神，在瞬息万变的市场中果断把握商机，还要善于学习，努力成为懂技术、管理、金融、财务等知识的复合型人才。熟练应用内部收益率，充分利用内部收益率不需要预先知道折现率 i 的数值及未来的经营情况，就可以对投资项目的实际收益率进行评估的特点，及早估算投资项目的可靠性，做到心中有数，为决策论证争取时间，而不是等待专业财务人员或者咨询机构提供分析报告后才了解项目情况。

内部收益率是反映项目获利能力的动态评价指标，物业管理企业可以根据内部收益率初步把握拟投资项目的可行性，通过进一步的详细论证，使企业做到有投资效益的项目才能投资，始终把利润作为企业运行的目的和生存的基础，谨慎行事，树立风险意识，保证项目的成功率，提高预测和规避风险的能力。

投资扩展新项目是需要资本的，物业管理企业根据项目的经营规划和自身的偿债能力，通过计算内部收益率可以确定项目在不发生亏损的前提下所能承担的最高借款利率，妥善安排举债的规模、融资方式和最佳时间，掌握长、短期负债的比例，规避因负债过高导致的财务风险。

在项目的经营过程中也要对每年的收益进行跟踪，如果实际收益率与预测的收益率相差很大，已经显露亏损的迹象，企业应该大胆收缩，及时出售效益差的项目，保证主业的经营。

内部收益率是项目收益的重要评价指标，但它不是唯一的评价指标，它只是一个比率，不是绝对值，它自身有优缺点和局限性。在实际估算中，应将内部收益率与其他相关指标结合起来运用，才能保证项目收益的预估结果更为全面合理。

（三）影响项目收益的因素

在项目的实施过程中，项目内部、外部因素的变化可能会使项目不能按照预定的计划实施。项目计划的改变无疑会影响项目收益，影响因素包括重大事件、不可抗力等，与项目费用的影响因素类似，此处不再赘述。

四、案例分析

下面以自拍照相馆可行性分析案例[①]为例，分模块介绍可行性研究报告的撰写。

例 4-2-5

1. 项目背景及意义

随着我国经济的快速增长，居民生活水平不断提高，摄影得到了广大青年的普遍关注和积极参与。据天眼查数据，截至 2021 年，全国和摄影相关的影楼、工作室约有 231 万家，如此庞大的数字足以说明摄影行业蕴藏着巨大的商机。据新浪财经报道，2020 年我国摄影行业的市场规模已超过 5000 亿元，随着经济的发展，其市场规模将持续增长，预计到 2026 年，摄影行业的市场规模将达到 7000 亿元。

除婚纱摄影外，自拍照相馆也渐渐被人所熟知。自拍照相馆的市场规模在 2012 年初到 2012 年 9 月的增长率高达 220%，自 2012 年起的 5 年内为市场的一个暴发式增长期。这种拍摄模式在国内的多个市场呈现空白，多数人不了解且没有体验过这种拍摄模式。相关调查显示，在欧美有 80% 的适龄人群都去自拍照相馆体验过。在国内，该模式起源比较早的、和国际接轨能力较佳的上海，已经逐渐接受该模式，而且越来越多的人去体验或者想去体验。这就意味着自拍照相馆将会成为我国摄影行业的一个全新的细分市场，最终发展成和婚纱摄影、写真摄影比肩甚至更有潜力的一个市场。生活水平的提高和多重的市场需求使得人们对传统摄影已经出现审美疲劳，"80 后"和"90 后"成为市场的主流消费人群，而这部分人群的个性化追求意识是非常强烈的，于是越来越多的人有越来越强烈的意愿：希望有一个比较私密的专业影棚来让大家发挥，这为自拍照相馆奠定了消费人群的基础。自拍照相馆带来的强烈的互动个性体

---

① 自拍照相馆可行性分析案例根据西安欧亚学院经济统计学专业 2019 级吴雅洁、毛凯民、屈怡燕、王艳、孙思敏、祝娜 6 位学生的课程作业改编而来。

验，使人们一旦开始接受，就会形成依赖，从而重复拍摄不同的个性写真，以不断追求新的体验。

据本项目调查了解，截至 2021 年，年轻群体中超过 70% 的人知道自拍照相馆这一行业，其中 35% 的人曾有过消费体验，12% 的人有自拍照相馆创业意向。

作为新兴娱乐产业，自拍照相馆是非常具有发展力及生命力的，个性随意的风格、无限的创意及低廉的价格是它的核心竞争力。同时，自拍照相馆倡导健康、绿色的娱乐方式，是如今紧张繁重生活节奏的一种释放。

2. 项目前期调查研究

（1）选址。

选择 MOMO PARK 商场附近的商铺，商铺类型：商业街商铺；建筑面积：150m²；月租：4500 元；商铺地址：西安市雁塔区小寨东路临街百隆广场；商铺简介：商铺位于西安市雁塔区小寨东路临街百隆广场，交通便捷、人流量大、精装修，商铺面积为 150m²，三室一厅，楼层为 25 楼；联系人：张女士；合同期：一年。

选择此商铺的理由：欲租商铺无须转让费，可以节约很大一部分投资成本，此地邻近 MOMO PARK 商场，周围有多所大学，地理位置优越，人流量大，所辐射的消费群体广泛，包括居民、上班族、学生，同时该办公楼的楼下街道是附近小区居民每天出门的必经之路。

（2）直接竞争对手。

西安市已经有几家比较出名的自拍照相馆，主营业务基本一致，如提供服装、化妆、拍摄写真服务，这几家自拍照相馆都属于直接竞争对手。

① 位于雁塔西路世纪经典 B 座 1901 室的九亿少女的梦换装自拍馆，它较大的竞争优势是服装的种类比较多，价格便宜，竞争劣势是不提供化妆服务及摄影师拍摄服务。

② 位于含光路南段西安美术学院东北侧的 ruby 自拍换装馆，它较大的竞争优势是有 6 个场景，风格多样，竞争劣势是没有特定的化妆师和摄影师。

（3）间接竞争对手。

① 对于自拍照相馆来说，间接竞争对手是摄影店，虽然自拍照相馆开始流行，但是大部分人还没有完全接受，快速拍照出片仍是人们对自拍的主要需求。

② 除了摄影店和影楼，自拍照相馆的其他间接竞争对手包括传统照相馆、相框定制店及在线照片打印服务店等，这些竞争对手都可能对自拍照相馆的业务产生一定程度的影响。

3. 项目市场分析

（1）目标消费群体分析。

自拍照相馆所处的位置邻近 MOMO PARK 商场，附近聚集大学、酒店、小区等，是其主要目标消费群体的聚集地。摄影越来越受人们欢迎，自拍照相馆是一种新兴企业，能吸引人们的好奇心。

（2）消费者偏好分析。

经调查，我国流行文化市场的消费购买力主要集中在中、青年的消费群体手中，基于消费观念的不同和对传统事物的低需求，我国传统照相馆的市场被进一步压缩，自给自足的营销能力越来越弱，很多传统照相馆都逐渐走向了落寞。但是伴随着"90 后""00 后"逐渐成为我国经济市场的消费主力，自拍照相馆逐渐兴起，有望成为摄影行业的主力军。

（3）竞争优势分析。

① 区位优势。

该自拍照相馆位于西安市雁塔区小寨东路，邻近 MOMO PARK 商场、赛格国际购物中心、豪邦时尚购物广场，人流量较大，且人群大多为青年和学生，对自拍的兴趣较大。

② 潜在客户源优势。

自拍照相馆是进行自拍、摄影的场所。自拍照相馆的概念最初源于欧美国家，是指无须摄影师，仅依靠手中的遥控器即可远程为自己拍摄的摄影场所。在欧美发达国家，自拍成为摄影的一种主流方式。2011 年，自拍照相馆首次在我国地方运营，并迅速在我国形成了一种新的娱乐诉求——自由、随性、洒脱。因此，潜在消费群体主要为青少年、大学生，附近的小区居民也是该自拍照相馆的潜在顾客。

③ 服务优势。

在自拍照相馆，不仅能体验各种各样的服装，还有专业的摄影师为顾客拍摄，可以让顾客充分体验休闲娱乐摄影的魅力，并且价格优惠，环境优美。

④ 竞争劣势分析。

技术劣势：自拍照相馆行业的市场尚未发展完善，前期可置备的设备较少。

初步解决办法：合理定价，若需要摄影师协助拍摄，则可在原价的基础上加价。

资金劣势：项目初始投资较大，贵重器材的维修费用高，相关合伙人的资金有限，无自有资金，在短期内资金的劣势影响大。

初步解决方法：采用向亲朋好友借款等方式筹集资金（具体解决方案参考筹资分析），后期将加大利润差额以降低借款带来的影响。

经验劣势：该自拍照相馆相比于其他有经验的店，对顾客的需求了解较少，这会使该自拍照相馆在经营过程中面临很大的压力和风险。而且行业门槛低，易被仿造，行业内秩序尚未形成。

初步解决方法：与同行业对手交流获取更多的经验，了解行业的规则，经营过程中做好对顾客详细信息的记录，把握顾客的消费习惯。

固定客户源劣势：该自拍照相馆在经营初期知名度不够，没有自身固定的顾客群体，顾客素质不一，对布景、设备有损耗，在短期内无法得到较大的订单。

初步解决方法：经营初期，利用开业活动在周边的学校、广场、景区发放宣传单，让更多人知道该自拍照相馆的存在，与感兴趣的顾客交流，渐渐扩大影响力，从小事做起，信誉第一，逐步拉拢大的顾客，使其成为固定的客户源。

⑤ SWOT 分析

SWOT 分析如表 4.2.2 所示。

表 4.2.2　SWOT 分析

特征	分析
S（优势）	1. 自拍照相馆市场的发展潜力巨大。 2. 自拍照相馆对于人员技术要求不高，前期投资虽然较大，但是后续投资较小。 3. 自拍照相馆的出现很好地满足了大众消费者对休闲娱乐摄影的需求。 4. 自拍照相馆的价格比专业影楼低许多

续表

W （劣势）	1. 自拍照相馆行业尚未发展完善。 2. 前期投资较大，贵重器材的维修费用高。 3. 还有许多人没有听过自拍照相馆的这种摄影模式。 4. 行业门槛低，易被仿造，行业内秩序尚未形成。 5. 缺乏管理经验，不能及时有效地处理问题
O （机会）	1. 自拍照相馆填补了我国休闲自拍市场的空白。 2. 人们对于拍摄的喜好越发加深，全国个性化摄影的需求强烈。 3. 自拍照相馆的迅速崛起引起了社会各界的关注。
T （威胁）	1. 自拍照相馆与发展时间长的大型影楼、摄影馆相比，实力仍显弱小。 2. 潜在的竞争对手众多，大型影楼完全可以利用手中的资源，新开设一个类似自拍照相馆的分部

⑥ PEST 分析

政治上：

国家政策完善，不会改变法律以增强对企业的监管并收取更多的赋税。

我国商务部表示，将把工作重点放在发展国内消费并刺激购买力和国内需求上。

中国共产党致力于民生建设，不断提高人民群众的物质和精神文化生活。

经济上：

随着经济的发展，人民的生活水平正在迅速提高。2018 年的人均 GDP 约为 6.46 万元，2019 年的人均 GDP 约为 7.09 万元，2020 年的人均 GDP 约为 7.24 万元，2021 年的人均 GDP 约为 8.1 万元，人均 GDP 稳步增长。

社会上：

当今世界文化呈现多元化格局，我国人民具有与时俱进的内在品格。他们倡导文化多元化，尊重文化的差异，反对文化殖民和文化霸权。

技术上：

自助摄影系统可实现光影智能匹配、模式智能识别、同步闪光抓拍、高清即拍即现，具有灵动触摸大屏，内置千种摄影主题，可以输出高清 psd 格式大片，方便后期制作影像产品。

4. 项目财务可行性分析

（1）投资分析。

① 营业成本估算。

营业成本估算如表 4.2.3 所示。

表 4.2.3 营业成本估算

单位：元

项目	第一年金额	第二年金额	第三年金额
水电费	5000	5000	5000
维修费	1000	1000	1000
员工工资	210000	210000	210000
备用资金	81000	81000	81000

续表

项目	第一年金额	第二年金额	第三年金额
店铺装修费（软装）	50000	0	0
房屋租金	54000	54000	54000
合计	401000	351000	351000
总计		1103000	

注：水电费数据来源于百度；维修费、员工工资数据来源于58同城；房屋租金、店铺装修费（软装）数据来源于安居客。

后期由于服装、场地等损耗，成本投入将大幅度增加，因而每年的营业成本也在变化，其余基本和前几年持平。

② 固定资产估算。

固定资产估算如表4.2.4所示。

表 4.2.4　固定资产估算

单位：元

项目	第一年金额	第二年金额	第三年金额
计算机（1）、相机（2）	6000	0	0
服装	10000	3000	3000
空调（2柜机、1悬挂机）	10000	0	0
合计	26000	3000	3000
总计		32000	

注：计算机费、相机费、空调费数据来源于京东；服装费数据来源于淘宝。

该自拍照相馆所处的位置邻近MOMO PARK商场，附近的大学、酒店、小区等是其主要目标消费群体的聚集地。该自拍照相馆建造不同风格的摄影隔间，打造出符合当代潮流主题的自拍照相馆。租用一套150m² 商铺的价格约为4500元/月，根据室内必有配置，列表4.2.4进行购置。

③ 人力成本估算。

人力成本估算如表4.2.5所示。

表 4.2.5　人力成本估算

岗位	数量（名）	人均年薪（元）	合计年薪（元）
摄影师	1	42000	42000
造型师	2	42000	84000
收银员（前台）	2	42000	84000
合计			210000

注：各岗位的人均年薪数据来源于58同城。

因为自拍照相馆初期的经营规模不大，所以雇佣人员较少，需要摄影师1名，造型师2名，收银员（前台）2名。后期在经营过程中根据实际操作进行调整。

④ 备用资金估算。

备用资金采用分项详细估算法进行估算，如表4.2.6所示。

第四章 风险管理

表4.2.6 备用资金估算（第一年）

序号	名称	金额（元/年）
1	房屋租金	6000
2	服装费	10000
3	水电费	5000
4	服装清洗费	1000
5	维修费	1000
6	合计	23000

注：表中的房屋租金、水电费、维修费是涨价后的差价估计。

由于自拍照相馆的基本模式固定不变，以第一年的数据作为基础，推算出大致所需的备用资金数目，后期略微进行调整。

⑤ 营业收入估算。

营业收入估算如表4.2.7所示。

表4.2.7 营业收入估算

单位：元

	第一年收入	第二年收入	第三年收入
线上（美团）预订	0	150000	160000
线下预订	400000	350000	355000
商家利差（平台收取费用）	0	30000	32000
小计	400000	530000	547000
总计		1477000	

营业收入估算为1477000元。

（2）投资决策评价指标及其计算。

假设：设备运行正常，固定资产为直线折旧，初期固定资产投资为32000元，三年后净残值为12000元，所以折旧费约为6666元。

① 现金净流量。

由NCF=营业收入-营业成本+折旧可知

$$NCF_1=400000-401000+6666=5666（元）$$
$$NCF_2=530000-351000+6666=185666（元）$$
$$NCF_3=547000-351000+6666=202666（元）$$

② 净现值。

第一年固定资产=计算机+相机+服装+空调=6000+10000+10000=26000（元）。

$$NPV=（5666×0.91+185666×0.83+202666×0.75）-26000=285258.34（元）$$

③ 投资回收期。

投资回收期如表4.2.8所示。

表 4.2.8 投资回收期

单位：元

时期	现金净流量	投资回收额	未回收金额
0	-26000		26000
1	5666	5666	20334
2	185666	20334	0

投资回收期 PP=1+20334/185666=1.1095 年。

5. 项目竞争策略与筹资方案

（1）项目风险分析。

西安市的面积较大，人流比较分散。

因为消费主力是大学生，他们的消费水平普遍不高，对自拍艺术照的价格未必能接受。

创业初期，创办费和广告费投入较大，竞争者这时可能采取优惠降价措施对该自拍照相馆进行打压，此时为了推广该自拍照相馆可能要降价。

（2）项目竞争策略。

根据竞争的优劣势做出如下策略准备。

① 该自拍照相馆专营体验和摄影，具体项目见经营项目，整个店面的规划布置有序，具体详见店面的装修设计。

② 服务。

对第一次（以店内顾客存档为准）来店里体验拍摄的顾客送出优惠券和礼品，并给予价格优惠且进行抽奖活动，顾客成为会员后享受会员价格。

设置专门的拍摄相册，供顾客挑选自己喜爱的风格及样式。

在拍摄的过程中和顾客进行有效的沟通，如果顾客对拍摄出来的照片不满意，则会重新进行拍摄，直到顾客满意为止。

每天至少搞一次卫生，保持店内干净整洁。

（3）推广方案。

校内广告宣传——宣传海报、活动赞助。

在校内的一些地方贴宣传海报。

赞助校内活动（如歌手大赛和定向越野大赛等）可以很快地提高自拍照相馆的知名度。

报刊广告——校内报刊。

利用校内报刊媒介将自拍照相馆极快地推广给校内报刊的受众。

网络广告——微信朋友圈。

在微信朋友圈中进行宣传，还可以配合一些开业优惠活动，有机会兴起一股口碑宣传的风潮，提高学生们的参与热情。

（4）筹资方案。

因自拍照相馆前期的投入较大，因此预计筹资 20 万元。自拍照相馆筹资的方式主要是吸收个人投资及向银行借款，以吸收个人投资为主，其中吸收个人投资 15 万元，向银行借款 5 万元。

6. 总结

通过本次项目计划书,我们得出如下结论:自拍照相馆以自拍换装为主题,提供完善的服装、场地及设备,让顾客拍照、换装,出片更快速、方便、平价。目前,摄影行业有足够大的市场和商机,发展前景好。店铺选址在商圈,人流量大,交通便利。自拍照相馆筹资的方式主要是吸收个人投资及向银行借款,项目开销大,但收益相对较高。只有做好预算,脚踏实地地经营并遵循科学的引导,才能盈利。

第三节　主观评分法

一、主观评分法简介

(一) 主观评分法的概念

主观评分法是指专家利用自身的经验、知识,直观判断项目的每一类风险并对其赋予相应的主观评分(权重),如0~10之间的一个数,0代表没有风险,10代表风险最大,然后把各类风险的主观评分加起来,计算出最大风险主观评分值,进而得到项目整体风险水平,并将其与项目整体风险评价基准进行比较分析,得出相应的结论。

(二) 主观评分法的步骤

1. 利用专家的经验、知识对该项目的风险进行评分。

如表 4.3.1 所示,A_i 表示指标,在项目管理中表示项目的工序,B_j 表示每一道工序的风险,n_{ij} 表示专家对该项目风险的主观评分,$i=1,\cdots,n$;$j=1,\cdots,p$。

表 4.3.1　项目风险的主观评分表

	B_1	B_2	…	B_p	$\sum A_i$
A_1	n_{11}	n_{12}	…	n_{1p}	$\sum A_1$
A_2	n_{21}	n_{22}	…	n_{2p}	$\sum A_2$
…	…	…	…	…	…
A_n	n_{n1}	n_{n2}	…	n_{np}	$\sum A_n$
$\sum B_j$	$\sum B_1$	$\sum B_2$	…	$\sum B_p$	$\sum n_{ij}$

2. 对项目风险进行评价

(1) 按该项目的工序将各类风险的主观评分从左至右加起来,和为 $\sum A_i$。

(2) 按风险类别将各类风险的主观评分从上至下加起来,和为 $\sum B_i$(各风险权重)。

(3) 将所有风险的主观评分累加,和为 $\sum n_{ij}$。

(4) 计算最大风险主观评分值。用主观评分表的行数乘以列数,再乘以主观评分表中的最大风险主观评分,假设为 n_{ij},则最大风险主观评分值为 $n \cdot p \cdot n_{ij}$。

(5) 计算项目整体风险水平。用项目所有风险的主观评分和除以最大风险主观评分值就可得到该项目的整体风险水平。该项目所有风险的主观评分和为 $\sum n_{ij}$，则该项目的整体风险水平为 $\dfrac{\sum n_{ij}}{n \cdot p \cdot n_{ij}}$。

（6）设定项目整体风险评价基准为 R。

（7）将项目整体风险水平与项目整体风险评价基准相比较。如果 $\dfrac{\sum n_{ij}}{n \cdot p \cdot n_{ij}} > R$，则项目风险过高，不可以接受；如果 $\dfrac{\sum n_{ij}}{n \cdot p \cdot n_{ij}} < R$，则项目风险可以接受，项目可以实施。

二、案例分析

例 4-3-1

（一）案例背景

"海洋石油 941"自升式钻井船是一艘用于海上石油和天然气勘探、开采工程作业的钻井装置，适用于在世界范围 122m（400 英尺）水深以内的各种海域环境中进行钻井作业。其船型为国外某公司设计的 JU2000。"海洋石油 941"自升式钻井船的主要结构包括主船体、五层生活楼区、3 根高达 166.98m 的桩腿、直升机平台、55.6m 的悬臂梁及钻井装置。用主观评分法对该项目进行分解，专家对该项目面临的风险进行主观评分，最终得出了项目整体风险水平小于项目整体风险评价基准，得出项目可实施的结论。

（二）项目分解

项目分解是指把复杂的项目逐步分解成一层一层的要素（工作单元），直到具体明确为止。项目分解的工具是 WBS（工作分解结构），它是一个分级的树形结构，可以对项目由粗到细进行分解，直到将项目分解为相对独立的、内容单一的、易于成本核算与检查的工作单元，并能把各工作单元在项目中的地位与构成直观地表示出来。基于"海洋石油 941"自升式钻井船的建造特点，本案例将按项目的实施顺序对其进行分解。该项目主要有以下工序：设计、采购、预制件制作、主船体安装、生活楼区及直升机平台安装、桩腿及升降结构安装、悬臂梁及钻台安装、坞内工程、坞外工程、调试、船体工艺。

截至 2000 年，国内船厂已有近二十年没有建造过自升式钻井船，很多技术有待进一步研发，该项目存在着比较大的技术风险；同时，工期只有 26 个月，时间紧、任务重，该项目有一定的工期风险；在居装、电装等环节，需要电梯等生产厂家的配合，合作伙伴同样存在着一定的风险；主船体建造需要大量的钢材等原材料，在材料采购环节存在着一定的订货风险；主船体的设计、原材料的采办，以及建造、调试等环节众多，对工程的质量具有一定的挑战性，存在着质量风险。另外，该项目有一定的资金风险。总之，该项目包含的风险类别有资金风险、技术风险、工期风险、质量风险、订货风险、合作伙伴风险。

（三）风险评价

根据上述分析，"海洋石油 941"自升式钻井船项目的工序有设计、采购、预制件制作、主船体安装、生活楼区及直升机平台安装、桩腿及升降结构安装、悬臂梁及钻台安装、坞内工程、坞外工程、调试、船体工艺。而风险类别有资金风险、技术风险、工期风险、质量风险、订货风险、合作伙伴风险。

按照项目工序及风险类别将"海洋石油941"自升式钻井船项目的项目风险主观评分列出，如表4.3.2所示，表中数据由相关项目人员给出。

表4.3.2 项目风险主观评分（1）

工序	资金风险	技术风险	工期风险	质量风险	订货风险	合作伙伴风险	各工序风险主观评分和
设计	2	8	5	6	1	1	23
采购	4	1	5	4	5	5	24
预制件制作	3	4	5	5	3	4	24
主船体安装	3	5	5	4	4	4	25
生活楼区及直升机平台安装	3	5	4	5	3	4	24
桩腿及升降结构安装	3	6	4	4	4	3	24
悬臂梁及钻台安装	3	5	5	5	3	5	26
坞内工程	3	5	4	5	4	4	25
坞外工程	3	5	4	4	4	5	25
调试	2	5	4	5	3	4	23
船体工艺	3	5	4	5	3	3	23
各风险主观评分和	32	54	49	52	37	42	266

（1）最大风险主观评分值 $= n \cdot p \cdot n_{ij} = 11 \times 6 \times 8 = 528$。

（2）项目整体风险水平 $= \dfrac{\sum n_{ij}}{n \cdot p \cdot n_{ij}} = \dfrac{266}{528} \approx 0.5$。

（3）项目整体风险评价基准 $R = 0.6$。

显然，0.5<0.6，由此可知，项目整体风险水平小于项目整体风险评价基准，该项目的整体风险可以接受，项目可以实施。

例 4-3-2

（一）案例背景

在生产加工过程中，各道工序都存在众多风险，如何对风险进行评价，从而评估项目是否可行呢？

（二）案例详情

某服装厂商接到一个新的生产加工订单，该订单需要经过4道工序，已识别出该项目存在5类风险，项目风险主观评分已由专家给出，如表4.3.3所示。该项目的整体风险评价基准为0.6，试运用主观评分法判断该项目是否可行。

表4.3.3 项目风险主观评分（2）

工序	费用风险	工期风险	质量风险	技术风险	组织风险	各工序风险主观评分和
可行性分析	3	4	6	5	3	21
设计	6	5	5	6	3	25
试验	7	3	3	5	4	22

续表

工序	费用风险	工期风险	质量风险	技术风险	组织风险	各工序风险主观评分和
加工	6	7	8	7	5	33
各风险主观评分和	22	19	22	23	15	101

（三）风险评价

（1）最大风险主观评分值 $= n \cdot p \cdot n_{ij} = 4 \times 5 \times 8 = 160$。

（2）项目整体风险水平 $= \dfrac{101}{160} \approx 0.63$。

（3）项目整体风险评价基准 $R = 0.6$。

显然，0.63>0.6，由此可知，项目整体风险水平大于项目整体风险评价基准，该项目的整体风险不可以接受，项目不可以实施。

例 4-3-3

（一）案例背景

近年来，在公路工程项目市场上，承包企业日益增多，企业间的竞争日趋激烈，有时还会出现相互排斥现象，同时建筑市场采用期货交易，先定价后成交，增加了企业的风险。但是，风险与利润是并存的，风险客观地存在于企业经营的各个环节，企业要想生存发展，做强做大，其前提是加强风险管理。因此在公路工程项目中，风险管理是很重要的环节。

（二）案例详情

某高速公路分为10个合同段，路线穿越地带为北温带大陆性季风气候，较干旱，四季分明，日光充足，降水集中，冬季冻结深度为1.0~1.2m。该路段路基土石方量为1255172m^3。沿线为重丘区，山坡冲沟密集。道路等级低，多为越岭线，交通情况较差，运料、预制与架梁存在一定的难度。经识别，该项目主要存在4类风险：①费用风险，受社会大环境影响，人工、材料价格出现了较大幅度的上涨，由于项目设计时间较早，施工时部分现场自然条件发生了变化，企业面临着成本增加、收入减少的风险；②工期风险，合同工期为18个月，跨两个冬季，由于当地11月中旬至次年4月初气温低，不能进行大规模施工，实际工期偏紧张，交通条件不便利，"三通一平"准备不到位，水资源供应困难，承包企业效率降低，面临着工期风险；③安全风险，公路施工包含大量空中作业、危险地带作业，因此施工过程中存在安全隐患；④环境风险，项目所在地为北温带大陆性季风气候，地表温差较大，春季风沙大，沿线山坡冲沟密集且绿色植被少，雨季易发生泥石流等灾害。

（三）风险评价

项目组邀请有丰富经验的专家，使用主观评分法对项目整体风险进行评价。各专家对每类风险的发生概率及风险发生后的成本、质量、工期、安全影响进行打分，如表4.3.4所示。

表 4.3.4 项目风险主观评分（3）

工序	费用风险	工期风险	安全风险	环境风险
A	8	8	5	3
B	8	7	5.5	3

续表

工序	费用风险	工期风险	安全风险	环境风险
C	7.5	7	6.5	2
D	7	7	5	2
E	8	5.5	4.5	2.5
F	5.5	6	3.5	2
G	8.5	4	5	2

该项目的整体风险评价基准为 0.55，试运用主观评分法判断项目是否可行。

根据表 4.3.4，将各专家对所有风险的打分相加，得出所有风险的主观评分和为 148.5。

（1）最大风险主观评分值 $= n \cdot p \cdot n_{ij} = 4 \times 7 \times 8.5 = 238$。

（2）项目整体风险水平 $= \dfrac{148.5}{238} \approx 0.62$。

（3）项目整体风险评价基准 $R = 0.55$。

显然，0.62>0.55，由此可知，项目整体风险水平大于项目整体风险评价基准，该项目的整体风险不可以接受，项目不可以实施。

第四节　层次分析法

在实际项目中，决策者做出最后的决策以前，必须考虑很多方面的因素（或判断准则），最终根据这些因素做出最佳选择。这些因素是相互制约、相互影响的。我们将这样的复杂系统称为决策系统。这些决策系统中很多因素之间的比较往往无法用定量的方式描述，此时需要将半定性、半定量的问题转化为定量计算问题。层次分析法是解决这类问题行之有效的方法。层次分析法将复杂的决策系统层次化，通过逐层比较各种关联因素的重要性来为分析及最终的决策提供定量的依据。

层次分析法将决策目标分解为多个目标或准则，进而分解为多个指标（或约束）的若干层次，通过定性指标模糊量化方法算出层次单排序（权数）和总排序，最终为复杂的决策系统提供简单的决策。

一、层次分析法简介

（一）层次分析法的定义

层次分析法是指将决策总目标分解成目标、准则、方案等层次，在此基础上进行定性和定量分析的方法。该方法是美国运筹学家、美国匹兹堡大学教授萨蒂于 20 世纪 70 年代初，在为美国国防部研究"据各个工业部门对国家福利的贡献大小而进行电力分配"课题时，应用网络系统理论和多目标综合评价方法，提出的一种层次权重决策分析方法。

（二）层次分析法的基本思路

层次分析法的基本思路：整理和综合人们的主观判断，使定性分析与定量分析有机结合，实现定量化决策。

将所要分析的问题层次化，根据问题的性质和要实现的总目标，将问题分解成不同的因素，按照因素间的相互关系，将因素按不同层次聚类组合，形成一个递阶层次结构模型，最终归结为最低层（方案、措施、指标等）相对于最高层（总目标）的相对重要程度权值或相对优劣次序的问题。

（三）层次分析法的基本步骤

层次分析法的流程如图 4-4-1 所示，核心的个基本步骤介绍如下。

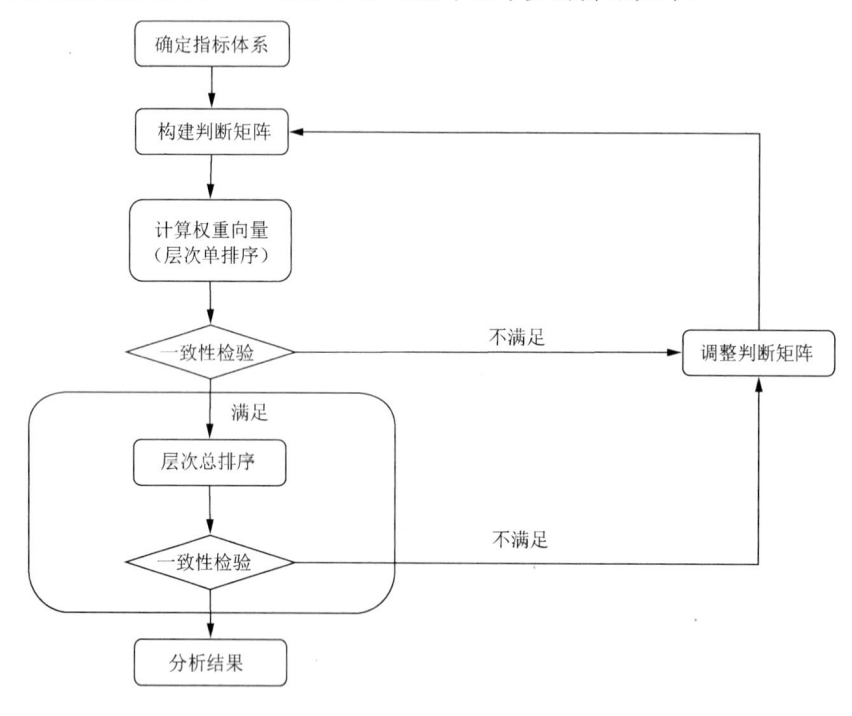

图 4-4-1　层次分析法的流程

1. 明确问题

明确问题的范围、所包含的因素、各因素之间的关系等，以便尽量掌握充分的信息。

2. 建立递阶层次结构模型

递阶层次结构模型一般分为三层，最上面为目标层 A，最下面为方案层 P，中间是准则层（或指标层）C，如图 4-4-2 所示。

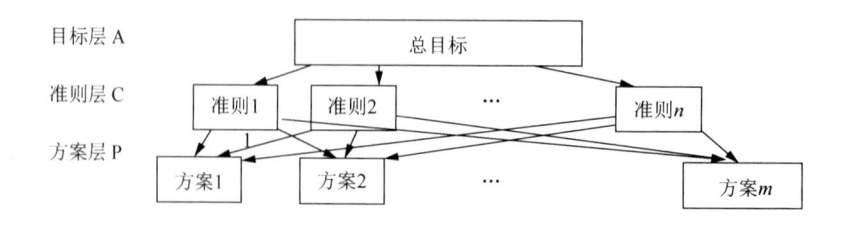

图 4-4-2　递阶层次结构模型

层次分解时的注意事项如下。

如果所选的因素不合理（如其含义混淆不清）或因素间的关系不正确，都会降低层次分析的结果质量，甚至导致层次分析法决策失败。

为保证递阶层次结构模型的合理性，需注意以下问题。

① 要对问题的影响因素有充分的理解，必要的时候可以咨询相关的专家。
② 分解简化问题时把握主要因素，做到不漏不多。
③ 注意因素之间的强度关系，相差太悬殊的因素不能在同一层中进行比较。
④ 所有层的指标对比均为完全对比。
⑤ 构造判断矩阵。

构造判断矩阵是层次分析法的一个关键步骤。判断矩阵表示的是针对上一层中的某因素，该层中各有关因素相对重要性的状况。设有 n 个因素 $A_1, A_2, \cdots, A_n$，a_{ij} 表示 A_i 相对于 A_j 的重要程度判断值。a_{ij} 一般取 1、3、5、7、9 五个重要性标度，其意义为 1 表示 A_i 与 A_j 同等重要；3 表示 A_i 较 A_j 稍重要；5 表示 A_i 较 A_j 明显重要；7 表示 A_i 较 A_j 强烈重要；9 表示 A_i 较 A_j 极度重要。而 2、4、6、8 表示相邻判断的中值，当 5 个重要性标度不够用时，可以使用这几个数值。

以矩阵形式表示为判断矩阵 A：

$$A = \begin{pmatrix} a_{11} & \cdots & a_{1n} \\ \vdots & & \vdots \\ a_{n1} & \cdots & a_{nn} \end{pmatrix} \quad (4\text{-}4\text{-}1)$$

显然，任何判断矩阵都满足

$$a_{ij} = \begin{cases} 1 & i = j \\ \dfrac{1}{a_{ij}} & i \neq j \end{cases} (i, j = 1, 2, \cdots, n) \quad (4\text{-}4\text{-}2)$$

因此，在构造判断矩阵时，只需写出上三角（或下三角）部分即可。

3. 层次单排序

层次单排序的目的是针对上一层中的某因素，确定该层中与之有联系的因素的重要性次序。它是该层所有因素对上一层而言的重要性排序的基础。

若取权重向量 $W = [w_1, w_2, \cdots, w_n]^T$，则有

$$AW = \lambda W \quad (4\text{-}4\text{-}3)$$

式中，λ 是 A 的最大特征值，那么 W 是 A 对应于 λ 的特征向量，从而层次单排序可转化为求解判断矩阵的最大特征值 λ 和它所对应的特征向量，进而得出这一组指标的相对权重。

为了检验判断矩阵的一致性，需要计算它的一致性指标 CI：

$$\text{CI} = \frac{\lambda - n}{n - 1} \quad (4\text{-}4\text{-}4)$$

当 CI=0 时，判断矩阵具有完全一致性；CI 越大，判断矩阵的一致性就越差。

为了检验判断矩阵是否具有令人满意的一致性，需要将 CI 与平均随机一致性指标 RI（见表 4.4.1）进行比较。一般而言，1 阶或 2 阶判断矩阵总是具有完全一致性的。对于 2 阶以上的

判断矩阵，其一致性指标CI与同阶的平均随机一致性指标RI之比称为判断矩阵的随机一致性比例，记为CR。

一般地，当 $CR = \dfrac{CI}{RI} < 0.1$ 时，我们就认为判断矩阵具有令人满意的一致性；当 $CR \geqslant 0.1$ 时，就需要调整判断矩阵，直到满意为止。

表 4.4.1　平均随机一致性指标RI

阶数	1	2	3	4	5	6	7	8
RI	0	0	0.58	0.9	1.12	1.24	1.32	1.41
阶数	9	10	11	12	13	14	15	
RI	1.45	1.49	1.52	1.54	1.56	1.58	1.59	

4. 层次总排序

根据同一层中所有层次单排序的结果，就可以计算对上一层而言的本层所有因素的重要性权重值，即层次总排序。层次总排序需要从上到下逐层进行，对于最高层，其层次单排序就是其层次总排序。

若上一层所有因素 $A_1, A_2, \cdots, A_m$ 的层次总排序已经完成，得到的重要性权重值分别为 $a_1, a_2, \cdots, a_m$，与 a_j 对应的本层中因素 $B_1, B_2, \cdots, B_n$ 的层次单排序结构为 $\left[b_1^j, b_2^j, \cdots, b_n^j\right]^T$。当 B_i 与 A_j 无联系时，$b_i^j = 0$，那么得到的 B 层次的总排序如表 4.4.2 所示。

表 4.4.2　B 层次的总排序

因素	$A_1 A_2 \cdots A_m$	B 层次的总排序
	$a_1 a_2 \cdots a_m$	
B_1	$b_1^1 b_1^2 \cdots b_1^m$	$\sum_{j=1}^m a_j b_1^j$
B_2	$b_2^1 b_2^2 \cdots b_2^m$	$\sum_{j=1}^m a_j b_2^j$
$\vdots$	$\vdots$	$\vdots$
B_n	$b_n^1 b_n^2 \cdots b_n^m$	$\sum_{j=1}^m a_j b_n^j$

5. 一致性检验

为了评价层次总排序计算结果的一致性，也需要进行一致性检验。

$$CI_{ALL} = \sum_{j=1}^m a_j \cdot CI_j \tag{4-4-5}$$

$$RI_{ALL} = \sum_{j=1}^m a_j \cdot CI_j \tag{4-4-6}$$

$$CR_{ALL} = \dfrac{CI_{ALL}}{RI_{ALL}} \tag{4-4-7}$$

式中，CI_{ALL} 为层次总排序的一致性指标；CI_j 为与 a_j 对应的 B 层次判断矩阵的一致性指标；RI_{ALL} 为层次总排序的平均随机一致性指标；RI_j 为与 a_j 对应的 B 层次判断矩阵的平均随机一致性指标；CR_{ALL} 为层次总排序的随机一致性比例。同样地，当 $CR_{ALL} < 0.1$ 时，我们认为层次总排序的计算结果具有令人满意的一致性；当 $CR_{ALL} \geqslant 0.1$ 时，就需要对本层的各判断矩阵进

行调整,直到层次总排序具有令人满意的一致性。

(四)层次分析法的优缺点

1. 优点

(1)具有系统性。

层次分析法把研究对象作为一个系统看待,按照分解、比较判断、综合的思维方式进行决策,成为继机理分析、统计分析之后发展起来的系统分析的重要工具。系统的思想在于不割断各因素对结果的影响,而层次分析法中每层的权重设置最后都会直接或间接地影响结果,而且每层中的每个因素对结果的影响程度都是量化的,非常清晰明确。这种方法尤其适用于无结构特性的系统及多目标、多准则、多时期等的系统。

(2)简洁实用。

这种方法既不单纯追求高深数学的应用,又不片面地注重行为、逻辑、推理,而是把定性方法与定量方法有机地结合起来,使复杂的系统分解,将思维过程数学化、系统化,便于人们接受,且能把多目标、多准则又难以全部量化处理的决策问题转化为多层次、单目标问题,通过两两比较确定同一层因素相对于上一层因素的重要性权重值后,进行简单的数学运算。其计算简便,并且所得结果简单明确,容易被决策者所了解和掌握。

(3)所需的定量数据信息较少。

层次分析法主要是从评价者对问题的本质、因素的理解出发的,相比于一般的定量方法,其更追求定性的分析和判断。层次分析法是一种模拟人们决策过程的思维方式的方法,其把判断各因素的相对重要性的步骤留给了人脑,只保留人脑对因素的印象,将其转化为简单的重要性权重值进行计算。这种方法能处理许多用传统的最优化技术无法着手的实际问题。

2. 缺点

(1)不能为决策提供新方案。

层次分析法的作用是从备选方案中选择较优者。在应用层次分析法的时候,可能会出现这样的情况,即我们自身的创造能力不够,造成尽管我们在想出来的众多方案里选了一个最好的方案出来,但其效果仍然不如企业做出来的方案效果好。而对于大部分决策者来说,如果一种分析工具能分析出已知的方案里的最优者,然后指出已知方案的不足,又或者能提出改进方案,那么这种分析工具才是比较完美的。但显然,层次分析法还没能做到这一点。

(2)定量数据较少,定性成分多,不易令人信服。

在现今对科学的评价中,一般认为一门科学需要比较严格的数学论证和完善的定量方法。但现实世界的问题和人脑考虑问题的过程很多时候并不能简单地用数字来说明。层次分析法是一种模拟人脑决策方式的方法,因此必然带有较多的定性色彩。

(3)当指标过多时,数据统计量大,且权重难以确定。

当我们希望能解决较普遍的问题时,指标的选取数量很可能随之增加。指标数量的增加意味着我们要构造层次更深、数量更多、规模更庞大的判断矩阵,那么我们就需要对许多指标进行两两比较。由于一般情况下我们对层次分析法的两两比较是用 1~9 来说明其相对重要性的,如果有越来越多的指标,我们对每两个指标之间的重要程度的判断可能就会相对困难,甚至会对层次单排序和层次总排序的一致性产生影响,使一致性检验不能通过。若不能通过一致性检验,那么就需要调整,但是在指标数量多的时候比较难调整过来。

(4)最大特征值和特征向量的精确求法比较复杂。

在求判断矩阵的最大特征值和特征向量时,所用的方法和多元统计所用的方法是一样的。在判断矩阵是2阶、3阶的时候,还比较容易处理,但随着指标数量的增加,判断矩阵的阶数也随之增加,在计算上也变得越来越困难。不过幸运的是,这个缺点比较好解决,通常采用三种比较常用的近似计算方法:第一种是和法;第二种是幂法;第三种是根法。

二、案例分析

例4-4-1

在市政工程项目决策问题中,市政管理人员希望通过选择不同的市政工程项目,使综合效益最高,即决策目标是"合理建设市政工程,使综合效益最高"。

(一)目标分解

为了实现这一目标,需要考虑的主要准则有三个,即经济效益、社会效益和环境效益。但问题并不这么简单。经过深入思考,决策人员认为还必须考虑直接经济效益、间接经济效益、方便日常出行、方便假日出行、减少环境污染、改善城市面貌等因素(准则),从相互关系上分析,这些因素隶属于主要准则,因此放在下一层考虑,并且分属于不同的主要准则。

假设本问题只考虑这些因素,接下来需要明确为了实现决策目标,可以有哪些方案。根据案例所述,本问题有两个解决方案,即建设高速路或建设地铁,这两个解决方案作为方案层因素放在递阶层次结构模型的最下层。很明显,这两个解决方案与所有因素都相关。

将各层的因素按其上下关系摆放好位置,并将它们之间的关系用连线连接起来。同时,为了方便后面的定量表示,一般从上到下用A、B、C、D、……代表不同层次,同一层次从左到右用1、2、3、4、……代表不同因素。这样构成的递阶层次结构模型如图4-4-3所示。

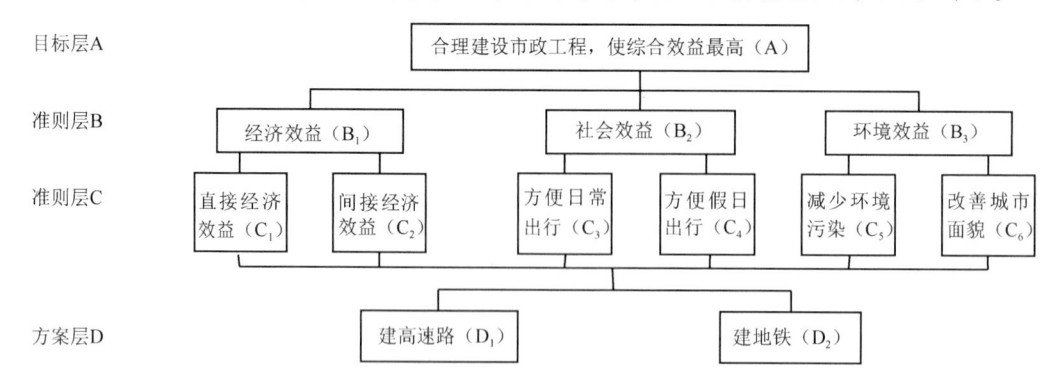

图4-4-3 递阶层次结构模型

(二)构造判断矩阵并赋值

根据递阶层次结构模型就能很容易地构造判断矩阵。

构造判断矩阵的方法:每一个具有向下隶属关系的因素(被称作准则)作为判断矩阵的第一个元素(位于左上角),隶属于它的各因素依次排列在其后的第一行和第一列。

重要的是填写判断矩阵。填写判断矩阵的方法：向填写人（专家）反复询问：针对判断矩阵，其中两个因素两两比较哪个重要？重要多少？按重要性程度赋值 1~9，重要性标度及含义如表 4.4.3 所示。

表 4.4.3 重要性标度及含义

重要性标度	含 义
1	表示两因素相比，两者具有同等重要性
3	表示两因素相比，前者比后者稍重要
5	表示两因素相比，前者比后者明显重要
7	表示两因素相比，前者比后者强烈重要
9	表示两因素相比，前者比后者极度重要
2、4、6、8	表示相邻判断的中值
倒数	若因素 i 与因素 j 的重要性之比为 a_{ij}，则因素 j 与因素 i 的重要性之比为 $a_{ji} = \dfrac{1}{a_{ij}}$

设填写后的判断矩阵为 $A = \left(a_{ij}\right)_{n \times n}$，则判断矩阵具有如下性质。

① $a_{ij} > 0$。

② $a_{ji} = \dfrac{1}{a_{ij}}$。

③ $a_{ii} = 1$。

根据上面性质可知，判断矩阵具有对称性，因此在填写时，通常先填写 $a_{ii} = 1$ 部分，然后仅需判断及填写上三角部分或下三角部分的 $\dfrac{n(n-1)}{2}$ 个元素就可以了。

在特殊情况下，判断矩阵可以具有传递性，即满足等式：$a_{ij} \cdot a_{jk} = a_{ik}$。当此式对判断矩阵所有因素都成立时，则称该判断矩阵为一致性判断矩阵。

征求专家意见，填写后的判断矩阵如图 4-4-4 所示。

A	B_1	B_2	B_3
B_1	1	1/3	1/3
B_2		1	1
B_3			1

B_1	C_1	C_2
C_1	1	1
C_2		1

B_2	C_3	C_4
C_3	1	3
C_4		1

B_3	C_5	C_6
C_5	1	3
C_6		1

C_1	D_1	D_2
D_1	1	5
D_2		1

C_2	D_1	D_2
D_1	1	3
D_2		1

C_3	D_1	D_2
D_1	1	1/5
D_2		1

C_4	D_1	D_2
D_1	1	7
D_2		1

C_5	D_1	D_2
D_1	1	1/5
D_2		1

C_6	D_1	D_2
D_1	1	1/3
D_2		1

图 4-4-4 填写后的判断矩阵

（三）层次单排序（计算权向量）与一致性检验

针对填写后的判断矩阵，利用一定的数学方法进行层次单排序。

层次单排序是指获得每个判断矩阵各因素针对其准则的相对权重，所以本质上是计算权重向量。计算权重向量有特征根法、和法、根法、幂法等，这里简要介绍和法。

和法的原理：对于一致性判断矩阵，每一列归一化后就是相应的权重向量。对于非一致性判断矩阵，每一列归一化后近似其相应的权重向量，对这 n 个列向量求取算术平均值并将其作为最后的权重向量。具体的公式是

$$W_i = \frac{1}{n}\sum_{j=1}^{n}\frac{a_{ij}}{\sum_{k=1}^{n}a_{kj}} \quad (4\text{-}4\text{-}8)$$

需要注意的是，在层次单排序过程中，要对判断矩阵进行一致性检验。

在特殊情况下，判断矩阵可以具有传递性和一致性。一般情况下，并不要求判断矩阵严格满足这一性质。但从人类认识规律的角度来看，一个正确的判断矩阵的重要性排序是有一定逻辑规律的。例如，若 A 比 B 稍重要，B 又比 C 稍重要，则从逻辑上讲，A 应该比 C 明显重要，若两两比较时出现 A 比 C 稍重要的结果，则该判断矩阵违反了一致性准则，在逻辑上是不合理的。

因此，在实际应用中要求判断矩阵满足大体上的一致性，需进行一致性检验。只有通过了一致性检验，才能说明判断矩阵在逻辑上是合理的，才能继续对结果进行分析。

一致性检验的步骤如下。

第一步，计算一致性指标 CI。

$$CI = \frac{\lambda_{\max} - n}{n-1}$$

第二步，查表 4.4.1 确定相应的平均随机一致性指标 RI。例如，对于 5 阶的判断矩阵，查表 4.4.1 得到 RI=1.12。

第三步，计算一致性比例 CR 并进行判断。

$$CR = \frac{CI}{RI}$$

当 CR<0.1 时，认为判断矩阵的一致性是令人满意的；当 CR≥0.1 时，认为判断矩阵不符合一致性要求，需要对该判断矩阵进行修正。

计算所得的权重向量如图 4-4-5 所示。

A	层次总排序权重向量	B_1	层次单排序权重向量	B_2	层次单排序权重向量	B_3	层次单排序权重向量
B_1	0.1429	C_1	0.5	C_3	0.75	C_5	0.75
B_2	0.4286	C_2	0.5	C_4	0.25	C_6	0.25
B_3	0.4286	CR	0.0	CR	0.00	CR	0.00
CR	0.0000						

C_1	层次单排序权重向量	C_2	层次单排序权重向量	C_3	层次单排序权重向量	C_4	层次单排序权重向量
D_1	0.8333	D_1	0.75	D_1	0.1667	D_1	0.875
D_2	0.1667	D_2	0.25	D_2	0.8333	D_2	0.125
CR	0.000	CR	0.00	CR	0.0000	CR	0.000

图 4-4-5 计算所得的权重向量

C_5	层次单排序权重向量	C_6	层次单排序权重向量
D_1	0.1667	D_1	0.25
D_2	0.8333	D_2	0.75
CR	0.0000	CR	0.00

图 4-4-5 计算所得的权重向量（续）

可以看出，所有层次单排序的随机一致性指标 CR<0.1，认为每个判断矩阵的一致性都是令人满意的。

（四）层次总排序与检验

层次总排序是指每一个判断矩阵中各因素针对目标层（最上层）的权重向量。这一权重向量的计算采用从上而下的方法，逐层合成。

很明显，第二层的层次单排序结果就是层次总排序结果。假定已经算出第 $k-1$ 层 m 个因素相对于总目标的权重向量 $\boldsymbol{w}^{k-1}=[w_1^{k-1}, w_2^{k-1}, \cdots, w_m^{k-1}]^T$，第 k 层 n 个元素对于上一层（第 $k-1$ 层）第 j 个因素的层次单排序权重向量是 $\boldsymbol{p}_j^k=[p_{1j}^k, p_{2j}^k, \cdots, p_{nj}^k]^T$，其中不受 j 支配的因素的权重为零。令 $\boldsymbol{p}^k=[p_1^k, p_2^k, \cdots, p_n^k]^T$，表示第 k 层元素对第 $k-1$ 层因素的排序，则第 k 层元素对于总目标的总排序为

$$\boldsymbol{w}^k = [w_1^k, w_2^k, \cdots, w_n^k]^T = \boldsymbol{p}^k \cdot \boldsymbol{w}^{k-1}$$

或

$$w_i^k = \sum_{j=1}^{m} p_{ij}^k \cdot w_j^{k-1}, \quad i=1,2,\cdots,n \tag{4-4-9}$$

同样地，也需要对层次总排序结果进行一致性检验。

假定已经算出针对第 $k-1$ 层第 j 个因素为准则的 CI_j^k、RI_j^k 和 CR_j^k，$j=1,2,\cdots,m$，则第 k 层的综合检验指标为

$$CI_j^k = \left(CI_1^k, CI_2^k, \cdots, CI_m^k \right) \cdot \boldsymbol{w}^{k-1}$$
$$RI_j^k = \left(RI_1^k, RI_2^k, \cdots, RI_m^k \right) \cdot \boldsymbol{w}^{k-1}$$
$$CR^k = \frac{CI_j^k}{RI_j^k} \tag{4-4-10}$$

当 $CR^k<0.1$ 时，认为判断矩阵的整体一致性是令人满意的。

C 层次总排序及 D 层次总排序分别如表 4.4.4 和表 4.4.5 所示。

表 4.4.4　C 层次总排序（CR=0.0000）

因素	C_1	C_2	C_3	C_4	C_5	C_6
权重	0.0714	0.0714	0.3214	0.1071	0.3214	0.1071

表 4.4.5　D 层次总排序（CR=0.0000）

因素	D_1	D_2
权重	0.3408	0.6592

可以看出，C 层次总排序和 D 层次总排序的 CR<0.1，认为判断矩阵的整体一致性是令人满意的。

（五）结果分析

通过对排序结果的分析，得出最后的决策方案。

从方案层总排序的结果看，建设地铁（D_2）的权重（0.6592）远远大于建设高速路（D_1）的权重（0.3408），因此，最终的方案是建设地铁。

根据层次排序过程分析决策思路。

对于准则层 B 的 3 个因素，经济效益（B_1）的权重最低（0.1429），社会效益（B_2）和环境效益（B_3）的权重都比较高（均为 0.4286），说明在决策中比较看重社会效益和环境效益。

对于不看重的经济效益，其下层的两个因素直接经济效益（C_1）、间接经济效益（C_2）的层次单排序权重都是建设高速路远远大于建设地铁，对于比较看重的社会效益和环境效益，其下层的四个因素中有三个因素的层次单排序权重都是建设地铁远远大于建设高速路，由此可以推出，建设地铁方案由于社会效益和环境效益较为突出，权重也会相对突出。

从准则层 C 总排序结果也可以看出，方便日常出行（C_3）、减少环境污染（C_5）的权重较大，而如果单独考虑这两个因素，层次单排序权重都是建设地铁远远大于建设高速路。

由此我们可以分析出决策思路，即决策比较看重的是社会效益和环境效益，不太看重经济效益，因此对于具体因素，方便日常出行和减少环境污染成为主要考虑因素，对于这两个因素而言，都是建设地铁方案更佳，由此，最终的方案选择建地铁也就顺理成章了。

三、使用 R 进行层次分析

R 中的 PMR 包提供了描述统计（平均秩、成对频率和边际矩阵）、层次分析法模型、概率模型（Luce 模型、基于距离的模型和秩序 logit 模型）及排名数据多维偏好分析的可视化等功能。其中，利用层次分析法模型可以很方便地进行层次分析。

基于 PMR 包的层次分析法的代码如下：

```
library(pmr)
## 载入需要的程辑包：stats4
##定义某个判断矩阵
data1 <-matrix(
    c(1, 2, 1/4, 1/3, 1/3, 1/2, 1, 1/7, 1/5, 1/5, 4, 7, 1, 2, 3, 3, 5, 1/2, 1, 1, 3, 5, 1/3, 1, 1),
    nrow =5,
    dimnames =list(c("C1","C2","C3","C4","C5"),c("C1","C2","C3","C4","C5"))
)
##将判断矩阵保存成 data.frame
data2=data.frame(data1)
##调用函数计算权重
ahp(data2)
```

调用 ahp 函数可得如下结果。

```
weighting:  0.2636328 0.47726387 0.05307416 0.09883999 0.10718918
Saaty:  0.01796004
Koczkodaj:  0.5555556
```

第五节　决策树法

项目失败最可能的原因是我们没有预测到未来可能发生的风险，风险的发生不可避免，如何在项目初期识别、评估风险，并制定相应的风险应对机制呢？有很多方法和理论可以为我们所用。

在某些项目中，根据前期的规划制作一张风险管理表，基本做法是结合经验和一些主观判断对假设条件和约束因素进行风险评估。下面学习另一种风险管理中常用的风险评估方法——决策树法，这一方法主要采用量化的方式来对风险进行评估。

决策树法根据未来可能发生的状态与方案的可能结果画出决策树，并做出预测。要求画出拟定各种可行方案的过程，按照图的结构规范由左向右逐步绘制、逐步分析。

一、决策树法简介

（一）决策树的概念

决策树又称为决策图，是以方框、圆圈、三角形为节点，由直线连接而成的一种树枝形状的结构图，即将备选方案、可能出现的自然状态、结果、各种损益值和概率值等分别用一些特殊的顶点、边及权值来表示，并按其因果关系排列而成的树形图，如图4-5-1所示。

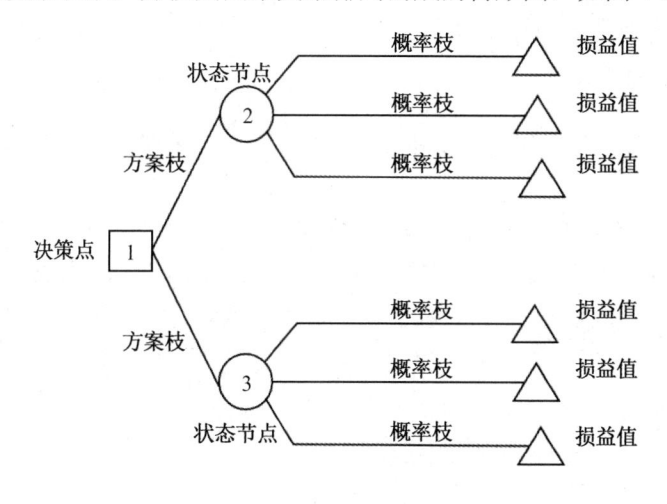

图4-5-1　决策树

（二）决策树的分类

决策树可分为单阶段决策树和多阶段决策树。

（1）单阶段决策树是指决策问题只需进行一次决策活动，便可以选出理想的方案。单阶段决策树一般只有一个决策点。

（2）多阶段决策树是指一个决策问题中包含两个或两个以上层次的决策，即在一个决策问题的决策方案中又包含着另一个或几个决策问题。只有当低一层次的决策方案确定之后，高一层次的决策方案才能确定。因此，处理多阶段决策问题必须对决策问题依次进行计算、分析和比较，直到整个决策问题的决策方案确定为止。

(三)决策树所用的图形符号及结构

(1) 决策点。

决策点是以方框表示的节点。一般决策点位于决策树的最左端,即决策树的起点位置,但如果所做的决策属于多阶段决策,则决策树的中间可以有多个决策点,以决策树"根"部的决策点为最终决策点。

(2) 方案枝。

方案枝是由决策点起自左向右画出的若干条直线,每条直线表示一个备选方案。方案枝表示解决问题的途径,通常有两枝或两枝以上。

(3) 状态节点。

在每个方案枝的末端画上一个"○"并注上代号,称其为状态节点。状态节点是决策分枝的终点,也是一个备选方案可能遇到的自然状态的起点。其上方的数字表示该方案的期望值。

(4) 概率枝。

从状态节点引出的若干条直线叫作概率枝,每条直线代表一种自然状态及其可能出现的概率(在每条概率枝上面注明自然状态及其概率)。

(5) 结果点。

结果点是画在概率枝的末端的一个三角形节点(△)。在结果点处列出不同的方案在不同的自然状态及其概率条件下的损益值。

(四)决策树法的步骤

(1) 根据实际决策问题,以初始决策点为树根,从左至右分别画出决策点、方案枝、状态节点、概率枝等。

(2) 从右至左逐步计算各个状态节点的期望值,并将其数值标在各状态节点上方。

(3) 在决策点处,对各状态节点上的期望值加以比较,选取期望值最大的方案。对落选的方案进行"剪枝",即在收益差的方案枝上画上"∥"或者"×"符号,最后留下一条收益最好的方案枝。

二、案例分析

例 4-5-1

(一)案例背景

某公司生产某种产品,一直只在本地区销售,而且销售的前景很好。现在公司打算通过向全国销售来增加利润。经过市场调查,了解到全国和本地区对此产品有高需求的概率都是 0.50,中等需求的概率都是 0.25,低需求的概率都是 0.25。两种销售方案在各种需求影响下的利润如表 4.5.1 所示。请问:是继续在本地区销售获利更大,还是扩大到全国销售获利更大?

表 4.5.1 两种销售方案在各种需求影响下的利润

		高需求	中等需求	低需求
概率		0.50	0.25	0.25
利润(万元)	全国销售	6	4	2.5
	本地区销售	4	3.8	3.5

（二）案例求解

（1）画出决策树，如图 4-5-2 所示。

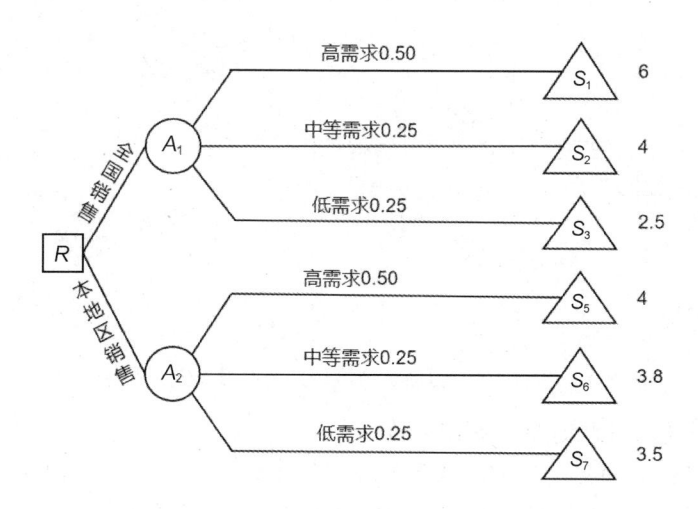

图 4-5-2　案例决策树（1）（单位：万元）

（2）计算状态节点的期望值。

A_1 点的期望值 $E(A_1)=6\times0.50+4\times0.25+2.5\times0.25=4.625$（万元）。

A_2 点的期望值 $E(A_2)=4\times0.5+3.8\times0.25+3.5\times0.25=3.825$（万元）。

（3）比较 A_1 点和 A_2 点的期望值的大小，并选出最优方案：扩大到全国销售的方案为最优方案，可有期望利润 4.625 万元。

例 4-5-2

（一）案例背景

某开发公司拟承包一企业的新产品研制与开发任务，但是为了得到合同必须参加投标。已知投标的准备费用为 40000 元，中标的可能性为 0.4。如果不中标，则准备费用得不到补偿；如果中标，则可采用两种方法进行新产品的研制与开发：方法 1 成功的可能性为 0.8，费用为 260000 元；方法 2 成功的可能性为 0.5，费用为 160000 元。如果开发成功，该开发公司可得到 600000 元，如果合同中标但未研制成功，则开发公司需赔偿 100000 元。试问：是否参加投标？若中标了，采用哪种方法研制开发？

（二）案例求解

（1）画出决策树，如图 4-5-3 所示。

（2）计算第二阶段各状态节点的期望值。

D 点的期望值：$600000\times0.8+(-100000)\times0.2=460000$（元）。

E 点的期望值：$600000\times0.5+(-100000)\times0.5=250000$（元）。

方法 1 的期望利润为 $460000-260000=200000$（元）。

方法 2 的期望利润为 $250000-160000=90000$（元）。

C 点的最优决策是方法 1，利润为 200000 元。

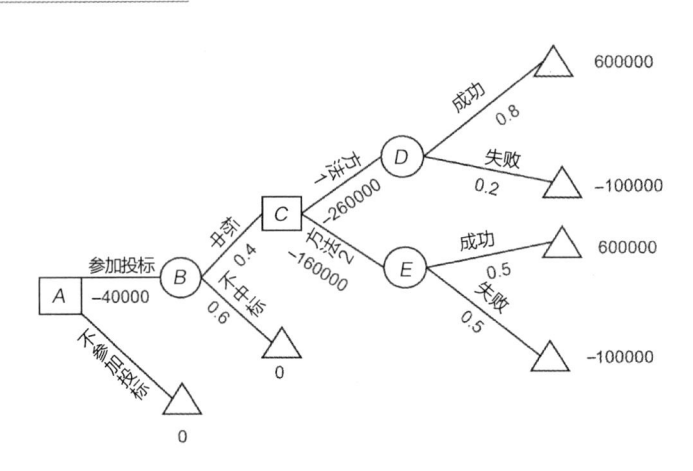

图 4-5-3 案例决策树（2）（单位：元）

（3）计算第一阶段各状态节点的期望值。

B 点的期望值：$200000 \times 0.4 + 0 \times 0.6 = 80000$（元）。

由于投标的期望利润为 $80000 - 40000 = 40000$（元），比不投标（利润为 0 元）要好，所以 A 点的最优决策是参加投标。

例 4-5-3

（一）案例背景

某承包商拥有的资源有限，只能在 A 和 B 两个工程中选 A 或 B 进行投标，或者对这两项工程都不参加投标。但过去该承包商的投标经验资料显示，该承包商对 A 或 B 投标又有两种策略：一种是投高标，中标的概率是 0.3；另一种是投低标，中标的概率是 0.5。该承包商过去也承包过与 A、B 类似的工程，根据统计资料，每种方案的利润和出现的概率如表 4.5.2 所示。当投标 A 不中时，则损失 50 万元；当投标 B 不中时，则损失 100 万元。试根据上述情况，画出决策树，给出最终决策方案。

表 4.5.2 每种方案的利润和出现的概率

方案	效果	可能的利润（万元）	概率
A 高	优	5000	0.3
	一般	1000	0.5
	赔	-3000	0.2
A 低	优	4000	0.2
	一般	500	0.6
	赔	-4000	0.2
B 高	优	7000	0.3
	一般	2000	0.5
	赔	-3000	0.2
B 低	优	6000	0.3
	一般	1000	0.6
	赔	-1000	0.1

（二）案例求解

（1）画出决策树，如图4-5-4所示。

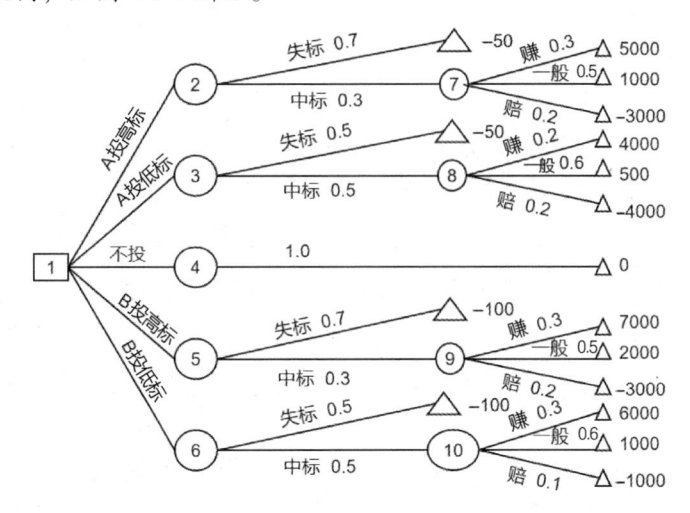

图4-5-4　案例决策树（3）（单位：万元）

（2）计算各状态节点的期望值。

$E(7)=0.3×5000+0.5×1000+0.2×(-3000)=1400$（万元）。

同理可得：$E(8)=300$（万元），$E(9)=2500$（万元），$E(10)=2300$（万元）。

$E(2)=0.7×(-50)+0.3×1400=385$（万元）。

$E(3)=0.5×(-50)+0.5×300=125$（万元）。

$E(4)=0$（万元）。

$E(5)=0.7×(-100)+0.3×2500=620$（万元）。

$E(6)=0.5×(-100)+0.5×2300=1100$（万元）。

对比2~6各个状态节点的期望值可知，最优决策为投B标，且投低标。

例4-5-4

（一）案例背景

为了适应市场的需要，某地提出了扩大电视机生产的两个方案。一个方案是建设大工厂，另一个方案是建设小工厂。建设大工厂需要投资600万元，可使用10年，若销路好，则每年盈利200万元；若销路不好，则每年亏损40万元。建设小工厂需要投资280万元，若销路好，则3年后扩建，扩建需要投资400万元，可使用7年，每年盈利190万元，若不扩建，则每年盈利80万元；若销路不好，则每年盈利60万元。

经过市场调查，市场销路好的概率为0.7，销路不好的概率为0.3，根据以上情况，试利用决策树法求出最优决策方案。

（二）案例求解

1. 画出决策树，如图4-5-5所示。

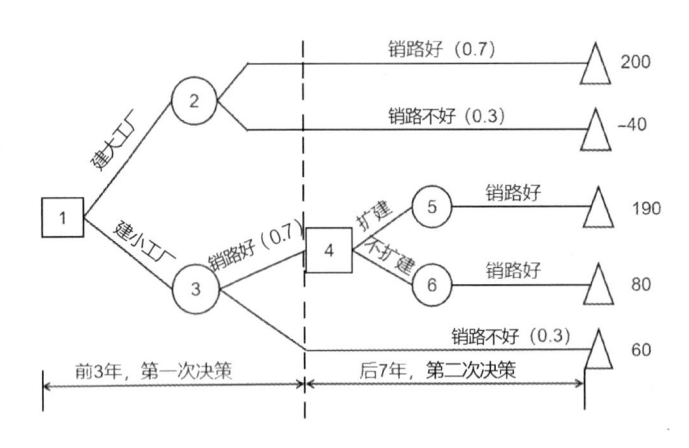

图 4-5-5　案例决策树（4）（单位：万元）

2. 计算各状态节点的期望值。

$E(2)=0.7\times200\times10+0.3\times(-40)\times10-600$（投资）$=680$（万元）。

$E(5)=1.0\times190\times7-400=930$（万元）。

$E(6)=1.0\times80\times7=560$（万元）。

比较决策点 4 的情况可以看到，由于 $E(5)$（930 万元）与 $E(6)$（560 万元）相比，$E(5)$ 较大，因此应采用扩建的方案，而舍弃不扩建的方案。

把点 5 的 930 万元移到点 4，可计算出点 3 的期望值。

$E(3)=0.7\times80\times3+0.7\times930+0.3\times60\times(3+7)-280=719$（万元）。

通过对比各状态节点的期望值可得最终决策方案为建设小工厂，若销路好，则 3 年后扩建。

例 4-5-5

（一）案例背景

某工厂为生产一种产品，制定了三个方案。方案 1 是新建车间生产；方案 2 是改建原有车间进行生产；方案 3 是先改建原有车间，生产 3 年后若产品销路好，则进行扩建。新建和改建车间所需投资分别是 300 万元和 140 万元，若在改建的基础上扩建车间，还需要追加投资 140 万元，产品生产期定为 10 年。根据以往同类产品的统计资料及市场预测，10 年中的前 3 年产品销路好的概率为 0.7，若前三年产品销路好，则后 7 年产品销路好的概率可以提高到 0.9；若前 3 年产品销路差，则后 7 年产品销路肯定也差。通过计算，不同状态下各方案每年的损益值如表 4.5.3 所示。请运用决策树法，分析采用哪种方案能使该工厂在回收基建投资后获得最大的期望值。

表 4.5.3　不同状态下各方案每年的损益值

单位：万元

	销路好 0.7	销路差 0.3
新建车间 A1	100	-30
改建车间 A2	40	10
改建后扩建 A3	100	-30

（二）案例求解

1. 画出决策树，如图 4-5-6 所示。

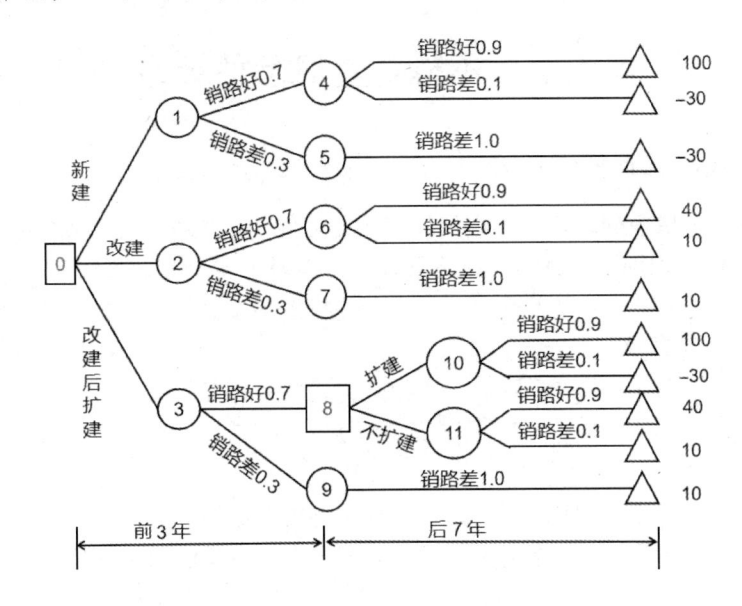

图 4-5-6　案例决策树（5）（单位：万元）

2. 计算各状态节点的期望值。

对于状态节点 1，即新建车间：

后 7 年的期望值=$0.7 \times E(4)+0.3 \times E(5)$。

$E(4)=0.9 \times 100 \times 7+0.1 \times (-30) \times 7=609$（万元）。

$E(5)=1.0 \times (-30) \times 7=-210$（万元）。

前 3 年的期望值=$0.7 \times 100 \times 3+0.3 \times (-30) \times 3=183$（万元）。

$E(1)=183+0.7 \times 609+0.3 \times (-210)-300=246.3$（万元）。

对于状态节点 2，即改建原有车间：

后 7 年的期望值=$0.7 \times E(6)+0.3 \times E(7)$。

$E(6)=0.9 \times 40 \times 7+0.1 \times 10 \times 7=259$（万元）。

$E(7)=1.0 \times 10 \times 7=70$（万元）。

前 3 年的期望值=$0.7 \times 40 \times 3+0.3 \times 10 \times 3=93$（万元）。

$E(2)=93+0.7 \times 259+0.3 \times 70-140=155.3$（万元）。

对于状态节点 3，即改建原有车间后扩建：后 7 年的期望值为

$E(10)=0.9 \times 100 \times 7+0.1 \times (-30) \times 7-140=469$（万元）。

$E(11)=40 \times 0.9 \times 7+10 \times 0.1 \times 7=259$（万元）。

$E(10)>E(11)$，选择 $E(10)$，即应该扩建。则 $E(8)=E(10)=469$（万元）。

$E(9)=E(7)=1.0 \times 10 \times 7=70$（万元）。

前 3 年的期望值与第二种方案的相同，为 93 万元。

$E(3)=93+0.7\times 469+0.3\times 70-140=302.3$（万元）。

通过比较各期望值，$E(3)=302.3 > E(1)=246.3 > E(2)=155.3$，故方案 3 为最佳方案。

第六节 不确定性风险估计方法

一、不确定性风险估计方法简介

不确定性风险：指各种风险状态出现的概率是未知的。不确定性风险可以采用不确定性风险估计方法进行风险识别。不确定性风险估计方法有以下 4 个原则。

① 悲观原则，又叫小中取大原则。该原则先找出各方案的最小损益值，然后找出最小损益值中最大者对应的方案。

② 乐观原则，又叫大中取小原则。该原则先找出各方案的最大损益值，然后找出最大损益值中最小者对应的方案。应用乐观原则要冒较大风险，应十分慎重，一般只有在没有损失或损失不大时才可采用。

③ 最小后悔值原则，又叫遗憾原则。这是一种折中原则。

④ 最大数学期望原则。该原则先计算出各方案所有后果的数学期望，然后找出其中的最大者对应的方案。

二、案例分析

例 4-6-1

（一）案例背景

根据资料，一条集装箱船每个航次从天津港到厦门港所需的舱位（单位：个）可能是以下数量中的某一个：100、150、200、250、300，具体概率分布未知。如果一个舱位空着，则在开船前 24 小时起以 80 美元的低价出售。每个舱位的标准定价是 120 美元，运输成本是 100 美元。应如何确定合适的空舱量？

方案 1：准备的空舱为 100 个。

方案 2：准备的空舱为 150 个。

方案 3：准备的空舱为 200 个。

方案 4：准备的空舱为 250 个。

方案 5：准备的空舱为 300 个。

（二）案例求解

由于各状态出现的概率未知，因此本案例属于不确定性风险估计问题。

设：需要的空舱数为 a_i，准备的空舱数为 b_j，损益值为 c_{ij}，根据计算可以建立表 4.6.1 所示的损益矩阵 c。

表 4.6.1 损益矩阵 c

单位：美元

准备的空舱量 b_j（个）	需求量（个）				
	$a_1=100$	$a_2=150$	$a_3=200$	$a_4=250$	$a_5=300$
$b_1=100$	2000	2000	2000	2000	2000

续表

准备的空舱量 b_j（个）	需求量（个）				
	$a_1=100$	$a_2=150$	$a_3=200$	$a_4=250$	$a_5=300$
$b_2=150$	1000	3000	3000	3000	3000
$b_3=200$	0	2000	4000	4000	4000
$b_4=250$	-1000	1000	3000	5000	5000
$b_5=300$	-2000	0	2000	4000	6000

本案例中，损益值=收入-成本= a_i×标准定价+剩余舱位×折价- b_j×成本单价。

如：$c_{11}=a_1×120-b_1×100=2000$（美元）。

$c_{41}=a_1×120+(b_4-a_1)×80-b_4×100$
$=100×120+(250-100)×80-250×100$
$=-1000$（美元）。

从损益矩阵 c 可以看出：不同方案的盈利结果不同；看起来盈利多的方案有可能出现亏损。由于不知道各状态出现的概率，因此无法直接得出一个方案好或差的结论。

不同的决策者有不同的决策结果，因此在对不确定性问题进行决策时，应该先确定决策准则。

（1）平均准则（Laplace 准则）。

这种决策准则的思路是，既然不能肯定哪种状态更有可能出现，就认为各种状态出现的概率相等。

决策步骤：

① 编制平均准则损益矩阵（决策损益表）。
② 按相等概率计算每一个方案的平均收益值。
③ 选择平均收益值最大的方案作为最优方案。

以例 4-6-1 为例计算，平均准则损益矩阵如表 4.6.2 所示。决策结果：方案 3（准备 200 个空舱）为最优方案。

表 4.6.2　平均准则损益矩阵

单位：美元

准备的空舱量 b_j（个）	需求量（个）					平均收益值
	$a_1=100$	$a_2=150$	$a_3=200$	$a_4=250$	$a_5=300$	
$b_1=100$	2000	2000	2000	2000	2000	2000
$b_2=150$	1000	3000	3000	3000	3000	2600
$b_3=200$	0	2000	4000	4000	4000	2800
$b_4=250$	-1000	1000	3000	5000	5000	2600
$b_5=300$	-2000	0	2000	4000	6000	2000

（2）悲观准则（Min-Max 准则）。

这种决策准则的思路是，从最不利的结果出发，将在最不利的结果中取得最有利的结果的方案作为最优方案。

决策步骤：

① 编制悲观准则损益矩阵（决策损益表）。
② 计算出各个方案的最小收益值。
③ 选择最小收益值中最大者对应的方案作为最优方案。

以例 4-6-1 为例计算，悲观准则损益矩阵如表 4.6.3 所示。决策结果：方案 1（准备 100 个空舱）为最优方案。

表 4.6.3　悲观准则损益矩阵

单位：美元

准备的空舱量 b_j（个）	需求量（个）					最小收益值
	$a_1=100$	$a_2=150$	$a_3=200$	$a_4=250$	$a_5=300$	
$b_1=100$	2000	2000	2000	2000	2000	2000
$b_2=150$	1000	3000	3000	3000	3000	1000
$b_3=200$	0	2000	4000	4000	4000	0
$b_4=250$	-1000	1000	3000	5000	5000	-1000
$b_5=300$	-2000	0	2000	4000	6000	-2000

事实上，这种决策准则是选取最不利情况下的最有利方案，过于保守。

（3）乐观准则（Max-Max 准则）。

这种决策准则的思路是，从最有利的结果出发，将在最有利的结果中取得最有利的结果的方案作为最优方案。（与悲观准则刚好相反）

决策步骤：

① 编制乐观准则损益矩阵（决策损益表）。
② 计算出各个方案的最大收益值。
③ 选择最大收益值中最大者对应的方案作为最优方案。

以例 4-6-1 为例计算，乐观准则损益矩阵如表 4.6.4 所示。决策结果：方案 5（准备 300 个空舱）为最优方案。

表 4.6.4　乐观准则损益矩阵

单位：美元

准备的空舱量 b_j（个）	需求量（个）					最大收益值
	$a_1=100$	$a_2=150$	$a_3=200$	$a_4=250$	$a_5=300$	
$b_1=100$	2000	2000	2000	2000	2000	2000
$b_2=150$	1000	3000	3000	3000	3000	3000
$b_3=200$	0	2000	4000	4000	4000	4000
$b_4=250$	-1000	1000	3000	5000	5000	5000
$b_5=300$	-2000	0	2000	4000	6000	6000

事实上，这种准则是选取最有利情况下的最有利方案，过分乐观，容易冒进。

（4）折中准则（Hurwicz 准则）。

这种决策准则的思路是，对悲观准则和乐观准则进行折中。决策时，先根据个性、经验选定乐观系数 α，再按乐观和悲观两个方面计算折中值。

决策步骤：

① 编制折中准则损益矩阵（决策损益表）。
② 计算各个方案的折中收益值。
③ 选择最大折中收益值对应的方案作为最优方案。

折中收益值的计算公式：

折中收益值=α×最大收益值+$(1-\alpha)$×最小收益值，α的取值在0~1之间，α越大，最大收益值对结果的影响越大。

当α=0时，即为悲观准则；当α=1时，即为乐观准则。

以例4-6-1为例计算，取α=0.3，折中准则损益矩阵如表4.6.5所示。决策结果：方案1（准备100个空舱）为最优方案。

表4.6.5 折中准则损益矩阵

单位：美元

准备的空舱量b_j（个）	需求量（个）					最小收益值	最大收益值	折中收益值
	a_1=100	a_2=150	a_3=200	a_4=250	a_5=300			
b_1=100	2000	2000	2000	2000	2000	2000	2000	2000
b_2=150	1000	3000	3000	3000	3000	1000	3000	1600
b_3=200	0	2000	4000	4000	4000	0	4000	1200
b_4=250	-1000	1000	3000	5000	5000	-1000	5000	800
b_5=300	-2000	0	2000	4000	6000	-2000	6000	400

（5）后悔值准则（Savage准则）。

这种决策准则的思路是，希望找到一个方案，当此方案执行后，无论自然状态如何变化，决策者产生的后悔感最小。

后悔感的大小用后悔值表示。在每一状态下，该状态的最大收益值与每一方案的收益值之差叫作后悔值。

决策步骤：

① 找出各个状态下的最大收益值，将其确定为该状态下的理想值。
② 将该状态下的理想值与收益值之差作为该方案的后悔值，将他们排列成一个矩阵，称为后悔矩阵。
③ 找出每一方案的最大后悔值。
④ 选择最大后悔值中最小者对应的方案作为最优方案。

以例4-6-1为例计算，后悔矩阵如表4.6.6所示。决策结果：方案3（准备200个空舱）为最优方案。

表4.6.6 后悔矩阵

单位：美元

准备的空舱量b_j（个）	需求量（个）									最大后悔值
	a_1=100		a_2=150		a_3=200		a_4=250		a_5=300	
	收益值	后悔值	收益值	后悔值	收益值	后悔值	收益值	后悔值	收益值	后悔值	
b_1=100	2000	0	2000	1000	2000	2000	2000	3000	2000	4000	4000

续表

准备的空舱量 b_j（个）	需求量（个）										最大后悔值
	$a_1=100$		$a_2=150$		$a_3=200$		$a_4=250$		$a_5=300$		
	收益值	后悔值	收益值	后悔值	收益值	后悔值	收益值	后悔值	收益值	后悔值	
$b_2=150$	1000	1000	3000	0	3000	1000	3000	2000	3000	3000	3000
$b_3=200$	0	2000	2000	1000	4000	0	4000	1000	4000	2000	2000
$b_4=250$	-1000	3000	1000	2000	3000	1000	5000	0	5000	1000	3000
$b_5=300$	-2000	4000	0	3000	2000	2000	4000	1000	6000	0	4000
各状态下的理想值	2000		3000		4000		5000		6000		

本章习题

一、单选题

1. 下面不属于风险管理四种基本方法的是（　　）。
   A．风险回避　　　B．损失承担　　　C．风险转移　　　D．风险保留
2. 项目费用估算时允许的误差率为（　　）以内。
   A．10%　　　　　B．20%　　　　　C．30%　　　　　D．40%
3. 某项目的设备费估计为2400万元，厂房土建费估计为4000万元，参照类似项目的统计资料，设备费系数为1.45，厂房土建费系数为1.12，其他有关费用为1800万元，用设备费及厂房土建费系数法估算该项目的建设投资额为（　　）。
   A．8488万元　　B．7960万元　　C．9760万元　　D．10288万元
4. 现有甲、乙两个项目，生产能力相同，甲项目的产量盈亏平衡点大于乙项目，则（　　）项目的风险承受力更强。
   A．甲　　　　　B．乙　　　　　C．一样强　　　D．无法确定
5. 决策点连接（　　）。
   A．方案枝　　　B．概率枝　　　C．叶节点　　　D．状态节点
6. 层次分析法是（　　）。
   A．一种解决多目标的复杂问题的定性与定量相结合的决策分析方法
   B．一种解决单目标的复杂问题的定性与定量相结合的决策分析方法
   C．一种解决多目标的复杂问题的定性的决策分析方法
   D．一种解决单目标的复杂问题的定量的决策分析方法
7. 在递阶层次结构模型中，决策所考虑的因素、决策的准则位于（　　）。
   A．目标层　　　B．最高层　　　C．中间层　　　D．最底层
8. 在层次分析法中，以下说法不正确的是（　　）。
   A．判断矩阵是表示本层所有因素针对上一层某一个因素的相对重要性的比较
   B．数字"1"表示两个因素相比，一个因素和另一个因素同样重要
   C．数字"3"表示两个因素相比，一个因素比另一个因素极度重要

D. 数字"7"表示两个因素相比,一个因素比另一个因素强烈重要
9. 主观评分法是否主要利用专家的经验,直观判断项目每一类风险并赋予相应的权重?( )。
 A. 是 B. 否 C. 不一定 D. 不知道
10. 有条件收益矩阵如下,行表示方案,列表示状态,则第二种状态下第二种方案的后悔值为( )。

$$R = \begin{pmatrix} 1000 & 200 & -100 \\ 780 & 400 & 90 \\ 840 & 350 & 100 \end{pmatrix}$$

 A. 200 B. 310 C. 0 D. 380

二、多选题

1. 项目费用中的直接费包括( )。
 A. 人工费 B. 材料费 C. 机械费
 D. 办公费 E. 管理费
2. 下列( )属于不确定性风险估计方法的原则。
 A. 最小后悔值原则 B. 盈亏平衡
 C. 乐观原则 D. 折中原则
 E. 悲观原则
3. 递阶层次结构模型中包含( )。
 A. 目标层 B. 方案层 C. 因素层
 D. 条件层 E. 决策层
4. 层次分析法的优点有( )。
 A. 系统性 B. 实用性 C. 简洁性 D. 主观性
 E. 客观性
5. 项目可行性分析中通常包括( )。
 A. 技术可行性分析 B. 经济可行性分析
 C. 法律法规可行性分析 D. 市场可行性分析
 E. 竞争对手可行性分析

三、简答题

1. 什么是风险管理?
2. 简述风险管理的流程。
3. 简述几种风险管理的方法。
4. 可行性分析包括哪些内容?
5. 介绍几种项目费用估算的方法。
6. 什么是主观评分法?
7. 层次分析法具有哪些优缺点?

8．简述决策树法。

9．简述几种不确定性风险估计方法。

10．简述统计思维在风险管理中的应用。

四、案例分析题

1．经济统计专业2022级学生准备在小寨街道开一家服务对象是年轻人的主题咖啡厅，现在请你帮他们完成一份可行性研究报告。

要求：有明确的开设地点，有明确的需求调研，有较为准确的费用估算。

2．某服装厂商接到一张新的生产加工订单，该订单需要经过4道工序，项目风险评价表（见下表）已由专家给出，表中列出了已识别出的5类风险，该项目的整体风险评价基准为0.6。

项目风险评价表

工序	费用风险	工期风险	质量风险	技术风险	组织风险
可行性分析	3	4	6	5	3
设计	6	5	5	6	3
试验	7	3	3	5	4
加工	6	7	8	7	5

运用主观评分法判断项目是否可行。

3．某高校计划购买一种办公软件，分别从软件的功能、价格、安全性三个方面进行评价，考虑应用层次分析法对3家不同软件公司提供的软件进行综合分析评价和排序，从中选出最优方案，其层次结构如下图所示。以A表示系统的总目标，判断层中B_1表示功能，B_2表示价格，B_3表示安全性。C_1、C_2、C_3表示备选的3种软件。

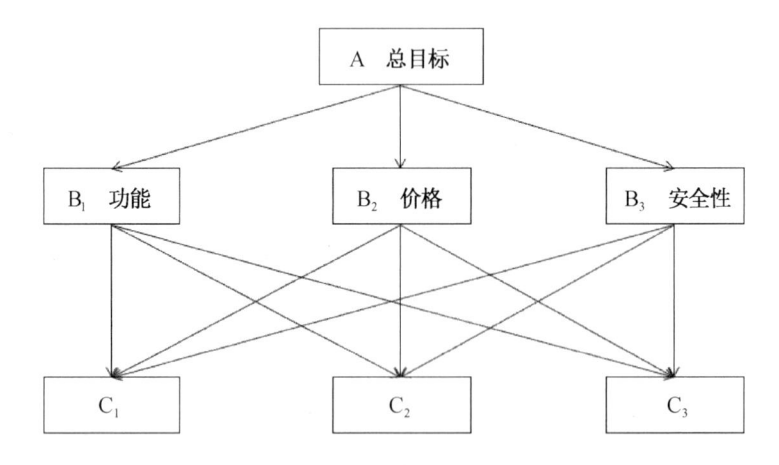

判断矩阵A-B（相对于购买软件这一总目标，准则层各因素相对重要性比较）、判断矩阵B_1-C（相对功能，各软件的相对重要性比较）、判断矩阵B_2-C（相对价格，各软件的相对重要性比较）、判断矩阵B_3-C（相对安全性，各软件的相对重要性比较）分别如下表所示。

判断矩阵 A-B

A	B_1	B_2	B_3
B_1	1	1/3	2
B_2	3	1	5
B_3	1/2	1/5	1

判断矩阵 B_1-C

B_1	C_1	C_2	C_3
C_1	1	1/3	1/5
C_2	3	1	1/3
C_3	5	3	1

判断矩阵 B_2-C

B_2	C_1	C_2	C_3
C_1	1	2	7
C_2	1/2	1	5
C_3	1/7	1/5	1

判断矩阵 B_3-C

B_3	C_1	C_2	C_3
C_1	1	3	1/7
C_2	1/3	1	1/9
C_3	7	9	1

（1）建立递阶层次结构模型。

（2）根据判断矩阵 A-B 的第一行，判断各因素的相对重要性。

（3）根据判断矩阵 B_3-C 的第二行，判断各软件的相对重要性。

（4）根据判断矩阵 A-B 求出对应的最大特征值，并判断该矩阵是否通过一致性检验。

（5）写出各方案相对于上一层求出的权重向量。

（6）求出最终的权重向量，并判断该购买哪种软件。

4．某服装厂商根据市场需求，提出了扩大生产的两种方案，第一种是扩建原厂，第二种是新建小厂。扩建原厂需要资金 10 万元，可以使用 15 年，若销路好，则每年可获利 300 万元；若销路不好，则每年亏损 50 万元。新建小厂需要资金 80 万元，如果销路好，2 年后在小厂的基础上再进行扩建，扩建需要资金 30 万元，可以使用 13 年，每年获利 260 万元，不扩建则每年获利 80 万元；若销路不好，则每年获利 30 万元。经市场调查，销路好的概率为 0.6，销路不好的概率为 0.4。

试用决策树法给出方案选择。

要求：画出决策树，将计算的各节点期望值进行标记，剪枝后对最终方案进行简单说明。

5．某工厂以批发方式销售其生产的产品，每件产品的成本为 0.03 元，批发价格为 0.05 元。如果每天生产的产品当天销售不出去，则要以 0.02 元的处理价格卖掉。已知该工厂每天的产量可以是 0 件、1000 件、2000 件、3000 件、4000 件。根据市场需要，每天销售的数量可能为 0 件、1000 件、2000 件、3000 件、4000 件。该工厂过去 200 天的销售情况统计如下表所示。

分别依据乐观准则、悲观准则、平均准则、后悔值准则，计算该工厂的最优产量。

销售情况统计

每天销售量（件）	0	1000	2000	3000	4000
该销量出现的天数（天）	20	40	80	30	30

第五章　质量管理

> **学习目标**
>
> 1. 掌握商业分析中质量管理的定义和应用场景，掌握质量管理的几种方法。
> 2. 理解控制图的应用场景、绘制原理，掌握控制图的绘制与使用方法，能使用 Excel 和 R 绘制控制图。
> 3. 理解抽样检验方案的应用场景、制定方法，能根据实际案例，确定抽样检验方案。
> 4. 理解正交试验设计的应用场景，掌握无交互作用和有交互作用正交试验设计的原理，掌握无交互作用和有交互作用正交试验设计及数据分析的方法，能使用 IBM SPSS Statistics 数据编辑器分析正交试验设计结果。

第一节　质量管理简介

这是一个发生在第二次世界大战中期，美国空军和降落伞制造商之间的真实故事。在当时，降落伞的安全性不够完美，经过降落伞制造商的努力改善，降落伞的良品率已经达到了 99.9%，应该说这个良品率即使现在许多企业也很难达到，但是美国空军却对此说不，他们要求所交降落伞的良品率必须达到 100%。于是，降落伞制造商的总经理便专程去飞行大队商讨此事，希望能够降低这个标准。因为降落伞制造商认为良品率达到这个程度已接近完美了，没有必要再改，当然美国空军一口回绝，因为品质没有折扣。

后来，美国空军改变了检查降落伞品质的方法，那就是从降落伞制造商前一周交货的降落伞中，随机挑出一个，让降落伞制造商负责人装备上身后，亲自从飞行中的飞机上跳下。这个方法实施后，不良率立刻变成零。

这是一个标准的质量管理问题。

一、质量管理定义

质量管理是指确定质量方针、目标和职责，并通过质量体系中的质量策划、控制、保证和改进来使其实现的全部活动。项目质量由工作分解结构反映出的项目范围内的所有阶段、子项目、项目工作单元的质量构成，即项目的工作质量；将项目作为一项最终产品来看，项目质量体现在其性能或者使用价值上，即项目的产品质量。项目活动是应项目业主的要求进行的，不同的项目业主有不同的质量要求，其意图已反映在项目合同中。因此，项目质量除必须符合有关标准和法规外，还必须满足项目合同条款的要求，项目合同是进行项目质量管理的主要依据之一。

项目的特性决定了项目质量体系的构成。从供需关系的角度来讲，项目业主是需方，其要求参与项目活动的各承包商（设计方、施工方等）提供足够的证据，建立满意的供方质量保证体系。另外，项目的一次性、核算管理的统一性及项目目标的一致性均要求将项目范围内的组织机构、职责、程序、过程和资源集成为一个有机的整体，在其内部实现良好的质量控制及质量保证，从而构建项目的质量体系。

世界质量大师 J.M.Juran 对质量管理下的基本定义：质量就是适用性的管理、市场化的管理。美国 A.V.费根鲍姆对质量管理下的定义：质量管理是为了能够在最经济的水平及充分考虑满足顾客要求的条件下进行市场研究、设计、制造和售后服务，把企业内各部门的研制质量、维持质量和提高质量的活动集成为一体的一种有效的体系。

质量管理的发展大致经历了 3 个阶段。

（1）质量检验阶段。

20 世纪前，产品质量主要依靠操作者的技艺水平和经验来保证，是"操作者的质量管理"。20 世纪初，以 F.W.泰勒为代表提出的科学管理理论的产生，促使产品的质量检验从加工制造中分离出来，质量管理的职能由操作者转移给工长，是"工长的质量管理"。随着企业生产规模的扩大和产品复杂程度的提高，产品有了技术标准（技术条件），公差制日趋完善，各种检验工具和检验技术随之发展，大多数企业开始设置检验部门，有的直属于厂长，这时是"检验员的质量管理"。上述几种做法都属于事后检验的质量管理方式。

（2）统计质量控制阶段。

1924 年，美国统计学家 W.A.休哈特提出控制和预防缺陷的概念。他根据数理统计的原理提出在生产过程中控制产品质量的 3σ 法[①]，绘制出第一张控制图并建立了一套统计卡片。与此同时，美国贝尔实验室提出抽样检验的概念及其实施方案，成为运用数理统计理论解决质量问题的先驱，但当时并未被普遍接受。以数理统计理论为基础的统计质量控制的推广应用始于第二次世界大战。由于事后检验无法控制武器弹药的质量，因此美国国防部决定把数理统计理论应用于质量管理，由标准协会制定将数理统计理论应用于质量管理方面的有关规划，并成立了专门委员会，于 1941—1942 年先后公布了一批美国战时的质量管理标准。

（3）全面质量管理阶段。

20 世纪 50 年代以来，随着生产力的迅速发展和科学技术的日新月异，人们对产品的质量从注重产品的一般性能发展为注重产品的耐用性、可靠性、安全性、维修性和经济性等，在生产技术和企业管理中要求运用系统的观点来研究质量问题。另外，在管理理论上也有新的发展，除突出重视人的因素，强调依靠企业全体人员的努力来保证质量以外，还有"保护消费者利益"运动的兴起，企业之间的市场竞争越来越激烈。在这种情况下，美国 A.V.费根鲍姆于 20 世纪 60 年代初提出全面质量管理的概念。

二、质量管理方法

根据应用场景的不同，商业项目中的质量管理方法可以分为控制图、抽样检验方案、正交试验设计等方法，下面分别进行简单介绍。

[①] 此处的 3σ 为双边各 3σ。

(1)控制图。

商业项目涉及生产过程的,需要严格把控生产过程的质量。如果质量问题一出现就能及时发现,及时纠正,阻止不合格的半成品流入下一道工序,那么就可以避免出现大量的不合格品,达到预防的目的。统计过程的控制图就是一个简单易行的控制系统,以便监控产品质量。

(2)抽样检验方案。

在企业中,为了保证产品的质量,需要对其进行检验。对产品、原材料等的检验通常有两种方法:一种是全数检验;另一种是抽样检验。全数检验对很多产品来讲是不可能的,也不需要这样做,因此抽样检验是一种常用的检验方法。抽样检验是从一大批产品中随机抽取若干个,通过检验这几个产品的质量来判断整批产品的质量是否合格的一种检验方法。抽样检验方案就是用统计方法规定样本量与接收准则的一个具体方案。

(3)正交试验设计。

在项目质量管理中,经常需要做试验,以求达到预期的目的。例如,在化工生产中希望通过试验实现高质、优产、低消耗,特别是新产品试验,未知的东西很多,要通过试验来摸索工艺条件或配方。如何做试验,其中大有学问。试验设计得好会事半功倍,反之会事倍功半,甚至劳而无功。试验设计包括两部分内容:一部分是对试验进行科学有效的设计;另一部分是对试验数据进行正确的统计分析。经常使用的试验设计方法有完全随机设计、随机区组设计、交叉设计、析因设计、拉丁方设计、正交设计、嵌套设计、重复测量设计、裂区设计及均匀设计等。不同的试验设计方法适用于不同的情况。通过正交设计进行有效设计分析的方法即为正交试验设计。

第二节 控制图

一、控制图介绍

一个产品只有经过设计、制造与检验后,才能被提供给使用者。本节要介绍的控制图是质量管理的重要工具。世界上第一张控制图是由美国贝尔实验室质量课题研究小组过程控制组学术领导人 W.A.休哈特提出的不合格品率 p 控制图。自控制图诞生后,其就一直是质量管理的一个重要工具,也是一个不可或缺的管理工具。它是一种有控制界限的图,用于区分引起的原因是偶然性的还是系统性的,可以提供有关系统原因存在的信息,从而判断生产过程受控状态。控制图按其用途可分为两类:一类是分析用的控制图,用于控制生产过程中有关质量特性值的变化情况,查看工序是否处于受控状态;另一类是控制用的控制图,主要用于发现生产过程是否出现了异常情况,以预防产生不合格品[18-19]。

(一)控制图的样式

控制图又称为管制图,是保证过程质量的主要工具,其基本样式如图 5-2-1 所示。

控制图的横坐标通常表示按时间顺序抽样的样本编号,纵坐标表示质量特性值或统计量(如样本均值、样本标准差等)。

控制图上标有中心线和上、下控制限,控制界限是判断过程状态的基本标准。

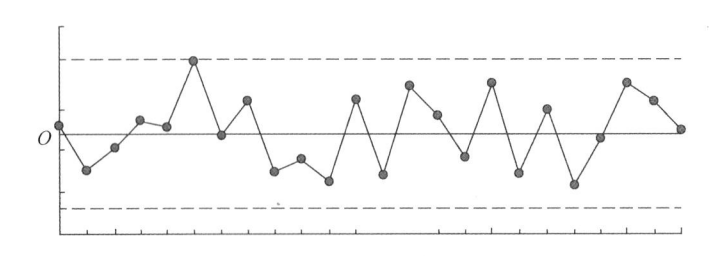

图 5-2-1　控制图的基本样式

控制界限是根据"3σ"的原理来确定的。如中心线 $CL = \mu$，则上控制限为

$$UCL = \mu + 3\sigma \quad (5\text{-}2\text{-}1)$$

下控制限为

$$LCL = \mu - 3\sigma \quad (5\text{-}2\text{-}2)$$

如果产品的质量特性值或统计量服从正态分布，且过程处于受控状态，则根据正态分布原理可知，按时间顺序抽样的数据点分布在控制界限以内的概率约为 99.73%，分布在控制界限以外的概率约为 0.27%。并且，这些数据点在控制界限内的排列是独立随机的。

（二）控制图的种类

控制图按质量特性值的不同分为计量值控制图和计数值控制图。计量值服从正态分布，而正态分布有两个参数 μ 与 σ，要监测这两个参数的波动就需要同时用两张控制图。对计数值波动的监测只需用一张控制图。

常规的计量值控制图有 4 个，分别是均值-标准差控制图（$\bar{x}\text{-}S$ 图）、均值-极差控制图（$\bar{x}\text{-}R$ 图）、中位数-极差控制图（$\tilde{x}\text{-}R$ 图）、单值-移动极差控制图（$x\text{-}R_S$ 图）。

常规的计数值控制图也有 4 个，分别是不合格品数控制图（$n \cdot P$ 图）、不合格品率控制图（P 图）、缺陷数控制图（c 图）、单位缺陷数控制图（u 图）。

二、制作控制图过程

（一）收集数据

首先根据选定的质量特性值，按一定的时间间隔，抽取一个容量为 n 的样本，共抽取 k 个样本，对每个样本内样品的质量特性值进行测定，并填在数据表中。一般要求 $k \geqslant 25$，n 通常为 4 或 5。

（二）确定控制界限

先计算每个样本质量特性值的统计量（如均值、标准差等）；再计算所有样本质量特性值的统计量的平均值；最后，根据统计量的平均值确定控制图的中心线 CL、上控制限 UCL 和下控制限 LCL。

（三）绘制控制图

根据控制图的中心线及上、下控制限绘制控制图。在实际应用中，常预先设计好标准的控制图表格，以便在工作现场统计填写和绘图。

（四）控制图的修正

对绘制好的控制图进行分析，当异常数据点不多时，在确认原因后，应消除降低质量的异常数据点，同时去掉异常数据点对应的一组数据，重新计算中心线和上、下控制限，对控制图进行修正。

（五）控制图的使用和改进

生产前分析用的控制图经过多次改进以后，控制图的控制界限趋于稳定，当其已经能够满足过程控制的要求时，控制图就可以正式投入使用了。

（六）控制图的分析与判断

生产过程质量状态分为受控状态和失控状态。

1. 过程受控时控制图的特点

在受控状态下，生产过程只受偶然性因素的影响，呈现正常波动。其表现为以下几个方面。
（1）所有样本的数据点都在控制界限内。
（2）位于中心线两侧的数据点的数量大致相同。
（3）越靠近中心线，样本的数据点越多。在中心线上、下各1倍标准差范围内的数据点约占$\frac{2}{3}$，靠近控制界限边界的数据点很少。
（4）数据点在控制界限内的分布是独立随机的，无明显的规律或倾向。

考虑到受控状态下仍可能有数据点出界的小概率事件出现，为了减小错判的风险，规定出现下列情况视为过程处于受控状态：连续25个数据点都在控制界限内；连续35个数据点中仅有一个出界；连续100个数据点中至多有两个出界。

2. 过程失控时控制图的特点

过程失控时，有较多的数据点超出控制界限或数据点在控制界限内的分布呈现非随机独立的迹象，具体表现为以下几个方面。

（1）有多个数据点连续出现在中心线的同侧，如连续7个数据点在中心线同一侧，如图5-2-2所示。

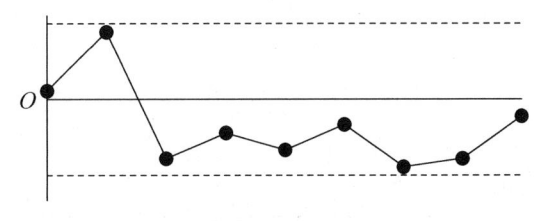

图 5-2-2　连续7个数据点出现在中心线的同一侧

（2）连续11个数据点中至少有10个数据点在中心线同一侧，连续14个数据点中至少有12个数据点在中心线同一侧，连续17个数据点中至少有14个数据点在中心线同一侧，连续

20 个数据点中至少有 16 个数据点在中心线同一侧，这些情况都是小概率事件。

（3）有 7 个或更多的数据点连续上升或下降，如图 5-2-3 所示。

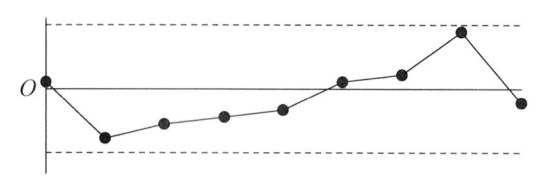

图 5-2-3　有 7 个数据点连续上升或下降

（4）有过多的边界点。

中心线到上、下控制限的距离各为 3 倍的标准差，2 倍与 3 倍标准差之间的区域为警戒区。若连续 3 个数据点中至少有 2 个落在警戒区、连续 7 个数据点中至少有 3 个落在警戒区或连续 10 个数据点中至少有 4 个落在警戒区，则可判断生产过程失控，如图 5-2-4 所示。

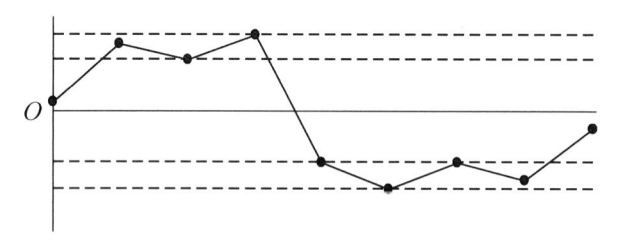

图 5-2-4　有过多的边界点

（5）数据点变化趋势异常。

① 周期性变化，如图 5-2-5 所示。

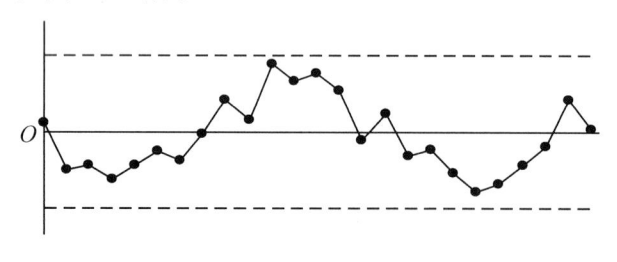

图 5-2-5　周期性变化

② 分布中心突变，如图 5-2-6 所示。

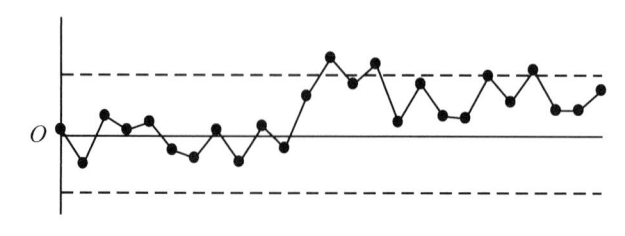

图 5-2-6　分布中心突变

③ 分布中心渐变，如图 5-2-7 所示。

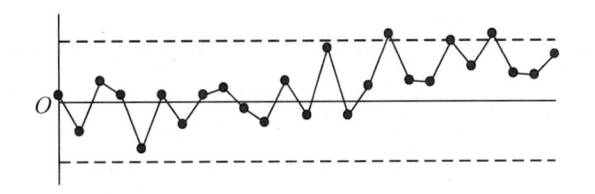

图 5-2-7 分布中心渐变

④ 离散程度变大，如图 5-2-8 所示。

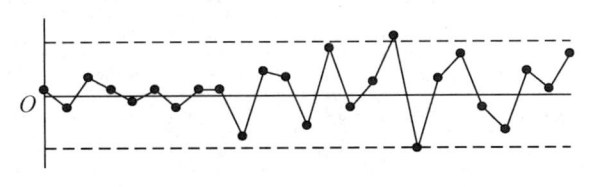

图 5-2-8 离散程度变大

三、案例分析

例 5-2-1

（一）均值-标准差控制图（$\bar{x}$-S 图）

均值-标准差控制图是一种两张图联用的形式，均值图主要用于判断生产过程的平均值是否处于受控状态，标准差图主要用于判断生产过程的离散程度是否处于受控状态。

某种产品外圆直径的规格标准是 6.46～6.50mm。现每隔半小时抽取 5 个样本观测直径数据，共抽取了 25 组样本，如表 5.2.1 所示。

表 5.2.1 样本数据及计算表

单位：mm

观察序号 i	测量值					计算值			
	x_1	x_2	x_3	x_4	x_5	$\bar{x}_i$	S_i	$\tilde{x}_i$	R
1	6.47	6.48	6.48	6.48	6.48	6.478	0.004	6.48	0.01
2	6.47	6.46	6.47	6.48	6.48	6.472	0.008	6.47	0.02
3	6.47	6.48	6.48	6.48	6.48	6.478	0.004	6.48	0.01
4	6.46	6.47	6.49	6.46	6.49	6.474	0.015	6.47	0.03
5	6.47	6.48	6.48	6.48	6.48	6.478	0.004	6.48	0.01
6	6.48	6.48	6.49	6.47	6.48	6.48	0.007	6.48	0.02
7	6.48	6.48	6.49	6.49	6.49	6.486	0.005	6.49	0.01
8	6.47	6.48	6.49	6.47	6.48	6.478	0.008	6.48	0.02
9	6.48	6.48	6.49	6.48	6.48	6.482	0.004	6.48	0.01
10	6.47	6.48	6.48	6.47	6.47	6.474	0.005	6.47	0.01
11	6.47	6.47	6.47	6.47	6.48	6.472	0.004	6.47	0.01
12	6.46	6.47	6.47	6.48	6.48	6.472	0.008	6.47	0.02
13	6.49	6.48	6.48	6.48	6.48	6.482	0.004	6.48	0.01

续表

观察序号 i	测量值					计算值			
	x_1	x_2	x_3	x_4	x_5	$\bar{x}_i$	S_i	$\tilde{x}_i$	R
14	6.46	6.47	6.48	6.47	6.48	6.472	0.008	6.47	0.02
15	6.48	6.48	6.48	6.49	6.49	6.484	0.005	6.48	0.01
16	6.46	6.49	6.49	6.48	6.48	6.48	0.012	6.48	0.03
17	6.47	6.48	6.48	6.47	6.48	6.476	0.005	6.48	0.01
18	6.47	6.49	6.48	6.49	6.49	6.484	0.009	6.49	0.02
19	6.47	6.47	6.47	6.47	6.48	6.472	0.004	6.47	0.01
20	6.48	6.49	6.49	6.48	6.48	6.484	0.005	6.48	0.01
21	6.47	6.47	6.47	6.47	6.47	6.47	0.000	6.47	0
22	6.46	6.48	6.47	6.48	6.49	6.476	0.011	6.48	0.03
23	6.48	6.49	6.48	6.49	6.48	6.484	0.005	6.48	0.01
24	6.48	6.48	6.49	6.48	6.47	6.48	0.007	6.48	0.02
25	6.48	6.48	6.47	6.48	6.48	6.478	0.004	6.48	0.01
平均值						6.478	0.007	6.478	0.015

（1）计算每一组样本的均值与标准差。

$$\bar{x}_i = \frac{1}{n}\sum_{j=1}^{n}x_{ij}, \quad S_i = \sqrt{\frac{1}{n-1}\sum_{j=1}^{n}\left(x_{ij}-\bar{x}_i\right)^2}, \quad i=1,2,\cdots,k \tag{5-2-3}$$

（2）计算控制图的中心线及上、下控制限。

① 控制图的中心线。

$$\text{均值图的中心线} \ \bar{\bar{x}} = \sum_{i=1}^{k}\frac{\bar{x}_i}{k} \tag{5-2-4}$$

$$\text{标准差图的中心线} \ \bar{S} = \sum_{i=1}^{k}\frac{S_i}{k} \tag{5-2-5}$$

根据表 5.2.1 中的数据可求得 $\bar{\bar{x}} = 6.478$，$\bar{S} = 0.007$。

② 均值图的上、下控制限。

根据 3σ 的原则，均值图的上、下控制限是在其中心线的基础上加上、减去 3 倍均值的标准差，即 $\bar{\bar{x}} \pm 3\sigma_{\bar{x}}$。由于样本方差 $\text{Var}(\bar{x}) = \frac{\sigma^2}{n}$，故 $\sigma_{\bar{x}} = \frac{\sigma}{\sqrt{n}}$。

又由于总体 σ 是未知的，故用其无偏估计 $\frac{\bar{S}}{C_2^*}$ 代替。因此有

$$\bar{\bar{x}} \pm 3\frac{\sigma}{\sqrt{n}} = \bar{\bar{x}} \pm 3\frac{\bar{S}}{C_2^* \cdot \sqrt{n}} = \bar{\bar{x}} \pm A_1^* \cdot \bar{S} \tag{5-2-6}$$

式中，$A_1^* = \frac{3}{C_2^*\sqrt{n}}$，在控制图系数表（见表 5.2.2）中可以直接查到。本案例样本容量 $n=5$，从表 5.2.2 中查得 $A_1^* = 1.427$，因此均值图的上、下控制限为

$$\text{UCL} = 6.478 + 1.427 \times 0.007 \approx 6.488$$
$$\text{LCL} = 6.478 - 1.427 \times 0.007 \approx 6.468$$

③ 标准差图的上、下控制限。

标准差图的上、下控制限是在其中心线的基础上分别加上、减去 3 倍标准差的标准差，即 $\bar{S} \pm 3\sigma_S$。由于标准差的方差 $\text{Var}(S) = \sigma^2 \cdot \left[1 - \left(C_2^*\right)^2\right]$，故 $\sigma_S = \sigma \cdot \sqrt{1 - \left(C_2^*\right)^2}$。由于总体 σ 是未知的，故用其无偏估计 $\dfrac{\bar{S}}{C_2^*}$ 代替。因此有

$$\bar{S} \pm 3\sigma \cdot \sqrt{1 - \left(C_2^*\right)^2} = \bar{S} \pm 3\frac{\bar{S}}{C_2^*} \cdot \sqrt{1 - \left(C_2^*\right)^2} = \left(1 \pm \frac{3\sqrt{1 - \left(C_2^*\right)^2}}{C_2^*}\right) \cdot \bar{S} \qquad (5\text{-}2\text{-}7)$$

令

$$B_3 = 1 - \frac{3\sqrt{1 - \left(C_2^*\right)^2}}{C_2^*}, \quad B_4 = 1 + \frac{3\sqrt{1 - \left(C_2^*\right)^2}}{C_2^*} \qquad (5\text{-}2\text{-}8)$$

则标准差图的上、下控制限分别为 $\text{UCL} = B_4 \cdot \bar{S}$，$\text{LCL} = B_3 \cdot \bar{S}$，$B_3$、$B_4$ 的值在表 5.2.2 中可以直接查到。当 $B_3 < 0$ 时，用 0 代替。在本案例中，$n = 5$，从表 5.2.2 中可查得 $B_4 = 2.089$，$B_3 = 0$，所以

$$\text{UCL} = 2.089 \times 0.007 \approx 0.015, \quad \text{LCL} = 0$$

表 5.2.2　控制图系数表

样本容量 n	A_1^*	B_3	B_4	A_2	D_3	D_4	$\tilde{A}_2$
2	2.659	0	3.267	1.880	0	3.267	1.880
3	1.954	0	2.568	1.023	0	2.575	1.187
4	1.628	0	2.266	0.729	0	2.282	0.796
5	1.427	0	2.089	0.577	0	2.115	0.691
6	1.287	0.029	1.970	0.483	0	2.004	0.549
7	1.182	0.113	1.882	0.419	0.076	1.924	0.509
8	1.099	0.179	1.815	0.373	0.136	1.864	0.432
9	1.032	0.232	1.761	0.337	0.184	1.816	0.412
10	0.975	0.276	1.716	0.308	0.223	1.777	0.363

（3）分析用的控制图。

将均值图与标准差图画在同一张纸上，均值图在上方，标准图在下方。中心线用实线表示，上、下控制限用虚线表示，然后把各组样本的均值和标准差分别依次点在均值图与标准差图上，再将数据点连成折线。均值-标准差控制图如图 5-2-9 所示。

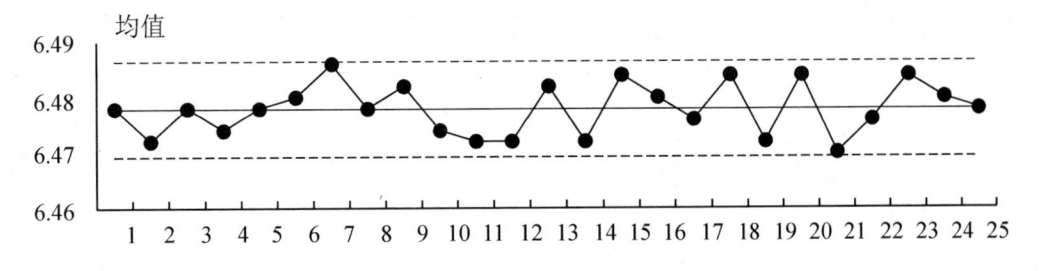

图 5-2-9　均值-标准差控制图

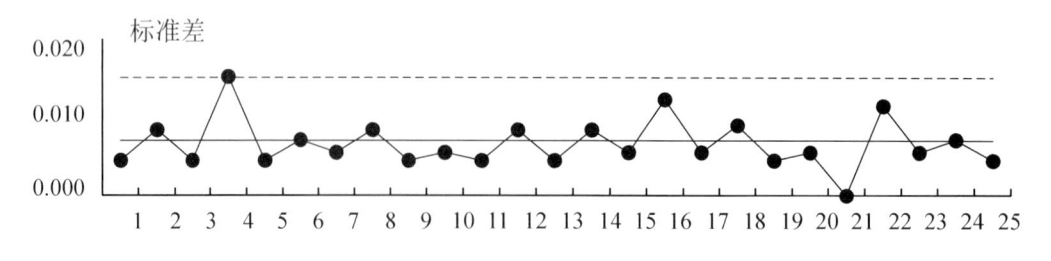

图 5-2-9 均值-标准差控制图（续）

（4）判断生产过程是否处于受控状态。

由图 5-2-9 可知，例 5-2-1 中第 4 组样本的标准差落在上控制限以外，所以认为生产过程未处于受控状态。这时应查明原因，若是系统性原因，则应在消除造成生产过程失控的原因后，再将该样本数据剔除，然后用剩余的样本数据重新绘制均值-标准差控制图。如例 5-2-1 中，对第 4 组样本的生产情况进行检查，发现当时设备发生了故障，现在已经排除。故去掉第 4 组样本数据后重新算得均值图和标准差图的中心线和上、下控制限如表 5.2.3 所示。

表 5.2.3 修正后的均值图和标准差图的中心线和上、下控制限

	均值图	标准差图
中心线 CL	6.478	0.006
上控制限 UCL	6.487	0.013
下控制限 LCL	6.469	0

去掉第 4 组样本数据后，用剩余的 24 组样本数据重新画出均值-标准差控制图，如图 5-2-10 所示。

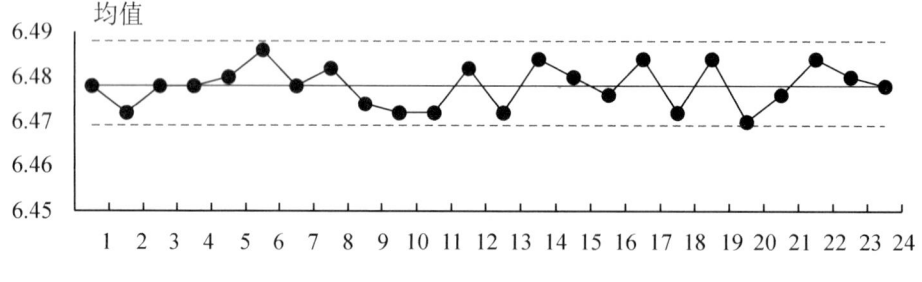

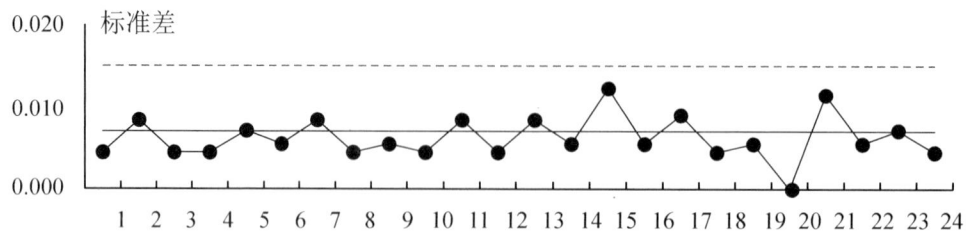

图 5-2-10 重新绘制的均值-标准差控制图

经观察，生产过程处于受控状态。

（5）控制用的控制图。

当生产过程满足质量要求时，便可以利用前面"分析用的控制图"的中心线和上、下控制

限画出生产现场使用的控制图。画图时，通常按与"分析用的控制图"相等的时间间隔和样本容量收集数据。

当控制图使用一段时间后，应根据实际的质量水平对控制图的中心线和上、下控制限进行修正，使控制水平不断提高。

（二）均值-极差控制图（$\bar{x}$-R 图）

利用表 5.2.1 中的数据也可以绘制均值-极差控制图。先算出每组样本的极差，再分别计算均值图和极差图的中心线及上、下控制限，最后画出均值-极差控制图。均值图和极差图的中心线和上、下控制限如表 5.2.4 所示。

表 5.2.4 均值图和极差图的中心线和上、下控制限

	均值图	极差图
中心线 CL	$\bar{\bar{x}} = \sum_{i=1}^{k} \dfrac{\bar{x}_i}{k}$	$\bar{R} = \sum_{i=1}^{k} \dfrac{R_i}{k}$
上控制限 UCL	$\bar{\bar{x}} + A_2 \cdot \bar{R}$	$D_4 \cdot \bar{R}$
下控制限 LCL	$\bar{\bar{x}} - A_2 \cdot \bar{R}$	$D_3 \cdot \bar{R}$

其中，$A_2 = \dfrac{3}{d_2 \cdot \sqrt{n}}$，$D_3 = 1 - 3\dfrac{v_n}{d_2}$，$D_4 = 1 + 3\dfrac{v_n}{d_2}$。它们与样本容量 n 有关，可以在表 5.2.2 中直接查得，当 $D_3 < 0$ 时，用 0 代替。

在例 5-2-1 中，$\bar{\bar{x}} = 6.478$，$\bar{R} = 0.015$，$n = 5$，$A_2 = 0.577$，$D_4 = 2.115$。

均值图上、下控制限分别为

$$\text{UCL} = 6.478 + 0.577 \times 0.015 \approx 6.487$$
$$\text{LCL} = 6.478 - 0.577 \times 0.015 \approx 6.469$$

极差图上、下控制限为

$$\text{UCL} = 2.115 \times 0.015 \approx 0.032$$
$$\text{LCL} = 0$$

画出均值-极差控制图，如图 5-2-11 所示。

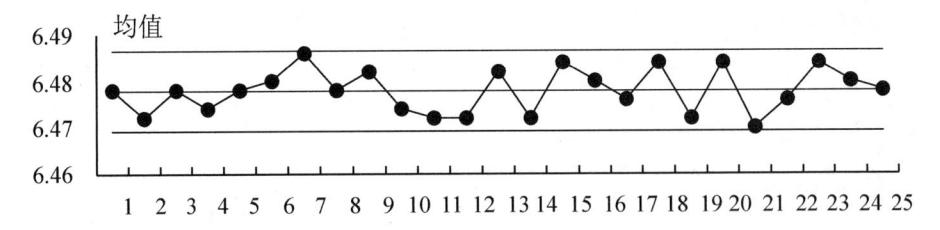

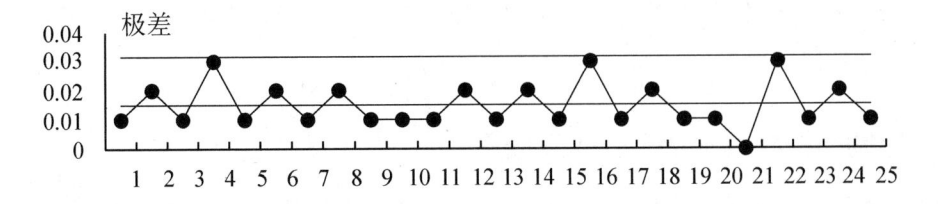

图 5-2-11 均值-极差控制图

（三）中位数-极差控制图（$\tilde{x}$-R 图）

利用表 5.2.1 中的数据还可以绘制中位数-极差控制图。先算出每组样本的中位数，再分别计算中位数图和极差图的中心线及上、下控制限，最后画出中位数-极差控制图。中位数图和极差图的中心线和上、下控制限如表 5.2.5 所示。

表 5.2.5　中位数图和极差图的中心线和上、下控制限

	中位数图	极差图
中心线 CL	$\bar{\tilde{x}} = \sum_{i=1}^{k} \dfrac{\tilde{x}_i}{k}$	$\bar{R} = \sum_{i=1}^{k} \dfrac{R_i}{k}$
上控制限 UCL	$\bar{\tilde{x}} + \tilde{A}_2 \cdot \bar{R}$	$D_4 \cdot \bar{R}$
下控制限 LCL	$\bar{\tilde{x}} - \tilde{A}_2 \cdot \bar{R}$	$D_3 \cdot \bar{R}$

其中，$\tilde{A}_2 = \dfrac{3 m_n}{d_2 \cdot \sqrt{n}}$，它与样本容量 n 有关，其值可以在表 5.2.2 中直接查得。当 $D_3 < 0$ 时，用 0 代替。

在例 5-2-1 中，$\bar{\tilde{x}} = 6.478$，$\bar{R} = 0.015$，$\tilde{A}_2 = 0.691$，$D_4 = 2.115$。

中位数图上、下控制限为

$$UCL = 6.478 + 0.691 \times 0.015 \approx 6.488$$
$$LCL = 6.478 - 0.691 \times 0.015 \approx 6.468$$

极差图的上、下控制限与均值-极差控制图中的数据相同。

画出中位数-极差控制图，如图 5-2-12 所示。

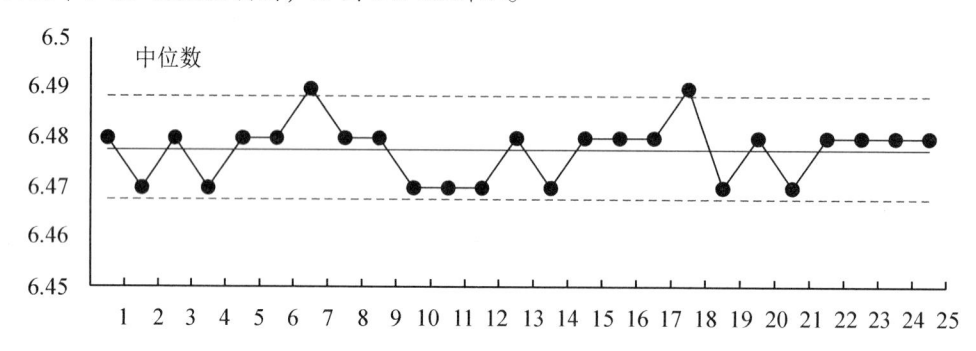

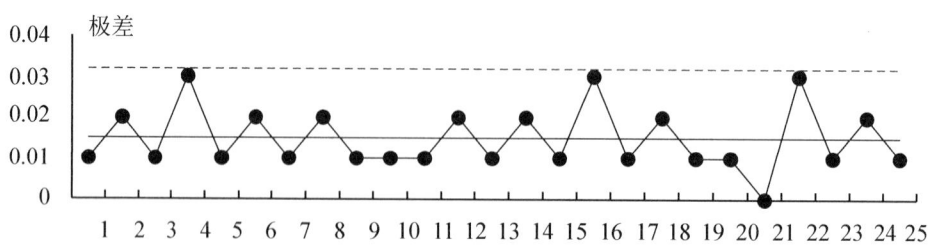

图 5-2-12　中位数-极差控制图

四、常规控制图控制界限计算公式及应用

表 5.2.6 列出了 8 个常规控制图的控制界限计算公式和适用场合。其中，计量值控制图的控制界限计算公式的有关系数如表 5.2.2 所示，计数值控制图的控制界限计算公式中的 P、c、

u 分别代表不合格率、缺陷数、单位缺陷数。

表 5.2.6 8 个常规控制图的控制界限计算公式和适用场合

类别	名称	中心线	上、下控制限	适用场合
计量值控制图	均值-标准差控制图	$\bar{x}$	$\bar{x} \pm A_1^* \cdot \bar{S}$	控制效果好，但计算工作量大，适用于产品批量较大的场合
		$\bar{S}$	$B_4 \cdot \bar{S}$, $B_3 \cdot \bar{S}$	
	均值-极差控制图	$\bar{x}$	$\bar{x} \pm A_2 \cdot \bar{R}$	控制效果较好，使用方便，适用于产品批量较大的场合
		$\bar{R}$	$D_4 \cdot \bar{R}$, $D_3 \cdot \bar{R}$	
	中位数-极差控制图	$\bar{x}$	$\bar{x} \pm \tilde{A}_2 \cdot \bar{R}$	计算简便，但控制效果较差，适用于产品批量较大的场合
		$\bar{R}$	$D_4 \cdot \bar{R}$, $D_3 \cdot \bar{R}$	
	单值-移动极差控制图	$\bar{x}$	$\bar{x} \pm 2.66\bar{R}$	适用于因时间、费用等原因每次只能获得一个样本数据或希望尽快发现和消除异常因素的场合
		$\bar{R}_s$	$3.27\bar{R}$	
计数值控制图	不合格品数控制图	$n \cdot \bar{P}$	$n \cdot \bar{P} \pm 3\sqrt{n \cdot \bar{P} \cdot (1-\bar{P})}$	适用于样本大小相等的场合
	不合格品率控制图	$\bar{P}$	$\bar{P} \pm 3\sqrt{\dfrac{\bar{P} \cdot (1-\bar{P})}{\bar{n}}}$	样本大小可以不相等
	单位缺陷数控制图	$\bar{u}$	$\bar{u} \pm 3\sqrt{\dfrac{\bar{u}}{\bar{n}}}$	适用于样本大小相等的场合
	缺陷数控制图	$\bar{c}$	$\bar{c} \pm 3\sqrt{\bar{c}}$	样本大小可以不相等

五、应用控制图时应注意的问题

应用控制图时需要注意以下一些问题。

（一）控制图用于何处

原则上讲，对于任何过程，凡需要对质量进行控制管理的场合都可以应用控制图。但这里还要求：对于确定的控制对象，质量指标应能够定量，这样才能应用计量值控制图。如果只有定性的描述而不能够定量描述，那么就只能应用计数值控制图。所控制的过程必须具有重复性，即具有统计规律，对于只有一次或少数几次的过程，显然难以应用控制图进行控制。

（二）如何选择控制对象

一个过程往往具有各种各样的质量指标，在应用控制图时，需要选择能够真正代表过程情况的主要质量指标作为控制对象。例如，假定某产品在强度方面容易出现问题，就应该选择强度作为控制对象；在电动机装配车间，如果对电动机轴的尺寸要求很高，就需要将电动机轴的尺寸作为控制对象。

（三）怎样选择控制图

选择控制图主要考虑下列两点：首先根据质量指标的数据性质来进行选择；然后要确定对过程中的异常因素是全部加以控制（全控）还是部分加以控制（选控）。若为全控，则应采用休哈特控制图等；若为选控，则应采用选控图。

(四)如何分析控制图

如果控制图中数据点未出界,同时数据点的排列是随机的,则认为生产过程处于稳态或受控状态。如果控制图中数据点出界(或不出界)而数据点的排列是非随机的(也称为排列有缺陷),则认为生产过程失控。对于数据点出界或违反其他准则的处理:若数据点出界或数据点的排列是非随机的,则应立即追查原因并采取措施防止它再次出现。对于过程而言,控制图起着报警铃的作用,控制图中的数据点出界就好比报警铃响,提示我们应该查找原因、采取措施,防止再次出现。一般来说,控制图不能提示这种报警究竟是由什么异常因素造成的。要找出造成异常的原因,除依靠生产和管理方面的技术与经验外,还可以应用两种质量诊断理论和两种质量多元诊断理论来诊断,它们是十分重要的。

(五)控制图的重新制定

控制图是根据稳定状态下的条件 5M1E 来制定的。如果上述条件变化,如操作人员更换或通过学习使操作水平显著提高,设备更新,采用新型原材料或其他原材料,改变工艺参数或采用新工艺,环境改变等,那么控制图必须重新加以制定。由于控制图是科学管理生产过程的重要依据,所以经过一段时间的使用后应重新抽取数据,进行计算和检验。

六、使用软件进行控制图绘制

例 5-2-2

(一)用 Excel 绘制控制图

下面以均值-极差控制图为例介绍用 Excel 绘制控制图的方法。

1. 准备数据

首先要有以下数据,本例中是 25 组样本,每组样本采集了 5 个数据值,分别求出每组样本的均值和极差,如图 5-2-13 所示,均值公式和极差公式分别如图 5-2-14 和图 5-2-15 所示。

	A	B	C	D	E	F	G	H
1	序号	x_1	x_2	x_3	x_4	x_5	均值	极差
2	1	6.47	6.48	6.48	6.48	6.48	6.478	0.01
3	2	6.47	6.46	6.47	6.48	6.48	6.472	0.02
4	3	6.47	6.48	6.48	6.48	6.48	6.478	0.01
5	4	6.46	6.47	6.49	6.46	6.49	6.474	0.03
6	5	6.47	6.48	6.48	6.48	6.48	6.478	0.01
7	6	6.48	6.48	6.49	6.47	6.49	6.48	0.02
8	7	6.48	6.48	6.49	6.49	6.49	6.486	0.01
9	8	6.47	6.48	6.49	6.47	6.48	6.478	0.02
10	9	6.48	6.48	6.49	6.48	6.48	6.482	0.01
11	10	6.47	6.48	6.48	6.47	6.47	6.474	0.01
12	11	6.47	6.47	6.47	6.47	6.48	6.472	0.01
13	12	6.46	6.47	6.47	6.48	6.48	6.472	0.02
14	13	6.49	6.48	6.48	6.48	6.48	6.482	0.01
15	14	6.46	6.47	6.48	6.47	6.48	6.472	0.02
16	15	6.48	6.48	6.48	6.49	6.49	6.484	0.01
17	16	6.46	6.49	6.49	6.48	6.48	6.48	0.03
18	17	6.47	6.48	6.48	6.47	6.48	6.476	0.01
19	18	6.47	6.48	6.48	6.49	6.49	6.484	0.02
20	19	6.47	6.47	6.47	6.47	6.49	6.472	0.02
21	20	6.48	6.49	6.49	6.48	6.48	6.484	0.01
22	21	6.47	6.47	6.47	6.47	6.47	6.47	0

图 5-2-13 计算均值与极差

	22	6.46	6.48	6.47	6.48	6.49	6.476	0.03
	23	6.48	6.49	6.48	6.49	6.48	6.484	0.01
	24	6.48	6.48	6.49	6.48	6.47	6.48	0.02
	25	6.48	6.48	6.47	6.48	6.48	6.478	0.01
	平均						6.478	0.015

图 5-2-13　计算均值与极差（续）

图 5-2-14　均值公式

图 5-2-15　极差公式

2. 计算上、下控制限

按公式求出均值图和极差图的上、下控制限：查表 5.2.2 得出 A_2、D_3 和 D_4 的值，n 是样本容量，这里 $n=5$，所以 $A_2=0.577$，$D_3=0$，$D_4=2.115$，套进公式，可以得出均值图和极差图的上、下控制限，中心线即均值和极差各自的均值，均值图和极差图的上、下控制限如图 5-2-16 所示。

图 5-2-16　均值图和极差图的上、下控制限

3. 生成控制图

（1）绘制均值图。将均值生成带标记的折线图，如图 5-2-17 所示。

（2）添加均值图上控制限。右击折线图，在快捷菜单中选择"数据"选项，打开"选择数据源"对话框，如图 5-2-18 所示。单击"添加"按钮，在打开的"编辑数据系列"对话框中将"系列名称"改为均值图上控制限，"系列值"一栏选中均值图上控制限 H 一列，如图 5-2-19 所示。

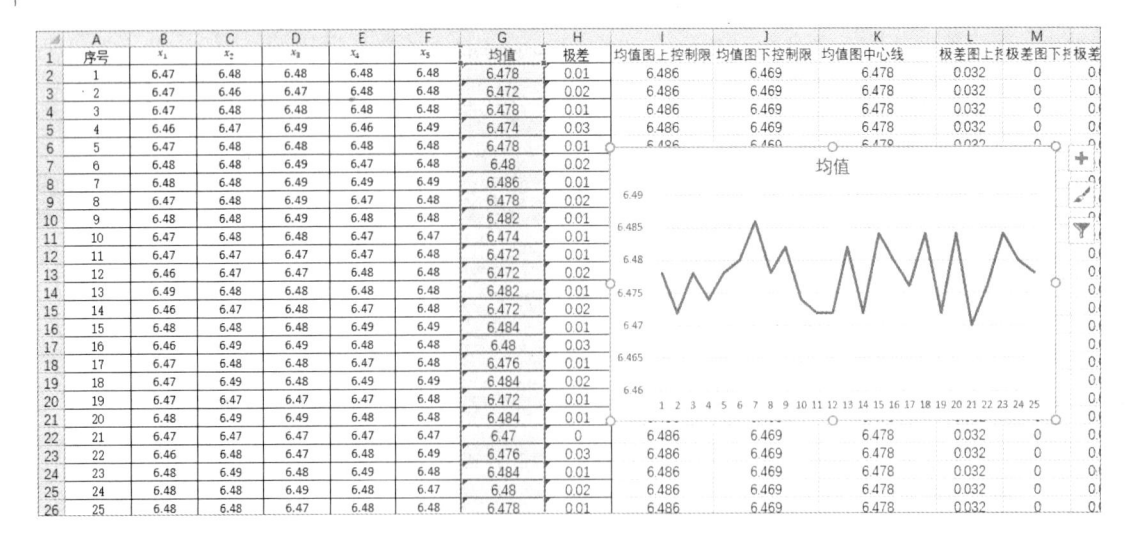

图 5-2-17 绘制均值图

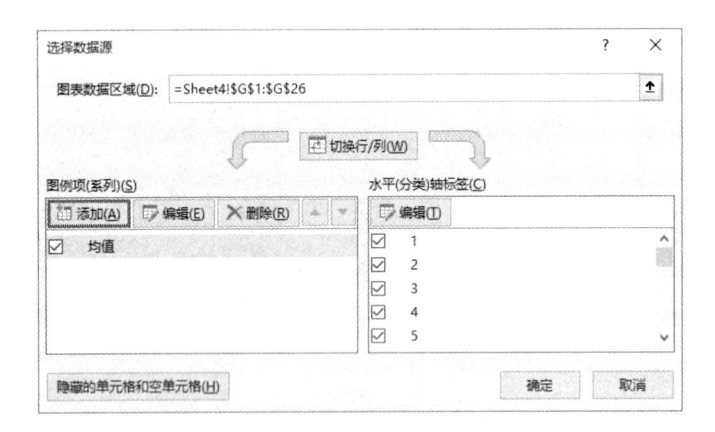

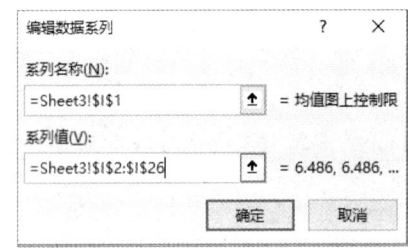

图 5-2-18 "选择数据源"对话框

图 5-2-19 添加均值图上控制限

添加均值图上控制限后的均值图如图 5-2-20 所示。

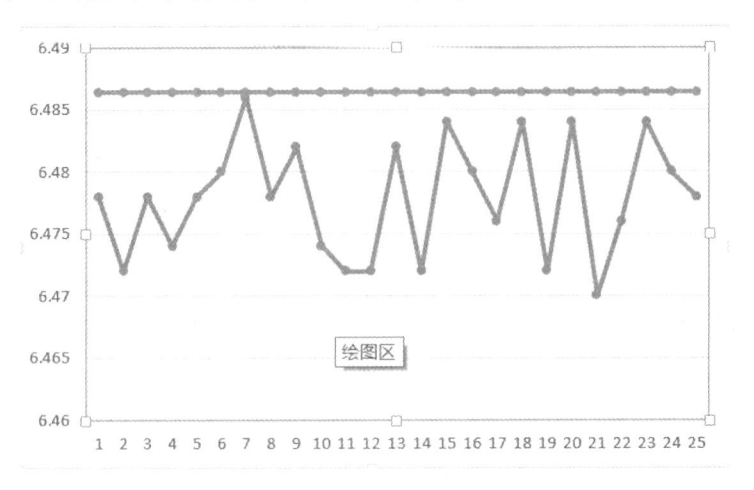

图 5-2-20 添加均值图上控制限后的均值图

（3）添加均值图下控制限和均值图中心线。以同样的方法添加均值图下控制限和均值图中心线，如图 5-2-21 所示。

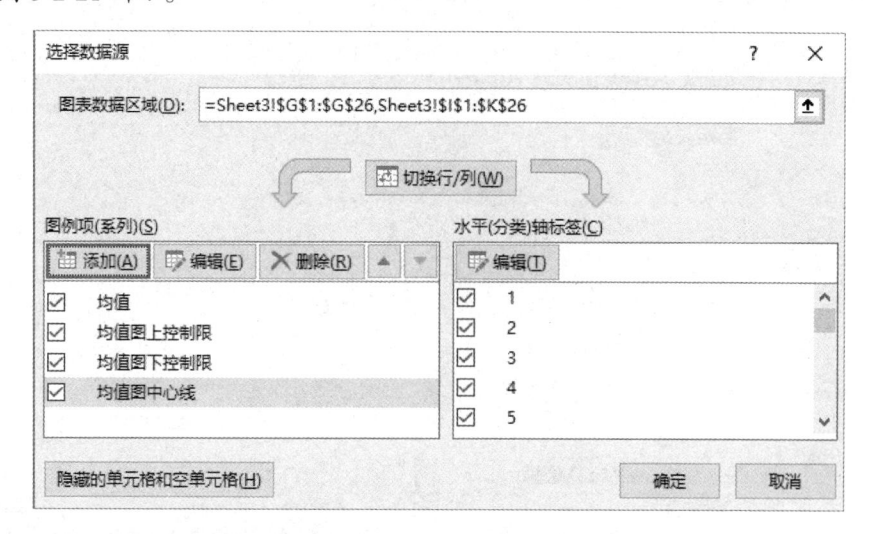

图 5-2-21　添加均值图下控制限和均值图中心线

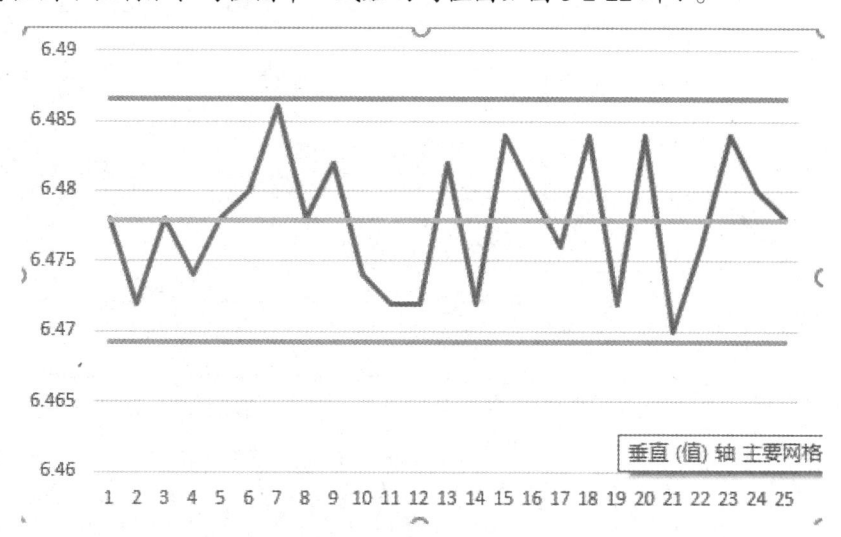

添加均值图下控制限、均值图中心线后的均值图如图 5-2-22 所示。

图 5-2-22　添加均值图下控制限、均值图中心线后的均值图

（4）微调。更改图表类型，将均值图上控制限、均值图下控制限和均值图中心线都改成折线图，如图 5-2-23 所示。微调后的均值图如图 5-2-24 所示。

同理，绘制极差图，如图 5-2-25 所示。

（二）用 R 绘制控制图

在 R 中，有两种方法可以绘制控制图：第一种，先进行简单的参数计算，结合绘图进行绘制；第二种，利用 R 中的程序包直接进行绘制。

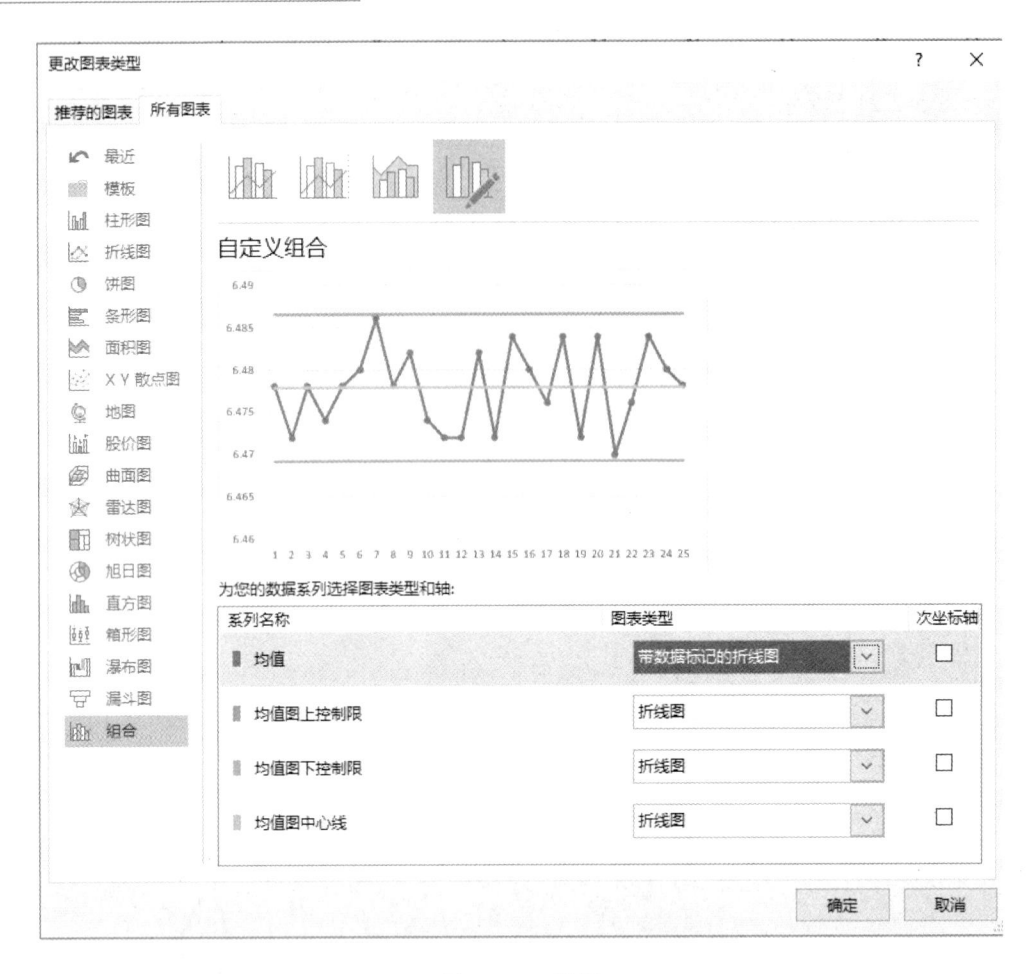

图 5-2-23 微调

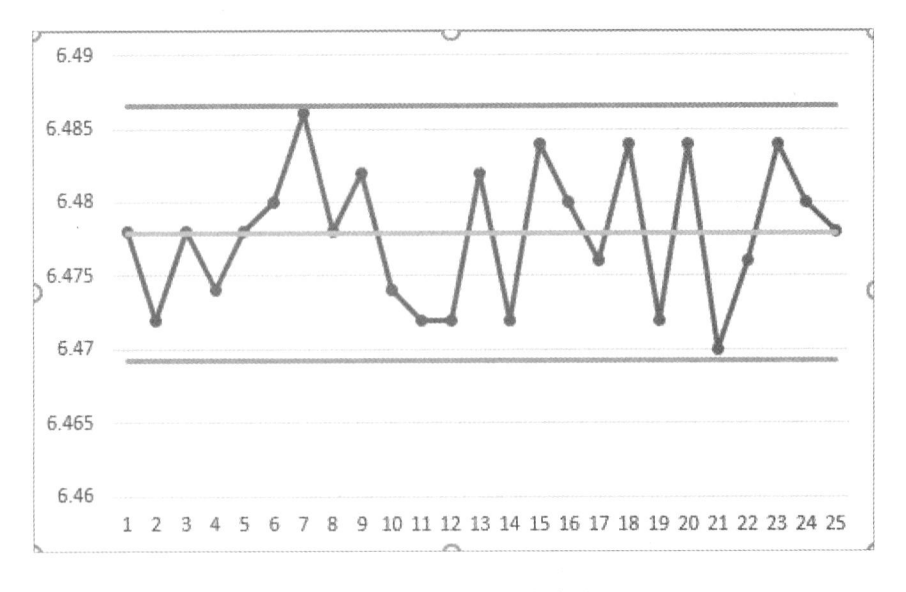

图 5-2-24 微调后的均值图

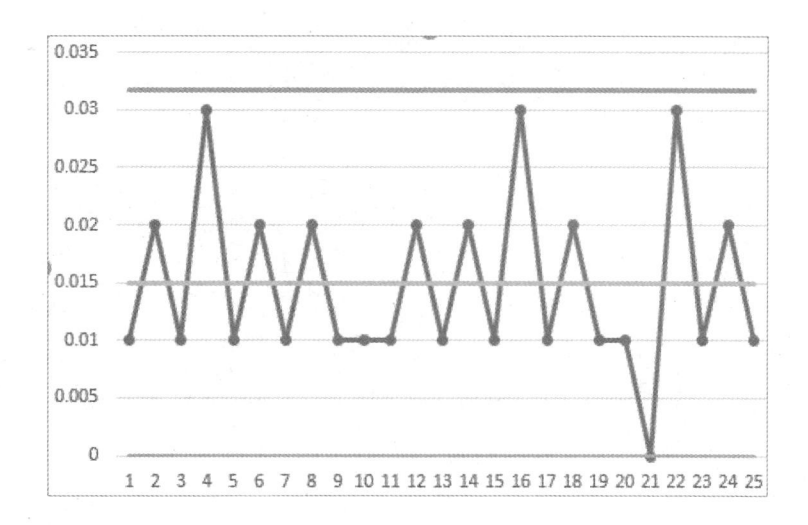

图 5-2-25 极差图

1. 直接绘制

直接绘制是指进行简单的参数计算后进行绘图，代码如下：

```
library(readxl)
data <-read_excel("data1.xlsx")   ##打开数据
##三个系数，下文会用到
D3 <-0; D4 <-2.115; A2 <-0.577
##1、计算各样本的极差
r1 <-c()
for(i in1: 25)
{ r1[i] <-max(data[i, ])-min(data[i, ]) }
##2、计算极差图上、下控制限，并画出极差图
UCL_R <- D4*mean(r1)
CL_R <-mean(r1)
LCL_R <- D3*mean(r1)
plot(r1, type="o", ylim=c(0, 0.04), main="Range")
abline(h=UCL_R, lty='dashed')
abline(h=CL_R)
abline(h=LCL_R, lty='dashed')
```

运行结果如图 5-2-26 所示。

2. 利用 R 中的程序包绘制控制图

利用 R 中的 SixSigma 程序包和 qcc 程序包可以绘制各种控制图，以下简单示例。SixSigma 程序包是以 SixSigma 方式进行统计分析的实用程序，通过 DMAIC 循环（定义、测量、分析、改进、控制），可以管理多个质量管理研究：量规 R&R、能力分析、控制图、损失函数分析等。该程序包中还包括"六西格玛与 R"和"质量控制与 R"中使用的数据框架。qcc 程序包提供连续属性和计数数据的休哈特控制图，Cusum 和 EWMA 图表，工作特性曲线，过程能力分析，帕累托图和因果图，多元控制图。下面以 qcc 程序包为例进行简单介绍。

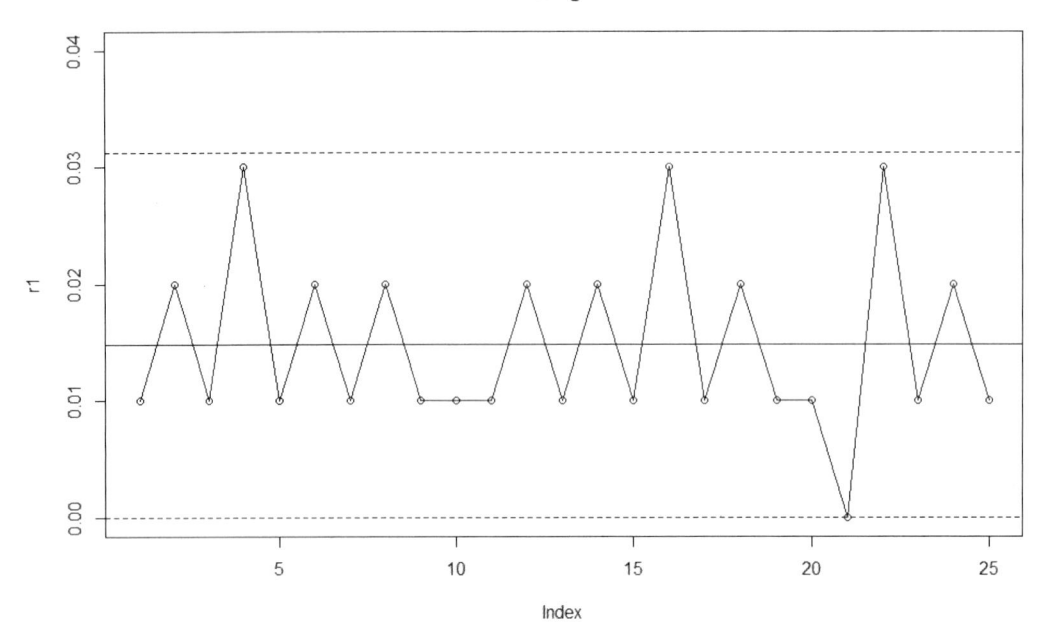

图 5-2-26 运行结果

绘制均值图、极差图、标准差图的代码如下。

```
##install.packages("qcc")
library(qcc)    ##加载qcc程序包
## Package 'qcc' version 2.7
## Type 'citation("qcc")' for citing this R package in publications.
##均值图
qcc(data[1: 25, ], type="xbar")
##极差图
qcc(data[1: 25, ], type="R")
##标准差图
qcc(data[1: 25, ], type="S")
```

调用 qcc(data[1: 25,], type="xbar")绘制均值图, 如图 5-2-27 所示。

均值图对应的统计信息和参数如下。

```
## List of 11
##  $ call      : language qcc(data = data[1: 25, ], type = "xbar")
##  $ type      : chr "xbar"
##  $ data.name : chr "data[1: 25, ]"
##  $ data      : num [1: 25, 1: 5] 6.47 6.47 6.47 6.46 6.47 6.48 6.48
6.47 6.48 6.47 ...
##   ..- attr(*, "dimnames")=List of 2
##  $ statistics: Named num [1: 25] 6.48 6.47 6.48 6.47 6.48 ...
##   ..- attr(*, "names")= chr [1: 25] "1" "2" "3" "4" ...
```

```
## $ sizes      : int [1: 25] 5 5 5 5 5 5 5 5 5 ...
## $ center     : num 6.48
## $ std.dev    : num 0.00636
## $ nsigmas    : num 3
## $ limits     : num [1, 1: 2] 6.47 6.49
##  ..- attr(*, "dimnames")=List of 2
## $ violations: List of 2
## - attr(*, "class")= chr "qcc"
```

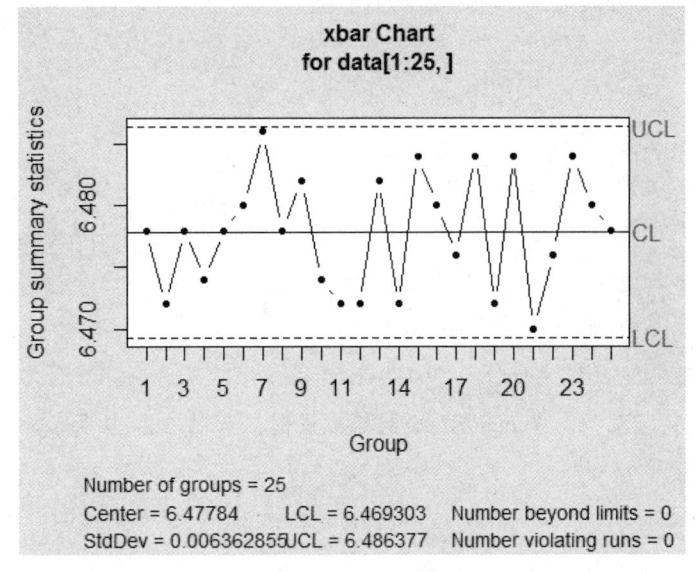

图 5-2-27 均值图

调用 qcc(data[1: 25,], type="R")绘制极差图，如图 5-2-28 所示。

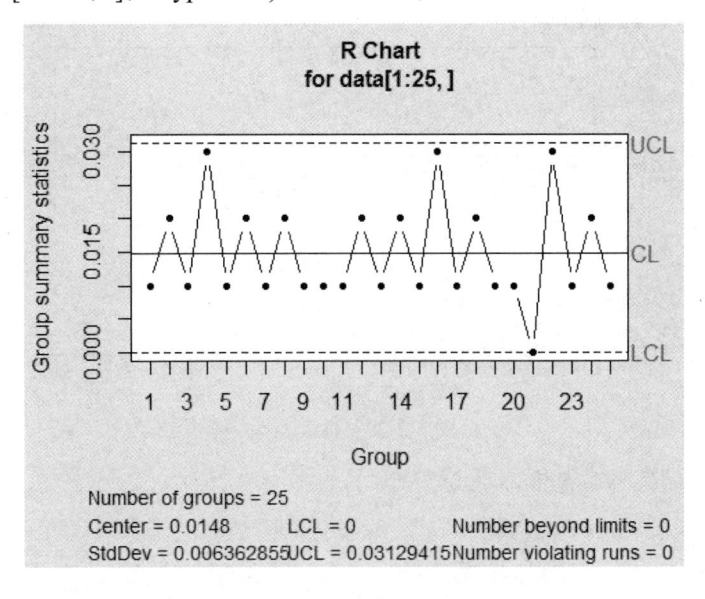

图 5-2-28 极差图

极差图对应的统计信息和参数如下。

```
## List of 11
##  $ call      : language qcc(data = data[1: 25, ], type = "R")
##  $ type      : chr "R"
##  $ data.name : chr "data[1: 25, ]"
##  $ data      : num [1: 25, 1: 5] 6.47 6.47 6.47 6.46 6.47 6.48 6.48 6.47 6.48 6.47 ...
##   ..- attr(*, "dimnames")=List of 2
##  $ statistics: Named num [1: 25] 0.01 0.02 0.01 0.03 0.01 ...
##   ..- attr(*, "names")= chr [1: 25] "1" "2" "3" "4" ...
##  $ sizes     : int [1: 25] 5 5 5 5 5 5 5 5 5 5 ...
##  $ center    : num 0.0148
##  $ std.dev   : num 0.00636
##  $ nsigmas   : num 3
##  $ limits    : num [1, 1: 2] 0 0.0313
##   ..- attr(*, "dimnames")=List of 2
##  $ violations: List of 2
##  - attr(*, "class")= chr "qcc"
```

调用 qcc(data[1: 25,], type="S")绘制标准差图，如图 5-2-29 所示。

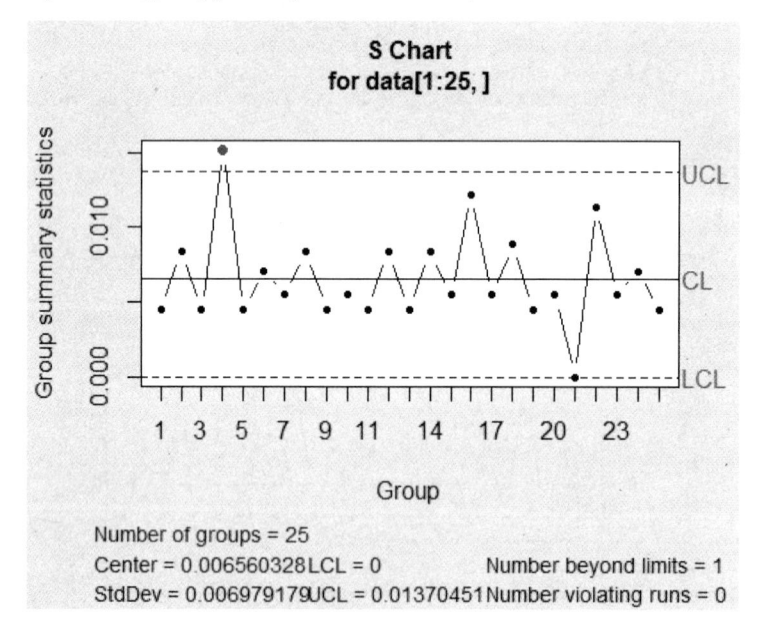

图 5-2-29　标准差图

标准差图对应的统计信息和参数如下。

```
## List of 11
##  $ call      : language qcc(data = data[1: 25, ], type = "S")
##  $ type      : chr "S"
```

```
##  $ data.name : chr "data[1: 25, ]"
##  $ data      : num [1: 25, 1: 5] 6.47 6.47 6.47 6.46 6.47 6.48 6.48 6.47 6.48 6.47 ...
##   ..- attr(*, "dimnames")=List of 2
##  $ statistics: Named num [1: 25] 0.00447 0.00837 0.00447 0.01517 0.00447 ...
##   ..- attr(*, "names")= chr [1: 25] "1" "2" "3" "4" ...
##  $ sizes     : int [1: 25] 5 5 5 5 5 5 5 5 5 5 ...
##  $ center    : num 0.00656
##  $ std.dev   : num 0.00698
##  $ nsigmas   : num 3
##  $ limits    : num [1, 1: 2] 0 0.0137
##   ..- attr(*, "dimnames")=List of 2
##  $ violations: List of 2
##  - attr(*, "class")= chr "qcc"
```

第三节 抽样检验方案

一、抽样检验介绍

在企业生产中，为了保证生产的产品是合格的，需要对产品质量进行检验。检验方法通常有两种：全数检验、抽样检验。全数检验对很多产品来讲是不现实的，因为成本太高，且检验本身对某些产品具有破坏性，因此抽样检验成为一种常用的省成本的检验方法。抽样检验是指从一大批产品中随机抽出若干件，通过检验这几件产品的质量来判断整批产品的质量是否合格。本节介绍的抽样检验方案是指用统计方法规定样本量与接收准则的一个具体方案[18-19]。

二、抽样检验方案实现步骤

（一）计数标准型一次抽样检验方案

1. 计数标准型一次抽样检验方案的判断过程

计数标准型一次抽样判断由 N、n、Ac、Re 四个数决定，其中 N 为批量；n 为抽取的样本量；Ac 为合格判定数；Re 为不合格判定数。(Ac, Re) 称为判定数组，通常 $Re = Ac + 1$。计数标准型一次抽样检验方案的实施过程：从批量为 N 的一批产品中随机抽取 n 件产品进行检验，如果其中不合格品件数为 d，那么当 d 不超过 Ac 时，接收该批产品；当 d 不低于 Re 时，拒收该批产品。计数标准型一次抽样检验方案的判断过程如图 5-3-1 所示。

2. 确定一个计数标准型一次抽样检验方案的四个值

要制定一个计数标准型一次抽样检验方案，应该先给定四个值：生产方风险 α、使用方风险 β、生产方风险质量 P_0、使用方风险质量 P_1。制定一个计数标准型一次抽样检验方案，就是要在满足上述四个值的要求下，求出样本的容量 n 和样本中的合格判定数 Ac。或者说，找出一条满足上述要求的曲线，即 OC 曲线（操作特性曲线）。

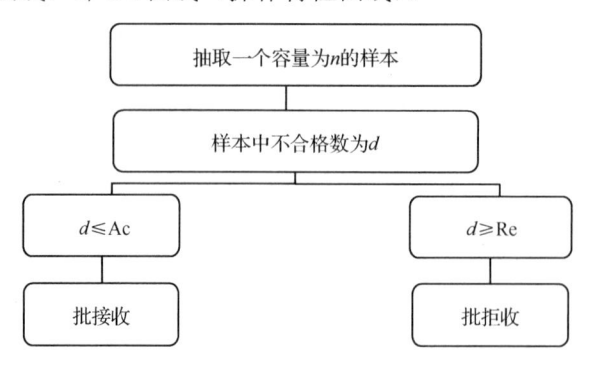

图 5-3-1　计数标准型一次抽样检验方案的判断过程

OC 曲线是用于描述产品接收概率随产品不合格品率变化的曲线，如图 5-3-2 所示。横坐标为产品不合格品率 p，纵坐标为产品接收概率 $L(p)$。OC 曲线和抽样检验方案是一一对应关系，也就是说，有一个抽样检验方案就有一条对应的 OC 曲线；反之，有一条 OC 曲线就有与之对应的一个抽样检验方案。需要指出的是，当 P_0、α、P_1、β 四个值确定以后，OC 曲线上的两个点（生产方风险点和使用方风险点）的位置也就确定了，抽样检验方案中的 n 和 Ac 随之确定。换句话说，四个值决定了 OC 曲线的两个点。

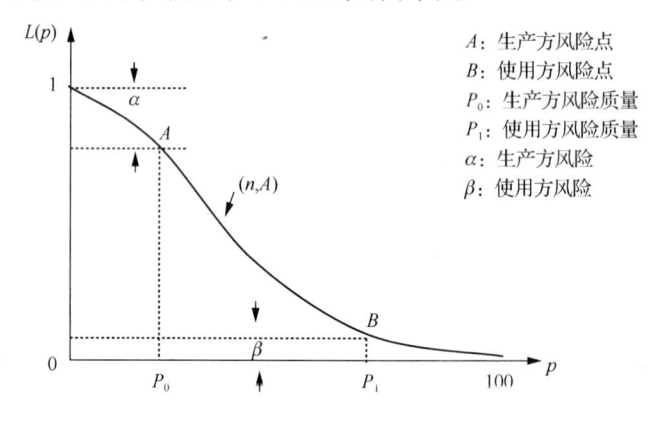

图 5-3-2　OC 曲线

综上所述可得

$$L(p) \geqslant 1-\alpha \quad (p \leqslant P_0)$$
$$L(p) \leqslant \beta \quad (p \geqslant P_1) \tag{5-3-1}$$

3．$L(p)$ 的计算方法

设产品的不合格品率为 p，从批量为 N 的一批产品中随机抽取 n 件，若其中的不合格品件数为 X，则 X 是一个随机变量。对计数标准型一次抽样检验来说，当 $X \leqslant \mathrm{Ac}$ 时，可以接收这批产品，因此接收概率为

$$L(p) = P(X \leqslant \mathrm{Ac}) = P(X=0) + P(X=1) + \cdots + P(X=\mathrm{Ac}) \tag{5-3-2}$$

计算 $L(p)$ 的关键在于计算 $P(X=d)$ 的值，其计算方法如下。

（1）利用超几何分布进行计算。

如果抽取的 n 件产品中有 d 件不合格，那么用超几何分布计算概率 $P(X=d)$ 的思路是：N 件产品中有 Np 件不合格品，有 $N(1-p)$ 件合格品，从 N 件产品中随机抽取 n 件可以看作从 Np 件不合格品中随机抽取 d 件产品，从 $N(1-p)$ 件合格品中随机抽取 $n-d$ 件产品。这时从 N 件产品中随机抽取 n 件的取法共有 C_N^n 种，从 Np 件不合格品中随机抽取 d 件的取法共有 C_{Np}^d 种，从 $N(1-p)$ 件合格品中随机抽取 $n-d$ 件的取法有 $C_{N(1-p)}^{n-d}$ 种，因此

$$P(X=d) = C_{Np}^d C_{N(1-p)}^{n-d} / C_N^n \tag{5-3-3}$$

式中，组合数 $C_a^b = \dfrac{a!}{b!(a-b)!}$。

（2）利用二项分布进行计算。

组合数的计算比较复杂，当 N 较大，$n/N<0.1$ 时可以用二项分布来简化计算。由于批量 N 较大时，抽取一件产品对这批产品的不合格品率影响不大，可以认为每次抽取一件产品后，这批产品的不合格品率是不变的。如果把这 n 件产品看成是依次抽取的，那么其中 d 件不合格品可以出现在 n 个位置的任意 d 个位置上，共有 C_n^d 种可能，其中每一种出现的概率均为 $p^d(1-p)^{n-d}$，即

$$P(X=d) = C_n^d p^d (1-p)^{n-d} \tag{5-3-4}$$

（3）利用泊松分布进行计算。

当 N 较大，$n/N<0.1$，且 p 较小，np 在 0.1～10 之间时，可以用泊松分布进一步简化计算。这时有

$$P(X=d) = \dfrac{(np)^d}{d!} e^{-np} \tag{5-3-5}$$

4. 抽样检验方案中 n 与 Ac 的计算

由图 5-3-2 可知，当 $p=P_0$ 时，$L(p)=1-\alpha$；当 $p=P_1$ 时，$L(p)=\beta$。

以利用二项分布计算 $L(p)$ 的方法为例，接收概率为

$$\begin{aligned} 1-\alpha &= \sum_{d=0}^{\mathrm{Ac}} C_n^d \cdot P_0 \cdot (1-P_0)^{n-d} \\ \beta &= \sum_{d=0}^{\mathrm{Ac}} C_n^d \cdot P_1 \cdot (1-P_1)^{n-d} \end{aligned} \tag{5-3-6}$$

解方程组即可得出 n 与 Ac。

这种求解方法比较麻烦，国家标准《不合格品百分数的计数标准型一次抽样检验程序及抽样表》（GB/T 13262—2008）中给出了抽样方案表，所以只需查表就可以得到所需要的方案。

5. 两个具体的问题

关于交验批。交验批组成的原则：这些产品必须是在同一条件下生产出来的，不能使用按包装条件和贸易条件组成的批。另外，批量的大小也要认真考虑。批量越大，单位产品的平均检查成本就越低，但当批量很大时，一旦发生错判，给生产方造成的损失就越大，所以批量的

大小要适中。

关于 P_0、P_1 的确定。对于致命的缺陷，P_0 要小，如取 0.1%、0.3%、0.5%；对于轻微的缺陷，P_0 的取值要大，如取 3%、5%、10%；对于严重的缺陷，P_0 的取值介于两者之间。另外，P_0 与 P_1 的取值要拉开一定的距离。若 $\frac{P_1}{P_0}$ 过小，则会使 n 太大；若 $\frac{P_1}{P_0}$ 过大，则会使 n 太小，抽样检验方案不够严格，损害使用方利益。通常情况下，当 $\alpha=0.05$，$\beta=0.10$ 时，$P_1=4-10P_0$。

6. 两类错误

抽样检验与全数检验的不同之处在于，全数检验要对整批产品逐一进行检验，剔除不合格品，而抽样检验是根据部分产品的检验结果推断整批产品的质量状况。抽样检验难免出现两类错判：第一类是将合格品批错判为不合格品，使生产方蒙受损失，称为生产方风险；第二类是将不合格品批错判为合格品，使使用方蒙受损失，称为使用方风险。

（二）计数调整型抽样检验方案

该方案适用于对连续批的检查，它是一个调整型的计数抽样系统，由一组严格程度不同的 AQL（Acceptable Quality Level，可接受质量水平）抽样检验方案和转移规则组成。其基本思路是当产品质量发生变化时，可以采用严格程度不同的抽样检验方案。

此外，其还规定了不同抽样检验方案相互转换的条件。

1. AQL 抽样检验方案

AQL 是指生产方与使用方共同认为满意的最大过程平均不合格率或每百单位产品的平均不合格数，AQL 是由生产方与使用方协商制定的。当产品的质量高于 AQL（$P\leqslant$AQL）时，应以高概率接收，它控制第一种错判的概率。为了控制第二种错判的概率，需要通过调整 AQL 抽样检验方案的严格程度来解决，当产品质量变差时，应采用加严抽样检验方案。

2. 调整型抽样检验系统

调整型抽样检验系统由三个 AQL 抽样检验方案组成，分别是正常抽样检验方案、加严抽样检验方案、放宽抽样检验方案。

为了采用调整型抽样检验系统，还需要一套转移规则，在国家标准 GB/T 2828.1—2012 中规定如下。

（1）正常到加严。

当正在采用正常检验时，只要初次检验中连续 5 批或少于 5 批中有 2 批不接收，则转移到加严检验。本程序不考虑再提交批。

（2）加严到正常。

当正在采用加严检验时，如果初次检验的接连 5 批接收，应恢复正常检验。

（3）正常到放宽。

① 总则。

当正在采用正常检验时，如果下列各条件均满足，应转移到放宽检验：

a）当前的转移得分至少是 30 分；

b）生产稳定；

c）负责部门同意使用放宽检验。

② 转移得分。

除非负责部门另有规定，正常检验开始时就应计算转移得分。

在正常检验开始时，应将转移得分设定为0，而在检验每个后继的批以后应更新转移得分。

a）一次抽样方案。

当接收数等于或大于2时，如果当AQL加严一级后该批接收，则给转移得分加3；否则将转移得分重新设定为0。

当接收数为0或1时，如果该批接收，则给转移得分加2；否则将转移得分重新设定为0。

b）二次和多次抽样。

当使用二次抽样方案时，如果该批在检验第一样本后接收，给转移得分加3；否则将转移得分重新设定为0。

当使用多次抽样方案时，如果该批在检验第一样本或第二样本后接收，则给转移得分加3；否则将转移得分重新设定为0。

（4）放宽到正常。

当正在执行放宽检验时，如果初次检验出现下列任一情况，应恢复正常检验。

a）一个批不接收；

b）生产不稳定、生产过程中断后恢复生产；

c）有恢复正常检验的其他正当理由。

（5）暂停检验。

如果在初次加严检验的一系列连续批中不接收批的累计数达到5批，应暂时停止检验。直到供方为改进所提供产品或服务的质量已采取行动，且负责部门认为此行动可能有效时，才能恢复本部分的检验程序。恢复检验应按（1）那样，从使用加严检验开始。

3. 检验水平

检验水平是用于决定批量与样本量之间的关系的，它由国家标准GB/T 2828.1—2012中的样本量字码规定，如表5.3.1所示。

对确定的批量来说，检验水平实际上反映了检验的严格程度，在抽样检验方案中把检验水平分为七级，其中特殊检验水平有四级，一般检验水平有三级。

在这七级检验水平中，样本量通常随着检验水平的提高而逐渐增大，大小用字母A、B、C等表示，按字母表的顺序，排在前面的字母的样本量小，排在后面的字母的样本量大。

特殊检验水平适用于破坏性检验及费时、费力等耗费性大的检验，从经济上考虑往往不得不抽取很少的产品进行检验，而承担较大的错判风险。一般检验水平是常用的检验水平，它允许抽取较多的产品进行检验，适用于非破坏性检验。除非特别规定，否则通常采用一般检验水平Ⅱ。

表 5.3.1 样本量字码

批量	特殊检验水平				一般检验水平		
	S—1	S—2	S—3	S—4	I	II	III
2~8	A	A	A	A	A	A	B
9~15	A	A	A	A	A	B	C
16~25	A	A	B	B	B	C	D
26~50	A	B	B	C	C	D	E
51~90	B	B	C	C	C	E	F
91~150	B	B	C	D	D	F	G
151~280	B	C	D	E	E	G	H
281~500	B	C	D	E	E	H	J
501~1200	C	C	E	F	G	J	K
1201~3200	C	D	E	G	H	K	L
3201~10000	C	D	F	G	J	L	M
10001~35000	C	D	F	H	K	M	N
35001~150000	C	E	G	J	L	N	P
15000~5000000	C	E	G	J	M	P	Q
>5000000	C	E	H	K	N	Q	R

4. 制定计数调整型抽样检验方案的步骤

步骤一：需要给定如下参数。

① 可接受质量水平 AQL。

② 检验水平。

③ 批量 N。

步骤二：根据批量与检验水平查样本量字码。

步骤三：根据样本量及 AQL 从附表 A 中查出相应的抽样检验方案。

三、案例分析

例 5-3-1

某机械表经销商规定，当机械表厂提供的产品批的不合格品率不超过4%时，以高于95%的概率接收；当不合格品率超过10%时，以低于10%的概率接收。试制定计数标准型一次抽样检验方案。

这里 $P_0=4\%$，$P_1=10\%$。从附录 A 中找出 P_0 为 3.56%~4.00% 的行及 P_1 为 9.01%~10.0% 的列，其交点所对应的数字为(165,10)，因此选择 $n=165$，Ac $=10$ 的计数标准型一次抽样检验方案。

例 5-3-2

某国企有一批产品需要检验，其批量为 8000，规定 AQL=1.0，采用一般检验水平 II，试给出正常、加严、放宽三个一次抽样检验方案。

根据 $N=8000$ 及一般检验水平 II，查表 5.3.1 得样本量字码为 L，查附录 B，根据样本量字码为 L，得样本量为 $n=200$，再根据 AQL 为 1%，查得其交点对应的数字是(5,6)，其中前一个数字为 Ac，后一个数字为 Re，在一次抽样检验方案中 Re = Ac + 1，这表明正常一次抽样检验方案为(200,5)。

查附录 C，可得加严一次抽样检验方案为(200,3)。

查附录 D，可得放宽一次抽样检验方案为(80,3)。

第四节 正交试验设计

在自然界和人类社会中，很多现象和事物都不是独立存在的，它们往往纵横交错在一起。数据分析的一个重要目的就是研究事物或现象之间的相互关系，发现事物或现象背后客观存在的规律。这些客观规律往往受到各种因素的影响，因此，为了减少数据分析结果的误差，提高数据分析的准确性和精确性，合理的试验设计是必不可少的。如果试验设计不合理，不仅会增加试验次数，延长试验周期，造成人力、物力和时间的浪费，还会导致预期的结果难以达到，甚至导致整个研究工作失败。

正交试验设计是一种研究多因子、多水平的试验设计方法，其根据正交性从全面试验中挑选出部分有代表性的点进行试验，这些有代表性的点具备均匀分散、齐整可比的特点。正交试验设计是分式析因设计的主要方法。当试验涉及的因子为 3 个或 3 个以上，并且因子间可能有交互作用时，试验的工作量就会变得很大，甚至难以实施。针对这个困扰，正交试验设计无疑是一种好的选择。

正交试验设计的主要工具是正交表，试验者可根据试验的因子数、因子的水平数及是否具有交互作用等查找相应的正交表，再依托正交表的正交性从全面试验中挑选出部分有代表性的点进行试验，可以实现用最少的试验次数达到与大量全面试验等效的结果，因此正交试验设计是一种高效、快速且经济的多因子试验设计方法。

一、无交互作用的正交试验设计

日本著名的统计学家田口玄一将正交试验选择的水平组合列成表格，称为正交表。例如做一个三因子三水平的试验，按全面试验的要求，需进行 $3^3=27$ 种组合的试验，且尚未考虑每一种组合的重复数。若按 $L_9(3)$ 正交表安排试验，只需进行 9 次；若按 $L_{18}(3)$ 正交表安排试验，则需进行 18 次。显然，这大大减少了工作量，因此正交试验设计在很多领域的研究中已经得到广泛应用。

（一）正交表及其特征

1. 正交表

正交表是正交试验设计的工具，一张 9 行 4 列的正交表，记为 $L_9(3^4)$，如表 5.4.1 所示。

表 5.4.1 $L_9(3^4)$

试验号	1	2	3	4
1	1	1	1	1
2	1	2	2	2

续表

试验号	1	2	3	4
3	1	3	3	3
4	2	1	2	3
5	2	2	3	1
6	2	3	1	2
7	3	1	3	2
8	3	2	1	3
9	3	3	2	1

这里 L 是正交表的代号；L 的下标"9"是正交表的行数，表示用这张正交表安排试验要做 9 次不同条件的试验；圆括号中的指数"4"是表的列数，表示用这张正交表最多可安排 4 个因子；圆括号中的底数"3"表示表的主体只有 3 个不同的数字：1、2、3，在试验中它代表因子水平的编号，即用这张表安排试验时每个因子应取 3 个不同水平。表 5.4.1 是一张三水平的正交表，此外，还有更多的正交表，如 $L_4(2^3)$、$L_8(2^7)$、$L_{12}(2^{11})$、$L_{16}(2^{15})$、$L_{27}(3^{13})$、$L_{64}(4^{21})$ 等。

2. 正交表的特征

① 每列中不同的数字重复次数相同。

② 将任意两列的同行数字看成一个数对，那么所有可能数对的重复次数相同。

3. 正交表的分类

正交表分为完全正交表和不完全正交表两大类。

完全正交表的行数 n、列数 p、水平数 q 之间有如下关系。

$$n = q^k, \ k = 2, 3, \cdots \quad (5\text{-}4\text{-}1)$$

$$p = \frac{n-1}{q-1} \quad (5\text{-}4\text{-}2)$$

对于不完全正交表，上述两个关系中至少有一个不成立。

（二）无交互作用情况下的正交试验设计

例 5-4-1

1. 用正交表进行整体设计

某生物医学厂希望寻找提高产品生成率的生产工艺条件。正交试验设计步骤如下。

（1）明确试验目的。

在本例中，试验的目的是提高产品生成率。

（2）明确试验指标。

在本例中，直接用产品生成率作为试验指标，该指标越大，表明水平组合越好。

（3）确定因子与水平。

经分析，本例中影响产品生成率的因子有三个，分别是反应温度 A、反应时间 B、加碱量 C。

结合各因子的可能取值范围,经专业人员分析研究,决定在本试验中采用表 5.4.2 所示的水平。

表 5.4.2 因子水平表(1)

	一	二	三
A:反应温度/℃	80	85	90
B:反应时间/分钟	90	120	150
C:加碱量/%	5	6	7

(4)选用合适的正交表,进行表头设计。

① 选正交表:本例中所考察的因子是三水平的,因此选用三水平正交表,又由于只考察三个因子,所以选用 $L_9(3^4)$。

② 进行表头设计:把因子放在任意的列上,一个因子占一列。将三个因子分别置于前三列,表头设计形式如表 5.4.3 所示。

表 5.4.3 表头设计形式

表头设计	A	B	C	
$L_9(3^4)$ 的列号	1	2	3	4

(5)列出试验计划,如表 5.4.4 所示。

(6)进行试验后,将试验结果(见表 5.4.3 最后一列)记录在对应的试验后面。

表 5.4.4 试验计划与试验结果

试验号	A	B	C	产品生成率/%
1	(1) 80	(1) 90	(1) 5	31
2	(1) 80	(2) 120	(2) 6	54
3	(1) 80	(3) 150	(3) 7	38
4	(2) 85	(1) 90	(2) 6	53
5	(2) 85	(2) 120	(3) 7	49
6	(2) 85	(3) 150	(1) 5	42
7	(3) 90	(1) 90	(3) 7	57
8	(3) 90	(2) 120	(1) 5	62
9	(3) 90	(3) 150	(2) 6	64

2. 试验数据分析

试验数据分析的目的:找出对指标有明显影响的因子,各个因子什么样的水平组合最好(在本例中,最好是指使指标达到最大)。

(1)数据的直观分析。

① 综合比较。

记试验结果分别为 $y_1, y_2, \cdots, y_9$。

在第一列中,因子 A 的三个水平所对应的数据分别为(1):$\{y_1, y_2, y_3\}$,(2):$\{y_4, y_5, y_6\}$,

（3）：$\{y_7, y_8, y_9\}$。

（1）对应的三次试验都采用因子 A 的一水平(A_1)进行试验，但因子 B 的三个水平各参加了一次试验，因子 C 的三个水平也各参加了一次试验。这三个试验结果的和与均值（为了方便标记，下面的计算中省略了%）分别记为

$$T_{11} = y_1 + y_2 + y_3 = 31+54+38 = 123, \quad \overline{T}_{11} = \frac{T_{11}}{3} = 41$$

同样（2）和（3）对应的三个试验结果的和与均值分别为

$$T_{12} = y_4 + y_5 + y_6 = 53+49+42 = 144, \quad \overline{T}_{12} = \frac{T_{12}}{3} = 48$$

$$T_{13} = y_7 + y_8 + y_9 = 57+62+64 = 183, \quad \overline{T}_{13} = \frac{T_{13}}{3} = 61$$

$\overline{T}_{11}$、$\overline{T}_{12}$、$\overline{T}_{13}$（T_{11}、T_{12}、T_{13}）之间的差异只反映了因子 A 的三个水平间的差异，可通过比较这三个均值的大小看出因子 A 的三个水平的好坏。由这三个数据可知，因子 A 的三水平(A_3)最好，因为其均值最大。因子 B、因子 C 同理。直观分析计算表如表 5.4.5 所示。

综上可知，使指标达到最大的水平组合是 $A_3B_2C_2$，即反应温度取 90℃，反应时间取 120 分钟，加碱量取 6%可以使产品生成率达到最大。

表 5.4.5 直观分析计算表

试验号	A	B	C		试验结果
	1	2	3	4	y
1	1	1	1	1	31
2	1	2	2	2	54
3	1	3	3	3	38
4	2	1	2	3	53
5	2	2	3	1	49
6	2	3	1	2	42
7	3	1	3	2	57
8	3	2	1	3	62
9	3	3	2	1	64
T_1	123	141	135	144	
T_2	144	165	171	153	
T_3	183	144	144	153	
$\overline{T}_1$	41	47	45	48	
$\overline{T}_2$	48	55	57	51	
$\overline{T}_3$	61	48	48	51	
R	20	8	12	3	

②用极差分析各因子对指标的影响程度。

改变极差大的因子的水平会对指标造成较大的影响。在表 5.4.5 中，各因子的极差分别为

$$R_A = 61-41 = 20$$
$$R_B = 55-47 = 8$$

$$R_C = 57 - 45 = 12$$

由三个因子的极差可知，因子 A 的影响最大，其次是因子 C，而因子 B 的影响最小，通常记为 $R_A > R_C > R_B$。

③ 水平均值图。

各因子的水平均值图如图 5-4-1 所示，因子 A 是主要因子，因子 C 次之，因子 B 再次之。最好的水平组合是 $A_3B_2C_2$。

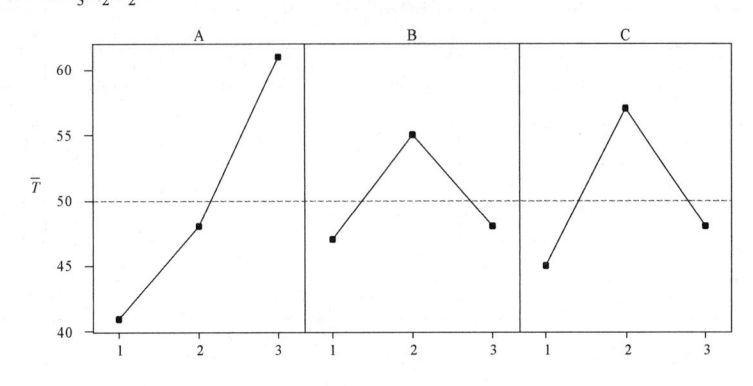

图 5-4-1 各因子的水平均值图

（2）数据的方差分析。

① 计算离差平方和。

总离差平方和为

$$S_T = \sum_{i=1}^{n} y_i^2 - \frac{T^2}{n}, \quad 其自由度 f_T = n - 1 \quad （5-4-3）$$

式中，n 是试验次数；$T = \sum_{i=1}^{n} y_i$。

各列的离差平方和为

$$S_j = \sum_{i=1}^{q} \frac{T_i^2}{n/q} - \frac{T^2}{n}, \quad 其自由度 f_j = q - 1 \quad （5-4-4）$$

式中，q 为因子的水平数；j 为因子序号。

例如，因子 A 的离差平方和为

$$S_A = \frac{T_{11}^2 + T_{12}^2 + T_{13}^2}{3} - \frac{T^2}{9} = 618, \quad 其自由度 f_A = 3 - 1 = 2$$

② F 检验。

$$F = \frac{S_{因}/f_{因}}{S_e/f_e} = MS_{因}/MS_e \sim F(f_{因}, f_e) \quad （5-4-5）$$

式中，$MS_{因} = S_{因}/f_{因}$ 是因子的均方和；$f_{因}$ 是对应因子的自由度；$MS_e = S_e/f_e$ 是误差的均方和；f_e 是误差的自由度。

当 $F = MS_{因}/MS_e > F_{1-\alpha}(f_{因}, f_e)$ 时，认为在显著性水平 α 上因子是显著的，其中 $F_{1-\alpha}$ 是相应自由度的 F 分布的 $1-\alpha$ 分位数。

各列平方和的计算表如表 5.4.6 所示。

表 5.4.6 各列平方和的计算表

试验号	A	B	C		试验结果
	1	2	3	4	y
1	1	1	1	1	31
2	1	2	2	2	54
3	1	3	3	3	38
4	2	1	2	3	53
5	2	2	3	1	49
6	2	3	1	2	42
7	3	1	3	2	57
8	3	2	1	3	62
9	3	3	2	1	64
T_1	123	141	135	144	$T=450$
T_2	144	165	171	153	$\sum y_i^2 = 23484$
T_3	183	144	144	153	$S_T = 984$
S	618	114	234	18	

③ 方差分析表。

方差分析表如表 5.4.7 所示。

表 5.4.7 方差分析表

来源	平方和 S	自由度 f	均方和 MS	F 比
因子 A	618	2	309	34.33
因子 B	114	2	57	6.33
因子 C	234	2	117	13
误差 e	18	2	9	
总计	984	8		$F_{0.90}(2,2)=9$ $F_{0.95}(2,2)=19$

因 $F_C > F_{0.90}(2,2) = 9$，$F_A > F_{0.95}(2,2) = 19$，故因子 A 与因子 C 分别在显著性水平 0.05 与 0.10 上是显著的，因子 B 不显著。

在本例中，因子 A 与因子 C 是显著的，所以要选择其最好的水平，应取 A_3C_2，因子 B 可以选择任意水平。

二、有交互作用的正交试验设计

在很多试验中，试验结果实际上是由多个因子综合作用造成的，两个因子的某种水平组合有时会提高指标值，有时会降低指标值，这个效应与单因子的效应不同，一个因子的水平好坏或好坏的程度受另一个因子水平的制约，我们把这种现象称为交互作用，记为 A×B。如果参与试验的因子之间存在显著的交互作用，而我们在分析试验数据时忽略了它的存在，就会造成较大的误差，得出与实际不相符的结论。

例 5-4-2

（一）试验设计

为提高某种维生素的合成率，需要进行正交试验，具体考虑如下。

（1）试验目的：提高维生素的合成率。

（2）试验指标：维生素的合成率，该指标越高越好。

（3）经分析，影响维生素合成率的因子有四个：反应温度 A、反应时间 B、两种原料配比 C、真空度 D。反应温度与反应时间的交互作用 A×B 对维生素合成率也有较大的影响。因子水平表如表 5.4.8 所示。

表 5.4.8 因子水平表（2）

因子	一水平	二水平
A：反应温度/℃	50	60
B：反应时间/小时	2.5	3.5
C：两种原料配比	1.1∶1	1.2∶1
D：真空度/kPa	50	60

（4）选用合适的正交表，进行表头设计。

在本例中，影响维生素合成率的因子都是二水平的，故可从二水平正交表中选一张。所选正交表必须满足 $5 \leq n-1$，即 $n \geq 6$，最后选用 $L_8(2^7)$。

在进行表头设计时要利用交互作用表。

交互作用表：它表示任意两列的交互作用所位于的列号。$L_8(2^7)$ 的交互作用表如表 5.4.9 所示，第一列与第二列的交互作用位于第三列。

表 5.4.9 $L_8(2^7)$ 的交互作用表

列号	1	2	3	4	5	6	7
	(1)	3	2	5	4	7	6
		(2)	1	6	7	4	5
			(3)	7	6	5	4
				(4)	1	2	3
					(5)	3	2
						(6)	1

$L_8(2^7)$ 的交互作用表头设计如表 5.4.10 所示。

表 5.4.10 $L_8(2^7)$ 的交互作用表头设计

表头设计	A	B	A×B	C			D
列号	1	2	3	4	5	6	7

（5）列出试验计划，如表 5.4.11 所示，将试验结果填入最后一列。

表 5.4.11 试验计划及试验结果

试验号	反应温度/°C	反应时间/小时	两种原料配比	真空度/kPa	合成率/%
1	(1) 50	(1) 2.5	(1) 1.1:1	(1) 50	86
2	(1) 50	(1) 2.5	(2) 1.2:1	(2) 60	95
3	(1) 50	(2) 3.5	(1) 1.1:1	(2) 60	91
4	(1) 50	(2) 3.5	(2) 1.2:1	(1) 50	94
5	(2) 60	(1) 2.5	(1) 1.1:1	(2) 60	91
6	(2) 60	(1) 2.5	(2) 1.2:1	(1) 50	96
7	(2) 60	(2) 3.5	(1) 1.1:1	(1) 50	83
8	(2) 60	(2) 3.5	(2) 1.2:1	(2) 60	88

（二）试验数据的方差分析

1. 平方和分解

正交表 $L_8(2^7)$ 上 8 个维生素合成率的总平方和为

$$S_T = \sum_{i=1}^{n} y_i^2 - \frac{T^2}{n} = 146，其自由度 f_T = 8 - 1 = 7 \tag{5-4-6}$$

其中二水平因子第 j 列的平方和为

$$S_j = \sum_{i=1}^{q} \frac{T_i^2}{n/q} - \frac{T^2}{n} = \frac{(T_1 - T_2)^2}{n}，f = 1 \tag{5-4-7}$$

交互作用计算表如表 5.4.12 所示。

表 5.4.12 交互作用计算表

试验号	A	B	A×B	C		D		试验结果
	1	2	3	4	5	6	7	y
1	1	1	1	1	1	1	1	86
2	1	1	1	2	2	2	2	95
3	1	2	2	1	1	2	2	91
4	1	2	2	2	2	1	1	94
5	2	1	2	1	2	1	2	91
6	2	1	2	2	1	2	1	96
7	2	2	1	1	2	2	1	83
8	2	2	1	2	1	1	2	88
T_1	366	368	352	351	361	359	359	$T = 724$
T_2	358	356	372	373	363	365	365	$\sum y_i^2 = 65668$
S	8	18	50	60.5	0.5	4.5	4.5	$S_T = 146$

2. 方差分析表

方差分析表如表 5.4.13 所示。

表 5.4.13　方差分析表

来源	平方和 S	自由度 f	均方和 MS	F 比
A	8.0	1	8.0	3.2
B	18.0	1	18.0	7.2
C	60.5	1	60.5	24.2
D	4.5	1	4.5	1.8
A×B	50.0	1	50.0	20.0
e	5.0	2	2.5	
T	146.0	7		$F_{0.95}(1,2)=18.5$

由表 5.4.13 可知，在显著性水平 $\alpha=0.05$ 下，因子 C 与交互作用 A×B 对指标有显著影响。

3. 最佳水平组合的选择

由表 5.4.13 可知，因子 C 取二水平为好。对显著的交互作用，先要计算两个因子水平的所有不同组合情况下数据的均值，再通过比较得出哪种水平组合较好。A×B 四种水平组合下数据均值的计算结果如表 5.4.14 所示。

表 5.4.14　A×B 四种水平组合下数据均值的计算结果

	A_1	A_2
B_1	(86+95)/2=90.5	(91+96)/2=93.5
B_2	(91+94)/2=92.5	(83+88)/2=85.5

从该表可知，因子 A 与因子 B 的搭配以 A_2B_1 为好。因子 D 不显著，其水平可任取。最佳水平组合是 $A_2B_1C_2$。即反应温度为 60℃，反应时间为 2.5 小时，两种原料配比为 1.2∶1。

三、使用软件进行正交试验设计分析

例 5-4-3

研究西安刘氏生巧时的经验分析表明，影响生巧口感的主要因子有三个：隔水加热温度 A、100g 原料中白巧克力的用量 B 和 100g 原料中可可粉的用量 C，它们的三个水平如表 5.4.15 所示。

表 5.4.15　三个因子的三个水平

因子水平	A/℃	B/g	C/g
1	70	50	1
2	80	60	3
3	90	70	5

试验结果如表 5.4.16 所示，求最佳因子水平组合。

表 5.4.16　试验结果

试验号	隔水加热温度/℃	100g 原料中白巧克力的用量/g	100g 原料中可可粉的用量/g	D（空列）	Y（口感满意度）
1	（1）70	（1）50	（1）1	（1）	3.7

续表

试验号	隔水加热温度/℃	100g 原料中白巧克力的用量/g	100g 原料中可可粉的用量/g	D（空列）	Y（口感满意度）
2	（1）70	（2）60	（2）3	（2）	5.2
3	（1）70	（3）70	（3）5	（3）	4.8
4	（2）80	（1）50	（3）5	（2）	4.0
5	（2）80	（2）60	（1）1	（3）	5.5
6	（2）80	（3）70	（2）3	（1）	6.8
7	（3）90	（1）50	（2）3	（3）	5.3
8	（3）90	（2）60	（3）5	（1）	4.4
9	（3）90	（3）70	（1）1	（2）	5.7

下面以 IBM SPSS Statistics 数据编辑器为例进行操作介绍。

第一步：打开 IBM SPSS Statistics 数据编辑器，点击"数据"按钮打开"数据"菜单，点击其中的"正交设计"按钮右侧的小三角，点击其中的"生成"按钮，如图 5-4-2 所示。

图 5-4-2 设计正交表

第二步：依次增加各个因子及其水平，如图 5-4-3～图 5-4-5 所示，设计好的正交表如图 5-4-6 所示。

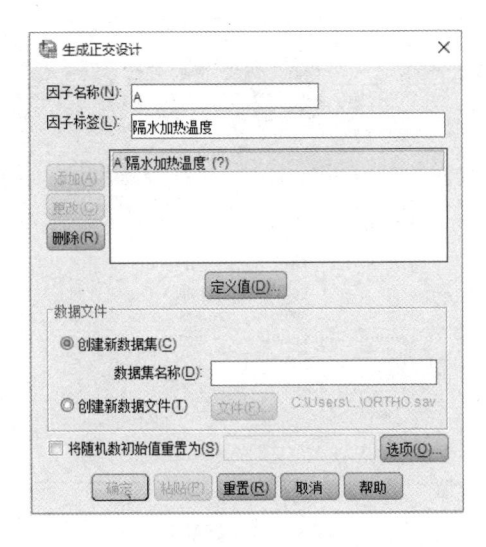

图 5-4-3 设定因子

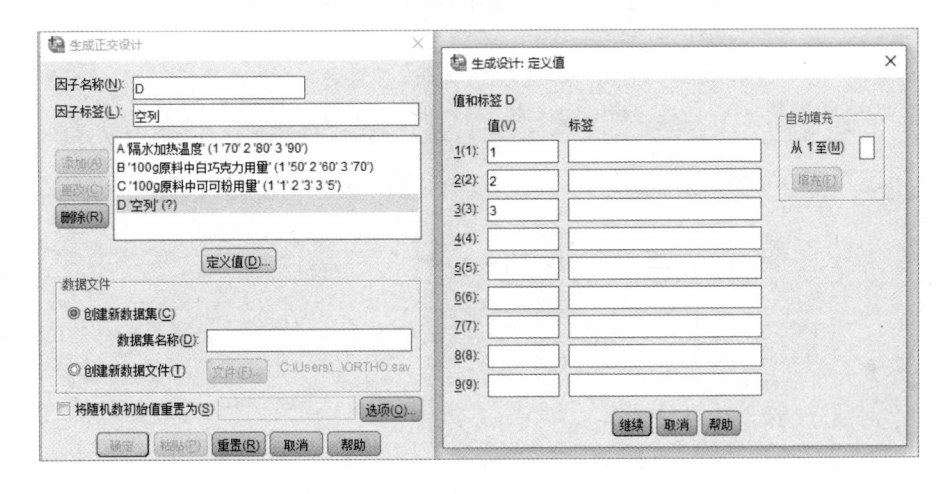

图 5-4-4 设定空列

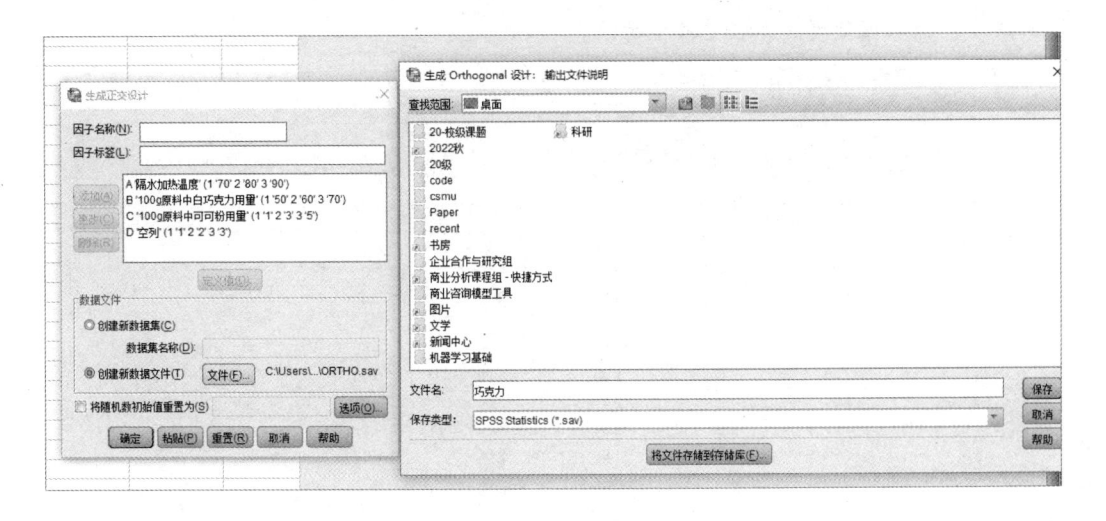

图 5-4-5 保存正交表

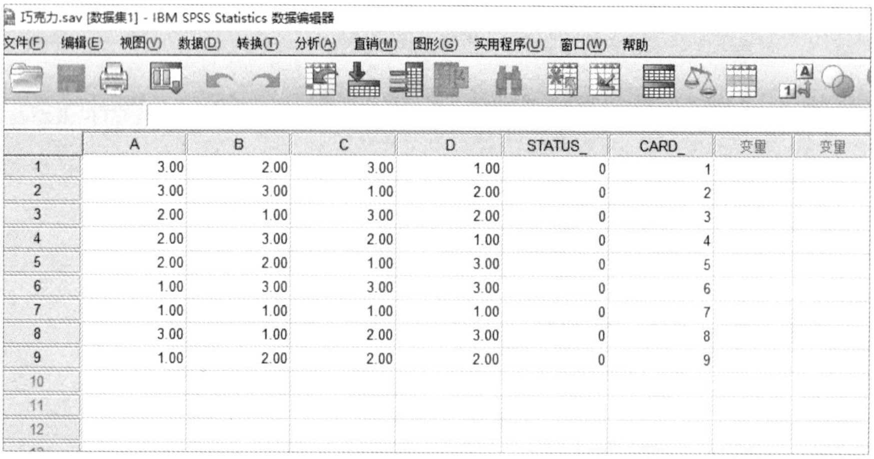

	A	B	C	D	STATUS_	CARD_	变量	变量
1	3.00	2.00	3.00	1.00	0	1		
2	3.00	3.00	1.00	2.00	0	2		
3	2.00	1.00	3.00	2.00	0	3		
4	2.00	3.00	2.00	1.00	0	4		
5	2.00	2.00	1.00	3.00	0	5		
6	1.00	3.00	3.00	3.00	0	6		
7	1.00	1.00	1.00	1.00	0	7		
8	3.00	1.00	2.00	3.00	0	8		
9	1.00	2.00	2.00	2.00	0	9		
10								
11								
12								

图 5-4-6　设计好的正交表

第三步：对因子水平进行排序，使其和原数据保持一致，如图 5-4-7 所示。

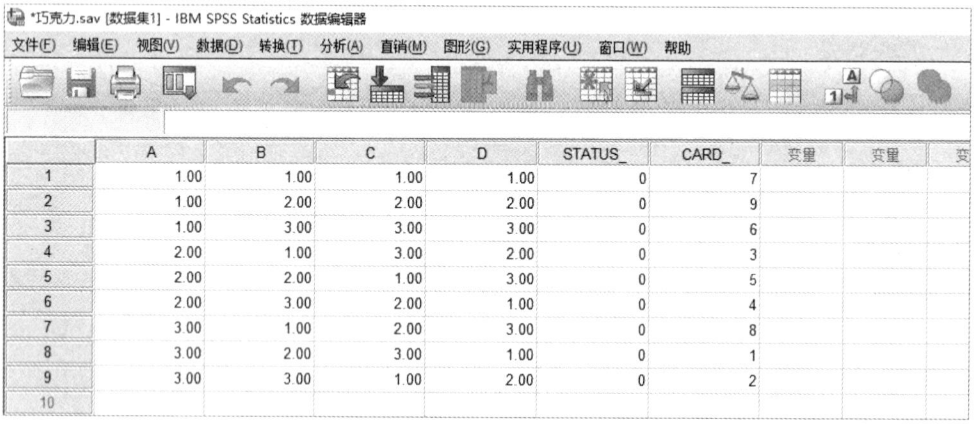

	A	B	C	D	STATUS_	CARD_	变量	变量
1	1.00	1.00	1.00	1.00	0	7		
2	1.00	2.00	2.00	2.00	0	9		
3	1.00	3.00	3.00	3.00	0	6		
4	2.00	1.00	3.00	2.00	0	3		
5	2.00	2.00	1.00	3.00	0	5		
6	2.00	3.00	2.00	1.00	0	4		
7	3.00	1.00	2.00	3.00	0	8		
8	3.00	2.00	3.00	1.00	0	1		
9	3.00	3.00	1.00	2.00	0	2		
10								

图 5-4-7　对因子水平进行排序

第四步：输入因变量，如图 5-4-8 所示。

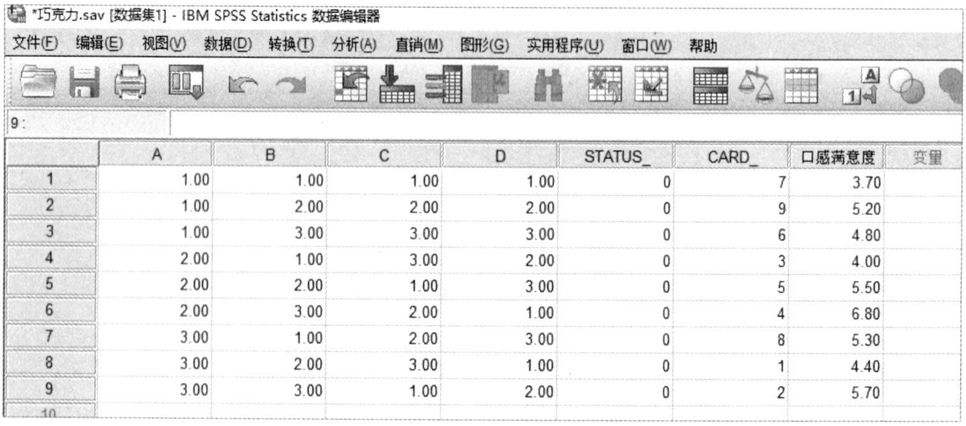

	A	B	C	D	STATUS_	CARD_	口感满意度	变量
1	1.00	1.00	1.00	1.00	0	7	3.70	
2	1.00	2.00	2.00	2.00	0	9	5.20	
3	1.00	3.00	3.00	3.00	0	6	4.80	
4	2.00	1.00	3.00	2.00	0	3	4.00	
5	2.00	2.00	1.00	3.00	0	5	5.50	
6	2.00	3.00	2.00	1.00	0	4	6.80	
7	3.00	1.00	2.00	3.00	0	8	5.30	
8	3.00	2.00	3.00	1.00	0	1	4.40	
9	3.00	3.00	1.00	2.00	0	2	5.70	

图 5-4-8　输入因变量

第五步：进行方差分析。首先，选择"分析"→"一般线性模型"→"单变量"按钮（见图 5-4-9），选择因变量与固定因子（见图 5-4-10）；然后，定义模型形式，无交互作用选择主效应，有交互作用选择交互项，根据实际情况，本例选择主效应（见图 5-4-11）。方差分析结果如图 5-4-12 所示。

图 5-4-9　方差分析

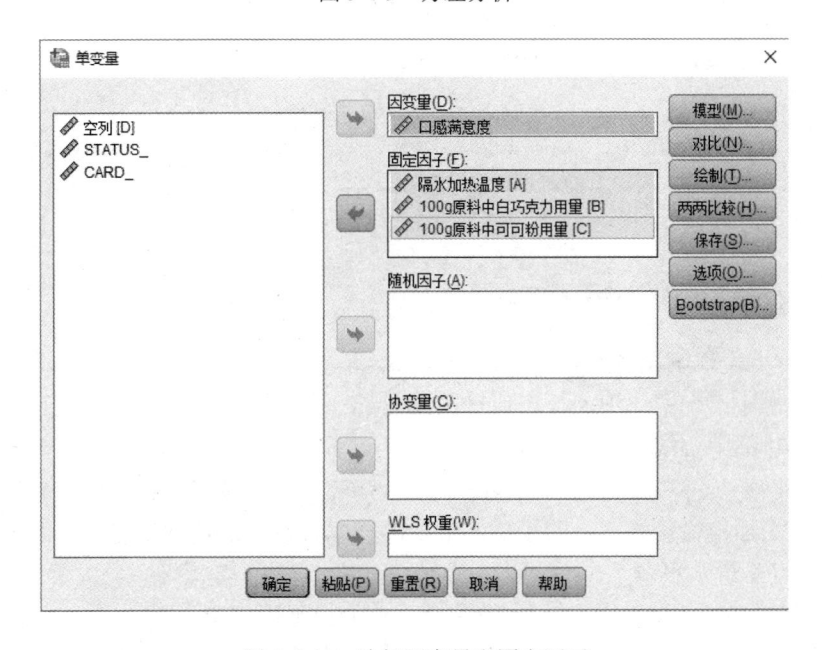

图 5-4-10　选择因变量和固定因子

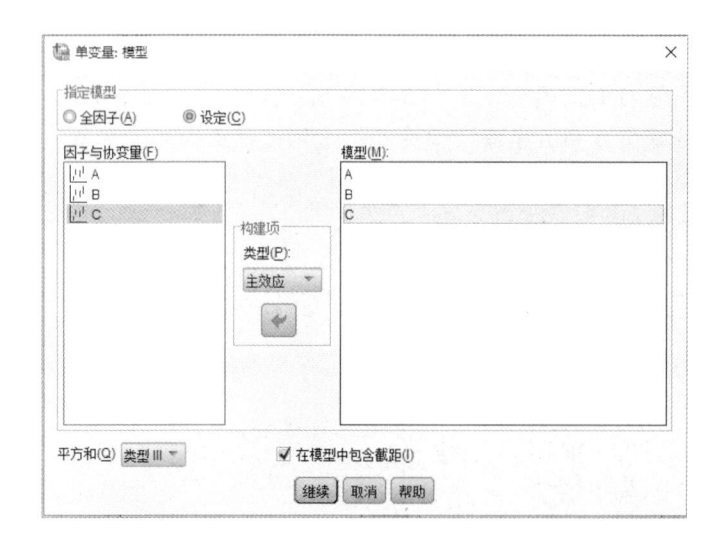

图 5-4-11 选择主效应

主体间效应的检验

因变量：口感满意度

源	III 型平方和	df	均方	F	Sig.
校正模型	7.073[a]	6	1.179	21.653	.045
截距	229.018	1	229.018	4206.449	.000
A	1.162	2	.581	10.673	.086
B	3.082	2	1.541	28.306	.034
C	2.829	2	1.414	25.980	.037
误差	.109	2	.054		
总计	236.200	9			
校正的总计	7.182	8			

a. R 方 = .985（调整 R 方 = .939）

图 5-4-12 方差分析结果

本章习题

一、单选题

1. 均值-标准差控制图属于（　　）。
   A．网络图　　　B．计量值控制图　　　C．计数值控制图　　　D．甘特图
2. 控制图包括中心线和（　　）。
   A．网络线　　　B．均值线　　　C．上、下控制限　　　D．方差线
3. 设计一个抽样检验方案，除了确定抽取的样本容量，还需要确定（　　）。
   A．最好质量水平　　　　　　　　B．合格判定数
   C．使用方风险质量　　　　　　　D．平均质量水平

4. 正交表 $L_9(3^4)$ 中的 9 指（   ）。
   A. 该表有 9 行，可以做 9 次不同条件的试验
   B. 该表有 9 列，可以做 9 次不同条件的试验
   C. 该试验最多检测 9 个因子
   D. 该试验的因子最多取 4 个水平
5. 正交试验最优水平组合确定的方法不包括（   ）。
   A. 综合比较法　　B. 极差分析法　　C. 方差分析法　　D. 德尔菲法
6. 正交试验相对全面试验是否可以节省工作量？（   ）
   A. 是　　　　　　B. 否　　　　　　C. 不一定　　　　D. 不知道
7. 在有交互作用的正交试验设计中，交互作用是否有对应的位置？（   ）
   A. 是　　　　　　B. 否　　　　　　C. 不一定　　　　D. 不知道
8. 方差分析是否可以在正交试验中确定因子的显著性水平？（   ）
   A. 是　　　　　　B. 否　　　　　　C. 不一定　　　　D. 不知道
9. R 中可以用于绘制控制图的程序包为（   ）。
   A. tm　　　　　　B. worldcloud2　　C. lda　　　　　D. qcc
10. 要制定一个计数标准型一次抽样检验方案，应该先给定四个值，其中 P_0 指的是（   ）。
    A. 生产方风险
    B. 使用方风险
    C. 生产方风险质量
    D. 使用方风险质量

二、多选题

1. 下列关于控制图的描述中，正确的是（   ）。
   A. 控制图包括计数值控制图和计量值控制图
   B. 均值-标准差控制图是计量值控制图
   C. 均值-极差控制图是计数值控制图
   D. 均值-标准差控制图是计数值控制图
   E. 标准差-极差控制图是计数值控制图
2. 下列关于调整型抽样检验方案的描述中，正确的是（   ）。
   A. 调整型抽样检验方案适用于对单批的检验
   B. 调整型抽样检验方案不适用于对连续批的检验
   C. 调整型抽样检验方案包括正常抽样检验方案
   D. 调整型抽样检验方案包括加严抽样检验方案
   E. 调整型抽样检验方案包括放宽抽样检验方案
3. 全面试验的优点包括（   ）。
   A. 更全面　　　　B. 更方便　　　　C. 更经济　　　　D. 更快速
   E. 更正确
4. 完全正交表需要满足以下哪些要求？（其中行数 n、列数 p、水平数 q）（   ）。
   A. $n = q^k$
   B. $p = (n-1)/(q-1)$
   C. $n = p + q$
   D. $p = q$
   E. $p > q$

5. 因子之间的交互作用包括（　　）。
   A．正向交互作用　　　　　　　　B．负向交互作用
   C．双向交互作用　　　　　　　　D．纵向交互作用
   E．单向交互作用

三、简答题

1. 什么是质量管理？
2. 质量管理经过了哪几个阶段？
3. 简述几种质量管理的方法。
4. 控制图中涉及统计学哪些理论？
5. 制作控制图的流程是什么？
6. 为什么要进行抽样检验？
7. 调整型抽样检验系统有哪几种抽样检验方案？
8. 简述正交试验设计的步骤。
9. 简述几种交互作用的形式。
10. 简述方差分析在正交试验设计中的应用。

四、案例分析题

1. 某厂生产基板，每隔两小时随机抽取五块基板测量其长度，得到 25 个样本，如下表所示。

某厂生产的基板样本数据表

样本序号 i	X_1	X_2	X_3	X_4	X_5	$\bar{X}$	S	R
1	49.47	49.46	49.52	49.51	49.47	49.49	0.03	0.06
2	49.48	49.53	49.55	49.49	49.48	49.51	0.03	0.07
3	49.50	49.53	49.47	49.52	49.48	49.50	0.03	0.06
4	49.47	49.53	49.50	49.51	49.47	49.50	0.03	0.06
5	49.47	49.55	49.45	49.53	49.56	49.51	0.05	0.11
6	49.45	49.49	49.49	49.53	49.57	49.51	0.05	0.12
7	49.50	49.45	49.49	49.53	49.55	49.50	0.04	0.1
8	49.50	49.50	49.53	49.51	49.47	49.50	0.02	0.06
9	49.50	49.45	49.51	49.57	49.50	49.51	0.04	0.12
10	49.50	49.48	49.57	49.55	49.53	49.53	0.04	0.09
11	49.47	49.44	49.54	49.55	49.50	49.50	0.05	0.11
12	49.49	49.50	49.50	49.52	49.55	49.51	0.02	0.06
13	49.46	49.48	49.53	49.50	49.50	49.49	0.03	0.07
14	49.53	49.57	49.55	49.51	49.47	49.53	0.04	0.1
15	49.45	49.47	49.49	49.52	49.54	49.49	0.04	0.09
16	49.48	49.53	49.50	49.51	49.50	49.50	0.02	0.05

续表

样本序号 i	X_1	X_2	X_3	X_4	X_5	$\bar{X}$	S	R
17	49.50	49.48	49.52	49.55	49.50	49.51	0.03	0.07
18	49.50	49.51	49.47	49.53	49.52	49.51	0.02	0.06
19	49.50	49.49	49.52	49.50	49.54	49.51	0.02	0.05
20	49.50	49.52	49.52	49.45	49.51	49.50	0.03	0.07
21	49.52	49.47	49.57	49.50	49.52	49.52	0.04	0.10
22	49.50	49.52	49.49	49.53	49.47	49.50	0.02	0.06
23	49.50	49.47	49.48	49.56	49.50	49.50	0.03	0.09
24	49.48	49.50	49.49	49.53	49.50	49.50	0.02	0.05
25	49.50	49.55	49.57	49.54	49.46	49.52	0.04	0.11

（1）使用 Excel 计算均值-标准差控制图的中心线与上、下控制限并绘制均值-标准差控制图。

（2）使用 R 计算均值-极差控制图的中心线与上、下控制限并绘制均值-极差控制图。

2. 有以下几种抽样需求，请根据要求完成计算和抽样检验方案设计。

（1）设批量 $N=100$，试求计数标准型一次抽样检验方案(20,1)分别在 $P=0,0.01,0.05,0.10$ 处的接收概率。

（2）在供需双方商定 $\alpha=0.05$，$\beta=0.10$，$P_0=2\%$，$P_1=8\%$ 的条件下，试求计数标准型一次抽样检验方案。

（3）对某产品批进行计件抽样检验。设批量 $N=1000$，规定 AQL＝0.65%，采用一般检验水平Ⅱ，试给出正常、加严、放宽三个一次抽样检验方案。

（4）设一批产品的批量为 2500，以百单位产品的不合格品数作为质量指标，规定 AQL＝150%，采用一般检验水平Ⅱ，试给出正常、加严、放宽三个计数调整型一次抽样检验方案。

3. 氯乙醇胶在各种硫化系统下性能（油体膨胀绝对值越小越好）的影响因子有补强剂 A、防老剂 B、硫化系统 C（交互作用可以忽略），若各取三个水平，据此选用 $L_9(3^4)$ 正交表做 9 次试验，试验结果如下表所示。

试验结果

试验号	补强剂	防老剂	硫化系统	随机扰动	试验结果
1	1	1	1	1	-7.25
2	1	2	2	2	-5.48
3	1	3	3	3	-5.35
4	2	1	2	2	-5.40
5	2	2	1	3	-4.42
6	2	3	3	1	-5.90
7	3	1	2	3	-4.68
8	3	2	3	1	-5.90
9	3	3	1	2	-5.63

试进行最优生产条件的直观分析。

4. 为提高在梳棉机上纺出的粘棉混纺纱的质量，考察下表所示的三个因子。

因子水平表

因子	一水平	二水平
A：金属针布的产地	甲地	乙地
B：产量水平（千克）	6	7
C：速度（转/分）	238	320

试验指标为棉粒结数，该值越小越好。用 $L_8(2^7)$ 安排试验，三个因子分别置于 1、2、4 列，同时需要考虑三个交互作用：A×B、A×C、B×C。试验结果依次为 0.30，0.35，0.20，0.30，0.15，0.50，0.15，0.40。

（1）指出交互作用所在的列。

（2）对试验结果进行方差分析。

第六章　商业运营与规划

学习目标

1. 掌握线性规划问题、运输问题、整数规划问题的数学模型及模型特征。
2. 能利用线性规划、整数规划解决实际问题。
3. 能熟练运用软件求解线性规划问题、运输问题、整数规划问题。
4. 掌握用不同软件求解整数规划问题的技巧。

第一节　线性规划问题

一、问题提出

线性规划是运筹学的一个重要分支，是帮助决策者做出决策的有效方法之一。在经济管理活动中，针对有限的资源通常需要寻求最佳的利用或分配方式。任何资源，如劳动力、原材料、设备或资金等都是有限的，所以必须进行合理的配置，寻求最佳的分配方式。最佳的分配方式必须有一个标准或目标，在单一目标问题中，就是使利润最高或成本最低，由此可以把有限资源的合理配置归纳为两类问题：一类是如何合理地分配有限资源，使得效益最大化；另一类是在经济管理任务确定的条件下，如何合理地组织、安排活动，使所消耗的资源最少，这是最常见的两类规划问题。

与规划问题有关的数学模型主要由以下两部分内容组成：一部分是约束条件，反映有限资源对经济管理活动的种种约束或者必须完成的任务；另一部分是目标函数，反映决策者在资源有限的条件下希望实现的目标。在学习具体内容之前，要先了解以下问题。

例 6-1-1

XY 公司计划生产 Ⅰ、Ⅱ 两种产品。已知各生产一种产品时分别占用的设备台时、工时和资源总量，以及售出一种产品时的收益情况，如表 6.1.1 所示。该公司应如何组织生产，使获取的总收益最大？这是一个合理使用有限资源产生最大收益的问题[20]。

表 6.1.1　资源信息表

	Ⅰ	Ⅱ	资源总量/小时
设备台时/（小时/件）	2	3	300
工时/（小时/件）	2	1.5	150
收益/（元/件）	100	120	

例 6-1-2

某加工厂要制作 100 套钢架，每套要用长为 2.9m、2.1m 和 1.5m 的圆钢各一根。已知原料长为 7.4m，应如何下料可使所用材料最省？这是一个典型的在生产任务确定的条件下，合理组织生产（下料），使所消耗资源最少的问题。

例 6-1-3

某商场是个中型百货商场，现在需要对营业员的工作时间做出安排，营业员每周工作 5 天，休息 2 天，并要求休息的 2 天是连续的。该问题可归结为：如何安排营业员的休息时间，既能满足工作需要，又使配备的营业员人数最少。这是一个人力资源合理安排问题[20]。

对营业员的需求进行统计分析，得到营业员每天的需求人数，如表 6.1.2 所示。

表 6.1.2　工作需求表

日期	所需营业员人数/人
星期日	28
星期一	15
星期二	24
星期三	25
星期四	19
星期五	31
星期六	28

例 6-1-4

某部门现拥有资金 100 万元，可在今后 5 年中用于投资，拟投资项目有 A、B、C、D 4 个，各项目的投资周期及收益如表 6.1.3 所示。需要解决的问题是假定资金年初投资，投资周期末收回，那么该如何做出投资决策，能使 5 年末积累的资金最多。

表 6.1.3　各项目的投资周期及收益

项目	A	B	C	D
投资周期/年	1	2	4	5
年投资收益率/%	8%	10%	16%	20%

例 6-1-1～例 6-1-4 是典型的线性规划问题，将在后续小节中加以讨论。

二、线性规划问题的数学模型

下面运用线性规划问题的数学模型对例 6-1-1 和例 6-1-2 进行讨论。

例 6-1-1 中 XY 公司制造产品Ⅰ和产品Ⅱ的数量用变量 x_1 和 x_2 分别定义。这时 $100x_1 + 120x_2$ 是 XY 公司可获得的总收益（单位：元），令 $z = 100x_1 + 120x_2$，本例中要求获得的总收益最大，即 $\max z$。z 为该公司能获得的总收益的目标值，它为变量 x_1 和 x_2 的函数，叫作目标函数。设备和人工的能力会限制 x_1、x_2 的取值，这时将用于描述限制条件的数学表达式称为约束条件。例 6-1-1 的数学模型如下。

目标函数：$\max z = 100x_1 + 120x_2$。

约束条件：

$$\begin{cases} 2x_1 + 3x_2 \leqslant 300 \\ 2x_1 + 1.5x_2 \leqslant 150 \\ x_1, x_2 \geqslant 0 \end{cases} \quad (6\text{-}1\text{-}1)$$

数学模型的约束条件中的第1个式子表示产品Ⅰ、产品Ⅱ的制造数量受设备的限制，第2个式子表示产品Ⅰ、产品Ⅱ的制造数量受人工能力的限制，第3个式子称为变量的非负约束，表示产品Ⅰ、产品Ⅱ的制造数量不可能取负值。

例6-1-2可以这样理解：在长度一定的原材料上截取3种不同长度的圆钢，有多种下料方案，基本原则是按各种下料方案下料以后，剩下的余料要足够少，即剩下的余料已不能再截取任何一种规格的圆钢，也就是余料的长度必须小于1.5m。按照这样的原则，可以归纳出8种不同的下料方案，按余料长度逐步递增排序，如表6.1.4所示。

表6.1.4 下料方案表

下料方案		1	2	3	4	5	6	7	8
圆钢/m	2.9	1	2	0	1	0	1	0	0
	2.1	0	0	2	2	1	1	3	0
	1.5	3	1	2	0	3	1	0	4
余料/m		0	0.1	0.2	0.3	0.8	0.9	1.1	1.4

至此，此问题则变为如何混合使用表中这8种不同的下料方案来制造100套钢架，并且使剩余余料的总长度最短。

此时可假设x_j为第j种下料方案的取料根数，$j=1,2,\cdots,8$，目标是使余料总长度z极小化，则

$$z = 0.1x_2 + 0.2x_3 + 0.3x_4 + 0.8x_5 + 0.9x_6 + 1.1x_7 + 1.4x_8 \quad (6\text{-}1\text{-}2)$$

100套钢架生产任务的约束条件为

$$\begin{cases} x_1 + 2x_2 + x_4 + x_6 = 100 \\ 2x_3 + 2x_4 + x_5 + x_6 + 3x_7 = 100 \\ 3x_1 + x_2 + 2x_3 + 3x_5 + x_6 + 4x_8 = 100 \end{cases} \quad (6\text{-}1\text{-}3)$$

其中第1个约束条件为2.9m的圆钢需要100根，第2个约束条件为2.1m的圆钢需要100根，第3个约束条件3为1.5m的圆钢需要100根，这样就可以组合成100套钢架。另外，要求x_j（$j=1,2,\cdots,8$）大于零且为整数。

综上，以下就是例6-1-2的数学模型：

$$\min z = 0.1x_2 + 0.2x_3 + 0.3x_4 + 0.8x_5 + 0.9x_6 + 1.1x_7 + 1.4x_8$$

$$\text{s.t.} \begin{cases} x_1 + 2x_2 + x_4 + x_6 = 100 \\ 2x_3 + 2x_4 + x_5 + x_6 + 3x_7 = 100 \\ 3x_1 + x_2 + 2x_3 + 3x_5 + x_6 + 4x_8 = 100 \\ x_j \geqslant 0 \ (j=0,1,2,\cdots,8 \text{且} x_j \text{为整数}) \end{cases} \quad (6\text{-}1\text{-}4)$$

由上述两个例子可以发现，规划问题的数学模型由三个重要部分组成：①变量，也叫作决策变量，它是规划问题中需要确定的未知量，用于说明规划问题中用数量表示的方案、措施等，可以由决策者决定和控制；②目标函数，它是关于决策变量的函数，按照优化目标的不同，分别在这个函数前加上 max（最大值）或 min（最小值）；③约束条件，指的是决策变量取值时受到的各种资源条件的限制，一般用含有决策变量的等式或不等式来表示。如果在规划问题的数学模型中，决策变量的取值是连续的，目标函数是关于决策变量的线性函数，约束条件为含有决策变量的线性等式或线性不等式，那么这类规划问题的数学模型被称为线性规划问题的数学模型。

假设线性规划问题中含有 n 个决策变量，用 x_j（$j=1,\cdots,n$）表示，在目标函数中 x_j 的系数为 c_j，通常称 c_j 为价值系数，x_j 的取值受 m 项资源的限制；用 b_i（$i=1,\cdots,m$）表示第 i 种资源的拥有量，通常称 b_i 为资源系数；用 a_{ij} 表示变量 x_j 取值为 1 个单位时所消耗或含有第 i 种资源的数量，通常称 a_{ij} 为约束系数或工艺系数，则线性规划问题的数学模型可表示为

$$\max（或\min）z = c_1 x_1 + c_2 x_2 + \cdots + c_n x_n$$

$$\text{s.t.} \begin{cases} a_{11} x_1 + a_{12} x_2 + \cdots + a_{1n} x_n \leqslant（或=、\geqslant）b_1 \\ a_{21} x_1 + a_{22} x_2 + \cdots + a_{2n} x_n \leqslant（或=、\geqslant）b_2 \\ \vdots \\ a_{m1} x_1 + a_{m2} x_2 + \cdots + a_{mn} x_n \leqslant（或=、\geqslant）b_m \\ x_1, x_2, \cdots, x_n \geqslant 0 \end{cases} \quad (6\text{-}1\text{-}5)$$

此数学模型可简写为

$$\max（或\min）z = \sum_{j=1}^{n} c_j x_j$$

$$\text{s.t.} \begin{cases} \sum_{j=1}^{n} a_{ij} x_j \leqslant（或=、\geqslant）b_i \ (i=1,2,\cdots,m) \\ x_j \geqslant 0 \ (j=1,2,\cdots,n) \end{cases} \quad (6\text{-}1\text{-}6)$$

如果用向量表示，该数学模型则可写为

$$\max（或\min）z = \boldsymbol{CX}$$

$$\text{s.t.} \begin{cases} \sum_{j=1}^{n} \boldsymbol{P}_j x_j \leqslant（或=、\geqslant）\boldsymbol{b} \\ \boldsymbol{X} \geqslant \boldsymbol{0} \end{cases} \quad (6\text{-}1\text{-}7)$$

式中，$\boldsymbol{X} = \begin{bmatrix} x_1 \\ x_2 \\ \vdots \\ x_n \end{bmatrix}$；$\boldsymbol{P}_j = \begin{bmatrix} a_{1j} \\ a_{2j} \\ \vdots \\ a_{mj} \end{bmatrix}$；$\boldsymbol{b} = \begin{bmatrix} b_1 \\ b_2 \\ \vdots \\ b_m \end{bmatrix}$；$\boldsymbol{C} = [c_1, c_2, \cdots, c_n]$。

该数学模型用矩阵和向量来表示可写为

$$\max(\min) z = \boldsymbol{CX}$$
$$\text{s.t.} \begin{cases} \boldsymbol{AX} \leqslant (\text{或} =、\geqslant) \boldsymbol{b} \\ \boldsymbol{X} \geqslant \boldsymbol{0} \end{cases} \quad (6\text{-}1\text{-}8)$$

式中，$\boldsymbol{A} = \begin{bmatrix} a_{11} & a_{12} & \cdots & a_{1n} \\ a_{21} & a_{22} & \cdots & a_{2n} \\ \vdots & \vdots & & \vdots \\ a_{m1} & a_{m2} & \cdots & a_{mn} \end{bmatrix}$，被称为约束方程组（约束条件）的系数矩阵。

决策变量 x_j 的取值一般为非负的，即 $x_j \geqslant 0$。在数学意义上，可以有 $x_j \leqslant 0$。如果决策变量 x_j 表示第 j 种产品本期产量相对于前期产量的增加值，则 x_j 的取值范围为 $(-\infty, +\infty)$，此时称 x_j 取值不受约束或 x_j 无约束[20]。

三、线性规划问题数学模型的形式

（一）标准形式

因为目标函数和约束条件在内容和形式上存在差异，所以线性规划问题数学模型的表达方式可以有很多种。为了便于讨论和制定统一的求解方法，因此规定线性规划问题数学模型的标准形式如下：

$$\max z = \sum_{j=1}^{n} c_j x_j$$
$$\text{s.t.} \begin{cases} \sum_{j=1}^{n} a_{ij} x_j = b_i \ (i=1,2,\cdots,m) \\ x_j \geqslant 0 \ (j=1,2,\cdots,n) \end{cases} \quad (6\text{-}1\text{-}9)$$

式（6-1-9）如果用矩阵和向量来表示可以写为
$$\max z = \boldsymbol{CX}$$
$$\text{s.t.} \begin{cases} \boldsymbol{AX} = \boldsymbol{b} \\ \boldsymbol{X} \geqslant \boldsymbol{0} \end{cases} \quad (6\text{-}1\text{-}10)$$

标准形式的线性规划问题数学模型必须符合以下 4 个条件。
① 目标函数为极大化型。
② 约束条件全为等式。
③ 约束条件右端常数项 b_i 全为非负值。
④ 决策变量 x_j 的取值全为非负值。

（二）非标准形式的线性规划问题数学模型的转换

对于不符合标准形式的线性规划问题数学模型，可以分别通过下列方法将其转变为标准形式的线性规划问题数学模型。

（1）目标函数为求极小值的转换。假设目标函数为
$$\min z = \sum_{j=1}^{n} c_j x_j \quad (6\text{-}1\text{-}11)$$

因为求 $\min z$ 等价于求 $\max(-z)$，所以令 $z'=-z$，即

$$\max z' = -\sum_{j=1}^{n} c_j x_j \qquad (6\text{-}1\text{-}12)$$

（2）当右端常数项 $b_i<0$ 时，只需将等式或不等式两端同时乘以-1，则右端常数项必大于零。

（3）约束条件为不等式。当约束条件为"$\leqslant$"时，如 $7x_1+3x_2\leqslant 34$，可令 $7x_1+3x_2+x_3=34$，显然 $x_3\geqslant 0$；当约束条件为"$\geqslant$"时，如 $15x_1+2x_2\geqslant 10$，可令 $15x_1+2x_2-x_4=10$，显然 $x_4\geqslant 0$。x_3 和 x_4 是新加上去的变量，取值均为非负值，将它们加到原约束条件中的目的是使不等式转变为等式。其中，x_3 称为松弛变量，x_4 称为剩余变量。松弛变量或剩余变量在实际问题中分别表示未被充分利用的资源数量和超出的资源数量，均未转化为价值和利润，所以将其引入数学模型后，它们在目标函数中的价值系数均为零。

（4）取值无约束的决策变量。如果决策变量 x 代表某产品当年计划数与上一年计划数之差，显然 x 的取值可能为正，也可能为负，这时可令 $x=x'-x''$，其中 $x'\geqslant 0$，$x''\geqslant 0$，将其代入线性规划问题的数学模型即可[20]。

（5）针对 $x<0$ 的情况，可令 $x=-x'$，显然 $x'\geqslant 0$。

例 6-1-5

将下面线性规划问题的数学模型转化为标准形式。

$$\min z = 7x_1 + 3x_2 + 5x_3$$

$$\text{s.t.} \begin{cases} -2x_1+3x_2+x_3 \leqslant 6 \\ -4x_1+2x_2-2x_3 \geqslant 3 \\ 5x_1-3x_2-2x_3 = -6 \\ x_1 \leqslant 0,\ x_2 \geqslant 0,\ x_3\text{取值无约束} \end{cases} \qquad (6\text{-}1\text{-}13)$$

令 $z=-z'$，$x_1=-x_1'$，$x_3=x_3'-x_3''$，其中 $x_3'\geqslant 0$，$x_3''\geqslant 0$，x_4、x_5 为调整变量，根据上述规则，该线性规划问题数学模型的标准形式可以写为

$$\max z' = 7x_1' - 3x_2 - 5x_3' + 5x_3'' + 0x_4 + 0x_5$$

$$\text{s.t.} \begin{cases} 2x_1'+3x_2+x_3'-x_3''+x_4 = 6 \\ 4x_1'+2x_2-2x_3'+2x_3''-x_5 = 3 \\ 5x_1'+3x_2+2x_3'-2x_3'' = 6 \\ x_1',x_2,x_3',x_3'',x_4,x_5 \geqslant 0 \end{cases} \qquad (6\text{-}1\text{-}14)$$

四、线性规划问题解的概念

考虑以下标准形式的线性规划问题数学模型：

$$\max z = \boldsymbol{CX}$$

$$\text{s.t.} \begin{cases} \boldsymbol{AX} = \boldsymbol{b} \\ \boldsymbol{X} \geqslant \boldsymbol{0} \end{cases} \qquad (6\text{-}1\text{-}15)$$

式中，$\boldsymbol{C}$ 为 $n\times 1$ 的行向量；$\boldsymbol{X}$ 为 $1\times n$ 的列向量；$\boldsymbol{b}$ 为 $1\times m$ 的列向量；$\boldsymbol{A}$ 为 $m\times n$ 阶矩阵。一般可假定 $m\times n$ 阶矩阵满足 $m\leqslant n$，而且 $\boldsymbol{A}$ 的秩 $\text{rank}(\boldsymbol{A})=m$，否则可以删去一些多余等式，使其满

足条件。

下面介绍线性规划问题各种解的概念[21]。

（1）可行解。满足上述约束条件的 $X=[x_1,\cdots,x_n]^T$ 称为线性规划问题的可行解，全部可行解的集合称为可行域。

（2）最优解。使目标函数达到最大值的可行解称为最优解。

（3）基。设 A 为约束方程组的 $m\times n$ 阶系数矩阵（设 $n>m$），其秩为 m；B 是矩阵 A 中的一个 $m\times m$ 阶的满秩子矩阵，称为线性规划问题的一个基。不失一般性地，设

$$B=\begin{bmatrix} a_{11} & \cdots & a_{1m} \\ \vdots & & \vdots \\ a_{m1} & \cdots & a_{mm} \end{bmatrix}=[P_1,\cdots,P_m] \qquad (6\text{-}1\text{-}16)$$

B 中的每个列向量 P_j（$j=1,\cdots,m$）为基向量，与基向量 P_j 对应的决策变量 x_j 称为基变量，除基变量外的决策变量称为非基变量。

（4）基解。在约束方程组中，令所有非基变量 $x_{m+1}=x_{m+2}=\cdots=x_n=0$，又因为 $|B|\neq 0$，由克拉默法则可知，根据 m 个约束方程可解出 m 个基变量的唯一解 $X_B=[x_1,\cdots,x_m]^T$。将这个解加上非基变量取 0 的值，即 $X=[x_1,\cdots,x_m,0,\cdots,0]^T$，称其为线性规划问题的基解。显然，在基解中决策变量取非零值的个数不大于方程数 m，故基解的总数不超过 C_n^m 个。

（5）基可行解。满足决策变量非负约束条件的基解称为基可行解。

（6）可行基。对应于基可行解的基称为可行基。

例 6-1-6

试求出下列线性规划问题的全部基解，指出其中的基可行解，并确定最优解。

$$\max z = 3x_1 + 2x_2$$
$$\text{s.t.} \begin{cases} x_1 + x_2 + x_3 = 4 \\ 2x_1 + 6x_2 + x_4 = 12 \\ x_j \geq 0 \quad (j=1,2,3,4) \end{cases} \qquad (6\text{-}1\text{-}17)$$

该线性规划问题的全部基解如表 6.1.5 所示，表中打"√"者为基可行解，标注"*"者为最优值，即 max z=12。

表6.1.5 该线性规划问题的全部基解

序号	x_1	x_2	x_3	x_4	z	是否为可行解
1	0	0	4	12	0	√
2	0	4	0	-12	8	×
3	0	2	2	0	4	√
4	4	0	0	4	12*	√
5	6	0	-2	0	18	×
6	3	1	0	0	11	√

五、线性规划问题的图解法

图解法是一种借助几何图形来求解线性规划问题的方法。这种方法通常只能求解只有两个决策变量的线性规划问题,当决策变量的个数大于两个的时候,此方法将不再适用,因此它不是线性规划问题常用的求解方法,不能求解所有线性规划问题,但是有助于直观地了解线性规划问题的基本性质。

(一)图解法的基本步骤

例 6-1-7

利用图解法求解下列线性规划问题[22]。

$$\max z = 10x_1 + 5x_2$$
$$\text{s.t.} \begin{cases} 3x_1 + 4x_2 \leq 9 \\ 5x_1 + 2x_2 \leq 8 \\ x_1, x_2 \geq 0 \end{cases} \quad (6\text{-}1\text{-}18)$$

下面将结合例 6-1-7 对图解法的基本步骤进行说明。

(1)首先以决策变量 x_1 为横坐标、以 x_2 为纵坐标画出平面直角坐标系,并选取适当的单位坐标长度。由决策变量的约束条件可知,满足该约束条件的解(对应平面直角坐标系中的一个点)均在平面直角坐标系中的第一象限内。

(2)图示约束条件,找出可行域。第 1 个约束条件可分解为 $3x_1 + 4x_2 = 9$ 和 $3x_1 + 4x_2 < 9$,前者是斜率为-3/4 的直线,后者表示位于这条直线下方的半平面。因此,$3x_1 + 4x_2 \leq 9$ 表示的是位于直线 $3x_1 + 4x_2 = 9$ 上的点及其下方的半平面,如图 6-1-1 所示。类似地,第 2 个约束条件表示的是 $5x_1 + 2x_2 = 8$ 这条直线上的点及其下方的半平面。图 6-1-2 中的凸多边形所包含的区域(用阴影表示)是满足约束条件的点,也是例 6-1-7 中线性规划问题的可行域。

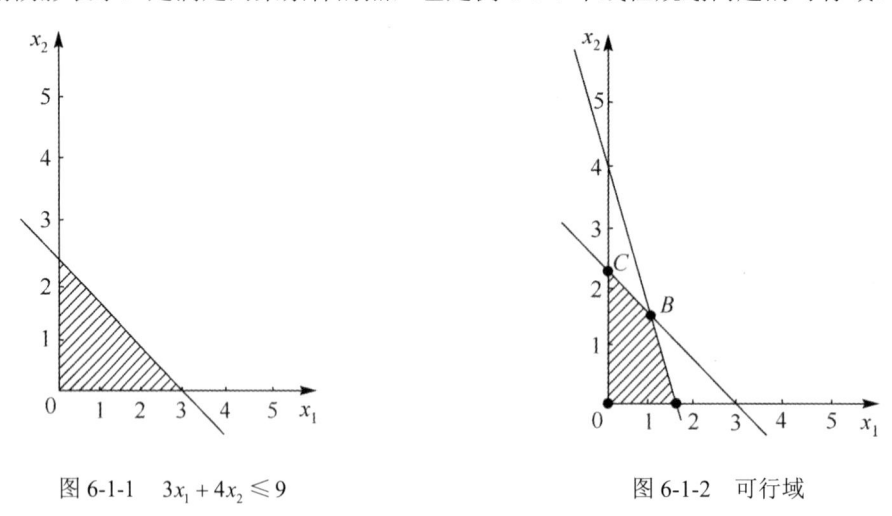

图 6-1-1　$3x_1 + 4x_2 \leq 9$

图 6-1-2　可行域

(3)图示目标函数。z 是一个要优化的目标函数值,$z = 10x_1 + 5x_2$ 是斜率为-2 的一组平行的直线,如图 6-1-3 所示,图中向量 P 代表目标函数值 z 的增大方向。

(4)最优解的确定。因最优解是可行域中使目标函数值最优的点,将图 6-1-2 和图 6-1-3

合并得到图 6-1-4，可以看出，当代表目标函数的直线由原点开始向右上方移动时，z 逐渐增大，一直移动到代表目标函数的直线与代表可行域的凸多边形相切为止，切点就是代表最优解的点。因为再继续向右上方移动，z 仍然可以增大，但在代表目标函数的直线上找不出一个点位于可行域内部或边界上[20]。

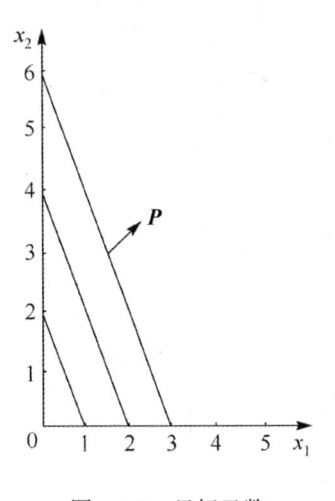

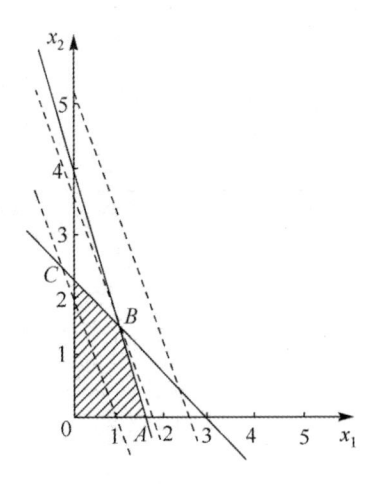

图 6-1-3　目标函数　　　　　　　　图 6-1-4　图解法求解

在例 6-1-7 中，代表目标函数的直线与代表可行域的凸多边形的切点是 B 点，该点坐标可由求解直线方程 $3x_1 + 4x_2 = 9$ 和 $5x_1 + 2x_2 = 8$ 得到，为 $\left(1, \dfrac{3}{2}\right)$，将其代入目标函数得 $z^* = 17.5$。

（二）图解法的几种可能结果

在使用图解法求解线性规划问题的过程中，除了上述存在唯一最优解的情况，还可能存在其他情况，如存在多个最优解、存在无界解或无可行解，下面分别进行讨论与总结。

（1）可行域为封闭的有界区域。

① 存在唯一最优解，如图 6-1-5 所示。

② 存在无穷多最优解，如图 6-1-6 所示。

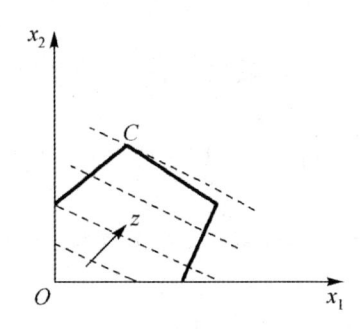

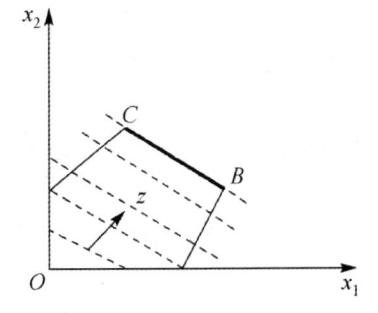

图 6-1-5　存在唯一最优解（1）　　　　图 6-1-6　存在无穷多最优解（1）

（2）可行域为非封闭的无界区域。

① 存在唯一最优解，如图 6-1-7 所示。

② 存在无穷多最优解，如图 6-1-8 所示。

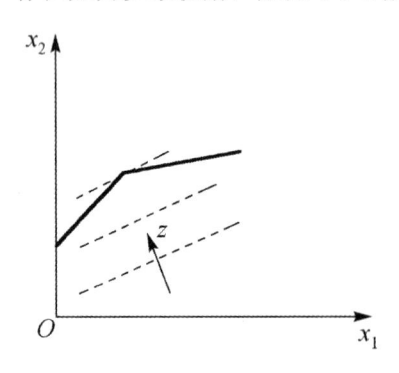

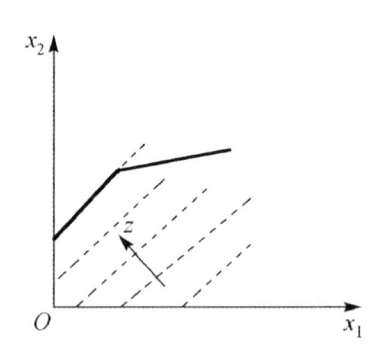

图 6-1-7　存在唯一最优解（2）　　　　图 6-1-8　存在无穷多最优解（2）

③ 存在无界解，如图 6-1-9 所示。

（3）可行域为空集。

可行域为空集，即约束条件不存在公共部分，这种情况下是无可行解的，如图 6-1-10 所示。

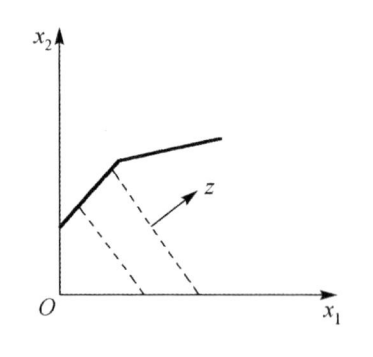

图 6-1-9　存在无界解　　　　图 6-1-10　无可行解

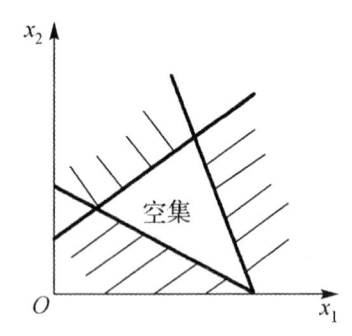

（三）图解法的基本结论

对于只有两个决策变量的线性规划问题，可以利用图解法求解，从几何的角度得出以下几个结论。

（1）线性规划问题的可行域为一个有界或无界的凸多边形，其顶点个数是有限个，且对应该问题的基可行解。

（2）若线性规划问题有唯一的最优解，那么最优解一定可在可行域的某个顶点（基可行解）上找到。

（3）在求解线性规划问题时，解的可能情况有存在唯一最优解、存在无穷多最优解、无界解、无可行解等。

六、线性规划的对偶问题与灵敏度分析

（一）对偶问题的提出

无论是从理论角度来看还是从实践角度来看，对偶理论都是线性规划问题中最重要和有

意义的概念。对偶理论的基本思想：每个线性规划问题都存在一个与其对偶的问题，在求出一个线性规划问题解的同时，给出了对偶问题的解。下面先通过实际例子了解对偶问题的意义[20]。

在例 6-1-1 中，XY 公司利用现有的资源生产两种产品时，其线性规划问题为

$$\max z = 100x_1 + 200x_2$$

$$\text{s.t.} \begin{cases} 2x_1 + 3x_2 \leqslant 300 \\ 2x_1 + 1.5x_2 \leqslant 150 \\ x_1, x_2 \geqslant 0 \end{cases} \tag{6-1-19}$$

现在从另一个角度提出问题。假如某家公司想购买 XY 公司的资源，它至少应付出多大代价，才能使 XY 公司愿意放弃其目前的生产活动，出售自己的资源？很显然，如果要使 XY 公司出让自己的资源，其基本条件应当是出让代价不低于自己用相同数量的资源组织生产活动时所能够获取的利润。如果单位设备台时和工时的出让代价分别用 y_1 和 y_2 来表示，因为 XY 公司生产一件产品 I 需要用到 2 单位的设备台时和 2 单位的工时，可以赢利 100 元；生产一件产品 II 需要用 3 单位的设备台时和 1.5 单位的工时，可以赢利 120 元，所以 y_1、y_2 的取值应该要满足

$$\begin{cases} 2y_1 + 2y_2 \geqslant 100 \\ 3y_1 + 1.5y_2 \geqslant 120 \end{cases} \tag{6-1-20}$$

这家公司希望用最小代价把 XY 公司的全部资源收买过来，故有

$$\min \omega = 300y_1 + 150y_2 \tag{6-1-21}$$

显然，$y_i \geqslant 0$（$i=1,2$），再综合式（6-1-20）和式（6-1-21），有

$$\min \omega = 300y_1 + 150y_2$$

$$\text{s.t.} \begin{cases} 2y_1 + 2y_2 \geqslant 100 \\ 3y_1 + 1.5y_2 \geqslant 120 \\ y_1, y_2 \geqslant 0 \end{cases} \tag{6-1-22}$$

对于上述线性规划问题的两个数学模型，通常称前者为原问题，称后者为前者的对偶问题。

（二）对称形式下对偶问题的一般形式

满足下列条件的线性规划问题称为具有对称形式。
① 其决策变量均具有非负约束。
② 当目标函数求极大值时，其约束条件均取"$\leqslant$"号；当目标函数求极小值时，其约束条件均取"$\geqslant$"号[20]。

在对称形式下，线性规划问题的原问题的一般形式为

$$\max z = c_1x_1 + c_2x_2 + \cdots + c_nx_n$$

$$\text{s.t.} \begin{cases} a_{11}x_1 + a_{12}x_2 + \cdots + a_{1n}x_n \leqslant b_1 \\ a_{21}x_1 + a_{22}x_2 + \cdots + a_{2n}x_n \leqslant b_2 \\ \quad\quad\quad\quad\quad\quad \vdots \\ a_{m1}x_1 + a_{m2}x_2 + \cdots + a_{mn}x_n \leqslant b_m \\ x_j \geqslant 0 \ (j=1,2,\cdots,n) \end{cases} \tag{6-1-23}$$

用 y_i（$i=1,2,\cdots,m$）代表第 i 种资源的估价，则其对偶问题的一般形式为

$$\min \omega = b_1y_1 + b_2y_2 + \cdots + b_my_m$$

$$\text{s.t.} \begin{cases} a_{11}y_1 + a_{12}y_2 + \cdots + a_{m1}y_m \geqslant c_1 \\ a_{21}y_1 + a_{22}y_2 + \cdots + a_{m2}y_m \geqslant c_2 \\ \vdots \\ a_{1n}y_1 + a_{2n}y_2 + \cdots + a_{mn}y_m \geqslant c_n \\ y_j \geqslant 0 \ (j=1,2,\cdots,m) \end{cases} \quad (6\text{-}1\text{-}24)$$

若用矩阵形式表示，则在对称形式下，线性规划问题的原问题的一般形式为

$$\max z = \boldsymbol{CX}$$

$$\text{s.t.} \begin{cases} \boldsymbol{AX} \leqslant \boldsymbol{b} \\ \boldsymbol{X} \geqslant \boldsymbol{0} \end{cases} \quad (6\text{-}1\text{-}25)$$

其对偶问题的一般形式为

$$\min \omega = \boldsymbol{Yb}$$

$$\text{s.t.} \begin{cases} \boldsymbol{YA} \geqslant \boldsymbol{C} \\ \boldsymbol{Y} \geqslant \boldsymbol{0} \end{cases} \quad (6\text{-}1\text{-}26)$$

式中，$\boldsymbol{Y} = [y_1, y_2, \cdots, y_m]$。

将上述对称形式下线性规划问题的原问题与对偶问题进行比较，如表 6.1.6 所示[20]。

表 6.1.6 原问题与对偶问题的对比

	原问题	对偶问题
$\boldsymbol{A}$	约束系数矩阵	其约束系数矩阵的转置
$\boldsymbol{b}$	约束条件的右端常数项向量	目标函数中的价值系数向量
$\boldsymbol{C}$	目标函数中的价值系数向量	约束条件的右端常数项向量
目标函数	$\max z = \boldsymbol{CX}$	$\min \omega = \boldsymbol{Yb}$
约束条件	$\boldsymbol{AX} \leqslant \boldsymbol{b}$	$\boldsymbol{YA} \geqslant \boldsymbol{C}$

（三）非对称形式的原问题-对偶问题关系

并不是所有线性规划问题都拥有对称形式，一般情况下，线性规划问题是如何写出其对偶问题的呢？由于任何一个线性规划问题都可以变换成等价的对称形式，因此从理论上讲，从任何一个线性规划问题出发，都可以写出对应的对偶问题。在实际求解过程中，通常利用表 6.1.6 写出对偶问题，该表反映了原问题与对偶问题的对应关系[20]。

例 6-1-8

将下列线性规划问题转换成对偶问题。

$$\min z = 2x_1 + 4x_2 - x_3$$

$$\text{s.t.} \begin{cases} 3x_1 - x_2 + 2x_3 \geqslant 6 \\ -x_1 + 2x_2 - 3x_3 = 12 \\ 2x_1 + x_2 + 2x_3 \leqslant 8 \\ x_1 + 3x_2 - x_3 \geqslant 15 \\ x_1 \geqslant 0, \ x_2 \leqslant 0, \ x_3 \text{无非负要求} \end{cases} \quad (6\text{-}1\text{-}27)$$

根据表 6.1.6 中的关系，对偶问题形式如表 6.1.7 所示。

表 6.1.7 对偶问题形式

原问题（或对偶问题）	对偶问题（或原问题）
目标函数 max z	目标函数 min ω
约束条件个数：m 个 第 i 个约束条件 $\begin{cases} \leqslant \\ \geqslant \\ = \end{cases}$ （$i=1,2,\cdots,m$）	对偶变量个数：m 个 第 i 个对偶变量 $\begin{cases} \geqslant 0 \\ \leqslant 0 \\ 无非负要求 \end{cases}$ （$i=1,2,\cdots,m$）
决策变量个数：n 个 第 j 个决策变量 $\begin{cases} \geqslant 0 \\ \leqslant 0 \\ 无非负要求 \end{cases}$ （$i=1,2,\cdots,m$）	约束条件个数：n 个 第 j 个约束条件 $\begin{cases} \leqslant \\ \geqslant \\ = \end{cases}$ （$i=1,2,\cdots,m$）
约束条件右端常数项	目标函数价值系数
目标函数价值系数	约束条件右端常数项

例 6-1-8 的对偶问题为

$$\max w = 6y_1 + 12y_2 + 8y_3 + 15y_4$$

$$\text{s.t.} \begin{cases} 3y_1 - y_2 + 2y_3 + y_4 \leqslant 2 \\ -y_1 + 2y_2 + y_3 + 3y_4 \leqslant 4 \\ 2y_1 - 3y_2 + 2y_3 - y_4 \leqslant -1 \\ y_1 \geqslant 0,\ y_2\text{无非负要求}, y_3 \leqslant 0,\ y_4 \geqslant 0 \end{cases} \tag{6-1-28}$$

（四）对偶问题的基本性质

首先将原问题进行标准化，然后写出对偶问题的标准形式，结果如下。

原问题的标准形式为

$$\max z = \boldsymbol{CX}$$

$$\text{s.t.} \begin{cases} \boldsymbol{AX} + \boldsymbol{X}_L = \boldsymbol{b} \\ \boldsymbol{X}, \boldsymbol{X}_L \geqslant \boldsymbol{0} \end{cases} \tag{6-1-29}$$

式中，$\boldsymbol{X}_L$（$L = n+1, n+2, \cdots, n+m$）为原问题的约束条件的松弛变量，$\boldsymbol{X}_L = [X_{n+1}, X_{n+2}, \cdots, X_{n+m}]^{\text{T}}$。

对偶问题的标准形式为

$$\min \omega = \boldsymbol{Yb}$$

$$\text{s.t.} \begin{cases} \boldsymbol{YA} - \boldsymbol{Y}_S = \boldsymbol{C} \\ \boldsymbol{Y}, \boldsymbol{Y}_S \geqslant \boldsymbol{0} \end{cases} \tag{6-1-30}$$

式中，$\boldsymbol{Y}_S$（$S = m+1, m+2, \cdots, m+n$）为对偶问题的约束条件的剩余变量，$\boldsymbol{Y}_S = [Y_{m+1}, Y_{m+2}, \cdots, Y_{m+n}]^{\text{T}}$。

根据以上对称形式的对偶问题，就可不加证明地给出以下对偶问题的性质[20]。

① 对称性。对偶问题的对偶问题是原问题。

② 弱对偶性。若 $\bar{X}$ 是原问题（极大化）的可行解，$\bar{Y}$ 是对偶问题（极小化）的可行解，则 $C\bar{X} \leqslant \bar{Y}b$。

③ 最优性定理。若 $\hat{X}$ 是原问题的可行解，$\hat{Y}$ 是对偶问题的可行解，并且两者的目标函数值相等，即 $C\hat{X} = \hat{Y}b$，则 $\hat{X}$ 和 $\hat{Y}$ 分别是原问题和对偶问题的最优解。

④ 互补松弛定理。如果 $\hat{X}$ 和 $\hat{Y}$ 分别是原问题和对偶问题的可行解，那么 $\hat{X}$ 和 $\hat{Y}$ 为最优解的充要条件是 $\hat{Y}X_L = 0$，$Y_S\hat{X} = 0$。其中，X_L 为原问题的松弛变量；Y_S 为对偶问题的剩余变量。

例 6-1-9

根据对偶性质求解以下线性规划问题。

$$\max z = 2x_1 + x_2 + 5x_3 + 6x_4$$

$$\text{s.t.} \begin{cases} 2x_1 + x_3 + x_4 \leqslant 8 \\ 2x_1 + 2x_2 + x_3 + 2x_4 \leqslant 12 \\ x_1, x_2, x_3, x_4 \geqslant 0 \end{cases} \quad (6\text{-}1\text{-}31)$$

（1）写出对偶问题的数学模型。

$$\min \omega = 8y_1 + 12y_2$$

$$\text{s.t.} \begin{cases} 2y_1 + 2y_2 \geqslant 2 \\ 2y_2 \geqslant 1 \\ y_1 + y_2 \geqslant 5 \\ y_1 + 2y_2 \geqslant 6 \\ y_1, y_2 \geqslant 0 \end{cases} \quad (6\text{-}1\text{-}32)$$

（2）运用图解法得到对偶问题的解为 $Y^* = [4,1]^T$，$\omega^* = 44$。（过程略）

（3）写出原问题和对偶问题的标准形式。

原问题的标准形式：

$$\max z = 2x_1 + x_2 + 5x_3 + 6x_4$$

$$\text{s.t.} \begin{cases} 2x_1 + x_3 + x_4 + x_5 = 8 \\ 2x_1 + 2x_2 + x_3 + 2x_4 + x_6 = 12 \\ x_1, x_2, x_3, x_4, x_5, x_6 \geqslant 0 \end{cases} \quad (6\text{-}1\text{-}33)$$

对偶问题的标准形式：

$$\min \omega = 8y_1 + 12y_2$$

$$\text{s.t.} \begin{cases} 2y_1 + 2y_2 - y_3 = 2 \\ 2y_2 - y_4 = 1 \\ y_1 + y_2 - y_5 = 5 \\ y_1 + 2y_2 - y_6 = 6 \\ y_1, y_2, y_3, y_4, y_5, y_6 \geqslant 0 \end{cases} \quad (6\text{-}1\text{-}34)$$

（4）将 $Y^* = [4,1]^T$ 代入对偶问题的标准形式的约束条件中，可得

$$y_3^* = 8, \quad y_4^* = 1, \quad y_5^* = 0, \quad y_6^* = 0 \quad (6\text{-}1\text{-}35)$$

（5）根据互补松弛定理，可以得到以下关系：

$$y_1^* x_5^* = 0, \quad y_2^* x_6^* = 0, \quad x_1^* y_3^* = 0, \quad x_2^* y_4^* = 0, \quad x_4^* y_6^* = 0 \quad (6\text{-}1\text{-}36)$$

（6）根据对偶问题的最优性定理，可得
$$2x_1^* + x_2^* + 5x_3^* + 6x_4^* = 8y_1^* + 12y_2^* \text{（目标函数最优值相等）} \quad (6\text{-}1\text{-}37)$$
进一步得到 $x_5^* = 0$，$x_6^* = 0$，$x_1^* = 0$，$x_2^* = 0$ 及 $5x_3^* + 6x_4^* = 44$。

（7）将得到的原问题的决策变量取值代入原问题的标准形式的约束条件中，得到
$$\begin{cases} x_3^* + x_4^* = 8 \\ x_3^* + 2x_4^* = 12 \end{cases} \quad (6\text{-}1\text{-}38)$$
解得 $x_3^* = 4$，$x_4^* = 4$。

至此，我们得到了原问题的最优解为 $\boldsymbol{X}^* = [0, 0, 4, 4]^\mathrm{T}$，目标函数最优值 $z^* = 44$。

（五）对偶问题最优解的经济解释——影子价格

由对偶问题的基本性质可以得出，当线性规划问题原问题求得最优解 x_j^*（$j = 1, 2, \cdots, n$）时，其对偶问题也得到最优解 y_i^*（$i = 1, 2, \cdots, m$），且代入各自的目标函数后有
$$z^* = \sum_{j=1}^n c_j x_j^* = \sum_{i=1}^m b_i y_i^* = \omega^* \quad (6\text{-}1\text{-}39)$$

式中，b_i 是线性规划问题的原问题约束条件的右端常数项，它代表第 i 种资源的拥有量；对偶变量 y_i^* 代表在资源得到最优利用的条件下对第 i 种资源的估价。这种估价不是资源的市场价格，而是根据资源在生产中做出的贡献而做的估价，为区别起见，称为影子价格（Shadow Price）[20]。

例如，在例 6-1-1 中，原问题
$$\max z = 100x_1 + 120x_2$$
$$\text{s.t.} \begin{cases} 2x_1 + 3x_2 \leqslant 300 \\ 2x_1 + 1.5x_2 \leqslant 150 \\ x_1, x_2 \geqslant 0 \end{cases} \quad (6\text{-}1\text{-}40)$$

的最优解为 $\boldsymbol{X}^* = [x_1^*, x_2^*]^\mathrm{T} = [0, 100]^\mathrm{T}$，$\max z = 12000$。

对偶问题的最优解为 $\boldsymbol{Y}^* = [30, 20]$，$\min \omega = 12000$，其中，$y_1^* = 30$ 为第 1 种资源，即设备台时的影子价格，在资源得到最优利用的条件下，设备每增加 1 单位的可供台时，可以使总收益增加 30 元。同理可以讨论第 2 种资源，即工时的影子价格 $y_2^* = 20$ 的情况。关于影子价格，可以从以下几方面更进一步地理解。

（1）影子价格是一种边际价格，在式（6-1-39）中，对 z^* 求 b_i 的偏导数得 $\dfrac{\sigma z^*}{\sigma b_i} = y_i^*$，这说明 y_i^* 的值相当于在资源得到最优利用的条件下，b_i 每增加一个单位时目标函数 z 的增量。

（2）资源的市场价格是已知的数，而且相对来说比较稳定，但它的影子价格却有赖于资源的利用情况，是个未知数。企业的产品结构、生产任务等情况发生变化，资源的影子价格也会随之发生改变。

（3）资源的影子价格实际上是一种机会成本。在纯市场经济情况下，当第 1 种资源的市场价格不足 30 元时，可以选择购买这种资源；与之相反，当第 1 种资源的市场价格大于影子价格时，就可以卖出这种资源。伴随着资源的买进与卖出，资源的影子价格也会随之发生变化，

变化到影子价格和市场价格达到同等水平时才停止，这时处于一种平衡状态。

（4）影子价格的大小从客观层面上反映了各种不同资源在系统内的稀缺程度。如果第 i 种资源的供给大于需求，也就是说在达到最优解时，这种资源还没有用完，那么在将最优解 X^* 代入原问题的第 i 个约束条件时，应该表述为严格不等式或松弛变量 $X_{n+i} > 0$。根据互补松弛定理可知，在对偶问题最优解 Y^* 中，必有 $y_i^* = 0$，也就是第 i 种资源的影子价格是 0，此时增加这种资源的供应量并不会使目标函数值有所增大。与之相反，如果第 i 种资源的影子价格 $y_i^* > 0$，那么根据互补松弛定理，原问题的第 i 个约束条件为严格等式，即 $X_{n+i} = 0$，这表明第 i 种资源已经全部用完，成为了稀缺资源，此时增加这种资源的供应量可以使目标函数值有所增加。稀缺资源的影子价格越高，说明该资源在系统中越稀缺，增加这种资源的供应量，对目标函数值的影响也就越大。所以，企业管理者可以根据各种资源影子价格的大小，决定企业的经营策略。

由此可见，企业资源的影子价格与资源的有效利用有直接关系。企业可以根据影子价格对有限的资源进行合理配置，自主地节约某些比较稀缺的资源，利用有限的资源实现最大的经济效益。

七、线性规划问题软件求解

（一）用 Excel 求解线性规划问题

例 6-1-10

用 Excel 求解以下线性规划问题。

$$\min z = -2x_1 + x_2 - x_3$$

$$\text{s.t.} \begin{cases} 3x_1 + x_2 + x_3 \leqslant 60 \\ x_1 - x_2 + 2x_3 \leqslant 10 \\ x_1 + x_2 - x_3 \leqslant 20 \\ x_j \geqslant 0 \ (j=1,2,3) \end{cases} \quad (6\text{-}1\text{-}41)$$

先将线性规划问题的模型数据输入 Excel 中，如图 6-1-11 所示。

	A	B	C	D	E	F	G
	x1	x2	x3				
1	3	1	1	0		<=	60
2	1	-1	2	0		<=	10
3	1	1	-1	0		<=	20
单位利润	-2	1	-1		0		
最优解				0			

图 6-1-11 模型数据输入（1）

点击"数据"→"规划求解"按钮，弹出"规划求解参数"对话框，依次添加规划求解参数，如图 6-1-12 所示。

点击"求解"按钮，根据计算提示可知，得到了一个最优解，其满足所有约束条件及目标函数值最大化的要求，在"规划求解结果"对话框中选中"保留规划求解的解"单选按钮，然后点击"确定"按钮，可以得到求解的结果，如图 6-1-13 所示。

图 6-1-12　添加规划求解参数

	A	B	C	D	E	F	G
		x1	x2	x3			
1		3	1	1	50	<=	60
2		1	−1	2	10	<=	10
3		1	1	−1	20	<=	20
	单位利润	−2	1	−1	−25		
	最优解	15	5	0			

图 6-1-13　求解结果（Excel）

根据图 6-1-13 可知，最优解为 $\boldsymbol{X}^* = [15, 5, 0]^T$，目标函数最优值为 $z^* = -25$。

（二）用 LINGO 软件求解线性规划问题

LINGO（Linear INteractive and General Optimizer）即"交互式的线性和通用优化求解器"，可用于求解线性规划和非线性规划的大规模优化问题，其建模和输入方便，执行速度快。

例 6-1-11

有如下线性规划问题，请用 LINGO 软件求解。

$$\max z = 10x_1 + 5x_2$$
$$\text{s.t.} \begin{cases} 3x_1 + 4x_2 \leqslant 9 \\ 5x_1 + 2x_2 \leqslant 8 \\ x_1, x_2 \geqslant 0 \end{cases} \quad （6\text{-}1\text{-}42）$$

对于决策变量少、约束条件不多的线性规划问题，只需按照 LINGO 程序书写规则，将线性规划问题的数学模型直接输入即可。本例在 LINGO 软件中输入图 6-1-14 所示内容。

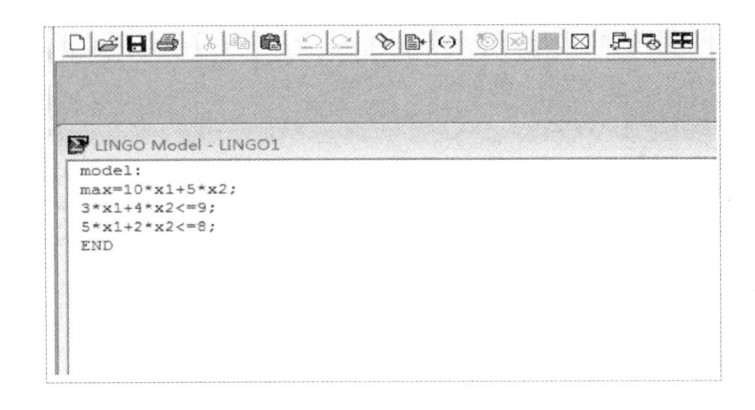

图6-1-14 输入线性规划问题的数学模型

点击"Run"按钮，得到图6-1-15所示的结果。

图6-1-15 求解结果（LINGO）

在图6-1-15中，第2行表示目标函数最优值是17.5；第4行表示经过2次迭代后可得到全局最优解；"Value"列给出的是最优解各分量的值，即$x_1=1$，$x_2=1.5$；"Reduced Cost"列给出了各变量的检验系数，其中基变量的检验系数为0；"Slack or Surplus"列给出了松弛变量的值，第1行的值为17.5（第1行表示目标函数，所以第2行对应数学模型的第1个约束方程），因此，两个约束方程中松弛变量的值都为0；"Dual Price"列表示对偶价格，第2、3行分别表示第1种、第2种资源的影子价格。所以，经过2次迭代后得到的最优解为$X^*=[1,1.5]^T$，$z^*=17.5$。

（三）用管理运筹学软件求解线性规划问题

管理运筹学软件是北京理工大学韩伯棠教授团队开发的一种适合于微型计算机的专门求解运筹学等问题的软件，它包括线性规划、运输问题、整数规划（0-1整数规划、纯整数规划和混合整数规划）、目标规划、对策论、最短路问题、最小生成树问题、最大流问题、最小费用最大流、关键路径问题、存储论、排队论、决策分析、预测和层次分析法，共15个模块。该软件相比于前面介绍的两种软件，计算更加简单迅速，同时具有非常好的可视化界面，操作简便易学。下面结合两个例子进行演示。

例 6-1-12

某工厂在计划期内要安排Ⅰ、Ⅱ两种产品的生产,生产单位产品所需的设备台时及A、B两种原料的消耗、资源限制已知,如表6.1.8所示。

表 6.1.8 产品信息表

	Ⅰ	Ⅱ	资源限制
设备台时/小时	1	1	300
原料A/千克	2	1	400
原料B/千克	0	1	250
单位产品获利/元	50	100	

问题:工厂应分别生产多少产品Ⅰ、产品Ⅱ才能使工厂获利最大?

问题分析:如何安排Ⅰ、Ⅱ两种产品的生产使得工厂获利最大?

设定决策变量:设产品Ⅰ、产品Ⅱ的产量分别为x_1、x_2。

目标:获得最大利润。

制约条件:生产能力和原料的供给量。

其数学模型如下。

$$\max z = 50x_1 + 100x_2$$

$$\text{s.t.} \begin{cases} x_1 + x_2 \leqslant 300 \\ 2x_1 + x_2 \leqslant 400 \\ x_2 \leqslant 250 \\ x_1, x_2 \geqslant 0 \end{cases}$$

利用管理运筹学软件求解的过程如下。

第一步:打开"管理运筹学2.0"软件,弹出软件界面,如图6-1-16所示。

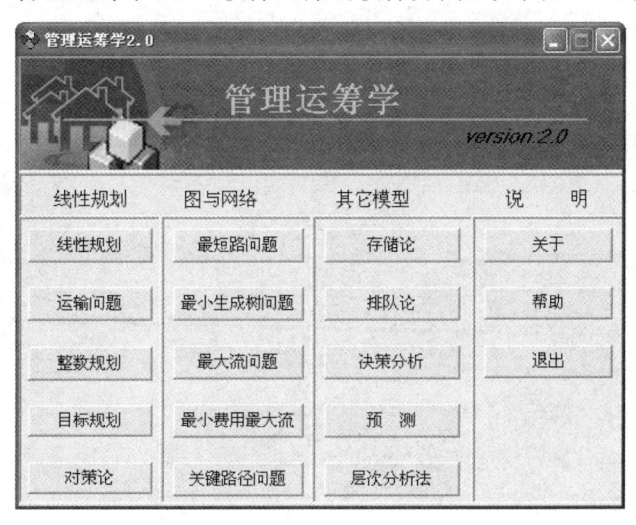

图 6-1-16 软件界面

第二步:点击软件界面中的相应按钮,选择所需子模块。在本例中,点击"线性规划"按钮，弹出图 6-1-17 所示的对话框。

图 6-1-17 "线性规划"对话框

第三步：点击"新建"按钮，输入数据。本例中共有 2 个决策变量，3 个约束条件，目标函数选择"MAX"。点击"确定"按钮后，在表中输入 c_j、b_i 和 a_{ij} 等值，并确定决策变量的正负约束，如图 6-1-18 所示。

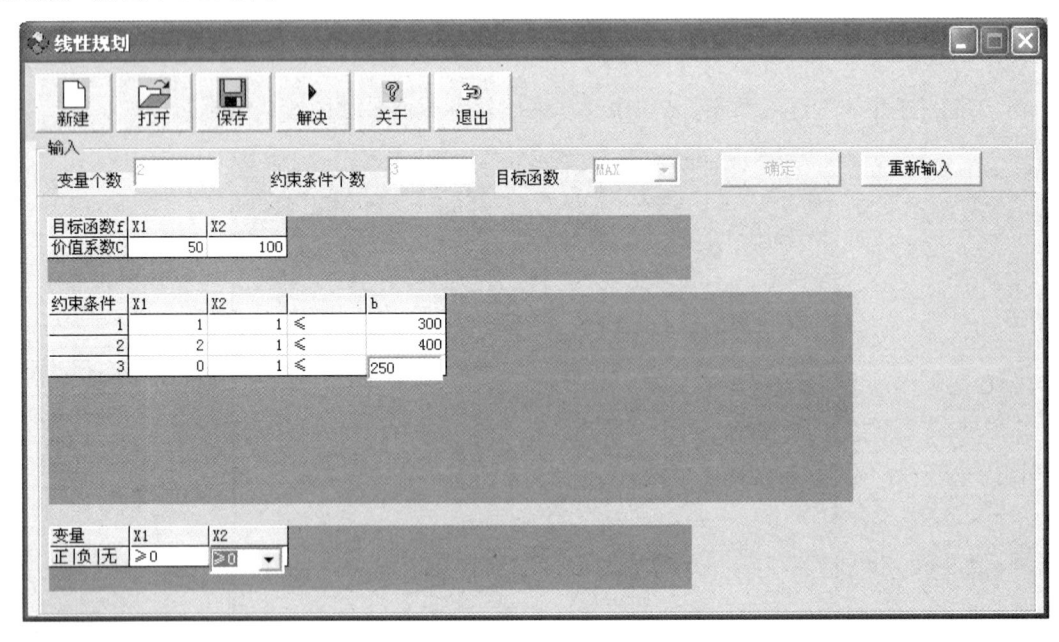

图 6-1-18 输入数据

第四步：点击"解决"按钮，得出求解结果。本例的求解结果如图 6-1-19 所示。

```
************最优解如下************
目标函数最优值为    ：27500
变量          最优解         相差值
x1            50            0
x2            250           0
约束          松弛/剩余变量   对偶价格
1             0             50
2             50            0
3             0             50
目标函数系数范围：
变量          下限           当前值         上限
x1            0             50            100
x2            50            100           无上限
常数项数范围：
约束          下限           当前值         上限
1             250           300           325
2             350           400           无上限
3             200           250           300
```

图 6-1-19　例 6-1-12 的求解结果

由求解结果可知，工厂最多可以获利 27500 元，当生产计划为生产产品 I 50 件，生产产品 II 250 件时，设备台时已经全部用完，设备台时的对偶价格为 50 元，也就是说，如果增加一设备台时，那么相对应的利润就会增加 50 元；原料 A 剩余 50 千克，但原料 A 的对偶价格为 0，也就是说，此时如果其他条件不变，只增加原料 A 的供应量是不会产生利润的；原料 B 没有剩余，这也从另一方面说明了增加原料 A 的供应量不会产生利润，因为生产产品 I 和产品 II 需要 A 和 B 两种原料。但从对偶价格来看，此时原料 B 的对偶价格为 50 元，这说明，如果增加 1 千克的原料 B，那么相对应的利润将增加 50 元。

在目标函数系数范围一栏中，x_1 和 x_2 的当前值指的是决策变量系数的最优解，分别是 50 和 100，x_1 的上限和下限分别为 100 和 0；x_2 的上限和下限分别为无穷大和 50，上限和下限说明的是，当决策变量的系数在上限和下限之间内变化时，最优解是不变的。

在常数项数范围一栏中，当前值指的是约束条件中右端常数项的目前取值，即 $b_1 = 300$，$b_2 = 400$，$b_3 = 250$；上限和下限指的是当右端常数项在上限和下限之间取值时，与其相对应的资源的对偶价格不变。例如，当设备台时在 250～325 小时之间变化时，设备台时的对偶价格始终是 50 元不变。

例 6-1-13

某汽车工厂可生产大型轿车和载重汽车，已知生产每辆汽车所用的钢材均为 2 吨，该厂每年供应的钢材为 1600 吨，生产能力为每 2.5 小时生产一辆载重汽车，每 5 小时生产一辆大型轿车，工厂全年有效工时为 2500 小时；供应给该厂大型轿车用的座椅每年可装配 400 辆。据市场调查，出售一辆大型轿车可获利 4 万元，出售一辆载重汽车可获利 3 万元。问在这些条件下，如何安排生产可使工厂获利最大？

令大型轿车的生产量为 x_1，载重汽车的生产量为 x_2，则其数学模型如下。

$$\max f = 4x_1 + 3x_2$$

$$\text{s.t.} \begin{cases} 2x_1 + 2x_2 \leqslant 1600 \\ 5x_1 + 2.5x_2 \leqslant 2500 \\ x_1 \leqslant 400 \\ x_1, x_2 \geqslant 0 \end{cases}$$

利用管理运筹学软件求解，求解结果如图 6-1-20 所示。

图 6-1-20　例 6-1-13 的求解结果

由图 6-1-20 可知，当生产大型轿车 200 辆、载重汽车 600 辆时，工厂获利最大，为 2600 万元。在"松弛/剩余变量"列中，第 1 个约束条件的值为 0，它表示钢材的剩余变量为 0；同理可知第 2 个约束条件的剩余变量为 0；第 3 个约束条件的松弛变量为 200。

在"对偶价格"列中，钢材的对偶价格为 1 万元，即如果把钢材从 1600 吨增加到 1601 吨，那么总利润将得到改善，由 2600 万元增加到 2601 万元；有效工时的对偶价格为 0.4 万元，即如果把有效工时从 2500 小时增加到 2501 小时，那么总利润将增加，由 2600 万元增加到 2600.4 万元。

由"常数项范围"列可知，当第 1 个约束条件的常数项在 1200～2000 范围内变化，且其他约束条件不变时，钢材的对偶价格不变；当第 2 个约束条件的常数项在 2000～3000 范围内变化，且其他约束条件不变时，有效工时的对偶价格不变；当第 3 个约束条件 3 的常数项为 200 及 200 以上，而其他约束条件不变时，大型轿车用座椅的对偶价格不变。

八、案例分析

线性规划问题种类繁多，形式各异，但问题分析和数学模型的构建思路还是有相通之处的，以下通过五个案例介绍线性规划的典型应用。

(一)人力资源合理安排问题

1. 案例背景

人力资源合理安排是当代企业管理中必不可少的一环,其目标是合理安排人力资源,既能满足工作需要,又使配备的工作人员最少,从而节约人力成本。

2. 问题分析

以例 6-1-3 为例,进行问题分析。

根据该问题的目标要求及统计数据,可以设 x_j 为第 j 天开始休息的营业员人数($j=1,2,\cdots,7$),由于营业员每周工作 5 天,休息 2 天,并要求休息的 2 天是连续的,所以每天上班的营业员人数为营业员总人数减去昨天和今天开始休息的营业员人数,这样就有 7 个类似的约束方程,目标函数就是使营业员人数总和最小。

3. 构建数学模型

构建数学模型如下。

$$\min z = x_1 + x_2 + x_3 + x_4 + x_5 + x_6 + x_7$$

$$\text{s.t.} \begin{cases} x_1 + x_2 + x_3 + x_4 + x_5 \geqslant 28 \\ x_2 + x_3 + x_4 + x_5 + x_6 \geqslant 15 \\ x_3 + x_4 + x_5 + x_6 + x_7 \geqslant 24 \\ x_4 + x_5 + x_6 + x_7 + x_2 \geqslant 25 \\ x_5 + x_6 + x_7 + x_1 + x_2 \geqslant 19 \\ x_6 + x_7 + x_1 + x_2 + x_3 \geqslant 31 \\ x_7 + x_1 + x_2 + x_3 + x_4 \geqslant 28 \\ x_j \geqslant 0 \ (j = 1, 2, \cdots, 7) \end{cases} \quad (6\text{-}1\text{-}43)$$

4. 求解数学模型

利用 LINGO 软件求解,程序如下。

```
MODEL:
MIN=x1+x2+x3+x4+x5+x6+x7;
x1+x2+x3+x4+x5>=28;
x2+x3+x4+x5+x6>=15;
x3+x4+x5+x6+x7>=24;
x4+x5+x6+x7+x1>=25;
x5+x6+x7+x1+x2>=19;
x6+x7+x1+x2+x3>=31;
x7+x1+x2+x3+x4>=28;
@gin(x1); !变量 x1 为整数;
@gin (x2); !变量 x2 为整数;
@gin (x3); !变量 x3 为整数;
@gin(x4); !变量 x4 为整数;
```

```
            @gin(x5); !变量 x5 为整数；
            @gin(x6); !变量 x6 为整数；
            @gin(x7); !变量 x7 为整数；
            END
```

求解结果如图 6-1-21 所示。

```
Global optimal solution found.
  Objective value:                              36.00000
  Objective bound:                              36.00000
  Infeasibilities:                              0.000000
  Extended solver steps:                               0
  Total solver iterations:                             5

              Variable         Value        Reduced Cost
                    X1      12.00000            1.000000
                    X2      0.000000            1.000000
                    X3      11.00000            1.000000
                    X4      5.000000            1.000000
                    X5      0.000000            1.000000
                    X6      8.000000            1.000000
                    X7      0.000000            1.000000

                   Row   Slack or Surplus     Dual Price
                     1      36.00000          -1.000000
                     2      0.000000           0.000000
                     3      9.000000           0.000000
                     4      0.000000           0.000000
                     5      0.000000           0.000000
                     6      1.000000           0.000000
                     7      0.000000           0.000000
                     8      0.000000           0.000000
```

图 6-1-21 例 6-1-3 的求解结果

求得最优解为 $x_1=12$，$x_2=0$，$x_3=11$，$x_4=5$，$x_5=0$，$x_6=8$，$x_7=0$，目标函数最优值为 36，即营业员人数总和为 36 人。

5. 灵敏度分析

在 LINGO 软件中，点击 "LINGO" → "Options" → "General Solver" → "Dual Computations" → "Prices and Range" 按钮，求解完成后，最小化求解报告窗口，点击 "LINGO" → "Range" 按钮，可得如图 6-1-22 所示的灵敏度分析报告。

在人力资源合理安排问题中，目标函数价值系数的灵敏度分析意义不大，主要分析约束方程右端常数项（所需营业员人数）的变化对最优解的影响。在灵敏度分析报告中，Righthand Side Ranges 部分表示所需营业员人数的变化对最优解的影响。由于是整数问题，因此灵敏度分析报告中的小数需取整。另外，b_2、b_5、b_7 在灵敏度分析报告中显示变化无下限约束，但考虑到所需营业员人数必须是正数，因此取下限 0，所以右端常数项 b_1、b_2、$\cdots$、b_7 的变化区间分别是 $27\leq b_1\leq 31$，$0\leq b_2\leq 16$，$23\leq b_3\leq 27$，$24\leq b_4\leq 28$，$0\leq b_5\leq 20$，$30\leq b_6\leq 34$，$0\leq b_7\leq 36$。

Ranges in which the basis is unchanged:

	Objective Coefficient Ranges		
Variable	Current Coefficient	Allowable Increase	Allowable Decrease
X1	1.000000	0.5000000	1.000000
X2	1.000000	INFINITY	0.3333333
X3	1.000000	0.5000000	1.000000
X4	1.000000	0.0	1.000000
X5	1.000000	INFINITY	0.0
X6	1.000000	INFINITY	0.0
X7	1.000000	0.0	1.000000

	Righthand Side Ranges		
Row	Current RHS	Allowable Increase	Allowable Decrease
2	28.00000	3.000000	1.500000
3	15.00000	1.000000	INFINITY
4	24.00000	3.000000	1.500000
5	25.00000	3.000000	1.500000
6	19.00000	1.000000	INFINITY
7	31.00000	3.000000	1.500000
8	28.00000	8.000000	INFINITY

图 6-1-22 灵敏度分析报告（1）

6. 结果分析

在 LINGO 软件的求解结果中，第 2 行表示目标函数最优值为 36；第 6 行表示经过 5 次迭代后可得到全局最优解；"Value"列给出的是最优解各分量的值，即 $x_1^*=12$，$x_2^*=0$，$x_3^*=11$，$x_4^*=5$，$x_5^*=0$，$x_6^*=8$，$x_7^*=0$；"Reduced Cost"列给出了各决策变量的检验系数，其中非基变量的检验系数为 1；"Slack or Surplus"列给出了松弛变量的值，第 1 行的值为 36（第 1 行表示目标函数，所以第 2 行对应第 1 个约束方程），因此，第 1~7 个约束方程中松弛变量的值分别为 0、9、0、0、1、0、0。经过 5 次迭代后得到的最优解为 $X^* = [12,0,11,5,0,8,0]^T$，$z^* = 36$，即当该商场营业员第 1 天休息 12 人、第 3 天休息 11 人、第 4 天休息 5 人、第 6 天休息 8 人，其余时间没有营业员休息时才能既满足工作需要，又使配备的营业员人数最少。

另外，在灵敏度分析报告中可以发现，星期一、星期四、星期六的营业员人数变化区间较大，而其余几天变化区间较小，所以若要在不影响最优性的前提下调整休息人数，可以考虑星期一、星期四、星期六时间段。

(二)投资决策问题

1. 案例背景

某公司是一家大型食品加工企业,除其主营业务外,目前公司还希望通过投资理财实现资产增值,投资决策问题是一个连续投资问题,企业现在有 100 万元现金,在 5 年中,有 A、B、C、D 4 个项目可以选择,收益信息如表 6.1.9 所示。假定年初投资,投资周期末收回,年投资收益率都高于银行存款利率。该问题的决策目标是合理进行投资决策,使 5 年末积累的资金最多。

表 6.1.9 收益信息表

项目	A	B	C	D
投资周期/年	1	2	4	5
年投资收益率/%	8	10	16	20

2. 问题分析

从表 6.1.9 中可以看出,A 项目为 1 年期,在 5 年中,每年年初都可以投资;B 项目为 2 年期,从第 1 年年初至第 4 年年初都能投资,可投资 4 次;同理,C 项目可以在第 1 年年初和第 2 年年初投资,可投资 2 次;而 D 项目为 5 年期,只能投资 1 次。现设 x_{ij} 为第 i 年对第 j 个项目的投资额($i=1,2,\cdots,5$; $j=1,2,\cdots,4$,分别对应 A 项目、B 项目、C 项目、D 项目),每年都有投资约束方程,投资周期末收回的资金可以作为下一年的可用投资资金。

3. 构建数学模型

构建数学模型如下。

$$\max z = 1.08x_{51} + 1.10x_{42} + 1.16x_{23} + 1.20x_{14}$$

$$\text{s.t.} \begin{cases} x_{11} + x_{12} + x_{13} + x_{14} = 100 \text{(第1年年初)} \\ x_{21} + x_{22} + x_{23} - 1.08x_{11} = 0 \text{(第2年年初)} \\ x_{31} + x_{32} - 1.08x_{21} - 1.10x_{12} = 0 \text{(第3年年初)} \\ x_{41} + x_{42} - 1.08x_{31} - 1.10x_{22} = 0 \text{(第4年年初)} \\ x_{51} - 1.08x_{41} - 1.10x_{32} - 1.16x_{13} = 0 \text{(第5年年初)} \\ x_{ij} \geq 0 \ (i=1,2,\cdots,5; j=1,2,\cdots,4) \end{cases}$$

(6-1-44)

4. 求解数学模型

利用 Excel 求解数学模型,输入模型数据,如图 6-1-23 所示。其中,N2 单元格的命令为 "=sumproduct(B2:M2,B8:M8)";N3 单元格的命令为 "=sumproduct(B3:M3,B8:M8)";同理,一直到 N7 单元格。

也可以利用 Excel 的复制功能,免去重复输入公式的烦琐。纵向复制可以把含有资源系数的单元格区域相对引用,把放有决策变量的单元格区域绝对引用或混合引用,即 N2 单元格的命令为 "=sumproduct(B2:M2,B$8:M$8)",然后,将 N2 单元格的公式通过拖动复制到 N3~

N7 单元格中。将规划求解参数按图 6-1-23 填好，点击"求解"按钮，得到求解结果，如图 6-1-24 所示。

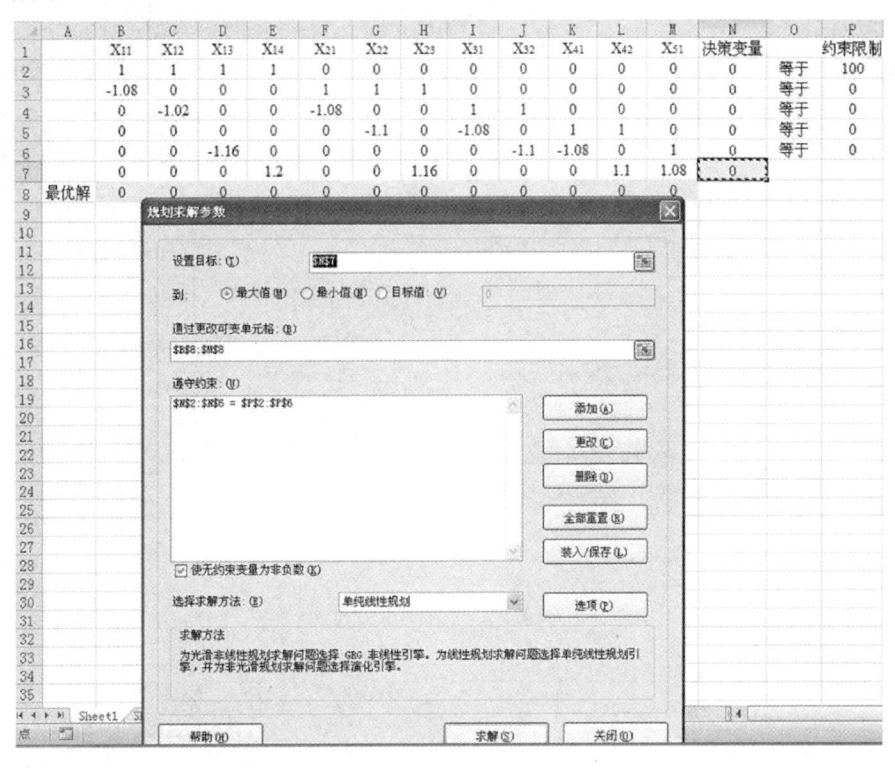

图 6-1-23 模型数据输入（2）

图 6-1-24 求解结果（1）

求得最优解为 $x_{11}^* = 100$，$x_{21}^* = 108$，$x_{31}^* = 116.64$，$x_{41}^* = 126$，$x_{51}^* = 136.05$，其余决策变量都为 0，目标函数最优值 $z^* = 146.9328$。

5. 灵敏度分析

（1）对最优解进行灵敏度分析。用 Excel 完成规划求解后，会弹出"规划求解结果"对话框，在"报告"选区中选择"敏感性报告"选项，如图 6-1-25 所示。

点击"确定"按钮，会显示一份灵敏度分析报告，包含目标函数各系数的允许变化范围，如图 6-1-26 所示。

（2）对决策变量 x_{51}、x_{42}、x_{23}、x_{14} 的价值系数 c_1、c_2、c_3、c_4 进行灵敏度分析。由图 6-1-26 可以看出，4 个决策变量的价值系数变化区间各不相同。例如，x_{51} 的价值系数 c_1 的变化无上限约束（图 6-1-26 中显示允许的增量是 1E+30，即 10^{30}，代表无穷大），允许的减量约为 0.0615，也就是说，当其他条件都不发生变化时，只要 $c_1 \geq 1.0185$，最优解就不会发生变化，即只要 A 项目的年投资收益率高于 1.85%就不会引起最优解的变化。同理可以分析 c_2、c_3、c_4 的变化范围，分别为 $c_2 \leq 1.1664$，$c_3 \leq 1.3605$，$c_4 \leq 1.4693$，考虑到年投资收益率必须为正，因此 c_2、c_3、c_4 的变化范围分别为 $0 \leq c_2 \leq 1.1664$，$0 \leq c_3 \leq 1.3605$，$0 \leq c_4 \leq 1.4693$，即在其他条件不变的情况下，c_2、c_3、c_4 在这些范围内变动都不会引起最优解的变化。

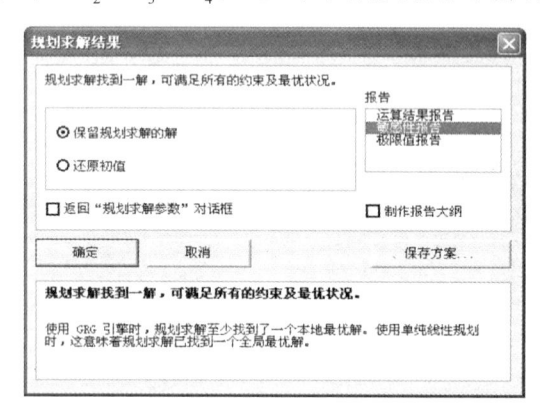

图 6-1-25　灵敏度分析

单元格	名称	终值	递减成本	目标式系数	允许的增量	允许的减量
$B$8	最优解 X11	100	0	0	1E+30	0.184421837
$C$8	最优解 X12	0	-0.184421837	0	0.184421837	1E+30
$D$8	最优解 X13	0	-0.216528077	0	0.216528077	1E+30
$E$8	最优解 X14	0	-0.269328077	1.2	0.269328077	1E+30
$F$8	最优解 X21	108	0	0	1E+30	0.07744896
$G$8	最优解 X22	0	-0.07744896	0	0.07744896	1E+30
$H$8	最优解 X23	0	-0.20048896	1.16	0.20048896	1E+30
$I$8	最优解 X31	116.64	0	0	1E+30	0.071712
$J$8	最优解 X32	0	-0.071712	0	0.071712	1E+30
$K$8	最优解 X41	125.9712	0	0	1E+30	0.0664
$L$8	最优解 X42	0	-0.0664	1.1	0.0664	1E+30
$M$8	最优解 X51	136.048896	0	1.08	1E+30	0.061481481

图 6-1-26　灵敏度分析报告（2）

6. 结果分析

通过求解模型和灵敏度分析可以发现，最优投资方案是在 5 年中只对项目 A 投资，其他项目的投资额都为零。造成这种情况的主要原因有以下两点。

（1）短期投资项目（投资周期≤1 年）的年投资收益率与投资周期为 2 年、4 年、5 年的投资项目的年投资收益率差异不够大，这从灵敏度分析中也可以看出，在其他条件都不发生变化的前提下，当 C 项目的年投资收益率低于 36%时，不会对最优投资方案造成影响。

（2）对短期投资项目的投资额没有限制，如果对 1 年期、2 年期投资项目的投资额有限制，那么最优投资方案会随之改变。

（三）销售计划问题

1. 案例背景

Sytech 国际公司是一家在同行业中处于领先地位的计算机和外围设备制造商。该公司的主营产品有大型计算机、小型计算机、个人计算机和打印机，其两个主要市场是北美和欧洲。该公司通常按季度做出最初的重要决策，其必须按照营销部门的需求预测来调整分布在全球的 3 个工厂的产量，下一季度的需求预测和工厂的生产能力分别如表 6.1.10 和表 6.1.11 所示。而三个工厂的生产能力限制又使得其不能随心所欲地在任一工厂进行生产，生产能力限制主要来自空间（各工厂规模）及劳动力。

表 6.1.10 下一季度的需求预测

单位：台

产品	北美	欧洲	产品	北美	欧洲
大型计算机	962	321	个人计算机	48210	15400
小型计算机	4417	1580	打印机	15540	6850

表 6.1.11 工厂的生产能力

工厂	空间/平方英尺	劳动力/小时
伯灵顿	540710	277710
中国台湾	201000	499240
爱尔兰	146900	80170

各产品的资源利用如表 6.1.12 所示。

表 6.1.12 各产品的资源利用

产品	空间/平方英尺	劳动力/小时	产品	空间/平方英尺	劳动力/小时
大型计算机	17.48	79	个人计算机	3	6.9
小型计算机	17.48	31.5	打印机	5.3	5.6

最终分析所要求的数据由会计部门提供，表 6.1.13 所示为单位利润贡献（税后）。

表 6.1.13 单位利润贡献（税后）

单位：美元

工厂	大型计算机		小型计算机		个人计算机		打印机	
	北美	欧洲	北美	欧洲	北美	欧洲	北美	欧洲
伯灵顿	16136.46	13694.03	8914.47	6956.23	1457.18	1037.57	1663.51	1345.43
中国台湾	17358.14	14709.96	9951.04	7852.36	1395.35	1082.49	1554.55	1270.16
爱尔兰	15652.68	13216.34	9148.55	7272.89	1197.52	1092.61	1478.9	1312.44

根据以上信息，请为 Sytech 国际公司制订合理的生产计划，使总利润最大，并分析：增加伯灵顿工厂的空间和劳动力是否可以提高公司的利润？增加中国台湾工厂的空间和劳动力是否可以提高公司的利润？

2. 案例分析

为什么要用线性规划来解决问题呢？由案例背景可知，工厂的生产能力，即空间和劳动力资源有限，且要使企业实现利润最大化是当前要解决的问题。需求预测和资源均为系统约束，线性规划正是解决稀缺资源最优分配问题的有效方法。因此，本案例属于线性规划问题，建立相应的数学模型，用 LINGO 软件求最优解。

3. 构建数学模型

设从伯灵顿工厂、中国台湾工厂、爱尔兰工厂分别运往北美和欧洲的大型计算机、小型计算机、个人计算机、打印机的数量如表 6.1.14 所示。

表 6.1.14 从三个工厂运往两个市场的产品数量

单位：台

工厂	大型计算机		小型计算机		个人计算机		打印机	
	北美	欧洲	北美	欧洲	北美	欧洲	北美	欧洲
伯灵顿	X_1	X_2	X_3	X_4	X_5	X_6	X_7	X_8
中国台湾	X_9	X_{10}	X_{11}	X_{12}	X_{13}	X_{14}	X_{15}	X_{16}
爱尔兰	X_{17}	X_{18}	X_{19}	X_{20}	X_{21}	X_{22}	X_{23}	X_{24}

构建数学模型如下。

$$\max z = 16136.46X_1 + 13694.03X_2 + 8914.47X_3 + 6956.23X_4 + 1457.18X_5 + 1037.57X_6 + \\ 1663.51X_7 + 1345.43X_8 + 17358.14X_9 + 14709.96X_{10} + 9951.04X_{11} + 7852.36X_{12} + \\ 1359.35X_{13} + 1082.49X_{14} + 1554.55X_{15} + 1270.16X_{16} + 15652.68X_{17} + 13216.34X_{18} + \\ 9148.55X_{19} + 7272.89X_{20} + 1197.52X_{21} + 1092.61X_{22} + 1478.9X_{23} + 1312.44X_{24}$$

$$\text{s.t.} \begin{cases} 17.48X_1 + 17.48X_2 + 17.48X_3 + 17.48X_4 + 3X_5 + 3X_6 + 5.3X_7 + 5.3X_8 \leqslant 540710 \\ 17.48X_9 + 17.48X_{10} + 17.48X_{11} + 17.48X_{12} + 3X_{13} + 3X_{14} + 5.3X_{15} + 5.3X_{16} \leqslant 201000 \\ 17.48X_{17} + 17.48X_{18} + 17.48X_{19} + 17.48X_{20} + 3X_{21} + 3X_{22} + 5.3X_{23} + 5.3X_{24} \leqslant 146900 \\ 79X_1 + 79X_2 + 31.5X_3 + 31.5X_4 + 6.9X_5 + 6.9X_6 + 5.6X_7 + 5.6X_8 \leqslant 277710 \\ 79X_9 + 79X_{10} + 31.5X_{11} + 31.5X_{12} + 6.9X_{13} + 6.9X_{14} + 5.6X_{15} + 5.6X_{16} \leqslant 499240 \\ 79X_{17} + 79X_{18} + 31.5X_{19} + 31.5X_{20} + 6.9X_{21} + 6.9X_{22} + 5.6X_{23} + 5.6X_{24} \leqslant 80170 \\ X_1 + X_9 + X_{17} \leqslant 962 \\ X_2 + X_{10} + X_{18} \leqslant 321 \\ X_3 + X_{11} + X_{19} \leqslant 4417 \\ X_4 + X_{12} + X_{20} \leqslant 1580 \\ X_5 + X_{13} + X_{21} \leqslant 48210 \\ X_6 + X_{14} + X_{22} \leqslant 15400 \\ X_7 + X_{15} + X_{23} \leqslant 15540 \\ X_8 + X_{16} + X_{24} \leqslant 6850 \\ X_i \leqslant 0 \ (i = 1, 2, \cdots, 24) \end{cases}$$

4. 求解数学模型

用 LINGO 软件求解数学模型，程序输入、求解过程、求解结果分别如图 6-1-27～图 6-1-29 所示。

```
model:
max=16136.46*x1+13694.03*x2+8914.47*x3+6956.23*x4+1457.18*x5+1037.57*x6+1663.51*x7+1345.43*x8+17358.14*x9+14709.96*x10+
9951.04*x11+7852.36*x12+1395.35*x13+1082.49*x14+1554.55*x15+1270.16*x16+15652.68*x17+13216.34*x18+9148.55*x19+7272.89*x20+
1197.52*x21+1092.61*x22+1478.9*x23+1312.44*x24;
17.48*x1+17.48*x2+17.48*x3+17.48*x4+3*x5+3*x6+5.3*x7+5.3*x8<=540710;
17.48*x9+17.48*x10+17.48*x11+17.48*x12+3*x13+3*x14+5.3*x15+5.3*x16<=201000;
17.48*x17+17.48*x18+17.48*x19+17.48*x20+3*x21+3*x22+5.3*x23+5.3*x24<=146900;
79*x1+79*x2+31.5*x3+31.5*x4+6.9*x5+6.9*x6+5.6*x7+5.6*x8<=277710;
79*x9+79*x10+31.5*x11+31.5*x12+6.9*x13+6.9*x14+5.6*x15+5.6*x16<=499240;
79*x17+79*x18+31.5*x19+31.5*x20+6.9*x21+6.9*x22+5.6*x23+5.6*x24<=80170;
x1+x9+x17<=962;
x3+x11+x19<=4417;
x5+x13+x21<=48210;
x7+x15+x23<=15540;
x2+x10+x18=321;
x4+x12+x20=1580;
x6+x14+x22=15400;
x8+x16+x24=6850;
End
```

图 6-1-27　程序输入

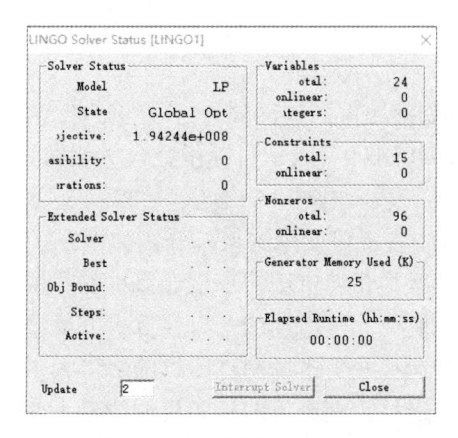

图 6-1-28　求解过程（1）

图 6-1-29　求解结果（2）

```
Row    Slack or Surplus    Dual Price
 1      0.1942440E+09       1.000000
 2      349446.6            0.000000
 3      0.000000            348.4979
 4      102412.0            0.000000
 5      0.000000            160.4817
 6      2564.500            0.000000
 7      0.000000            167.9128
 8      0.000000            11266.40
 9      0.000000            3859.296
10      0.000000            349.8562
11      0.000000            764.8124
12      0.000000            8618.216
13      0.000000            1983.636
14      0.000000            36.99620
15      0.000000            446.7324
```

图 6-1-29　求解结果（2）（续）

5. 结果分析

（1）最优解分析。

经过 14 次迭代，线性规划问题得到最优解。

"Objective value：0.1942440E+09" 表示目标函数最优值为 0.1942440E+09=194244000。

"Total solver iterations：14" 表示经过 14 次迭代后得到全局最优解。

"Value" 列给出了最优解中各决策变量的值，分别如下。

X_3：由伯灵顿工厂生产并运往北美市场的小型计算机的数量约为 1682.65 台。

X_5：由伯灵顿工厂生产并运往北美市场的个人计算机的数量约为 14394.59 台。

X_7：由伯灵顿工厂生产并运往北美市场的打印机的数量为 15540 台。

X_8：由伯灵顿工厂生产并运往欧洲市场的打印机的数量为 6850 台。

X_9：由中国台湾工厂生产并运往北美市场的大型计算机的数量为 962 台。

X_{10}：由中国台湾工厂生产并运往欧洲市场的大型计算机的数量为 321 台。

X_{11}：由中国台湾工厂生产并运往北美市场的小型计算机的数量约为 1769.28 台。

X_{13}：由中国台湾工厂生产并运往北美市场的个人计算机的数量约为 33815.41 台。

X_{14}：由中国台湾工厂生产并运往欧洲市场的个人计算机的数量为 15400 台。

X_{19}：由爱尔兰工厂生产并运往北美市场的小型计算机的数量约为 965.08 台。

X_{20}：由爱尔兰工厂生产并运往欧洲市场的小型计算机的数量为 1580 台。

所以，上述决策变量是基变量（非 0）；其余决策变量的取值为 0，是非基变量（0）。

"Slack or Surplus" 列给出了松弛变量的值。

第 1 行的值为 0.1942440E+09（第 1 行表示目标函数最优值，所以第 2 行对应第 1 个约束条件）。

第 2 行松弛变量的值为 349446.6（对应第 1 个约束条件，以此类推）。

第 3 行松弛变量的值为 0。

第 4 行松弛变量的值为 102412。

第 5 行松弛变量的值为 0。

第 6 行松弛变量的值为 2564.5。

第 7 行松弛变量的值为 0。

第 8 行松弛变量的值为 0。

第 9 行松弛变量的值为 0。
第 10 行松弛变量的值为 0。
第 11 行松弛变量的值为 0。
第 12 行松弛变量的值为 0。
第 13 行松弛变量的值为 0。
第 14 行松弛变量的值为 0。
第 15 行松弛变量的值为 0。

（2）灵敏度分析。

在本案例中，各 Reduced Cost 值的含义如下。

X_1 对应的 Reduced Cost 值约为 7807.99，表示当非基变量 X_1 的值从 0 变为 1 时（此时假定其他非基变量保持不变，但为了满足约束条件，基变量显然会发生变化），目标函数最优值= 194244000 − 7807.99 =194236192.01。

X_2 对应的 Reduced Cost 值约为 7602.24，表示当非基变量 X_2 的值从 0 变为 1 时（此时假定其他非基变量保持不变，但为了满足约束条件，基变量显然会发生变化），目标函数最优值= 194244000 − 7602.24=194236397.76。

X_4 对应的 Reduced Cost 值为 82.58，表示当非基变量 X_3 的值从 0 变为 1 时（此时假定其他非基变量保持不变，但为了满足约束条件，基变量显然会发生变化），目标函数最优值= 194244000 − 82.58=194243917.42。

X_6 对应的 Reduced Cost 值为 106.75，表示当非基变量 X_6 的值从 0 变为 1 时（此时假定其他非基变量保持不变，但为了满足约束条件，基变量显然会发生变化），目标函数最优值= 194244000 − 106.75=194243893.25。

X_{12} 对应的 Reduced Cost 值为 223.02，表示当非基变量 X_{12} 的值从 0 变为 1 时（此时假定其他非基变量保持不变，但为了满足约束条件，基变量显然会发生变化），目标函数最优值= 194244000 − 223.02=194243776.98。

X_{15} 对应的 Reduced Cost 值约为 1057.30，表示当非基变量 X_{15} 的值从 0 变为 1 时（此时假定其他非基变量保持不变，但为了满足约束条件，基变量显然会发生变化），目标函数最优值= 194244000 − 1057.30=194242942.70。

X_{16} 对应的 Reduced Cost 值约为 1023.61，表示当非基变量 X_{16} 的值从 0 变为 1 时（此时假定其他非基变量保持不变，但为了满足约束条件，基变量显然会发生变化），目标函数最优值= 194244000 − 1023.61=194242976.39。

X_{17} 对应的 Reduced Cost 值约为 8878.83，表示当非基变量 X_{17} 的值从 0 变为 1 时（此时假定其他非基变量保持不变，但为了满足约束条件，基变量显然会发生变化），目标函数最优值= 194244000 − 8878.83=194235121.17。

X_{18} 对应的 Reduced Cost 值约为 8666.99，表示当非基变量 X_{18} 的值从 0 变为 1 时（此时假定其他非基变量保持不变，但为了满足约束条件，基变量显然会发生变化），目标函数最优值= 194244000 − 8666.99=194235333.01。

X_{21} 对应的 Reduced Cost 值约为 310.93，表示当非基变量 X_{21} 的值从 0 变为 1 时（此时假定其他非基变量保持不变，但为了满足约束条件，基变量显然会发生变化），目标函数最优值 =

194244000 - 310.93=194243689.07。

X_{22} 对应的 Reduced Cost 值约为 102.98，表示当非基变量 X_{22} 的值从 0 变为 1 时（此时假定其他非基变量保持不变，但为了满足约束条件，基变量显然会发生变化），目标函数最优值 = 194244000 - 102.98=194243897.02。

X_{23} 对应的 Reduced Cost 值约为 226.22，表示当非基变量 X_{23} 的值从 0 变为 1 时（此时假定其他非基变量保持不变，但为了满足约束条件，基变量显然会发生变化），目标函数最优值 = 194244000 - 226.22=194243773.78。

X_{24} 对应的 Reduced Cost 值约为 74.60，表示当非基变量 X_{24} 的值从 0 变为 1 时（此时假定其他非基变量保持不变，但为了满足约束条件，基变量显然会发生变化），目标函数最优值 = 194244000 - 74.60=194243925.40。

"Dual Price"（对偶价格）列的数值表示当对应约束条件有微小变动时，目标函数最优值的变化。输出结果中对应于每一个约束条件有一个对偶价格。若其数值为 p，表示对应约束条件右端常数项若增加 1 个单位，目标函数最优值将增加 p 个单位（max 型问题）。显然，如果在最优解处约束条件正好取等号（紧约束，也称为有效约束或起作用约束），对偶价格才可能不是 0。

本案例中，各 Dual Price 值的含义如下。

第 3 行是紧约束，即第 2 个约束条件对应的对偶价格约为 348.50，表示当第 2 个约束条件右端常数项增加 1 时，目标函数最优值=194244000+ 348.50=194244348.50。

第 5 行是紧约束，即第 4 个约束条件对应的对偶价格约为 160.48，表示当第 4 个约束条件右端常数项增加 1 时，目标函数最优值=194244000+ 160.48=194244160.48。

第 7 行是紧约束，即第 6 个约束条件对应的对偶价格约为 167.91，表示当第 6 个约束条件右端常数项增加 1 时，目标函数最优值=194244000 + 167.91 =194244167.91。

第 8 行是紧约束，即第 7 个约束条件对应的对偶价格约为 11266.40，表示当第 7 个约束条件右端常数项增加 1 时，目标函数最优值=194244000 + 11266.40=194255266.40。

第 9 行是紧约束，即第 8 个约束条件对应的对偶价格约为 3859.30，表示当第 8 个约束条件右端常数项增加 1 时，目标函数最优值=194244000 + 3859.30=194247859.30。

第 10 行是紧约束，即第 9 个约束条件对应的对偶价格约为 349.86，表示当第 9 个约束条件右端常数项增加 1 时，目标函数最优值=194244000 + 349.86=194244349.86。

第 11 行是紧约束，即第 10 个约束条件对应的对偶价格约为 764.81，表示当第 10 个约束条件右端常数项增加 1 时，目标函数最优值= 194244000 + 764.81=194244764.81。

第 12 行是紧约束，即第 11 个约束条件对应的对偶价格约为 8618.22，表示当第 11 个约束条件右端常数项增加 1 时，目标函数最优值= 194244000 + 8618.22=194252618.22。

第 13 行是紧约束，即第 12 个约束条件对应的对偶价格约为 1983.64，表示当第 12 个约束条件右端常数项增加 1 时，目标函数最优值= 194244000 + 1983.64=194245983.64。

第 14 行是紧约束，即第 13 个约束条件对应的对偶价格约为 37.00，表示当第 13 个约束条件右端常数项增加 1 时，目标函数最优值= 194244000 + 37.00=194244037.00。

第 15 行是紧约束，即第 14 个约束条件对应的对偶价格约为 446.73，表示当第 14 个约束条件右端常数项增加 1 时，目标函数最优值= 194244000 + 446.73=194244446.73。

对于非紧约束，对偶价格为 0，表示对应约束条件右端常数项的微小变动不影响目标函数最优值。

注意：本案例的最终求解结果中出现了小数，但实际上，物品的数量应为整数，这涉及整数规划的内容，具体详见本章第二节。

（四）配料问题

1. 案例背景

某工厂要用三种原料 1、2、3 混合调配出三种不同规格的产品甲、乙、丙，配料信息如表 6.1.15 所示。该工厂应如何安排生产，使利润收入最大？

表 6.1.15 配料信息

产品名称	规格要求	单价/（元/千克）
甲	原料 1 不少于 50% 原料 2 不超过 25%	50
乙	原料 1 不少于 25% 原料 2 不超过 50%	35
丙	没有限制	25

三种原料的单价及供应量如表 6.1.16 所示。

表 6.1.16 三种原料的单价及供应量

原料名称	每天最多供应量/千克	单价/（元/千克）
原料 1	100	65
原料 2	100	25
原料 3	60	35

2. 问题分析

设 x_{ij} 表示第 i 种产品（$i=1,2,3$，分别表示甲、乙、丙）中原料 j（$j=1,2,3$）的含量，在构建数学模型时，要考虑如下内容。

对于产品甲，三种原料的含量分别为 x_{11}、x_{12}、x_{13}，要求 $x_{11} \geq 0.5(x_{11}+x_{12}+x_{13})$，$x_{12} \leq 0.25(x_{11}+x_{12}+x_{13})$。

对于产品乙，三种原料的含量分别为 x_{21}、x_{22}、x_{23}，要求 $x_{21} \geq 0.25(x_{21}+x_{22}+x_{23})$，$x_{22} \leq 0.5(x_{21}+x_{22}+x_{23})$。

对于产品丙，三种原料的含量分别为 x_{31}、x_{32}、x_{33}，无约束条件。

对于原料 1，三种原料的用量分别为 x_{11}、x_{21}、x_{31}，要求 $x_{11}+x_{21}+x_{31} \leq 100$。

对于原料 2，三种原料的用量分别为 x_{12}、x_{22}、x_{32}，要求 $x_{12}+x_{22}+x_{32} \leq 100$。

对于原料 3，三种原料的用量分别为 x_{13}、x_{23}、x_{33}，要求 $x_{13}+x_{23}+x_{33} \leq 60$。

约束条件：规格要求 4 个，供应量限制 3 个。

目标：利润最大，利润 = 收入-原料支出，故目标函数为

$$\max z = 50(x_{11}+x_{12}+x_{13})+35(x_{21}+x_{22}+x_{23})+25(x_{31}+x_{32}+x_{33})-$$
$$65(x_{11}+x_{21}+x_{31})-25(x_{12}+x_{22}+x_{32})-35(x_{13}+x_{23}+x_{33})$$
$$= -15x_{11}+25x_{12}+15x_{13}-30x_{21}+10x_{22}-40x_{31}-10x_{33}$$

通过整理，得到以下数学模型。

$$\max z = -15x_{11}+25x_{12}+15x_{13}-30x_{21}+10x_{22}-40x_{31}-10x_{33}$$

$$\text{s.t.} \begin{cases} 0.5x_{11}-0.5x_{12}-0.5x_{13} \geq 0 \text{（原料1不少于50\%）} \\ -0.25x_{11}+0.75x_{12}-0.25x_{13} \leq 0 \text{（原料2不超过25\%）} \\ 0.75x_{21}-0.25x_{22}-0.25x_{23} \geq 0 \text{（原料1不少于25\%）} \\ -0.5x_{21}+0.5x_{22}-0.5x_{23} \leq 0 \text{（原料2不超过50\%）} \\ x_{11}+x_{21}+x_{31} \leq 100 \text{（供应量限制）} \\ x_{12}+x_{22}+x_{32} \leq 100 \text{（供应量限制）} \\ x_{13}+x_{23}+x_{33} \leq 60 \text{（供应量限制）} \\ x_{ij} \geq 0 \ (i=1,2,3, \ j=1,2,3) \end{cases}$$

3. 模型求解

本案例采用管理运筹学软件求解，求解过程如图 6-1-30 所示，求解结果如图 6-1-31 所示。因为管理运筹学软件不能单独定义 x_{11}、x_{12} 这类决策变量，故针对此问题，软件中的 X_1 代表决策变量 x_{11}，X_2 代表决策变量 x_{12}，X_3 代表决策变量 x_{13}，以此类推。

根据求解结果可知：$x_{11}^*=100$，$x_{12}^*=50$，$x_{13}^*=50$，$x_{32}=50$，其余全部为 0，最终结果为每天生产产品甲 200 千克，生产丙 50 千克就能实现利润最大化，所用的原料 1 为 100 千克，原料 2 为 100 千克，原料 3 为 50 千克。

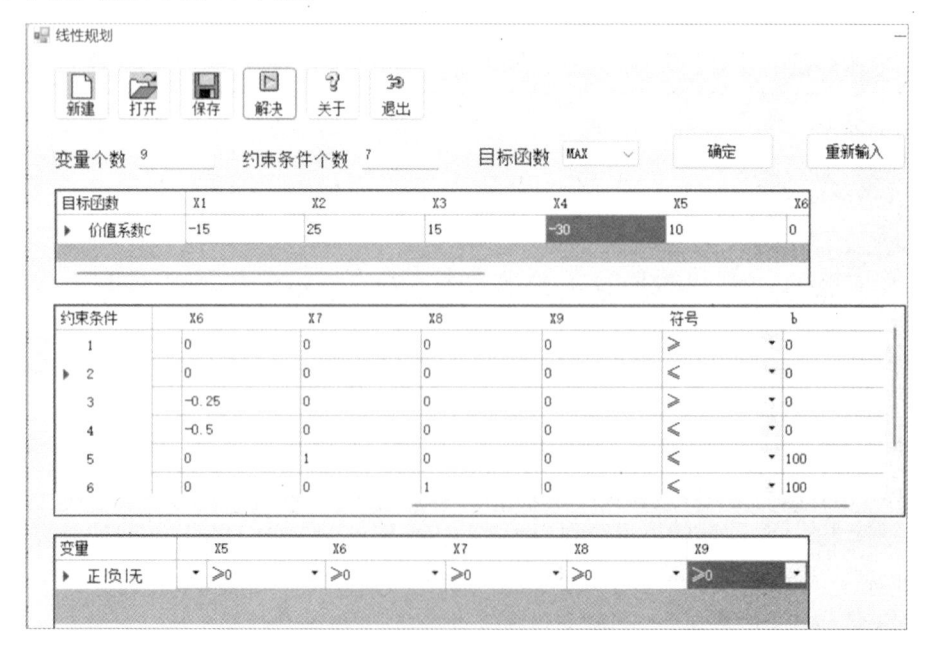

图 6-1-30　求解过程（2）

```
结果输出                                    结果输出
********** 最优解如下 **********              目标函数系数范围:
目标函数最优值为: 500                         变量    下限      当前值    上限
变量     最优解        相差值                 X1    -20.00    -15.00    无上限
X1      100.00        0.00                  X2     15.00     25.00    无上限
X2       50.00        0.00                  X3      5.00     15.00    25.00
X3       50.00        0.00                  X4    无下限     -30.00    无上限
X4        0.00      7499999999999965.00     X5    无下限     10.00    无上限
X5        0.00      2499999999999990.00     X6    无下限      0.00    无上限
X6        0.00      2500000000000000.00     X7    无下限    -40.00     5.00
X7        0.00       45.00                  X8      0.00      0.00    10.00
X8       50.00        0.00                  X9    无下限    -10.00     0.00
X9        0.00       10.00
                                            常数项范围:
约束   松弛/剩余变量    对偶价格              约束    下限      当前值    上限
 1      0.00        -35.00                   1    -6.67      0.00    33.33
 2      0.00         10.00                   2   -10.00      0.00    50.00
 3      0.00    -1000000000000000.00         3     0.00      0.00    无上限
 4      0.00          0.00                   4     0.00      0.00    无上限
 5      0.00          5.00                   5     0.00    100.00   120.00
 6      0.00          0.00                   6    50.00    100.00    无上限
 7     10.00          0.00                   7    50.00     60.00    无上限
```

图 6-1-31 求解结果（3）

（五）生产计划问题

1. 案例背景

某公司要生产两种产品 A 和 B，现阶段的产量为每天生产 30 件产品 A、120 件产品 B，现阶段可取得的利润为 500 元/件，该公司负责生产的经理希望进一步了解是否能够通过改变生产计划来提高利润，现已知各车间的加工能力和生产每件产品所需的加工工时，如表 6.1.17 所示。

表 6.1.17 工时信息

单位：小时

车间	加工工时		加工能力（每天加工工时）
	产品 A	产品 B	
第一车间	2	0	300
第二车间	0	3	540
第三车间	2	2	440
第四车间	1.2	1.5	300

2. 问题求解

利用管理运筹学软件求解，求解结果如图 6-1-32 所示。

3. 结果分析

最优产品组合：产品 A 每天的产量为 150 件，产品 B 每天的产量为 70 件。此时目标函数最优值，即最大利润为 103000 元。

第一车间和第三车间的加工工时已使用完，第二车间和第四车间的加工工时还没用完，没用完的加工工时（松弛变量）分别为 330 小时、15 小时。

```
********** 最优解如下 **********
目标函数最优值为: 103000
变   量        最优解         相差值

 X1           150.00         0.00
 X2            70.00         0.00

约   束    松弛/剩余变量      对偶价格

  1           0.00          50.00
  2         330.00           0.00
  3           0.00         200.00
  4          15.00           0.00

目标函数系数范围:
变   量       下限         当前值        上限

 X1         400.00       500.00       无上限
 X2           0.00       400.00       500.00

常数项范围:
约   束       下限         当前值        上限

  1         200.00       300.00       440.00
  2         210.00       540.00       无上限
  3         300.00       440.00       460.00
  4         285.00       300.00       无上限
```

图 6 1 32　求解结果 (4)

第一车间的加工工时的对偶价格为 50 元,即当其他条件不变时,增加一个加工工时可使总利润增加 50 元;第二车间的加工工时的对偶价格为 0 元,即当其他条件不变时,增加一个加工工时总利润不变;第三车间的加工工时的对偶价格为 200 元,即当其他条件不变时,增加一个加工工时可使总利润增加 200 元;第四车间的加工工时的对偶价格为 0 元,即当其他条件不变时,增加一个加工工时总利润不变。

当其他条件不变时,相比于其他车间,增加一个第三车间的加工工时使增加的总利润最大。

只要 $c_1 \geqslant 400$,最优的产品组合就不变。

第二节　整数规划问题

整数规划问题的实质还是线性规划问题,在前文讨论的线性规划问题中,有些最优解可能是分数或小数,但对一些实际问题而言,经常会有要求其解必须是整数的情况。例如,所求解为机器的数量、参加工作的人员数量或装车的箱体数量等,如果解为分数或小数,这就不符合实际要求。如果简单地运用"四舍五入"的方法,将非整数解转化成整数解,这在实际应用中并不可行,因为不能保证化整后解的可行性与最优性。所以,在求最优整数解时,有必要进行专门的分析与研究。这样的规划被称为整数规划,是最近几十年发展起来的规划论的一个分支。

一、整数规划问题的一般形式

整数规划问题的一般形式如下。

$$\max(\text{或} \min) \; z = \sum_{j=1}^{n} c_j x_j$$

$$\text{s.t.} \begin{cases} \sum_{j=1}^{n} a_{ij}x_j \leqslant (\text{或} =, \geqslant) b_i \ (i=1,2,\cdots,m; j=1,2,\cdots,n) \\ x_j \geqslant 0 \text{且部分或全部为整数} \end{cases} \quad (6\text{-}2\text{-}1)$$

例 6-2-1

某公司拟用集装箱托运甲、乙两种货物，货物信息（每箱的体积、质量、利润及托运限制）如表 6.2.1 所示。两种货物各托运多少箱，可使所获利润最大？

表 6.2.1 货物信息

货物	体积/（立方米/箱）	质量/（千克/箱）	利润/（元/箱）
甲	2	200	600
乙	4	100	400
托运限制	13 立方米	700 千克	

这里可以设 x_1、x_2 分别为甲、乙两种货物的托运箱数（非负整数）。这是一个纯整数规划问题，可以表示为

$$\max z = 600x_1 + 400x_2$$

$$\text{s.t.} \begin{cases} 2x_1 + 4x_2 < 13 \\ 200x_1 + 100x_2 < 700 \\ x_1, x_2 \geqslant 0 \text{且为整数} \end{cases} \quad (6\text{-}2\text{-}2)$$

容易发现，如果将式（6-2-2）中决策变量为整数的条件去掉，那么该问题就会转变为一个线性规划问题（称为整数规划问题对应的松弛问题），容易求得最优解为 $x_1^*=2.5$，$x_2^*=2$，但 x_1 是甲的托运箱数，由于 2.5 不是整数，因此上述最优解不符合实际要求。

是否可以将所得的非最优整数解经过"化整"得到符合条件的最优整数解呢？如果将 $x_1=2.5$，$x_2=2$ 凑整为 $x_1=3$，$x_2=2$，则显然两种货物的总体积和总质量都超出了托运限制；如果将 $x_1=2.5$，$x_2=2$ 凑整为 $x_1=2$，$x_2=2$，则满足约束条件且目标函数值为 $z=2000$，但该解不是最优解，因为 $x_1=3$，$x_2=1$ 也是可行解且目标函数值为 $z=2200$。

由例 6-2-1 可以看出，利用某整数规划问题的松弛问题的最优解"化整"来求解整数规划，常常得不到最优解，甚至根本不是可行解，因此有必要对整数规划问题的解法进行专门的研究。

二、含 0-1 变量的整数规划问题

0-1 变量（又称为二进制变量）作为逻辑变量（Logical Variable），常用于表示系统是否处于某一特定状态或决策时是否采取某个方案，提供选择的功能，即

$$x_i = \begin{cases} 1 \ (\text{如果决策} i \text{为是或有}) \\ 0 \ (\text{如果决策} i \text{为否或无}) \end{cases}$$

整数规划问题建模的灵活性在很大程度上是由于使用了 0-1 变量，本节将给出若干例子进行相应的说明[20]。

例 6-2-2

背包问题：一名登山队员需要携带的物品有食品、氧气、冰镐、绳索、帐篷、照相器材、

通信器材等，物品质量和重要性系数如表 6.2.2 所示。设登山队员可携带的最大质量为 25 千克，试选择该队员应携带的物品[21]。

表 6.2.2 物品质量和重要性系数

物品	食品	氧气	冰镐	绳索	帐篷	照相器材	通信器材
质量/千克	5	5	2	6	12	2	4
重要性系数	20	15	18	14	8	4	10

引入 0-1 变量 x_i，$x_i=1$ 表示应携带物品 i，$x_i=0$ 表示不应携带物品 i，有

$$\max z = 20x_1 + 15x_2 + 18x_3 + 14x_4 + 8x_5 + 4x_6 + 10x_7$$

$$\text{s.t.} \begin{cases} 5x_1 + 5x_2 + 2x_3 + 6x_4 + 12x_5 + 2x_6 + 4x_7 \leqslant 25 \\ x_i = 0 \text{ 或 } 1 \ (i=1,2,\cdots,7) \end{cases} \quad (6\text{-}2\text{-}3)$$

该问题是一个标准的含 0-1 变量的整数规划问题，解得 $X^* = [1,1,1,1,0,1,1]^{\mathrm{T}}$，$z^* = 81$。

例 6-2-3

集合覆盖和布点问题：某市共有 6 个区，每个区都可以设置消防站，市政府希望设置的消防站最少，但必须满足当城市任何地区发生火灾时，消防车能在 15 分钟内赶到现场。据实地测定，各区之间消防车行驶的时间如表 6.2.3 所示。请制订一个布点最少的计划。

表 6.2.3 各区之间消防车行驶的时间

单位：分钟

行驶时间	1区	2区	3区	4区	5区	6区
1区	0	10	16	28	27	20
2区	10	0	24	32	17	10
3区	16	24	0	12	27	21
4区	28	32	12	0	15	25
5区	27	17	27	15	0	14
6区	20	10	21	25	14	0

引入 0-1 变量 x_i，$x_i=1$ 表示在该区设置消防站，$x_i=0$ 表示不在该区设置消防站，有

$$\min z = x_1 + x_2 + x_3 + x_4 + x_5 + x_6$$

$$\text{s.t.} \begin{cases} x_1 + x_2 \geqslant 1 \\ x_1 + x_2 + x_6 \geqslant 1 \\ x_3 + x_4 \geqslant 1 \\ x_3 + x_4 + x_5 \geqslant 1 \\ x_4 + x_5 + x_6 \geqslant 1 \\ x_2 + x_6 \geqslant 1 \\ x_i = 0 \text{ 或 } 1 \ (i=1,2,\cdots,6) \end{cases} \quad (6\text{-}2\text{-}4)$$

解得 $X^* = [0,1,0,1,0,0]^{\mathrm{T}}$，$z^* = 2$。

三、混合整数规划问题

例 6-2-4

某高压容器公司生产小、中、大三种尺寸的容器，所需资源为金属板、劳动力和机器设备，生产一个容器所需的各种资源的数量如表 6.2.4 所示。不考虑固定费用，每种容器售出一只所得的利润分别为 4 万元、5 万元、6 万元，可使用的金属板有 500 吨，劳动力有 300 人/月，机器设备有 100 台/月。此外，不管每种容器的生产数量是多少，都要支付一笔固定的费用：小号容器为 100 万元，中号容器为 150 万元，大号容器为 200 万元。请制订一个生产计划，使获得的利润最大。

表 6.2.4 生产一个容器所需的各种资源的数量

资源	小号容器	中号容器	大号容器
金属板/吨	2	4	8
劳动力/（人/月）	2	3	4
机器设备/（台/月）	1	2	3

这是一个整数规划问题。

设 x_1、x_2、x_3 分别为小号容器、中号容器和大号容器的生产数量。各种容器的固定费用只有在生产该种容器时才投入，为了说明固定费用的这种性质，设 $y_i=1$（当生产第 i 种容器，即 $x_i>0$ 时）或 0（当不生产第 i 种容器，即 $x_i=0$ 时）。

这样扣除了固定费用的目标函数就可以写为

$$\max z = 4x_1 + 5x_2 + 6x_3 - 100y_1 - 150y_2 - 200y_3 \tag{6-2-5}$$

写出受金属板、劳动力及机器设备资源限制的三个不等式：

$$\begin{aligned} 2x_1 + 4x_2 + 8x_3 &\leqslant 500 \\ 2x_1 + 3x_2 + 4x_3 &\leqslant 300 \\ x_1 + 2x_2 + 3x_3 &\leqslant 100 \end{aligned} \tag{6-2-6}$$

为了避免出现某种容器不投入固定费用就产生这样一种不合理的情况，因而必须加上以下约束条件：

$$\begin{aligned} x_1 &\leqslant y_1 M \\ x_2 &\leqslant y_2 M \\ x_3 &\leqslant y_3 M \end{aligned} \tag{6-2-7}$$

式中，M 是充分大的数。由一个容器至少需要 2 个劳动力这一条件可知，各种容器的生产数量不会超过 200 台，因此这里我们可以取 M 为 200，从而得到

$$\begin{aligned} x_1 &\leqslant 200y_1 \\ x_2 &\leqslant 200y_2 \\ x_3 &\leqslant 200y_3 \end{aligned} \tag{6-2-8}$$

当 y_i 为 0 时，表示第 i 种容器不投入固定费用，由 $x_i \leqslant 200y_i$ 可得，$x_i \leqslant 0$，则第 i 种容器必不会生产；当 y_i 为 1 时，表示第 i 种容器投入固定费用，由 $x_i \leqslant 200y_i$ 可得，$x_i \leqslant 200$，这表示第 i 种容器的生产数量小于或等于 200，这是合理的。

综上所述，得到此问题的数学模型如下。

$$\max z = 4x_1 + 5x_2 + 6x_3 - 100y_1 - 150y_2 - 200y_3$$

$$\text{s.t.} \begin{cases} 2x_1 + 4x_2 + 8x_3 \leqslant 500 \\ 2x_1 + 3x_2 + 4x_3 \leqslant 300 \\ x_1 + 2x_2 + 3x_3 \leqslant 100 \\ x_1 - 200y_1 \leqslant 0 \\ x_2 - 200y_2 \leqslant 0 \\ x_3 - 200y_3 \leqslant 0 \\ x_1, x_2, x_3 \geqslant 0, \ y_1, y_2, y_3 \text{为0-1变量} \end{cases} \quad (6\text{-}2\text{-}9)$$

利用软件求解上述数学模型得到如下结果：目标函数最优值为 300，最优解为 x_1^*=100，x_2^*=0，x_3^*=0，即生产 100 个小号容器可以获得最大利润，为 300 万元，另外有 300 吨金属板没有使用，劳动力富余 100 人/月，机器设备已全部使用。

四、整数规划问题求解方法

分支定界法可用于求解纯整数规划问题或混合整数规划问题。基本思路：设有最大化的整数规划问题 A 和与之相应的线性规划问题 B，先求解问题 B，若其最优解不符合问题 A 的整数条件，那么问题 B 的目标函数最优值必是问题 A 的目标函数最优值 z^* 的上界，记为 $\bar{z}$；而问题 A 的任意可行解的目标函数值是 z^* 的一个下界 $\underline{z}$，采取将问题 B 的可行域分支的方法，逐步减小 $\bar{z}$ 和增大 $\underline{z}$，最终求得 z^*。下面举例说明。

例 6-2-5

求解以下数学模型。

$$\max z = 40x_1 + 90x_2 \quad \text{①}$$

$$\text{s.t.} \begin{cases} 9x_1 + 7x_2 \leqslant 56 & \text{②} \\ 7x_1 + 20x_2 \leqslant 70 & \text{③} \\ x_1, x_2 \geqslant 0 & \text{④} \\ x_1, x_2 \text{为整数} & \text{⑤} \end{cases} \quad (6\text{-}2\text{-}10)$$

先不考虑条件⑤，即解问题 B（①～④），可得最优解 $x_1 = 4.81$，$x_2 = 1.82$，$z_0 = 356$（求解得到的目标函数值均保留整数），如图 6-2-1 所示。

显然，求解结果不符合整数条件⑤。

这时，z_0 为问题 A 的目标函数最优值 z^* 的上界，记 $\bar{z} = z_0$；而 $x_1 = 0$，$x_2 = 0$ 显然是问题 A 的一个整数可行解，这时 $z = 0$，是 z^* 的一个下界，记 $\underline{z} = 0$，即 $0 \leqslant z^* \leqslant 356$。

分支定界法的解法：首先注意其中一个非整数解，如 x_1，在问题 B 中 $x_1 = 4.81$，于是对原问题增加两个约束条件：$x_1 \leqslant 4$，$x_1 \geqslant 5$，可将原问题分解为两个问题 B_1、B_2，即两支，给每支增加一个约束条件，如图 6-2-2 所示。

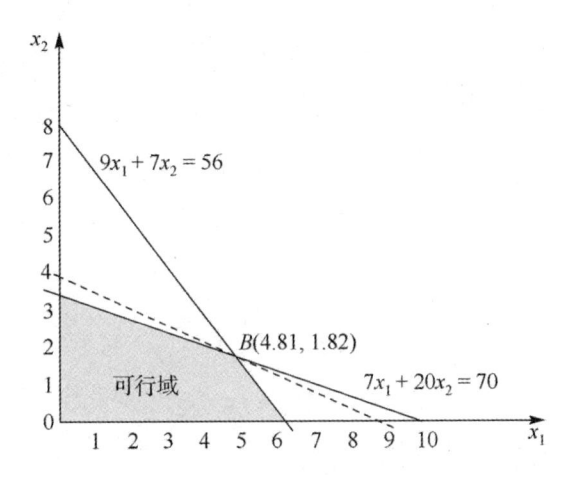

图 6-2-1 问题 B 的可行域

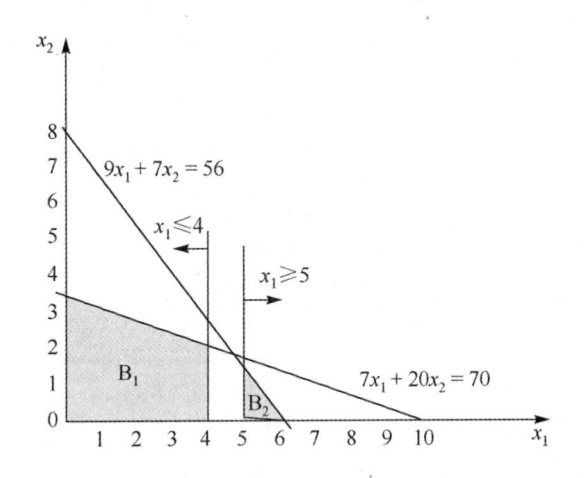

图 6-2-2 问题 B_1、B_2 的可行域

不考虑整数条件求解问题 B_1、B_2，得到最优解，如表 6.2.5 所示。

表 6.2.5 最优解

问题 B_1	问题 B_2
$z_1 = 349$	$z_2 = 341$
$x_1 = 4$，$x_2 = 2.1$	$x_1 = 5$，$x_2 = 1.57$

显然未得到全部决策变量都是整数的解，因为 $z_1 > z_2$，所以将 $\bar{z}$ 改为 349，$0 \leqslant z^* \leqslant 349$。继续对问题 B_1、B_2 进行分解，因为 $z_1 > z_2$，所以先分解问题 B_1 为两支，将增加约束条件 $x_2 \leqslant 2$ 的问题称为 B_3，将增加约束条件 $x_2 \geqslant 3$ 的问题称为 B_4。在图 6-2-2 中去掉 $x_2 > 2$ 与 $x_2 < 3$ 之间的可行域，如图 6-2-3 所示，求解问题 B_3、B_4。

可见，问题 B_3 的解已都是整数，它的目标函数值 $z_3 = 340$，取 $\underline{z} = 340 > z_4 = 327$，所以再分解问题 B_4 已无必要；而问题 B_2 的 $z_2 = 341$，所以 z^* 可能在 $340 \leqslant z^* \leqslant 341$ 之间有整数解，于是再分解问题 B_2，得问题 B_5、B_6，问题 B_5 有非整数解，且 $z_5 = 308 < z_3$，问题 B_6 无可行解，

于是可断定 $z_3 = \underline{z} = z^* = 340$，$x_1 = 4$、$x_2 = 2$ 为最优整数解。问题 B 的求解步骤如图 6-2-4 所示。

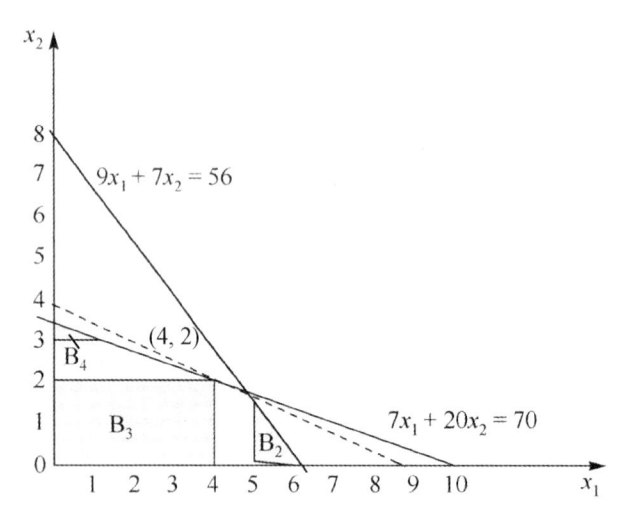

图 6-2-3　问题 B_3、B_4 的可行域

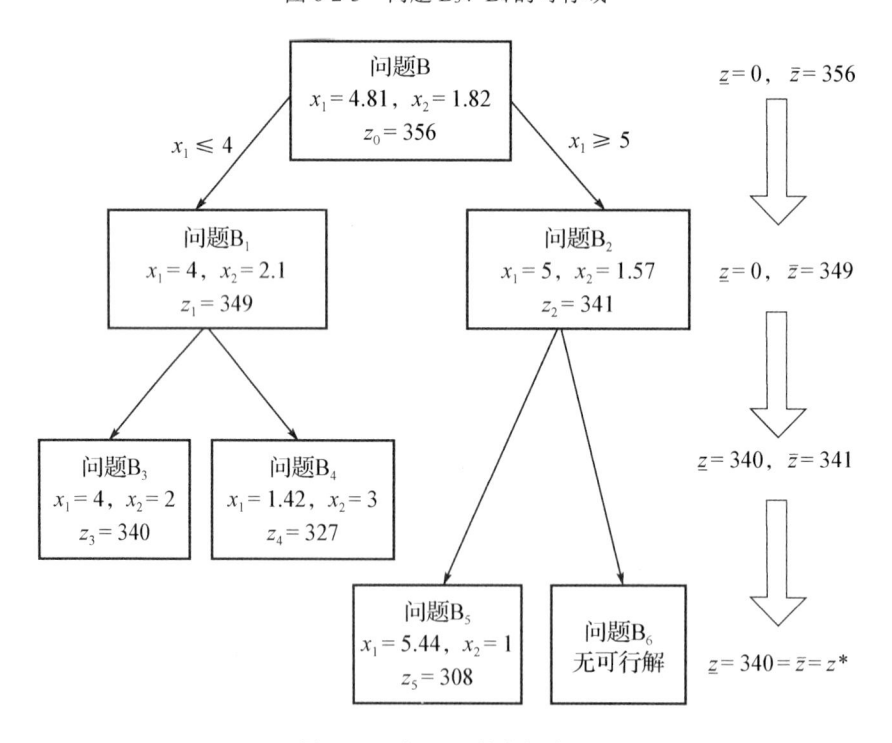

图 6-2-4　问题 B 的求解步骤

由以上解题过程可得到分支定界法的求解步骤如下。

（1）给定原问题的初始上界 $\bar{z}$。求解与原问题 A 对应的线性规划问题 B，可能出现以下情况。

① 问题 B 没有可行解，这时问题 A 也没有可行解，求解终止。

② 问题 B 有最优解，并且符合问题 A 的整数条件，问题 B 的最优解即为问题 A 的最优解，求解终止。

③ 问题 B 有最优解，但不符合问题 A 的整数条件，记它的目标函数最优值 z_0 为 $\bar{z}$。

（2）给定原问题的初始下界 $\underline{z}$。用观察法找出问题 A 的一个整数可行解，一般取 $x_j = 0$ $(j=1,2,\cdots,n)$，求得其目标函数值，记作 $\underline{z}$。这样，就有 $\underline{z} \leqslant z^* \leqslant \bar{z}$。

（3）分支。在问题 B 的最优解中任选一个不符合整数条件的决策变量 x_j，其值为 b_j，$[b_j]$ 表示小于 b_j 的最大整数，构造两个约束条件 $x_j \leqslant [b_j]$ 和 $x_j \geqslant [b_j]+1$，并将其分别加入问题 B。求解两个后继问题 B_1、B_2，不考虑整数条件，解这两个后继问题。

（4）定界（修改上、下界）。以每个后继问题为一个分支，标明求解的结果，在与其他分支问题的求解结果中，找出目标函数最优值最大者作为新的上界 $\bar{z}$，从已符合整数条件的各分支问题中找出目标函数最优值的最大者作为新的下界 $\underline{z}$。

（5）比较与剪枝。若各分支问题的目标函数最优值中有小于 $\underline{z}$ 者，则剪掉这该分支，以后不再考虑；若大于 $\underline{z}$，且不符合整数条件，则继续分支，直到得到 $z^* = \underline{z}$ 为止，求得最优整数解 X_j^* $(j=1,2,\cdots,n)$。

五、指派问题及其解法

现实生活中常常会遇到这样的问题：有 n 项不同的工作要做，恰好有 n 个人（或设备）可以分别完成其中一项工作，但由于工作性质及个人专长不同，因此由不同的人去完成不同工作的效率（或所需的资源）是不一样的。那么，该派哪个人去完成哪项工作才能使工作总效率最高（或所需总资源最小）呢？这类问题称为指派问题（Assignment Problem）[21]。

（一）指派问题的数学模型

例 6-2-6

有 5 个人，要指派他们分别完成 5 项工作，各人完成各项工作所需的时间如表 6.2.6 所示。指派哪个人去完成哪项工作，才能使得消耗的总时间最短？

表 6.2.6　各人完成各项工作所需的时间

单位：天

工作	A	B	C	D	E
甲	5	6	8	4	1
乙	7	3	5	7	9
丙	1	8	6	5	6
丁	6	3	7	8	5
戊	9	7	2	6	8

为了解决这个问题，首先引入 0-1 变量 x_{ij}，令

$$x_{ij} = \begin{cases} 1, & \text{当指派第 } i \text{ 个人完成第 } j \text{ 项工作时} \\ 0, & \text{其他} \end{cases} \quad (i,j = 1,2,3,4,5) \quad (6\text{-}2\text{-}11)$$

用 z 表示 5 个人分别完成 5 项工作所消耗的总时间，该问题的目标函数为

$$\min z = 5x_{11} + 6x_{12} + 8x_{13} + 4x_{14} + 1x_{15} + 7x_{21} + 3x_{22} + x5_{23} + 7x_{24} + 9x_{25} +$$
$$1x_{31} + 8x_{32} + 6x_{33} + 5x_{34} + 6x_{35} + 6x_{41} + 3x_{42} + 7x_{43} + 8x_{44} + 5x_{45} + \quad (6\text{-}2\text{-}12)$$
$$9x_{51} + 7x_{52} + 2x_{53} + 6x_{54} + 8x_{55}$$

约束条件为

$$\begin{cases} \sum_{i=1}^{5} x_{ij} = 1 \ (j=1,2,3,4,5) \ （每项工作只能由一个人完成） \\ \sum_{j=1}^{5} x_{ij} = 1 \ (i=1,2,3,4,5) \ （每人只能完成一项工作） \\ x_{ij} = 0 \text{或} 1 \ (i,j=1,2,3,4,5) \end{cases} \quad (6\text{-}2\text{-}13)$$

表 6.2.6 称为该问题的价值系数表，它给出了指派问题目标函数中的各个价值系数，由这些数据构成的矩阵称为价值系数矩阵。

设一般指派问题的价值系数矩阵元素为 c_{ij}，表示由第 i 个人完成第 j 项工作的资源消耗（价值或效率），则一般指派问题的数学模型为

$$\min z = \sum_{i=1}^{n} \sum_{j=1}^{n} c_{ij} x_{ij}$$

$$\text{s.t.} \begin{cases} \sum_{i=1}^{n} x_{ij} = 1 \ (j=1,2,\cdots,n) \\ \sum_{j=1}^{n} x_{ij} = 1 \ (i=1,2,\cdots,n) \\ x_{ij} = 0 \text{或} 1 \ (i,j=1,2,\cdots,n) \end{cases} \quad (6\text{-}2\text{-}14)$$

（二）指派问题的匈牙利法

指派问题是整数规划问题的特例，也是运输问题的特例，它可以用整数规划问题、含 0-1 变量的整数规划问题或运输问题的解法进行求解，但根据指派问题的特点可以采用更简便的解法——匈牙利法（Hungarian Method）[20]。

定理 6.2.1 假定 $C = [c_{ij}]$ 为指派问题的价值系数矩阵，现将它的某一行（或某一列）的各个元素都减去一个常数 k，得到一个新矩阵 $C' = [c'_{ij}]$，则以 C' 为价值系数矩阵的指派问题最优解与原问题的最优解相同。

不难想象，若选取适当的 k 值，则可通过反复变换使得新价值系数矩阵 $C' = [c'_{ij}]$ 的所有元素非负且每行每列中都有零元素出现。若能找出这样的可行解：其非零决策变量对应的价值系数全等于零，则目标函数值也等于零。由于 $x_{ij} \geq 0$ 和 $c'_{ij} \geq 0$ 对所有的 i 和 j 都成立，因此这样的可行解就是新指派问题的最优解，也是原指派问题的最优解。换言之，若新价值系数矩阵中存在一组位于不同行不同列的 n 个零元素，只要令对应于这些零元素位置的决策变量 $x_{ij} = 1$，其余的决策变量 $x_{ij} = 0$，则该解就是问题的最优解。因此，问题的关键就在于寻求产生这组位于不同行不同列的零元素的方法。匈牙利数学家 D.König 发展并证明了这种方法，因此后人称这种方法为求解指派问题的匈牙利法。现在用匈牙利法求解例 6-2-6。已知其初始价值系数

矩阵为

$$C_0 = \begin{bmatrix} 5 & 6 & 8 & 4 & 1 \\ 7 & 3 & 5 & 7 & 9 \\ 1 & 8 & 6 & 5 & 6 \\ 6 & 3 & 7 & 8 & 5 \\ 9 & 7 & 2 & 6 & 8 \end{bmatrix} \quad (6\text{-}2\text{-}15)$$

（1）先找出每行的最小元素，使每行的各个元素分别减去相应的最小元素；再找出每列的最小元素，使每列的各个元素分别减去相应的最小元素，得到新的价值系数矩阵 C_1，即

$$C_0 = \begin{bmatrix} 5 & 6 & 8 & 4 & 1 \\ 7 & 3 & 5 & 7 & 9 \\ 1 & 8 & 6 & 5 & 6 \\ 6 & 3 & 7 & 8 & 5 \\ 9 & 7 & 2 & 6 & 8 \end{bmatrix} \begin{matrix} -1 \\ -3 \\ -1 \\ -3 \\ -2 \end{matrix} \Rightarrow \begin{bmatrix} 4 & 5 & 7 & 3 & 0 \\ 4 & 0 & 2 & 4 & 6 \\ 0 & 7 & 5 & 4 & 5 \\ 3 & 0 & 4 & 5 & 2 \\ 7 & 5 & 0 & 4 & 6 \end{bmatrix} \Rightarrow \begin{bmatrix} 4 & 5 & 7 & 0 & 0 \\ 4 & 0 & 2 & 1 & 6 \\ 0 & 7 & 5 & 1 & 5 \\ 3 & 0 & 4 & 2 & 2 \\ 7 & 5 & 0 & 1 & 6 \end{bmatrix} = C_1 \quad (6\text{-}2\text{-}16)$$

$$-3$$

（2）对新价值系数矩阵中的每个零元素，计算其同行同列其他零元素的个数，记为其下标；将下标最小的零元素加圈，并划去同行同列的其他零元素；若矩阵中还有未加圈或未被划去的零元素，则重新计算其下标值，进行加圈，即

$$\begin{bmatrix} 4 & 5 & 7 & 0_1 & 0_1 \\ 4 & 0_1 & 2 & 1 & 6 \\ 0_0 & 7 & 5 & 1 & 5 \\ 3 & 0_1 & 4 & 2 & 2 \\ 7 & 5 & 0_0 & 1 & 6 \end{bmatrix} \Rightarrow \begin{bmatrix} 4 & 5 & 7 & ⓪_1 & \cancel{0_1} \\ 4 & ⓪_1 & 2 & 1 & 6 \\ ⓪_0 & 7 & 5 & 1 & 5 \\ 3 & \cancel{0_1} & 4 & 2 & 2 \\ 7 & 5 & ⓪_0 & 1 & 6 \end{bmatrix} \quad (6\text{-}2\text{-}17)$$

（3）若矩阵中加圈零元素的个数等于矩阵阶数，则使加圈零元素对应的决策变量 $x_{ij}=1$，其他元素对应的决策变量 $x_{ij}=0$，即可得最优解；否则需要找到覆盖所有零元素的最小直线集合：①对没有加圈零元素的行打钩；②检查每个打钩的行，对其中存在划去零元素的列打钩；③检查所有打钩的列，并对其中存在加圈零元素的行打钩；④返回②，直到不需要打钩为止；⑤对所有未打钩的行画横线，对所有打钩的列画竖线。即

$$\begin{bmatrix} 4 & 5 & 7 & ⓪ & 0 \\ 4 & ⓪ & 2 & 1 & 6 \\ ⓪ & 7 & 5 & 1 & 5 \\ 3 & \cancel{0} & 4 & 2 & 2 \\ 7 & 5 & ⓪ & 1 & 6 \end{bmatrix} \begin{matrix} \\ \checkmark \\ \\ \checkmark \\ \\ \end{matrix} \Rightarrow \begin{bmatrix} 4 & 5 & 7 & ⓪ & 0 \\ 4 & ⓪ & 2 & 1 & 6 \\ ⓪ & 7 & 5 & 1 & 5 \\ 3 & \cancel{0} & 4 & 2 & 2 \\ 7 & 5 & ⓪ & 1 & 6 \end{bmatrix} \begin{matrix} \\ \checkmark \\ \\ \checkmark \\ \\ \end{matrix} \quad (6\text{-}2\text{-}18)$$

（4）由于矩阵中所有零元素都被直线覆盖，因此未被直线覆盖的元素都是正数，找出其中的最小数，使打钩的行减去该最小数，并使打钩的列加上该最小数，得到新价值系数矩阵 C_2，即

$$\begin{bmatrix} 4 & 5 & 7 & 0 & 0 \\ 4 & 0 & 2 & 1 & 6 \\ 0 & 7 & 5 & 1 & 5 \\ 3 & 0 & 4 & 2 & 2 \\ 7 & 5 & 0 & 1 & 6 \end{bmatrix} \begin{matrix} \\ \sqrt{} \\ \\ \sqrt{} \\ \\ \end{matrix} \Rightarrow \begin{bmatrix} 4 & 5 & 7 & 0 & 0 \\ 4 & 0 & 2 & 1 & 6 \\ 0 & 7 & 5 & 1 & 5 \\ 3 & 0 & 4 & 2 & 2 \\ 7 & 5 & 0 & 1 & 6 \end{bmatrix} \begin{matrix} \\ -1 \\ \\ -1 \\ \\ \end{matrix} \Rightarrow \begin{bmatrix} 4 & 6 & 7 & 0 & 0 \\ 3 & 0 & 1 & 0 & 5 \\ 0 & 8 & 5 & 1 & 5 \\ 2 & 0 & 3 & 1 & 1 \\ 7 & 6 & 0 & 1 & 6 \end{bmatrix} = C_2 \quad (6\text{-}2\text{-}19)$$

$$\sqrt{}+1$$

（5）返回步骤（2），即

$$\begin{bmatrix} 4 & 6 & 7 & 0_2 & 0_1 \\ 3 & 0_2 & 1 & 0_2 & 5 \\ 0_0 & 8 & 5 & 1 & 5 \\ 2 & 0_1 & 3 & 1 & 1 \\ 7 & 6 & 0_0 & 1 & 6 \end{bmatrix} \Rightarrow \begin{bmatrix} 4 & 6 & 7 & 0_2 & 0_1 \\ 3 & 0_2 & 1 & 0_2 & 5 \\ \boxed{0_0} & 8 & 5 & 1 & 5 \\ 2 & \boxed{0_1} & 3 & 1 & 1 \\ 7 & 6 & \boxed{0_0} & 1 & 6 \end{bmatrix} \Rightarrow \begin{bmatrix} 4 & 6 & 7 & 0_2 & \boxed{0_1} \\ 3 & 0_2 & 1 & \boxed{0_1} & 5 \\ \boxed{0_0} & 8 & 5 & 1 & 5 \\ 2 & \boxed{0_1} & 3 & 1 & 1 \\ 7 & 6 & \boxed{0_0} & 1 & 6 \end{bmatrix} \quad (6\text{-}2\text{-}20)$$

因此，可得最优指派方案为 $X^* = \begin{bmatrix} 0 & 0 & 0 & 0 & 1 \\ 0 & 0 & 0 & 1 & 0 \\ 1 & 0 & 0 & 0 & 0 \\ 0 & 1 & 0 & 0 & 0 \\ 0 & 0 & 1 & 0 & 0 \end{bmatrix}$，目标函数最优值为 $z^*=14$，即甲完成工作 E，乙完成工作 D，丙完成工作 A，丁完成工作 B，戊完成工作 C。

（三）特殊指派问题

除了标准指派问题，还存在特殊指派问题。一般而言，特殊指派问题都可以转变为标准指派问题进行求解[20]。

（1）极大化指派问题。

$$\max z = \sum_{i=1}^{n}\sum_{j=1}^{n} c_{ij} x_{ij}$$

可将其转变为 $\min z' = \sum_{i=1}^{n}\sum_{j=1}^{n} c'_{ij} x_{ij}$，令 $c'_{ij} = M - c_{ij}$，M 为 $[c_{ij}]$ 中的最大者，其中，约束条件不变，可知极大化指派问题与相应的极小化指派问题的最优解一致。

（2）工作数 m 多于人数 n。虚设 $m-n$ 个人，其价值系数为零，目标函数保持不变。
（3）工作数 m 少于人数 n。虚设 $n-m$ 项工作，其价值系数为零，目标函数保持不变。
（4）某项工作不能由某人完成。若工作 j 不能由第 i 个人完成，则设相应的价值系数 $c_{ij}=M$，M 为充分大的正数。

六、整数规划问题软件求解

（一）用 Excel 求解整数规划问题

用 Excel 对整数规划问题进行建模与用 Excel 对线性规划问题进行建模基本一致，只是要求所有决策变量取整数，因此需在约束条件中进行变量设置。

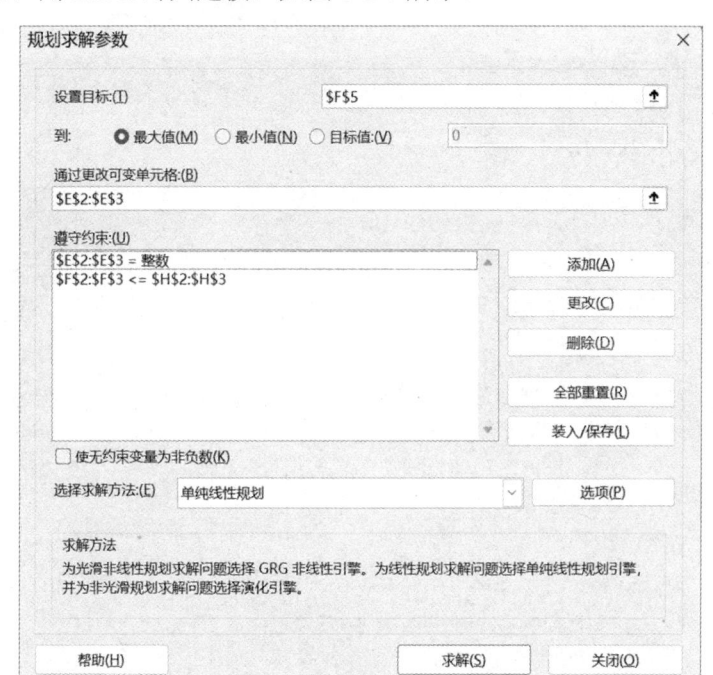

对于例 6-2-1，用 Excel 对其建模，如图 6-2-5 所示。

图 6-2-5　对例 6-2-1 建模

其中，约束条件单元格 F2 的命令为"=sumproduct(B2：B3，E2：E3)"；约束条件单元格 F3 的命令为"=sumproduct(C2：C3，E2：E3)"；目标函数单元格 F5 的命令为"=sumproduct(D2：D3，E2：E3)"。按照图 6-2-5 给定可变单元格与约束条件后，点击"选项"按钮进行规划求解选项设置，如图 6-2-6 所示。

图 6-2-6　规划求解选项设置

按图 6-2-6 完成设置后，点击"规划求解选项"对话框中的"确定"按钮，再点击"规划求解参数"对话框中的"求解"按钮，得到最优解，如图 6-2-7 所示。

下面对例 6-2-2 进行 Excel 建模，将决策变量设为 0-1 变量，如图 6-2-8 所示。

例 6-2-2 的最优解如图 6-2-9 所示。

· 313 ·

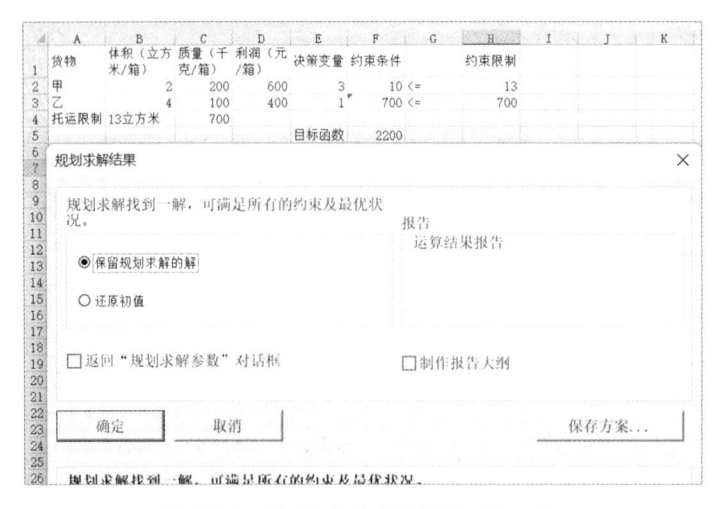

图 6-2-7　例 6-2-1 的求解结果（Excel）

图 6-2-8　对例 6-2-2 建模

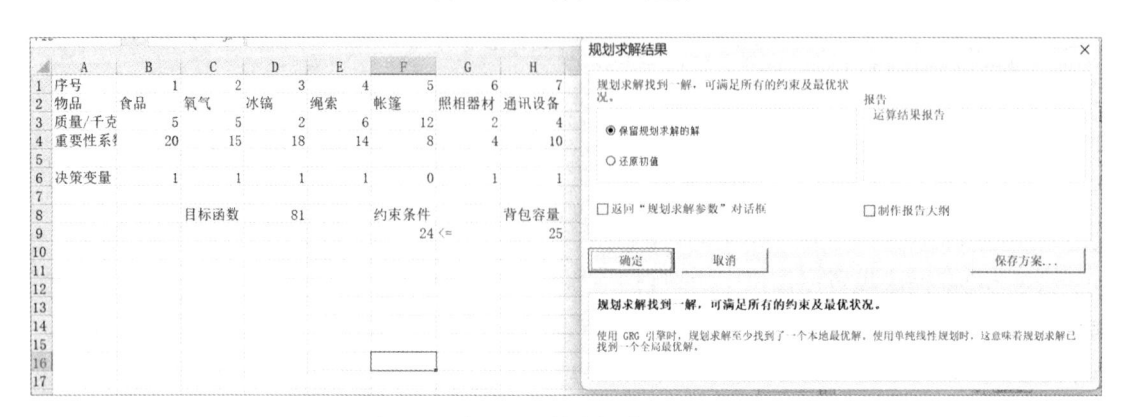

图 6-2-9　例 6-2-2 的求解结果（Excel）

（二）用 LINGO 软件求解整数规划问题

（1）对例 6-2-1 进行求解。

LINGO 程序如下。

```
MODEL:
MAX=600*x1+400*x2;
2*x1+4*x2<=13;
200*x1+100*x2<=700;
@gin(x1); !变量 x1 为整数;
@gin(x2); !变量 x2 为整数;
End
```

例 6-2-1 的求解结果如图 6-2-10 所示。

```
Solution Report - Lingo1
Global optimal solution found.
Objective value:                    2200.000
Objective bound:                    2200.000
Infeasibilities:                    0.000000
Extended solver steps:                     0
Total solver iterations:                   0
Elapsed runtime seconds:                0.11

Model Class:                            PILP

Total variables:            2
Nonlinear variables:        0
Integer variables:          2

Total constraints:          3
Nonlinear constraints:      0

Total nonzeros:             6
Nonlinear nonzeros:         0


              Variable           Value        Reduced Cost
                    X1        3.000000           -600.0000
                    X2        1.000000           -400.0000

                   Row   Slack or Surplus         Dual Price
                     1           2200.000           1.000000
                     2           3.000000           0.000000
                     3           0.000000           0.000000
```

图 6-2-10 例 6-2-1 的求解结果（LINGO）

求得最优解为 $x_1^* = 3$，$x_2^* = 1$，目标函数最优值为 22.00。需要注意的是，在 LINGO 软件中，默认决策变量均为非负值。

（2）对例 6-2-6 进行求解。

LINGO 程序如下。

```
MODEL:
    SETS:
    task/1..5/: t;
    man/1..5/: m;
```

```
link(man, task): c, x;
ENDSETS
DATA:
c=5 6 8 4 1
  7 3 5 7 9
  1 8 6 5 6
  6 3 7 8 5
  9 7 2 6 8;
ENDDATA
[obj]MIN=@SUM(link: c*x);
@FOR(task(j): @SUM(man(i): x(i, j))=1);
@FOR(man(i): @SUM(task(j): x(i, j))=1);
@FOR(link: @BIN(x));
END
```

例 6-2-6 的求解结果如图 6-2-11 所示。

```
Global optimal solution found.
  Objective value:                    14.00000
  Objective bound:                    14.00000
  Infeasibilities:                    0.000000
  Extended solver steps:                     0
  Total solver iterations:                   0

                    Variable       Value       Reduced Cost
                    X( 1, 5)    1.000000         1.000000
                    X( 2, 4)    1.000000         7.000000
                    X( 3, 1)    1.000000         1.000000
                    X( 4, 2)    1.000000         3.000000
                    X( 5, 3)    1.000000         2.000000
```

图 6-2-11　例 6-2-6 的求解结果（LINGO）

最优解为甲完成工作 E，乙完成工作 D，丙完成工作 A，丁完成工作 B，戊完成工作 C；目标函数最优值为 14。

（三）用管理运筹学软件求解整数规划问题

对例 6-2-3 进行求解。

这是一个含 0-1 变量的整数规划问题。由表 6.2.3 第一行可知，1 区和 2 区之间的距离最小，也就是说在这两个区中的任何一个区设置一个消防站就可以满足这两个区的需求；由表 6.2.3 第二行可知，2 区和 6 区之间的距离最小，在这两个区中任何一个区设置一个消防站就可以满足这两个区的需求；其他区同理。

设 $x_i = 1$ 或 0，1 表示在 i 区设置消防站，0 表示在 i 区不设置消防站，$i = 1, 2, \cdots, 6$，我们就可以得到以下数学模型。

$$\min z = x_1 + x_2 + x_3 + x_4 + x_5 + x_6$$

$$\text{s.t.} \begin{cases} x_1 + x_2 \geqslant 1 \\ x_3 + x_4 \geqslant 1 \\ x_3 + x_4 + x_5 \geqslant 1 \\ x_4 + x_5 + x_6 \geqslant 1 \\ x_2 + x_6 \geqslant 1 \\ x_i = 0 \text{ 或 } 1 \ (i = 1, 2, \cdots, 6) \end{cases} \quad (6\text{-}2\text{-}21)$$

软件求解：采用管理运筹学软件整数规划模块中的 0-1 整数规划，在"0-1 整数规划"对话框中输入模型数据，如图 6-2-12 所示。

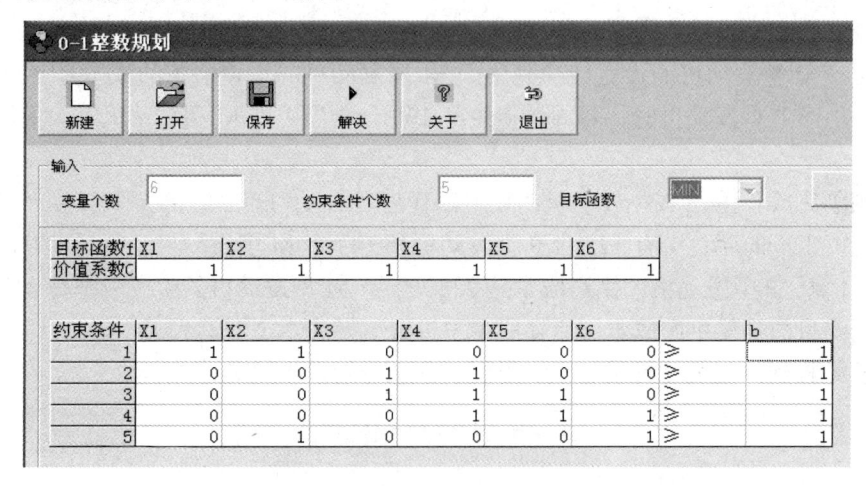

图 6-2-12　输入模型数据

例 6-2-3 的求解结果如图 6-2-13 所示。

图 6-2-13　例 6-2-3 的求解结果

求解结果显示：$x_2 = 1$，$x_4 = 1$，其余决策变量取值都为 0，也就是说，只需在 2 区和 4 区设置消防站就可以满足所有区的需求,当城市的任何区发生火警时,消防车都能够在 15 分钟内赶到现场。

七、案例分析

(一) 生产规划问题

1. 案例背景

某发动机制造厂生产一种卡车用的发动机。该厂的生产线可以生产两种类型的发动机:P 型发动机和 M 型发动机。由于生产线在同一时间点只能生产一种类型的发动机,所以生产线需要设置成生产 P 型发动机或 M 型发动机,而不能同时生产两种。生产线的设置每周末更换一次,从生产 P 型发动机的设置转换到生产 M 型发动机的设置所需的成本是 500 美元,反之亦然。当生产 P 型发动机时,每周最多生产 100 台;当生产 M 型发动机时,每周最多生产 80 台。

该厂刚刚完成了生产 P 型发动机的设置。管理者需要为随后的 8 周制订生产和设置更换计划。目前,工厂的库存中有 125 台 P 型发动机和 143 台 M 型发动机。每周库存成本按库存价值的 5%计算。P 型发动机的生产成本是 225 美元,M 型发动机的生产成本是 310 美元。制订生产计划的目的是使生产成本、库存成本与设置更换成本之和达到最小。

该厂已经收到一家发动机装配厂 9 周内的需求计划,如表 6.2.7 所示。

表 6.2.7 需求计划

单位:台

周次	产品需求量		周次	产品需求量	
	P 型发动机	M 型发动机		P 型发动机	M 型发动机
1	55	38	6	45	48
2	55	38	7	36	58
3	44	30	8	35	57
4	0	0	9	35	58
5	45	48			

安全库存量要求每周库存量至少达到下周需求量的 80%。

请为该厂的管理者制订一个 8 周的设置更换与生产的计划时间表,计划时间表中需要说明总成本中的生产成本、库存成本及更换成本。

2. 问题求解

(1) 参数与决策变量设置。

p_i:第 i 周 P 型发动机的需求量,$i=1,2,\cdots,9$。

m_i:第 i 周 M 型发动机的需求量,$i=1,2,\cdots,9$。

y_i:0-1 变量,若第 i 周设置生产 P 型发动机,则 y_i 为 1;若第 i 周设置生产 M 型发动机,则 y_i 为 0,$i=1,2,\cdots,8$。

x_{1i}:第 i 周生产 P 型发动机的数量,$i=1,2,\cdots,8$。

x_{2i}：第 i 周生产 M 型发动机的数量，$i=1,2,\cdots,8$。

t：周次，$t=1,2,\cdots,8$。

（2）目标函数分析。

生产成本：$f_1 = 225 \times \sum_{i=1}^{8} x_{1i} + 310 \times \sum_{i=1}^{8} x_{2i}$。

设置更换成本：$f_2 = 500 \times \sum_{i=1}^{8} |y_{i-1} - y_i|$，其中 $y_0 = 1$（刚刚完成了生产 P 型发动机的设置）。

库存成本：$f_3 = \sum_{i=1}^{8} \left\{ \left[\sum_{i=1}^{t}(x_{1i} - p_i) + 125 \right] \times 225 \times 0.05 + \left[\sum_{i=1}^{t}(x_{2i} - m_i) + 143 \right] \times 310 \times 0.05 \right\}$。

（3）数学模型为

$$\min z = f_1 + f_2 + f_3$$

$$\text{s.t.} \begin{cases} x_{1i} \leq 100 y_i \ (i=1,2,\cdots,8) \\ x_{2i} \leq 80(1-y_i) \ (i=1,2,\cdots,8) \\ \sum_{i=1}^{t}(x_{1i} - p_i) + 125 \geq 0.8 p_{t+1} \ (t=1,2,\cdots,8) \\ \sum_{i=1}^{t}(x_{2i} - m_i) + 143 \geq 0.8 m_{t+1} \ (t=1,2,\cdots,8) \\ y_i \in \{0,1\} \ (i=1,2,\cdots,8) \\ x_{1i}, x_{2i} \geq 0 \text{ 且为整数} \ (i=1,2,\cdots,8) \end{cases} \tag{6-2-22}$$

（4）针对上述数学模型，编写相应的 LINGO 程序如下：

```
Model:
    !案例分析;
    sets:
    variables/1..8/: x1, x2, y;   !变量设定;
    weeks/1..8/;
    demands/1..9/: d1, d2;  !需求量;
    endsets
    data:
    d1=55 55 44 0 45 45 36 35 35;
    d2=38 38 30 0 48 48 58 57 58;
    enddata
    !目标函数由三部分成本组成：生产成本、库存成本和设置更换成本;
    min=225*@sum(variables: x1)+310*@sum(variables: x2)
    +@sum(weeks(t):(@sum(variables(i)|i#le#t:(x1(i)-d1(i)))+125)*225*0.05+
(@sum(variables(i)|i#le#t: (x2(i)-d2(i)))+143)*310*0.05)
    +500*(@abs(1-y(1))+@sum(variables(i)|i#le#7: @abs(y(i)-y(i+1))));
    !约束条件;
    @for(variables: x1<=100*y);
    @for(variables:x2<=80*(1-y));
    @for(weeks(t):@sum(variables(i)|i#le#t:x1(i)-d1(i))+125>=0.8*d1(t+1;
```

```
@for(weeks(t):@sum(variables(i)|i#le#t:x2(i)-d2(i))+143>=0.8*d2(t+1);
    @for(variables: @gin(x1));    !x1 为整数变量;
    @for(variables: @gin(x2));    !x2 为整数变量;
    @for(variables: @bin(y));     !y 为 0-1 变量;
End
```

求解结果（仅显示最优解部分）如图 6-2-14 所示。

```
Objective bound:                    132746.0
Infeasibilities:                    0.000000
Extended solver steps:                    40
Total solver iterations:               16091

        Variable           Value        Reduced Cost
          X1(1)         0.000000            0.000000
          X1(2)         21.00000           -11.25000
          X1(3)         97.00000           -22.50000
          X1(4)         0.000000           -33.75000
          X1(5)         0.000000            0.000000
          X1(6)         100.0000           -46.25000
          X1(7)         0.000000           -67.50000
          X1(8)         0.000000           -78.75000
          X2(1)         0.000000            434.0000
          X2(2)         0.000000            418.5000
          X2(3)         0.000000            403.0000
          X2(4)         26.00000            387.5000
          X2(5)         80.00000            440.7500
          X2(6)         0.000000            356.5000
          X2(7)         57.00000            341.0000
          X2(8)         58.00000            325.5000
           Y(1)         1.000000            0.000000
           Y(2)         1.000000            0.000000
           Y(3)         1.000000            0.000000
           Y(4)         0.000000            0.000000
           Y(5)         0.000000            0.000000
           Y(6)         1.000000            0.000000
           Y(7)         0.000000           -500.0000
           Y(8)         0.000000            0.000000
```

图 6-2-14　求解结果（1）

3. 结果分析

计算结果如表 6.2.8 所示，每周满足需求后的库存情况如表 6.2.9 所示。其中，生产成本为 117560 美元，库存成本为 13686 美元，设置更换成本为 1500 美元，总成本为 132746 美元。

表 6.2.8　计算结果

周次	1	2	3	4	5	6	7	8
x_{1i}^*	0	21	97	0	0	100	0	0
x_{2i}^*	0	0	0	26	80	0	57	58
y_i^*	1	1	1	0	0	1	0	0

表 6.2.9　每周满足需求后的库存情况

单位：台

周次	1	2	3	4	5	6	7	8
P 型发动机库存量	70	36	89	89	44	99	63	28
M 型发动机库存量	105	67	37	63	95	47	46	47

（二）工人指派案例

1. 案例背景

有 4 名工人，要分别指派他们完成 4 项不同的工作，每人完成各项工作所消耗的时间如表 6.2.10 所示。问：应如何指派工作，才能使总消耗时间最少？

表 6.2.10　每人完成各项工作所消耗的时间

单位：小时

工人	工作消耗时间			
	A	B	C	D
甲	15	18	21	24
乙	19	23	22	18
丙	26	17	16	19
丁	19	21	23	17

2. 问题求解

引入 0-1 变量 x_{ij}，并令 $x_{ij}=1$（当指派第 i 名工人去完成第 j 项工作时）或 0（当不指派第 i 名工人去完成第 j 项工作时）。这可以表示为一个含 0-1 变量的整数规划问题，目标函数为

$$\min z = 15x_{11} + 18x_{12} + 21x_{13} + 24x_{14} + 19x_{21} + 23x_{22} + 22x_{23} + 18x_{24} + \\ 26x_{31} + 17x_{32} + 16x_{33} + 19x_{34} + 19x_{41} + 21x_{42} + 23x_{43} + 17x_{44}$$

式中，x_{11} 表示甲完成工作 A；x_{21} 表示乙完成工作 A，其他决策变量的解释类似。

首先，共有 4 名工人、4 项工作，每项工作都要有人去完成，那么就甲来说，他只能完成一项工作，故 $x_{11} + x_{12} + x_{13} + x_{14} = 1$。

同理：

乙只完成一项工作：$x_{21} + x_{22} + x_{23} + x_{24} = 1$。

丙只完成一项工作：$x_{31} + x_{32} + x_{33} + x_{34} = 1$。

丁只完成一项工作：$x_{41} + x_{42} + x_{43} + x_{44} = 1$。

再者，不仅要保证每名工人只完成一项工作，还要保证各项工作都有人完成，故有：

工作 A 只能由一人完成：$x_{11} + x_{21} + x_{31} + x_{41} = 1$。

工作 B 只能由一人完成：$x_{12} + x_{22} + x_{32} + x_{42} = 1$。

工作 C 只能由一人完成：$x_{13} + x_{23} + x_{33} + x_{43} = 1$。

工作 D 只能由一人完成：$x_{14} + x_{24} + x_{34} + x_{44} = 1$。

将以上分析结果综合即可得到本问题的数学模型：

$$\min z = 15x_{11}+18x_{12}+21x_{13}+24x_{14}+19x_{21}+23x_{22}+22x_{23}+18x_{24}+$$
$$26x_{31}+17x_{32}+16x_{33}+19x_{34}+19x_{41}+21x_{42}+23x_{43}+17x_{44}$$

$$\text{s.t.} \begin{cases} x_{11}+x_{12}+x_{13}+x_{14}=1 \\ x_{21}+x_{22}+x_{23}+x_{24}=1 \\ x_{31}+x_{32}+x_{33}+x_{34}=1 \\ x_{41}+x_{42}+x_{43}+x_{44}=1 \\ x_{11}+x_{21}+x_{31}+x_{41}=1 \\ x_{12}+x_{22}+x_{32}+x_{42}=1 \\ x_{13}+x_{23}+x_{33}+x_{43}=1 \\ x_{14}+x_{24}+x_{34}+x_{44}=1 \\ x_{ij}\text{为0-1变量}(i,j=1,2,3,4) \end{cases}$$

利用管理运筹学软件进行求解，得到以下结果。

$x_{21}=1$，$x_{12}=1$，$x_{33}=1$，$x_{44}=1$，目标函数最优值为 70。即工作 A 由乙完成，工作 B 由甲完成，工作 C 由丙完成，工作 D 由丁完成，达到了使总消耗时间最少的目的，总消耗时间为 70 小时。

（三）固定成本问题

1. 案例背景

固定成本问题是指在现有资源、成本限制条件下，如何使利润或者销量等最大化的问题，下面通过一个例子来具体分析。

2. 问题描述

某公司制造小、中、大三种尺寸的器械，所用资源为金属板、劳动力和机器设备，三种器械所需的资源如表 6.2.11 所示。不考虑固定费用，每种器械售出一只所得的利润分别为 5 万元、6 万元、6 万元。可使用的金属板有 600 吨，劳动力有 400 人/月，机器设备有 150 台/月。此外，不管每种器械的生产数量是多少，都要支付一笔固定的费用：小号器械为 80 万元，中号器械为 100 万元，大号器械为 150 万元。请制订一个生产计划，使获得的利润最大。

表 6.2.11 三种器械所需的资源

资源	小号器械	中号器械	大号器械
金属板/吨	1	3	9
劳动力/（人/月）	3	3	5
机器设备/（台/月）	1	3	4

3. 问题求解

这是一个整数规划问题。

设 x_1、x_2、x_3 分别为小号器械、中号器械和大号器械的生产数量。各种器械的固定费用只有在生产该种器械时才投入，为了说明固定费用的这种性质，设 $y_i=1$（当生产第 i 种器械，即 $x_i>0$ 时）或 0（当不生产第 i 种器械，即 $x_i=0$ 时）。

引入约束条件 $x_i \leqslant My_i$（$i=1,2,3$，M 充分大），这时就可以保证当 $y_i=0$ 时，$x_i=0$。
对于受资源限制的不等式，可以参照之前所学的内容写出。
当不生产某种器械时是没有固定费用的，因而必须加上约束条件：

$$\begin{cases} x_1 \leqslant My_1 \\ x_2 \leqslant My_2 \\ x_3 \leqslant My_3 \end{cases} \quad (6\text{-}2\text{-}23)$$

这样就能保证不生产就不会产生固定费用。

取 $M=300$，则可得到以下数学模型：

$$\max z = 5x_1 + 6x_2 + 6x_3 - 80y_1 - 100y_2 - 150y_3$$

$$\text{s.t.} \begin{cases} x_1 + 3x_2 + 9x_3 \leqslant 600 \\ 3x_1 + 3x_2 + 5x_3 \leqslant 400 \\ x_1 + 3x_2 + 4x_3 \leqslant 150 \\ x_i \leqslant 300y_i \ (i=1,2,3) \\ x_i \geqslant 0 \\ y_j \text{为} 0\text{-}1 \text{变量}, j=1,2,3 \end{cases} \quad (6\text{-}2\text{-}24)$$

利用管理运筹学软件求解，求解过程如图 6-2-15 所示，求解结果如图 6-2-16 所示。

求解结果显示：生产小号器械 133 只，中号器械和大号器械均不生产，可以获得最大利润 585 万元，此时会产生固定费用。由求解结果可以看出，第 1 个约束条件的剩余变量是 467，即有 467 吨金属板剩余；第 2 个约束条件的剩余变量为 1，即劳动力仅剩 1 人；第 3 个约束条件的剩余变量为 17，即机器设备还有 17 台剩余。

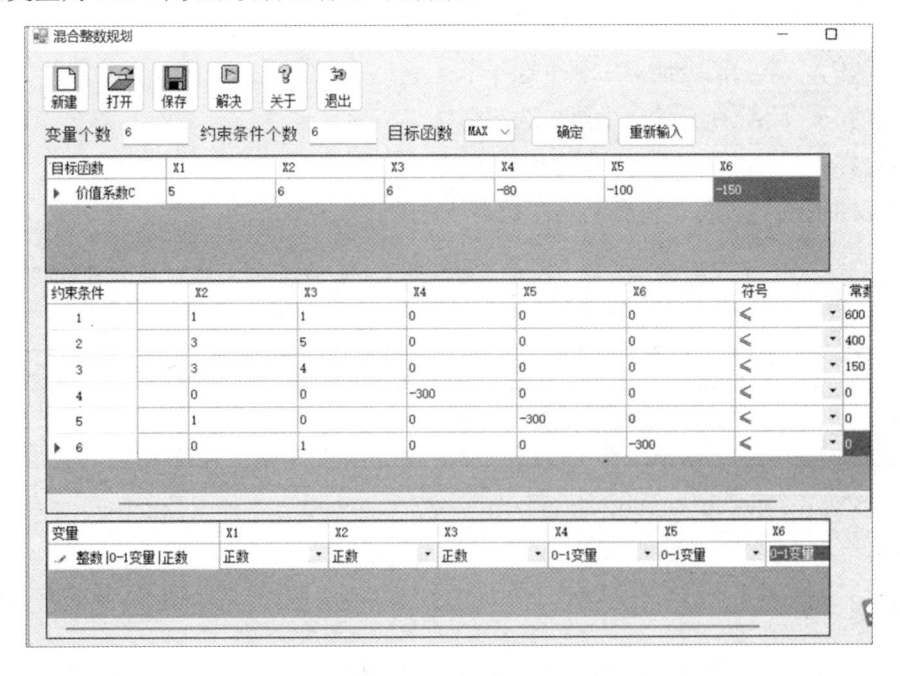

图 6-2-15　求解过程

```
************最优解如下************
目标函数最优值为: 585
变量              最优值
****            ******
X1               133
X2                0
X3                0
X4                1
X5                0
X6                0
约束             松弛/剩余
****           ********
1                467
2                 1
3                17
4                167
5                 0
6                 0
```

图 6-2-16　求解结果（2）

（四）投资场所选择

1. 案例背景

京成畜产品公司计划在市区的东、西、南、北四区建立销售门市部，拟议中有10个地点 A_i（$i=1,2,3,\cdots,10$）可供选择，考虑到各区居民的消费水平及居民居住密集度，规定如下。

东区：在 A_1、A_2、A_3 三个地点至多选择两个。

西区：在 A_4、A_5 两个地点中至少选一个。

南区：在 A_6、A_7 两个地点中至少选一个。

北区：在 A_8、A_9、A_{10} 三个地点中至少选两个。

A_i 的设备投资额及每年可获利润都是不一样的，如表 6.2.12 所示。

表 6.2.12　A_i 的设备投资额及每年可获利润

单位：万元

	A_1	A_2	A_3	A_4	A_5	A_6	A_7	A_8	A_9	A_{10}
设备投资额	100	120	150	80	70	90	80	140	160	180
每年可获利润	36	40	50	22	20	30	25	48	58	61

假设该公司的设备投资总额不超过720万元，应选择哪几个地点建立销售门市部，可使年利润最大？

2. 问题分析

设 0-1 变量 $x_i=1$（在 A_i 建立销售门市部）或 0（不在 A_i 建立销售门市部），可建立数学模型如下。

$$\max z = 36x_1 + 40x_2 + 50x_3 + 22x_4 + 20x_5 + 30x_6 + 25x_7 + 48x_8 + 58x_9 + 61x_{10}$$

$$\text{s.t.} \begin{cases} 100x_1 + 120x_2 + 150x_3 + 80x_4 + 70x_5 + 90x_6 + 80x_7 + 140x_8 + 160x_9 + 180x_{10} \leqslant 720 \\ x_1 + x_2 + x_3 \leqslant 2 \\ x_4 + x_5 \geqslant 1 \\ x_6 + x_7 \geqslant 1 \\ x_8 + x_9 + x_{10} \geqslant 2 \\ x_i \geqslant 0 \text{且} x_i \text{为} 0-1 \text{变量,} \ i = 1,2,3,\cdots,10 \end{cases} \quad (6\text{-}2\text{-}25)$$

3. 模型求解

利用 LINGO 软件求解,求解结果如图 6-2-17 所示,本案例也可以选择利用管理运筹学软件求解,结果一致。

最终选择在 A_1、A_2、A_5、A_6、A_9、A_{10} 建立销售门市部。

```
Global optimal solution found.
Objective value:                    245.0000
Objective bound:                    245.0000
Infeasibilities:                    0.000000
Extended solver steps:                     0
Total solver iterations:                   0
Elapsed runtime seconds:                0.07

Model Class:                            PILP

Total variables:         10
Nonlinear variables:      0
Integer variables:       10

Total constraints:        6
Nonlinear constraints:    0

Total nonzeros:          30
Nonlinear nonzeros:       0


              Variable           Value        Reduced Cost
                    X1        1.000000           -36.00000
                    X2        1.000000           -40.00000
                    X3        0.000000           -50.00000
                    X4        0.000000           -22.00000
                    X5        1.000000           -20.00000
                    X6        1.000000           -30.00000
                    X7        0.000000           -25.00000
                    X8        0.000000           -48.00000
                    X9        1.000000           -58.00000
                   X10        1.000000           -61.00000
```

图 6-2-17 求解结果(3)

第三节 运输问题

运输问题的实质是线性规划问题,基于该问题的特殊性,人们找到了一些特殊的解法,这些解法的效率很高,尤其是对于大规模的运输问题,更能体现其优越性。本节主要介绍运输问题的数学模型、基本性质、软件求解,并结合几个案例对运输问题进行分析。

一、运输问题的数学模型

(一)产销平衡运输问题的数学模型

在经济建设过程中,经常会遇到煤炭、钢材、木材、粮食等物资的调运问题,国内有几个产地,结合已有的交通网络,应该如何制定调运方案,将这些物资运送到各销地,使得总运费最小?这个问题可以用以下数学语言描述[20]。

已知某种物资有 m 个产地 A_1、A_2、$\cdots$、A_m 和 n 个销地 B_1、B_2、$\cdots$、B_n,现在需要将物资从各产地运送到各销地。已知各产地的产量为 a_i($i=1,2,\cdots,m$),各销地的销量为 b_j($j=1,2,\cdots,n$),c_{ij} 表示从产地 A_i 到销地 B_j 的单位运价,应该怎样安排运输,才能使总运输费用最小?

设 x_{ij} 表示从产地 A_i 到销地 B_j 的物资运输量,在产销平衡(总产量和总销量相等)的条件下,单位运价表和平衡表分别如表 6.3.1 和表 6.3.2 所示。

表 6.3.1 单位运价表

		销地			
		B_1	B_2	$\cdots$	B_n
产地	A_1	c_{11}	c_{12}	$\cdots$	c_{1n}
	A_2	c_{21}	c_{22}	$\cdots$	c_{2n}
	$\vdots$	$\vdots$	$\vdots$		$\vdots$
	A_m	c_{m1}	c_{m2}	$\cdots$	c_{mn}

表 6.3.2 平衡表

		销地			
		B_1	B_2	$\cdots$	B_n
产地	A_1	x_{11}	x_{12}	$\cdots$	x_{1n}
	A_2	x_{21}	x_{22}	$\cdots$	x_{2n}
	$\vdots$	$\vdots$	$\vdots$		$\vdots$
	A_m	x_{m1}	x_{m2}	$\cdots$	x_{mn}

由 A_i 运送出去的物资总量应该等于 A_i 的产量,即

$$\sum_{j=1}^{n} x_{ij} = a_i \quad (i=1,2,\cdots,m) \tag{6-3-1}$$

同样,运送到销地 B_j 的物资总量应该等于 B_j 的销量,即

$$\sum_{i=1}^{m} x_{ij} = b_j \quad (j=1,2,\cdots,n) \tag{6-3-2}$$

又因为产销平衡,所以

$$\sum_{i=1}^{m} a_i = \sum_{j=1}^{n} b_j \tag{6-3-3}$$

总运输费用为

$$z = \sum_{i=1}^{m}\sum_{j=1}^{n} c_{ij}x_{ij} \tag{6-3-4}$$

显然，$x_{ij} \geq 0$。

因此，产销平衡运输问题的数学模型为

$$\min z = \sum_{i=1}^{m}\sum_{j=1}^{n} c_{ij}x_{ij}$$

$$\text{s.t.} \begin{cases} \sum_{j=1}^{n} x_{ij} = a_i \ (i=1,2,\cdots,m) \\ \sum_{i=1}^{m} x_{ij} = b_j \ (j=1,2,\cdots,n) \\ x_{ij} \geq 0 \ (i=1,2,\cdots,m;\ j=1,2,\cdots,n) \end{cases} \tag{6-3-5}$$

（二）产销不平衡运输问题的数学模型

在实际问题上，总产量和总销量并不一定正好相等，往往产销不平衡。在产销不平衡条件下，需要把产销不平衡运输问题转化为产销平衡运输问题。

（1）总产量大于总销量。

当总产量大于总销量，即当 $\sum_{i=1}^{m} a_i > \sum_{j=1}^{n} b_j$ 时，产销不平衡运输问题的数学模型可写为

$$\min z = \sum_{i=1}^{m}\sum_{j=1}^{n} c_{ij}x_{ij}$$

$$\text{s.t.} \begin{cases} \sum_{j=1}^{n} x_{ij} \leq a_i \ (i=1,2,\cdots,m) \\ \sum_{i=1}^{m} x_{ij} = b_j \ (j=1,2,\cdots,n) \\ x_{ij} \geq 0 \ (i=1,2,\cdots,m;\ j=1,2,\cdots,n) \end{cases} \tag{6-3-6}$$

因为总产量大于总销量，所以必须考虑过剩的物资在哪个产地就地储存的问题。过剩物资的储存地点可以被看作一个假想的销地，使该假想销地的销量为

$$\sum_{i=1}^{m} x_{i,n+1} = \sum_{i=1}^{m} a_i - \sum_{j=1}^{n} b_j = b_{n+1} \tag{6-3-7}$$

令

$$c'_{ij} = c_{ij} \ (i=1,2,\cdots,m;\ j=1,2,\cdots,n)$$
$$c'_{ij} = 0 \ (i=1,2,\cdots,m;\ j=n+1)$$

由此得到总产量大于总销量时，产销不平衡运输问题的数学模型为

$$\min z' = \sum_{i=1}^{m}\sum_{j=1}^{n+1} c'_{ij}x_{ij} = \sum_{i=1}^{m}\sum_{j=1}^{n} c'_{ij}x_{ij} + \sum_{i=1}^{m} c'_{i,n+1}x_{ij} = \sum_{i=1}^{m}\sum_{j=1}^{n} c_{ij}x_{ij}$$

$$\text{s.t.} \begin{cases} \sum_{j=1}^{n+1} x_{ij} = a_i \ (i=1,2,\cdots,m) \\ \sum_{i=1}^{m} x_{ij} = b_j \ (j=1,2,\cdots,n+1) \\ x_{ij} \geq 0 \ (i=1,2,\cdots,m;\ j=1,2,\cdots,n+1) \end{cases} \quad (6\text{-}3\text{-}8)$$

由于这个模型中 $\sum_{i=1}^{m} a_i = \sum_{j=1}^{n} b_j + b_{n+1} = \sum_{j=1}^{n+1} b_j$，所以这个产销不平衡运输问题就转变成了一个产销平衡运输问题。

（2）总销量大于总产量。

当总销量大于总产量，即当 $\sum_{j=1}^{n} b_j > \sum_{i=1}^{m} a_i$ 时，产销不平衡运输问题的数学模型可写为

$$\min z = \sum_{i=1}^{m}\sum_{j=1}^{n} c_{ij} x_{ij}$$

$$\text{s.t.} \begin{cases} \sum_{j=1}^{n} x_{ij} = a_i \ (i=1,2,\cdots,m) \\ \sum_{i=1}^{m} x_{ij} \leq b_j \ (j=1,2,\cdots,n) \\ x_{ij} \geq 0 \ (i=1,2,\cdots,m;\ j=1,2,\cdots,n) \end{cases} \quad (6\text{-}3\text{-}9)$$

当总销量大于总产量时，可以在平衡表中增加一个假想的产地 A_{m+1}，该假想产地的产量为 $\sum_{j=1}^{n} b_j - \sum_{i=1}^{m} a_i$。

这个假想的产地事实上并不存在，由它发往各销地的物资运输量 $x_{m+1,j}$ 实际上是各销地的物资欠缺量。很显然，它对应的单位运价应该等于 0，即 $c'_{m+1,j} = 0 \ (j=1,2,\cdots,n)$。在单位运价表中令从该假想的产地到各销地的单位运价 $c'_{m+1,j} = 0$，同样可以将总销量大于总产量的运输问题转化为一个产销平衡运输问题。在这种情况下，其数学模型可以表示为

$$\min z' = \sum_{i=1}^{m+1}\sum_{j=1}^{n} c'_{ij} x_{ij}$$

$$\text{s.t.} \begin{cases} \sum_{j=1}^{n} x_{ij} = a_i \ (i=1,2,\cdots,m+1) \\ \sum_{i=1}^{m+1} x_{ij} = b_j \ (j=1,2,\cdots,n) \\ x_{ij} \geq 0 \ (i=1,2,\cdots,m+1;\ j=1,2,\cdots,n) \end{cases} \quad (6\text{-}3\text{-}10)$$

二、运输问题的基本性质

运输问题是一种线性规划问题，其本身有特殊的性质。这些性质为运输问题提供了一种特殊的解法。下面给出几个主要性质[20]。

性质 1：运输问题数学模型的系数矩阵每列只有第 i 行和第 $m+j$ 行两个元素为 1，其余元

素均为 0。系数矩阵具体如下：

$$A = \begin{bmatrix} \overset{x_{11}}{1} & \overset{x_{12}}{1} & \overset{\cdots}{\cdots} & \overset{x_{1n}}{1} & \overset{x_{21}}{} & \overset{x_{22}}{} & \overset{\cdots}{} & \overset{x_{2n}}{} & & & & & \overset{x_{m1}}{} & \overset{x_{m2}}{} & \overset{\cdots}{} & \overset{x_{mn}}{} \\ & & & & 1 & 1 & \cdots & 1 & & & & & & & & \\ & & & & & & & & \ddots & & & & & & & \\ & & & & & & & & & 1 & 1 & \cdots & 1 & & & \\ 1 & & & & 1 & & & & & 1 & & & & & & \\ & 1 & & & & 1 & & & & & 1 & & & & & \\ & & \ddots & & & & \ddots & & & & & \ddots & & & & \\ & & & 1 & & & & 1 & & & & & & & & 1 \end{bmatrix} \qquad (6\text{-}3\text{-}11)$$

性质 2：系数矩阵 A 的秩为 $m+n-1$，因此运输问题的基变量一定是 $m+n-1$ 个。

性质 3：产销平衡运输问题一定存在最优解。

性质 4：若各产地的产量和各销地的销量都为整数，则有可行解的运输问题必有最优整数解[20]。

三、运输问题软件求解

（一）运输问题 Excel 求解

1. 用 Excel 求解产销平衡运输问题

例 6-3-1

某公司有 3 个生产同类产品的加工厂（产地），生产的产品由 4 个销售点（销地）出售，各产地的产量（单位：吨）、各销地的销量（单位：吨）及将产品由各产地运往各销地的单位运价（单位：元/吨）如表 6.3.3 所示，应如何调运才能使总运输费用最小？

表 6.3.3 产量、销量、单位运价表（1）

		销地				产量
		B_1	B_2	B_3	B_4	
产地	A_1	4	12	4	11	8
	A_2	2	10	3	9	5
	A_3	8	5	11	6	11
销量		4	7	6	7	

用 Excel 对运输问题建模类似于用 Excel 对线性规划问题建模。用 Excel 对例 6-3-1 建模，如图 6-3-1 所示。

其中，约束条件单元格 F12、F13、F14 的命令分别为"=sum (B12：E12)""=sum (B13：E13)""=sum (B14：E14)"；约束条件单元格 B15、C15、D15、E15 的命令分别为"=sum (B12：B14)""=sum (C12：C14)""=sum (D12：D14)""=sum (E12：E14)"；目标函数单元格 C17 的命令为"=sumproduct (B5：E7，B12：E14)"。按照图 6-3-1 给定可变单元格与约束条件后，点

击"选项"按钮进行规划求解选项设置，如图 6-3-2 所示。

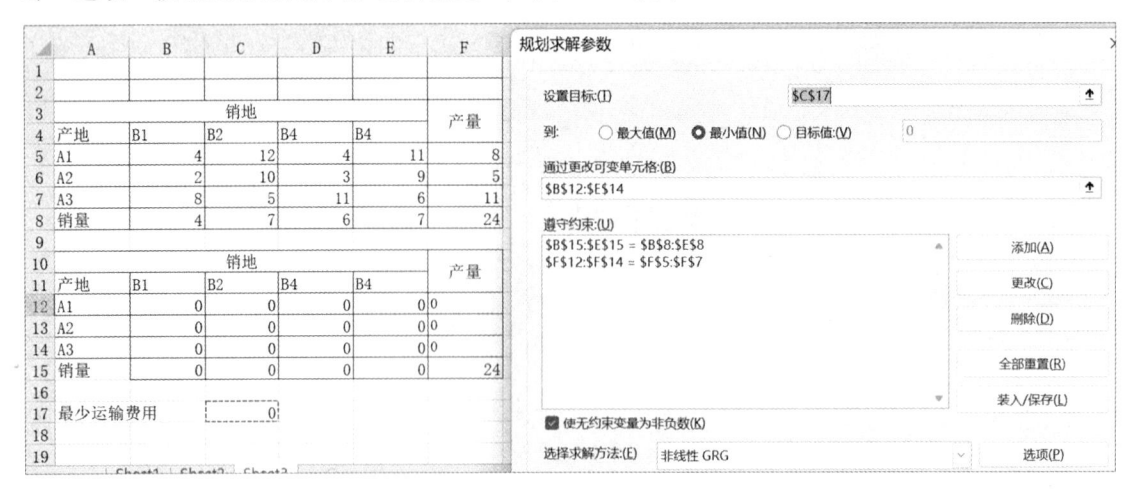

图 6-3-1　对例 6-3-1 建模

图 6-3-2　规划求解选项设置（1）

例 6-3-1 的求解结果如图 6-3-3 所示。

2. 用 Excel 求解产销不平衡运输问题

利用 Excel 求解产销不平衡运输问题时，可以不用将其转变为产销平衡运输问题而直接进行求解。

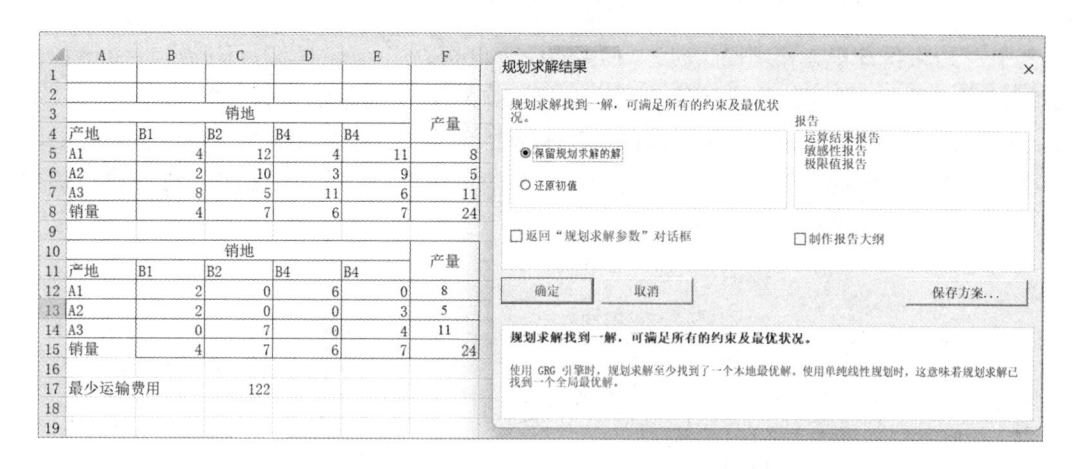

图 6-3-3 例 6-3-1 的求解结果（Excel）

例 6-3-2

某公司有 3 个生产同类产品的加工厂（产地），生产的产品由 3 个销售点（销地）出售，各产地的产量（单位：吨）、各销地的销量（单位：吨）及将产品由各产地运往各销地的单位运价（单位：元/吨）如表 6.3.4 所示，应如何调运才能使总运输费用最小？

表 6.3.4 产量、销量、单位运价表（2）

		销地			产量
		B₁	B₂	B₃	
产地	A₁	30	100	20	15
	A₂	40	110	80	25
	A₃	80	110	40	20
销量		20	30	20	

若不将产销不平衡运输问题转变成产销平衡运输问题，则产地仍然保持三个，只需在"规划求解参数"对话框的"遵守约束："输入框中将销量约束条件由产销平衡时的"$B$15：$E$15=$B$8：$E$8"改为"$C$15：$E$15<=$C$8：$E$8"，如图 6-3-4 所示。

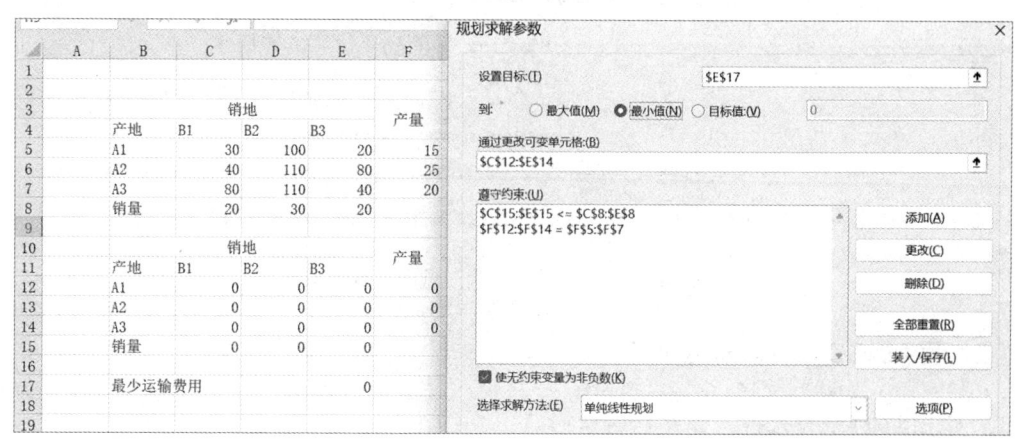

图 6-3-4 建模

其中，约束条件单元格 F12、F13、F14 的命令分别为"=sum(C12：E12)""=sum(C13：E13)""=sum(C14：E14)"；约束条件单元格 C15、D15、E15 的命令分别为"=sum(C12：C14)""=sum(D12：D14)""=sum(E12：E14)"；目标函数单元格 D17 的命令为"=sumproduct(C5：E7，C12：E14)"。按照图 6-3-4 给定可变单元格与约束条件后，点击"选项"按钮进行规划求解选项设置，如图 6-3-5 所示。

图 6-3-5　规划求解选项设置（2）

产销不平衡运输问题的求解结果如图 6-3-6 所示。

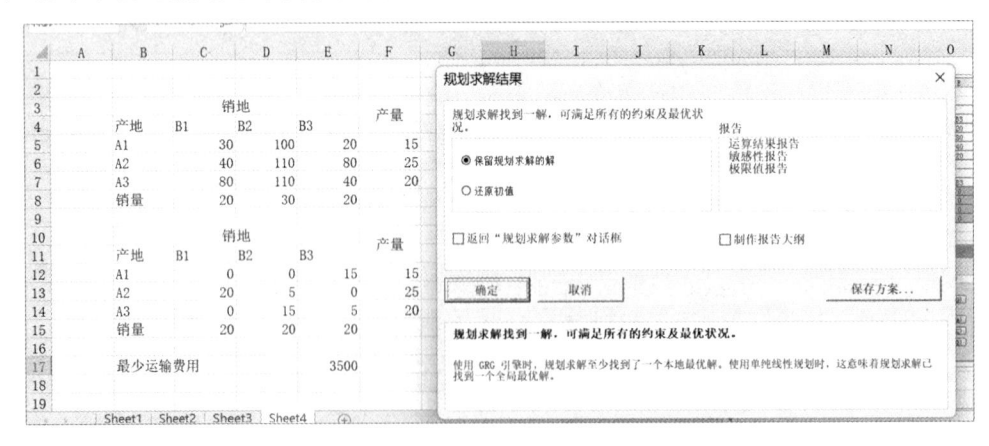

图 6-3-6　产销不平衡运输问题的求解结果

（二）用 LINGO 软件求解运输问题

1. 用 LINGO 软件求解产销平衡运输问题

下面对例 6-3-1 利用 LINGO 软件进行求解。

LINGO 程序如下。

```
MODEL:
sets:
Production/1, 2, 3/: a;
Sales/1, 2, 3, 4/: b;
link(Production, Sales): c, x;
endsets
data:
a=8, 5, 11;
b=4, 7, 6, 7;
c=4 12 4 11
  2 10 3 9
  8 5 11 6;
enddata
[OBJ]min=@sum(link: c*x);
@for(Production(i):
@sum(Sales(j): x(i, j))=a(i));
@for(Sales(j): @sum(Production(i): x(i, j))= b(j));
@for(link(i, j): x(i, j)>=0);
end
```

例 6-3-1 的求解结果如图 6-3-7 所示。

```
Global optimal solution found.
  Objective value:                        122.0000
  Infeasibilities:                        0.000000
  Total solver iterations:                       7

                       Variable        Value       Reduced Cost
                         A(1)        8.000000        0.000000
                         A(2)        5.000000        0.000000
                         A(3)        11.00000        0.000000
                         B(1)        4.000000        0.000000
                         B(2)        7.000000        0.000000
                         B(3)        6.000000        0.000000
                         B(4)        7.000000        0.000000
                        C(1, 1)      4.000000        0.000000
                        C(1, 2)      12.00000        0.000000
                        C(1, 3)      4.000000        0.000000
                        C(1, 4)      11.00000        0.000000
                        C(2, 1)      2.000000        0.000000
                        C(2, 2)      10.00000        0.000000
                        C(2, 3)      3.000000        0.000000
                        C(2, 4)      9.000000        0.000000
                        C(3, 1)      8.000000        0.000000
                        C(3, 2)      5.000000        0.000000
                        C(3, 3)      11.00000        0.000000
```

图 6-3-7　例 6-3-1 的求解结果（LINGO）

```
            C(3, 4)         6.000000         0.000000
            X(1, 1)         0.000000         0.000000
            X(1, 2)         0.000000         2.000000
            X(1, 3)         6.000000         0.000000
            X(1, 4)         2.000000         0.000000
            X(2, 1)         4.000000         0.000000
            X(2, 2)         0.000000         2.000000
            X(2, 3)         0.000000         1.000000
            X(2, 4)         1.000000         0.000000
            X(3, 1)         0.000000         9.000000
            X(3, 2)         7.000000         0.000000
            X(3, 3)         0.000000         12.00000
            X(3, 4)         4.000000         0.000000

        Row         Slack or Surplus      Dual Price
        OBJ           122.0000            -1.000000
```

图 6-3-7　例 6-3-1 的求解结果（LINGO）（续）

求解结果为 $x_{13}=6$，$x_{14}=2$，$x_{21}=4$，$x_{24}=1$，$x_{32}=7$，$x_{34}=4$；目标函数最优值为 122。需要注意的是，在 LINGO 软件中，默认决策变量均为非负值。

2. 用 LINGO 软件求解产销不平衡运输问题

下面对例 6-3-2 利用 LINGO 软件进行求解。

LINGO 程序如下。

```
MODEL:
sets:
Production/1, 2, 3/: a;
Sales/1, 2, 3/: b;
link(Production, Sales): c, x;
endsets
data:
a=15, 25, 20;
b=20, 30, 20;
c=30 100 20
   40 110 80
   80 110 40;
enddata
[OBJ]min=@sum(link: c*x);
@for(Production(i): @sum(Sales(j): x(i, j))=a(i));
@for(Sales(j): @sum(Production(i): x(i, j))<=b(j));
@for(link(i, j): x(i, j)>=0);
end
```

例 6-3-2 的求解结果如图 6-3-8 所示。

```
Global optimal solution found.
  Objective value:                      3500.000
  Infeasibilities:                      0.000000
  Total solver iterations:                     6

            Variable        Value       Reduced Cost
              A(1)        15.00000        0.000000
              A(2)        25.00000        0.000000
              A(3)        20.00000        0.000000
              B(1)        20.00000        0.000000
              B(2)        30.00000        0.000000
              B(3)        20.00000        0.000000
            C(1, 1)       30.00000        0.000000
            C(1, 2)       100.0000        0.000000
            C(1, 3)       20.00000        0.000000
            C(2, 1)       40.00000        0.000000
            C(2, 2)       110.0000        0.000000
            C(2, 3)       80.00000        0.000000
            C(3, 1)       80.00000        0.000000
            C(3, 2)       110.0000        0.000000
            C(3, 3)       40.00000        0.000000
            X(1, 1)       0.000000        10.00000
            X(1, 2)       0.000000        10.00000
            X(1, 3)       15.00000        0.000000
            X(2, 1)       20.00000        0.000000
            X(2, 2)       5.000000        0.000000
            X(2, 3)       0.000000        40.00000
            X(3, 1)       0.000000        40.00000
            X(3, 2)       15.00000        0.000000
            X(3, 3)       5.000000        0.000000

             Row    Slack or Surplus    Dual Price
             OBJ        3500.000        -1.000000
              2         0.000000        -90.00000
              3         0.000000        -110.0000
              4         0.000000        -110.0000
              5         0.000000         70.00000
              6         10.00000         0.000000
              7         0.000000         70.00000
              8         0.000000         0.000000
              9         0.000000         0.000000
             10         15.00000         0.000000
             11         20.00000         0.000000
             12         5.000000         0.000000
             13         0.000000         0.000000
```

图 6-3-8 例 6-3-2 的求解结果（LINGO）

求解结果为 $x_{13}=15$，$x_{21}=20$，$x_{22}=5$，$x_{32}=15$，$x_{33}=5$；目标函数最优值为 3500。

（三）用管理运筹学软件求解运输问题

1. 用管理运筹学软件求解产销平衡运输问题

例 6-3-3

某公司从三个产地 A_1、A_2、A_3 将产品运往四个销地 B_1、B_2、B_3、B_4，各产地的产量（单位：吨）、各销地的销量（单位：吨）和将产品由各产地运往各销地的单位运价（单位：万元

（吨）如表6.3.5所示。问：应如何调运使总运输费用最小?

表6.3.5 产量、销量、单位运价表（3）

		销地				产量
		B_1	B_2	B_3	B_4	
产地	A_1	6	7	5	3	14
	A_2	8	4	2	7	27
	A_3	5	9	10	6	19
销量		22	13	12	13	

设 x_{ij} 为从产地 A_i 运往销地 B_j 的运输量，得到运输量表如表6.3.6所示。

表6.3.6 运输量表

单位：吨

		销地				产量
		B_1	B_2	B_3	B_4	
产地	A_1	x_{11}	x_{12}	x_{13}	x_{14}	14
	A_2	x_{21}	x_{22}	x_{23}	x_{24}	27
	A_3	x_{31}	x_{32}	x_{33}	x_{34}	19

目标函数为

$\min f = 6x_{11} + 7x_{12} + 5x_{13} + 3x_{14} + 8x_{21} + 4x_{22} + 2x_{23} + 7x_{24} + 5x_{31} + 9x_{32} + 10x_{33} + 6x_{34}$。

从产地 A_1 运出的运输量等于其产量：$x_{11} + x_{12} + x_{13} + x_{14} = 14$。

从产地 A_2 运出的运输量等于其产量：$x_{21} + x_{22} + x_{23} + x_{24} = 27$。

从产地 A_3 运出的运输量等于其产量：$x_{31} + x_{32} + x_{33} + x_{34} = 19$。

运到销地 B_1 的运输量等于其销量：$x_{11} + x_{21} + x_{31} = 22$。

运到销地 B_2 的运输量等于其销量：$x_{12} + x_{22} + x_{32} = 13$。

运到销地 B_3 的运输量等于其销量：$x_{13} + x_{23} + x_{33} = 12$。

运到销地 B_4 的运输量等于其销量：$x_{14} + x_{24} + x_{34} = 13$。

运输量为非负值：$x_{ij} \geq 0$（$i=1,2,3$, $j=1,2,3,4$）。

整理可得

$$\min f = 6x_{11} + 7x_{12} + 5x_{13} + 3x_{14} + 8x_{21} + 4x_{22} + 2x_{23} + 7x_{24} + 5x_{31} + 9x_{32} + 10x_{33} + 6x_{34}$$

$$\text{s.t.} \begin{cases} x_{11} + x_{12} + x_{13} + x_{14} = 14 \\ x_{21} + x_{22} + x_{23} + x_{24} = 27 \\ x_{31} + x_{32} + x_{33} + x_{34} = 19 \\ x_{11} + x_{21} + x_{31} = 22 \\ x_{12} + x_{22} + x_{32} = 13 \\ x_{13} + x_{23} + x_{33} = 12 \\ x_{14} + x_{24} + x_{34} = 13 \\ x_{ij} \geq 0 \, (i=1,2,3; \, j=1,2,3,4) \end{cases} \quad (6\text{-}3\text{-}12)$$

运行管理运筹学软件,选择"运输问题"模块,点击"新建"按钮,设置目标函数,输入产地个数、销地个数,点击"确定"按钮后,工作区中会出现单位运价表。

按照各个产地到销地的运价情况完善单位运价表。

点击"解决"按钮,输出求解结果,如图6-3-9所示。

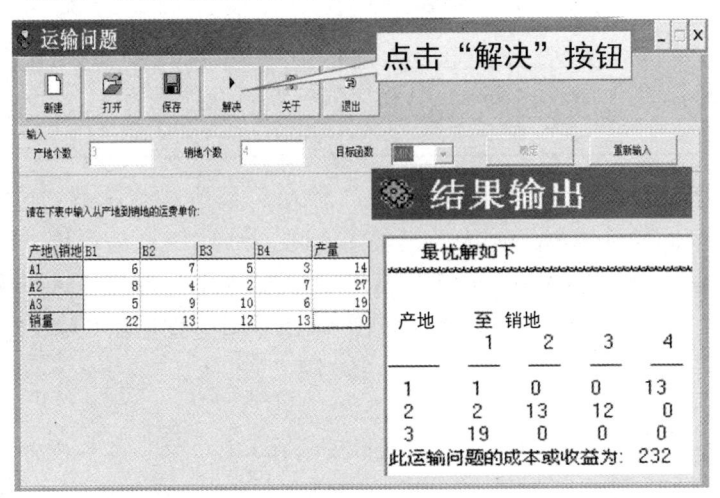

图6-3-9 例6-3-3的求解结果

求解结果显示:此运输问题的成本为232万元。最佳运输方案为:从产地A_1向销地B_1和B_4分别运输1吨和13吨产品;从产地A_2分别向销地B_1、B_2、B_3运输2吨、13吨和12吨产品;从产地A_3向销地B_1运输19吨产品,只有这样,才能够使总运输费用最小,且能保障各个销地的产品需求。

2. 用管理运筹学软件求解产销不平衡运输问题

例6-3-4

某公司从两个产地A_1、A_2将产品运往三个销地B_1、B_2、B_3,各产地的产量(单位:吨)、各销地的销量(单位:吨)和将产品由各产地运往各销地的单位运价(单位:万元/吨)如表6.3.7所示,问:应如何调运使总运输费用最小?

表6.3.7 产量、销量、单位运价表(4)

		销地			产量
		B_1	B_2	B_3	
产地	A_1	6	4	6	300
	A_2	6	5	5	300
销量		150	150	200	600(总产量) 500(总销量)

这一问题属于产销不平衡运输问题中总产量大于总销量的运输问题,利用管理运筹学软件求解这类问题时可以增加一个假想的销地且设置单位运价为0万元/吨。增加假想销地后的产量(单位:吨)、销量(单位:吨)、单位运价(单位:万元/吨)表如表6.3.8所示。

表 6.3.8　增加假想销地后的产量、销量、单位运价表

		销地				产量
		B_1	B_2	B_3	B_4	
产地	A_1	6	4	6	0	300
	A_2	6	5	5	0	300
销量		150	150	200	100	600（总产量） 500（总销量）

利用管理运筹学软件求得的最优解为：从产地 A_1 向销地 $B_1 \sim B_3$ 分别运输 50 吨、150 吨、0 吨产品，从产地 A_2 向销地 $B_1 \sim B_3$ 分别运输 100 吨、0 吨、200 吨产品，其中总产量多出总销量 100 吨，产地 A_1 剩余 100 吨。此问题还有另一个最优解：从产地 A_1 向销地 $B_1 \sim B_3$ 分别运输 150 吨、150 吨、0 吨产品，从产地 A_2 向销地 $B_1 \sim B_3$ 分别运输 0 吨、0 吨、200 吨产品，其中总产量多出总销量 100 吨，产地 A_2 剩余 100 吨。

例 6-3-5

某公司从两个产地 A_1、A_2 将产品运往三个销地 B_1、B_2、B_3，各产地的产量（单位：吨）、各销地的销量（单位：吨）和将产品由各产地运往各销地的单位运价（单位：万元/吨）如表 6.3.9 所示，问：应如何调运使总运输费用最小？

表 6.3.9　产量、销量、单位运价表（5）

		销地			产量
		B_1	B_2	B_3	
产地	A_1	6	4	6	200
	A_2	6	5	5	300
销量		250	200	200	500（总产量） 650（总销量）

这一问题属于产销不平衡运输问题中的总销量大于总产量的运输问题，利用管理运筹学软件求解这类问题时可以增加一个假想的产地且设置单位运价为 0 万元/吨，即可达到产销平衡。增加假想产地后的产量（单位：吨）、销量（单位：吨）、单位运价（单位：万元/吨）表如表 6.3.10 所示。

表 6.3.10　增加假想产地后的产量、销量、单位运价表

		销地			产量
		B_1	B_2	B_3	
产地	A_1	6	4	6	200
	A_2	6	5	5	300
	A_3	0	0	0	150
销量		250	200	200	650（总产量） 650（总销量）

运用管理运筹学软件求得的最优解如图 6-3-10 所示。最优解为：从产地 A_1 向销地 B_2 运输 200 吨产品，从产地 A_2 向销地 B_1 运输 100 吨产品，从产地 A_2 向销地 B_3 运输 200 吨产品。其中总销量（总需求量）多出总产量（总供应量）150 吨，销地 B_1 的需求未得到满足，缺少 150 吨。此运输问题的总成本为 2400 万元。

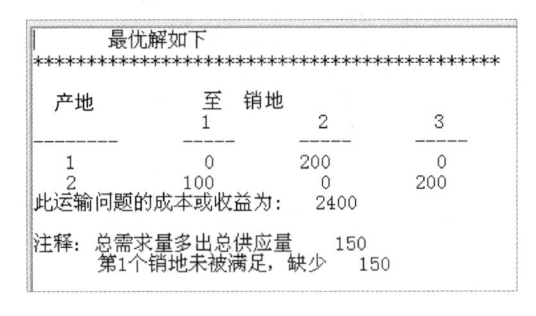

```
最优解如下
************************************************
产地        至  销地
                1           2           3
----        ----        ----        ----
 1            0          200           0
 2          100            0          200
此运输问题的成本或收益为：    2400

注释：总需求量多出总供应量      150
      第1个销地未被满足，缺少      150
```

图 6-3-10　例 6-3-5 的求解结果

例 6-3-6

石家庄北方研究院有一、二、三 3 个区（需求地）。每年分别需要用煤 3000 吨、1000 吨、2000 吨，由河北临城煤矿、山西盂县煤矿（产地）负责供应，煤的价格、质量相同。河北临城煤矿、山西盂县煤矿的供应能力分别为 1500 吨、4000 吨，供应量（单位：吨）、需求量（单位：吨）及单位运价（单位：万元/吨）如表 6.3.11 所示。

表 6.3.11　供应量、需求量及单位运价表（1）

		需求地			供应量
		一区	二区	三区	
产地	山西盂县煤矿	1.8	1.7	1.55	4000
	河北临城煤矿	1.6	1.5	1.75	1500
需求量		3000	1000	2000	

由于需求量大于供应量，经研究决定对一区的供应量可减少 0~300 吨，二区的需求量必须被满足，对三区的供应量不少于 1500 吨，试求总运输费用最小的调运方案。

根据题意，制作产销平衡后的供应量（单位：吨）、需求量（单位：吨）及单位运价（单位：万元/吨）表，如表 6.3.12 所示。

表 6.3.12　产销平衡后的供应量、需求量及单位运价表（1）

		需求地					产量
		一区（1）	一区（2）	二区	三区（1）	三区（2）	
产地	山西盂县煤矿	1.8	1.8	1.7	1.55	1.55	4000
	河北临城煤矿	1.6	1.6	1.5	1.75	1.75	1500
	假想产地	M	0	M	M	0	500
需求量		2700	300	1000	1500	500	

这里 M 代表一个很大的正数，其作用是强迫相应的 x_{31}、x_{33}、x_{34} 取值为 0。这里将一区和

三区拆分,并分别赋予不同的运输量,其意义在于一区、三区的运输量可调整,利用管理运筹学软件求解,求解结果如图 6-3-11 所示。

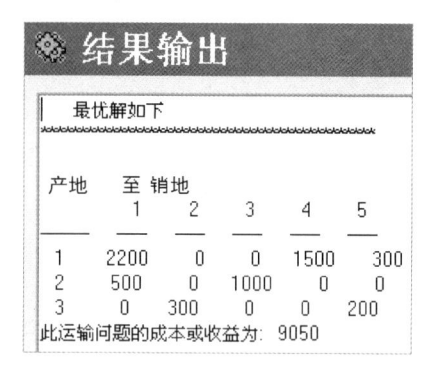

```
结果输出
最优解如下
*******************
产地  至 销地
       1     2     3     4     5
 1    2200   0     0    1500  300
 2    500    0   1000    0     0
 3     0    300    0     0   200
此运输问题的成本或收益为: 9050
```

图 6-3-11 例 6-3-6 的求解结果

以上求解结果显示:由山西盂县煤矿向一区运输 2200 吨煤,向三区运输 1800 吨煤,不向二区运输煤;由河北临城煤矿向一区运输 500 吨煤,向二区运输 1000 吨煤;总运输费用为 9050 万元。

例 6-3-7

设有 A、B、C 三个化肥厂供应 1、2、3、4 四个地区的化肥。假设化肥的效果相同,各化肥厂的产量(单位:吨)、各地区的需求量(单位:吨)及将化肥由各化肥厂运往各地区的单位运价(单位:万元/吨)如表 6.3.13 所示。

表 6.3.13 产量、需求量及单位运价表

		地区				产量
		1	2	3	4	
化肥厂	A	16	13	22	17	50
	B	14	13	22	17	60
	C	19	20	23	—	50
最低需求量		30	70	0	10	
最高需求量		50	70	30	不限	

注:"—"表示此地区的需求量必须得到满足,即虚设化肥厂不能向此地运输。

试求总运输费用最小的化肥调拨方案。

根据题意,制作出产销平衡后的产量(单位:吨)、需求量(单位:吨)及单位运价(单位:万元/吨)表,如表 6.3.14 所示。

表 6.3.14 产销平衡后的产量、需求量及单位运价表

		需求地						产量
		1′	1″	2	3	4′	4″	
化肥厂	A	16	16	13	22	17	17	50
	B	14	14	13	19	15	15	60

续表

化肥厂		需求地						产量
		1′	1″	2	3	4′	4″	
化肥厂	C	19	19	20	23	M	M	50
	D							50
需求量		30	20	70	30	10	50	210

最低需求量必须被满足，因此把相应的虚设化肥厂的单位运价取值为 M（M 为一个很大的正数），而最高需求量与最低需求量之间的差额允许按需要安排，因此把相应的虚设化肥厂的单位运价取值为 0。4″地区的需求量为 50 吨是考虑问题本身适当选取的数据，根据产销平衡要求确定化肥厂 D 的产量为 50 吨。得出完善后的产量（单位：吨）、需求量（单位：吨）及单位运价（单位：万元/吨）表如表 6.3.15 所示。

表 6.3.15　完善后的产量、需求量及单位运价表

化肥厂		需求地						产量
		1′	1″	2	3	4′	4″	
化肥厂	A	16	16	13	22	17	17	50
	B	14	14	13	19	15	15	60
	C	19	19	20	23	M	M	50
	D	M	0	M	0	M	0	50
销量		30	20	70	30	10	50	210

在利用管理运筹学软件进行求解时，M 的取值可以是一个足够大的正数，对本例来讲，M 取 200 就足够大，将表 6.3.15 中的数据输入管理运筹学软件，得到例 6-3-7 的求解结果，如图 6-3-12 所示。

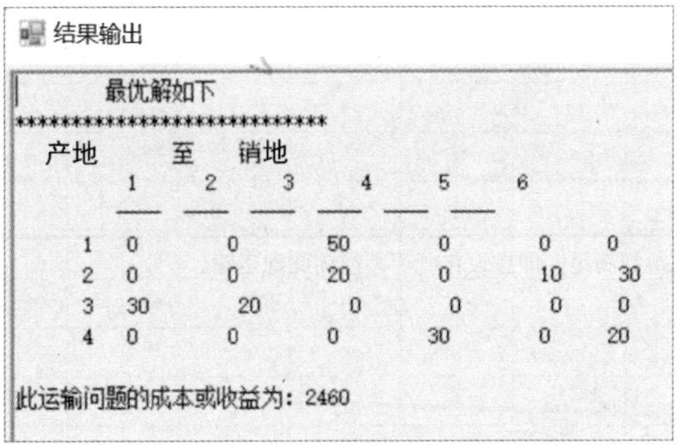

图 6-3-12　例 6-3-7 的求解结果

由求解结果可以看出：1 地区的 50 吨需求量（最高需求量）得到满足，均由化肥厂 C 供应，2 地区的 70 吨需求量由化肥厂 A 和化肥厂 B 分别供应 50 吨和 20 吨，3 地区无供应，4 地区的 40 吨需求量由化肥厂 B 供应；总运输费用为 2460 万元。其中，化肥厂 D 为虚设的产地，3 地区的 30 吨需求量未被满足。

例 6-3-8

某公司有 A_1、A_2、A_3 三个分厂（产地）生产某种物资，分别供应 B_1、B_2、B_3、B_4 四个地区的销售公司（销地）销售。假设质量相同，各产地的产量（单位：吨）、各销地的销量（单位：吨）及各产地运往各销地的单位运价（单位：万元/吨）如表 6.3.16 所示，试求总运输费用最小的调运方案。

表 6.3.16 产量、销量、单位运价表（6）

		销地				产量
		B_1	B_2	B_3	B_4	
产地	A_1	3	11	3	10	7
	A_2	1	9	2	8	4
	A_3	7	4	10	5	9
销量		3	6	5	6	20

假设：

① 每个产地的物资不一定直接运往销地，可以先集中到几个产地，再一起运输到销地。

② 运往各销地的物资可以先运往其中几个销地，再转运给其他销地。

③ 除产地和销地之外，还有 4 个中转站 T_1、T_2、T_3、T_4，用于在产地之间、销地之间或在产地与销地之间转运。

假设产地、销地后的单位运价表如表 6.3.17 所示。

表 6.3.17 假设产地、销地后的单位运价表

单位：万元/吨

		销地										
		A_1	A_2	A_3	T_1	T_2	T_3	T_4	B_1	B_2	B_3	B_4
产地	A_1		1	3	2	1	4	3	3	11	3	10
	A_2	1		—	3	5	—	2	1	9	2	8
	A_3	3	—		1	—	2	3	7	4	10	5
	T_1	2	3	1		1	3	2	2	8	4	6
	T_2	1	5	—	1		1	1	4	5	2	7
	T_3	4	—	2	3	1		2	1	8	2	4
	T_4	3	2	3	2	1	2		1	—	2	6
	B_1	3	1	7	2	4	1	1		1	4	2
	B_2	11	9	4	8	5	8	—	1		2	1
	B_3	3	2	10	4	2	2	2	4	2		3
	B_4	10	8	5	6	7	4	6	2	1	3	

注："—"表示对应的 A_i 不向 B_j 运输物资。

把此转运问题转化为一般运输问题的思路如下。

① 把所有产地、销地、中转站都同时看作产地和销地。

② 将表 6.3.17 中不可能方案的单位运价取为 M 万元/吨，自身对自身的单位运价为 0 万元/吨。

③ A_i：产量为 20 吨+原产量，销量为 20 吨；T_i：产量、销量均为 20 吨；B_i：产量为 20

吨，销量为 20 吨+原销量。其中，20 吨为各点可能变化的最大流量。

④ 对于最优调运方案，其中 x_{ii} 为自身对自身的运输量，实际上不进行运输。

扩大后的运输问题产销平衡，其产量（单位：吨）、销量（单位：吨）及单位运价（单位：万元/吨）表如表 6.3.18 所示。

表 6.3.18　扩大后的产量、销量及单位运价表

		销地											产量
		A_1	A_2	A_3	T_1	T_2	T_3	T_4	B_1	B_2	B_3	B_4	
产地	A_1	0	1	3	2	1	4	3	3	11	3	10	27
	A_2	1	0	M	3	5	M	2	1	9	2	8	24
	A_3	3	M	0	1	M	2	3	7	4	10	5	29
	T_1	2	3	1	0	1	3	2	2	8	4	6	20
	T_2	1	5	M	1	0	1	1	4	5	2	7	20
	T_3	4	M	2	3	1	0	2	1	8	2	4	20
	T_4	3	2	3	2	1	2	0	1	M	2	6	20
	B_1	3	1	7	2	4	1	1	0	1	4	2	20
	B_2	11	9	4	8	5	8	M	1	0	2	1	20
	B_3	3	2	10	4	2	2	2	4	2	0	3	20
	B_4	10	8	5	6	7	4	6	2	1	3	0	20
销量		20	20	20	20	20	20	20	23	26	25	26	240

根据表 6.3.18，利用管理运筹学软件即可按照步骤求解，这里不做过多描述。

四、案例分析

（一）P&T 公司产品运输案例

1. 案例背景

P&T 公司是一家由家族经营的美国公司，它收购蔬菜并在食品罐头厂中将蔬菜加工成罐头，然后把这些罐头分销到各地。其中，豌豆罐头分别在贝林翰工厂、尤基尼工厂和艾贝尔·李工厂三个食品罐头厂进行加工，然后用卡车把豌豆罐头运送到美国西部的萨克拉门托仓库、盐湖城仓库、赖皮特城仓库、奥尔巴古仓库四个分销仓库。

尽管该公司在这几年有所发展，然而利润并没有出现明显增长，这引起了股东们的不满。公司 CEO 道格拉斯认为是公司的成本控制没有做好，因此下一步的工作重点是努力控制成本。他在浏览公司财务报表时发现，公司上季度的运输成本是 178000 美元，他记得几年前该数字是 100000 美元。于是，他找来配送经理理查德了解详细情况。理查德称主要原因是货车司机的雇佣费提高了，而要通过降低货车司机的雇佣费用来降低运输成本是很困难的。道格拉斯提出建议：可以考虑采用运筹学的方法，在运输方案上做一些调整，以此达到降低运输成本的目的。

2. 问题分析

理查德接受道格拉斯的建议后立即着手工作，请来几个专家对公司目前的配送情况进行

诊断。

首先,专家们发现,许多年来,公司一直采用如下配送策略。

(1) 因为贝林翰工厂距离仓库最远,所以把它生产的产品运送到离它最近的萨克拉门托仓库,若还有剩余,则运送到盐湖城仓库。

(2) 因为奥尔巴古仓库距离三个工厂都相对较远,故它的需求由离它最近的艾贝尔·李工厂供给,若还有剩余,则运送到赖皮特城仓库。

(3) 其他仓库的需求由尤基尼工厂满足。

其次,专家们查阅公司以往的供需数据发现,三个工厂的产量分别为贝林翰工厂 75 卡车、尤基尼工厂 125 卡车、艾贝尔·李工厂 100 卡车;四个仓库获得的配送量分别为萨克拉门托仓库 80 卡车、盐湖城仓库 65 卡车、赖皮特城仓库 70 卡车、奥尔巴古仓库 85 卡车。各工厂运送豌豆罐头到各仓库的运输成本如表 6.3.19 所示。

表 6.3.19 各工厂运送豌豆罐头到各仓库的运输成本

单位:美元/卡车

	萨克拉门托仓库	盐湖城仓库	赖皮特城仓库	奥尔巴古仓库
贝林翰工厂	464	513	654	867
尤基尼工厂	352	416	690	791
艾贝尔·李工厂	995	682	388	685

3. 问题求解

(1) 根据该公司的现状分析和收集的数据可知,三个工厂相当于三个产地,四个仓库可看成四个销地,由于三个工厂的总产量为 75+125+100=300 卡车,四个仓库的总配送量为 80+65+70+85=300 卡车,两者恰好相等,故这是一个典型的产销平衡运输问题。

设工厂运送给仓库的豌豆罐头量为 x_{ij}($i=1,2,3$;$j=1,2,3,4$),建立该运输问题的数学模型如下。

$$\min z = \sum_{i=1}^{3}\sum_{j=1}^{4} c_{ij}x_{ij}$$

$$\text{s.t.} \begin{cases} x_{11}+x_{12}+x_{13}+x_{14}=75 \\ x_{21}+x_{22}+x_{23}+x_{24}=125 \\ x_{31}+x_{32}+x_{33}+x_{34}=100 \\ x_{11}+x_{21}+x_{31}=80 \\ x_{12}+x_{22}+x_{32}=65 \\ x_{13}+x_{23}+x_{33}=70 \\ x_{14}+x_{24}+x_{34}=85 \\ x_{ij} \geqslant 0\ (i=1,2,3;\ j=1,2,3,4) \end{cases}$$

(6-3-13)

(2) 求解公司目前配送方案的运输成本。结合公司目前的配送方案,具体的配送数据如表 6.3.20 所示。

表 6.3.20 具体的配送数据

单位：卡车

	萨克拉门托仓库	盐湖城仓库	赖皮特城仓库	奥尔巴古仓库
贝林翰工厂	75	0	0	0
尤基尼工厂	5	65	55	0
艾贝尔·李工厂	0	0	15	85

根据表 6.3.19 中的运输成本和表 6.3.20 中的具体配送数据可知，P&T 公司目前的配送方案的运输成本为

75×464+5×352+65×416+55×690+15×388+85×685=165595（美元）

（3）利用 LINGO 软件对该运输问题进行求解。

LINGO 程序如下。

```
MODEL:
sets:
Production/1, 2, 3/: a;
Warehouse/1, 2, 3, 4/: b;
link(Production, Warehouse): c, x;
endsets
data:
a=75, 125, 100;
b=80, 65, 70, 85;
c=464 513 654 867
  352 416 690 791
  995 682 388 685;
enddata
[OBJ]min=@sum(link: c*x);
@for(Production(i): @sum(Warehouse(j): x(i, j))=a(i));
@for(Warehouse(j): @sum(Production(i): x(i, j))<=b(j));
@for(link(i, j): x(i, j)>=0);
end
```

求解结果如图 6-3-13 所示。

```
Global optimal solution found.
  Objective value:                              152535.0
  Infeasibilities:                              0.000000
  Total solver iterations:                             8

              Variable           Value        Reduced Cost
                  A(1)        75.00000            0.000000
                  A(2)        125.0000            0.000000
                  A(3)        100.0000            0.000000
                  B(1)        80.00000            0.000000
                  B(2)        65.00000            0.000000
                  B(3)        70.00000            0.000000
```

图 6-3-13 求解结果（LINGO）

B(4)	85.00000	0.000000
C(1, 1)	464.0000	0.000000
C(1, 2)	513.0000	0.000000
C(1, 3)	654.0000	0.000000
C(1, 4)	867.0000	0.000000
C(2, 1)	352.0000	0.000000
C(2, 2)	416.0000	0.000000
C(2, 3)	690.0000	0.000000
C(2, 4)	791.0000	0.000000
C(3, 1)	995.0000	0.000000
C(3, 2)	682.0000	0.000000
C(3, 3)	388.0000	0.000000
C(3, 4)	685.0000	0.000000
X(1, 1)	0.000000	15.00000
X(1, 2)	20.00000	0.000000
X(1, 3)	0.000000	84.00000
X(1, 4)	55.00000	0.000000
X(2, 1)	80.00000	0.000000
X(2, 2)	45.00000	0.000000
X(2, 3)	0.000000	217.0000
X(2, 4)	0.000000	21.00000
X(3, 1)	0.000000	728.0000
X(3, 2)	0.000000	351.0000
X(3, 3)	70.00000	0.000000
X(3, 4)	30.00000	0.000000

图 6-3-13　求解结果（LINGO）（续）

新的配送方案：从贝林翰工厂运送 20 卡车豌豆罐头到盐湖城仓库，运送 55 卡车豌豆罐头到奥尔巴古仓库；从尤基尼工厂运送 80 卡车豌豆罐头到萨克拉门托仓库，运送 45 卡车豌豆罐头到盐湖城仓库；从艾尔贝·李工厂运送 70 卡车豌豆罐头到赖皮特城仓库，运送 30 卡车豌豆罐头到奥尔巴古仓库。该配送方案的总运输费用为 152535 美元。

可见，P&G 公司若采用优化后的配送方案，将节约运输成本 13060 美元。

（二）广州腾飞仪器有限公司供销案例

1. 案例背景

广州腾飞仪器有限公司在大连和广州有两个分厂，它们生产同一种仪器，大连分厂每月生产 400 台，广州分厂每月生产 600 台。该公司的上海经销商和天津经销商负责南京、济南、南昌、青岛四个城市的仪器供应。因为大连距离青岛较近，公司允许大连分厂向青岛直接供货，运输网络及费用（单位：元）如图 6-3-14 所示。

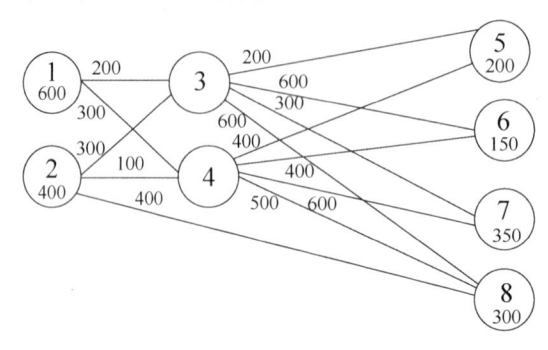

1—广州分厂；2—大连分厂；3—上海经销商；4—天津经销商；5—南京；6—济南；7—南昌；8—青岛。

图 6-3-14　运输网络及费用（单位：元）

2. 问题提出

应该如何调运仪器，使总运输费用最小？

3. 问题分析

根据以上内容可知，大连分厂每月生产 400 台仪器，广州分厂每月生产 600 台仪器，南京的需求量为 200 台/月，济南的需求为 150 台/月，南昌的需求为 350 台/月，青岛的需求为 300 台/月。将广州分厂生产的仪器运输到上海经销商和天津经销商的费用分别为 200 元/台和 300 元/台，将大连分厂生产的仪器运输到上海经销商和天津经销商的费用分别为 300 元/台和 100 元/台，将大连分厂生产的仪器直接运输到青岛的费用为 400 元/台。同理，由图 6-3-14 可知，上海和天津两个经销商将仪器运送到各个销地的运费为 200~600 元/台不等。

4. 问题求解

（1）首先，由产地运往经销商所在地只能由广州、大连运往上海和天津，这 4 条线路是有运费的，由于其他线路不能直接运输，可以使运费取一个足够大的正数 M。特别地，大连分厂可以直接将仪器运往青岛，运费为 400 元/台。

（2）上海经销商可以将仪器分销往南京、济南、南昌、青岛四个地区，这四个地区的运费已知，但上海经销商无法将仪器运往天津，故这条线路的运费取一个足够大的正数 M，这样可以保证这条线路不可取。同理，天津经销商的运输情况也可知，根据情况得出产量（单位：台）、销量（单位：台）及单位运价（单位：元/台）表，如表 6.3.21 所示。

表 6.3.21 产量、销量及单位运价表（7）

		销地						产量
		上海	天津	南京	济南	南昌	青岛	
产地	广州	200	300	M	M	M	M	600
	大连	300	100	M	M	M	400	400
	上海	0	M	200	600	300	600	1000
	天津	M	0	400	400	600	500	1000
销量		1000	1000	200	150	350	300	

（3）利用管理运筹学软件对该运输问题进行求解，M 随机取 10000。求解结果如图 6-3-15 所示。

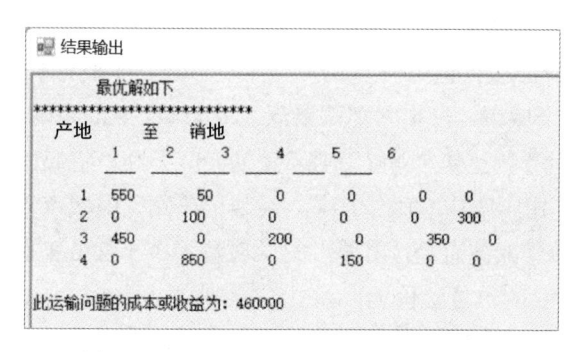

图 6-3-15 求解结果（管理运筹学软件）

根据求解结果可知，由广州分厂运往上海经销商和天津经销商的仪器数量分别为 550 台和 50 台；由大连分厂运往上海经销商和天津经销商的仪器数量分别为 0 台和 100 台，直接运往青岛的仪器数量为 300 台；经上海经销商运往南京、济南、南昌、青岛的仪器数量分别为 200 台、0 台、350 台、0 台；经天津经销商运往南京、济南、南昌、青岛的仪器数量分别为 0 台、150 台、0 台、0 台；总的运输成本为 460000 元。

本章习题

一、单选题

1. 若某线性规划问题的目标函数为求最小成本，其中一个约束条件的对偶价格为-5，则表示当该约束条件对应的资源增加 1 单位时，成本如何变化？（　　）

　　A．减小　　　　　B．增加　　　　　C．不变　　　　　D．无法判断

2. 在一定范围内，当约束条件右端常数项增加 1 个单位时，若约束条件的对偶价格（　　），则其目标函数最优值得到改善（变好）。

　　A．小于 0　　　　B．等于 0　　　　C．大于 0　　　　D．不确定

3. 在以下运输问题数学模型的一般形式中，若 x_{ij} 表示 A_i 地区发往 B_j 地区的运输量，则（　　）表示 A_i 运输量之和等于其产量。

$$\min s = \sum_{j=1}^{n}\sum_{i=1}^{m} c_{ij} x_{ij} \quad (1)$$

$$\begin{cases} \sum_{j=1}^{n} x_{ij} = a_i \ (i=1,2,\cdots,m) & (2) \\ \sum_{i=1}^{m} x_{ij} = b_j \ (i=1,2,\cdots,n) & (3) \\ x_{ij} \geq 0 \ (i=1,2,\cdots,m;\ j=1,2,\cdots,n) & (4) \end{cases}$$

　　A．（1）　　　　B．（2）　　　　C．（3）　　　　D．（4）

4. 对于总产量大于总销量的运输问题，在增加一个假想销地后转化为产销平衡运输问题，此时各产地到假想销地的单位运价应设为（　　）。

　　A．M（足够大的正数）　　　　　　　B．0
　　C．现有单位运价的最大值　　　　　　D．以上都不对

5. 有甲、乙、丙三个城市，每年分别需要煤 320 万吨、250 万吨、350 万吨，由 A、B 两个煤矿供应。已知煤矿年产量：A 为 400 万吨，B 为 450 万吨，将煤由两个煤矿运至各城市的单位运价表如下表所示。由于需求量大于产量，经协商平衡，甲城市的供应量可减少 0～30 万吨，乙城市的需求量必须全部被满足，丙城市的供应量不少于 270 万吨。若将甲城市拆分成甲和甲′，则将煤由 B 运往甲′的单位运价为（　　）元/吨。

第六章 商业运营与规划

将煤由两个煤矿运至各城市的单位运价表

单位：元/吨

	甲	乙	丙
A	15	18	22
B	21	25	16

　　A．M（足够大的数）　　　　　　B．21
　　C．0　　　　　　　　　　　　　　D．以上都不是

6．运输问题的目标函数为（　　）。
　　A．man　　　B．mni　　　C．max　　　D．min

7．若运输问题单位运价表的某一行元素分别加上一个常数 k，则最优调运方案将（　　）。
　　A．发生变化　　　B．不发生变化　　　C．A、B 都有可能

8．在一个线性规划问题中，目标函数为求利润最大值，原最优解中原料 A 已用尽，此时若增加原料 A 的供应量，则利润（　　）。
　　A．增大　　　B．不变　　　C．减少　　　D．不确定

9．在运输问题的初始方案中，没有分配运输量的单元格所对应的变量为（　　）。
　　A．基变量　　　B．非基变量　　　C．松弛变量　　　D．剩余变量

10．A、B 两城市为煤炭产地，甲、乙、丙三地为煤炭销地，现要求：必须满足乙地的销售需求；当丙地需求未得到满足时，需以单价 200 元/吨在当地购买。当销量大于产量时，增加一假想产地 C，则 C 到甲、乙、丙三地的单位运价应分别为（　　）元/吨。
　　A．0　M　0　　B．M　0　20　　C．0　M　20　　D．M　M　20

11．对于同一个案例，决策变量的要求分别为大于或等于零、取整数，利用数学模型进行求解，以下哪项是两种不同要求下可能的目标函数最大值？（　　）
　　A．29　28　　B．29　无界解　　C．无界解　29　　D．28　29

12．当供应量大于需求量时，想将产销不平衡运输问题转化为产销平衡运输问题，可虚设一需求点，并令其需求量为（　　）。
　　A．0
　　B．所有单位运价中的最小值
　　C．所有单位运价中的最大值
　　D．最大与最小运输量之差

13．对于运输问题，采用 Excel 或其他软件均能找到一个（　　）。
　　A．可行解　　　B．非可行解　　　C．待改进解　　　D．最优解

14．运输问题本质上属于（　　）。
　　A．线性规划问题　　　　　　　　B．非线性规划问题
　　C．含 0-1 变量的整数规划问题　　D．以上都不对

二、多选题

1．线性规划主要解决的问题有（　　）。
　　A．资源一定，产出最大　　　　B．任务一定，投入最小
　　C．产出一定，资源最少　　　　D．以上三个都是

2．线性规划问题的数学模型的三要素为（　　）。

A．决策变量 B．约束条件
C．目标函数 D．最大目标

3．线性规划问题的解有以下哪几种情况？（　　）
A．有最优解 B．无穷多最优解
C．无界解 D．无可行解

4．线性规划在商业管理中的应用主要有（　　）。
A．人力资源合理安排问题 B．生产计划问题
C．套裁下料问题 D．配料问题
E．投资决策问题

5．根据决策变量的取值情况，整数规划问题可以分为（　　）。
A．纯整数规划问题 B．混合整数规划问题
C．正数规划问题 D．含 0-1 变量的整数规划问题

6．关于运输问题的分类，以下说法正确的是（　　）。
A．产销平衡运输问题 B．总产量大于总销量的运输问题
C．总销量大于总产量的运输问题 D．以上都不是

7．产销不平衡运输问题的处理方法有（　　）。
A．对于总产量大于总销量的运输问题，可以假想一个产地
B．对于总产量大于总销量的运输问题，可以假想一个销地
C．对于总销量大于总产量的运输问题，假想一个销地
D．对于总销量大于总产量的运输问题，假想一个产地
E．以上说法都正确

三、判断题

1．在一定范围内，当约束条件右端常数项增加 1 个单位时，若约束条件的对偶价格大于 0，则其目标函数最优值增大。（　　）

2．图解法适用于有 2 个及 2 个以上决策变量的线性规划问题。（　　）

3．整数规划问题的解可通过用四舍五入法或去尾法对线性规划问题的非整数解加以处理得到。（　　）

四、简答题

1．求解线性规划问题时可能出现几种结果？哪种结果说明建模时有错误？

2．什么是线性规划问题数学模型的标准形式？松弛变量和剩余变量的含义是什么？

3．试述线性规划问题的可行解、基础解、基可行解、最优解的概念及其相互关系。

4．用 LINGO 软件求解如下线性规划问题。

$$\max z = 4x_1 + x_2 + 2x_3$$

$$\begin{cases} 8x_1 + 3x_2 + x_3 \leqslant 2 \\ 6x_1 + x_2 + x_3 \leqslant 8 \\ x_1, x_2, x_3 \geqslant 0 \end{cases}$$

5. 对偶问题和对偶价格的经济意义是什么？
6. 什么是资源的影子价格？它与相应的市场价格有什么区别？
7. 整数规划问题的类型有哪些？
8. 试述分支定界法的思路。
9. 列举求解运输问题的几种方法。

五、案例分析

1. A、B、C 三个城市每年的电力需求量分别为 320 单位、250 单位和 350 单位，由 I、II 两个电站提供，它们的最大可供应电量分别为 400 单位和 450 单位，单位电力输电费如下表所示。由于需求量大于供应量，决定 A 城市的供应量可减少 0～30 单位，B 城市的供应量不变，C 城市的供应量不能少于 270 单位。试求将供应量用完的最低总费用分配方案。

单位电力输电费

单位：元

	A	B	C
I	15	18	22
II	21	25	16

2. 某公司在 3 年的计划期内，有 4 个项目可以投资：项目 I 从第一年到第三年年初都可以投资，预计每年年初投资，年末可收回本利 120%，每年又可以重新将所获本利纳入投资计划；项目 II 需要在第一年年初投资，经过两年可收回本利 150%，收回本利后又可以重新将所获本利纳入投资计划，但该项目的最大投资额不得超过 20 万元；项目 III 需要在第二年年初投资，经过两年可收回本利 160%，但该项目的最大投资额不得超过 15 万元；项目 IV 需要在第三年年初投资，年末可收回本利 140%，但该项目的最大投资额不得超过 10 万元。在 3 年计划期内，该公司第一年可供投资的资金有 30 万元。问：怎样投资，才能使该公司在 3 年计划期内获得最大利润？

3. 某家具制造厂生产五种不同规格的家具。每种家具都要经过机械成型、打磨、上漆三道重要工序。每道工序所需时间（单位：小时）、每道工序可用时间（单位：小时）、每种家具的利润（单位：元）由下表给出。问：工厂应如何安排生产，使总利润最大？

每道工序所需时间、每道工序可用时间、每种家具的利润

		所需时间					每道工序可用时间
		1	2	3	4	5	
工序	机械成型	3	4	6	2	3	3600
	打磨	4	3	5	6	4	3950
	上漆	2	3	3	4	3	2800
利润		200	300	200	400	300	

4. 某厂生产甲、乙、丙三种产品，它们均需经过 A、B、C 三种设备加工。生产单位产品所需的设备台时（单位：小时）、设备加工能力（单位：小时）及单位产品的利润（单位：元）如下表所示。

生产单位产品所需的设备台时数、设备加工能力及单位产品的利润

		设备台时			设备加工能力
		甲	乙	丙	
设备	A	1	1	1	100
	B	10	4	5	600
	C	2	2	6	300
单位产品利润		10	6	4	

（1）建立数学模型，求该厂获利最大的生产计划。

（2）当每件产品丙的利润增加到多大时，才值得安排生产？若每件产品丙的利润增加到 6 元，求最优生产计划。

（3）当产品甲的利润在多大范围内变化时，原最优计划保持不变？

（4）若设备 A 的能力为 $100+10q$，则保持原最优解不变的 q 的变化范围是多少？

（5）若合同规定该厂至少生产 10 件产品丙，试确定最优生产计划的变化。

5. 某企业生产甲、乙两种产品，单位产品的资源消耗及资源成本、资源拥有量如下表所示。

单位产品的资源消耗及资源成本、资源拥有量

	资源消耗		资源成本	资源拥有量
	甲	乙	/（元/单位资源）	
材料/千克	60	50	200	4200
设备 C/小时	30	40	10	3000
设备 D/小时	60	50	20	4500

据市场分析，产品甲、乙的销售价格分别为 13700 元和 11640 元，试确定获利最大的产品生产计划。

6. 某部门有 3 个生产同类产品的工厂（产地），生产的产品由 4 个销地出售，已知各产地 A_1、A_2、A_3 的产量（单位：吨），各销地 B_1、B_2、B_3、B_4 的销量（单位：吨），以及将产品由各产地运到各销地的单位运价（单位：元/吨），如下表所示，问：如何调运才能使总运输费用最小？

案例分析题 6 的产量、销量、单位运价表

		销地				产量
		B_1	B_2	B_3	B_4	
产地	A_1	4	12	4	11	16
	A_2	2	10	3	9	10
	A_3	8	5	11	6	22
销量		8	14	12	14	48

7. 三角洲集团公司是一家集设计、研发、制造、销售净水隔膜增压泵及净水厨卫产品的高新技术企业。它打算组建一个小组以开发新市场，故通过构建线性规划问题的数学模型来选

择组员。主管要求组员只能为 3 人、5 人或 7 人，并且要求组员从 3 个部门中抽选，使用以下决策变量定义。

x_1：从部门 1 中抽选的人数。

x_2：从部门 2 中抽选的人数。

x_3：从部门 3 中抽选的人数。

试写出约束条件，保证该小组由 3 人、5 人或 7 人组成。必要时可采用下面的整数变量。

① 若该小组由 3 人组成，则 $y_1=1$，否则 $y_1=0$。

② 若该小组由 5 人组成，则 $y_2=1$，否则 $y_2=0$。

③ 若该小组由 7 人组成，则 $y_3=1$，否则 $y_3=0$。

8. 某企业在 A_1 地已有一个工厂，其产品生产能力为 3 万箱，为了扩大生产，打算在 A_2、A_3、A_4、A_5 中再选择几个地方建厂。已知在 A_2、A_3、A_4、A_5 建厂的固定成本分别为 175 万元、30 万元、37.5 万元、50 万元，另外，A_1 产量及 A_2、A_3、A_4、A_5 建成厂的产量（单位：万箱）、销地的销量（单位：万箱），以及将产品由产地运往销地的单位运价（单位：元/箱），如下表所示。

（1）应该在哪几个地方建厂，在满足销量的前提下，使得其总的固定成本和总的运输费用之和最小？

（2）如果要求必须在 A_2、A_3 建一个厂，应在哪几个地方建厂？

案例分析题 8 的产量销量、单位运价表

		销地			产量
		B_1	B_2	B_3	
产地	A_1	8	4	3	30
	A_2	5	2	3	10
	A_3	4	3	4	20
	A_4	9	7	5	30
	A_5	10	4	2	40
销量		3	2	2	

第七章　商业预测

> **学习目标**
> 1. 了解潜在客户识别的定义。
> 2. 掌握潜在客户识别的方法。
> 3. 掌握潜在客户识别的模型，重点掌握潜在客户识别预测模型。
> 4. 了解时间序列预测模型的基本理论。
> 5. 了解时间序列预测模型的分析流程。
> 6. 掌握时间序列预测模型在 R 中的实现及其交叉精度检验。

商业预测，即使用预测方法对商业内容进行分析，以便在一定程度上降低不确定性，从而实现预测和提前判断。可以说，商业风险管理对不确定性重在管理，而商业预测重在预测，以降低不确定性。根据商业内容的不同，商业预测可以分为市场预测、客户预测、销售预测、价格预测等；根据方法不同，商业预测可以分为回归预测、潜在客户识别预测、时间序列预测等。

本章主要介绍商业预测领域比较常见、比较重要的两种预测：潜在客户识别预测和时间序列预测。潜在客户识别预测是指企业对潜在客户进行预测识别，以挖掘潜在客户，发现客户资源，合理地选择目标客户，将营销工作的重点转向那些最有可能成为高价值客户的潜在客户，从而更有效地利用企业有限的营销资源。时间序列预测关注企业的时间序列数据，如企业销售数据、产量数据、排污数据等。企业利用时间序列预测模型对时间序列数据进行建模，以预测未来数据走向，调整生产计划。

第一节　潜在客户识别预测

随着社会的进步和经济的发展，企业开始转向以客户为中心，尽可能地满足客户的需求，进而赢得市场，赢得客户，这也是企业不断发展和壮大的唯一途径。因此，一家企业的核心竞争力很大程度上取决于它是否能为客户提供更好的服务，是否能够通过满足客户需求实现促进企业利润极大增长的经营目标，所以以客户为中心，尽可能地满足客户需求必然会成为企业发展的趋势。

除此之外，面对每天出现的大量数据，如何从中发现有用的信息及规律，也逐渐成为人们特别关心的一个问题，在这种情况下，数据挖掘技术应运而生。数据挖掘技术可以从大量数据中挖掘出潜在的、有价值的模式或规律，而这些模式或规律可以辅助完成商业决策，最终给企业带来一定的价值，实现从商业数据到有价值的商业信息的转变。

潜在客户识别的本质是对数据挖掘技术中分类算法的研究，主要应用领域是零售业、金融保险业。在潜在客户识别的研究中,各种分类算法都是研究者关注的重点,本节将决策树的基本算法应用于潜在客户识别问题,从客户行为的海量数据中提取有价值的属性,并对其进行统计分析,建立数据模型,进而为潜在客户识别提供有力依据,为企业挖掘潜在客户提供参考。本节的主要内容就是介绍潜在客户识别理论及具体案例分析。

一、潜在客户识别理论

现代企业要想增加其利润,不仅要对现有的有价值客户进行维护,还要对那些具有潜在价值的客户,即潜在客户进行不断的挖掘[23]。

(一)潜在客户与客户价值

经济全球化和信息技术的快速发展使企业的生存环境发生了很大改变。企业为了能够在激烈的竞争环境中求得生存和发展,把自己的经营理念从以提高产品或服务质量为核心转向了以客户为核心。因此,将客户关系管理思想运用到企业的经营管理中,是企业生存环境的必然要求。然而,许多企业在努力研究如何不让现有客户流失的情况下,忽略了对潜在客户的挖掘,如果企业能够提前预测一些潜在客户,并对其进行相应的营销工作,就可能在很大程度上增加企业的利润,为企业创造更多的价值。所以,潜在客户识别具有非常重要的现实意义。

潜在客户其实就是这些客户:他们虽然现在还不是企业的有价值客户,但将来有可能成为企业的有价值客户,从而给企业带来巨大的利润。所谓的客户价值,就是指客户能为企业带来的价值,其大小等于企业过去、现在、未来从客户身上获得的收益与吸引、发展、维护客户所需的成本之差。

(二)客户价值的分类

客户价值包括客户的当前价值和潜在价值。与客户的当前价值相比,客户的潜在价值关系到企业的长远利益,对企业的将来更加重要,也是客户价值不可缺少的重要方面。正是由于这个原因,对客户潜在价值的研究越来越受到企业的重视。

(三)潜在客户识别方法

由于数据挖掘技术迎合了企业在营销和服务业务中涉及的客户数据的量大、细节化、分布广泛等特点,因此它在海量数据处理、潜在客户识别等方面发挥了重要作用。现有的潜在客户识别方法可以归纳为以下几种,数据挖掘技术能够有效地支持这些方法的应用。

1. 基于客户统计学特征的潜在客户识别方法

基于客户统计学特征(如年龄、性别、收入、职业、地区等)的潜在客户识别方法(客户统计识别方法)已被大家熟悉。发展后的客户统计识别方法需要借助在线分析技术或其他数据挖掘技术来收集和处理庞大的客户信息。然而,仅仅将外在特征作为识别依据受到了很多学者的质疑,除非在相对稳定的市场中,或者针对特定的市场销售特定的产品,否则客户统计识别方法还不能够预测客户未来的购买行为。

客户统计识别方法虽然简单易行,但缺乏有效性,难以反映客户需求、客户价值和客户关系,难以指导企业如何去吸引客户、维护客户,难以满足核心客户关系管理的需要。

2. 基于客户交易行为的潜在客户识别方法

在基于客户交易行为的潜在客户识别方法中，被广泛使用的有 RFM 模型、客户价值矩阵分析、ABC 分类法等。

(1) RFM 模型。

在潜在客户识别中，常通过 RFM 模型来对客户的消费习惯加以量化。在该模型中，RFM 表示三个维度：R（Recency）即最近购买期，指客户最近一次从企业购买产品的时间，这是衡量企业是否具有留住客户的能力的最好标准；F（Frequency）即购买频率，指某一特定时期内客户购买产品的次数，它可以用于衡量客户对企业的忠诚度；M（Monetary）即消费金额，指某一特定时期内客户从企业购买产品所消费的金额，它可以用于衡量客户的消费能力。

RFM 模型是数据库营销中广泛采用的潜在客户识别方法。在企业开展促销活动后，重新计算每个客户的 RFM，对比促销前后的 RFM 值，可以看出不同客户对促销活动的反应，识别更有利可图的客户群，为企业开展更有效的营销活动提供可靠依据。其缺点是分析过程烦琐，细分后的客户群过多，难以针对每个细分客户群采用不同的营销策略；购买频率与消费金额这两个变量存在多重共线性，如一个客户每多购买一次，其消费金额也相应增加。

(2) 客户价值矩阵分析。

为弥补 RFM 模型的不足，Marcus 提出对传统的 RFM 模型进行修正，用平均购买额代替消费金额，用购买次数与平均购买额构造客户价值矩阵，简化细分的结果。

(3) ABC 分类法。

ABC 分类法是由意大利经济学家帕累托首创的。ABC 分类法的特点是将历史交易额或客户的贡献利润等历史交易数据作为主要依据，因此该方法在实际操作中较易得到实施人员的理解、贯彻，而且该方法所需的数据较易获得。该方法被应用于实践已有较长的历史，所以相对来说较为成熟。但是其缺点是以历史交易数据为主要依据对客户进行识别的主观性比较强，其主要依靠实施人员的从业经验，缺乏严密的科学推理。

(4) Ken Bumett 的潜在客户识别方法。

这种方法是以客户或合同的吸引力为基础的，而对企业与该客户交易成功的可能性的现实评估则由企业与客户当前的关系状况决定。也就是说，Ken Bumett 的潜在客户识别方法从客户吸引力、当前与客户的关系状况两个方面去识别核心客户。在对客户吸引力进行评价时，要考虑以下关键因素：客户的业务、客户的产品、争夺客户业务的竞争、获得共同利润的潜力。另外，市场份额和生命周期也是评价客户吸引力的影响因素。对当前与客户的关系状况进行评价的指标主要有：在该客户业务中，企业占有的份额；与最大的竞争对手相比，企业占有的份额程度；在过去的一段时间里，企业占有份额的变化情况；客户对企业产品的依赖程度；客户对企业专家技术的印象；客户对企业服务的印象；客户对企业价格竞争性的评价；企业与客户建立关系的时间；企业与客户相互作用的强度；客户对企业的总体态度。

(5) 基于客户生命周期的潜在客户识别方法。

客户生命周期是客户关系生命周期的简称，指客户关系水平随时间而变化的发展轨迹，它描述了客户关系从一种状态（一个阶段）向另一种状态（另一个阶段）转变的总体特征。客户生命周期对客户价值具有直接影响，客户生命周期越长，客户价值越高。由于客户和企业之间的关系是随时间不断发展变化的，处于不同阶段的客户有不同的特征和需求，所以客户生命周期管理是客户关系管理的重要内容,基于客户生命周期进行潜在客户识别也就成了一种重要的识别方法。

(6)因素组合评价法。

因素组合评价法是根据相关因素组合的结果来评价客户价值并对客户进行分类的方法,其考虑的因素通常分为两种:一种是客户对企业产品的需求;另一种是客户规模和信用等级情况。因素组合评价法揭示客户内涵特征和客户价值之间的关系,并按照影响结论的显著程度将这些内涵特征依次排列,进而预测客户的潜在价值。

(7)客户生命周期价值评价法。

客户生命周期价值是企业在与客户保持长期交易关系的全过程中从该客户处所获得的全部收益的现值。客户生命周期价值评价法不但考虑了客户为企业带来的收益,而且扣除了企业为取得该收益所付出的代价,同时充分预计了客户的非货币价值和客户的潜在价值,所以此方法能够更全面地度量客户对企业的贡献。

(四)数据挖掘理论

数据挖掘理论和方法是潜在客户识别的核心方法。企业可以根据客户信息、历史行为记录等资料对客户进行分析,并利用数据挖掘技术建立相应的预测模型。此后,企业可以根据模型结果把握潜在客户的特征,并进行相应的营销活动。在数据爆炸的网络时代,企业希望能够对数据进行更高层次的分析,以便更好地利用这些数据,数据挖掘技术应运而生,并显示出强大的生命力[24]。

1. 数据挖掘的基本概念

从 1989 年至今,数据挖掘的定义随着人们研究的不断深入而不断完善,目前获得认可的定义是由 Fayyad 等人提出的:数据挖掘是从数据集中识别出有效的、新颖的、潜在有用的,以及最终可理解的模式的高级处理过程,它从数据集中识别出用模式来表示的知识。数据挖掘的过程是一个多步骤的处理过程,多个步骤之间相互影响、反复调整,形成一种螺旋式上升的态势,如图 7-1-1 所示。

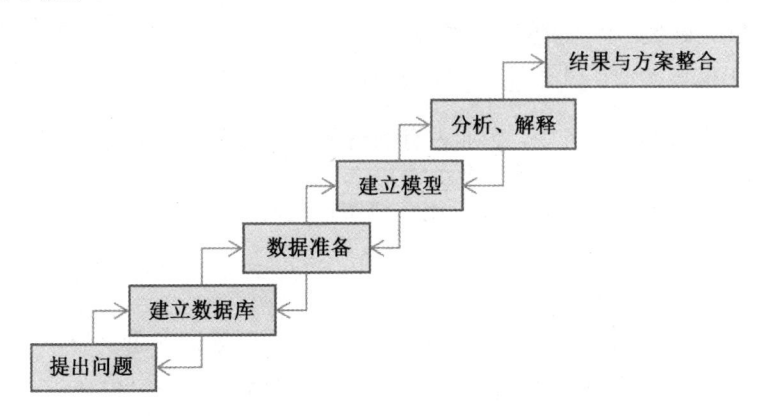

图 7-1-1 数据挖掘的过程

2. 数据挖掘的常用技术

数据挖掘技术大致可分为描述式数据挖掘技术和预测式数据挖掘技术，具体来讲，数据挖掘技术可分为以下五类[24]。

（1）人工神经网络。

人工神经网络是由大量的简单神经元通过极其丰富和完善的连接而构成的自适应非线性动态系统，其具有分布存储、联想记忆、大规模并行处理、自组织、自学习、自适应等功能。目前，人工神经网络主要应用于分类、优化、模式识别、预测和控制等领域。

（2）决策树。

决策树根据不同的特征，以树状结构表示分类或决策集合，产生规则和发展规律。利用信息论中的互信息（信息增益）寻找数据库中具有最大信息量的字段，建立决策树的一个节点，再根据字段的不同取值建立决策树的分支，在每个分支子集中，重复建立决策树的下层节点和分支，即可建立决策树。

（3）遗传算法。

遗传算法基于进化论中的基因重组、基因突变和自然选择等概念，利用复制（自然选择）、交叉（基因重组）和变异（基因突变）3个基本算子进行求解。遗传算法的最大优点是问题的最优解与初始条件无关，而且搜索最优解的能力极强。目前，遗传算法已发展成一种自组织、自适应的综合技术，而且其应用领域很广，如工程技术、计算机科学等。

（4）粗糙集算法。

粗糙集算法的特点是不需要预先给定某些特征或属性的数量描述，如统计学中的概率分布、模糊集理论中的隶属函数等，其直接从给定的问题出发，通过不可分辨关系和不可分辨类确定问题的近似域，从而找出该问题的内在规律。它的理论核心是基于"知识源于对对象的分类"这一思想的，其通过分类找出属性间的关联规则。

（5）关联规则。

关联规则主要针对事物型数据库，是与大多数人想象的数据挖掘过程最相似的一种数据挖掘形式。根据关联规则中所处理的值的类型，关联规则可以分成布尔关联规则和量化关联规则两种；根据关联规则集所涉及的不同抽象层次，关联规则可以分成多层关联规则和单层关联规则。特别是对于销售数据，如果利用关联规则对历史交易数据进行分析，可为预测客户未来的购买行为提供极有价值的信息。

下面重点讲解关于决策树的内容。

决策树是一种建立分类模型的技术。由于模型结构和生成规则具有简洁性，因此决策树一直以来很受欢迎。

（1）决策树的定义。

决策树是一种基于贪心算法的分类方法，采用自顶向下递归的思想进行构造。其中一个内部节点代表一个属性上的测试，一个分支代表一个测试输出，而一个叶节点代表一个类或类分布。以使用条件属性 I 和条件属性 J 来预测决策属性的取值是否为真为例，典型的决策树如图 7-1-2 所示。

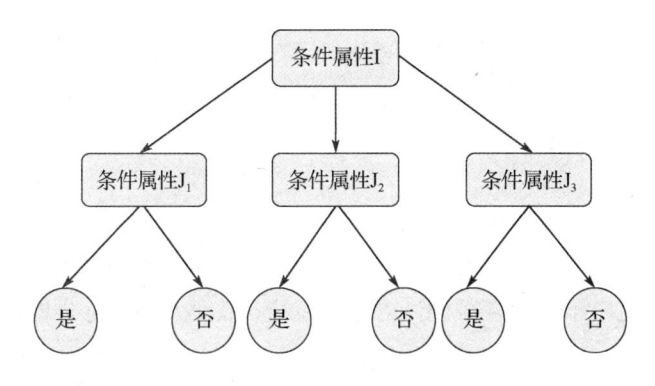

图 7-1-2　典型的决策树

（2）决策树的基本算法。

① ID3 算法。

ID3 算法是由 J. Ross Quinlan 于 1975 年提出的一种基于信息熵的决策树算法，他把信息论引入决策树算法中，把信息熵作为选择测试属性的标准，对训练集进行分类，并构造决策树来预测如何利用测试属性对整个实例空间进行划分。ID3 算法的建树时间和任务的困难程度呈线性递增关系，计算量相对小，但存在的问题是信息增益的计算依赖于属性取值较多的特征，而属性取值较多的属性不一定最优；ID3 算法是非递增学习算法，抗噪性差，训练例子中的正例和反例较难控制。

② C5.0 算法。

C5.0 算法是由 ID3 算法改进两次而成的，先由 ID3 算法改进成 C4.5 算法，它在 ID3 算法的基础上增加了连续属性的离散化，再在 C4.5 算法的基础上改进成 C5.0 算法，其根据提供最大信息增益的字段分割样本数据，并通过对决策树各子叶进行裁剪或合并来提高分类精度，最后确定各子叶的最佳阈值。C5.0 算法通常无须花费大量的训练时间即可构造决策树，且容易对构造的决策树进行解释。C5.0 算法中还增加了强大的 Boosting 算法以提高分类精度，Boosting 算法依次构造一系列决策树，构造的决策树重点考虑以前被错分和漏分的数据，最后生成更准确的决策树。

③ CART 算法。

CART 是 Classification And Regression Tree 的英文缩写，CART 算法可以处理高度倾斜或多态的数值型数据，也可以处理顺序或无序的类属性数据。CART 算法选择具有最小基尼系数 Gini 的属性作为测试属性，Gini 越小，样本的"纯净度"越高，划分效果越好。与 C5.0 算法类似，CART 算法也是先建树后剪枝，但在具体实现上有所不同。

④ CHAID 算法。

J. A. Hartigan 在 1975 年首次提出了 CHAID 算法，该算法是一种基于卡方检验的决策树算法，它可以处理离散型特征，适用于分类问题。CHAID 算法和 CART 算法最大的不同之处在于 CHAID 算法只能处理分类变量。

⑤ SLIQ 算法。

SLIQ 算法是一种快速可伸缩的适合处理较大规模数据的决策树分类算法。它能够同时处理连续变量和分类变量，在决策树生成过程中采用"预先排序"和"宽度优先"的策略，对于每个变量，首先扫描相应的属性排序表，同时计算每个变量值在当前树的所有叶节点中的熵值，计算完成后，为当前决策树中的每个叶节点选择一个属性进行分支，然后再次扫描属性排序表，对类表中的节点名称进行更新。

⑥ SPRINT 算法。

SPRINT 算法进一步改进了决策树算法实现时的数据结构，去掉了 SLIQ 算法需要存储在内存中的类别列表，将它的类别列表合并到每个属性列表中。此算法是一种可扩展、可并行的归纳决策树算法，它完全不受内存限制，运行速度快，且允许多个处理器协同创建一个决策树模型。

⑦ PUBLIC 算法。

PUBLIC 算法的建树基于 SPRINT 方法，剪枝基于 MDL 原则，但 MDL 原则不能直接应用。因为生长不完全的决策树提供的信息不安全，所以对于仍要扩展的叶节点，估算的编码代价偏高，这会导致过度剪枝，从而降低预测精确度。PUBLIC 算法采用低估策略来矫正过高的编码代价，即对于将要扩展的叶节点，计算编码代价的较低阈值；而对于另两类叶节点（剪枝形成的、不能被扩展的），估算方法不变。

本节案例主要讲解保险业在潜在客户识别方面的研究[25]，保险公司的目标客户是指保险产品的提供对象，包含潜在客户和现有客户两部分。

（1）潜在客户分析。

在保险业这个特定领域中，保险产品的可能购买者就是潜在客户，包括以前没听过或没购买过保险产品的人、以前不需要购买保险产品的人等。在对潜在客户进行分析时，由于数据量受限，要想利用数据挖掘技术，可以采用两种解决方案。

第一种解决方案：对于这些潜在客户，保险公司对他们的了解较少，掌握的客户信息数据有限，因此难以利用数据挖掘技术对其进行建模分析。针对此种情况，保险公司应采取某些必要措施来获取地址、年龄、收入、职业、教育程度和购买行为等方面的客户信息数据。在掌握相关数据后，保险公司可以根据实际情况进行一定规模的实验，进而通过实验观察这些潜在客户对保险产品的态度，然后根据反馈信息建立数据挖掘预测模型，寻找本公司保险产品的优势，实现成功销售。

第二种解决方案：从节约时间和成本的角度考虑，首先保险公司可以通过对现有客户基本信息数据的挖掘，找到已购买某类保险产品的客户具备的基本特征；然后以发现的基本特征为依据，找出那些具有同样特征的人群，这些人群就是保险公司的潜在客户；最后将潜在客户转化为实际客户。

（2）现有客户分析。

对现有客户的分析其实就是对有价值客户的分析，有价值客户就是指能给保险公司带来利润增长的客户。保险公司要想知道某些客户是否能带来盈利，就必须对客户进行盈利率分析。通过盈利率分析，就可以找到保险公司的有价值客户。这些有价值客户包括三类：第一类是目前给保险公司带来最大利润的客户，也称之为高价值客户，即保险公司对其投入较少成本就可以获得高收益的客户，保险公司可以针对高价值客户进行更深层、更细致的客户关系管理；第二类是现在给保险公司带来丰厚利润，且未来可能成为最大利润贡献者的客户；第三类是现在能为保险公司做出利润贡献，但正在逐渐失去价值的客户。

二、案例分析

（一）案例介绍

近年来，中国保险业在迅速发展的同时，也面临着更加严峻的考验。据《中国保险年鉴（2022 年）》统计，经过 12 年的不断发展，保险业市场竞争激烈。截至 2021 年年底，全国已有保险集团公司 10 家，保险公司 139 家，保险资产管理公司 11 家；全国共有省级（一级）分公司 1619 家，中支和中支以下营业性机构 68968 家。保险从业人员高达 353.83 万人，其中营销员有 279.6 万人。对保险公司的资本结构进行分析后发现：中资保险公司共有 79 家，其中产险公司、寿险公司、再保险公司分别为 39 家、37 家、3 家；外资保险公司共有 51 家，其中产险公司、寿险公司、再保险公司分别为 21 家、25 家、5 家。快速增多的保险市场主体使中国保险业不得不面临国内、国际两方面的竞争。保险公司对客户资源的争夺已到白热化阶段，对新市场空间的开发变得越发困难。

本案例从定量角度出发，通过历史数据对车辆保险产品的潜在客户展开研究，建立基于决策树算法的车辆保险产品的潜在客户识别模型，根据保险公司提供的有关数据进行特征选取，建立相应的决策树模型，进而分析出车辆保险产品的潜在客户画像，以提高保险公司营销推荐的成功率和经营效率，为保险公司提供潜在客户识别模型的设计思路，进一步丰富车辆保险产品的相关研究。

（二）实证分析

1. 数据来源

本案例所使用的数据来源于 Kaggle 网站。为了预测保险公司客户是否会对该公司的车辆保险产品感兴趣，数据集包含人口统计信息（性别、年龄、区域代码）、车辆（车龄、车辆是否损坏）、保单（年度保险费、保单销售渠道）等 11 个相关信息。现将这 11 个相关信息定义为自变量，利用这些自变量去预测客户是否对该公司的车辆保险产品感兴趣，因变量是 Response 字段，表示是否感兴趣，对车辆保险产品感兴趣的客户用 1 作为标签，对车辆保险产品不感兴趣的客户用 0 作为标签，因此这个模型属于有监督的二分类模型，单个变量的含义如表 7.1.1 所示。

表 7.1.1　单个变量的含义

变量	变量名称	变量解释
ID	ID	客户唯一的 ID
Gender	性别	客户的性别
Age	年龄	客户的年龄
Driving_License	驾驶证	0：客户有驾驶证；1：客户没有驾驶证
Region_Code	区域代码	客户所在地区的唯一代码
Previously_Insured	以前是否购买过车辆保险产品	1：客户购买过车辆保险产品；0：客户没有购买过车辆保险产品

续表

变量	变量名称	变量解释
Vehicle_Age	车龄	车辆使用时间
Vehicle_Damage	车辆是否损坏	1：客户过去曾损坏车辆；0：客户过去未曾损坏车辆
Annual_Premium	年度保险费	客户需要在当年支付的保险金额
Policy_Sales_Channel	保单销售渠道	与客户联系的渠道的匿名代码，即邮件、电话、面对面等方式的代码
Vintage	建立联系天数	客户已与保险公司建立联系的天数
Response	响应	1：客户对车辆保险产品感兴趣；0：客户对车辆保险产品不感兴趣

该数据集共有 381109 个车辆保险产品购买者（客户）的相关信息，其中 12.26% 的客户对该公司的车辆保险产品感兴趣，87.74% 的客户对该公司的车辆保险产品不感兴趣，对车辆保险产品感兴趣的客户与对车辆保险产品不感兴趣的客户的比例约为 1∶7，客户兴趣状态饼图如图 7-1-3 所示。由上述分析可知，对车辆保险产品感兴趣的客户群体数量较少，属于少数类样本，也称为正样本；对车辆保险产品不感兴趣的客户群体数量较多，属于多数类样本，也称为负样本。它们之间存在明显的不平衡现象。

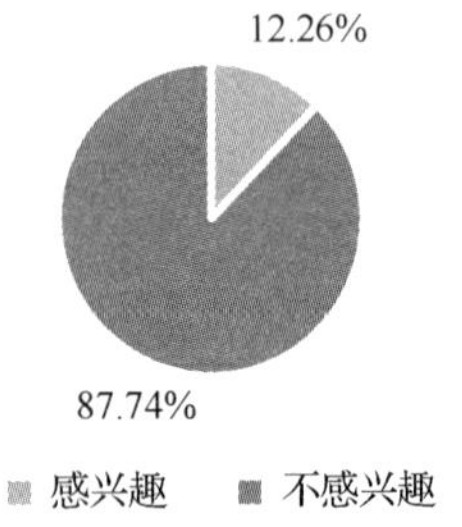

2. 数据预处理

数据的质量决定了模型的预测与泛化能力，所以在数据建模之前有一个非常关键的步骤，就是数据预处理。为了使数据达到适应模型、匹配模型的要求，一般会对数据进行预处理来解决数据类型不同、数据有缺失等问题。通过查看数据集的信息，我们可以大致了解数值列、字符列、不同变量的取值范围。通过对数据格式、结构等进行转换，将数据转换为适合处理的形式进行建模来发现其中隐藏的潜在信息规则。变量类型与描述性统计如表 7.1.2 所示。

图 7-1-3 客户兴趣状态饼图

表 7.1.2 变量类型与描述性统计

变量	变量类型	描述性统计
ID	Integer	共有 381109 个 ID
Gender	Character	共有两种类型：Male、Female
Age	Integer	范围：[20,85]
Driving_License	Integer	共有两种类型：1/0
Region_Code	Integer	范围：[0,52]
Previously_Insured	Integer	共有两种类型：1/0
Vehicle_Age	Character	共有三种类型：<1 year、1～2 years、>2 years
Vehicle_Damage	Integer	共有两种类型：1/0
Annual_Premium	Integer	范围：[2630,540165]
Policy_Sales_Channel	Integer	范围：[1,163]
Vintage	Integer	范围：[10,299]
Response	Integer	{0,1}

由表 7.1.2 可知，在数据集的 12 个变量中，有 10 个整数型变量，2 个字符型变量。从取值范围可以看出不同变量之间的差别相对较大，存在量纲不一致的问题。另外，经过缺失值检验发现，数据集中的 12 个变量都不存在缺失值。对数据的主要处理如下。

（1）字符型变量处理。

对数据集中的 2 个字符型变量进行如下处理：对于 Gender（性别）这个变量，本案例将 Male（男性）设置为 0，将 Female（女性）设置为 1；对于 Vehicle_Age（车龄）这个变量，将车龄>2years（大于 2 年）设置为 2，将车龄 1~2years（1~2 年）设置为 1，将车龄<1year（小于 1 年）设置为 0。

（2）无效值处理。

无效值处理就是对无意义的特征变量或可能破坏模型稳定性的数据进行删除处理。在保险公司的数据集中，ID 这个变量为客户序号，没有实际意义，且可能影响模型稳定性，因此将这个变量删除。

（3）数据标准化处理。

数据标准化处理是非常有必要的，不同特征变量往往具有不同的量纲，而且各变量值的取值范围也有很大差异，虽然决策树模型对数据的量纲非常不敏感，但是有些模型对此比较敏感，如 KNN、支持向量机等要求数据具有一致的量纲。为了统一，本案例选用 max-min 标准化来消除量纲的影响，提高模型准确性。

$$x^* = \frac{x - \min}{\max - \min} \tag{7-1-1}$$

式中，max 为原始变量的最大值；min 为原始变量的最小值；max-min 为极差。这种方法保留了原始变量之间的相对大小关系，缩短了模型训练时间。

（4）样本的均衡化处理。

不平衡数据是指数据集样本中标签的比例明显不平衡，不同类别样本的样本量差异非常大，通常来说标签的比例大于 1∶3 就可以称为不平衡数据。本案例的数据集中对车辆保险产品感兴趣的客户与对车辆保险产品不感兴趣的客户的比例约为 1∶7，所以此数据为不平衡数据。样本分布不平衡，即正、负样本的数量差别较大，主要出现在与分类相关的建模问题上。

样本分布不平衡将导致样本量少的样本中包含的特征过少，从样本量少的样本中提取特征规律难度较大，也会导致过拟合等问题，且得到的结果准确性和稳定性较差。

目前，解决样本分布不平衡问题的方法主要有两种：一种是从算法角度出发的方法；另一种是从数据角度出发的方法。前者对传统的分类算法进行改进，分类算法大多是依据平衡数据集进行设计的，因而从算法角度对其进行优化的难度较大；后者采用重采样技术改进不平衡数据集类别的比例，从而使数据集中正、负样本平衡，相对比较简单。

本案例使用过采样法中的随机过采样法来平衡训练集，将正、负样本的比例调整为 1∶1，经过测试，采用经随机过采样法处理的数据训练出来的模型比采用未经处理的数据训练出来的模型在 AUC（曲线下面积）等指标上有所提升。

3. 模型评价指标

进行上述一系列处理之后，建立模型之前，先介绍本案例所用的模型评价指标，以判断模型的优劣。

(1) 准确率。

准确率反映了模型结果相对于实际结果的准确程度,在混淆矩阵中,分类正确有真正类(TP)与真负类(TN)两种情况,即准确率算法公式如下:

$$\text{Accuracy} = \frac{TP + TN}{TP + FP + FN + TN} \tag{7-1-2}$$

式中,FP 代表假正类;FN 代表假负类。

(2) 查准率、召回率。

在实际情况中,模型的准确率只能对模型进行大概的评价,因此定义查准率(Precision)表示模型预测为正样本且其真正为正的比例,召回率(Recall)表示所有正样本中被模型预测成功的比例。公式如下:

$$\text{Precision} = \frac{TP}{TP + FP} \tag{7-1-3}$$

$$\text{Recall} = \frac{TP}{TP + FN} \tag{7-1-4}$$

(3) ROC 曲线与 AUC。

ROC 曲线关注两个指标:一是真正类率(TPR=TP/(TP+FN));二是假正类率(FPR=FP/(FP+TN))。直观上,TPR 代表能将正类正确分类的可能性,FPR 代表将负类错误地分为正类的可能性。在 ROC 曲线上,每个点的横坐标为 FPR,纵坐标为 TPR,这也显示了分类器在 TP 与 FP 之间的取舍,而将(FPR,TPR)连接起来就形成了 ROC 曲线。

AUC 为 ROC 曲线的起点、终点与垂直坐标轴所围成的面积,一般来说,AUC 的值越大越好,根据经验,AUC 的值介于 0.5 与 1.0 之间,AUC 的值越大代表模型的分类效果越好。

4. 建模前的准备

在训练模型和预测之前,为了更好地评价和比较不同模型之间的分类预测效果,应该尽可能保证使用的训练集和测试集样本成分相似,先将 381109 个样本进行样本均衡化和数据标准化,再划分数据集的训练集和测试集,最后利用 R 语言随机抽取数据集中 70%的样本为训练集,其余的 30%为测试集,如表 7.1.3 所示。

表 7.1.3 数据集划分处理情况

	感兴趣/个	不感兴趣/个	样本总数/个	感兴趣比例
原始数据集	46710	334399	381109	0.123
训练集	234204	234106	468310	0.500
测试集	100412	100293	200705	0.500

由表 7.1.3 可知,训练集和测试集的切分基本均匀,训练集用于构建模型,测试集用于评估模型。为了更好地构建模型,对训练集进行均衡化处理。

5. 构建模型

(1) ID3 模型的构建。

利用 R 语言在 RStudio 平台上建立 ID3 模型,使用 rpart()函数建立 ID3 模型,对测试集进行预测,ID3 模型测试集的混淆矩阵如表 7.1.4 所示。

表 7.1.4 ID3 模型测试集的混淆矩阵

单位：个

	潜在客户（预测）	非潜在客户（预测）
潜在客户（实际）	98125	2287
非潜在客户（实际）	41206	59087

ID3 模型的 AUC 值约为 0.783，准确率约为 0.783，召回率约为 0.977，说明 ID3 模型可以较好地区分正、负样本，整体分类预测结果较好。ID3 模型的 ROC 曲线如图 7-1-4 所示。

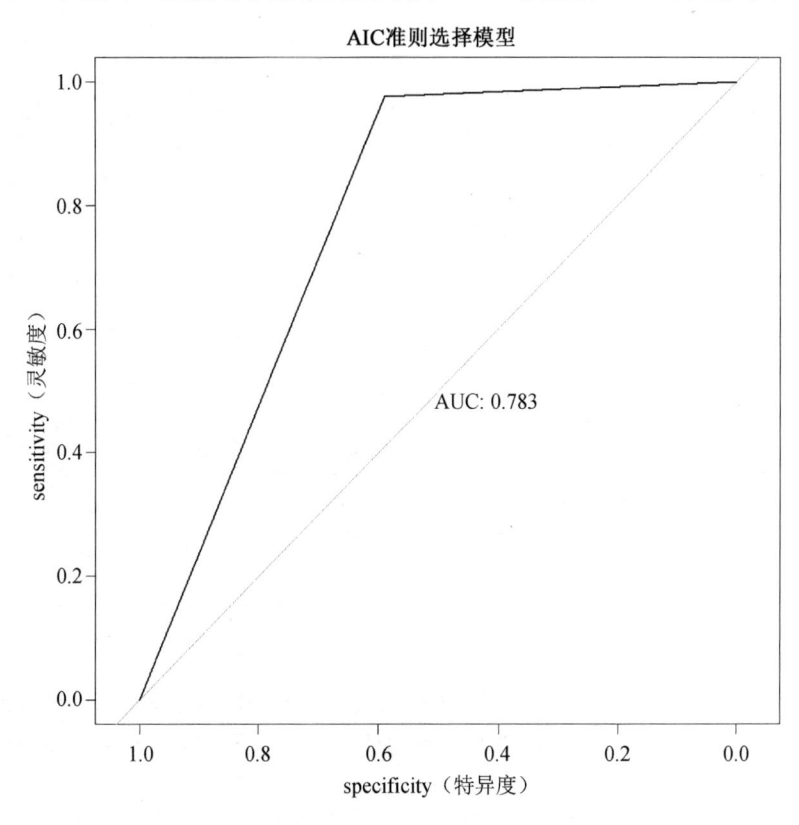

图 7-1-4 ID3 模型的 ROC 曲线

（2）CART 模型的构建。

利用 R 语言在 RStudio 平台上建立 CART 模型，对测试集进行预测。CART 模型测试集的混淆矩阵如表 7.1.5 所示。

表 7.1.5 CART 模型测试集的混淆矩阵

单位：个

	潜在客户（预测）	非潜在客户（预测）
潜在客户（实际）	98125	2287
非潜在客户（实际）	41206	59087

CART 模型的 AUC 值约为 0.783，准确率约为 0.783，召回率约为 0.977，整体来说，CART

模型的分类预测结果也较好，可以较好地区分正、负样本。CART 模型的 ROC 曲线如图 7-1-5 所示。

AIC 准则选择模型

AUC: 0.783

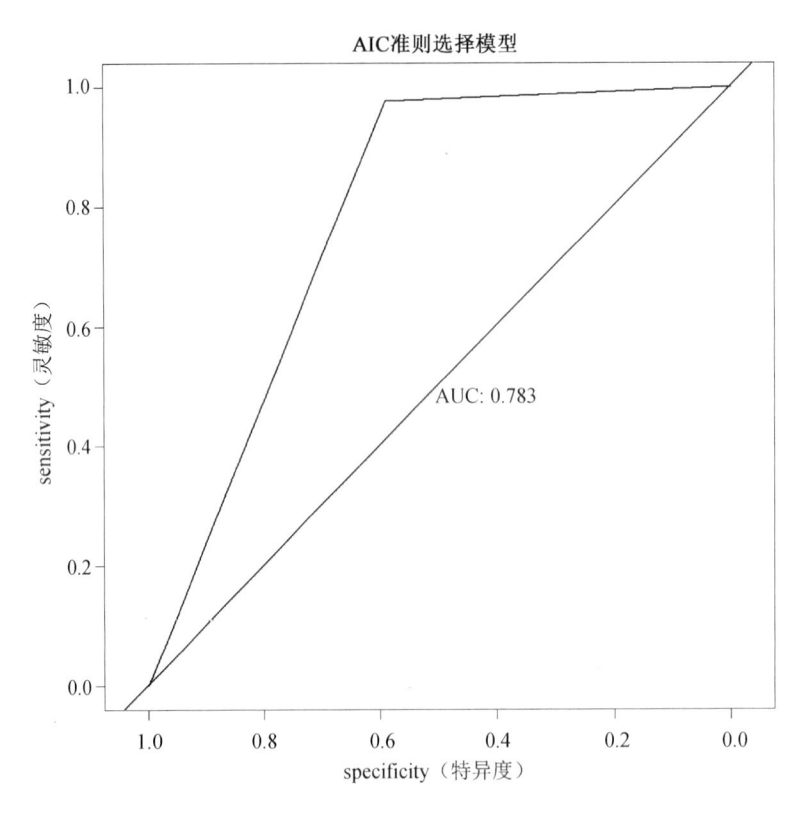

图 7-1-5　CART 模型的 ROC 曲线

（3）C5.0 模型的构建。

先利用 R 语言在 RStudio 平台上使用 C5.0 算法进行 C5.0 模型构建，再计算 C5.0 模型的 AUC、召回率、准确率等，评价 C5.0 模型在该问题中的分类预测效果。C5.0 模型测试集的混淆矩阵如表 7.1.6 所示。

表 7.1.6　C5.0 模型测试集的混淆矩阵

单位：个

	潜在客户（预测）	非潜在客户（预测）
潜在客户（实际）	98653	1759
非潜在客户（实际）	27930	72363

C5.0 模型的 AUC 值约为 0.852，准确率约为 0.852，召回率约为 0.982，该模型对正、负样本有很好的区分能力，整体分类预测结果非常优秀。C5.0 模型的 ROC 曲线如图 7-1-6 所示。

（4）模型结果对比分析。

将 ID3 模型、CART 模型、C5.0 模型三个模型的相关评价指标汇总，如表 7.1.7 所示。

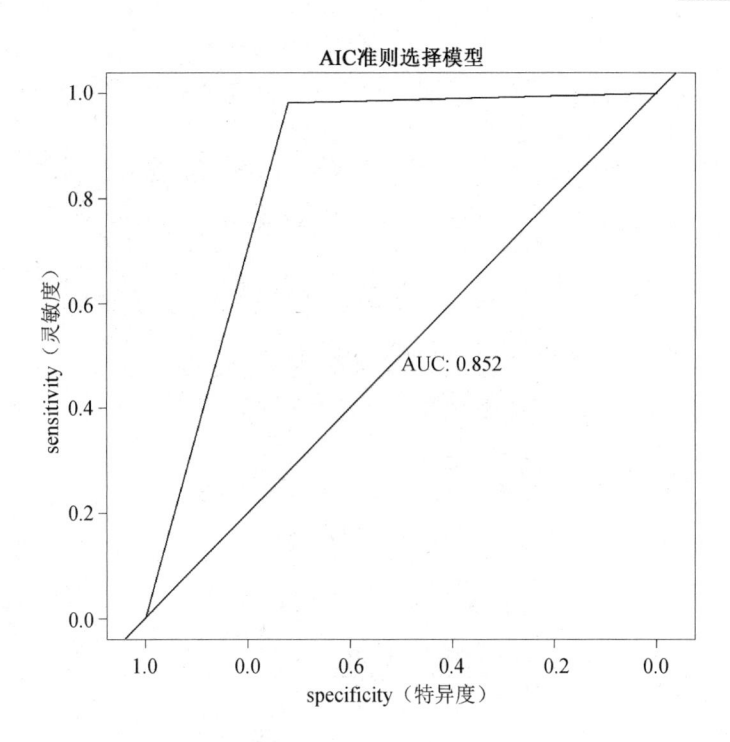

图 7-1-6　C5.0 模型的 ROC 曲线

表 7.1.7　各模型相关评价指标的对比

评价指标	模型		
	ID3 模型	CART 模型	C5.0 模型
AUC	0.783	0.783	0.852
准确率	0.783	0.783	0.852
召回率	0.977	0.977	0.983

由表 7.1.7 可知，三个模型的 AUC 值均大于或等于 0.783，处于良好水平，而三个模型的准确率和召回率也非常优秀，准确率均大于或等于 0.783，召回率均大于或等于 0.977，说明分类预测结果可以覆盖绝大多数车辆保险产品的潜在客户。但是综合来看，C5.0 模型的 AUC 值、准确率和召回率都高于其他两个模型，说明 C5.0 模型最合适，各项评价指标均最佳，在车辆保险产品潜在客户识别问题上有很好的可行性，因此最终选取 C5.0 模型对车辆保险产品潜在客户进行预测识别。

（5）特征重要性分析。

从表 7.1.7 中可以发现，C5.0 模型对车辆保险产品潜在客户的预测识别效果最好，同时 C5.0 模型可以在模型构建中展现特征的重要性。

一般来说，特征重要性不仅可以衡量特征在模型构建中的作用，还反映了特征对潜在客户预测的影响。由 C5.0 模型的特征重要性排序可知，不同变量对模型预测结果的重要性是不同的，因此可以进一步分析得出哪些变量对车辆保险潜在客户识别比较重要，从而提醒保险公司重点关注客户的这些特征，制定合理的营销策略。本案例使用的 C5.0 模型的特征重要性排序依据是使用不同特征进行分割带来的总信息增益，如图 7-1-7 所示。

C5.0特征重要性排序

特征	重要性
Vehicle_Damage	100
Previously_Insured	~98
Policy_Sales_Channel	~97
Age	~93
Region_Code	~83
Vehicle_Age	~78
Driving_License	~60
Annual_Premium	~48
Vintage	~42
Gender	~40

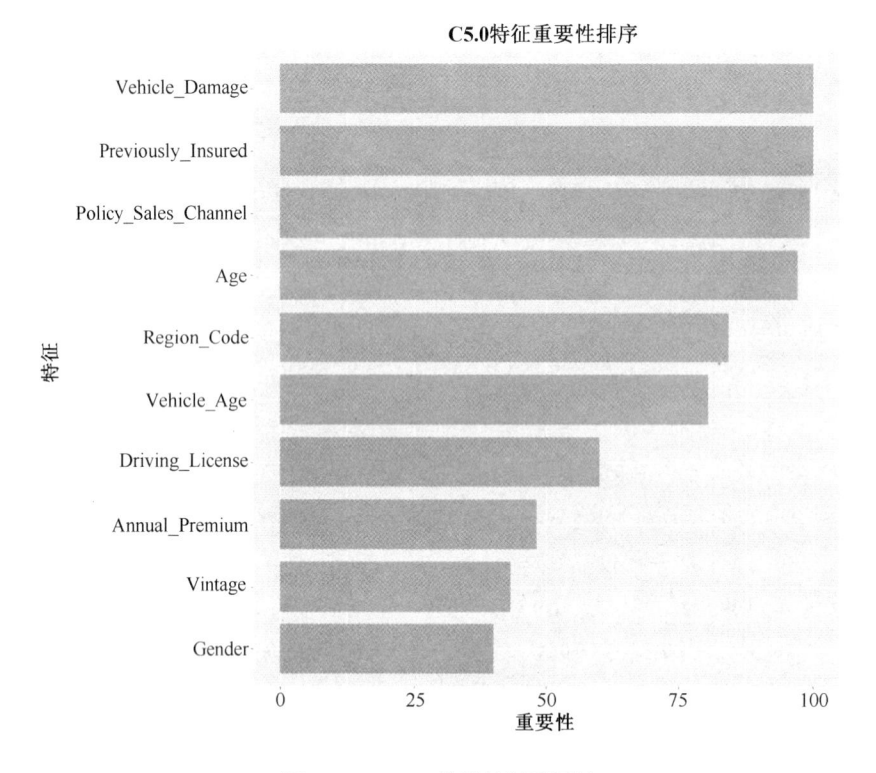

图 7-1-7　C5.0 模型特征重要性

从图 7-1-7 中可以看出，车辆是否损坏（Vehicle_Damage）、以前是否购买过车辆保险产品（Previously_Insured）、保单销售渠道（Policy_Sales_Channel）是排名前三的变量，年龄（Age）、区域代码（Region_Code）、车龄（Vehicle_Age）也是对识别潜在客户影响较大的因素，保险公司应该重点关注这些因素，从而制定更加精准的营销方案，挖掘出更多潜在客户，进而将其转变为真正的客户，创造收益，提高竞争能力。

6. 总结

本案例通过对某保险公司车辆保险客户数据进行数据分析，介绍了数据集的基本特征并对数据集进行了样本均衡化和数据标准化，保证了决策树模型的准确性和健壮性；同时为了保证决策树模型的分类预测效果，构建了三种不同的决策树模型，通过各种评价指标比较三种决策树模型的分类预测性能，最后得出 C5.0 模型是表现最佳的模型，并且在此基础上对 C5.0 模型的特征重要性进行了排序分析。

第二节　商业时间序列预测问题

商业分析中经常会遇到使用历史数据进行商业预测的情况，如超市在备货的时候希望预测产品未来的销量，从而合理准备库存，如果超市有足够多的历史数据，那么就可以借助时间序列分析法实现。随着大数据的发展，商业、金融科技、自然科学、社会科学、工业工程等领域都积累了海量数据，在这些海量数据中，时间序列是重要的组成部分。利用这些时间序列来预测其未来一段时间的状态有着广泛的应用场景。例如，在零售行业中，其被用于进行业务收入预测、库存消耗预测；在金融领域中，其被用于进行现金流量预测、股票价格预测；在旅游行业中，其被用于预测旅游订单量、客服服务量等；在气象、人口密度预测等方面，其被广泛用于帮助决策者做出有数据支撑的重要决策。通常来说，时间序列预测模型可以归结为三类：第一类是基于业务场景理解的因子预测模型；第二类是传统时间序列预测模型，如均值回归模型、ARIMA 模型、指数平滑预测模型等；第三类是机器学习模型，如支持向量机、决策树模型、神经网络模型等。

基于统计学的传统时间序列预测模型的优点是复杂度低、计算速度快，但有一定的局限性，由于真实应用场景具有复杂多样性，所以现实世界中的时间序列往往因受到各种不同因素（如营销计划、自然灾害等）的限制与影响而难以预测。传统时间序列预测模型的准确率通常会比机器学习模型差一些，而机器学习模型或更复杂的集成模型会有更好的效果。但传统时间序列预测模型也有其重要意义，例如，其可以作为预测的基准模型，为项目提供一个准确率的基准线来帮助评估其他模型的提升；也可以用于前置清洗，由于其具有较好的可解释性，因此可以剔除一些异常值（如因服务器故障或业务线逻辑调整产生的异常值）；还可以作为集成模型中的一部分，参与集成模型的训练，为项目提供一个预测结果的合理范围。本节将详细介绍传统时间序列预测模型的基础理论及其在商业预测中的应用。

一、传统时间序列预测模型的基础理论

常用的传统时间序列预测模型[26]如表 7.2.1 所示。

表 7.2.1　常用的传统时间序列预测模型

模型名称	模型描述
ARMA(p,q)	$x_t = \varphi_0 + \varphi_1 x_{t-1} + \cdots + \varphi_p x_{t-p} + \varepsilon_t - \theta_1 \varepsilon_{t-1} - \cdots - \theta_q \varepsilon_{t-q}$，利用历史数据的相关性构建 ARMA 模型，其中 $\{x_{t-1}, x_{t-2}, \cdots, x_{t-p}\}$、$\{\varepsilon_{t-1}, \cdots, \varepsilon_{t-q}\}$ 分别为历史 p 期数据和历史 q 期的随机扰动项。该模型要求序列 $\{x_t\}$ 为平稳时间序列
ARIMA(p,d,q)	$\{x_t\}$ 为非平稳时间序列，经过差分运算后转换为差分平稳时间序列，再利用差分平稳时间序列构建 ARIMA 模型
季节分解模型	时间序列的波动受到四个因素的综合影响：长期趋势、循环波动、季节效应、随机波动。根据时间序列的特点可以构建加法模型和乘法模型，软件自动分解算法主要为 X11 系列模型和 LOESS（LOcally wEighted Scatterplot Smoothing，局部加权回归）季节分解模型
季节 ARIMA 模型	结合因素分解思想，受到季节效应影响的时间序列可以通过季节差分转换为平稳时间序列后构建 ARMA 模型，具体有季节加法 ARIMA 模型和季节乘法 ARIMA 模型

除以上模型外，常用于时间序列预测的还有平滑预测法。平滑预测法常用于时间序列的趋势分析和预测，通过修匀技术削弱短期随机波动对时间序列的影响，使得时间序列更加平滑，具体可分为移动平滑法和指数平滑法。

（一）时间序列预处理

1. 时间序列定义

简单来说，时间序列就是一组按照时间顺序排列的数据，记录了一个随机事件在不同时刻的表现。换句话说，按照时间顺序记录的某随机事件的发展过程构成一个时间序列。其中，时

间序列的 n 个有序观察值称为序列长度为 n 的观察值序列。对时间序列进行观察、研究，寻找随机事件变化发展的规律，预测其未来走势即为时间序列分析。时间序列是商业分析中很常见的一种数据形式，如把某店铺 2019 年至 2021 年每个月的销量记录下来就构成了一个长度为 36 期的时间序列。进行时间序列研究的目的是揭示随机时间序列的性质，即通过分析它的观察值序列的性质来推断随机时间序列的性质。

2. 时间序列平稳性

对于一个时间序列，在进行建模之前，首先需要进行平稳性检验和纯随机性检验，然后根据检验的结果选择合适的模型。那么，什么是平稳性呢？时间序列是对一个随机事件不同时刻的表现值的记录，每个时刻的值代表不同的变量。也就是说，假定观察值序列的长度为 20，那么就有 20 个变量，观察值序列越长，变量就越多，并且每一个变量只能观察到一个值，这给时间序列的分析带来了极大的难度，所以为了降低分析难度，提出了平稳性的概念。按照限定条件的严格程度，平稳性可以分为以下两种类型：严平稳和宽平稳。严平稳时间序列指时间序列的所有统计性质不会随着时间的推移而发生变化，即其联合概率分布在任何时间间隔内都是相同的；宽平稳时间序列则认为只要时间序列的低阶距（二阶距）平稳，则该时间序列近似平稳。在现实生活中，时间序列是很难满足严平稳的要求的，因此一般所说的平稳时间序列都是指宽平稳时间序列（下文中提到的平稳时间序列均指宽平稳时间序列）。根据平稳时间序列的条件，可以很容易得到平稳时间序列所具有的性质：

① 均值为常数。
② 自协方差和自相关系数只依赖于时间的平移长度，而与时间的起止点无关。
③ 方差为常数。

由于平稳时间序列具有这些优良性质，因此对一个平稳时间序列来说，其待估计的参数数量就变得少了很多，因为它们的均值、方差分别是一样的，所以可以利用全部样本来估计总体的均值和方差，这也是拿到一个时间序列后，需要对其进行平稳性检验的原因。目前，对时间序列的平稳性检验主要有两种方法：一种是图检法，即根据时序图和自相关图进行直观判断；另一种是构造检验统计量的方法，目前主要有单位根检验等。

常用的图检法一般为时序图检验法，采用此方法时需要绘制观察值序列的时序图，也就是横轴为时间、纵轴为观察值的折线图。如果时间序列是平稳的，那么观察值应该围绕某一个均值上下随机波动，并且其波动有明显的上、下两条界限，而不是无穷发散的波动。时序图检验法依据的原理是平稳时间序列具有常数均值和常数方差，可以肯定的是如果一个时间序列在观察时间内有很明显的增长或下降趋势，那么在不同观察时间内该时间序列的均值是不相等的，我们称这种时间序列为趋势序列，其是典型的非平稳时间序列。还有一类非平稳时间序列为周期波动时间序列，在一个周期的不同时刻，该时间序列的均值也不相等。总结归纳如下：如果一个时间序列的时序图呈现出始终在一个常数值附近波动，而且波动的范围有界的特点，则该时间序列近似平稳，即我们所定义的宽平稳时间序列；如果一个时间序列具有明显的趋势或周期波动，那么该时间序列为非平稳时间序列。

另外，根据平稳时间序列通常短期相关的特点，也可以通过自相关图来进行检验。对于平稳时间序列，在其自相关图中，一般随着阶数的递增，自相关系数会迅速衰减至 0 附近，而非平稳时间序列则可能存在先减后增或周期波动等特点。

通过对时间序列进行平稳性检验，可以将时间序列分为平稳时间序列和非平稳时间序列，平稳时间序列有一个性质，即自协方差和自相关系数只依赖于时间的平移长度，而与时间的起止点无关。下面介绍时间序列自协方差和自相关系数的定义。

协方差研究的是两个变量在变化过程中是同方向变化还是反方向变化，同向或反向程度如何。而相关系数研究的是变量之间线性相关程度如何，相关系数的计算公式如下：

$$\rho = \frac{COV(X,Y)}{\sigma_X \sigma_Y} \tag{7-2-1}$$

式中，$COV(X,Y)$为两个变量间的协方差；σ_X、σ_Y分别为两个变量的标准差。

将协方差和相关系数应用到时间序列中，即为自协方差和自相关系数。自协方差表示不同时刻两个观察值之间的变化关系，计算公式为

$$\gamma(t,s) = E(X_t - \mu_t)(X_s - \mu_s) \tag{7-2-2}$$

式中，μ_t为时间序列在t时刻的均值；μ_s为时间序列在s时刻的均值。

自相关系数衡量的是不同时刻两个观察值之间的相关程度，计算公式为

$$\rho(t,s) = \frac{\gamma(t,s)}{\sqrt{DX_t \cdot DX_s}} \tag{7-2-3}$$

式中，$\gamma(t,s)$为时间序列t、s时刻的自协方差；DX_t和DX_s分别为时间序列t、s时刻的方差。

根据平稳时间序列的自协方差和自相关系数只依赖于时间的平移长度，而与时间的起止点无关这一性质，定义平稳时间序列的自协方差函数$\gamma(k)$：

$$\gamma(k) = \gamma(t, t+k), \forall k 为整数 \tag{7-2-4}$$

相应地，延迟k阶的自相关系数ρ_k等于$\gamma(k)$除以时间序列标准差，即

$$\rho_k = \frac{\gamma(k)}{\gamma(0)} \tag{7-2-5}$$

平稳时间序列具有短期相关的特点是指随着延迟阶数k趋于$n-1$，自相关系数ρ_k在短期内快速衰减到0附近小幅度振荡，这也是利用自相关图进行平稳性检验的依据。

3. 时间序列的纯随机性

对于相同的时间间隔，其自协方差和自相关系数为一个常数，那么存在一种情况，当该常数为0时，照样满足平稳时间序列的条件，而此时时间序列之间的相关性为0，即时间序列之间毫不相关，也就意味着该时间序列是一个没有记忆的时间序列，过去的行为对将来的发展没有丝毫影响，这时分析即可结束，因为对一个毫不相关的时间序列来说，没法从中挖掘出可用的规律，此时的时间序列即为纯随机序列，也叫作白噪声序列。而平稳时间序列是"短期记忆序列"，非平稳时间序列则是"长期记忆序列"。所以，为了确定平稳时间序列是否值得继续分析下去，需要对平稳时间序列做纯随机性检验，即白噪声检验。纯随机序列的数学定义：如果时间序列$\{x_t\}$满足对于任意观察时刻t，$\{x_t\}$的期望为常数，且对于任意不同的观察时刻t、s，当t等于s时，两个时刻的协方差，即方差为常数，而当t不等于s时，两个时刻的协方差为零，也就是说，如果时间序列任意两个不同时刻的自相关系数为0，那么该时间序列称为纯随机序列。

$$\text{任取} t \in T, \text{ 有} EX_t = \mu$$

$$\text{任取} t,s \in T, \text{ 有} \gamma(t,s) = \begin{cases} \sigma^2, & t = s \\ 0, & t \neq s \end{cases} \quad (7\text{-}2\text{-}6)$$

对于纯随机序列,其自相关系数在理论上从 1 阶开始全部为 0,但是由于观察长度有限,样本的自相关系数不会呈现全为 0 的理想情况,普遍会在 0 附近小幅度振荡,利用自相关图很难将其和平稳时间序列区别开来,故可以通过统计学假设检验来进行纯随机性的检验。

统计学假设检验的一般步骤如下。

① 提出原假设和备择假设。

② 构建适合的统计量。

③ 计算统计量的值并确认临界值。

④ 通过对统计量的值和临界值进行比较,或者对伴随概率 P 和显著性水平 α 进行比较来做出决策。

检验时间序列的纯随机性时,根据纯随机序列除 0 阶自相关系数为 1 外,其他阶的自相关系数应该均为 0 的性质,可以提出这样的假设:原假设是时间序列除 0 阶外的所有延迟阶数的自相关系数全为 0,备择假设是存在至少一个延迟阶数的自相关系数不为 0。简言之,原假设是该时间序列为纯随机序列,备择假设是该时间序列不具有纯随机性。围绕假设可以构建统计量,常用的有 Q 统计量和 LB 统计量,当统计量对应的伴随概率 P 小于显著性水平 α 时,则认为可以拒绝原假设,即该时间序列是非纯随机序列。LB 统计量是 Q 统计量的修正,在实际应用中人们发现 Q 统计量在大样本场景(样本量 n 大于 100)中的检验效果很好,但在小样本场景中不是很精准。为了弥补这一缺陷,Box 和 Pierce 又推导出了 LB 统计量作为小样本场景中纯随机性检验的补充,目前各种场景中普遍采用的 Q 统计量通常指的是 LB 统计量。

$$H_0: \rho_1 = \rho_2 = \cdots = \rho_m = 0, \ \forall m \geq 1$$

$$H_1: \text{至少存在某个} \rho_k \neq 0, \ \forall m \geq 1, \ k \leq m$$

$$Q = n\sum_{k=1}^{m}\hat{\rho}_k^2 \quad (7\text{-}2\text{-}7)$$

$$\text{LB} = n(n+2)\sum_{k=1}^{m}\left(\frac{\hat{\rho}_k^2}{n-k}\right)$$

(二)时间序列平稳性的单位根检验

单位根检验是构造统计量进行时间序列平稳性检验最常用的方法。它的理论基础是,如果时间序列是平稳的,那么该时间序列的所有特征根都应该在单位圆内。基于这个性质构造的时间序列平稳性检验方法叫作单位根检验。最早的单位根检验是由统计学家 Dickey 和 Fuller 提出来的,所以人们以他们名字的首字母 D 和 F 命名了最早的单位根检验——DF 检验。随着学科的发展,后续又产生了很多种单位根检验,如 ADF 检验、PP 检验、KPSS 检验等[26]。

单位根检验涉及一个新的概念:特征根。在这里,先假定时间序列的确定性部分可以由过去 p 期的历史数据描述:

$$x_t = \phi_1 x_{t-1} + \phi_2 x_{t-2} + \cdots + \phi_p x_{t-p} + \xi_t \quad (7\text{-}2\text{-}8)$$

式中,ϕ_i 为第 i 阶的自回归系数;x_{t-i} 为第 $t-i$ 阶的序列值。

此时该时间序列的数学形式实际上是线性差分方程,根据线性差分方程的求解过程,可以得到该方程的特征方程:

$$\lambda^p + \varphi_1 \lambda^{p-1} + \cdots + \varphi_p = 0 \tag{7-2-9}$$

而特征方程是一个一元 p 次线性方程,它应该有 p 个非零根: $\lambda_1, \lambda_2, \cdots, \lambda_p$,假设 $f_0(t)$ 是该时间序列的任意特解,那么该时间序列的解为由 p 个特征根的 t 次方组成的函数加上特解,即

$$x_t = c_1 \lambda_1^t + c_2 \lambda_2^t + \cdots + c_p \lambda_p^t + f_0(t) \tag{7-2-10}$$

若要时间序列平稳,则必须满足时间序列的解始终在均值附近波动,不能随着时间的推移而发散,进一步要求任意特征根的 t 次方,即由特征根构成的幂函数的极限在时间 t 趋于无穷的时候有界:

$$\lim_{t \to \infty} c_i \lambda_i^t < \infty, \quad 1 \leqslant i \leqslant p \tag{7-2-11}$$

这就要求特征根必须在-1 到 1 的范围内,且不等于 0,用图表示可知,特征根都在半径为 1 的圆内,即特征根都在单位圆内。

时间序列单位根检验的思想是,先假定时间序列的确定性部分由自回归模型(AR 模型)描述,那么如果时间序列是平稳的,该时间序列的所有特征根都应该在单位圆内。DF 检验是最简单的一种单位根检验,它假设时间序列的确定性部分可以只由过去 1 期的历史数据描述,即时间序列可以表示为 1 阶 AR 模型:

$$x_t = \phi_1 x_{t-1} + \xi_t \tag{7-2-12}$$

显然,该时间序列只有一个特征根,且特征根 $\lambda = \phi_1$,通过检验特征根与单位圆的位置关系可以检验时间序列的平稳性。由于现实生活中的绝大多数时间序列都是非平稳时间序列,所以单位根检验的原假设为时间序列非平稳,备择假设为时间序列平稳,即 $H_0: \rho \geqslant 0$;$H_1: \rho < 0$,$\rho = |\phi_1| - 1$,构建的统计量为 $\tau = \dfrac{\hat{\rho}}{S(\hat{\rho})}$。当统计量 τ 的实际值小于或等于统计量 τ 显著性水平为 α 的临界值时,拒绝原假设,认为时间序列平稳,等价判别条件是统计量的伴随概率 P 小于或等于显著性水平 α;当统计量 τ 的实际值大于统计量 τ 显著性水平为 α 的临界值时,接受原假设,认为时间序列非平稳,等价判别条件是统计量的伴随概率 P 大于显著性水平 α。

DF 检验依据对确定性部分的函数假定分为三种类型。

第一种类型为无常数项、无趋势项的历史信息线性组合:

$$x_t = \phi_1 x_{t-1} + \xi_t \tag{7-2-13}$$

第二种类型为有常数项、无趋势项的历史信息线性组合:

$$x_t = \phi_0 + \phi_1 x_{t-1} + \xi_t \tag{7-2-14}$$

第三种类型为有常数项、有趋势项的历史信息线性组合,其中包含时间项 t 作为趋势项的拟合:

$$x_t = \alpha + \beta t + \phi_1 x_{t-1} + \xi_t \tag{7-2-15}$$

在进行检验时,需要根据时间序列特征确定 DF 检验类型,若时间序列围绕均值 0 上下有界波动,对应选择第一种类型;若时间序列围绕非 0 均值上下有界波动,对应选择第二种类型;若时间序列有明显的趋势,则选择第三种类型。

显然，DF 检验假定时间序列的确定性部分仅为 1 阶 AR 模型，但在实际问题中，很多时间序列的确定性部分不仅仅限于上一期历史数据，可能还受到过去 2 期、3 期甚至更多期历史数据的影响，这个时候 DF 检验就不适用了，对 DF 检验进行修正得到增广的 DF 检验，称为 ADF 检验。ADF 检验的思想和 DF 检验的思想是一致的，但是其将时间序列的确定性部分由 DF 检验的 1 阶 AR 模型修正为 p 阶 AR 模型，即假定时间序列的确定性部分由过去 p 期的历史数据描述：

$$x_t = \phi_1 x_{t-1} + \phi_2 x_{t-2} + \cdots + \phi_p x_{t-p} + \xi_t \quad (7\text{-}2\text{-}16)$$

如果时间序列平稳，那么必须满足所有非零特征根都在单位圆内。假如有一个特征根为 1，则时间序列非平稳，这就意味着如果时间序列非平稳存在单位根，那么时间序列的自回归系数之和恰好等于 1：$1 - \phi_1 - \phi_2 - \cdots - \phi_p = 0 \Rightarrow \phi_1 + \phi_2 + \cdots + \phi_p = 1$。因而，对于时间序列的平稳性检验，可以通过检验自回归系数之和是否为 1 进行判断。ADF 检验的假设条件和 DF 检验的假设条件一致，构造的统计量、检验的决策过程也是一致的。显而易见，DF 检验是 ADF 检验阶数 p 为 1 时的特例。ADF 检验同 DF 检验一样，也分为三种类型，包括无常数项、无趋势项的 p 阶 AR 模型，有常数项、无趋势项的 p 阶 AR 模型，有常数项、有趋势项的 p 阶 AR 模型，在检验过程中可依据时间序列的特征进行选择。

需要注意的是，不管是 DF 检验还是 ADF 检验，如果第三种类型，即有常数项、有趋势项的 AR 模型的检验结果平稳，那么只能说该时间序列是趋势平稳时间序列，而非之前所定义的平稳时间序列，趋势平稳时间序列是非平稳时间序列中的一种。

二、时间序列分析方法介绍

（一）平稳时间序列分析方法

平稳时间序列分析常用的模型有三个：AR 模型、移动平均模型（MA 模型）、ARMA 模型。

1. AR 模型

p 阶 AR 模型具有以下结构：

$$\begin{cases} x_t = \varphi_0 + \varphi_1 x_{t-1} + \varphi_2 x_{t-2} + \cdots + \varphi_p x_{t-p} + \varepsilon_t \\ \varphi_p \neq 0 \\ E(\varepsilon_t) = 0, \ \operatorname{Var}(\varepsilon_t) = \sigma_\varepsilon^2, \ E(\varepsilon_t \varepsilon_s) = 0, \ s \neq t \\ E x_s \varepsilon_t = 0, \ \forall s < t \end{cases} \quad (7\text{-}2\text{-}17)$$

式中，限制条件 $E(\varepsilon_t) = 0$，$\operatorname{Var}(\varepsilon_t) = \sigma_\varepsilon^2$，$E(\varepsilon_t \varepsilon_s) = 0$，$s \neq t$ 要求随机扰动项 ε_t 为零均值纯随机序列。用延迟算子可将中心化 AR 模型写为

$$\varPhi(B) x_t = \varepsilon_t, \quad \varPhi(B) = 1 - \varphi_1 B - \varphi_2 B^2 - \cdots - \varphi_p B^p \quad (7\text{-}2\text{-}18)$$

AR 模型常见的统计量有常数均值和方差、自相关系数、偏自相关系数。

自相关系数简记为 ρ_k，反映的是 x_{t-k} 和 x_t 之间的相关程度，它受到中间 $k-1$ 个随机变量的影响；偏自相关系数简记为 φ_{kk}，反映的是剔除了中间 $k-1$ 个随机变量的干扰后 x_{t-k} 和 x_t 之间的相关程度。样本的自相关系数和偏自相关系数分别记为 ACF、PACF。

AR 模型的相关系数有非常重要的性质：ρ_k 拖尾，φ_{kk} 截尾。其中拖尾的含义是相关系数会以指数形式衰减到 0 附近，始终有非零值，不会在延迟阶数 k 大于某个常数之后恒等于 0；截尾的含义是相关系数在延迟阶数 k 大于某个常数之后恒等于 0。

2. MA 模型

q 阶 MA 模型具有以下结构：

$$\begin{cases} x_t = \mu + \varepsilon_t - \theta_1\varepsilon_{t-1} - \theta_2\varepsilon_{t-2} - \cdots - \theta_p\varepsilon_{t-q} \\ \theta_q \neq 0 \\ E(\varepsilon_t) = 0, \ \text{Var}(\varepsilon_t) = \sigma_\varepsilon^2, \ E(\varepsilon_t\varepsilon_s) = 0, \ s \neq t \end{cases} \quad (7\text{-}2\text{-}19)$$

和 AR 模型一样，限制条件 $E(\varepsilon_t)=0$，$\text{Var}(\varepsilon_t)=\sigma_\varepsilon^2$，$E(\varepsilon_t\varepsilon_s)=0$，$s\neq t$ 仍然要求随机扰动项 ε_t 为零均值纯随机序列。

用延迟算子可将中心化 MA 模型写为

$$x_t = \Theta(B)\varepsilon_t, \quad \Theta(B) = 1 - \theta_1 B - \theta_2 B^2 - \cdots - \theta_q B^q \quad (7\text{-}2\text{-}20)$$

MA 模型常见的统计量有常数均值和方差、自相关系数、偏自相关系数，其中自相关系数截尾，偏自相关系数拖尾。

3. ARMA 模型

$$\begin{cases} x_t = \varphi_0 + \varphi_1 x_{t-1} + \varphi_2 x_{t-2} + \cdots + \varphi_p x_{t-p} + \varepsilon_t - \theta_1\varepsilon_{t-1} - \theta_2\varepsilon_{t-2} - \cdots - \theta_p\varepsilon_{t-q} \\ \varphi_p \neq 0, \ \theta_q \neq 0 \\ E(\varepsilon_t) = 0, \ \text{Var}(\varepsilon_t) = \sigma_\varepsilon^2, \ E(\varepsilon_t\varepsilon_s) = 0, \ s \neq t \\ E(x_t\varepsilon_t) = 0, \ \forall s < t \end{cases} \quad (7\text{-}2\text{-}21)$$

用延迟算子可将中心化 ARMA 模型写为

$$\Phi(B)x_t = \Theta(B)\varepsilon_t \quad (7\text{-}2\text{-}22)$$

ARMA 模型的自相关系数和偏自相关系数都表现为拖尾。

4. 平稳时间序列建模

平稳时间序列的建模步骤：时间序列预处理→模型识别定阶→参数估计→模型检验→模型优化→模型预测。

（1）时间序列预处理。

在时间序列预处理阶段，需要通过图检法或 ADF 检验确定时间序列是否平稳，若时间序列平稳，则需要检验其是否为纯随机序列，若最终检验得其为纯随机序列，那么停止对该时间序列的分析，纯随机序列是没有分析价值的时间序列；若时间序列平稳且非纯随机序列，那么进入第二步。

（2）模型识别定阶。

在 ARMA(p,q) 模型中，p 和 q 具体为几阶需根据样本的自相关图和偏自相关图确定，依据的是 ARMA 模型自相关系数和偏自相关系数的性质，如表 7.2.2 所示。

表 7.2.2　模型识别定阶依据

模型	自相关系数（ACF）	偏自相关系数（PACF）
AR(p)	拖尾	截尾
MA(q)	截尾	拖尾
ARMA(p,q)	拖尾	拖尾

在实际建模过程中，需要绘制样本自相关图和样本偏自相关图，观察两个系数的性质，若自相关系数拖尾、偏自相关系数 p 阶截尾，则可识别为 AR 模型，自回归阶数为偏自相关系数截尾的阶数 p；若自相关系数 q 阶截尾、偏自相关系数拖尾，则可识别为 MA 模型，移动平均阶数为自相关系数截尾的阶数 q；若自相关系数 q 阶拖尾、偏自相关系数 p 阶拖尾，则识别为 ARMA 模型，模型阶数分别为两个系数拖尾的阶数。但是在实践中，根据上述模型识别定阶原则实现模型识别定阶有一定的难度，可以通过两倍标准差范围辅助做出尽量合理的判断：如果样本自相关系数或偏自相关系数在最初的 d 阶内明显超过两倍标准差范围，而后几乎 95%的系数都落在两倍标准差的范围以内，而且系数由显著非零的值衰减为非常小的值的过程非常突然，则通常视为截尾，截尾阶数为 p 或 q；如果有超过 5%的系数在两倍标准差范围之外，或者系数由显著非零的值衰减为非常小的值的过程比较缓慢或非常连续，则通常视为拖尾。

（3）参数估计。

完成模型识别定阶后，下一步是要利用时间序列的观察值确定该模型的口径，即拟合模型中未知参数的值。一个非中心化的 ARMA(p,q)模型共含有 $p+q+2$ 个未知参数，常用的估计方法有矩估计、极大似然估计、最小二乘估计，时间序列中常采用矩估计的方法来估计均值，采用极大似然估计和最小二乘估计混合的方法来估计其他参数。

（4）模型检验。

确定了拟合模型的口径之后，还要对拟合模型进行必要的检验，包括模型显著性检验和参数显著性检验。模型显著性检验主要检验模型的有效性。一个模型是否显著有效主要看它提取的信息是否充分。一个好的拟合模型应该能够提供观察值序列中几乎所有的样本相关信息，残差序列中不蕴含任何相关信息，即残差序列应该为纯随机序列。反之，若残差序列为非纯随机序列，则意味着残差序列中还残留着相关信息未被提取，这说明拟合模型不够有效，需要重新进行模型识别定阶。参数显著性检验就是检验每一个未知参数是否显著非零，这个检验的目的是使拟合模型最精简。如果某个参数不显著非零，则表示该参数对应的自变量对因变量的影响不明显，该自变量可以从拟合模型中被剔除，最终拟合模型由一系列参数显著非零的自变量表示。

（5）模型优化。

在实际建模过程中，通过检验的拟合模型并不是唯一的，同一个时间序列可以构建两个甚至更多个拟合模型，并且多个拟合模型都显著有效，那么到底该选择哪个拟合模型进行预测呢？为了解决这个问题，引入 AIC 准则和 BIC 准则进行模型优化。AIC 准则的基本思想是一个拟合模型的优劣可以从两方面考察：一方面是常用于衡量拟合精度的极大似然函数值；另一方面是拟合模型中未知参数的个数。一个好的拟合模型应该是拟合精度和未知参数个数的综合最优配置，AIC 准则是拟合精度和未知参数个数的加权函数。

$$\text{AIC} = -2\ln(\text{模型的极大似然函数值}) + 2(\text{模型中未知参数个数}) \quad (7\text{-}2\text{-}23)$$

为了弥补 AIC 准则的不足又发展出了 BIC 准则，其基本思想跟 AIC 准则是一致的，对 AIC 准则的改进在于将模型中未知参数个数的权重由常数 2 变成了样本容量的对数函数 $\ln(n)$。

$$\text{BIC} = -2\ln(\text{模型的极大似然函数值}) + (\ln n)(\text{模型中未知参数个数}) \quad (7\text{-}2\text{-}24)$$

所有通过检验的模型中使得 AIC 或者 BIC 达到最小的模型为相对最优模型[25]。

（6）模型预测。

利用相对最优模型即可对观察值序列的未来值进行预测。

（二）非平稳时间序列分析方法

前面介绍了平稳时间序列分析方法。实际上，自然界、社会科学中往往非平稳时间序列居多，因此非平稳时间序列分析方法更普遍。非平稳时间序列分析方法主要有两类：确定性分析方法、随机分析方法。确定性分析方法原理简单、操作方便、易于解释，但是只提取确定性信息，对随机信息浪费严重，且对各因素之间确切的作用关系没有明确有效的判断方法；随机分析方法深入时间序列内部去寻找观察值之间的相关关系，借助自相关系数、偏自相关系数等统计量的特征进行时间序列相关信息的提取，弥补了确定性分析方法的不足，为人们提供更加丰富、更加精确的时序分析工具。

随机分析方法包括 ARIMA 模型、残差 AR 模型、条件异方差（GARCH）模型等，确定性分析方法主要有季节调节模型、平滑法和随机方法结合的季节 ARIMA 模型等。本节重点介绍随机分析方法中的 ARIMA 模型，确定性分析方法中的 LOESS 季节分解模型、指数平滑预测模型、季节 ARIMA 模型。

1. 非平稳时间序列的随机分析

（1）差分运算。

在时间序列分析中，通常先通过一些方法将非平稳时间序列转换为平稳时间序列再进行建模。例如，具有线性趋势的时间序列的改变值是比较稳定的，可能会是平稳时间序列，用当前时刻 x_t 的值减去上一时刻 x_{t-1} 的值，这一过程叫作差分；若具有曲线趋势的非平稳时间序列的改变值不平稳，可以接着计算改变值之间的差值，观察是否平稳，即通过 2 次、3 次差分把具有曲线趋势的非平稳时间序列转换成平稳时间序列后再进行 ARMA 建模分析。

差分实质：自回归，是一种非常简便有效的确定性信息提取方法。

差分类型：包括阶数差分和步数差分。

1 阶差分：

$$\nabla x_t = x_t - x_{t-1} \quad (7\text{-}2\text{-}25)$$

d 阶差分：

$$\nabla^d x_t = \nabla^{d-1} x_t - \nabla^{d-1} x_{t-1} \quad (7\text{-}2\text{-}26)$$

k 步差分：

$$\nabla_k x_t = x_t - x_{t-k} \quad (7\text{-}2\text{-}27)$$

差分应用：对具有线性趋势的时间序列进行 1 阶差分，对具有曲线趋势的时间序列进行低阶差分，对具有固定周期的时间序列进行周期长度的步数差分。

（2）ARIMA 模型。

ARIMA 模型的建模思想：将非平稳时间序列通过差分处理转换成平稳时间序列后再建立 ARMA 模型，该模型就叫作 ARIMA 模型，简记为 ARIMA(p,d,q)。它是处理非平稳时间序列很常见的一个模型，也是时间序列分析方法中的核心模型。ARIMA 模型的结构由两部分构成，等式左边为时间序列差分乘以自回归系数多项式，等式右边为移动平均系数多项式乘以随机波动 ε_t。当 $q=0$ 时，模型为 ARI(p)，即由差分后的时间序列构建的是 AR 模型；当 $p=0$ 时，模型为 IMA(q)，即由差分后的时间序列构建的是 MA 模型。ARIMA 模型的定义中还需要注意的是对于随机波动 ε_t 的假定，即随机波动是一个 0 均值、常数方差的纯随机序列，这一点很好地保证了构建的 ARIMA 模型能够充分提取原始时间序列的信息，进而可以精确预测未来发展趋势。

$$\begin{cases} \Phi(B)\nabla^d x_t = \Theta(B)\varepsilon_t \\ E(\varepsilon_t)=0,\ \mathrm{Var}(\varepsilon_t)=\sigma_\varepsilon^2,\ E(\varepsilon_t\varepsilon_s)=0,\ s\neq t \\ Ex_s\varepsilon_t=0,\ \forall s<t \end{cases} \quad (7\text{-}2\text{-}28)$$

ARIMA 模型的建模步骤：第一步，进行时间序列预处理，检验其是否为平稳时间序列，若是，则进行第三步，若不是，则进行第二步；第二步，差分处理，将非平稳时间序列转换为平稳时间序列，继续检验平稳时间序列的纯随机性，若为纯随机序列，则停止分析，若为非纯随机序列，则继续分析；第三步，模型识别定阶，绘制自相关图和偏自相关图，判断模型及阶数；第四步，参数估计；第五步，残差序列纯随机性检验，若不通过，则返回第三步；第六步，模型优化；第七步，模型预测。

2. 非平稳时间序列的确定性分析

（1）因素分解方法。

简单来说，因素分解方法认为所有时间序列波动都可以归纳为受到以下四类因素的综合影响[26]。

长期趋势：时间序列呈现出明显的长期递增或递减的变化趋势，简记为 T_t。

循环波动：时间序列呈现出由低到高再由高到低的反复循环波动，简记为 C_t。循环周期可长可短，不一定是固定的。

季节效应：时间序列呈现出和季节变化相关的稳定周期性波动，简记为 S_t。后来季节变化周期拓展到任意稳定周期。

随机波动：除长期趋势、循环波动和季节效应外，其他不能用确定性因素解释的时间序列波动都属于随机波动，简记为 I_t。

因素分解方法在经济领域、商业领域和社会领域有广泛的应用。但是十几年来，人们从大量的使用经验中发现了一些问题：如果观察时期不够长，那么循环波动因素和长期趋势因素的影响很难准确区分。比如，很多经济现象或社会现象确实有"先上行到峰顶再下行到谷底"周而复始的循环周期，但是这个周期通常很长（如康德拉季耶夫周期的平均长度为 53.3 年）而且周期长度不固定，如果观察值序列不够长，没有包含几个循环周期，那么循环波动的一部分会和长期趋势引起的波动重合，无法准确完整地提取循环波动因素的影响，所以在一般的分析中往往忽略循环波动，只考虑长期趋势、季节效应及随机波动。基于因素分解的思想进行时间序列确定性分析的目的主要有两个：一是克服其他因素的干扰，单纯测出某个确定性因素对时间序列的影响；二是根据时间序列呈现的确定性特征选择适当的方法对时间序列进行综合预测，LOESS 季节分解模型和指数平滑预测模型就是由因素分解方法衍生出来的预测模型。

因素分解模型根据各因素之间的关系不同划分为不同的形式，包括加法模型和乘法模型。如果各时间序列之间是相互独立的，表现在时序图中季节效应和长期趋势相互独立，季节效应的周期振幅不随长期趋势发生变化，维持相对稳定，则用加法模型：

$$x_t = T_t + C_t + S_t + I_t \tag{7-2-29}$$

若时间序列各因素之间互相影响，也就是说季节效应的周期振幅随着长期趋势的递增发生变化，则用乘法模型：

$$x_t = T_t \times C_t \times S_t \times I_t \tag{7-2-30}$$

因素分解方法的重要任务之一就是将时间序列中蕴含的信息根据不同的影响因素进行分解。先用简单中心移动平均的方式提取长期趋势，紧接着根据模型形式从原始时间序列中消除长期趋势，在剩余的时间序列中构建季节指数，提取时间序列中蕴含的季节效应（加法模型中季节指数的构建过程：对剔除长期趋势之后的时间序列，先计算总体均值，再计算每季度的均值，随后用季度均值减去总体均值即得到季节指数；乘法模型中季节指数的构建过程：对剔除长期趋势之后的时间序列，先计算总体均值，再计算每季度的均值，随后用季度均值除以总体均值即得到季节指数）；然后根据模型形式除去季节效应；最后剩余项即为随机波动。这一分解过程可以手动实现，但是手动分解对大量样本的情况来说比较难以实现，所以发展出了计算机分解的方法，主要为 X11 分解方法，X11 模型也称为 X11 季节调节模型。它是第二次世界大战之后，美国人口调查局委托统计学家进行的基于计算机的时间序列因素分解方法。开发它的原因是很多时间序列通常具有明显的季节效应，季节效应会掩盖时间序列发展的真正趋势，妨碍人们做出正确判断。因此在进行国情监控研究时，首先需要对时间序列进行因素分解，分别监控季节效应和长期趋势。1954 年，第一个基于计算机自动完成的因素分解程序测试版本面世，随后经过 10 多年的发展，计算方法不断完善，陆续推出了新的测试版本 X1、X2，一直到 X10。1965 年，统计学家研发推出了新的测试版本 X11。X11 在传统的简单中心移动平均方法的基础上，又创造性地引入了两种移动平均方法以弥补简单中心移动平均方法的不足。它通过三种移动平均方法，进行三阶段的因素分解。大量的实践应用证明，X11 模型能进行精度很高的、计算机程序化操作的因素分解。自此，X11 模型成为全球统计机构和商业机构进行因素分解时最常使用的模型，目前已发展到 X12。X11 模型仅用于季节分解，无法对时间序列未来值进行预测[26]。

（2）利用 LOESS 方法的季节分解（STL）模型。

LOESS 方法的思想是在估计的每个点处利用低阶多项式进行加权最小二乘拟合，离拟合点越近，给予的权重越大。这种方法不需要对数据做任何诸如分布的假定，在多项式形式及权重的选择等方面很灵活，而数据分析者只需要选择多项式阶数和光滑参数即可。LOESS 方法的缺点在于需要较密集的数据及具有较大的计算量，由于它不产生像经典线性回归那样的数学公式，有人认为利用它把结果外推到已知数据集之外不那么合适，其实利用经典线性回归将结果外推到给定数据集之外的数学公式也完全是基于假定条件的。

LOESS 方法的步骤[27]如下。

步骤一：决定拟合点的数量和位置。

步骤二：以拟合点为中心，确定 q 个最接近的点。

步骤三：通过权重函数计算这 q 个点的权重。

$$W(\mu) = \begin{cases} (1-\mu^3)^3, & 0 \leq \mu < 1 \\ 0, & \mu \geq 1 \end{cases} \quad (7\text{-}2\text{-}31)$$

$$\omega_i(x) = W\left(\frac{|x_i - x|}{\lambda_q(x)}\right) \quad (7\text{-}2\text{-}32)$$

式中，$\lambda_q(x)$ 为离 x 第 q 远的 x_i 到 x 的距离。

步骤四：通过加权线性回归进行多项式拟合（一次或二次）。

$$J(a,b) = \frac{1}{N}\sum_{i=1}^{N} w_i(y_i - ax_i - b)^2 \quad (7\text{-}2\text{-}33)$$

步骤五：对所有拟合点重复以上步骤。

利用 LOESS 方法进行时间序列的季节分解（Seasonal decomposition of Time series by LOESS，STL）是 Cleveland 等人于 1990 年提出的分解时间序列的常用方法，是一种局部加权多项式回归分解的方法。模型[26]可写成

$$Y_t = T_t + S_t + R_t, \quad t = 1, \cdots, N$$

式中，Y_t 为数据；T_t 为长期趋势；S_t 为季节效应；R_t 为随机波动。该模型对于离群点的 STL 也是稳健的，少数的离群观测值不会影响对长期趋势和季节效应的估计。

STL 由外循环及嵌套在外循环之中的内循环组成，每进行一次内循环都更新长期趋势和季节效应一次。在内循环中，记 $S_t^{(k)}$ 和 $T_t^{(k)}$ 为第 k 步的迭代结果，第 $k+1$ 步进行如下操作。

步骤一：去掉趋势成分 $Y_t - T_t^{(k)}$。

步骤二：用 LOESS 对去掉趋势成分后的序列进行 $d=1$，q 取季节周期的平滑，记作 $C_t^{(k+1)}$。

步骤三：平滑后的 $C_t^{(k+1)}$ 先做 2 次周期长度的移动平均和 3 期移动平均，接着进行 $d=1$，某个 q 的 LOESS 平滑，记作 $L_t^{(k+1)}$。

步骤四：去掉平滑后的循环子序列的趋势成分得到季节成分 $S_t^{(k+1)} = C_t^{(k+1)} - L_t^{(k+1)}$。

步骤五：去掉季节成分 $Y_t - S_t^{(k+1)}$。

步骤六：去掉季节成分的趋势做 LOESS 平滑，剩余部分 $R_t = Y_t - T_t - S_t$。

（3）指数平滑预测模型。

在实际生活中，对大多数随机事件而言，一般都是近期的结果对现在的影响会大些，远期的结果对现在的影响会小些。为了更好地反映这种影响，考虑时间间隔对事件发展的影响，各期权重随时间间隔的增大而呈指数衰减，这就是指数平滑法的基本思想。指数平滑预测模型包括简单指数平滑预测模型、Holt-Winters 两参数指数平滑预测模型、Holt-Winters 三参数指数平滑预测模型。具体应用场景如表 7.2.3 所示[26]。

表 7.2.3 指数平滑预测模型的具体应用场景

指数平滑预测模型	应用场景		
	长期趋势	季节效应	随机波动
简单指数平滑预测模型	无	无	有
Holt-Winters 两参数指数平滑预测模型	有	无	有
Holt-Winters 三参数指数平滑预测模型	无或有	有	有

（4）季节 ARIMA 模型。

前面提到的简单 ARIMA 模型适用于趋势序列，但是若时间序列为受到季节效应影响的周期波动序列，ARIMA 模型还适用吗？这类时间序列无法通过低阶差分转换为平稳时间序列，但是观察受季节效应影响的周期波动序列可发现，当期序列值减去上个周期同时刻的序列值所得的变化值相对较平稳，这一过程称为 k 步差分，其中 k 为季节周期。若时间序列只呈现出周期波动的特点，可以通过 k 步差分将其转换成平稳时间序列后再建立 ARMA 模型，但是若一个时间序列同时呈现出季节效应的固定周期波动及长期趋势特点，则需要结合因素分解的知识进行分析。若一个时间序列既有周期波动又有长期趋势，该时间序列至少受到季节效应、长期趋势及随机波动的影响，并且它们之间的影响可能是加法模型，也可能是乘法模型，那么针对此类时间序列建立 ARIMA 模型时也要分两种情况进行，若时间序列的季节效应和其他效应之间是加法关系，这时各种效应的提取都非常容易，通常简单的周期步长差分即可将时间序列中的季节信息提取充分，简单的低阶差分即可将趋势信息提取充分，提取完季节信息和趋势信息之后的残差序列就是一个平稳时间序列，可以用 ARMA 模型拟合，最终建立的模型称为季节加法 ARIMA 模型。

实际上，季节加法 ARIMA 模型就是通过趋势差分、季节差分将时间序列转化为平稳时间序列再进行拟合的，但更常见的情况是时间序列的季节效应、长期趋势和随机波动之间存在复杂的交互影响关系，简单的季节加法 ARIMA 模型并不足以充分提取其中的相关关系，这时通常采用季节乘法 ARIMA 模型。季节乘法 ARIMA 模型的构建原理：时间序列的趋势信息通常可以用低阶 ARIMA(p,d,q) 模型提取；当时间序列具有季节效应且季节效应本身具有相关性时，季节信息可以使用以周期步长为单位的差分 ARIMA$(P,D,Q)_S$ 模型提取，且长期趋势和季节效应之间具有乘积关系，所以拟合模型实际上为 ARIMA(p,d,q) 和 ARIMA$(P,D,Q)_S$ 的乘积模型，该模型简记为 ARIMA$(p,d,q)\times(P,D,Q)_S$，其中 p、q 是 d 阶 S 步差分之后的短期相关阶数，P、Q 是季节效应短期相关性的阶数。

季节加法 ARIMA 模型的数学形式：

$$\nabla_S \nabla^d x_t = \frac{\Theta(B)}{\Phi(B)} \varepsilon_t \qquad (7\text{-}2\text{-}34)$$

季节乘法 ARIMA 模型的数学形式：

$$\nabla^d \nabla_S^D x_t = \frac{\Theta(B)}{\Phi(B)} \frac{\Theta_S(B)}{\Phi_S(B)} \varepsilon_t \qquad (7\text{-}2\text{-}35)$$

(三)时间序列的交叉验证

时间序列有以下两种交叉验证方法[27]。

① 随机选取 N 个训练集和 N 个测试集,类似于截面数据的 N 折交叉验证,训练集和测试集都是固定的原始序列的完整窗口,而且所有折的训练集和测试集的滞后间隔固定。

② 固定长度或长度可变的训练集每次向前移动一个时间或一段固定时间,如季节周期,后面是固定长度的测试集。

交叉验证的目的主要有以下三点。

① 对不同时间段比较不同的精度。
② 对不同的方法比较不同的精度。
③ 对不同的预测前景比较不同的精度。

交叉验证中度量精度的误差如下。

① 平均绝对误差(Mean Absolute Error,MAE)为

$$\text{MAE} = n^{-1} \sum_{t=1}^{n} |e_t| \tag{7-2-36}$$

② 均方误差(Mean Square Error,MSE)为

$$\text{MSE} = n^{-1} \sum_{t=1}^{n} (e_t)^2 \tag{7-2-37}$$

③ 均方根误差(Root Mean Square Error,RMSE)为

$$\text{RMSE} = \sqrt{n^{-1} \sum_{t=1}^{n} (e_t)^2} \tag{7-2-38}$$

④ 平均绝对百分比误差(Mean Absolute Percentage Error,MAPE)为

$$\text{MAPE} = n^{-1} \sum_{t=1}^{n} 100 \left| \frac{e_t}{y_t} \right| \tag{7-2-39}$$

⑤ 平均绝对标准化误差(Mean Absolute Scaled Error,MASE)为

$$\text{MASE} = n^{-1} \sum_{t=1}^{n} \left| \frac{e_t}{q} \right| \tag{7-2-40}$$

针对非季节性时间序列:

$$q = \frac{1}{n-1} \sum_{t=2}^{n} |x_t - x_{t-1}| \tag{7-2-41}$$

针对季节性时间序列:

$$q = \frac{1}{n-m} \sum_{t=m+1}^{n} |x_t - x_{t-m}| \tag{7-2-42}$$

(四)R 语言中时间序列预测算法函数

用 R 语言实现时间序列分析的主要模型是 ARIMA 模型、STL 模型、指数平滑预测模型,在使用这些模型时需要进行数据预处理、差分等操作,主要包括绘制时序图、自相关图、偏自相关图,平稳性检验、纯随机性检验、各类差分、参数估计、模型检验、AIC 优化、BIC 优化、模型预测、交叉验证等,常用函数如表 7.2.4 所示。

表 7.2.4 常用函数

函数类型	函数名称	函数功能	所属程序包
数据处理	ts()、xts()	时间序列格式转换	Tseries
	na.approx()、na.spline()	时间序列数据处理	Zoo
数据处理	window()	对时间序列格式数据取子集	通用程序包
	diff()	对非平稳时间序列进行差分运算	通用程序包
	filter()	对时间序列进行移动平滑处理	通用程序包
绘图	plot()、plot.ts()	绘制时序图	通用程序包
	acf()	计算自相关系数，绘制自相关图	通用程序包
	pacf()	计算偏自相关系数，绘制偏自相关图	通用程序包
检验	adf.test()	单位根检验时间序列平稳性	tseries、aTSA
	unitrootTest()、adfTest()	单位根检验时间序列平稳性	fUnitRoots
	Box.test()	纯随机性检验	tseries
	ts.diag()	ARMA/ARIMA 模型残差序列纯随机性检验	aTSA
	pt()	参数显著性检验	通用程序包
参数估计	armasubsets()	模型定阶，确定 ARMA 模型的阶数	TSA
	arima()、auto.arima()	ARIMA 模型参数估计	通用程序包
	stl()	LOESS 季节分解模型参数估计	通用程序包
	ets()、HoltWinters()	指数平滑预测模型参数估计	通用程序包
交叉验证	accuracy()	计算交叉验证误差	通用程序包
预测	forecast()	应用构建的时间序列模型进行预测	forecast

主要函数介绍如下。

（1）ts 函数。

① 功能：时间序列格式转换。

② 调用格式：ts(data = NA, start = 1, end = numeric(0), frequency = 1, deltat = 1, ts.eps = getOption("ts.eps"), class, names)。

③ 参数说明：data 为一个向量或矩阵。start 为需要指定的第一个观测值的时间，可以是一个数字，也可以是一个由两个整数构成的向量；end 为最后一个观测值的时间，指定方法和 start 相同；frequency 为单位时间内观测的频率。若时间序列的时间间隔为年，则 frequency=1；若时间序列的时间间隔为季度，则 frequency=4；若时间序列的时间间隔为月，则 frequency=12；若时间序列的时间间隔为日，则 frequency=365。

（2）window 函数。

① 功能：对时间序列格式数据取子集。

② 调用格式：window(x, start = NULL, end = NULL, frequency = NULL, deltat = NULL, extend = F, ts.eps = getOption("ts.eps"), ...)。

③ 参数说明：x 为时间序列；start 为子集起始时间，可以是年、季度、月、日；end 为子集截止时间；frequency 为时间序列频率。

注意：window 函数取值包含 start 和 end 的值。

（3）acf 函数。

① 功能：计算自相关系数，绘制自相关图。

② 调用格式：acf(x, lag.max = NULL,type = c("correlation", "covariance", "partial"),plot = T, na.action = na.fail, demean = T, ...)。

③ 参数说明：x 为时间序列；lag.max 为输出的最大延迟阶数；type 为计算自相关系数的形式，默认是"correlation"；plot 默认为"T"，输出自相关图。

(4) pacf 函数。

① 功能：计算偏自相关系数，绘制偏自相关图。

② 调用格式：pacf(x, lag.max = NULL, plot = T, na.action = na.fail,...)。

③ 参数说明：x 为时间序列；lag.max 为输出的最大延迟阶数；plot 默认为"T"，输出偏自相关图。

(5) adf.test 函数、adfTest 函数。

功能：单位根检验时间序列平稳性。

① adf.test 函数。

tseries 程序包调用格式：adf.test(x,alt="stationary"/"explosive",k=trunc((length(x)-1)^(1/3)))。

参数说明：x 为检验对象；alt 为指定备择假设，默认备择假设是 stationary 序列平稳，可指定 explosive 序列非平稳；k 为 ADF 检验构造的 AR 模型延迟阶数，默认取(length(x)-1)^(1/3)的整数，可以指定阶数。

aTSA 程序包调用格式：adf.test(x, nlag = NULL, output = T)。

参数说明：x 为检验对象；nlag 为检验构造模型延迟阶数，可自行指定阶数；output 默认为"T"，指在控制台打印出结果。

② adfTest 函数。

调用格式：adfTest(x,lags=,type=)。

参数说明：x 为检验对象；lags=1 为默认设置，进行 DF 检验，若 lags=n, $n>1$，则进行 ADF 检验；type 为检验的具体类型。当设置 type 为"nc"时，检验类型是无常数项的零均值平稳；当设置 type 为"c"时，检验类型是有常数项的平稳；当设置 type 为"ct"时，检验类型是有常数项也有趋势项的平稳。

(6) Box.test 函数。

① 功能：纯随机性检验。

② 调用格式：Box.test(x,type=,lag=)。

③ 参数说明：x 为检验对象；type 取"Box-Pierce"时为 Q 统计量，type 默认取"Ljung-Box"，为 LB 统计量；lag 指定需要输出的延迟阶数。

(7) diff 函数。

① 功能：对非平稳时间序列进行差分运算。

② 调用格式：diff(x,lag=,dffferences=)。

③ 参数说明：x 为差分对象；lag 为差分步长，系统默认 lag=1；dffferences 为差分阶数，不特别指定时系统默认 dffferences=1。根据 diff 函数的参数说明，如果差分命令写成 diff(x,d,k)，那么表示进行 k 阶 d 步差分，常用的差分运算相关命令有 1 阶差分 diff(x)、2 阶差分 diff(x,1,2)、k 阶差分 diff(x,1,k)、d 步差分 diff(x,d,1)（或简写为 diff(x,d)）。进行 1 阶差分后再进行 d 步差分的命令为 diff(diff(x),d)。

(8) armasubsets 函数。

① 功能：模型定阶，确定 ARMA 模型的阶数。

② 调用格式：armasubsets(x, nar, nma, y.name = "Y", ar.method = "ols", ...)。

③ 参数说明：x 为时间序列；nar 为搜索的最大 AR 阶数；nma 为搜索的最大 MA 阶数；y.name 为时间序列的标签；ar.method 为估计参数的方法。

（9）arima 函数。

① 功能：ARIMA 模型参数估计。

② 调用格式：arima(x=,order=,include.mean=,method=,transform.pars=,fixed=,seasonal=list(order=c(P,D,Q),period=k))。

③ 参数说明：order 为待估计模型的阶数；order=c(p,d,q)，其中 p 为自回归阶数，d 为差分阶数，q 为移动平均阶数，当估计的模型为 ARMA 模型时 d 取 0；include.mean 表示是否需要拟合常数项，include.mean=T 表示需要拟合常数项，也是系统默认设置，include.mean=F 表示模型不需要拟合常数项；method 指定参数估计方法，method 为"CSS-ML"表示参数估计采用最小二乘估计和极大似然估计混合的方法，method 为"ML"表示参数估计采用极大似然估计方法，method 为"CSS"表示参数估计用条件最小二乘估计方法；transform.pars 可以指定是否估计模型中的所有参数，transform.pars=T 表示系统默认设置为根据 order 选项自动完成参数估计，transform.pars=F 表示需要拟合疏系数模型，不能让系统根据最高阶数自动完成所有参数估计；fixed 为对疏系数模型指定疏系数的位置；seasonal 为指定季节模型的阶数与季节周期，list 中 P 为季节乘法 ARIMA 模型中 SAR 的阶数，D 为步数差分次数，Q 为季节乘法 ARIMA 模型中 SMA 的阶数，period 取季节周期。

（10）stl 函数。

① 功能：LOESS 季节分解模型参数估计。

② 调用格式：stl(x, s.window, s.degree=1,t.window=NULL, t.degree=1,robust=F)。

③ 参数说明：x 为时间序列；s.window 为提取季节信息时 LOESS 算法的时间窗口宽度，s.window="periodic"表示使用均值平滑季节性子序列；s.degree 为提取季节信息时局部拟合多项式的阶数，需为 0 或 1；t.window 为提取趋势信息时 LOESS 算法的时间窗口宽度；t.degree 为提取趋势信息时局部拟合多项式的阶数，需为 0 或 1；robust 表示在 LOESS 过程中是否使用鲁棒拟合。

（11）ets 函数。

① 功能：指数平滑预测模型参数估计。

② 调用格式：ets(x,model="MMM")。

③ 参数说明：x 为要进行指数平滑的时间序列；model 指定指数平滑类型，按照误差项，即随机波动项、长期趋势项、季节效应项的排列组合表示模型类型。其中"A"代表 additive，"M"代表 multiplicative，"Z"代表 automatically，"N"代表没有，若为简单指数平滑预测模型，则 model 为"ANN"；若为 Holt-Winters 两参数指数平滑预测模型，则 model 为"AAN"；若为 Holt-Winters 三参数指数平滑预测模型，则 model 为可加的"AAA"或可乘的"MMM"。当 model 指定为"ZZZ"时，表示由计算机自动选择指数平滑类型。

（12）HoltWinters 函数。

① 功能：指数平滑预测模型参数估计。

② 调用格式：HoltWinters(x,alpha=,beta=,gamma=,seasonal=)。

③ 参数说明：x 为要进行指数平滑的时间序列；alpha、beta、gamma 为平滑系数，三个参数联合指定指数平滑类型；seasonal 用于当同时存在季节效应和长期趋势时，指定季节效应与长期趋势之间的关系，"additive"表示加法模型，"multiplicative"表示乘法模型。

（13）accuracy 函数。

① 功能：计算交叉验证误差。

② 调用格式：accuracy(object, test)。

③ 参数说明：object 为利用 forecast 函数得到的预测值，而 forecast 函数的预测对象可以是 ARIMA 模型、指数平滑预测模型、STL 模型；test 为建模时间序列中的测试集。accuracy 函数得到的误差包括 MSE、RMSE、MAE、Mean Percentage Error（MPE）、MAPE、MASE、Autocorrelation of errors at lag 1（ACF1）。

（14）forecast 函数。

① 功能：应用构建的时间序列模型进行预测。

② 调用格式：forecast(model,h=, level=c(80, 95))。

③ 参数说明：model 为通过 arima、stl 等函数得到的时间序列模型；h 为指定向前预测的期数；level 为指定预测的置信水平。

三、案例分析

下面将应用上一节的理论知识和 R 语言中的时间序列预测算法函数解决商业时间序列预测问题。

（一）某环保科技企业记录的烟尘序列建模分析

1. 案例背景

烟尘是煤炭和工业生产过程中产生的固体粒子，其主要成分是二氧化硅、氧化铝、氧化铁、氧化钙和不燃碳粒子。粒径不同的尘粒混在空气中进入人体的呼吸道，以碰撞、扩散、沉积等方式停留在呼吸道的不同部位。烟尘污染是指空气中的颗粒污染物造成的空气质量下降。烟尘污染带来的影响和造成的危害是多方面的，空气中直径在 5μm 以下的尘粒能进入人体支气管甚至肺的深部，研究显示当空气中这种尘粒的浓度为 100μg/m^3 时，少年儿童的呼吸道感染发病率会显著增加；当其浓度为 200μg/m^3 时，少年儿童的慢性呼吸道疾病死亡率增加。另外，随着低碳环保行动的深入，降低生活环境中烟尘的含量成为环境保护的重中之重。因此，对排放源烟尘浓度的测量成为环境监测的一个重要方面。

某环保科技企业建立了一套烟尘监测系统，该系统利用工业无线数传终端采集现场烟尘、烟气的各参数数据，实时上传至管理中心，相关人员通过管理平台设置数据阈值，监测烟尘、烟气的相关数据，根据预警远程控制设备开关，做到管控智能化、数据可视化、提前预警、历史可查询。其中，对烟尘数据进行预测，为该地区烟尘污染做出预警是该系统的重要功能之一。目前，该系统中已存储大量烟尘数据（单位：μg/m^3），根据历史烟尘数据实现以下目标。

① 针对历史烟尘数据，采用时间序列分析法，预测未来烟尘含量。

② 根据用户需求及预警等级，将预测值和实际值进行比较，对其结果进行预警判断，制定个性化的预警提示。

2. 问题分析

采用时间序列分析法分析历史烟尘数据，预测未来烟尘含量，其分析建模过程主要包含以下步骤。

① 从数据源中选择性抽取历史烟尘数据与每天定时抽取烟尘数据。
② 对抽取的烟尘数据进行探索处理，包括缺失值、异常值处理，形成建模数据。
③ 采用时间序列分析法，根据建模数据进行模型构建。
④ 应用构建的模型预测未来烟尘数值，通过和预警值进行比较判断是否需要预警，将结果反馈给管理人员，提示检测区域的烟尘预警情况。

3. 数据抽取

烟尘数据存储于烟尘监测系统的服务器中，烟尘监测系统的监测数据包括二氧化碳、氮氧化物、氧气的浓度，以及烟气的流速、温度、压力、湿度、企业排放废气中的烟尘含量等，在此抽取 2018.03.13—2018.09.12 时段某企业排放废气中的烟尘含量字段（dusty）数据。

4. 数据探索分析

首先探索抽取字段是否有缺失值、异常值等。该字段数据存在两个缺失值，在 R 中采用线性插值法进行处理，数据处理的结果如表 7.2.5 所示。

表 7.2.5 数据处理的结果

时间	是否缺失	处理后
2018.04.01	NA	681.49
2018.05.01	NA	458.13

在进行时间序列建模前，需要初步检验烟尘含量观察值序列的平稳性，对处理后的烟尘含量观察值序列以天为单位绘制时序图，如图 7-2-1 所示。

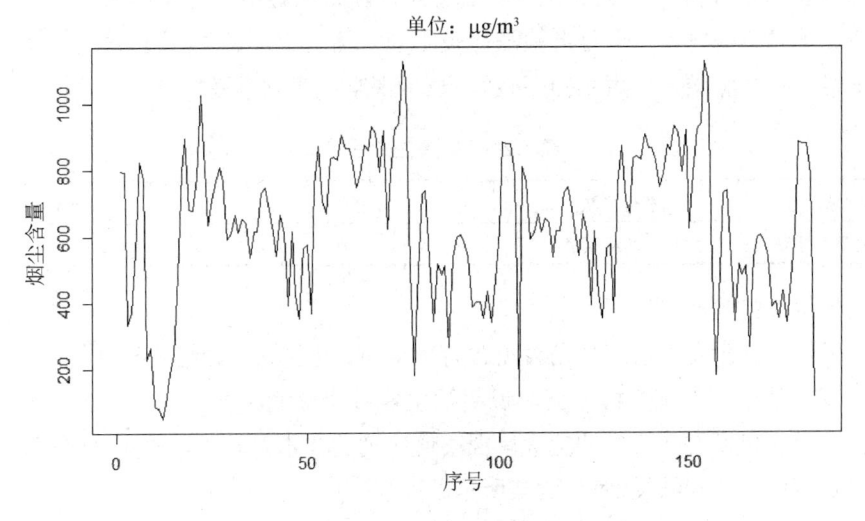

单位：$\mu g/m^3$

图 7-2-1 时序图

观察图 7-2-1 可以得到，烟尘含量时间序列围绕 $600\mu g/m^3$ 上下有界波动，没有明显的趋势,也没有很明显的固定周期,可以初步判断该时间序列是平稳的,无趋势和季节周期。通过时序图还可以看出,烟尘含量在抽取的时间段内无明显的异常值,可进行后续的建模分析。

5. 建模

为了方便对模型进行评价,将经过处理的数据划分为两部分:一部分为建模样本数据,另一部分为模型交叉验证数据。选取处理后数据的最后 10 条记录作为模型交叉验证数据,其他数据作为建模样本数据。

根据数据特征,梳理建模流程:首先对烟尘含量观察值序列进行平稳性检验,若烟尘含量观察值序列平稳,则继续进行纯随机性检验,若烟尘含量观察值序列非纯随机,则对平稳非纯随机序列计算样本的自相关系数和偏自相关系数,绘制自相关图、偏自相关图,进行 ARMA 模型的识别定阶,对识别定阶的模型进行参数估计,并进行参数显著性检验和模型纯随机性检验,即检验残差序列是否为纯随机序列,若未通过模型检验需要重新识别定阶模型。可能存在多个 ARMA 模型显著有效,此时计算多个模型的 AIC 或 BIC,选择相对最优模型,利用相对最优模型进行预测,计算预测值和实际值之间的误差,进行误差分析,也可做不同时段的交叉精度检验,验证模型的稳健性,如果模型拟合预测效果较好,则结束建模,反之需要重新建模。如果平稳性检验未通过,即烟尘含量观察值序列非平稳,则需要先通过差分运算将非平稳时间序列转换成平稳时间序列再进行模型识别定阶及后续步骤。非平稳时间序列需要做哪种形式的差分运算取决于时间序列的特征。若时间序列表现出线性递增趋势,则采取 1 阶差分的形式即可将其转换为平稳时间序列;若时间序列表现出曲线递增趋势,则可采取更高阶的差分形式。需要注意的是,一般不会超过 3 阶差分,否则会出现过差分,从而损失时间序列信息。

构建模型的主要步骤如下。

(1)平稳性检验。

在前面数据探索分析中,通过时序图已经大致判断了烟尘含量观察值序列无趋势和季节周期,近似于平稳时间序列,但是图检法比较主观,需要通过 ADF 检验确定烟尘含量观察值序列是否平稳,其检验结果如表 7.2.6 所示,表示观察值序列平稳。

表 7.2.6 平稳性检验结果

检验对象	检验方法	P 值	检验结果
烟尘含量观察值序列	ADF(aTSA 程序包)	0.01	有截距项的平稳时间序列

(2)纯随机性检验。

为了验证烟尘含量观察值序列是否蕴含有效信息,需要继续做纯随机性检验。如果检验得到烟尘含量观察值序列是纯随机序列,说明烟尘含量观察值序列包含的历史烟尘数据之间无任何相关性,没有建模的必要。烟尘含量观察值序列的样本量较大,故用 Q 统计量检验该时间序列的纯随机性,得到结果如表 7.2.7 所示。

表 7.2.7　纯随机性检验结果

检验对象	检验方法	延迟阶数	P 值	检验结果
烟尘含量观察值序列	Q 统计量	2	0.01	非纯随机序列
		4	0.01	
		6	0.01	
		8	0.01	

平稳性检验和纯随机性检验的 R 语言代码如下：

```
library("tseries")
library("aTSA")
data<-read.csv("E:\\chapter8\\dusty.data.csv")
dusty<-ts(data$dusty)
#单位根检验
aTSA::adf.test(dusty)
#Q 统计量纯随机性检验
for (i in 1:4) {print(Box.test(dusty,type = "Box-Pierce",lag = 2*i))}
```

（3）模型识别定阶。

烟尘含量观察值序列被识别为平稳非纯随机序列，接下来无须进行差分处理，直接绘制烟尘含量观察值序列测试集的自相关图和偏自相关图（分别见图 7-2-2 和图 7-2-3），识别定阶模型的具体形式，并借助 R 语言对模型进行参数估计。

Series 烟尘含量_训练集

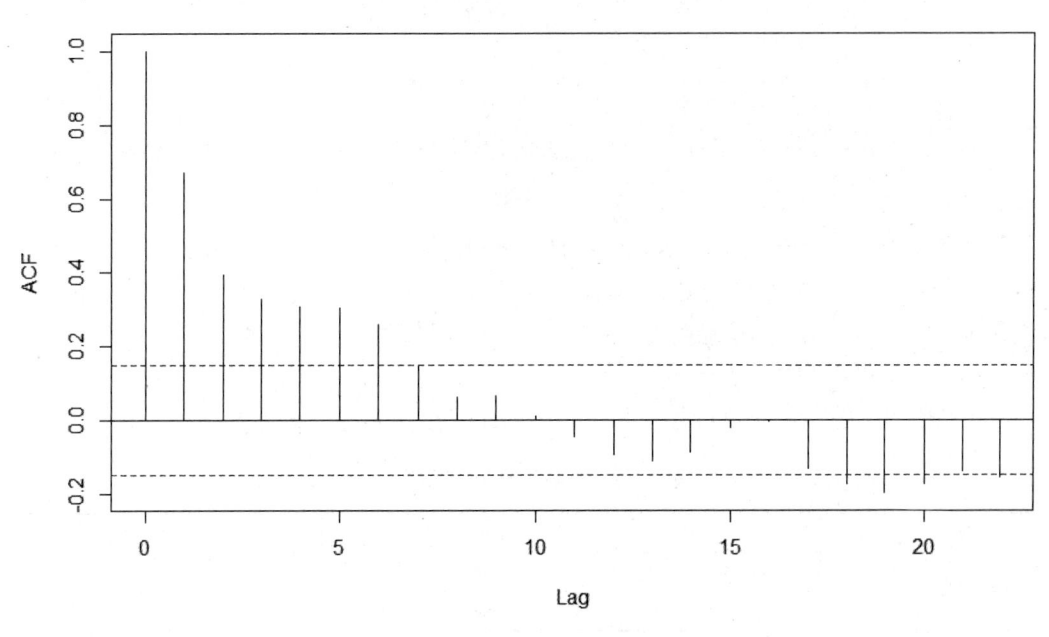

图 7-2-2　自相关图（1）

图 7-2-3 偏自相关图（1）

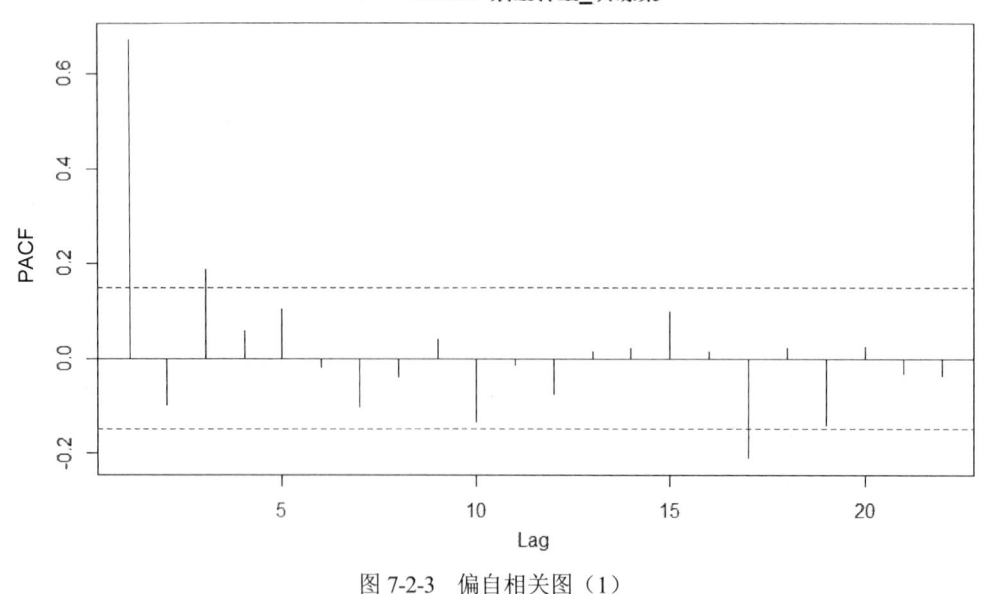

由图 7-2-2、图 7-2-3 可以看出，自相关图呈现出拖尾的特点，偏自相关图呈现 1 阶截尾的特点，可以构建 AR(1)模型。

R 语言中用极大似然估计的方法估计 AR(1)模型的参数，包括截距项、系数 ϕ_1，得到结果如下：

```
Call:
arima(x = dusty_train, order = c(1, 0, 0), method = "ML")
Coefficients:
         ar1   intercept
      0.6746    639.9463
s.e.  0.0557     37.1525
sigma^2 estimated as 26043:  log likelihood = -1131.77,  aic = 2269.54
```

（4）模型检验。

建模时需要对 AR(1)模型进行两方面的检验：一是检验 AR(1)模型中的所有参数是否显著不为零。二是检验 AR(1)模型是否显著有效，即检验 AR(1)模型的残差序列是否为纯随机序列，若是纯随机序列，则 AR(1)模型显著有效；若不是纯随机序列，则需要重新识别定阶模型，直到残差序列为纯随机序列为止。

对 AR(1)模型中的两个参数进行 t 检验，结果如表 7.2.8 所示，表示参数均显著不为零。

表 7.2.8 参数显著性检验表

模型	参数	P 值	检验结果
AR(1)模型	Intercept	1.22e-39	显著
	ϕ_1	9.98e-25	显著

对 AR(1)模型产生的残差序列进行纯随机性检验，结果如图 7-2-4 所示，残差序列的 Q 统

计量检验输出延迟 30 阶的伴随概率 P 都大于显著性水平 0.05，表明残差序列为纯随机序列，AR(1)模型显著有效。

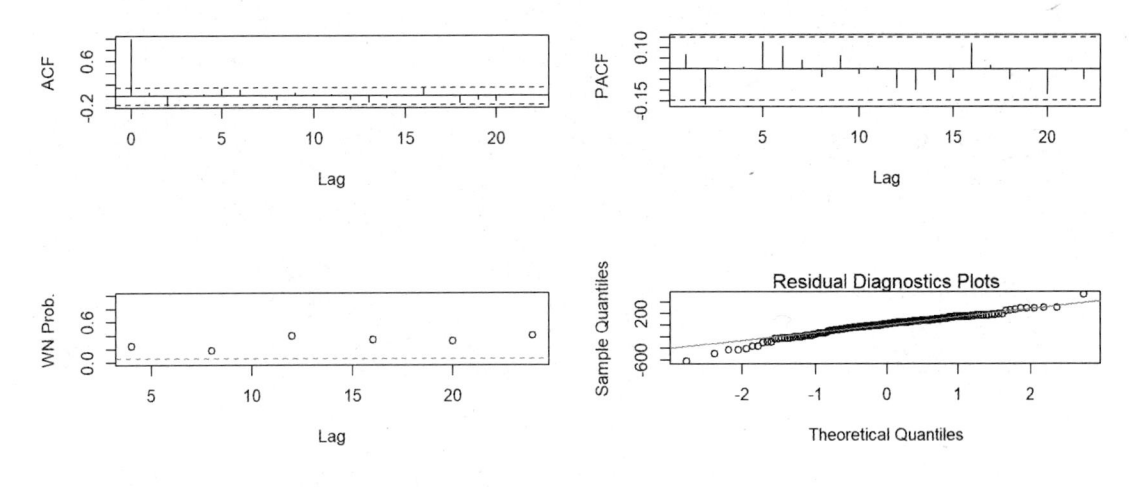

图 7-2-4 残差序列纯随机性检验结果

最终得到 AR(1)模型形式为

$$x_t = 208.24 + 0.67x_{t-1} + \varepsilon_t \tag{7-2-43}$$

（5）模型预测。

利用通过检验的 AR(1)模型进行预测，获取未来 10 天的烟尘含量，预测结果如表 7.2.9 所示。

表 7.2.9 预测结果

单位：$\mu g/m^3$

预测天数	预测值	实际值	置信下限（95%）	置信上限（95%）
1	470.34	402.62	163.56	796.15
2	526.28	352.49	150.43	913.49
3	563.89	433.50	159.32	974.87
4	589.18	340.02	171.64	1009.98
5	606.19	470.32	182.55	1031.06
6	617.63	616.87	191.04	1044.14
7	625.32	883.94	197.28	1052.45
8	630.49	880.68	201.71	1057.83
9	633.98	878.93	204.81	1061.36
10	636.31	786.54	206.94	1063.69

模型识别定阶、参数估计和检验、模型预测的 R 语言代码如下：

```
data<-read.csv("E:\\chapter8\\dusty.data.csv")
dusty<-ts(data$dusty)
##抽取训练集和测试集
dusty_train<-window(dusty,end=173)   ##建模样本数据
```

```
dusty_test<-window(dusty,start=174) #交叉验证数据
##绘制自相关图和偏自相关图
acf(dusty_train)
pacf(dusty_train)
##拟合AR(1)模型
fit<-arima(dusty_train,order = c(1,0,0),method = "ML")
##参数显著性检验
t=abs(fit$coef)/sqrt(diag(fit$var.coef))
pt(t,df=length(dusty_train)-length(fit$coef),lower.tail=F)
##残差序列纯随机性检验
ts.diag(fit)
##模型预测
ff<-forecast(fit,h = 10)
```

6. 模型评价

为了评价 AR(1)模型的好坏，本案例采用五个衡量模型预测精度的统计量指标，分别是 MSE、RMSE、MAE、MAPE、MASE，上述指标从不同方面反映了 AR(1)模型的预测精度。五个指标的误差比较如图 7-2-5 所示。

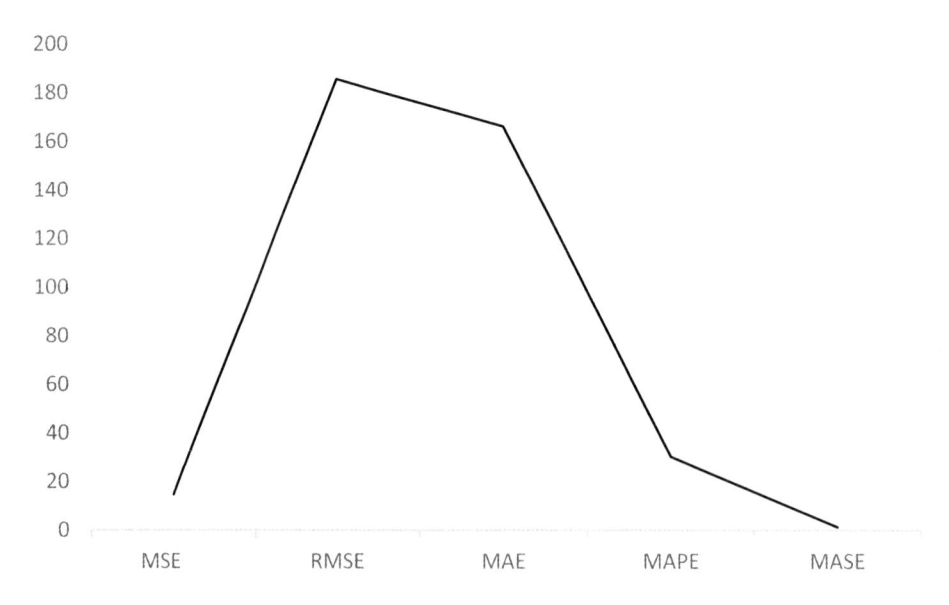

图 7-2-5　五个指标的误差比较

从图 7-2-5 中可以看出，MAE、MSE 比较大，而 MASE 相对较小，说明时间序列可能受到季节效应的影响，可采用季节 ARIMA 模型来优化模型的预测效果。

7. 模型应用

上述模型构建完成后就可以对模型进行应用，实现对未来烟尘含量的预测。模型应用过程如下。

① 每日从系统中定时抽取企业烟尘数据。

② 对定时抽取的烟尘数据进行缺失值、异常值等处理。

③ 将处理后的烟尘数据定时存放到模型的初始数据中,获得模型的输入数据,应用模型对烟尘含量时间序列进行预测,预测未来 10 天的烟尘含量。

④ 将预测值和企业排放烟尘含量预警值进行比较,获得烟尘含量接近预警值的程度,如果某一天预测的烟尘含量达到系统设置的预警级别,系统会以预警的方式提醒管理人员。

因为时间序列模型采用历史烟尘数据进行建模,随着时间的变化,需要每天定时将新增烟尘数据加入初始的建模样本数据中。正常情况下,添加新增烟尘数据后的模型需要重新调整,但考虑到建模复杂度和时间成本,结合实际业务需求可半月调整一次模型。

(二)每月抗糖尿病药物销售时间序列建模分析

1. 案例背景

糖尿病作为一种终身性的慢性代谢性疾病,已成为全球性的严重公共卫生问题。2019 年,据国际糖尿病联盟(IDF)发布的第 9 版全球糖尿病地图统计,全球 20~79 岁的成年人中约有 9.3%患有糖尿病,达 4.63 亿人。IDF 估计到 2030 年,将有 5.78 亿成年人患有糖尿病,到 2045 年,糖尿病患者的数量将会达到 7.002 亿人。目前,我国糖尿病患者的数量及糖尿病前期患病率不断上升。2019 年,IDF 发布的数据显示,我国成人糖尿病患者数量排名世界第一,高达 1.164 亿人,约占全球糖尿病患者总数的四分之一,预计到 2030 年将增至 1.41 亿人。此外,糖尿病控制不佳引发的并发症,如糖尿病视网膜病变、糖尿病肾病、糖尿病周围神经病变、心血管和脑血管并发症等将严重影响患者的生存质量和预期寿命。

随着糖尿病患者收入的不断增加,国家医疗保险制度的推广及抗糖尿病创新药的不断推出,我国抗糖尿病药物的市场规模从 2017 年的 512 亿元增加到 2022 年的 978 亿元,预计 2028 年将达到 1739 亿元。从整体来看,在样本公立医院数据库中,治疗糖尿病用药(ATC 分类 A10)的销售总金额稳步增长,由 2015 年的 63.1 亿元增长至 2019 年的 90.9 亿元,复合增长率为 9.55%。由于糖尿病患者的基数巨大,且需要长期服用降糖药物,基础降糖药品的品种较为稳定,加之有新晋品种进入该领域,促进了抗糖尿病药物整体市场规模的增长。据艾美达医药咨询有限公司预计,抗糖尿病药物市场规模在未来 3~5 年内的整体增速仍然稳定在 10%以上。

由此可见,抗糖尿病药物销售市场前景广阔,药物销售企业在相关医药销售的过程中对抗糖尿病药物销售情况的监控、预测、分析必不可少。现有 1992 年 1 月至 2008 年 12 月某医药企业抗糖尿病药物历史销售数据(单位:万元),分析目标如下。

① 研究每月抗糖尿病药物销售的长期趋势及不同季节对抗糖尿病药物销售的影响。

② 选择合适的模型预测每月抗糖尿病药物销售情况。

2. 问题分析

采用时间序列分析法分析,研究每月抗糖尿病药物销售时间序列,根据分析目标,每月抗糖尿病药物销售时间序列的建模分析过程主要包含以下步骤。

① 对数据进行预处理,包括缺失值、异常值处理,形成建模样本数据,绘制时序图探索每月抗糖尿病药物销售时间序列的特点。

② 采用因素分解方法分解出长期趋势和季节效应，发现每月抗糖尿病药物销售时间序列的走势，重点研究不同季节对每月抗糖尿病药物销售的影响，从而对药物销售和库存调度提出建议。

③ 采用 STL 模型、指数平滑预测模型、季节 ARIMA 模型对每月抗糖尿病药物销售时间序列进行建模分析，利用交叉精度检验观察各模型在预测效果上的表现，选取预测效果最佳的模型作为预测模型，进行最终的预测。

④ 应用模型预测每月抗糖尿病药物销售情况，为药物销售和库存调度提供一定的指导意见。

3. 数据探索分析

每月抗糖尿病药物销售时间序列的数据格式整洁，经检查没有缺失值、异常值，故不必进行数据清洗处理，可以直接进行建模分析。首先对每月抗糖尿病药物销售时间序列进行时间序列格式转换，设置时间为 1992 年 1 月至 2008 年 12 月，时间频率为月，紧接着根据每月抗糖尿病药物销售时间序列绘制时序图，如图 7-2-6 所示。

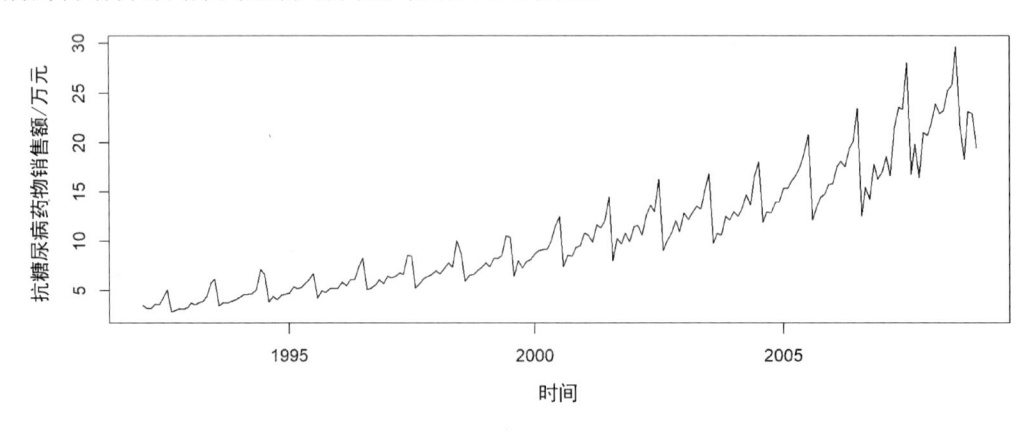

图 7-2-6 每月抗糖尿病药物销售时间序列的时序图

观察图 7-2-6，可以看到每月抗糖尿病药物销售时间序列有着明显上升的趋势，并且每一年都有从低谷到高峰再到低谷的周期循环，周期长度为 12 个月。显然，每月抗糖尿病药物销售时间序列非平稳，并且同时受到长期趋势、季节效应和随机波动的影响，在建模的时候需要考虑上述因素的影响。

4. 建模

根据分析目标和数据特征，梳理建模流程：首先，对该时间序列进行因素分解，分解出长期趋势和季节效应，观察每月抗糖尿病药物销售数据的未来走势，找到季节效应对每月抗糖尿病药物销售时间序列的影响；其次，将每月抗糖尿病药物销售时间序列中自 1992 年 1 月至 2007 年 12 月的数据划分为训练集，在训练集上分别建立季节 ARIMA 模型、STL 模型、指数平滑预测模型，利用三个模型预测抗糖尿病药物未来 12 个月的销售情况；然后，将 2008 年 12 个月的每月抗糖尿病药物销售时间序列作为测试集，进行固定训练集和测试集的交叉精度检验；最后，结合交叉精度检验结果，选取一个误差对三个模型进行动态的交叉精度检验，观察各个模型在不同时间段预测的稳健性。选择精度较好、不同时间段预测稳健的模型作为最终模型，将其应用到药物销售监控中。

（1）因素分解。

根据数据探索分析中对每月抗糖尿病药物销售时间序列的分析，该时间序列同时受到长期趋势效应和季节效应的影响，并且随着趋势的递增，该时间序列的周期振幅在不断增加，这意味着长期趋势和季节效应之间是相互影响的关系，因素分解模型为乘法模型。应用 R 语言对每月抗糖尿病药物销售序列进行因素分解，得到长期趋势时间序列、季节效应时间序列、随机波动时间序列，绘制出长期趋势时间序列、季节效应时间序列两个子序列的时序图，分别如图 7-2-7、7-2-8 所示。

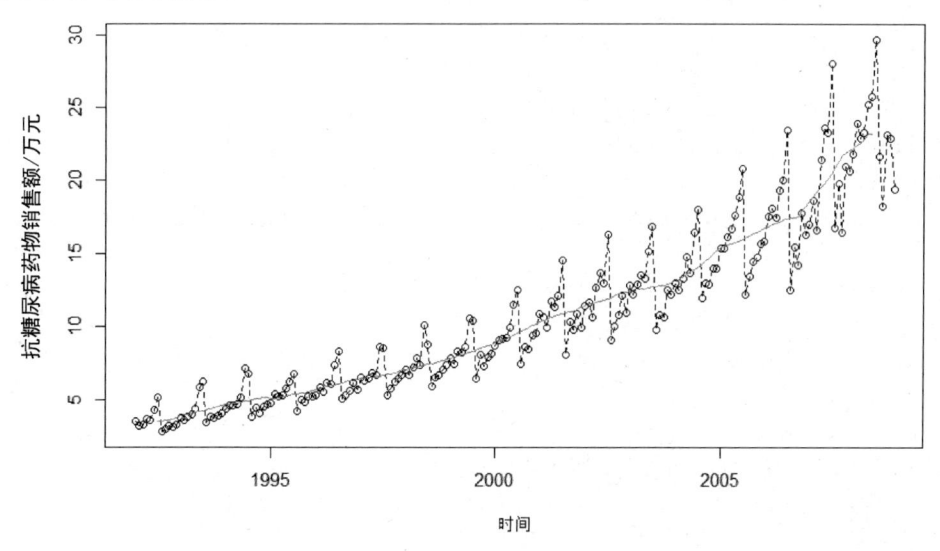

图 7-2-7　长期趋势时间序列的时序图

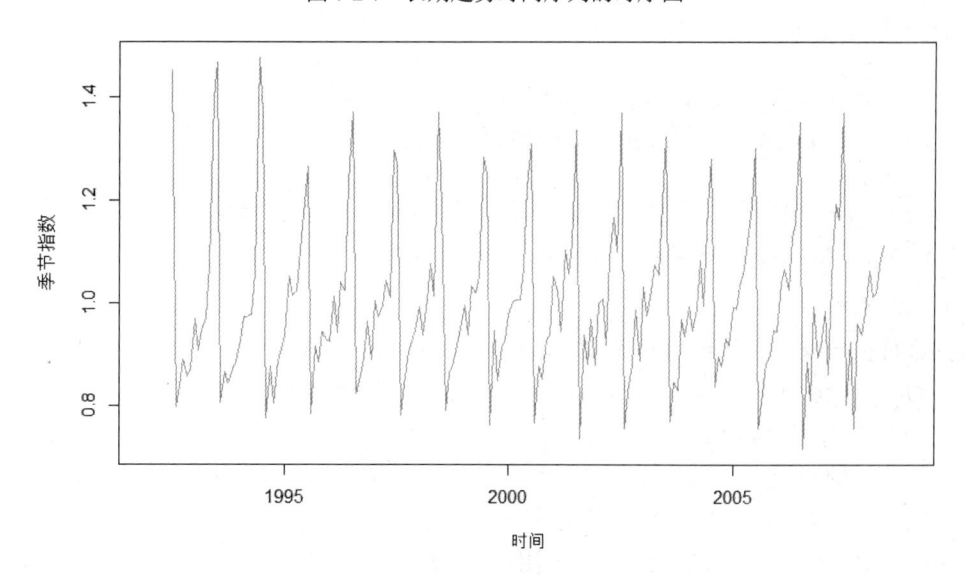

图 7-2-8　季节效应时间序列的时序图

观察图 7-2-7 可以看到，剔除季节效应的影响后，每月抗糖尿病药物的销售额不断上升，可见人们对抗糖尿病药物的需求在不断加大。观察图 7-2-8 可以看出，不同季节的抗糖尿病药物的销售情况区别较大，7月份抗糖尿病药物的销售最旺盛，8月份最低迷。从整体来看，前半年抗糖尿病药物的销售情况好于后半年抗糖尿病药物的销售情况。不同季节之间季节指数的比值就是季节效应造成的差异，7月份的季节指数为1.33，8月份的季节指数为0.78，这说明由于受季节的影响，8月份抗糖尿病药物的平均销售额通常只有7月份的59%（0.78/1.33=0.59），也就是说，8月份的抗糖尿病药物销售额只有7月份抗糖尿病药物销售额的一半多一点，这个差异是由于季节不同造成的。

因素分解的R语言代码如下：

```
data<-read.csv("E:\\chapter8\\drugsales.data.csv")
data<-ts(data[,2],start = c(1992,1),frequency = 12)
plot(data,main="抗糖尿病药物销售")
##首先,用filter()函数进行简单中心移动平滑,分解趋势时间序列
m12<-filter(data/12,rep(1,12),sides = 2)##做周期长度为12的第一次移动平均
m2_12<-filter(m12/2,rep(1,2), sides = 1)##做2次移动平均,得到趋势时间序列Trend
data1<-data.frame(data,m12,m2_12)##将原始时间序列、12期中心移动平均时间序列、
                                ##趋势时间序列保存在一个数据框中
plot(data,lty=2,type="o")##绘制原始时间序列的时序图
lines(m2_12,col=2)##添加趋势时间序列
##在原始时间序列中剔除趋势时间序列,得到残差序列（包含季节效应和随机波动）
x_T<-data/m2_12
plot(x_T,col=2)
##将残差序列整理成以年为行、以季度为列的矩阵结构数据
x_T<-matrix(x_T,ncol=12,byrow = T)
##剔除缺失值,计算残差序列的整体均值
m<-mean(x_T,na.rm = T)
##循环计算每个季度的均值
ms<-0
for(k in 1:12) ms[k]=mean(x_T[,k],na.rm = T)
##每个季度的均值除以总体均值得到各季度的季节指数
S<-ms/m
Month<-c(1:12)
plot(Month,S,type="o",col=2,main="季节效应")
```

（2）预测模型。

根据每月抗糖尿病药物销售时间序列的时序图可知，该时间序列受到长期趋势、季节效应和随机波动的综合影响，并且综合影响为乘法形式，可以建立的预测模型有STL模型、Holt-Winters三参数指数平滑预测模型（乘法形式）、季节ARIMA乘法模型。STL模型和Holt-Winters三参数指数平滑预测模型（乘法形式）在R语言中比较容易实现，此处不进行详细的介绍，下面重点介绍季节ARIMA乘法模型的构建过程。

季节ARIMA乘法模型是ARIMA模型中较为复杂的一类模型，针对的是既有长期趋势又有季节效应的时间序列，构建过程遵循ARIMA模型的构建过程，具体如下。

第一步，平稳性检验。这一步可以直接用时序图检验，若有着明显的长期趋势和季节效应，则该时间序列不平稳。

第二步，差分运算。该时间序列在被识别为非平稳时间序列之后，需要进行差分运算将其转换成平稳时间序列，由于每月抗糖尿病药物销售时间序列既有长期趋势又有季节效应，所以需要先进行 1 阶差分消除长期趋势效应，接着进行 12 步差分消除季节效应带来的固定周期，也就是说要进行 1 阶 12 步差分才能将其转换为平稳时间序列。

第三步，对完成差分运算后的时间序列进行平稳性和纯随机性检验。对完成 1 阶 12 步差分后的时间序列做 ADF 检验确保其平稳。若完成差分后的时间序列非平稳，则返回上一步；若完成差分后的时间序列平稳，则继续进行纯随机性检验以确保其是非纯随机序列。若为纯随机序列，则停止建模分析；若为非纯随机序列，则进入下一步。

第四步，模型识别定阶。绘制差分后的时间序列的自相关图和偏自相关图，观察两个图的特点，应用 ARMA 模型的识别依据提取时间序列的短期相关性和季节相关性，建立合适的季节 ARIMA 乘法模型。

第五步，模型检验。进行模型显著性检验，若残差序列为非纯随机序列，则返回上一步，重新识别定阶模型。

第六步，模型优化。可以建立多个有效的模型，利用 AIC 准则和 BIC 准则选择相对最优模型。

① 平稳性检验。

数据探索分析中通过时序图已经识别每月抗糖尿病药物销售时间序列显然是非平稳时间序列。

② 差分运算。

先进行 1 阶差分运算再进行 12 步差分运算，R 语言中的命令为 diff(diff(x),12)，x 为建模的时间序列。

③ 对完成差分后的时间序列进行平稳性和纯随机性检验。

确保完成 1 阶 12 步差分后的时间序列为平稳非纯随机序列。

④ 模型识别定阶。

绘制完成 1 阶 12 步差分后的时间序列的自相关图和偏自相关图（分别见图 7-2-9、图 7-2-10），识别定阶季节 ARIMA 模型的阶数。

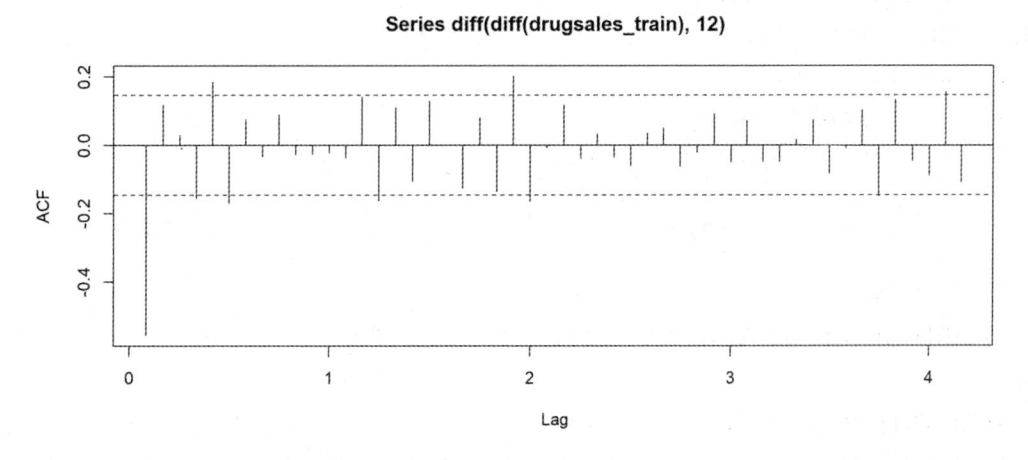

图 7-2-9　自相关图（2）

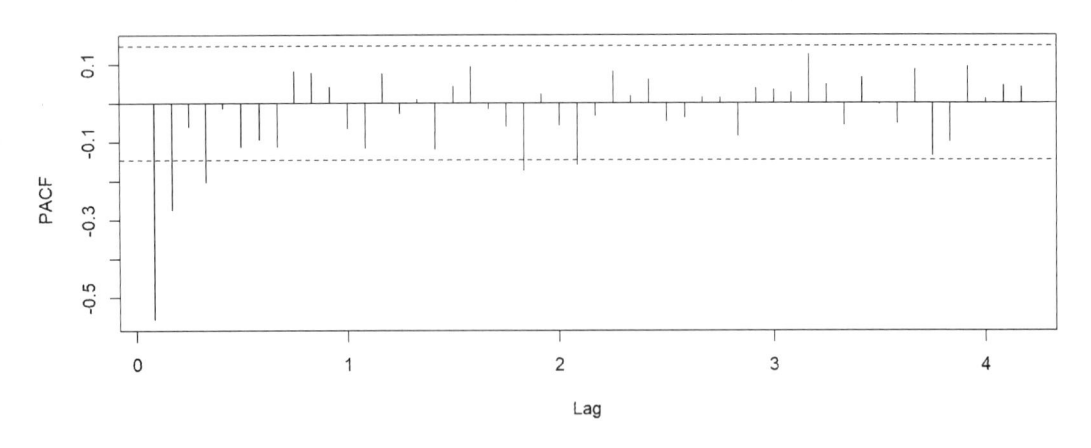

图 7-2-10　偏自相关图（2）

如图 7-2-9、图 7-2-10 所示，季节 ARIMA 乘法模型需要提取短期相关性和季节相关性两部分。短期相关性的提取主要取决于自相关系数和偏自相关系数延迟阶数在 12 阶内的特点，若在短期延迟阶数内，自相关系数拖尾、偏自相关系数 p 阶截尾，则短期相关性的提取模型为 AR(p)；若在短期延迟阶数内，自相关系数 q 阶截尾、偏自相关系数拖尾，则短期相关性的提取模型为 MA(q)；若在短期延迟阶数内，自相关系数和偏自相关系数都拖尾，则短期相关性的提取模型为 ARMA(p,q)。季节相关性的提取主要取决于每个周期上自相关系数和偏自相关系数的性质，即 12、24、36 等周期阶数上的特点。就图 7-2-9 和图 7-2-10 而言，短期内自相关系数 1 阶截尾，偏自相关系数拖尾，故提取短期相关性可建立 MA(1)模型；再看 12、24、36 等周期阶数上的自相关系数和偏自相关系数，自相关系数 2 阶截尾，偏自相关系数拖尾，提取季节相关性可构建 SMA(1)模型，最终对每月抗糖尿病药物销售时间序列尝试拟合 ARIMA(0,1,1)*(0,1,2)(12)模型。在 R 语言中采用极大似然估计和最小二乘估计混合的方法估计参数，得到结果如下：

```
arima(x = drugsales_train, order = c(0, 1, 1), seasonal = list(order = c(0, 1, 2), period = 12))
Coefficients:
          ma1     sma1     sma2
        -0.713  -0.1063  -0.1852
s.e.     0.057   0.0939   0.0920
sigma^2 estimated as 0.5824:  log likelihood = -206.49,  aic = 420.98
```

⑤ 模型检验。

对 ARIMA(0,1,1)*(0,1,2)(12)模型进行残差序列纯随机性检验，得到的检验结果如图 7-2-11 所示。

从图 7-2-11 中可以看到，残差序列 Q 检验输出延迟 30 阶的 P 值均大于显著性水平 0.05，残差序列显然为纯随机序列，故 ARIMA(0,1,1)*(0,1,2)(12)模型显著有效，可用于预测。

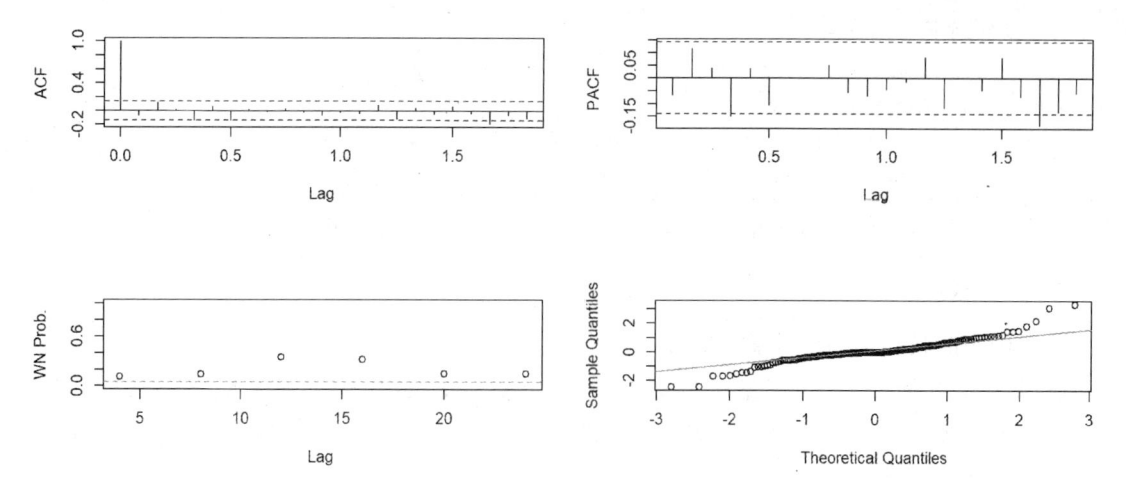

图 7-2-11　ARIMA(0,1,1)*(0,1,2)(12)模型残差序列的纯随机性检验结果

建模的 R 语言代码如下：

```
data<-read.csv("E:\\chapter8\\drugsales.data.csv")
data<-ts(data[,2],start = c(1992,1),frequency = 12)
##区分训练集和测试集，测试集长度为1年
drugsales_train<-window(data,end=c(2007,12))
drugsales_test<-window(data,start=c(2008,1))
##1、建立STL模型
fit_stl<-stl(drugsales_train,"per")
##预测12期
ff_stl<-forecast(fit_stl,h=12)
##2、建立指数平滑预测模型
fit_ets<-ets(drugsales_train,"MMM")
##预测12期
ff_ets<-forecast(fit_ets,h=12)
##3、构建季节ARIMA乘法模型
aTSA::adf.test(diff(diff(drugsales_train),12))
    {for(k in 1:4)
    print(Box.test(diff(diff(drugsales_train),12),lag=2*k,type="Ljung-Box"))}
##平稳非纯随机序列
##绘制自相关图及偏自相关图
acf(diff(diff(drugsales_train),12),lag=50)##1阶大于两倍标准差,且在第一个周
                                         ##期上大于两倍标准差
pacf(diff(diff(drugsales_train),12),lag=50)##1阶大于两倍标准差,且在第一个周
                                          ##期上大于两倍标准差
```

```
##尝试拟合ARIMA(0,1,1)*(0,1,2)(12)模型,注意用季节ARIMA乘法模型拟合时,若d=1,
##则不估计截距项
fit_arima<-arima(drugsales_train,order=c(0,1,1),seasonal = list(order=c(0,1,2),period=12))
ts.diag(fit_arima)
##预测12期
ff_arima<-forecast(fit_arima,h=12)
```

5. 模型评价

(1) 固定时长交叉精度检验。

如图 7-2-12 所示,三个模型在 MSE、RMSE、MAE、MPE、MAPE、MASE 误差上的表现一致;Holt-Winters 三参数指数平滑预测模型(乘法形式)在 RMSE、MAE、MAPE、MASE 上都小于 STL 模型和季节 ARIMA 乘法模型;在 MSE 上,Holt-Winters 三参数指数平滑预测模型(乘法形式)和季节 ARIMA 乘法模型的表现接近,季节 ARIMA 乘法模型略微好一点。从整体来看,在抗糖尿病药物销售时间序列的预测模型中,Holt-Winters 三参数指数平滑预测模型在精度方面表现最优,季节 ARIMA 乘法模型次之,STL 模型最差。

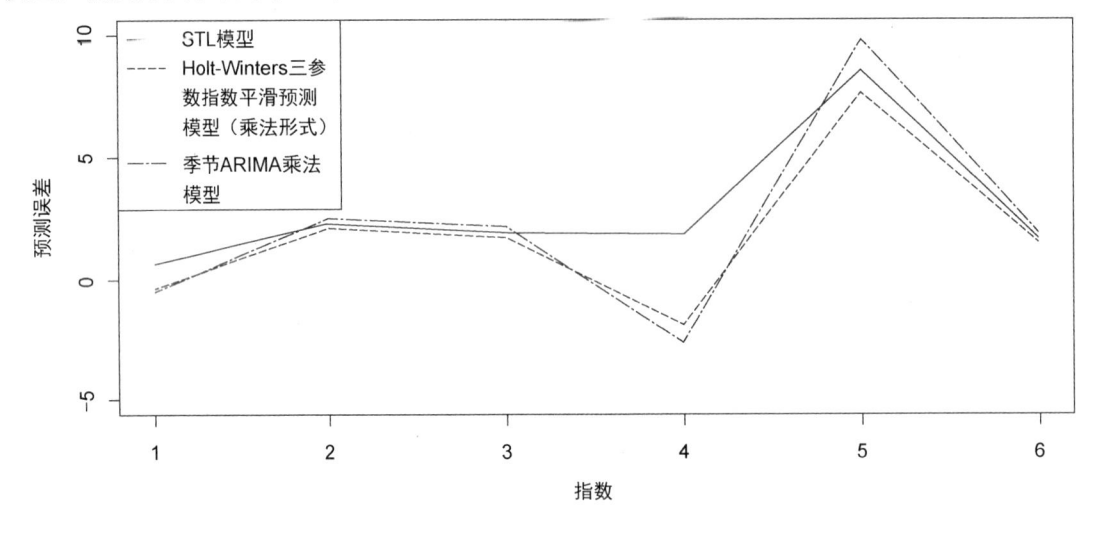

图 7-2-12 固定时长交叉精度检验图

固定时长交叉精度检验的 R 语言代码如下:

```
##计算交叉精度
erro1<-accuracy(ff_stl,drugsales_test)
erro2<-accuracy(ff_ets,drugsales_test)
erro3<-accuracy(ff_arima,drugsales_test)
##固定时长的交叉精度检验
er=rbind(erro1[2,1:6],erro2[2,1:6],erro3[2,1:6]);er
plot(er[1,],type = "l",col="red",ylab = "预测误差",ylim = c(-5,10))
lines(er[2,],col="blue")
```

```
    lines(er[3,],col="green")
    legend("topleft",c("stl","ets(MMM)","ARIMA"),pch=2:4,lty=2:4,col=c("red","blue","green"),lwd=3,cex = 0.4)
```

（2）动态交叉精度检验。

使训练集长度为 8 年，测试集长度为 1 年，动态检验 5 次交叉精度。

如图 7-2-13 所示，从整体来看，Holt-Winters 三参数指数平滑预测模型（乘法形式）的预测误差最稳健；从短期来看，STL 模型的效果尚可；但从长期来看，季节 ARMIA 乘法模型比 STL 模型的精度高。

不同模型的MAE比较：季节ARMIA乘法模型、
Holt-Winters三参数指数平滑预测模型（乘法形式）、STL模型

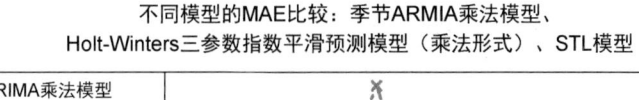

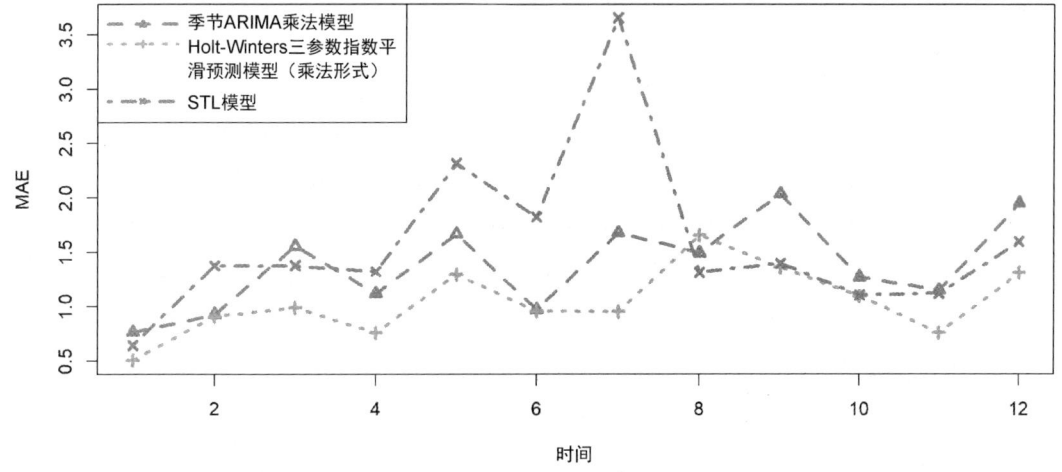

图 7-2-13　动态交叉精度检验图

动态交叉精度检验的 R 语言代码如下：

```
E1=NULL;E2=NULL;E3=NULL
for(i in 2003:2007){
  x1=window(data,start=c(i-9,1),end=c(i,12))       ##取8年动态数据作为训练集
  x2=window(data,start=c(i+1,1),end=c(i+1,12))     ##取1年数据作为测试集
  fit1=arima(x1,order=c(0,1,1),seasonal = list(order=c(0,1,2),period=12))
  fit2=ets(x1,model="MMM")
  fit3=stl(x1,"per")
  ff1=forecast(fit1,h=12)
  ff2=forecast(fit2,h=12)
  ff3=forecast(fit3,h=12)
  E1=rbind(E1,abs(ff1[["mean"]]-x2))
  E2=rbind(E2,abs(ff2[["mean"]]-x2))
  E3=rbind(E3,abs(ff3[["mean"]]-x2))}
E=cbind(colMeans(E1),colMeans(E2),colMeans(E3))
matplot(1:12,E,type='o',pch=2:4,lty=2:4,col=2:4,lwd=3,ylab="MAE",xlab="Horizon")
```

```
            legend("topleft",c("季节 ARIMA 乘法模型","Holt-Winters 三参数指数平滑预测模型
(乘法形式)","STL 模型"),pch=2:13,lty=2:13,col=2:13,lwd=3,cex = 0.5)
            title("不同模型的 MAE 比较：季节 ARMIA 乘法模型、Holt-Winters 三参数指数平滑预测模
型（乘法形式）、STL 模型"
```

根据动态交叉精度检验结果分析，Holt-Winters 三参数指数平滑预测模型（乘法形式）的预测误差较小，在不同时间段的预测效果比较稳定，可选用 Holt-Winters 三参数指数平滑预测模型（乘法形式）作为最终的预测模型来预测未来 12 个月的抗糖尿病药物销售情况。

6. 模型应用

上述模型构建完成后就可以对模型进行应用，实现对抗糖尿病药物销售情况的预测。模型应用过程如下。

① 每月从销售数据库中定时抽取抗糖尿病药物的销售数据。

② 对定时抽取的数据进行缺失值、异常值等清洗处理。

③ 将处理后的数据定时存放到模型的初始数据中，获得模型的输入数据，应用模型对抗糖尿病药物销售时间序列进行预测，预测未来 12 个月抗糖尿病药物的销售数据。

④ 将预测值和销售目标值进行比较，获得达标率，结合业务实际情况设定预警等级，预警等级需要结合销售区域、团队等进行设定，若达标率未达到某个值，则可提醒销售管理人员跟进抗糖尿病药物的销售情况。

（三）案例上机实验

1. 实验内容

选用每月抗糖尿病药物销售时间序列，根据时间序列模型，主要是季节 ARIMA 乘法模型的流程，完成案例的上机实验。实验内容主要包括：根据时序图探索时间序列特点；建立 STL 模型；建立指数平滑预测模型；ADF 检验、Q 统计量或 LB 统计量检验纯随机性、差分运算、模型识别定阶并估计参数、模型检验、模型预测；固定时长交叉精度检验；动态交叉精度检验。

2. 实验方法与步骤

（1）打开 R，使用 xlsread 或 read.csv 函数将数据文件读入 R 工作空间，选择要进行时间序列分析预测的数据，利用 ts 函数将该时间序列转换成时间序列变量。使用 ts 函数时注意设置分析时间序列的起止时间和频率。

（2）使用 window 函数截取最后一年，即时间序列后 12 个月的数据作为测试集，剩余数据作为训练集进行时间序列模型的构建。测试集用于固定时长交叉精度检验。

（3）在训练集上建立 STL 模型和指数平滑预测模型，使用 forecast 函数预测未来 12 期的值。

（4）在训练集上建立 ARIMA 模型。确定差分运算形式，使用 diff 函数进行差分平稳转换；使用 adf.test、Box.test 函数分别检验完成差分后时间序列的平稳性和纯随机性；使用 acf

函数、pacf 函数绘制自相关图和偏自相关图，判断 ARIMA 模型 p、q、P、Q 的阶数；使用 arima 函数进行参数估计；使用 ts.diag 函数检验模型残差序列是否为纯随机性序列；应用构建的 ARIMA 模型使用 forecast 函数预测未来 12 期的值。

（5）使用 accuracy 函数计算测试集上的 6 个误差，画出三个模型在交叉精度检验中 6 个误差的折线图，比较模型的精度优劣。

（6）编写循环代码语句，取固定 10 年为训练集、1 年为训练集，动态做 5 次 MAE 比较折线图，分析三个模型在不同时间段预测的稳健性。

（四）总结反思

（1）ADF 检验有一定的局限性，可以考虑用 PP 检验、KPSS 检验、自相关图等方式进行平稳性检验。

（2）模型的识别定阶依靠经验判断，效率较低，可以结合使用 auto.arima、armasubsets 等函数辅助定阶。

（3）从长期来看，时间序列预测的精度会越来越低，所以需要不断收集最新数据，更新建模样本数据，同时需要结合预测的置信区间指导实际业务的开展。

本章习题

一、单选题

1．企业为了能够在激烈的竞争环境中生存和发展，把自己的经营理念从以提高产品或服务质量为核心转向以（　　）为核心。

　　A．客户　　　　B．技术　　　　C．利润　　　　D．人才

2．客户价值的分类包括（　　）。

　　A．当前价值　　B．潜在价值　　C．历史价值　　D．历史贡献

3．下面哪一项不能决定客户的潜在价值？（　　）

　　A．忠诚度　　　　　　　　　　B．诚信度

　　C．客户关系状况　　　　　　　D．贡献值

4．下列属于时间序列的是（　　）。

　　A．1960—2020 年全国 34 个省（直辖市、自治区、特别行政区）的 GDP

　　B．2010 年 1 月—2020 年 12 月北京市的最低气温

　　C．1990—2020 年全国 34 个省（直辖市、自治区、特别行政区）的年均降水量

　　D．2020 年全国 34 个省（直辖市、自治区、特别行政区）的机场旅客人数

5．下列关于宽平稳时间序列性质的说法中，不正确的是（　　）。

　　A．具有常数均值

　　B．自协方差和时间间隔有关，与时间的起止点无关

　　C．方差是一个常数

　　D．严平稳时间序列一定是宽平稳时间序列

6. 下列不属于平稳性检验方法的是（　　）。

　　A．ADF 检验　　　　B．LB 检验　　　　C．KPSS 检验　　　D．PP 检验

7. 原始时间序列 1 阶差分平稳，且差分平稳时间序列的自相关系数拖尾、偏自相关系数 3 阶截尾，则对原始时间序列可以建立的模型是（　　）。

　　A．ARIMA(0,1,3)　　B．MA(3)　　　　C．ARIMA(3,1,0)　　D．AR(3)

8. 若零均值平稳时间序列的自相关系数呈现 2 阶截尾，其偏自相关系数呈现拖尾，则构建的模型是（　　）。

　　A．AR(2)　　　　　　　　　　　　　B．MA(2)

　　C．ARMA(2,2)　　　　　　　　　　　D．ARIMA(0,1,2)

9. 若观察值序列既有明显的线性递增趋势，又有以 12 个月为周期的季节效应，可以通过以下哪种差分运算将该时间序列转换为平稳时间序列？（　　）

　　A．1 阶差分　　　　　　　　　　　　B．2 阶差分

　　C．先 1 阶差分，后 12 步差分　　　　D．12 步差分

10. ARIMA 模型的分析对象是（　　）。

　　A．平稳纯随机序列

　　B．平稳非纯随机序列

　　C．平稳非纯随机序列或非平稳时间序列

　　D．非平稳时间序列

11. 时间序列模型建立后要进行模型显著性检验，检验的对象为（　　）。

　　A．模型残差　　　　　　　　　　　　B．模型均值

　　C．模型参数　　　　　　　　　　　　D．模型截距项

12. AR 模型的自相关系数和偏自相关系数性质是（　　）。

　　A．p 阶截尾、拖尾

　　B．q 阶截尾、拖尾

　　C．自相关系数和偏自相关系数均拖尾

　　D．拖尾、q 阶截尾

13. MA 模型的自相关系数和偏自相关系数性质是（　　）。

　　A．p 阶截尾、拖尾　　　　　　　　B．q 阶截尾、拖尾

　　C．自相关系数和偏自相关系数均拖尾　　D．拖尾、q 阶截尾

14. ARMA 模型的自相关系数和偏自相关系数性质是（　　）。

　　A．p 阶截尾、拖尾　　　　　　　　B．q 阶截尾、拖尾

　　C．自相关系数和偏自相关系数均拖尾　　D．拖尾、q 阶截尾

15. 若零均值平稳时间序列的自相关系数和偏自相关系数都呈现拖尾，则可能构建的模型是（　　）。

　　A．MA(2)　　　　　　　　　　　　　B．ARMA(1,1)

　　C．AR(2)　　　　　　　　　　　　　D．MA(1)

16. 某时间序列同时可构建多个模型：ARIMA(1,1,0)、ARIMA(0,1,2)、ARIMA(1,1,1)、ARIMA(1,1,2)。其 AIC 分别为 535.79、540.29、543.2、536.46，相对最优模型为（　　）。

A. ARIMA(1,1,0)　　　　　　B. ARIMA(0,1,2)
C. ARIMA(1,1,1)　　　　　　D. ARIMA(1,1,2)

二、简答题

1. 简述潜在客户识别方法有哪些。
2. 数据挖掘技术包括哪些？
3. 决策树的基本算法都有哪些？
4. 简述 ARMA 模型的识别定阶依据。
5. 简述 ARIMA 模型的建模步骤。
6. 简述指数平滑预测模型的应用场景。
7. 简述因素分解理论。

三、案例分析题

1. 在如今的电信行业中，大多数公司都把注意力集中在了如何防范不法分子欺诈方面，但实际上，将潜在客户识别应用于防止现有客户的流失也有很重要的现实意义，因为有些客户虽然暂时对公司贡献不大，但将来有可能成为公司的忠实客户或重要客户，这不仅能为公司创造更多的利润，还有利于增加市场份额，提高公司的声誉等。随着电信行业的不断发展，在大量数据中发现有价值的潜在客户，从而针对这些客户进行相应的营销策略，必然会给整个电信行业创造更多的利润，对电信行业有很重要的意义。请参考本节案例，使用决策树算法实现电信行业潜在客户识别预测。部分变量如下表所示。

变量说明表

变量名称	变量类型	变量说明
记录号	字符型	每条通话记录的标识号
通话类型	字符型	通话的不同方式
区号	整数型	主机所在的区号
主叫号	整数型	主机号
被叫号	整数型	接电话一方的电话号码
通话日期	日期型	通话的日期
通话时间	时间型	通话的开始时间
时长	整数型	通话的持续时间（秒）

2. 时间序列分析是量化投资中的一门基本技术，量化投资交易者的目标是利用统计建模来识别金融时间序列中潜在的趋势、季节变化和序列相关性。金融时间序列分析的主要应用为预测未来（为了成功交易，需要在统计上"准确"预测未来的投资品价格或收益率），一旦发现了金融时间序列的统计特征，便可以使用它们来模拟时间序列并进行场景分析（这对于估计交易次数、期望交易成本、期望收益率至关重要），从而最终定量地计算一个策略或投资组合的风险分布和盈利水平。请自行从财经类网站下载一段时间内和股票交易相关的数据，如某支股票的收盘价、成交量、换手率等，按照时间序列模型中 ARIMA 模型的建模流程完成金融时间序列建模分析和预测。

衍生知识拓展：金融时间序列往往呈现出尖峰厚尾的非正态分布特点，其在大部分时间段内小幅波动，但是会在某些时间段内出现持续大幅波动，即具有一段持续时间的小幅波动和一段持续时间的大幅波动交替出现的特征，其方差非齐。而 ARIMA 模型的数学假定是方差齐性，故单纯利用 ARIMA 模型进行金融时间序列预测，其预测的置信区间和实际不符，所以金融时间序列模型中有一类很重要的解决异方差问题的模型：GARCH 模型。读者可阅读参考书籍自学 GARCH 模型知识，在 ARIMA 模型的基础上利用 GARCH 模型优化金融时间序列预测结果，提高预测精度。

参考文献

[1] 王仁武，蔚海燕，范并思．商业分析[M]．上海：华东师范大学出版社，2014．

[2] 《管理学》编写组．管理学[M]．北京：高等教育出版社，2019．

[3] 吴建生，许桂秋．数据挖掘与机器学习[M]．北京：人民邮电出版社，2019．

[4] 何伟，张良均．Python 商务数据分析与实战[M]．北京：人民邮电出版社，2022．

[5] 简明，金勇进，蒋妍，等．市场调查方法与技术[M]．4 版．北京：中国人民大学出版社，2018．

[6] 孙立伟，何国辉，吴礼发．网络爬虫技术的研究[J]．电脑知识与技术，2010，6（15）：4112-4115．

[7] 池毓森．基于 Python 的网页爬虫技术研究[J]．信息与电脑，2021，33（21）：41-44．

[8] 庞浩．计量经济学[M]．4 版．北京：科学出版社，2019．

[9] 曹端喜．聚类算法的改进和聚类有效性指标的研究[D]．南京：南京邮电大学，2021．

[10] ROBERT I K．R 语言实战[M]．王小宁，刘撷芯，黄俊文，等译．2 版．北京：人民邮电出版社，2016．

[11] 黄文，王正林．数据挖掘：R 语言实战[M]．北京：电子工业出版社，2014．

[12] 迈克尔·波特．竞争优势[M]．陈丽芳，译．北京：中信出版社，2014．

[13] 唐朝．手把手教你读财报[M]．北京：中国经济出版社，2021．

[14] 文杨．一本书读懂财务报表：财务报表分析从入门到精通[M]．北京：中国华侨出版社，2014．

[15] 茨韦特瓦．社会网络分析：方法与实践[M]．王薇，王成军，王颖，等译．北京：机械工业出版社，2013．

[16] 张振华，许柏鸣．基于在线评论文本挖掘的商业竞争情报分析模型构建及应用[J]．情报科学，2019（2）：149-153．

[17] 郭波，龚时雨，谭云涛，等．项目风险管理[M]．北京：电子工业出版社，2018．

[18] 铁健司．质量管理统计方法[M]．韩福荣，等译．北京：机械工业出版社，2006．

[19] 周纪芗，茆诗松．质量管理统计方法[M]．北京：中国统计出版社，1999．

[20] 卜心怡．管理运筹学[M]．北京：电子工业出版社，2017．

[21] 韩伯棠．管理运筹学[M]．5 版．北京：高等教育出版社，2020．

[22] 《运筹学》教材编写组．运筹学[M]．5 版．北京：清华大学出版社，2021．

[23] 林柳青．商业银行信用卡业务潜在客户识别的研究[D]．广州：广东工业大学，2008．

[24] 颜丹丹. CART 算法在电信业潜在客户识别中的应用研究[D]. 北京：对外经济贸易大学，2007.

[25] 程瑞芬. 基于数据挖掘的保险业客户识别与开发研究[D]. 郑州：河南工业大学，2013.

[26] 王燕. 时间序列分析：基于 R[M]. 2 版. 北京：中国人民大学出版社，2020.

[27] 吴喜之，刘苗. 应用时间序列分析：R 软件陪同[M]. 2 版. 北京：机械工业出版社，2018.

附录 A 不合格品百分数的计数标准型一次抽样检验程序及抽样表

P_0/%	P_1/%																P_0 区间/%
	0.75	0.85	0.95	1.05	1.20	1.30	1.50	1.70	1.90	2.10	2.40	2.60	3.00	3.40	3.80	4.20	4.80	
0.095	750,2	425,1	395,1	370,1	345,1	315,1	280,1	250,1	225,1	210,1	185,1	160,1	68,0	64,0	58,0	54,0	49,0	0.091~0.100
0.105	730,2	665,2	380,1	355,1	330,1	310,1	275,1	250,1	225,1	200,1	185,1	160,1	150,1	60,0	56,0	52,0	48,0	0.101~0.112
0.120	700,2	650,2	595,2	340,1	320,1	295,1	275,1	245,1	220,1	200,1	180,1	160,1	150,1	130,1	54,0	50,0	46,0	0.113~0.125
0.130	930,3	625,2	580,2	535,2	305,1	285,1	260,1	240,1	220,1	200,1	180,1	160,1	150,1	130,1	115,1	48,0	45,0	0.126~0.140
0.15	900,3	820,3	545,2	520,2	475,2	270,1	250,1	230,1	215,1	195,1	175,1	160,1	140,1	130,1	115,1	100,1	43,0	0.141~0.160
0.17	1105,4	795,3	740,3	495,2	470,2	430,2	240,1	220,1	205,1	190,1	175,1	160,1	140,1	125,1	115,1	100,1	92,1	0.161~0.180
0.19	1295,5	980,4	710,3	665,3	440,2	415,2	370,2	210,1	200,1	185,1	170,1	155,1	140,1	125,1	115,1	100,1	92,1	0.181~0.200
0.21	1445,6	1135,5	875,4	635,3	595,3	395,2	365,2	330,2	190,1	175,1	165,1	155,1	140,1	125,1	115,1	100,1	92,1	0.201~0.224
0.24	1620,7	1305,6	1015,5	785,4	570,3	525,3	350,2	325,2	300,2	170,1	160,1	145,1	135,1	125,1	115,1	100,1	90,1	0.225~0.250
0.26	1750,8	1435,7	1165,6	910,5	705,4	510,3	465,3	310,2	290,2	265,2	150,1	140,1	130,1	120,1	110,1	100,1	90,1	0.251~0.280
0.3	2055,10	1545,8	1275,7	1025,6	810,5	625,4	450,3	410,3	275,2	260,2	240,2	135,1	125,1	115,1	110,1	98,1	88,1	0.281~0.315
0.34		1820,10	1385,8	1145,7	920,6	725,5	555,4	400,3	365,3	250,2	230,2	210,2	120,1	110,1	105,1	96,1	86,1	0.316~0.355
0.38			1630,10	1235,8	1025,7	820,6	640,5	490,4	355,3	330,3	220,1	205,2	190,2	110,1	100,1	92,1	86,1	0.356~0.400
0.42				1450,10	1100,8	910,7	725,6	565,5	440,4	315,3	295,3	195,2	180,2	165,2	95,1	88,1	82,1	0.401~0.450
0.48					1300,10	985,8	810,7	545,5	505,5	390,4	285,3	260,3	175,2	165,2	150,2	84,1	80,1	0.451~0.500
0.53						1165,10	875,8	715,7	495,5	450,5	350,4	255,3	230,3	155,2	145,2	135,2	76,1	0.501~0.560
0.6							1035,10	770,8	640,7	435,5	405,5	310,4	225,3	205,3	140,2	125,2	115,2	0.561~0.630
0.67								910,10	690,8	570,7	390,5	360,5	275,4	200,3	185,3	125,2	115,2	0.631~0.710
0.75									815,10	620,8	510,7	350,5	320,5	250,4	180,3	165,3	110,2	0.711~0.800
0.85										725,10	550,8	455,7	310,5	285,5	220,4	160,3	145,3	0.801~0.900
0.95											650,10	490,8	405,7	275,5	255,5	195,4	140,3	0.901~1.00
1.05												580,10	435,8	360,7	245,5	225,5	175,4	1.01~1.12
1.2													715,13	515,10	390,8	280,6	220,5	165,4	1.13~1.25
1.3														635,13	465,10	350,8	250,6	195,5	1.26~1.40
1.5															825,18	565,13	410,10	310,8	220,6	1.41~1.60
1.7																745,18	505,13	360,10	275,8	1.61~1.80
1.9																	660,18	445,13	325,10	1.81~2.00
2.1																		585,18	400,13	2.01~2.24
2.4																			520,18	2.25~2.50
P_0 区间/%	0.71~0.8	0.81~0.9	0.91~1	1.01~1.12	1.13~1.25	1.26~1.4	1.41~1.6	1.61~2.8	1.81~2	2.01~2.24	2.25~2.5	2.51~2.8	2.81~3.15	3.16~3.55	3.56~4	4.01~4.5	4.51~5	

续表

P_0/%	P_1/%																P_0 区间/%
	5.30	6.00	6.70	7.50	8.50	9.50	10.50	12.00	13.00	15.00	17.00	19.00	21.00	24.00	26.00	30.00	34.00	
0.095	45,0	41,0	37,0	33,0	30,0	27,0	24,0	22,0	19,0	15,0	13,0	11,0	10,0	9,0	9,0	8,0	7,0	0.091~0.100
0.105	44,0	40,0	37,0	33,0	29,0	27,0	24,0	21,0	19,0	15,0	13,0	11,0	10,0	9,0	9,0	7,0	7,0	0.101~0.112
0.120	43,0	39,0	36,0	33,0	29,0	26,0	24,0	21,0	19,0	15,0	13,0	11,0	10,0	9,0	9,0	7,0	7,0	0.113~0.125
0.130	41,0	38,0	35,0	32,0	29,0	26,0	23,0	21,0	19,0	15,0	13,0	11,0	10,0	9,0	9,0	7,0	6,0	0.126~0.140
0.15	40,0	37,0	33,0	31,0	28,0	26,0	23,0	21,0	19,0	15,0	13,0	11,0	10,0	9,0	9,0	7,0	6,0	0.141~0.160
0.17	38,0	35,0	33,0	30,0	27,0	25,0	23,0	21,0	18,0	15,0	13,0	11,0	10,0	9,0	9,0	7,0	6,0	0.161~0.180
0.19	82,1	34,0	31,0	29,0	26,0	24,0	22,0	21,0	18,0	14,0	13,0	11,0	10,0	9,0	9,0	7,0	6,0	0.181~0.200
0.21	82,1	72,1	30,0	28,0	25,0	23,0	22,0	20,0	18,0	14,0	13,0	11,0	10,0	9,0	9,0	7,0	6,0	0.201~0.224
0.24	82,1	72,1	64,1	27,0	25,0	23,0	21,0	19,0	18,0	14,0	12,0	11,0	10,0	9,0	9,0	7,0	6,0	0.225~0.250
0.26	80,1	72,1	64,1	56,1	24,0	22,0	20,0	19,0	17,0	14,0	12,0	11,0	10,0	9,0	9,0	7,0	6,0	0.251~0.280
0.3	80,1	70,1	64,1	56,1	50,1	21,0	19,0	18,0	17,0	14,0	12,0	11,0	10,0	9,0	9,0	7,0	6,0	0.281~0.315
0.34	80,1	70,1	62,1	56,1	50,1	45,1	19,0	17,0	16,0	13,0	12,0	11,0	10,0	9,0	9,0	7,0	6,0	0.316~0.355
0.38	78,1	70,1	62,1	56,1	50,1	45,1	40,1	17,0	15,0	13,0	12,0	11,0	10,0	9,0	9,0	7,0	6,0	0.356~0.400
0.42	76,1	68,1	62,1	56,1	49,1	45,1	40,1	35,1	15,0	12,0	11,0	10,0	9,0	8,0	8,0	7,0	6,0	0.401~0.450
0.48	74,1	68,1	62,1	56,1	49,1	44,1	40,1	35,1	31,1	13,0	12,0	11,0	10,0	9,0	8,0	7,0	6,0	0.451~0.500
0.53	70,1	64,1	60,1	54,1	49,1	44,1	39,1	35,1	31,1	28,1	11,0	11,0	10,0	9,0	8,0	7,0	6,0	0.501~0.560
0.6	68,1	62,1	58,1	54,1	48,1	44,1	39,1	35,1	31,1	27,1	24,1	10,0	9,0	9,0	8,0	7,0	6,0	0.561~0.630
0.67	105,2	59,1	56,1	52,1	47,1	43,1	39,1	35,1	31,1	27,1	24,1	21,1	9,0	8,0	8,0	7,0	6,0	0.631~0.710
0.75	105,2	94,2	54,1	49,1	46,1	42,1	38,1	35,1	31,1	27,1	24,1	21,1	19,1	8,0	7,0	7,0	6,0	0.711~0.800
0.85	100,2	90,2	84,2	47,1	44,1	40,1	38,1	34,1	31,1	27,1	24,1	21,1	19,1	17,1	7,0	7,0	6,0	0.801~0.900
0.95	130,3	86,2	82,2	74,2	42,1	39,1	36,1	34,1	30,1	27,1	24,1	21,1	19,0	17,1	15,1	6,0	6,0	0.901~1.00
1.05	125,3	115,3	78,2	72,2	64,2	37,1	35,1	32,1	30,1	27,1	23,1	21,1	19,1	17,1	15,1	6,0	6,0	1.01~1.12
1.2	155,4	115,3	105,3	70,2	64,2	58,2	33,2	31,1	29,1	26,1	23,1	21,1	18,1	16,1	15,1	6,0	6,0	1.13-1.25
1.3	150,4	135,4	100,3	66,2	62,2	58,2	52,2	30,1	28,1	25,1	23,1	21,1	18,1	16,1	15,1	13,1	5,0	1.26~1.40
1.5	175,5	130,4	120,4	90,3	58,2	54,2	50,2	47,2	26,1	24,1	22,1	20,1	18,1	16,1	14,1	13,1	5,0	1.41~1.60
1.7	195,6	155,5	115,4	110,4	78,3	52,5	49,2	45,2	41,2	23,1	21,1	20,1	18,1	16,1	14,1	13,1	11,1	1.61~1.80
1.9	245,8	175,6	140,5	105,4	95,4	73,0	47,2	44,2	41,2	36,2	21,2	19,1	18,1	16,1	14,1	13,1	11,1	1.81~2.00
2.1	290,10	220,8	155,6	125,5	95,4	86,4	62,3	42,2	39,2	36,2	32,2	18,1	17,1	16,1	14,1	13,1	11,1	2.01~2.24
2.4	360,13	260,10	195,8	140,6	110,5	84,4	76,4	56,3	37,2	34,2	31,2	28,2	16,1	15,1	14,1	12,1	11,1	2.25~2.50
2.6	470,18	320,13	230,10	175,8	125,6	100,5	74,4	54,3	50,3	33,2	30,2	28,2	25,2	15,1	13,1	12,1	11,1	2.51~2.80
3.0		415,18	280,13	205,10	155,8	110,6	86,5	66,4	48,3	44,3	29,2	27,2	25,2	22,2	13,1	12,1	11,1	2.81~3.15
3.4			350,17	250,13	180,10	140,8	100,6	78,5	60,4	42,3	39,3	26,2	24,2	22,2	20,2	11,1	10,1	3.16~3.55
3.8				310,17	225,13	165,10	125,8	90,6	70,5	52,4	37,3	35,3	23,2	21,2	20,2	17,2	10,1	3.56~4.00
4.2					275,17	200,13	145,10	110,8	78,6	62,5	46,4	33,3	31,3	20,2	19,2	17,2	10,1	4.01~4.50
P_0 区间 /%	5.01~5.6	5.61~6.3	6.31~7.1	7.11~8	8.01~9	9.01~10	10.01~11.2	11.3~12.5	12.6~14.0	14.1~16.0	16.1~18	18.1~20	20.1~22.4	22.5~25	25.1~28	28.1~31.5	31.6~35.5	

附录 A 不合格品百分数的计数标准型一次抽样检验程序及抽样表

续表

P_0/%	P_1/%															P_0 区间/%
	5.30	6.00	6.70	7.50	8.50	9.50	10.50	12.00	13.00	15.00	17.00	19.00	21.00	24.00	26.00	30.00	34.00	
4.8						245,17	180,13	130,10	100,8	70,6	54,5	41,4	30,3	28,3	18,2	17,2	15,2	4.51~5.00
5.3							220,17	160,13	115,10	85,8	62,6	48,5	37,4	27,3	25,3	16,2	15,2	5.01~5.60
6								195,17	140,13	100,10	68,7	54,6	43,5	33,4	23,3	22,3	14,2	5.61~6.30
6.7									175,17	120,12	82,9	60,7	48,6	38,5	29,4	21,3	14,2	6.31~7.10
7.5										150,16	105,12	74,9	54,7	44,6	34,5	26,4	18,3	7.11~8.00
8.5											130,16	90,12	66,9	48,7	39,6	30,5	23,4	8.01~9.00
9.5												115,16	82,12	58,9	43,7	34,6	27,5	9.01~10.0
10.5													105,16	74,12	52,9	38,7	26,5	10.1~11.2
P_0 区间/%	5.01~5.6	5.61~6.3	6.31~7.1	7.11~8	8.01~9	9.01~10	10.01~11.2	11.3~12.5	12.6~14.0	14.1~16.0	16.1~18	18.1~20	20.1~22.4	22.5~25	25.1~28	28.1~31.5	31.6~35.5	

附表 B 正常检验一次抽样方案

	样本量字码		A	B	C	D	E	F	G	H	J	K	L	M	N	P	Q	R
	样本量		2	3	5	8	13	20	32	50	80	125	200	315	500	800	1250	2000
接受质量限（AQL）	0.01	Ac	0	0	0	0	0	0	0	0	0	0	0	0	0	0	0	0
		Re	1	1	1	1	1	1	1	1	1	1	1	1	1	1	1	1
	0.015	Ac	0	0	0	0	0	0	0	0	0	0	0	0	0	0	0	0
		Re	1	1	1	1	1	1	1	1	1	1	1	1	1	1	1	1
	0.025	Ac	0	0	0	0	0	0	0	0	0	0	0	0	0	0	1	1
		Re	1	1	1	1	1	1	1	1	1	1	1	1	1	1	2	2
	0.040	Ac	0	0	0	0	0	0	0	0	0	0	0	0	0	1	1	3
		Re	1	1	1	1	1	1	1	1	1	1	1	1	1	2	2	4
	0.065	Ac	0	0	0	0	0	0	0	0	0	0	0	0	1	1	2	3
		Re	1	1	1	1	1	1	1	1	1	1	1	1	2	2	3	4
	0.10	Ac	0	0	0	0	0	0	0	0	0	0	0	1	1	2	3	5
		Re	1	1	1	1	1	1	1	1	1	1	1	2	2	3	4	6
	0.15	Ac	0	0	0	0	0	0	0	0	0	0	1	1	2	3	5	7
		Re	1	1	1	1	1	1	1	1	1	1	2	2	3	4	6	8
	0.25	Ac	0	0	0	0	0	0	0	0	0	1	1	2	3	5	7	10
		Re	1	1	1	1	1	1	1	1	1	2	2	3	4	6	8	11
	0.40	Ac	0	0	0	0	0	0	0	0	1	1	2	3	5	7	10	14
		Re	1	1	1	1	1	1	1	1	2	2	3	4	6	8	11	15
	0.65	Ac	0	0	0	0	0	0	0	1	1	2	3	5	7	10	14	21
		Re	1	1	1	1	1	1	1	2	2	3	4	6	8	11	15	22
	1.0	Ac	0	0	0	0	0	0	1	1	2	3	5	7	10	14	21	21
		Re	1	1	1	1	1	1	2	2	3	4	6	8	11	15	22	22
	1.5	Ac	0	0	0	0	0	1	1	2	3	5	7	10	14	21	21	21
		Re	1	1	1	1	1	2	2	3	4	6	8	11	15	22	22	22
	2.5	Ac	0	0	0	0	1	1	2	3	5	7	10	14	21	21	21	21
		Re	1	1	1	1	2	2	3	4	6	8	11	15	22	22	22	22
	4.0	Ac	0	0	0	1	1	2	3	5	7	10	14	21	21	21	21	21
		Re	1	1	1	2	2	3	4	6	8	11	15	22	22	22	22	22
	6.5	Ac	0	0	1	1	2	3	5	7	10	14	21	21	21	21	21	21
		Re	1	1	2	2	3	4	6	8	11	15	22	22	22	22	22	22
	10	Ac	1	1	1	2	3	5	7	10	14	21	21	21	21	21	21	21
		Re	2	2	2	3	4	6	8	11	15	22	22	22	22	22	22	22
	15	Ac	1	1	2	3	5	7	10	14	21	21	21	21	21	21	21	21
		Re	2	2	3	4	6	8	11	15	22	22	22	22	22	22	22	22
	25	Ac	1	2	3	5	7	10	14	21	21	21	21	21	21	21	21	21
		Re	2	3	4	6	8	11	15	22	22	22	22	22	22	22	22	22
	40	Ac	2	3	5	7	10	14	21	21	21	21	21	21	21	21	21	21
		Re	3	4	6	8	11	15	22	22	22	22	22	22	22	22	22	22
	65	Ac	3	5	7	10	14	21	21	21	21	21	21	21	21	21	21	21
		Re	4	6	8	11	15	22	22	22	22	22	22	22	22	22	22	22
	100	Ac	5	7	10	14	21	21	21	21	21	21	21	21	21	21	21	21
		Re	6	8	11	15	22	22	22	22	22	22	22	22	22	22	22	22
	150	Ac	7	10	14	21	30	30	30	30	30	30	30	30	30	30	30	30
		Re	8	11	15	22	31	31	31	31	31	31	31	31	31	31	31	31
	250	Ac	10	14	21	30	44	44	44	44	44	44	44	44	44	44	44	44
		Re	11	15	22	31	45	45	45	45	45	45	45	45	45	45	45	45

附表 B　正常检验一次抽样方案

续表

样本量字码			A	B	C	D	E	F	G	H	J	K	L	M	N	P	Q	R
样本量			2	3	5	8	13	20	32	50	80	125	200	315	500	800	1250	2000
接受质量限 （AQL）	400	Ac	14	21	30	44	44	44	44	44	44	44	44	44	44	44	44	44
		Re	15	22	31	45	45	45	45	45	45	45	45	45	45	45	45	45
	650	Ac	21	30	44	44	44	44	44	44	44	44	44	44	44	44	44	44
		Re	22	31	45	45	45	45	45	45	45	45	45	45	45	45	45	45
	1000	Ac	30	44	44	44	44	44	44	44	44	44	44	44	44	44	44	44
		Re	31	45	45	45	45	45	45	45	45	45	45	45	45	45	45	45

附表 C 加严检验一次抽样方案

	样本量字码		A	B	C	D	E	F	G	H	J	K	K	M	N	P	Q	R	S
	样本量		2	3	5	8	13	20	32	50	80	125	200	315	500	800	1250	2000	3150
接受质量限（AQL）	0.01	Ac	0	0	0	0	0	0	0	0	0	0	0	0	0	0	0	0	
		Re	1	1	1	1	1	1	1	1	1	1	1	1	1	1	1	1	
	0.015	Ac	0	0	0	0	0	0	0	0	0	0	0	0	0	0	0		
		Re	1	1	1	1	1	1	1	1	1	1	1	1	1	1	1		
	0.025	Ac	0	0	0	0	0	0	0	0	0	0	0	0	0	0	1	1	1
		Re	1	1	1	1	1	1	1	1	1	1	1	1	1	1	2	2	2
	0.040	Ac	0	0	0	0	0	0	0	0	0	0	0	0	0	1	1	1	
		Re	1	1	1	1	1	1	1	1	1	1	1	1	1	2	2	2	
	0.065	Ac	0	0	0	0	0	0	0	0	0	0	0	0	1	1	1	2	
		Re	1	1	1	1	1	1	1	1	1	1	1	1	2	2	2	3	
	0.10	Ac	0	0	0	0	0	0	0	0	0	0	0	1	1	1	2	3	
		Re	1	1	1	1	1	1	1	1	1	1	2	2	2	2	3	4	
	0.15	Ac	0	0	0	0	0	0	0	0	0	1	1	1	2	3	5		
		Re	1	1	1	1	1	1	1	1	1	2	2	2	3	4	6		
	0.25	Ac	0	0	0	0	0	0	0	0	1	1	1	2	3	5	8		
		Re	1	1	1	1	1	1	1	1	2	2	2	3	4	6	9		
	0.40	Ac	0	0	0	0	0	0	0	1	1	1	2	3	5	8	12		
		Re	1	1	1	1	1	1	1	2	2	2	3	4	6	9	13		
	0.65	Ac	0	0	0	0	0	0	1	1	1	2	3	5	8	12	18		
		Re	1	1	1	1	1	1	2	2	2	3	4	6	9	13	19		
	1.0	Ac	0	0	0	0	0	1	1	1	2	3	5	8	12	18	18		
		Re	1	1	1	1	1	2	2	2	3	4	6	9	13	19	19		
	1.5	Ac	0	0	0	0	1	1	1	2	3	5	8	12	18	18	18		
		Re	1	1	1	1	2	2	2	3	4	6	9	13	19	19	19		
	2.5	Ac	0	0	0	1	1	1	2	3	5	8	12	18	18	18	18		
		Re	1	1	1	2	2	2	3	4	6	9	13	19	19	19	19		
	4.0	Ac	0	0	1	1	1	2	3	5	8	12	18	18	18	18	18		
		Re	1	1	2	2	2	3	4	6	9	13	19	19	19	19	19		
	6.5	Ac	0	1	1	1	2	3	5	8	12	18	18	18	18	18	18		
		Re	1	2	2	2	3	4	6	9	13	19	19	19	19	19	19		
	10	Ac	0	1	1	1	2	3	5	8	12	18	18	18	18	18	18		
		Re	1	2	2	2	3	4	6	9	13	19	19	19	19	19	19		
	15	Ac	1	1	1	2	3	5	8	12	18	18	18	18	18	18	18		
		Re	2	2	2	3	4	6	9	13	19	19	19	19	19	19	19		
	25	Ac	1	1	2	3	5	8	12	18	18	18	18	18	18	18	18		
		Re	2	2	3	4	6	9	13	19	19	19	19	19	19	19	19		
	40	Ac	1	2	3	5	8	12	18	18	18	18	18	18	18	18	18		
		Re	2	3	4	6	9	13	19	19	19	19	19	19	19	19	19		
	65	Ac	2	3	5	8	12	18	18	18	18	18	18	18	18	18	18		
		Re	3	4	6	9	13	19	19	19	19	19	19	19	19	19	19		
	100	Ac	3	5	8	12	18	18	18	18	18	18	18	18	18	18	18		
		Re	4	6	9	13	19	19	19	19	19	19	19	19	19	19	19		
	150	Ac	5	8	12	18	27	27	27	27	27	27	27	27	27	27	27		
		Re	6	9	13	19	28	28	28	28	28	28	28	28	28	28	28		
	250	Ac	8	12	18	27	41	41	41	41	41	41	41	41	41	41	41		
		Re	9	13	19	28	42	42	42	42	42	42	42	42	42	42	42		
	400	Ac	12	18	27	41	41	41	41	41	41	41	41	41	41	41	41		
		Re	13	19	28	42	42	42	42	42	42	42	42	42	42	42	42		
	650	Ac	18	27	41	41	41	41	41	41	41	41	41	41	41	41	41		
		Re	19	28	42	42	42	42	42	42	42	42	42	42	42	42	42		
	1000	Ac	27	41	41	41	41	41	41	41	41	41	41	41	41	41	41		
		Re	28	42	42	42	42	42	42	42	42	42	42	42	42	42	42		

附表 D 加宽检验一次抽样方案

样本量字码			A	B	C	D	E	F	G	H	J	K	K	M	N	P	Q	R	S
样本量			2	3	5	8	13	20	32	50	80	125	200	315	500	800	1250	2000	3150
接受质量限（AQL）	0.01	Ac	0	0	0	0	0	0	0	0	0	0	0	0	0	0	0	0	
		Re	1	1	1	1	1	1	1	1	1	1	1	1	1	1	1	1	
	0.015	Ac	0	0	0	0	0	0	0	0	0	0	0	0	0	0	0	0	
		Re	1	1	1	1	1	1	1	1	1	1	1	1	1	1	1	1	
	0.025	Ac	0	0	0	0	0	0	0	0	0	0	0	0	0	0	1	1	1
		Re	1	1	1	1	1	1	1	1	1	1	1	1	1	1	2	2	2
	0.040	Ac	0	0	0	0	0	0	0	0	0	0	0	0	0	1	1	1	
		Re	1	1	1	1	1	1	1	1	1	1	1	1	1	2	2	2	
	0.065	Ac	0	0	0	0	0	0	0	0	0	0	0	0	1	1	1	2	
		Re	1	1	1	1	1	1	1	1	1	1	1	1	2	2	2	3	
	0.10	Ac	0	0	0	0	0	0	0	0	0	0	0	1	1	1	2	3	
		Re	1	1	1	1	1	1	1	1	1	1	1	2	2	2	3	4	
	0.15	Ac	0	0	0	0	0	0	0	0	0	1	1	1	2	3	5		
		Re	1	1	1	1	1	1	1	1	1	2	2	2	3	4	6		
	0.25	Ac	0	0	0	0	0	0	0	0	1	1	1	2	3	5	8		
		Re	1	1	1	1	1	1	1	1	2	2	2	3	4	6	9		
	0.40	Ac	0	0	0	0	0	0	0	1	1	1	2	3	5	8	12		
		Re	1	1	1	1	1	1	1	2	2	2	3	4	6	9	13		
	0.65	Ac	0	0	0	0	0	0	1	1	1	2	3	5	8	12	18		
		Re	1	1	1	1	1	1	2	2	2	3	4	6	9	13	19		
	1.0	Ac	0	0	0	0	0	1	1	1	2	3	5	8	12	18	18		
		Re	1	1	1	1	1	2	2	2	3	4	6	9	13	19	19		
	1.5	Ac	0	0	0	0	1	1	1	2	3	5	8	12	18	18	18		
		Re	1	1	1	1	2	2	2	3	4	6	9	13	19	19	19		
	2.5	Ac	0	0	0	1	1	1	2	3	5	8	12	18	18	18	18		
		Re	1	1	1	2	2	2	3	4	6	9	13	19	19	19	19		
	4.0	Ac	0	0	1	1	1	2	3	5	8	12	18	18	18	18	18		
		Re	1	1	2	2	2	3	4	6	9	13	19	19	19	19	19		
	6.5	Ac	0	1	1	1	2	3	5	8	12	18	18	18	18	18	18		
		Re	1	2	2	2	3	4	6	9	13	19	19	19	19	19	19		
	10	Ac	0	1	1	1	2	3	5	8	12	18	18	18	18	18	18		
		Re	1	2	2	2	3	4	6	9	13	19	19	19	19	19	19		
	15	Ac	1	1	1	2	3	5	8	12	18	18	18	18	18	18	18		
		Re	2	2	2	3	4	6	9	13	19	19	19	19	19	19	19		
	25	Ac	1	1	2	3	5	8	12	18	18	18	18	18	18	18	18		
		Re	2	2	3	4	6	9	13	19	19	19	19	19	19	19	19		
	40	Ac	1	2	3	5	8	12	18	18	18	18	18	18	18	18	18		
		Re	2	3	4	6	9	13	19	19	19	19	19	19	19	19	19		
	65	Ac	2	3	5	8	12	18	18	18	18	18	18	18	18	18	18		
		Re	3	4	6	9	13	19	19	19	19	19	19	19	19	19	19		
	100	Ac	3	5	8	12	18	18	18	18	18	18	18	18	18	18	18		
		Re	4	6	9	13	19	19	19	19	19	19	19	19	19	19	19		
	150	Ac	5	8	12	18	27	27	27	27	27	27	27	27	27	27	27		
		Re	6	9	13	19	28	28	28	28	28	28	28	28	28	28	28		
	250	Ac	8	12	18	27	41	41	41	41	41	41	41	41	41	41	41		
		Re	9	13	19	28	42	42	42	42	42	42	42	42	42	42	42		
	400	Ac	12	18	27	41	41	41	41	41	41	41	41	41	41	41	41		
		Re	13	19	28	42	42	42	42	42	42	42	42	42	42	42	42		
	650	Ac	18	27	41	41	41	41	41	41	41	41	41	41	41	41	41		
		Re	19	28	42	42	42	42	42	42	42	42	42	42	42	42	42		
	1000	Ac	27	41	41	41	41	41	41	41	41	41	41	41	41	41	41		
		Re	28	42	42	42	42	42	42	42	42	42	42	42	42	42	42		